*Aceleração*

FUNDAÇÃO EDITORA DA UNESP

*Presidente do Conselho Curador*
Mário Sérgio Vasconcelos

*Diretor-Presidente*
Jézio Hernani Bomfim Gutierre

*Superintendente Administrativo e Financeiro*
William de Souza Agostinho

*Conselho Editorial Acadêmico*
Danilo Rothberg
João Luís Cardoso Tápias Ceccantini
Luiz Fernando Ayerbe
Marcelo Takeshi Yamashita
Maria Cristina Pereira Lima
Milton Terumitsu Sogabe
Newton La Scala Júnior
Pedro Angelo Pagni
Renata Junqueira de Souza
Rosa Maria Feiteiro Cavalari

*Editores-Adjuntos*
Anderson Nobara
Leandro Rodrigues

HARTMUT ROSA

# *Aceleração*
*A transformação das estruturas temporais na Modernidade*

Tradução
Rafael H. Silveira

Revisão técnica e tradução do prefácio
à edição brasileira
João Lucas Tziminadis

© 2005 Suhrkamp Verlag Frankfurt am Main
Todos os direitos reservados à Suhrkamp Verlag Berlin
© Hartmut Rosa para a tradução ao português brasileiro
© 2019 Editora Unesp

Título original: *Beschleunigung. Die Veränderung der Zeitstrukturen in der Moderne*

Direitos de publicação reservados à:
Fundação Editora da Unesp (FEU)
Praça da Sé, 108
01001-900 – São Paulo – SP
Tel.: (0xx11) 3242-7171
Fax: (0xx11) 3242-7172
www.editoraunesp.com.br
www.livrariaunesp.com.br
feu@editora.unesp.br

Dados Internacionais de Catalogação na Publicação (CIP) de acordo com ISBD
Elaborado por Odilio Hilario Moreira Junior – CRB-8/9949

R788a
Rosa, Hartmut
   Aceleração: a transformação das estruturas temporais na Modernidade / Hartmut Rosa; traduzido por Rafael H. Silveira; revisão técnica por João Lucas Tziminadis. – São Paulo: Editora Unesp, 2019.

   Tradução de: *Beschleunigung: die Veränderung der Zeitstrukturen in der Moderne*
   Inclui bibliografia.
   ISBN: 978-85-393-0781-4

   1. Sociologia. 2. Filosofia alemã. 3. Modernidade. 4. Sociedade tecnológica. 5. Tecnologia. I. Silveira, Rafael H. II. Tziminadis, João Lucas. III. Título.

2019-181
                                                CDD 303
                                                CDU 304.2

Editora afiliada:

# Sumário

Escalada ou saída? O fim da estabilização dinâmica e o
conceito de ressonância (Prefácio à edição brasileira) . *IX*

À guisa de prefácio . *LI*

   I  Introdução . *1*
      1. Estruturas temporais na sociedade . *1*
      2. Dois diagnósticos do tempo do presente . *27*
      3. Reflexões preliminares para uma
         teoria da aceleração social . *43*

## Parte I: A estrutura categorial de uma teoria sistemática da aceleração social

   II  Do amor ao movimento à lei da aceleração:
       observações da Modernidade . *69*
      1. Aceleração e a cultura da Modernidade . *69*
      2. Modernização, aceleração e teoria social . *94*

   III  O que é a aceleração social? . *125*
      1. Uma reflexão preliminar: aceleração e aumento . *125*
      2. Três dimensões da aceleração social . *140*

3. Cinco categorias da inércia . *159*
4. Sobre a relação de movimento
e inércia na Modernidade . *178*

## Parte 2: Efetuação e formas de manifestação: uma fenomenologia da aceleração social

IV A aceleração técnica e a revolução do regime espaço-tempo . *189*

V Declives escorregadios: a aceleração da mudança social e o aumento de contingências . *209*

VI A aceleração do "ritmo da vida" e os paradoxos da experiência temporal . *235*
  1. Parâmetros objetivos: o aumento da velocidade de ação . *240*
  2. Parâmetros subjetivos: pressão temporal e a experiência do tempo acelerado . *260*
  3. Estruturas temporais e autorrelações subjetivas . *293*

## Parte 3: Causas

VII Aceleração social como processo autopropulsor: o círculo aceleratório . *301*

VIII Aceleração e crescimento: forças motrizes externas da aceleração social . *319*
  1. Tempo é dinheiro: o motor econômico . *321*
  2. A promessa da aceleração: o motor cultural . *351*
  3. A temporalização da complexidade: o motor socioestrutural . *373*

IX  Poder, guerra e velocidade: Estado e Exército como aceleradores institucionais fundamentais . *395*

**Parte 4: Consequências**

X  Aceleração, globalização, Pós-Modernidade . *425*

XI  Identidade situacional: de errantes e jogadores . *451*
   1. A dinamização do eu na era moderna . *451*
   2. Da identidade substancial *a priori* à identidade estável *a posteriori*: a temporalização da vida . *456*
   3. Da identidade temporalmente estável à identidade situacional: a temporalização do tempo . *465*

XII  Política situacional: horizontes temporais paradoxais entre dessincronização e desintegração . *505*
   1. Tempo na política – política no tempo . *505*
   2. A temporalização da história na Modernidade . *513*
   3. Horizontes temporais paradoxais: a destemporalização da história na Modernidade Tardia . *521*

XIII  Aceleração e enrijecimento: uma tentativa de redefinição da Modernidade . *555*

XIV  Conclusão: paralisia frenética? O fim da história . *597*

Índice de ilustrações . *637*

Referências bibliográficas . *639*

## *Escalada ou saída?*
## O fim da estabilização dinâmica
## e o conceito de ressonância
### (Prefácio à edição brasileira)

Hartmut Rosa

O que é uma boa vida? E o que nos impede de levar essa vida? Por que a vida é sentida, tanto na Europa quanto na América Latina, tanto na Ásia quanto na África, apesar de todo o progresso técnico e de todo o bem-estar conquistado, mesmo entre as relativamente afortunadas classes médias, como uma luta diária? Por que as pessoas sentem-se como *hamsters* numa roda girada sempre mais velozmente, na qual o mundo se lhes opõe como uma lista de afazeres sempre mais longa, a qual só podem manejar sob o modo da agressão [*Aggressionsmodus*]? Essas eram as questões que me estimulavam quando da redação deste livro. Uma vez que nos ocupemos com o problema da escassez e com o desejo de afluência temporal, inevitavelmente colocam-se tais questões, pois *como queremos viver* é apenas uma outra expressão para a pergunta: *como devemos dispor de nosso tempo?* O texto que constitui este livro já tem, entrementes, seus bons catorze anos. Desde então, meu pensamento se desenvolveu em duas direções. Primeiramente, conceituo o processo de aceleração aqui exposto como sintoma e consequência da circunstância de serem as sociedades modernas capazes de se estabilizar apenas dinamicamente, de serem sistemática e estruturalmente dispostas a crescer, transformar-se e acelerar-se sempre mais para poder conservar sua estrutura e estabilidade. Em segundo lugar, comecei a elaborar sistematicamente o conceito de ressonância, até aqui apenas insinuado, como contraconceito à alienação [*Entfremdung*], e, com ele, a propor uma nova medida para a vida bem-sucedida (Rosa, 2016). Na primeira parte do que segue, gostaria de esclarecer o *modus* da estabilização dinâmica e suas consequências para os sujeitos enquanto características essenciais da Modernidade. Na segunda, quero expor os contornos da minha teoria da ressonância.

# I. Estabilização dinâmica como *modus* fundante de uma formação social moderna

Diferentemente do que se passa na Filosofia ou nas ciências da cultura, nas quais a "Modernidade" é frequentemente compreendida como projeto epistêmico e normativo, ao qual se somam transformações nos padrões de legitimação e nas práticas sociais e culturais a ele conectadas, impôs-se largamente nas ciências sociais a representação segundo a qual a Modernidade deve ser conceituada, antes de tudo, como transformação processual, como descrito, por exemplo, nas "clássicas" *teorias da modernização* fiadas em Parsons (Zapf, 1990). Mas também muitas outras, na verdade a maioria das *teorias sociais* atualmente discutidas, concebem a Modernidade no sentido de um processo (em maior ou menor medida direcional) que se apresenta como transformação cujo cerne encerra em si, por regra, contínua diferenciação social, racionalização, individuação ou domesticação (subjugação da natureza) (Rosa et al., 2007). Na primeira parte deste livro tentei demonstrar que as tendências transformativas aí identificadas e referidas deixam-se reunir, sistemática e consistentemente, sob o conceito de *aceleração social*, de tal modo que um persistente processo de dinamização (ou do *estabelecer de um movimento sempre mais veloz*) das disposições materiais, sociais e espirituais pudesse ser definido enquanto "núcleo da Modernidade" ou da modernização. De significado decisivo é o fato de que a lógica interna da dinamização – diferentemente do que sugere a metáfora de um projeto da Modernidade – tornou-se, entrementes, uma compulsão estrutural. Sociedades modernas são distinguíveis pelo fato de só poderem estabilizar e reproduzir seus domínios e sua estrutura dinamicamente; elas ganham estabilidade, por assim dizer, *no e pelo movimento*. Portanto, gostaria de propor, aqui, a seguinte definição: *uma sociedade é moderna quando apenas consegue se estabilizar dinamicamente; quando é sistematicamente disposta ao crescimento, ao adensamento de inovações e à aceleração, como meio de manter e reproduzir sua estrutura*. Assim, a tríade crescimento, aceleração e adensamento de inovações deixa-se compreender enquanto dimensão temporal (aceleração), material-factual (crescimento) e social (adensamento de inovações) de um único processo de dinamização, que, por sua vez, pode ser definido como *aumento*[1] *quantitativo por unidade de tempo*. Essa última definição é exatamente a que lancei às bases da minha teoria da aceleração.

---

[1] Na sequência, adotou-se, em geral, a tradução do termo alemão "*Steigerung*" por "aumento". Por vezes, termos como "avanço" ou "crescimento" soam mais naturais em determinados contextos. Entretanto, para preservar a constância de uso do termo alemão, tal como pretendido pelo autor e presente no original, "aumento" será, via de regra, a alternativa empregada. (N. E.)

Pelo fato de esse conceito abrangente de aceleração privilegiar, no entanto, a dimensão temporal em relação às outras, isto é, pelo fato de tornar as consequências material-factual e social quase invisíveis, prefiro me utilizar daquela tríade conceitual referida. Pois sobretudo a compulsão (material) ao crescimento das sociedades (capitalistas) modernas se revela, em face da crise ecológica do século XXI evidenciada, uma consequência problemática da estabilização dinâmica.

A vantagem indiscutível de tal definição, "processual" e, ao mesmo tempo, referida pela lógica estrutural, constitui-se no fato de não derivar daqueles juízos prévios, normativos e "coloniais", que não apenas pesam sobre a ideia de um "projeto da Modernidade", como também sobre as teorias "clássicas" (e algo teleológicas) da modernização, e mesmo sobre a identificação de modernização com racionalização, diferenciação, individuação ou subjugação progressiva da natureza, no sentido da razão instrumental. Com isso, o conceito aqui empregado, constituído no âmbito da definição de Modernidade por ele proposta, permite, por um lado, a inclusão coerente da ideia de "múltiplas modernidades" mesmo em contextos onde momentos normativos e elementos culturais decisivos do "projeto da Modernidade" não são constituídos, ou até mesmo decididamente negados; ou ainda onde aquelas tendências postuladas de individuação, de racionalização ou de diferenciação (funcional) não se desenvolvem ou se mostram reversíveis. Por outro lado, a definição de Modernidade dada pela ideia de estabilização dinâmica evita os "casos de arbitrariedade" [*Beliebigkeitsfalle*] de algumas abordagens, como as do pós-colonialismo, as quais, embora demonstrem sua significância com argumentos convincentes, não são mais capazes de revelar a unidade de movimento que se encontra por detrás dessa diversidade. "Modernidade", nesse sentido, só pode ser empregada como cifra vazia, ou concepção epocal definida cronologicamente, mas completamente sem substância (Rosa, 2007). Sob o conceito de estabilização dinâmica, sociedades modernas e não modernas podem ser criteriosamente, e independentemente de sua ordenação histórica, distinguidas – é evidente que sob o preço da possibilidade de, dessa forma, mesmo uma sociedade manifestamente "pré-moderna" poder ser classificada como moderna.

Naturalmente apresenta-se aqui uma indefinição conceitual: o que significa manter o *status quo* através de aumento? Não se trata de uma *contradictio in adjecto*? Aumento não significa, necessariamente, uma transformação de *status quo*? O que é, portanto, estabilizado, e o que é aumentado? De fato, já em *Aceleração* lidei com essa pergunta, e me utilizei do conceito de "paralisia frenética" (que remonta a Virilio) para dar expressão à complementaridade entre compulsão à transformação e tendência ao enrijecimento. De forma resumida, minha resposta aponta que, com reprodução estrutural e estabilização do *status quo*, três níveis da formação social moderna são referidos. Em primeiro lugar, trata-se da ordem institucional fundante, isto é, aquilo que também se pode designar como "instituições-base" – a economia de mercado capitalista-concorrencial, a democracia política, o regime de estado social, mas também os sistemas da ciência e educacional. O quanto todas essas instituições caem sob pressão quando, por exemplo, o crescimento não ocorre por longos períodos, pode ser hoje estudado de forma instrutiva na crise sistêmica do Sul da Europa, sobretudo na Grécia, mas também em desenvolvimentos no Brasil ou na Argentina. Não se trata, com isso, da manutenção de elementos ou regras institucionais particulares, mas da estabilização da ordem institucional enquanto tal.

Em segundo lugar, reproduz-se também, na e pela lógica de aumento, a ordem socioestrutural, isto é, o modelo de estratificação socioeconômica entre classes e camadas. A isso se conecta, em terceiro, a lógica operacional de acumulação e alocação sociais. O que principalmente se estabiliza dinamicamente é a própria lógica de aumento: por trás e para além de todas as transformações materiais, substanciais e até mesmo institucionais, mantêm-se inalteradas a compulsão ao aumento e a lógica de concorrência. O "invólucro de aço", que outrora Max Weber acreditou ter identificado por trás da agitação e dinâmica da Modernidade, é formado essencialmente pelo imperativo da tríade crescimento, aceleração e inovação, isto é, através da compulsão a crescer, tornar-se mais rápido e ser capaz de transformar-se.

É a simultaneidade da ocorrência de uma estática e invariável compulsão ao aumento, e da transformação escalar, portanto, o que constitui a especificidade da sociedade moderna, bem como o que pode ser compreendido como aquilo que permite decifrar a moderna relação institucional com o mundo. Pois aquela tríade do imperativo de aumento não conduz a velocidades, volumes de produção e taxas de transformação aumentadas gradual e constantemente; antes, conduz imediatamente a um círculo escalar: se as taxas de aumento se mantiverem percentualmente parecidas, os volumes de crescimento e de transformação sobem de forma exponencial, no sentido de uma curva escalar. A quantidade de bens produzidos, distribuídos e consumidos, de matérias-primas utilizadas e de transformações aumenta velozmente, bem como a velocidade de processamento dos computadores ou a velocidade de difusão das notícias, e daí por diante. A dureza de aço dessa dinâmica escalar faz-se notória na seguinte circunstância: não importa com quanto êxito, individual e coletivamente, vivemos, trabalhamos e nos orientamos economicamente neste ano; no próximo ano, para mantermos nosso lugar no mundo, devemos ser melhores, mais velozes, eficientes, inovadores – e, no ano seguinte, coloca-se o nível ainda um pouco mais acima. De fato, o sucesso, a força e a eficiência do presente equivalem, quase proporcionalmente, à intensidade da compulsão ao aumento que será posta no futuro: quanto mais vigorosamente cresce a economia neste ano, quanto mais inovativos somos e mais velozes nos tornamos, tanto mais difícil será, no próximo ano, elevar ainda mais o desempenho atual e, com isso, mais difícil será manter as taxas de aumento. Aqui se manifesta, de forma especialmente impressionante, a irracionalidade da moderna lógica escalar, que se assemelha a um "correr às cegas": os esforços de hoje não significam um alívio duradouro amanhã, antes uma dificuldade e uma agudização do problema.

Para conceituar o que significa o fato de a compulsão ao aumento ter-se tornado um elemento nuclear do *status quo* cultural e estrutural, torna-se proveitoso trazer sob os olhos mais uma vez, de forma sucinta, o quão abrangente e radicalmente efetuou-se a transição de um modo de reprodução estrutural até então adaptativo, mimético e basicamente voltado à subsistência, para um modo moderno de estabilização dinâmica, que, desde o século XVIII, se deu em cada âmbito particular da sociedade. Ao me referir ao antigo modo de estabilização como adaptativo, quero, no entanto, deixar claro que sociedades externas à Modernidade não eram e não são meramente estáticas – nenhuma formação social possui consistência sem adaptações, transformações e desenvolvimentos em longos espaços de tempo. Não há nelas, no entanto, qualquer compulsão endógena, estrutural, ao aumento ou à inovação continuada. Transformações se efetivaram e se efetivam nelas como reação a transformações no ambiente circundante e a desafios por ele impostos. O que ocorre por meio de mudanças climáticas, catástrofes naturais, guerras ou doenças, ou ainda como consequência de descobertas e desenvolvimentos casuais e contingentes. Que esse rearranjo tenha conduzido (ao menos no contexto atlântico-europeu), por sua vez, a um desacoplamento, ou uma "liberação" das lógicas internas de cada função social específica em relação aos padrões tradicionais e religiosos que as direcionavam, estabilizavam e legitimavam, me parece algo quase indiscutível. Autonomização e dinamização das esferas sociais ocorreram, por assim dizer, "de mãos dadas", de modo que parecem ser dois lados da mesma moeda. Dito de outro modo, a dinamização econômica, social e cultural da sociedade convulsionou e transformou a ordem tradicional, religiosa e estaticamente fundada.

Esse processo pode ser investigado, de modo instrutivo, nas já tematizadas esferas de valor e funcionais da economia, da ciência e da política. Em todas as três dimensões emergiu, entre os séculos XVII e XIX, em várias regiões do mundo, uma nova ordem institucional, que substituíra o modo adaptativo por um modo de estabilização dinâmica. Talvez isso valha o mais evidentemente para a ordem econômica moderna, capitalista: diferentemente das formas econômicas consuetudinárias, orientadas pela subsistência e pelo atendimento de necessidades, as economias capitalistas são estruturalmente direcionadas não apenas à continuação ininterrupta do processo de circulação de capitais, mas, antes, à aceleração e ao impulsionamento da espiral material de crescimento. Essa compreensão determina, por exemplo, o postulado de Marx segundo o qual o processo de aumento D-M-D' torna-se o sujeito (dinâmico) da história, um sujeito que até mesmo impele a burguesia para a frente (Marx; Engels, 1986; Dörre; Lessenich; Rosa, 2009); mas também a máxima de Max Weber de que o capitalismo é a "força mais destinadora de nossa vida moderna" (Weber, [1905] 1991, p.12), pois transformou e dinamizou, no sentido da "ética protestante", o modelo de condução da vida, o *éthos* e o *habitus* do homem moderno, de modo que são direcionados à contínua otimização, racionalização e eficiência. Daí derivam, de um lado, a compulsão ao crescimento econômico de todas as formações capitalistas conhecidas; de outro, no entanto, também a perpétua aceleração técnica no sentido da progressiva "compressão espaçotemporal", identificada por David Harvey (1990, p.240-307); e, por fim, a compulsão à contínua inovação social.[2]

---

2 Uma vez lido o *Manifesto comunista* sem as lentes da "luta de classes", este se revela como documento tremendamente impressionante dessa dinamização multidimensional: "A burguesia não pode existir sem revolucionar indefinidamente seus instrumentos de produção, e assim as relações de produção e, ainda, o conjunto das relações sociais. A inalterada conservação dos antigos meios de produção era, ao contrário, a primeira condição de existência das classes industriais anteriores. O contínuo revolvimento da produção, a ininterrupta convulsão de todos os estados sociais, a infinita insegurança e movimento distinguem a época burguesa de todas as outras. Todas as relações fixas, enferrujadas, com seu séquito de representações e visões de mundo herdadas são desfeitas, todo o recém-construído envelhece antes mesmo de poder calcificar. Tudo o que é estável e permanente se evapora, todo o sagrado é profanado" (Marx; Engels, 1986, p.37-8).

O estabelecimento do modo da estabilização dinâmica se dá, no entanto, não apenas através da pressão inovativa economicamente gerada – esse modo resulta também da transformação da esfera política e da produção científica, que possuem uma lógica interna (no contexto europeu impulsionada sob a forma de projeto). A mudança fundamental se deixa observar, de fato, já no nível *conceitual*. A mais alta autoridade em questões epistemológicas e de conhecimento foi concedida, no século XVIII, às ciências, que já não *administram, asseguram* ou *transmitem* um conhecimento estabelecido, herdado ou revelado pela tradição e sua autoridade. Ao contrário, desenvolvem e *recriam* o conhecimento em projetos e programas de pesquisa sempre novos. A ordem do conhecimento da Modernidade se apoia, portanto, não sobre fundamentos estáticos, mas dinâmicos: todas as abordagens de ensino são, em princípio, passíveis de revisão, a disputa pela falsificação de teorias [*Falsifikationsstreben*] se torna um motor do desenvolvimento científico. Ao contrário do sábio ou do sacerdote pré-moderno, o cientista não ministra, reafirma ou "possui" um saber assegurado ou uma fonte imaculada, ele cobra sua autoridade da pesquisa, portanto da permanente conquista de novos territórios. A esperança própria à Modernidade nascente, de que, dessa forma, se poderia ganhar novamente um universo de conhecimento fixo, e que uma forma final definitiva da ordem dos saberes, enquanto resultado dos processos dinâmicos de pesquisa, poderia emergir, acabou por se retirar. E isso ocorreu à medida que os passos seguintes da Modernidade conduziram à habitualização da noção de que ser cientista significa sempre postular novas questões, e sempre obter novas respostas. O processo de pesquisa se mostra como algo infindável.

O que é válido, dessa forma, para a transformação da ordem do saber, é também observável, de maneira análoga, na reprodução da ordem política, e tanto em relação à *forma de governo* quando em vista da *legislação*. Diferentemente da ordem monárquica de dominação, a dominação democrática – enquanto forma paradigmática da moderna constituição política – é disposta sobre uma contínua reordenação: a cada quatro ou cinco anos o governo é redefinido, a sua duração em serviço é, desde o início, limitada, e tempo de vida e tempo de governo são sistematicamente separados. No lugar da dominação estática entra um câmbio permanente e dinâmico de governos. É a consciência sobre a limitação de cada poder governamental o que mantém em curso o processo político, e, com isso, a estabilidade política, a reprodução e a capacidade de direcionamento das sociedades modernas (democráticas). As dominações políticas são, assim, especialmente impelidas a reagir de forma habilidosa e sensível às demandas e transformações sociais, e, com isso, a efetuar ágeis movimentos adaptativos. Estes também se refletem na lógica da *legislação* moderna: diferentemente do tradicional direito consuetudinário, da ordem legal religiosamente herdada ou do estático direito natural, o direito moderno é disposto, continuamente, ao seu desenvolvimento, transformação e adaptação. A ordem legal moderna, assim como a ordem do saber e a ordem política, não se baseia sobre a ideia de fundamentos substanciais fixos, mas antes sobre a instituição da *legislação* legitimada dinamicamente: não se trata, nela, de *certificar, estabelecer ou conservar* um direito "eterno" ou legado. Dá-se soberania ao Poder Legislativo como órgão de permanente (re)*criação de direito* (Scheuerman, 2004). Também a ordem legal se estabiliza, assim, dinamicamente.[3]

---

[3] Isto se dá a despeito do fato de o processo de criação dinâmica de direito ocorrer, por sua vez, através do "registro permanente" numa

O quanto a Modernidade não é apenas distinguível pela transformação da ordem social institucional, mas também pela correspondente conversão de suas orientações culturais, é tornado evidente com o olhar sobre as normas e parâmetros das práticas estéticas, bem como da forma individual de condução da vida. Como Boris Groys, por exemplo, demonstrou, a característica específica da arte e da literatura modernas se encontra no fato de nelas não se tratar (mais) da imitação de dadas efetividades naturais ou sociais, do cumprimento de leis artísticas formais legadas pela tradição, ou do atingimento das diretrizes estabelecidas pelos "antigos mestres"; antes, se trata nelas de inovação, originalidade e superação. "De pensadores, artistas e literatos é exigido que se crie o novo, assim como antes lhes era exigido que se ativessem à tradição e se sujeitassem a seus critérios" (Groys, 1992, p.10). Dessa forma, no entanto, o empreendimento artístico e literário torna-se um acontecer dinâmico, infindável, que só consegue se estabilizar através de inovação e transformação.

O novo é incontornável, inevitável, indispensável. Não há um caminho de escape ao novo, pois tal caminho seria também novo. Não há possibilidade de quebrar a regra do novo, pois uma tal ruptura é exatamente o exigido por essa regra. E, nesse sentido, a

---

Constituição, que assim indica a continuação de caminhos fixos; e também apesar da circunstância de a legislação democrática, na Modernidade Tardia, estar sob ameaça de se tornar demasiado lenta e dispendiosa para adaptar-se dinamicamente ao ritmo de transformação econômica, técnico-científica e socioestrutural (Rosa, 2005; Scheuerman, 2004).

exigência de inovação é a única realidade, se se quer dizê-lo, trazida à lume na cultura. (Groys, 1992, p.12; cf. Fulda; Rosa, 2011)

Em relação às formas de condução da vida e aos padrões identitários dos sujeitos, é de significado decisivo o fato de que o rearranjo da ordem social e cultural que se estabelece sobre a lógica da estabilização e da reprodução dinâmicas se reflita imediatamente no *modo de alocação* da sociedade. Uma vez que toda formação social é impelida a definir regras de distribuição e atribuição de seus recursos, produtos, e também privilégios e posições, bem como *status* e reconhecimento, então a ordem moderna de alocação destaca-se por não recorrer, em nenhum desses aspectos, a modelos distributivos estáticos ou estáveis (a não ser no que diz respeito à atribuição de cidadania). Ao contrário, o modelo de atribuição se dinamiza segundo a lógica da competição e do desempenho individual: enquanto, por exemplo, numa ordenação estamental medieval a posição social e, com isso, *status*, o reconhecimento, os privilégios e chances que a uma pessoa (como camponês ou artesão, como mendigo ou guerreiro, como condessa ou rainha) eram dispostos se estabeleciam, essencialmente, no nascimento, na sociedade moderna eles são constantemente reatribuídos segundo a lógica da concorrência. Crescimento, aceleração e adensamento de inovações, enquanto traços constitutivos do "imperativo dinâmico" *estrutural* da sociedade moderna, se traduzem para o âmbito da condução subjetiva da vida por via da competição por atribuições: não apenas de bens e recursos, mas também de privilégios e posições, de *status* e reconhecimento, de amizades e parceiros amorosos. A lógica concorrencial conduz a uma dinamização ilimitada de todas as esferas sociais competitivamente estruturadas. É necessário desempenhar sempre um pouco mais e, para tal, investir mais energia que o concorrente – que, por sua vez, deverá forçar a competição ainda mais. Essa lógica se deixa observar em todos os lugares: de forma especial nas práticas educacionais, mas também no trato com o próprio corpo. O que no esporte se chama *doping*, em outras esferas sociais se chama *human enhancement*. A espiral de aumento concorrencialmente induzida é infindável. Se não superarmos o modo dominante da estabilização dinâmica através de uma revolução econômica, política e cultural, com grande certeza, já em poucos anos, equiparemos nossas crianças biotecnologicamente, bem como com o auxílio de tecnologias computacionais.

Com isto deixa-se transparecer que, no curso da Modernidade, até mesmo a luta concorrencial se dinamiza em si mesma, de modo que na Modernidade Tardia não se concorre mais por "posições biográficas", que duram o tempo de uma vida, mas por "performances dinâmicas": a ordenação de alocação não altera mais sua configuração no curso de mudanças geracionais; antes, se altera num ritmo intrageracional (Rosa, 2006, 2009).[4]

---

4 Oposta e complementarmente a isso deixam-se observar tendências de encerramento social [*soziale Schließungstendenzen*] profundamente significativas, que dão a entender um regresso a estruturas de classe: as assim chamadas camadas "precárias", que dispõem de pouco capital social, econômico e cultural, têm cada vez menos chances de subir socialmente. Enquanto, ao contrário, as camadas privilegiadas enfrentam um risco *de facto* muito baixo de serem rebaixadas. Esse encerramento é, na verdade, apenas o resultado material de uma luta concorrencial desigual, cujo desdobramento segue os imperativos da dinamização (Bude, 2010; Castel; Dörre, 2009).

Como consequência, transforma-se também, com o avançar da Modernidade e do seu grau de dinamização, a maneira com a qual o movimento é experienciado. Do Esclarecimento até o meio, de certa maneira até mesmo o fim do século XX, em largas porções do mundo ocidental, a experiência de dinamização foi interpretada ante o horizonte das esperanças do progresso: crescimento econômico, inovação tecnológica e aceleração social eram tendencialmente percebidos, até mesmo onde surgiam como coação, enquanto elementos, meios e pressupostos para um aumento das possibilidades de autonomia e autenticidade. Pois eles ampliavam o *alcance sobre o mundo* [*Weltreichweite*] do qual dispõem os homens, individual e coletivamente:[5] a ciência possibilita, com telescópios e foguetes, olhar para fora em direção ao universo, e, com microscópios, a olhar para dentro, em direção à matéria; a revolução dos transportes permitiu trazer para dentro do horizonte do facilmente alcançável, tanto no âmbito cotidiano como no período de férias, lugares cada vez mais distantes; a tecnologia da comunicação permite alcançar o mundo todo digitalmente, e o bem-estar econômico faz cada vez mais coisas tornarem-se imediatamente disponíveis: para muitas pessoas, quantias jamais existentes, seja de bens ou de opções de vida, são oferecidas. Elas possuem liberdade para escolher entre tais opções. Que tipo de vida alguém quer viver – segundo a promessa da Modernidade, tal questão coloca-se na mão de cada um.

Exatamente essa expectativa de progresso veio abaixo nos países ocidentais industrialmente desenvolvidos: pela primeira

---

5 Para o conceito central de *alcance sobre o mundo* [*Weltreichweite*], ver também Rosa, 2018.

vez em 250 anos, pais já não têm esperança, de modo amplo, de que as coisas serão melhores para seus filhos do que foram para eles. Bem ao contrário: eles esperam que as coisas não sejam tão ruins, que as crises não se tornem tão graves, que os padrões alcançados possam ser, até certo ponto, mantidos. Essa percepção também se espalha entre uma grande parte das classes médias nos países em desenvolvimento do Sul Global. Com isto se torna claro, no entanto, que mesmo a conservação do já alcançado só é possível se ainda mais energia for mobilizada, de modo a gerar crescimento, aceleração e inovação. Em resumo: nós, contemporâneos, não caminhamos mais em direção a um objetivo prenhe de promessas que se coloca à nossa frente; antes, caminhamos para longe de um abismo catastrófico que se abre às nossas costas. Trata-se de uma diferença total no sentido da cultura.

A esperança de uma vida autodeterminada em um mundo "trazido ao alcance" constitui, portanto, desde o século XVIII, uma *promessa fundante* da Modernidade. Enquanto projeto normativo e político, a Modernidade se dispõe a libertar-se de diretrizes autoritárias e tradicionais, por um lado, e da escassez e limitações naturais, por outro, de modo a realizar uma condução autodeterminada da vida: nem Igreja nem rei, mas também as condições dadas pela natureza não devem nos "prescrever" como viver (decidimos, independentemente da natureza, se o quarto está quente ou frio, claro ou escuro, ou quando comemos morangos ou esquiamos, e, talvez, até mesmo se queremos ser homem ou mulher). Crescimento e aumento de opções foram motivados e legitimados em relação a esse objetivo. A isto se liga a concepção moderna de *autenticidade*, segundo a qual queremos e devemos utilizar o espaço de autonomia ganho de tal modo que nossos dons, habilidades e inclinações "efetivamente" correspondam à nossa personalidade e aos nossos sonhos. Nós não queremos ter de nos "curvar"; antes, queremos poder ser "fiéis a nós mesmos". Em suma: o ocorrer do aumento [*Steigerungsgeschehen*] servirá, antes de mais nada (ao menos perspectivamente), ao ganho (e à manutenção, através do Estado de bem-estar) de espaço livre para a ação, de modo que se pudesse perseguir um projeto próprio de vida.

Hoje observa-se, ao contrário, o completo abandono e a reversão dessa relação: o projeto de vida serve ao objetivo de acompanhar o jogo de aumento, de permanecer ou tornar-se competitivo. Individual e coletivamente, fantasias de dar forma à vida, e as energias nelas investidas, se direcionam, cada vez com mais intensidade, à manutenção da capacidade de aumento. A promessa fundante da Modernidade é quebrada com isso. Pela imposição da lógica de aumento exaure-se a margem de ação da autonomia, individual e política.

A ideia de autonomia, no entanto, não é apenas uma ideia vitimada pelo jogo de aumento, antes conta-se como um de seus corresponsáveis: dada sua concepção inerente, segundo a qual a ampliação do alcance sobre o mundo, o ímpeto por crescimento, movimento e, sobretudo, permanente otimização, significa liberdade e melhora da qualidade de vida, ela é também um motor cultural. Por isso o anseio moderno por autonomia carece urgentemente de uma correção ou complementação pelo redescobrimento do "anseio por ressonância", ao qual me dedicarei logo a seguir. Quando a vida se torna bem-sucedida, na qual "experiências de ressonância" (no trabalho, na comunidade política, na família, na natureza, na arte etc.) são realizadas, a ideia de autonomia não deixa de ser importante – mas a amplificação "cega" de opções não é em si mesma, sob nenhuma hipótese, um aumento da qualidade de vida.

O lado avesso do jogo de aumento é a carga excessiva sobre a psique e a *physis*, o que se deixa ler plenamente, por exemplo, nos índices de *burnout*. Seja este ou aquele meio diagnóstico, o fato é: na "Modernidade Tardia", a lógica da roda de *hamster* tomou tão intensamente tantas pessoas sob suas garras que estas já não se deixam parar nem mesmo pelos seus corpos (a gripe, a perna quebrada, a hérnia de disco não nos param: além disso, fazemos mais e planejamos o nascimento com a cesariana e o funeral com a cremação, de modo que estes se encerrem a tempo e se adequem ao planejamento temporal) – até que somos tomados pela experiência da paralisia temporal, rígida e desesperançada do *burnout*. Segundo minha perspectiva (e sobre a base de evidências empíricas), o *burnout não é* causado por *muito trabalho*, nem pela imposição de um *andar mais rápido* (cf., por exemplo, Burisch, 2006; Nil et al., 2010; ou Neckel; Wagner, 2013), mas pela ausência de qualquer horizonte em direção ao qual se dirigir (veja a tese do progresso). O fato de que as pessoas devem "correr sempre mais rápido apenas para manter-se em seus lugares" as esgota. Ter de crescer, acelerar e inovar continuamente para apenas pôr-se no lugar, não para escapar da crise, conduz a uma impossibilidade existencial. Até aqui nos auxiliou na evitação do *burnout* coletivo a ideia de que, *no momento, um pouco de correria se aproxima, mas com certeza logo tudo estará melhor.* Entrementes, essa ideia eclipsou-se integralmente do horizonte da cultura, de modo a percebermos que era uma ilusão. O *burnout* deixa-se compreender como uma forma extrema de alienação, tal como tentei esboçar no presente livro.

*Aceleração*

Evidentemente, nem todos os sujeitos adoecem na Modernidade Tardia. Três modelos tardo-modernos, "alternativos" (e problemáticos) de condução da vida são observáveis: como substituto para o moderno ideal de autonomia emerge, talvez, o *ideal do surfista*. Com ele não se trata mais de definir, no oceano da vida, um ponto ou uma ilha em direção à qual pode-se manejar o próprio barco; antes, trata-se de manter-se em pé sobre a prancha de surfe e tentar compreender e amestrar o vento e as ondas, de modo a saltar cada crista e "permanecer na superfície" (Gergen, 2000, p.XVIII). O surfista é frequentemente interpretado como "vencedor e ganhador" do sistema. Eu o tenho, no entanto, como propenso ao *burnout*, pois não é mais socialmente capaz de elos, e infeliz, pois não é mais autônomo no sentido antigo, nem ressonante, no sentido novo. Talvez ele seja, antes de surfista, um jogador de fliperama: apenas mantém a bola em jogo e espera por contatos favoráveis. Aquele que não consegue "manter-se em cima" põe-se sob o perigo de ser arremessado para lá e para cá pelo vento e as ondas, de tornar-se um "errante" que já não consegue controlar, planejar e direcionar seu destino e sua vida, mas que também não consegue criar para si "espaços de ressonância". Quem não pode ser um surfista, nem quer tornar-se um "errante", pode buscar ganhar estabilidade, orientação e perspectiva a partir de um ancoramento transcendental, isto é, adotar uma identidade religiosa ou política mais ou menos fundamentalista ("seja o que puder acontecer, a palavra de Jeová ou a luta da classe trabalhadora terá, para mim, validade eterna"). No desenho de um tal "horizonte-contrário", que se põe contra a lógica de dinamização e flexibilização, encontra-se, segundo minha perspectiva, uma atratividade oculta para os agrupamentos terroristas (dos terroristas da direita xenófoba ao Estado Islâmico).

Agora, a pergunta decisiva deve ser se são observáveis na Modernidade Tardia, mesmo que em estado nascente, outros projetos de vida positivos. Eles deveriam ser orientados, assim o vejo, para arranjar e assegurar espaços de ressonância [*Resonanzräume*], que, por sua vez, não sigam a lógica do aumento, da ampliação do alcance-sobre-o-mundo e do tornar disponível[6] [*Verfügbarmachung*] e, ao mesmo tempo, possam resistir aos imperativos de dinamização. Muitas comunidades alternativas e projetos oriundos de movimentos sociais que estão ancorados em nichos subculturais não podem corresponder a tais critérios. No entanto, caso seja verificável a observação – que se veicula na mídia – segundo a qual até mesmo uma jovem geração de trabalhadores altamente qualificados e talentosos se recusa a assumir posições de liderança na economia, na política ou na ciência por não querer se perder para sempre na roda de *hamster*, talvez isso indique que há recursos culturais de resistência. Portanto, não somos apenas o produto de uma formação social que se sustenta sobre o modo da estabilização dinâmica: carregamos o anseio, constitutivo em nós mesmos, por uma outra forma do *estar-no-mundo* [*In-der-Welt-Sein*].

---

6 "Tornar disponível" ou "fazer disponível" [*Verfügbarmachung*] é um conceito que busca captar, sobretudo na última obra de Rosa (2018), uma atitude disposicional, um *habitus* da cultura moderna caracterizado pela tendência à intervenção sobre o dado (social ou natural), de modo a torná-lo maleável pela vontade humana. Esse conceito orbita o campo semântico de um outro conceito mais central nos últimos estudos de Rosa, "indisponibilidade" [*Unverfügbarkeit*]. Para este último conceito, ver nota 8. (N. T.)

Uma vez que as reflexões aqui realizadas sejam sustentáveis, então são sobretudo experiências de alienação que nos impedem de alcançar uma boa vida. Assim, a solução do problema dependeria de aguçar, individual e politicamente, a sensibilidade para espaços de ressonância, bem como identificar ambientes institucionais que nos causam alienação. Através do estabelecimento e asseguramento de espaços de ressonância, podemos novamente nos sentir parte do mundo no qual vivemos. Dada essa análise política e filosófica das transformações sociais, a questão aqui deve se voltar, sobretudo, ao seguinte ponto central: como podem ser criadas condições estruturais que possibilitem experiências de ressonância? Essa tarefa é dividida pela ciência, pela sociedade civil e, não menos, pela política estabelecida. Aceitá-la poderia ser a base para uma transformação de profunda consequência cultural, e também estrutural e institucional. Ela constitui o pressuposto para a superação do modo da estabilização dinâmica, e, com ele, da dependência da lógica de aumento. Para que possamos nos pôr a trabalho, no entanto, é necessária, por fim, uma definição sistemática do conceito de ressonância. Gostaria de esboçar, na segunda e última parte deste prefácio, sua possível aparência.

## II. O conceito de ressonância

*1) Definição conceitual: reconhecimento, ressonância e alienação*

Segundo uma concepção fundamental da fenomenologia, ser humano significa, sempre e irrevogavelmente, *ser posto em um mundo* (Heidegger), *ser para o mundo* (Merleau-Ponty) ou reencontrar-se num mundo que possui *sentido* para nós (Charles

Taylor). A essa visão não subjaz um dualismo cartesiano da forma, segundo o qual sujeito e mundo seriam conceituados como "sempre já dados" e independentes um em relação ao outro, de tal modo que só se poderia perguntar sobre o tipo de relação que estabelecem. Antes, vale o oposto: apenas a partir da forma e da qualidade da relação estabelecida, e do processo através do qual se constitui o ser da relação, é que surge aquilo que se manifesta como sujeito e mundo e que a partir de então poderá se dar num encontro. De uma perspectiva fenomenológica coloca-se, portanto, a questão: como o mundo, no qual somos dispostos, é constituído, ou, mais precisamente, que tipo de elo ou relação temos, ou podemos ter, com este mundo. *Algo está aí, algo nos é presente*: assim se poderia definir, com Merleau-Ponty, a experiência fundante a partir da qual subjetividade e consciência se desenvolvem (Merleau-Ponty, 1986); podemos entender sensivelmente este algo apenas com o fechar dos olhos. Como se constitui este "algo": apresenta-se a nós, antes de tudo, como uma ameaça, um perigo? Ou como uma sedução e um encantamento? É protetor, amparador, responsivo e nutridor, ou simplesmente indiferente e mudo? A tese de duplo desdobramento que quero desenvolver agora afirma, em primeiro lugar, que ao menos três modos basais de relação com o mundo [*Weltbeziehung*] podem ser distinguidos, os quais podem ser descritos como ressonância, indiferença e repulsão. Em segundo lugar, gostaria de demonstrar que são sobretudo práticas rituais, nas quais aprendemos e praticamos, aquilo que encontramos e que se nos opõe (ou assim pode sê-lo) enquanto fragmentos ressonantes, repulsivos ou indiferentes do mundo. A partir disso gostaria então de recobrar um conceito de ressonância, o qual pode ser referido como o "outro" do conceito de alienação, e que possa servir como princípio orientador na busca de uma vida bem-sucedida.

Ressonância não diz respeito a um estado emocional, e sim a um modo relacional [*Beziehungsmodus*] no qual sujeito e mundo colocam-se numa relação responsiva [*Antwortverhältnis*].[7] Para tomá-la de forma mais exata, é-nos útil compreendê-la não apenas como o *outro da alienação*, mas também como uma modificação e ampliação do conceito de reconhecimento, tal qual Axel Honneth o compreende.

Em referência a George Herbert Mead e Georg Wilhelm Friedrich Hegel, Honneth (1992) desenvolveu a concepção de que, para fazer emergir uma relação não disruptiva consigo e com o mundo, os sujeitos devem se instruir, imprescindivelmente, por relações de reconhecimento. Apenas se, e enquanto,

---

7 Ao longo desta seção, na qual Rosa retoma conceitos centrais do livro *Resonanz: Eine Soziologie der Weltbeziehung* (2016), nos deparamos com a dificuldade de distinguir dois vocábulos alemães, "*Beziehung*" e "*Verhältnis*", que, apesar de sua diferença fundamental, se traduzem por "relação". Para esclarecer o leitor na forma do exemplo, *Beziehung* diz respeito a uma relação, um vínculo que se estabelece entre duas entidades, como a relação de amizade entre João e Maria. Nesse caso, quando Rosa fala em *Weltbeziehung* ele se refere às relações que os sujeitos estabelecem com o mundo, com as coisas, com outros sujeitos etc. *Verhältnis*, por sua vez, é a relação enquanto um dado, um conjunto de determinações que vincula dois ou mais entes. Poderíamos aproximar esse vocábulo dos nossos "proporção" ou "condição" para cobrir melhor seu campo semântico. Assim, falamos em *Verhältnis* quando verificamos a relação entre farinha e ovo na receita de um bolo, ou a relação entre déficit e superávit na economia nacional. Portanto, *Weltverhältnis* são as determinações, as condições e proporções relacionais já estabelecidas entre sujeito e mundo, que derivam e influenciam as relações [*Beziehungen*] que os sujeitos encetam com o mundo etc. (N. T.)

experienciam amor, atenção e estima social podem os sujeitos dar forma à autoconfiança, ao autocuidado e à autoestima, e, além disso, conquistar uma relação estável com o mundo e consigo mesmos. Honneth supõe, consequentemente, que a ação humana e a dinâmica social deixam-se compreender como uma contínua *luta por reconhecimento*, e, com isso, também como embate pela evitação de experiências de desprezo e pela distinção por parte dos outros. Segundo minha visão, essa não é uma tese implausível, mas algo incompleta: seres humanos buscam e realizam experiências que possuem significado central para eles sem que, para isso, estejam envolvidos na lógica daquela luta e embate. Ao menos para sujeitos modernos, a experiência religiosa, a experiência estética e a experiência da natureza possuem, exemplarmente, um significado central. A explicação sugerida por Bourdieu, de que as pessoas se compenetram na oração, na música, ou buscam a floresta ou o deserto para se diferenciar dos outros, e, além disso, obter ganhos de distinção, me parece tomar o problema de forma muito ligeira. Segundo minha contratese, as pessoas buscam e experienciam nessas situações a ligação ou o encontro com um outro, o qual parece encetar com elas uma relação interna [*innere Beziehung*], numa relação responsiva [*Antwortverhältnis*], que possui, para elas, um significado intrínseco. Assim o é porque esse outro as toca e interfere sobre elas, e porque, enquanto se relacionam com esse outro, podem experienciar, de uma maneira específica, autoeficácia – retornarei a isso adiante. Com outras palavras: na natureza, na arte, na religião, e também no trato com coisas específicas – como no processo de trabalho ou em contextos sacrais de ação –, os seres humanos buscam e realizam experiências de ressonância. Dessa observação derivo a tese segundo a qual o conceito de reconhecimento cobre apenas parte das relações de ressonância possíveis, a saber, a dimensão social dos encontros com o mundo [*Weltbegegnungen*]. Certamente, no amor (íntimo e paternal), na amizade, e também na ação política democrática os sujeitos modernos encetam relações de ressonância (Rosa, 2016, p.341-80): eles se dispõem ao encontro de uma maneira não instrumental, a qual se predispõe sobre uma relação responsiva, isto é, que se dá em um mútuo alcançar do outro lado, que desdobra um efeito transformador em ambos os lados, ou pelo menos pode desdobrar. Onde quer que ocorra, encontram-se nessa relação duas (ou mais) vozes que se permitem envolver-se mutuamente. Eu me refiro a tais relações como relação de ressonância *social* ou *horizontal*, pois se encetam, em princípio, entre duas entidades equivalentes ou similares. Pelo fato de tais relações do tornar-se-tocado [*Berührtwerden*] por, e do aperceber-se de *um outro*, se darem em relação a uma voz completamente independente e contraposta; pelo fato de a experiência de um encontro genuíno também poder se aplicar onde indivíduos entram em contato com algo que se lhes dirige e envolve sua existência como um todo, podemos identificar também, em todas as culturas, algo como *eixos de ressonância vertical* ou *existencial*, os quais tocam os sujeitos com uma "abrangência" [*Umgreifende*] (cultural e ritualmente definida), no sentido dado por Karl Jaspers (2001). Na cultura moderna modelada no Ocidente, as esferas da religião, mas também da arte, da natureza e da história estabelecem uma tal forma de relação. Finalmente, apesar da surpresa que isso causa do ponto de vista da imagem de mundo científico-racionalista, para a qual a capacidade de responsividade é exclusiva dos atores humanos,[8] relações de ressonância também podem ser desenvolvidas com objetos e artefatos, o que não é plausível apenas da perspectiva da poesia – pensemos, por exemplo, em Eichendorff e seu poema, paradigmático para o Romantismo, *Wünschelrute* ("Uma canção repousa em todas as coisas"), ou nos poemas-coisa [*Ding-Gedichte*] de Rilke ("Clamarei e defenderei sempre: mantenham-se longe./ As coisas cantam, quero ouvi-las./ Ao misturar-se com elas, vocês as fazem silentes e rijas./ Vocês as matam para mim") (sobre isto, mais completamente: Kimmich, 2011 e Rosa, 2016, p.381-92) –, mas também da perspectiva da experiência cotidiana, no trabalho ou na educação: a farinha do pão se dá com o padeiro como um objeto contraposto, responsivo e munido de voz própria, e assim ocorre com as flores em relação ao jardineiro, com o órgão enfermo ao médico, com o texto ao jornalista. A tais relações me refiro, portanto, como relações de ressonância *material* ou *diagonal*.

A questão com a qual agora me ocupo pode ser facilmente formulada assim: buscamos na vida, primariamente, ressonância ou reconhecimento? Minha proposta é: em primeiro lugar, ressonância representa um dos mais abrangentes e, com isso, um dos mais profundos conceitos. Em segundo, mesmo em contextos de relações horizontais, ressonância e reconhecimento não são o mesmo: enquanto o reconhecimento (sobretudo o reconhecimento jurídico) se permite fixar e acumular, o con-

---

8 Que aqui reside um reducionismo cultural extremo, antes que simplesmente uma desmistificação, é um argumento central para autores como Bruno Latour (2001) e Philippe Descola (2013). As ricas experiências de tradições culturais não europeias sustentam e confirmam essa suposição.

ceito de ressonância descreve um acontecer processual, sempre dinâmico, um encontro bilateral. Apesar de, como ainda veremos, eixos de ressonância – ao longo dos quais os sujeitos podem realizar experiências de ressonância – poderem se institucionalizar, a ressonância enquanto tal jamais se deixa institucionalizar ou fixar. Ela é, por assim dizer, aquilo que ocorre momentaneamente *entre* dois atores ou entidades, enquanto o reconhecimento pode ser unilateralmente perdido, por exemplo, no âmbito da admiração ou da estima social: o fato de que eu admire sua habilidade no basquetebol não é algo que exija reciprocidade. Mas até mesmo onde o reconhecimento é recíproco, ou deveria ser (como no amor ou na amizade), trata-se de algo que ocorre aos atores independente de reciprocidade entre cada um deles: *eu te reconheço, você me reconhece*. Enquanto isso, ressonância só se dá na condição de um *elo* dinâmico. Ressonância é aquilo que emerge *entre os atores*. O objetivo, ou o resultado desse elo é uma *transformação* mútua (motivo pelo qual gostaria de descrever relações de ressonância como *assimilação* [*Anverwandlung*] *do mundo e em relação a ele*), enquanto reconhecimento contém em si ao menos o risco de reificação ou fixação do dado enquanto tal (cf., por exemplo, Markell, 2003, ou Butler, 2001). Ainda mais: enquanto, em relação ao reconhecimento, pode-se lutar, uma *luta por ressonância* não tem nenhum sentido. Ao contrário, isto destruiria aquilo que busca atingir. Aqui nos deparamos com outra marca característica das relações de ressonância: a elas é inerente um momento do *indisponível*,[9] do

---

9 É preciso ter atenção na leitura do conceito de "indisponibilidade" [*Unverfügbarkeit*], pois sua conotação na língua corrente pode dificultar sua compreensão no sentido que Rosa adota. Derivado do adjeti-

*inacessível* [*Unverfügbar*] (Rosa, 2018). Jamais se pode forçar ou fazer surgir instrumentalmente ressonância. Ao mesmo tempo, não é apenas impossível prever se ela se criará sob determinadas circunstâncias; é ainda mais impossível assegurar-se de que ela *não* se criará sob circunstâncias distintas. Em suma, o conceito de ressonância não apenas amplia o conceito de reconhecimento em direção ao âmbito da intersubjetividade, mas modifica também o conceito do fundamento da relação humana (bem-sucedida) com o mundo.

Mais plausibilidade recebe o conceito de ressonância na medida em que o captamos como conceito-contraste, ou contraconceito, em relação a *alienação*. Tenho sempre insinuado tal perspectiva, e agora é tempo de solidificar tal afirmação. De fato, após sua fase de ápice, sobretudo nos anos 1970, o conceito de alienação fora relegado ao passado, pelo fato de não se poder mais distinguir o que é um estado de não alienação. Todos os candidatos para um contraconceito correspondente – verdadeira natureza do homem, autenticidade, particularidade, e também autonomia ou reconhecimento – foram tomados, na discussão política ou na teoria social, como duvidosos ou insuficientes. Prescindirei agora de mais uma vez discutir em

---

vo *unverfügbar*, indisponível, *Unverfügbarkeit* não significa apenas aquilo que não se encontra temporária ou espacialmente à mão, como uma mercadoria esgotada. É preciso lê-lo como referente àquilo *que não se põe à disposição*, que não se deixa tomar em sua inteireza, que se esquiva, que só entra em contato conosco de forma elusiva. Assim, a "indisponibilidade" é característica de um objeto que não se deixa ser subjugado, controlado, instrumentalmente reproduzido, que só é *parcialmente objeto*, isto é, que existe em si, e não para nós. Esse conceito é título da última obra de Rosa (2018). (N. T.)

detalhes os problemas aí concernentes (Rosa, 2016, cap.V.4), e proporei, em vez disso, conceituar *ressonância* como o *outro da alienação*. Compartilho com Michael Theunissen e Rahel Jaeggi a noção de que alienação pode ser compreendida como uma relação da insuficiência relacional [*Beziehung der Beziehungslosigkeit*] (Jaeggi, 2005). Alienação diz respeito, portanto, a um modo de relação no qual sujeito e mundo se colocam um ante o outro intrinsecamente desconectados, no qual a assimilação de um fragmento do mundo fracassa. Alienação pode ocorrer em todas as três dimensões (social, material ou existencial): podemos nos sentar à mesa de café da manhã com nossa família, por exemplo, e nos perguntar o que de fato temos a fazer com essas pessoas, além do fato de que devemos, talvez, nos preocupar com elas (ou de que elas devam nos assistir): *elas não significam nada para mim, e eu não os consigo tocar*. Da mesma forma, podemos nos perguntar, no local de trabalho, *o que (por Deus) estamos fazendo aqui*, mas também podemos fazer isso na missa, na trilha pela montanha ou no concerto. E, da mesma forma que podemos estar em ressonância com nossos corpos e nossos sentidos, podemos também nos estranhar com eles, de tal modo que os experienciamos como algo alheio, falso ou até mesmo hostil. Nesse modo de relação nos encontramos com o mundo (ou com um fragmento do mundo) como algo ou *indiferente* – ele não nos diz nada, cala-se para nós –, ou como algo hostil (*repulsivo*), isto é, como ameaça: essas duas facetas de estranhamento convergem num *gélido silêncio*. Nós nos deparamos com a mais radical manifestação dessa relação com o mundo na experiência do *burnout* ou da depressão, que se caracteriza pelo fato de o mundo se nos opor, como um todo, como algo paralisado, atônito, frio, pálido e silente, ao mesmo tempo que nos experienciamos a nós mesmos como vazios, mortos e desatados. Nesse estado, todos os eixos de ressonância cessam, entre nós e o mundo não se estende mais uma corda de ressonância. Também nossa capacidade de ser afetados e de empatia, bem como a crença em nossa autoefetividade, são, sob o estado depressivo, significantemente reduzidas (cf. Fuchs, 2000, p.62; e também Bandura, 1993, p.134).

Dessa maneira é possível reabilitar alienação como um conceito não essencialista: seu emprego não pressupõe que haja algo como uma "verdadeira natureza" ou uma "essência própria" do homem ou, ao menos, do indivíduo, a qual deva ser atingida. Significa apenas que, ao se olhar para as relações com o mundo encetadas pelos sujeitos, é possível distinguir entre relações "mudas" ou "ressonantes". É válido observar com isso que relações de ressonância não podem ser conceituadas como algo que se deva forçosa e culturalmente aprender: crianças, e até mesmo bebês, parecem ser desde o nascimento "aptos à ressonância"; eles desenvolvem suas relações consigo próprios e com o mundo através de vínculos de ressonância. Ao mesmo tempo, a capacidade de manter o mundo, ou, mais precisamente, fragmentos do mundo, a distância, bem como de reificá-los e, por assim dizer, "silenciá-los", se mostra como técnica cultural – eminentemente relevante, no entanto. Todas as culturas desenvolvem a habilidade de, dessa forma, reificar o mundo, de encontrá-lo de modo instrumental e manipulativo. Nesse sentido, "alienação" não é apenas um pressuposto central para o desenvolvimento da ciência e da técnica, ou para o emprego do direito segundo sua compreensão moderna, antes, apresenta-se como uma fase possivelmente inevitável do desenvolvimento da "voz própria" de um sujeito, especialmente durante a puberdade. Uma vez que se oriente pela origem acústica do conceito de ressonância, evidencia-se que um corpo (de um violão ou de um violino, por exemplo) só se torna capaz de ressonância na medida em que é suficientemente fechado: um objeto permeável, poroso, não pode ser levado a soar. Ao mesmo tempo, no entanto, ele deve ser suficientemente aberto para que se deixe "afetar", isto é, para que se deixe pôr em vibração: o corpo completamente fechado não ressoa de forma alguma.

Uma vez que se determinem, dessa forma, ressonância e alienação como modos opostos de relação com o mundo, a tentativa de definir alienação como experiência de impotência (isto é, como perda de autonomia) e perda de sentido revela-se insuficiente. Pois justamente as experiências de ressonância mais intensas se mostram como momento do tornar-se-arrebatado [*Überwältigtwerdens*] (ou de autotranscendência, cf. Joas, 1997), o que ocorre diretamente na contramão da ação autodeterminada. Quando pessoas se apaixonam, ou quando são profundamente tocadas por uma música, uma ideia ou uma experiência da natureza, frequentemente descrevem tais acontecimentos com o conceito de impotência [*Machtverlust*]: *não pude fazer nada a respeito, tive de me deixar levar* – e, ao mesmo tempo, os descrevem como momentos de uma relação bem-sucedida com o mundo, ou melhor: de uma *assimilação do mundo*, que antes põe fim do que conduz à alienação. Um tal tipo de fluidificação da relação com o mundo não tem de tanger, de forma alguma, ao nível das interpretações cognitivas: aquele que estava deprimido e se apaixona (por alguém, por uma música, por uma imagem ou por uma paisagem) não ganha uma nova imagem de mundo [*Weltbild*], mas uma nova relação com o mundo, que termina a depressão.

Contudo, pelo fato de que ressonância significa conceitualmente o encontro com um *outro* constitutivo, porque não significa uma relação de fusão ou de eco, na qual o sujeito só encontra a si mesmo, ressonância e alienação não constituem simplesmente um par opositor, antes, mostram-se como dialeticamente referidos um ao outro: o critério da indisponibilidade, da inacessibilidade [*Unverfügbarkeit*] e da *voz própria* do outro exige, ao menos, um resíduo do não assimilável, do indócil (Rosa, 2018). Não se pode confundir ressonância com *consonância* ou harmonia: ela não significa concordância ou fusão, antes significa *resposta*, e, enquanto tal, engloba constitutivamente contradição e dissonância.

Com isso, podemos resumir: ressonância diz respeito a um modo de relação com o mundo no qual sujeito e mundo "alcançam-se" mutuamente, de tal modo que uma relação responsiva, que produza efeitos transformativos, pois que *liquefaz* as já dadas relações do mundo, emerja. Em relações de ressonância, os sujeitos são tocados (afetados) por um *outro*, o qual os refere e lhes *diz* algo, ao mesmo tempo que respondem (emocional e fisicamente) e, com isso, experienciam-se como *autoeficazes*. *Indisponibilidade* revela-se uma característica constitutiva de uma tal relação: esta não se deixa ordenar politicamente, nem se criar instrumentalmente. Ressonância pode ocorrer sob condições desfavoráveis, bem como ausentar-se sob condições favoráveis. No entanto, todas as culturas dispõem de contextos institucionais específicos e de práticas sociais nas quais experiências de ressonância tornam-se prováveis. A elas gostaria de me voltar neste segundo passo.

*Aceleração*

> **Os quatro elementos centrais de uma relação de ressonância**
>
> 1. *Afetação*: a experiência de um "chamado" que vem de fora (de uma coisa, de uma pessoa, de uma ideia, de uma melodia ou mesmo de uma paisagem), pelo qual o sujeito sente-se internamente tocado, movido ou mesmo tomado.
> 2. *Autoeficácia*: ao contato segue-se uma *resposta* autoeficaz do sujeito, na qual este realiza a experiência de também conseguir, por sua vez, alcançar e mover o outro lado. Essa "resposta" possui frequentemente uma dimensão afetiva e física. Justamente através dela sente-se o sujeito vivaz, vinculado e capacitado para agir.
> 3. *Transformação*: como consequência de uma relação de responsividade ressonante, ambos os lados se convertem; sujeito e objeto não permanecem os mesmos. Ressonância provoca, assim, uma transformação dinâmica do eu e do mundo. Ela demanda que sujeito e mundo sejam suficientemente "fechados" ou consistentes, de modo a falarem com "voz própria", e suficientemente abertos, para que possam se afetar/alcançar e se transformar.
> 4. *Indisponibilidade*: ressonância é indisponível em dois sentidos: primeiramente, ela não pode, sob qualquer circunstância, ser imposta – seu surgir e sua duração são incertos. Por fim, relações de ressonância são constitutivamente imprevisíveis em relação a seus resultados: o que deriva da transformação não se deixa antever.

*2) Crítica social como crítica das relações de ressonância*

A concepção de ressonância reivindica não apenas pôr à disposição da crítica social conceitos de negação, dignos de sua criticidade, como o fazem as concepções de alienação ou reificação, e sim opor a essas concepções ao menos o vago contorno de algo positivo, que seja suficientemente aberto para fazer jus à incontornável pluralidade das substantivas concepções éticas e culturais de bem. Minha esperança é que o conceito de ressonância possa honrar tais condições, pois que deixa em aberto em qual direção e com o que podem as pessoas realizar experiências de ressonância – o conceito implica apenas que elas buscam e necessitam de relações de ressonância com o mundo. Para que se possa trabalhar com esse conceito sociocriticamente, bem como para realizar uma análise empírica das condições de ressonância, é indispensável diferenciar entre experiências de ressonância, eixos de ressonância e esferas de ressonância, por um lado, e ressonância enquanto atitude disposicional, por outro. *Experiências de ressonância* são continuamente momentâneas, são eventos que não se põem à disposição; não podem ser controladas em sua duração. No entanto, as pessoas realizam essas experiências, geralmente, ao longo de *eixos de ressonância* mais ou menos estáveis. Na cultura ocidental moderna a ópera ou festivais de rock, por exemplo, podem constituir tal eixo para muitas pessoas. Outras buscam e encontram ressonância em trilhas pelas montanhas, na floresta ou na horta, enquanto outros ainda na missa ou no culto. Afinal, arte, natureza e religião constituem características esferas de ressonância (vertical ou existencial) na Modernidade (Rosa, 2016, p.435-515). Eixos de ressonância denotam, nesse sentido, relações individualmente distintas, com relativa estabilidade temporal, entre um sujeito e um determinado fragmento do mundo. Assim, duas pessoas desejam dispor de eixos musicais de ressonância, mas uma delas os estabelece sobretudo em relação à música dodecafônica de Schönberg, enquanto a outra os encontra no samba de gafieira – cada uma mantém-se "surda" ao eixo de ressonância da outra. Todavia, a constituição desses eixos é especialmente possível e provável porque a arte, e sobretudo a música em si, tornaram-se *esferas de ressonância* típicas na Modernidade. Em incontáveis narrativas, instituições e rituais essa cultura produz uma sensibilidade especial para a ressonância no campo das práticas e experiências estéticas. *Esferas de ressonância* representam, nesse sentido, zonas de experiência coletiva. No entanto, não encontramos tais esferas de ressonância apenas no âmbito da estética: da mesma forma, o trabalho (remunerado) representa para muitas pessoas hoje um eixo central de ressonância na vida; nele, elas não se sentem apenas intensamente vinculadas a outras pessoas (colegas ou clientes, por exemplo), mas também ao mundo enquanto materialidade, que a elas se opõe, cria resistência, a elas fala com voz própria, mas que também se permite moldar por elas. Uma tal "relação responsiva" pode se constituir entre a padeira e a farinha, entre o jardineiro e as plantas, a jornalista e o texto, professores e crianças etc. Quando hoje a Sociologia do Trabalho afirma que um número cada vez maior de trabalhadores se queixa de não "poder mais fazer bem" seu trabalho, pode-se identificar aí a causa do problema no fato de que a pressão temporal, a compulsão à otimização e o controle de qualidade se tornaram uma camisa de força, com a qual relações de ressonância, no sentido de processos de assimilação transformativa, não podem mais se constituir. Mas também a família (nuclear) constitui uma esfera elementar de ressonância na Modernidade: ela é culturalmente concebida como uma esfera do encontro verdadeiro e amoroso entre seus membros, e, com isso, como um oásis de ressonância em um mundo mudo e "hostil" de concorrência capitalista. O fato de que essa promessa de ressonância dificilmente se cumpre é uma outra história (cf. Illouz, 2018).

Que as pessoas, além disso, só realizam experiências de ressonância, por regra, quando adotam elas próprias uma atitude "disposicional" sensível à ressonância, isto é, quando estão dispostas a se deixar envolver por um modo de ressonância, tem sua razão de ser. Como expus, ressonância implica uma abertura para o mundo, a qual pressupõe a disposição a escutar uma outra voz (incitada) e por ela deixar-se tocar. Essa disposição engloba fazer-se suscetível e aceitar o risco de se modificar [*verwandeln*] e se tornar outro [*verändern*], sem que se possa dizer o que derivará dessa transformação. Justamente isto deve ser indicado com o conceito de indisponibilidade e de assimilação. Ressonância disposicional, ou disposição à ressonância, não constitui, ou apenas dificilmente, aquele que experiencia o mundo enquanto algo desprezado ou hostil, pois um mundo hostil à frente anuncia fechamento e disposição ao conflito (Rosa, 2018, p.11-20). Nesse sentido, o estranhamento disposicional pode ser resultado de uma experiência falha de autoeficácia: aquele que, graças a seus predicados biográficos, parte do princípio de que o mundo ou os "outros" não são *alcançáveis*, antes, de que deva opor-se e defender-se contra eles, dificilmente conseguirá ser bem-sucedido em um modo de ressonância.

Uma crítica social tal qual tentei desenvolver aqui deve, portanto, se perguntar como se constituem as condições de socialização que permitem aos indivíduos tornar, enquanto modo-base de sua relação individual com o mundo, uma ressonância disposicional ou um estranhamento disposicional, isto é, uma atitude reificante, agressiva em relação ao mundo. Muitas evidências apontam para o fato de que as instituições educacionais das sociedades ocidentais são compostas de tal modo que as possibilidades e habilidades para a assimilação do mundo distribuem-se desigualmente. Assim, elas permitem e possibilitam às crianças pertencentes às camadas educadas a constituição de diversas ressonâncias sociais, materiais e existenciais, de modo que essas crianças "fazem falar" fragmentos do mundo. Ao mesmo tempo, as provenientes das assim chamadas camadas deseducadas são obrigadas, em todas as três dimensões, a um modo de relação muda e estranhada com o mundo (em detalhes, Rosa, 2016, cap.VIII.3).

Uma crítica das condições de ressonância deve também, no entanto, trazer ao olhar a feitura institucional das esferas operacionais da sociedade, bem como as práticas nelas dominantes. Onde quer que estas sejam organizadas sobre uma base concorrencial, é inevitável que haja a dominância de uma disposição reificada à eficiência e otimização: não se pode, ao mesmo tempo, concorrer e ressoar com alguém. Ainda mais, como tentei deixar claro no presente livro, medo, estresse e pressão temporal são, por excelência, "algozes da ressonância": eles impõem um fechamento disposicional contra qualquer coisa que não seja voltada a um fim predefinido e diminuem sistematicamente uma disposição à empatia. A reconstrução neoliberal da economia mundial e da sociedade intensificou ainda mais essa constituição institucional. Segundo minha observação, isto conduziu a uma dicotomização da práxis da vida: as pessoas sentem-se em suas vidas cotidianas, e nas esferas sociais dominantes – no âmbito da ciência e da economia, da assistência e da formação, do direito e da política –, lançadas sob os imperativos de uma lógica de aumento reificada – a roda de *hamster* – e procuram, sobretudo em sua vida privada e em situações extraordinárias, opor a esses imperativos enclaves de ressonância. Assim, elas sonham com suas férias nas praias do Pacífico Sul, nas quais esperam estar no mundo de forma "completamente diferente" daquela com a qual estão no trabalho ou no supermercado; mas também sonham com o concerto de sexta-feira à noite, para o qual pagaram caros ingressos, ou com o passeio pela floresta no domingo de manhã. A práxis ritual da sociedade moderna concebe tais contextos como "puros ancoradouros de ressonância", os quais nenhuma coação alienante ou reificante deve perturbar. Também os difundidos movimentos e ideologias de "desaceleração", bem como as iniciativas *slowfood* e as tendências de *mindfulness*, não são realmente motivadas pela promessa da lentidão enquanto tal, e sim pelo anseio de encetar uma outra relação com o mundo e com o próprio eu que não seja apenas a do modo de otimização. Claro, este ir e vir entre um modo cotidiano "mudo", caracterizado por relações reificadas com o mundo, no qual nada se nos dirige e no qual não conseguimos mais ser "tocados", antes, no qual nos opomos com estranhamento à natureza, às ferramentas, às pessoas, às coisas e, por fim, a nós mesmos, e um modo profundamente "receptivo", o qual objetiva produzir, como quer que seja, harmonia e melodia, não permitindo, consequentemente, ressonância no sentido do encontro com um *outro*, e dificilmente permitindo experiências de intervenção autoeficaz sobre o mundo – enfim, este ir e vir conduz antes a cansativas simulações de ressonância do que a formas ressonantes do estar-no-mundo. E tem por consequência o fato de que experiências de alienação, no sentido de um emudecimento do mundo, superam continuamente a si mesmas.

Uma crítica social orientada pelo conceito de ressonância deve visar fazer das práticas cotidianas e também das instituições dominantes algo mais sensível à ressonância, de tal modo que, por exemplo, a relação social com a natureza possa se constituir sobre uma nova base. Essa relação é marcada e cindida pelas condições do modo moderno de aumento, de forma que a natureza é, por um lado, extremamente reificada pela ciência, pela técnica e pela economia (como no campo da indústria extrativista) e, por outro, tomada como esfera "pura" (e romantizada) de ressonância. Segundo minha percepção, a solução do assim chamado "problema ecológico" se encontra no seguinte ponto: um lidar com a natureza mais sensível à ressonância permite também seu uso e sua reificação, mas não os impõe, e, ao mesmo tempo, institucionaliza os dois lados das condições com as quais nos relacionamos com a natureza. O conceito de ressonância não é, por si só, a solução para a patologia moderna do aumento, mas pode, assim espero, como um fio orientador, servir à busca por uma saída.

## Referências bibliográficas

BANDURA, Albert. Perceived Self-Efficacy in Cognitive Development and Functioning. *Educational Psychologist*, v.28, p.117-48, 1993.

BUDE, Heinz. *Die Ausgeschlossenen*: Das Ende vom Traum einer gerechten Gesellschaft. München: Hanser, 2010.

BURISCH, Matthias. *Das Burnout-Syndrom Theorie der inneren Erschöpfung*. Heidelberg: Springer Medizin, 2006.

BUTLER, Judith. *Psyche der Macht*: Das Subjekt der Unterwerfung. Frankfurt am Main: Suhrkamp, 2001.

CASTEL, Robert; DÖRRE, Klaus. *Prekarität, Abstieg, Ausgrenzung*: Die soziale Frage am Beginn des 21. Jahrhunderts. Frankfurt am Main; New York: Campus, 2009.

DESCOLA, Philippe. *Jenseits von Natur und Kultur*. Berlin: Suhrkamp, 2013.

DÖRRE, Klaus; LESSENICH, Stephan; ROSA, Hartmut. *Soziologie – Kapitalismus – Kritik*: Eine Debatte. Frankfurt am Main: Suhrkamp, 2009.

DÖRRE, Klaus; SAUER, Dieter; WITTKE, Volker (Orgs.). *Kapitalismustheorie und Arbeit*: Neue Ansätze soziologischer Kritik. Frankfurt am Main: Campus, 2012.

FUCHS, Thomas. *Leib, Raum, Person*: Entwurf einer phänomenologischen Anthropologie. Stuttgart: Klett-Cotta, 2000.

FULDA, Daniel; ROSA, Hartmut. Die Aufklärung – ein vollendetes Projekt? Für einen dynamischen Begriff der Moderne. In: *Zeitschrift für Ideengeschichte* V/4, 2011, p.111-8.

GERGEN, Kenneth J. *The Saturated Self*: Dilemmas of Identity in Contemporary Life. New York: Basic Books, 2000.

GROYS, Boris. *Über das Neue*: Versuch einer Kulturökonomie. München: Hanser, 1992.

HARVEY, David. *The Condition of Postmodernity*: An Enquiry into the Origins of Cultural Change. Oxford: Blackwell, 1990. [Ed. bras.: *A condição pós-moderna*. São Paulo: Loyola, 1992.]

HONNETH, Axel. *Kampf um Anerkennung*: Zur moralischen Grammatik sozialer Konflikte. Frankfurt am Main: Suhrkamp, 1992. [Ed. bras.: *Luta por reconhecimento*. São Paulo: Editora 34, 2003.]

ILLOUZ, Eva. *Warum Liebe endet*: Eine Soziologie negativer Beziehungen. Berlin: Suhrkamp, 2018.

JAEGGI, Rahel. *Entfremdung*: Zur Aktualität eines sozialphilosophischen Problems. Frankfurt am Main; New York: Campus, 2005.

JASPERS, Karl. *Von der Wahrheit*. München: Piper, 2001.

JOAS, Hans. *Die Entstehung der Werte*. Frankfurt am Main: Suhrkamp, 1997.

KIMMICH, Dorothee. *Lebendige Dinge in der Moderne*. Paderborn: Konstanz University Press, 2011.

LATOUR, Bruno. *Das Parlament der Dinge*: Für eine politische Ökologie. Frankfurt am Main: Suhrkamp, 2001.

MARKELL, Patchen. *Bound by Recognition*. Princeton: Princeton University Press, 2003.

MARX, Karl; ENGELS, Friedrich. Manifest der Kommunistischen Partei [1848]. In: *Marx-Engels Werke*. v.4. Berlin: Dietz, 1986. p.34-43. [Ed. bras.: *Manifesto comunista*. São Paulo: Boitempo, 1998.]

MERLEAU-PONTY, Maurice. *Das Sichtbare und das Unsichtbare.* München: Fink, 1986. p.209. [Ed. bras.: *O visível e o invisível.* São Paulo: Perspectiva, 1964.]

NECKEL, Sighard; WAGNER, Greta (Orgs.). Erschöpfung als "schöpferische Zerstörung". Burnout und gesellschaftlicher Wandel. In: *Leistung und Erschöpfung*: Burnout in der Wettbewerbsgesellschaft. Berlin: Suhrkamp, 2013. p.203-18.

NIL, Rico et al. Burnout – eine Standortbestimmung. *Schweizer Archiv für Neurologie und Psychiatrie*, v.161, p.72-7, 2010.

ROSA, Hartmut. The Speed of Global Flows and the Pace of Democratic Politics. *New Political Science*, v.27, p.445-59, 2005.

_____. Wettbewerb als Interaktionsmodus. Kulturelle und Sozialstrukturelle Konsequenzen der Konkurrenzgesellschaft. *Leviathan, Zeitschrift für Sozialwissenschaft*, v.34, p.82-104, 2006.

_____. Modernisierung als soziale Beschleunigung – kontinuierliche Steigerungsdynamik und kulturelle Diskontinuität. In: BONACKER, Thorsten; RECKWITZ, Andreas (Orgs.). *Kulturen der Moderne*: Soziologische Perspektiven der Gegenwart. Frankfurt am Main; New York: Campus, 2007. p.140-72.

_____. Von der stabilen Position zur dynamischen Performanz. Beschleunigung und Anerkennung in der Spätmoderne. In: FORST, Rainer; HARTMANN, Martin; JAEGGI, Rahel; SAAR, Martin (Orgs.). *Sozialphilosophie und Kritik.* Frankfurt am Main: Suhrkamp, 2009. p.655-71.

_____. *Resonanz*: Eine Soziologie der Weltbeziehung. Berlin: Suhrkamp, 2016.

_____. *Unverfügbarkeit.* Wien und Salzburg: Residenz Verlag, 2018.

_____; STRECKER, David; KOTTMANN, Andrea. *Soziologische Theorien.* Konstanz: UVK, 2007.

SCHEUERMAN, William E. *Liberal Democracy and the Social Acceleration of Time.* Baltimore; London: Johns Hopkins University Press, 2004.

WEBER, Max. *Die protestantische Ethik und der Geist des Kapitalismus*: Eine Aufsatzsammlung [1905]. Org. Johannes Winkelmann. Gütersloh: Gütersloher Verlagshaus, 1991. [Ed. bras.: *A ética protestante e o espírito do capitalismo.* São Paulo: Companhia das Letras, 2004.]

ZAPF, Wolfgang. Modernisierung und Modernisierungstheorie. In: _____ (Org.). *Die Modernisierung moderner Gesellschaften*. Frankfurt am Main; New York: Campus, 1990. p.23-39.

## À guisa de prefácio

Antigamente, antes da invenção da tecnologia, se Paciêncio, de Kairos, quisesse enviar uma mensagem a seu amigo Ephêmerus em Chronos, que também ficava no Reino de Utêmpia (era um tempo no qual já não se fazia mais tão exatamente a distinção entre morfemas gregos e latinos), teria que percorrer penosamente o caminho até lá a pé, para o que necessitaria de seis horas, ou, com o burro, de três horas e meia. Em ambos os casos, Paciêncio incorreria em grande carência de tempo [Zeitnot], pois não poderia estar de volta antes do almoço, ou, caso saísse logo após o almoço, teria que pernoitar em Chronos, o que causaria não apenas conflito com sua mulher, como também a perda de um dia inteiro de trabalho. Hoje, porém, Paciêncio pegou sorridente o telefone, transmitiu a mensagem a Ephêmerus e conversou um pouco sobre o tempo, depois do que fumou confortável e comodamente um cachimbo, alimentou o gato, trabalhou por meia hora e, por fim, preparou o almoço junto de sua mulher — para isso utilizam geralmente o microondas.

E sim, o trabalho também não era mais como antigamente. Antes da introdução da tecnologia, ele trabalhava o dia inteiro com os livros que, como copiador municipal, tinha que reproduzir. Caso fosse um volume grosso, não teria conseguido, nem sequer uma vez, chegar ao fim da obra após um dia de trabalho. Hoje, ao contrário, Paciêncio calmamente ligou a copiadora pela *manhã, bebeu uma xícara de café até que a máquina estivesse pronta para o funcionamento e copiou o modelo dez, vinte vezes, de acordo com a demanda atual de cópias em Kairos, sem gastar mais que vinte minutos. Depois foi à praia nadar. À tarde, Paciêncio nem trabalhou mais.*

*Finalmente ele tinha tempo para se sentar no jardim, conversar com sua mulher, tocar música, filosofar ou até para ler os livros copiados, caso fossem interessantes. Era maravilhoso poder gozar a vida sem carência de tempo nem compromissos* [Zeit-und Terminnot]. *Se quisesse ter uma foto de sua mulher, de seu gato ou do pôr do sol no mar para legar como recordação a seus bisnetos, era só pegar sua câmera digital na sala e apertar um botão — com uma fantástica precisão de detalhes a foto surgia da impressora após alguns instantes, não era mais preciso incumbir seu amigo, o pintor Aeternus, que antigamente pincelava por horas e nunca tinha tempo livre, enquanto Paciêncio tinha que segurar o gato com paparicos e, por vezes, até com alguma violência. No entanto, Paciêncio agora raramente sentia vontade de fixar alguma coisa em foto para desfrutá-la mais tarde ou legá-la ao mundo futuro.*

*Quisesse ele, quando lá fora as noites tornavam-se frias, ter um confortável aquecimento dentro de casa, não precisava ir à floresta apanhar lenha para em seguida acendê-la trabalhosamente e, ainda assim, poder gozar do calor apenas por um tempo limitado. Ele simplesmente ligava o aquecedor, conectado às turbinas eólicas na praia, e literalmente com um girar da mão a sala se aquecia como numa suave tarde de verão. Paciêncio estava feliz e se sentia afortunado — ele tinha ganhado tempo, quase um tempo inesgotável, e o curioso é que agora não era mais assaltado, como antes sempre era, pela desconfortável sensação de tédio. Ele finalmente encontrou, como diriam as pessoas antigamente, a bonança* [Muße]. *A abundância de tempo e a imensurável tranquilidade haviam feito dele um novo homem e de Utêmpia uma nova sociedade.*

Assim – ou de forma parecida – poderíamos imaginar um mundo no qual um sonho da promessa da tecnologia, que perdurou século XX adentro, tenha se tornado realidade; um mundo que tivesse se livrado das amarras da escassez de tempo e da pressa, que tivesse se emancipado do tempo e o transformado de bem escasso em bem abundante.

Que a moderna eficiência tecnológica e econômica produzirá tal sociedade "utêmpica" é uma convicção da qual os advogados do progresso técnico-econômico quase nunca duvidaram e que ainda se encontra, por exemplo, em Ludwig Erhard.[1] "Esperávamos sempre que um dos resultados benéficos da prosperidade econômica [propiciada pelo progresso técnico, H. R.] seria um estilo de vida tranquilo e harmonioso, uma vida na Arcádia", observa com precisão o economista sueco Staffan B. Linder.[2] O filósofo inglês Bertrand Russel defende em sua obra de 1932, *Elogio ao ócio*, a opinião de que essa sociedade arcádico-utêmpica já estaria em princípio estabelecida, sua completa concretização seria impedida meramente por um *éthos* irracional ("protestante") de trabalho.[3] Até mesmo em 1964, a revista americana *Life* alertava para um excesso massivo de tempo, iminente na sociedade moderna, que traria consigo problemas psicológicos graves: "Americans Now Face a Glut of Leisure – The Task Ahead: How to Take Life Easy" era a manchete da edição de 21 de fevereiro daquele ano.[4]

Nossa sociedade de hoje se assemelha à cidade "utêmpica" de Kairos em diversos aspectos – e é, por outro lado, radicalmente diferente dela. Mas por qual motivo? "A velocidade

---

[1] Ver Erhard, 1997.
[2] Linder, 1970, p.1
[3] Russel, 1935.
[4] "Os americanos enfrentam agora um excedente de tempo – O desafio para o futuro: como levar uma vida tranquila". Putnam, 1997, p.XIII.

da vida aumentou" e, com ela, o estresse, a pressa e a falta de tempo, é o que se ouve reclamar por toda parte – embora nós, exatamente como em Kairos, possamos, através da aceleração, ganhar enormes quantidades de tempo em quase todos os campos da vida social com ajuda da tecnologia: *Não dispomos de tempo, embora o ganhemos em abundância.* Explicar esse imenso paradoxo do mundo moderno e seguir o rastro de sua lógica oculta são os objetivos deste livro.

Para tanto é necessário, segundo a tese que guia este trabalho, decifrar a *lógica da aceleração*. Uma suposição aproximada, dentro do contexto da história introdutória, é a de que o tempo que Paciêncio ganha é novamente perdido, já que a copiadora, a máquina fotográfica e o aquecedor, com os quais ele economiza tempo, precisam primeiramente ser produzidos e adquiridos. Supondo que também em Kairos haja produção por divisão de trabalho, Paciêncio tem que reproduzir, após a "descoberta" da técnica, proporcionalmente mais livros que antes (o que pressupõe, por sua vez, que a *demanda* de livros em Utêmpia também tenha crescido correspondentemente). Dessa forma, a administração do tempo, apesar da promessa da tecnologia, poderia ter se transformado em um jogo de soma zero (ou até mesmo de soma negativa): os moradores de Utêmpia precisariam do mesmo tanto, ou talvez até de mais tempo para produzirem e conseguirem adquirir os aparelhos economizadores de tempo do que o tempo que com eles economizam. Isto remete àquela história, já contada em diversas variantes e lugares, do pescador e do empresário de sucesso:[5]

---

[5] Cuja versão mais conhecida é sem dúvida a *Anedota para a diminuição da moral do trabalho* escrita por Heinrich Böll em 1963.

*Aceleração*

*Em uma longíngua zona rural do sul da Europa, um pescador está sentado à beira da praia pescando com uma velha vara de pesca tradicional. Um rico empresário, passeando sozinho de férias no litoral, observa o pescador por algum tempo, balança a cabeça e vai falar com ele. Pergunta por que ele pesca ali, sendo que mais adiante, nos recifes, ele poderia com certeza duplicar seu produto. O pescador o olha espantado. "Pra quê?", pergunta sem entender. Ora, os peixes a mais ele poderia vender no mercado da próxima cidade e com o lucro comprar uma vara de pesca de fibra de vidro e isca especial de alta eficiência. Assim, a porção diária de pescado poderia facilmente ser duplicada. "E depois?", pergunta o pescador, ainda sem entender. Depois, retruca o empresário já quase impaciente, ele logo poderia comprar um barco, velejar até águas profundas e pegar dez vezes mais peixes, de forma que ficaria, em pouco tempo, rico o suficiente para poder adquirir um barco arrastão de última geração! O empresário está radiante, empolgado com sua visão. "Sim", diz o pescador, "e o que eu faço depois?". Então, devaneia o empresário, ele logo dominaria a pesca em toda a costa, podendo assim deixar que uma frota pesqueira inteira trabalhasse por ele. "Aham", replica o pescador, "e o que eu farei, se eles trabalharem por mim?". Bom, então ele poderia ficar o dia todo sentado na beira da praia aproveitando o sol e pescando. "Sim", disse o pescador, "isso é o que eu já estou fazendo".*

Claro que essa história é deveras ingênua. Ela sugere que o altamente improvável auge da sôfrega história de desenvolvimento [*Entwicklungsgeschichte*] que o empresário quer tornar atraente para o pescador seja igual ao ponto inicial; que o pescador, no fim das contas, mesmo tendo sucesso, nada ganhou. O empresário aparenta ser uma vítima evidente do "*éthos* protestante de trabalho" lastimado por Russell: o trabalho se torna um mero fim em si mesmo, o caminho do estado inicial até o resultado final é um jogo de soma zero – na melhor das hipóteses. Mas claramente a história, de fato, *não* é circular: os pontos inicial e final são apenas aparentemente idênticos; na realidade eles são extremamente distintos. O pescador *tem que* pescar, porque assim ele garante sua subsistência e porque não possui alternativa; o rico empresário, ao contrário, *pode* pescar, mas pode também fazer milhares de outras coisas. *A ampliação do horizonte de possibilidades* é, portanto, um elemento essencial da "promessa da aceleração". Através disso modifica-se também, imperceptivelmente, a natureza do pescar na praia. O empresário está ciente de que poderia estar fazendo várias outras coisas, as quais deixa de fazer enquanto pesca: o passeio de barco, a inauguração do campo de golfe, a viagem à próxima atração turística... Caso o empresário seja, em seu sossego de pescaria, perturbado por essa consciência, ele nos faria ocorrer algo bastante familiar, embora em nada menos insensato: trata-se do medo de perder alguma coisa, o que o impede de "estar no mundo" da mesma maneira como o pescador (idealizado) está.

No entanto, seu medo de perder alguma coisa não possui raízes meramente hedonísticas, mas também razões empreendedorísticas.

*Enquanto o empresário pesca na praia, a concorrência desenvolve novos e melhores navios, amplia seus direitos de pesca, contesta seu monopólio na costa — e está dessa forma sempre ali, prestes a arruinar sua pescaria sossegada. Simultaneamente, modificam-se as tarifas do seguro de saúde, da companhia telefônica e da energia elétrica, tanto da sua empresa quanto da sua residência; e as condições de fundo* [Anlagebedingungen], *ante as quais ele gerencia sua riqueza, também estão mudando. Talvez ele devesse dar mais atenção a elas em vez de, esquecido do tempo, pescar — caso contrário, pode ser que amanhã ele não possa mais pescar. Ele também precisa urgentemente de novas roupas, pois o que está vestindo saiu de moda há dois anos, seus óculos de sol não atendem às mais recentes normas de proteção contra a radiação solar, são prejudiciais à saúde. Seus amigos se mudam constantemente – talvez fosse melhor ir para casa e ligar para eles, antes que os perca de vista. Agora nas férias ele finalmente teria tempo para isso. E sua mulher nos últimos tempos tem chegado cada vez mais tarde em casa – talvez ela pretenda deixá-lo. Não, ele não deveria ficar sentado na praia pescando enquanto o mundo à sua volta velozmente se modifica. (Seu computador está tão velho que já nem consegue carregar o mais novo software, com o qual ele queria organizar endereços! Tornou-se trabalhoso demais transcrever as mudanças de residência, telefone, celular, fax e e-mail manualmente. O caderno de telefones, de tanto ser sobrescrito, tornou-se ilegível e desmanchado).*

Enquanto está sentado na praia querendo pescar com tranquilidade, o empresário tem a sensação de estar sobre um, ou melhor, vários declives escorregadios, de estar numa escada rolante descendente – ele deverá começar a correr se quiser manter sua posição, caso pretenda *se manter atualizado*. Não apenas a "promessa da aceleração", mas também a alta dinâmica do seu meio técnico, social e cultural, que se tornaram complexos e contingentes em escala crescente, elevam a velocidade de sua vida e o conduzem à escalada [*Steigerung*]. Desse modo, também a segunda resposta à parábola do pescador se revela ingênua: o empresário rico não *pode* simplesmente pescar como o *tem que* fazer o pescador pobre. Ele até pode conscientemente tirar um tempo livre e *dar-se ao luxo* de gozar uns dias, raramente semanas, na praia (sem celular, internet e TV), porém paga um preço por sua estadia no "oásis de desaceleração" – o que o pescador fazia por falta de recursos assemelha-se a um luxo para ele – já que, quando voltar, o mundo terá mudado e ele precisará recuperar o atraso – ou se conformar com o retrocesso. E essa consciência deixa claro que entre o princípio e o final da história não apenas o mundo social se modificou, como também a própria personalidade do empresário pescador. Ao fim do processo, ele "está no tempo" de uma forma diferente da do princípio. Ele tem uma concepção diferente da relação entre futuro, presente e passado: o mundo futuro do empresário é radicalmente diferente do seu passado, enquanto o pescador, assim como Paciêncio, da primeira história, sabe, a partir de sua experiência do passado, com o que contar no futuro. Horizonte de expectativa e espaço de experiência são para o pescador amplamente congruentes, enquanto para o empresário são extremamente distintos. Ele possui um sentimento diferente em relação à passagem [*Verstreichen*] do tempo, bem como outra representação do valor do tempo.

No caso de o nosso protagonista ser um empresário de caráter tradicional (e seu calculismo nos leva a essa conclusão), ele se encontrará em estresse temporal em maior proporção. Tentará manter o controle de sua vida e de sua empresa (e das mudanças sociais que lhe sejam relevantes), além de planejar cuidadosamente futuros desenvolvimentos. No entanto, quanto mais dinâmico seu meio se torna, quanto mais complexas e contingentes suas cadeias de acontecimentos e seus horizontes de possibilidades se afiguram, tanto mais difícil será manter o planejamento. Daí, talvez nosso empresário se transforme mais uma vez: ele renunciará à sua pretensão de controle e direção e se tornará um "jogador", que se deixa levar pelos acontecimentos. *Se a concorrência tiver desvalorizado meus navios depois de amanhã abrirei um cassino ou escreverei um livro, viajarei para a Índia à procura de um guru, ou iniciarei um curso universitário. Quem sabe? Não preciso decidir isso hoje, vai depender de como me sentirei depois de amanhã e daquilo que me será oferecido. O mundo é cheio de chances e possibilidades inesperadas.*

*Aceleração*

Assim, ele se assemelhará de novo, em alguns aspectos, ao pescador, que também não tentava modificar o futuro de forma planejada e em longo prazo. Talvez até reconquiste um momento de sossego. Porém, o ambiente do jogador permanece altamente dinâmico – horizonte de expectativa e horizonte de experiência continuam separados. Por isso, o jogador (tardo--moderno) está *no tempo* e *no mundo* tanto de uma forma distinta da do pescador (pré-moderno) quanto da do empresário (clássico-moderno).

O tipo e a maneira de nosso *estar no mundo* [*In-der-Welt-Sein*], assim gostaria de mostrar na investigação que se segue, depende em grande medida das estruturas de tempo da sociedade em que vivemos. A pergunta sobre como queremos viver iguala-se em sentido à pergunta sobre *como queremos despender nosso tempo*, embora a qualidade do "nosso" tempo, seus horizontes e estruturas, sua velocidade e seu ritmo não estejam, ou estejam apenas em pequena medida, ao nosso alcance. Estruturas de tempo são de natureza coletiva e de caráter social; elas sempre confrontam os atores individuais em sólida facticidade. As estruturas temporais da Modernidade, como será demonstrado, estão sobretudo sob o signo da *aceleração*. A aceleração de processos e acontecimentos é um princípio básico da sociedade moderna. Como as duas histórias contadas deixam claro, as causas e efetuações [*Wirkunsweisen*] desse princípio são, no entanto, extraordinariamente diversas, complexas e, até o momento, paradoxais. Os protagonistas são confrontados não com uma, mas com três diferentes formas de aceleração: primeiramente com a *aceleração técnica*, que, vista de uma perspectiva lógico-abstrata, como ilustra a história de Kairos, deveria ter um efeito *desacelerador* sobre o ritmo da vida. No entanto, a *aceleração do ritmo da vida* constitui de fato uma segunda forma de aceleração social, paradoxal em relação à aceleração técnica que, como mostram as reflexões sobre o dilema do empresário, está possivelmente associada a uma terceira forma fenomênica analítica e independente de aceleração social: *a aceleração dos índices de mudança social e cultural*. A complexa interação dessas formas de aceleração, como quero demonstrar, é responsável pelo surgimento, no lugar do sonhado estado utêmpico de abundância temporal [*Zeitwohlstand*], de um crescente e agravante estado de carência temporal [*Zeitnotstand*] na realidade das sociedades ocidentais; uma *crise de tempo*, que coloca em questão as tradicionais formas e possibilidades, individuais e políticas, de capacidade organizativa [*Gestaltungsfähigkeit*]. Essa escassez de tempo levou à disseminação da percepção de um *tempo de crise* social, no qual se propaga o sentimento paradoxal de que, por trás da permanente reconfiguração dinâmica das estruturas sociais, materiais e culturais na "sociedade da aceleração", esconde-se, na realidade, uma profunda estagnação estrutural e cultural, uma inertificação da história, na qual *nada* mais *de essencial* se modifica, independentemente da velocidade em que se modificam as superfícies. Novos modelos de identidade e novos arranjos sociopolíticos, adaptados às novas estruturas temporais, são perfeitamente imagináveis – exigem, no entanto, essa a tese dessa investigação, a renúncia às mais profundas convicções éticas e políticas da Modernidade, a renúncia ao (então falido) "projeto da Modernidade".

A redação de uma tese de habilitação e em seguida de um manuscrito para um livro é, em muitos aspectos, também uma luta com o tempo e o relógio. O fato de tê-lo conseguido concluir de forma, como espero, aceitável, agradeço a um grande número de amigos, conselheiros, parceiros de discussões e acompanhantes que me apoiaram de diferentes formas e contribuíram consideravelmente para os pontos fortes do livro – pelos pontos fracos ainda restantes assumo sozinho a responsabilidade. Gostaria de citar primeiramente Hans-Joachim Giegel, Klaus Dicke e Axel Honneth que, como examinadores, mas também, muito além disso, como parceiros de discussão e críticos de três diferentes perspectivas disciplinares, tiveram parte no aperfeiçoamento da minha argumentação e sempre me encorajaram e me mantiveram longe dos enganos no percurso do trabalho. Isso vale também para Herfried Münkler, que me apoiou incomensuravelmente em especial na primeira fase de esboço do projeto e que disponibilizou um valioso fórum de discussões em seu colóquio de pesquisa. Devo a ele, portanto, um agradecimento especial.

Sugestões e opiniões valiosas recebi de mais colegas do que poderia mencionar. Tenho uma obrigação de caráter especial com a Graduate Faculty da New School University de Nova York, na qual, através da minha bolsa de pesquisa Feodor-Lynen, concedida generosamente pela Fundação Alexander von Humboldt, pude trabalhar sem incômodos (à parte de acontecimentos políticos mundiais) de setembro de 2001 a agosto de 2002. A Andrew Arato, Richard Bernstein e Nancy Fraser devo sinceros agradecimentos. William Scheuerman, por conta da proximidade temática de nossos trabalhos, foi um parceiro de conversas extraordinariamente importante – além de um bom amigo. O mesmo vale para Manfred Garhammer. De Hanns--Georg Brose, Barbara Adam e Martin Kohli recebi importante ajuda profissional. Desejo ainda agradecer aos meus colegas de

Jena, Michael Beetz, Michael Behr, Robin Celikates, Klaus-M. Kodalle, Jörn Lamla, Lutz Niethammer, Mike Sandbothe, Rainer Treptow e, em particular, Ralph Schrader e Andrea Kottmann. A André Kaiser, que foi para mim um conselheiro imprescindível em todas as decisões profissionais. Ao lado da Fundação Humboldt quero agradecer à Fundação Körber por seu apoio ao meu trabalho e pela excelente colaboração.

Stefan Amann, Jörn Arnecke, Elisabeth Herrmann, James Ingram, Christian Kraus, Carola Lasch, Paulus Liening, Stephan Zimmermann e Frieder Weis me inspiraram pensamentos decisivos em conversas amigas – várias ideias me vieram também durante os infindáveis domingos com os rapazes do TC Grafenhausen em quadras de tênis adversárias e nas discussões intensas com os engajados participantes das Academias de Alunos Alemães (Deutsche Schülerakademien) em Braunschweig de 1998 a 2003. Heiko Steiniger foi muito prestativo como assistente científico em sua incansável atuação em busca de suporte bibliográfico. A senhora Ursula May leu o manuscrito completo com impressionante minúcia e precisão de julgamento – o que vale também para Bernd Stiegler da editora Suhrkamp; a ambos devo muito em agradecimentos.

Dedico o livro aos meus irmãos Armin e Christine.

# I
# Introdução

> *O que a teoria social pode realizar de próprio assemelha-se ao poder de foco de uma lupa. Somente quando as ciências sociais não mais inflamarem as ideias é que terá passado o tempo da teoria social.*
>
> Jürgen Habermas (1981, v.2, p.563)

## 1. Estruturas temporais na sociedade

A convicção de que todos os eventos, objetos e circunstâncias do mundo social são de natureza dinâmica ou processual e de que *tempo*, portanto, representa uma categoria-chave para toda análise adequada tornou-se hoje quase um lugar-comum nas ciências sociais. No entanto, é como se a referida disciplina até agora não soubesse muito bem o que fazer com esse conhecimento. Frequentemente constata-se com surpresa que quase todos os fenômenos sociais "reconstroem-se temporalmente", ou seja, podem ser redescritos sob perspectivas temporais: de técnicas de dominação, passando por diferenças de classes, problemas interculturais, déficits socioeconômicos, relações entre os sexos, regimes de bem-estar social até experiências com hospitais, instituições carcerárias ou tóxicos.[1] Essa constatação permanece, no entanto, via de regra sem consequências. Da redescrição temporal-sociológica geralmente não se produz ganhos de conhecimento relevantes, seja na teoria ou na prática, para os campos estudados e tampouco parece ser possível agrupar suas descobertas isoladas em uma Sociologia do Tempo sistemática.

Sendo assim, não causa espanto que até próximo do fim da década de 1980 dissertações cronossociológicas frequentemente começassem com a constatação de que: em primeiro lugar, *tempo* é uma categoria fundamental da realidade social; em segundo, de que até o lançamento do trabalho em questão não havia uma Sociologia do Tempo digna de menção, fato que o respectivo autor ou autora pretenderia mudar.[2] Ao passo que Robert Lauer e Werner Bergmann comprovam, ainda no início dos anos 1980, em um benemérito e detalhado panorama literário, que, ao contrário dessa convicção obstinada, já então havia dezenas de estudos cronossociológicos.[3] Seu veredicto,

---

[1] Sobre técnicas de dominação ver Levine, 1999, p.145 ss.; Lauer, 1981; Virilio, 1980 e Bourdieu, 1977. Um panorama sobre diferenças de classes é oferecido por Lauer, 1981 e Bergmann, 1983; a respeito de tempo e multiculturalismo, ver Levine, 1999 e Marshall, 1997. Lauer, 1981, p.135 ss., discute a relação entre estruturas de tempo e desenvolvimento; sobre as relações entre os sexos, ver Hufton; Kravaritou, 1996; Shaw, 1997 ou Tronto, 2006. Garhammer, 1999, analisa a relação entre modelos temporais e regimes de bem-estar social. A respeito dos últimos três temas, ver Zerubavel, 1979; Brown, 1998 e Flaherty, 1999, p.63 ss. e p.152 ss.

[2] Em representação de vários outros, Zerubavel, 1981, p.IX ss.

[3] Lauer, 1981; Bergmann, 1983; ver ainda Adam, 1990, p.13 e Nowotny, 1993, p.8.

contudo, é de que ainda faltaria uma análise sociológica substancial e cuidadosa do tempo, tanto teórica quanto empírica.

Para Bergmann, o principal problema da análise sociológica do tempo seria assim a falta de uma vinculação embasada e sistemática à teoria sociológica. Para ele, os estudos sociológicos do tempo em geral fundamentam-se em concepções de tempo pré-científicas, escolhidas de forma arbitrária, quase sempre apoiadas em conceitos filosóficos ou antropológicos ou, ainda, no senso comum. Consequentemente, a literatura cronossociológica consistiria em inúmeros estudos desconexos, não cumulativos e, em face da falta de vínculo com as bases teóricas das ciências sociais, até mesmo "solipsistas".[4] Pouco se modificou nessa situação até hoje. Por um lado, poucas abordagens contemporâneas ainda começam com a afirmação de que até seu lançamento praticamente não houvesse uma Sociologia do Tempo; em vez disso, elas quase sempre começam com uma visão geral — muitas vezes cronológica ou ordenada por subdisciplinas — sobre as mais importantes e isoladas pesquisas sobre Filosofia e Sociologia do Tempo, as quais são consideradas dissociadas e insatisfatórias. No entanto, o que as segue é, com frequência, mais uma abordagem "solipsista", geralmente com vinculações seletivas a autores e teses que deem suporte à respectiva argumentação.[5]

Como resultado, podem-se agrupar as pesquisas existentes em ciências sociais sobre o tema "tempo" preponderantemente

---

[4] Bergmann, 1983, p.462; ver Adam, 1990, p.5 ss.
[5] Ver Lauer, 1981; Garhammer, 1999; Nassehi, 1993; Adam, 1990; Giddens, 1987a; Nowotny, 1993 ou também Elias, 1988. Ver ainda Maurer, 1992 para um panorama mais recente sobre o campo de estudo.

em três categorias: Na primeira delas encontra-se um número incrivelmente grande de trabalhos que, em forma de visão geral, tentam sintetizar as reflexões até então existentes sobre Sociologia do Tempo e sistematizá-las (a partir dos mais variados pontos de vista). Esses trabalhos em geral culminam na tese de que o material investigado atesta suficientemente bem o quão importantes e diversas são as estruturas de tempo no mundo social, motivo pelo qual seria urgente dedicar-lhes mais atenção.[6]

A segunda categoria agrupa um número crescente de estudos detalhados sobre tempo e estruturas temporais nas disciplinas e subdisciplinas das ciências sociais. Na imensa maioria dos casos pode-se observar que as análises, de baixo nível teórico, concentram-se imediatamente [*unmittelbar*] nos fenômenos estudados, utilizando métodos ecléticos e quase sempre tratando o tempo como uma grandeza evidente.[7]

Por fim, a terceira categoria, ao contrário, compreende uma série de análises do tempo orientadas para a teoria que se esforçam pela clarificação sistemática de um conceito de tempo sociocientífico ou sociofilosófico, atingindo com isso um nível tão alto de abstração teórica imanente que a análise de fenômenos empiricamente relevantes não apenas sai de foco como também corre o risco de se tornar irrealizável[8] — sem mencionar o fato de que essas tentativas de conceitualização guiadas pela teoria até o momento operam de forma extrema-

---

6 Exemplos seriam os citados trabalhos de Bergmann, 1983; Maurer, 1992 e Lauer, 1981.
7 Segundo Geißler, 1999; Levine, 1999; Reheis, 1998; Gronemeyer, 1996; Eberling, 1996; Backhaus; Bonus, 1998; Sennett, 1998; Zoll, 1988a; Klein; Kiem; Ette, 2000.
8 Nassehi, 1993; Luhmann, 1990a; Rammstedt, 1975; Sandbothe, 1998.

mente "solipsista", sem inaugurar qualquer perspectiva de um conceito sociocientífico e unificado de tempo, como observa Barbara Adam: "Nenhum dos autores possui um foco comum. Todos levantam diferentes questões. Não há dois teóricos que tenham o mesmo ponto de vista sobre o que significa tornar o tempo central para a teoria social [...] Não há placas de orientação nesse labirinto de caos conceitual".[9] Apesar das promessas de Giddens e Luhmann de transformar tempo em um conceito imprescindível em suas teorias,[10] uma ligação sistemática

---

9 Adam, 1990, p.14 ss. Infelizmente, Adam não modifica muito esse cenário lamentável através de sua tentativa de formar uma teoria maior unificada (p.8) a partir das inúmeras teorias do tempo, não apenas sociológicas, mas também filosóficas e das ciências naturais, e de torná-las a base de uma nova teoria social. Seu livro deixa o leitor completamente perdido perante a questão de como as teses coletadas por ela, das mais variadas disciplinas e escolas, poderiam ser conectadas de outra forma que não por um holismo exótico vagamente insinuado à la Bohm, Sheldrake ou Capra. A relevância sociológica de considerações tais como sobre Física Quântica é – como de praxe em literatura "popular" sobre o tempo – antes postulada que demonstrada.

10 Giddens (1987a, 1995a, p.17 ss.) considera como um desastre basal das ciências sociais que elas tenham se cindido em diacrônicas, históricas e sincrônicas, ou seja, se tornado disciplinas alheias ao tempo, voltadas para a análise estrutural. Com isso estariam cegas para o fato de que sociedades sempre se estendem por segmentos de tempo/espaço e dentro deles se reproduzem (*time-space distanciation*). Apesar de sua diferenciação, apoiada em Bergson e Schütz, Heidegger e Braudel, de três formas temporais simultâneas da vida social (tempo como *durée*, *Dasein* e *longue durée*, ver 1987a, p.144 ss.), o tempo permanece, na teoria da estruturação de Giddens, um simples dado físico, *uma* dimensão específica da sociedade. Com isso, também o seu conceito de sociedade acaba por se tornar estático (ver Bergmann, 1983, p.495 e a crítica de Hans Joas [1992, p.214 ss.] ao conceito de tempo de Giddens). Também Luhmann considera o tempo como elemento constitutivo de

da Sociologia do Tempo a uma formação teórica sociológica empiricamente substancial permanece ainda um desiderato de pesquisa não alcançado.

A sugestão, dada por Adam e outros, de, a partir desse embaraço, lançar-se mão de princípios *filosóficos* sobre tempo como base unitária, revela-se despropositada a um olhar mais apurado. Os conceitos filosóficos de tempo, como postulados por Agostinho de Hipona, Immanuel Kant, Henri Bergson, John McTaggart, Martin Heidegger ou G. H. Mead e discutidos por seus sucessores, não são menos heterogêneos, incomensuráveis e incompatíveis; esses autores divergem nas questões mais elementares, como sobre a facticidade do tempo ou, em seguida, se tempo seria uma categoria da natureza, da concepção ou do entendimento ou um construto social.[11] Por conseguinte, abordagens filosóficas sobre o tempo tendem, assim como pesquisas teóricas da Sociologia do Tempo, ao menos no efeito que provocam em conjunto, a apresentar o tempo como enigma impenetrável, enquanto as análises empíricas abordam o tem-

---

sistemas sociais. No contexto de sua teoria dos sistemas surgiram recentemente as mais elaboradas controvérsias sociológicas sobre tempo (Rammstedt, 1975; Bergmann, 1981 e sobretudo Nassehi, 1993). A descrição da terceira categoria de pesquisas sociológicas se aplica largamente ao livro de Nassehi, que se inicia com um percurso pela filosofia do tempo (inspirado por Luhmann) e termina com um abstrato conceito de tempo, em parte baseado na teoria dos sistemas e em parte em esoterismo, que só é frutiferamente aplicável em áreas marginais da questão tomada como base nesta pesquisa. Nos capítulos II.2.a e VIII.3 discutirei a perspectiva da teoria dos sistemas detalhadamente.

11 Ver a discussão sobre a influente tese da irrealidade do tempo de McTaggart ([1908] 1993). Para um panorama geral, ver Zimmerli; Sandbothe, 1993, p.304 ss.; e ainda Browning; Myers, 1998.

po, de forma também insatisfatória, em geral simplesmente como autoevidente. O problema constatado por Simonetta Tabboni, de que as análises do tempo frequentemente caem ou na armadilha da "evidência" ou na do "enigma" da constituição de seu objeto,[12] parece, a princípio, ser intransponível. Portanto, não surpreende que a citação mais utilizada no debate sobre a natureza do tempo ainda seja aquela marcante frase das *Confissões* de Agostinho, na qual o mesmo constata seu oscilar entre esses dois polos: "O que é o tempo? Se não me perguntam, eu o sei; mas, caso tente respondê-lo, não sei mais".[13]

As consequências dessa frágil constituição da Sociologia do Tempo são graves não apenas em função das dificuldades de se estabelecer essa subdisciplina no cânone das disciplinas sociológicas, mas, antes de tudo, diante da formulação das teorias sociais atuais, das análises da Modernidade e dos diagnósticos do tempo. Estes, devido à baixa propagação dos conhecimentos cronossociológicos atuais e sua reduzida capacidade de se ligar a projetos teóricos sociológicos e sociofilosóficos sistemáticos, veem-se obrigados a continuar negligenciando a perspectiva temporal. De forma que a afirmação de Bourdieu – de que a práxis da teoria social seria (apesar de todos os protestos e afirmações metateóricas que dizem o oposto) tão "atemporalizada" que excluiria até mesmo a ideia do que é excluído por ela – parece ainda hoje ser válida.[14]

Em contraste com esse pano de fundo, o presente trabalho *não* se compreende como uma contribuição à Sociologia do

---

12 Tabboni, 2001, p.6.
13 Agostinho [Augustinus], 1982, cap.XI, p.14.
14 Bourdieu, 1977, p.9.

Tempo propriamente, uma vez que não procura responder o que é o tempo nem como este penetra e age nas práticas e estruturas sociais. Ele pretende antes contribuir para uma compreensão sociológica adequada dos desenvolvimentos sociais e pontos problemáticos atuais, tanto no contexto do processo de modernização quanto no do debate sobre uma ruptura, nesse processo, entre uma teoria da Modernidade (*"clássica"*) e uma teoria da *Modernidade Tardia*, de uma *Pós-* ou *"Segunda" Modernidade*, destacando suas consequências políticas e éticas de forma sistemática. Para tanto, como fio condutor, tem-se a hipótese, de que a modernização não é apenas um processo multifacetado *no tempo*, mas também, primeiramente e sobretudo, uma transformação estrutural e cultural extremamente importante das próprias estruturas e horizontes temporais, e de que o conceito de *aceleração* social é o mais apropriado para abranger as *direções* dessa transformação. Segundo essa tese, sem uma consideração categorial e central por essa dimensão temporal, as mudanças atuais nas práticas e instituições sociais, assim como as relações do indivíduo consigo mesmo [*Selbstverhältnissen*] nas sociedades ocidentais, não podem ser teoricamente apreendidas. Não se trata, portanto, nem do estabelecimento de mais uma "sociologia com hífen" ["Bindestrich"-Soziologie] ("*Sociologia da Aceleração*") nem da justificação de uma sociologia existente ("Sociologia do Tempo"), mas sim de uma reconceitualização da teoria social atual. Para tanto, lançarei mão, no que se segue, de concepções cronofilosóficas e cronossociológicas onde quer que elas, por motivos sistemáticos, me pareçam adequadas.

Uma vantagem decisiva na abordagem da análise temporal para com questões da teoria social é que estruturas e horizontes de tempo representam um – senão *o* – ponto de conexão entre a perspectiva de atores e sistemas. Mudanças sociais, como é sabido, podem ser analisadas, por um lado, "macrossociologicamente", como transformações de estruturas sociais "objetivas" ou sistêmicas, e, por outro, "microssociologicamente", da perspectiva de uma ciência social centrada no sujeito, como transformação de lógicas de ação e das relações para consigo. Apesar da intensa tentativa da teoria social em quase todas as suas variantes, desde Talcott Parsons, de superar essa cisão estrutura/agente, a pergunta sobre através de quais mecanismos são mediadas e assimiladas as lógicas e exigências sistêmicas estruturais para afetar a orientação dos atores sociais permanece um dos problemas mais enigmáticos e menos compreendidos do mundo social.

Assim, é indubitável que processos socioestruturais de modernização não podem permanecer sem um correlativo na construção subjetiva de autorrelações e que, através da modernização, transformações identitárias e socioestruturais devem caminhar de mãos dadas.[15] O que permanece obscuro é de que forma os atores nas sociedades liberais, que não apenas respeitam, mas também cultivam ativamente o princípio ético da autonomia individual, de fato desenvolvem as diretrizes de ação que, por razões sistêmicas, são exigidas.[16] A consideração

---

15 Ver por exemplo Willems; Hahn, 1999 ou Keupp et al., 1999; a esse respeito, também Rosa, 2002a, p.267 ss.

16 Sociedades capitalistas focadas no crescimento, por exemplo, exigem que a maioria dos agentes nela operantes se entendam como produtores e consumidores capazes e desejosos de aumento quantitativo (e não como ascetas autossuficientes e distanciados do mundo ou artistas, ou ainda cidadãos políticos ou guerreiros) – embora obviamente lhes seja concedida toda possibilidade política e jurídica de se orien-

da perspectiva temporal parece ser um caminho promissor para a análise dessa notável adequação entre lógicas do sistema e da ação: horizontes e estruturas temporais são constitutivos para orientações de ação e para relações consigo mesmo. No entanto, essas estruturas escapam do alcance individual à medida que o tempo, apesar de sua construção social e produção sistêmica, se antepõe aos atores como "dado natural" [*naturgegebenes Faktum*]. É porque a facticidade do tempo e sua, apesar disso, natureza social estão indissociavelmente entrelaçadas que estruturas temporais constituem o ponto central para a coordenação e integração de projetos de vida individuais e exigências "sistêmicas", e, na medida em que questões éticas e políticas se referem, basicamente, a *como queremos despender nosso tempo*,[17] essas estruturas representam também o cenário onde as análises sociológicas e as perspectivas ético-filosóficas podem e devem ser vinculadas.

Nesse ponto, pesquisas sociológicas e etnológicas sobre o tempo nos trazem duas descobertas principais. Em primeiro lugar, que não apenas sua medição, mas também sua percepção e seus horizontes são em grande medida culturalmente

---

tarem de forma diferente na direção de suas vidas (para mais detalhes, ver Rosa, 1999a).

17 Ver Habermas, 2001, p.19 ss. A clássica formulação da questão ética "como quero viver?" pode ser reformulada sem perdas em "como quero utilizar meu tempo?" e especialmente nesse ponto é mostrado que esta não pode ser uma mera questão ético-individual: "meu tempo" é sempre tempo social; seu compasso, seus ritmos, perspectivas e horizontes estão fora de meu alcance. A questão relativa ao tempo é, portanto, sempre uma questão política; estruturas temporais definem como convivemos, elas possuem irrevogavelmente um caráter normativo (ver Lauer, 1981, p.86 ss.).

dependentes e se modificam com a estrutura social das sociedades. Otthein Rammstedt formulou esses resultados de forma sistemática em um influente trabalho no qual postula a existência de quatro formas de consciência e de experiência do tempo,[18] que estão associadas a horizontes temporais muito distintos e, consequentemente, produzem orientações de ação autorrelações radicalmente diferentes. Sociedades simples, não diferenciadas, dispõem tendencialmente de uma consciência temporal "ocasional", cuja experiência de tempo distingue preponderantemente entre "agora" e "não agora", de forma que passado e futuro se fundem no Outro do presente (compreendido mitologicamente). A afirmação de que as pessoas *desde sempre* teriam uma ideia concreta de passado e futuro é, assim, colocada fortemente em questão.

Nas sociedades que cedo se diferenciaram em segmentos e camadas domina, segundo essa concepção, uma consciência temporal cíclica, na qual o tempo é vivenciado como ciclo de processos e estados sempre reincidentes. A forma primária da experiência temporal diferencia, portanto, entre *antes* e *depois*; no entanto, passado e futuro são aí estruturalmente idênticos: a recordação do passado tem o mesmo significado que a previsão do futuro; espaço de experiência e horizonte de expectativa são congruentes.[19] Essa experiência do tempo aparece de forma extrema no "eterno retorno do mesmo" (de Friedrich Nietzsche), no qual a lembrança estende-se até mesmo ao fu-

---

18 Rammstedt, 1975.
19 Para os conceitos de espaço de experiência e horizonte de expectativa e sua paulatina dissociação nos tempos modernos, ver Koselleck, 1989, p.349 ss.

turo. Contrária a essa concepção, estabelece-se gradualmente, na ainda mais diferenciada sociedade moderna, uma consciência temporal linear que substitui o ciclo do tempo por uma linha irreversível que vem do passado, passa pelo presente e se dirige ao futuro. Somente então a experiência de tempo, orientada para a diferença entre passado, presente e futuro se torna dominante, especialmente onde esse futuro aparece como fixo ou fechado no sentido de um *télos* histórico (como no cristianismo ou no marxismo).[20]

Na sociedade funcionalmente diferenciada da alta Modernidade, finalmente, predomina uma *consciência temporal linear com futuro aberto*: a evolução histórica não é mais entendida como direcionada a um objetivo específico, seu desfecho permanece incerto. Ela corresponde, segundo Rammstedt, à experiência temporal de um movimento ou aceleração continuados. É claro que essa tipificação é esquematicamente simplificadora e portanto questionável empiricamente. O próprio Rammstedt ressalta que as quatro formas da consciência temporal se sobrepõem e não formam uma sequência histórica claramente definível, hipótese que a pesquisa empírica confirmou em diversos aspectos: projeções cíclicas e lineares do tempo existem, lado a lado, em quase todas as culturas – no entanto com diferentes pesos e em diferentes cunhos [*Ausprägungen*].[21] A tese central

---

20 Esse *télos* histórico pode se realizar tanto como "fim dos tempos" no nascer de um tempo totalmente novo (como no reino de Deus, mas também de forma mais branda no tempo da sociedade sem classes), quanto no próprio tempo histórico. Ver o Capítulo XII.2).

21 Ver, por exemplo, Zerubavel, 1981, p.112 ss.; Adam, 1990, p.133 ss. Uma consciência "ocasional" do tempo, como através do uso de drogas ou em situações excepcionais extremas, pode predominar também em

de que a experiência e a consciência temporal se transformam em dependência de estruturas sociais e modelos culturais não é colocada em questão por conta dessas objeções.[22] Em segundo lugar, as estruturas de tempo de uma sociedade possuem, ao mesmo tempo, um vinculativo caráter cognitivo e normativo, além de um profundo enraizamento na estrutura da personalidade que ancora o *habitus* social dos indivíduos. Norbert Elias ressalta, por um lado, o caráter funcional dos conceitos temporais, que auxiliam, para ele, sobretudo na coordenação e sincronização de processos sociais e, através disso, se desenvolvem e se sofisticam na proporção em que a crescente complexidade social e a extensão das cadeias de interdependência passam a exigir um planejamento, uma regulação e uma ordenação mais precisas do tempo. Elias salienta, por outro lado, que a cons-

---

culturas altamente modernas. Está associada a um sentimento de inércia ou de interrupção do fluxo do tempo. Um sobrevivente do atentado terrorista ao World Trade Center 2, em 11 de setembro de 2001, relata sua experiência pouco após a colisão do avião e do abalo da torre: "O prédio não deve ter se movido daquela forma por muito tempo, talvez quinze ou vinte segundos, mas pareceu uma eternidade". Depois, sobre sua percepção do tempo descendo do septuagésimo andar pela escada (constantemente bloqueada): "Eu não sei dizer quanto tempo estive lá. O tempo desapareceu. Não havia mais tempo. Só havia descida. Só havia a contagem [dos andares, H. R.] e a espera, girando e girando sem parar" (Charles, 2002, p.31 ss.)

22 Durkheim já formulara essa tese na segunda parte de sua introdução às *formas elementares da vida religiosa* (1981, p.27 ss.), assim como Sorokin; Merton, 1937; Gurvitch, 1963; Bergmann, 1983, p.471 ss.; Elias, 1988 e, atualmente, por exemplo, Giddens, 1987a; Luhmann, 1980, p.260 ou Nassehi, 1993, p.249 ss. Para exemplos instrutivos, no plano empírico, de diferentes consciências do tempo, ver, por exemplo, Evans-Pritchard, 1969, p.94 ss.; Dux, 1989 ou Bourdieu, 1977.

ciência individual de tempo gerada pela sociedade, seria, como *habitus* social e ao mesmo tempo "segunda natureza", componente ineludível da estrutura da personalidade: "A vivência temporal por parte daqueles que pertencem a sociedades nas quais o controle de tempo é demasiadamente rígido é um exemplo, dentre muitos, de estruturas de personalidade que, apesar de adquiridas socialmente, não são menos compelentes que as especificidades biológicas".[23]

É interessante como Elias vê nesse cruzamento de estruturas sistêmicas e psicoindividuais uma explicação para a (alta) velocidade da vida nas sociedades modernas.

> Um dos fenômenos que mostra de maneira particularmente clara essa relação entre o tamanho e a pressão interna da rede de interdependência, de um lado, e, de outro, a condição psíquica do indivíduo, é o que chamamos de "velocidade" do nosso tempo. *Essa "velocidade" é, de fato, nada mais que uma expressão para a quantidade*

---

23 Elias, 1988, p.122; ver Nowotny, 1993, p.9: "Como um fluido revelador, que atesta a presença e o fluxo de determinadas substâncias no corpo, assim corre [...] o tempo social por uma vida ainda tão marcada e organizada de forma individual. Pois o tempo, esse produto da coordenação humana e da compilação de sentido, simbólico, construído e marcado de forma profundamente coletiva, mantém sua relação com as outras pessoas mesmo nos momentos de percepção marcadamente individual". De forma semelhante, Durkheim (1981, p.27 ss.) também vê nos conceitos estruturalmente dependentes e socialmente construídos categorias centrais e ineludíveis da compreensão ou das ideias necessárias, que formam antes as estruturas disposicionais que o conteúdo cognitivo da consciência e, como tais, cumprem esse papel tal qual as formas de contemplação *a priori* de Kant, ainda que elas sejam socio-historicamente variáveis.

*Aceleração*

*de correntes de enredamento que se entrelaçam em cada função social* [...].
[A] velocidade [é] uma expressão da abundância de ações interdependentes, do comprimento e densidade das correntes nas quais se acoplam as ações individuais [...] e da força das lutas qualificatórias ou eliminatórias, que mantém esse emaranhado de interdependências em movimento. [...] A função, no ponto de encontro de tantas cadeias de ações, [exige] uma distribuição bem precisa do tempo de vida; ela acostuma a uma subordinação dos interesses imediatos às necessidades das interdependências mais abrangentes; ela treina para uma supressão de todos os desvios de comportamento e para uma autodisciplina constante.[24]

Nos próximos capítulos aprofundarei a relação, postulada por Elias, entre estrutura social e ritmo de vida. Nesse ponto deve ser destacado, apenas, que o caráter normativo, dessa forma incorporado nas estruturas de tempo da sociedade, se desenvolve, por assim dizer, por detrás dos atores, possibilitando que um alto grau de normatividade social e um baixo grau de codificação moral-autoritativa – ou seja, um máximo de autodeterminação ética individual – se compatibilizem.[25] As investigações de Elias, assim como as de Foucault, sugerem que a moderna "sociedade disciplinar" desenvolve sua força disciplinadora e de coordenação basicamente através do estabelecimento e da internalização de estruturas temporais – e,

---

24 Elias, 1976, v.2, p.337. [Grifos meus, H. R.]
25 Ver Foucault, 1977. Tabboni considera normas temporais como normas coletivas "por excelência" (2001, p.18); Lauer (1981, p.72) supõe que normas temporais não formuladas são tão relevantes que podem causar desde transtornos psíquicos e traumáticos até total desorientação temporal-espacial em indivíduos inadaptados.

de fato, as principais instituições disciplinares, cadeias, escolas, quartéis, hospitais e fábricas, como hoje inúmeros estudos detalhadamente comprovaram, distinguem-se sobretudo por sua rígida regulação do tempo.[26]

No entanto, o processo de assimilação e mediação de perspectivas e modelos temporais sistêmicos e individuais – e com isso de exigências socioestruturais e disposições individuais – não se limita a contextos institucionais específicos, mas, antes, desenvolve-se incessantemente em todos os domínios sociais e da vida. Como afirmam Peter Ahlheit e Anthony Giddens, o processo de mediação temporal pode ser situado em três níveis a partir da perspectiva dos atores.[27] Segundo eles, os atores constroem três diferentes perspectivas e horizontes temporais concomitantemente, tendo de refletir suas relações entre si e elaborá-las sempre de maneira nova em suas práticas temporais. Em primeiro lugar, eles estão comprometidos com as estruturas temporais de sua vida cotidiana, com a rotina recorrente e os ritmos de trabalho e descanso, vigília e sono etc. e com seus problemas relativos à sincronização, à velocidade, à

---

26 Assim, a instituição da prisão se define exatamente pela subtração de tempo; a única pergunta relevante nesse caso é um monótono "Quanto (ainda) falta?" (Brown, 1998). A respeito do severo controle de tempo em hospitais, ver o informativo estudo de Zerubavel, 1979. Incontáveis estudos atestam que a disciplina para com o tempo desempenha um papel preponderante em quase todas as situações escolares: a criança é forçada a despertar e a comparecer pontualmente, a ficar sentada e quieta em intervalos definidos, à regulação e ao adiamento de necessidades, ao estudo planejado e à superação de pressão temporal em situações de provas; a esse respeito e sobre autodisciplina na Revolução Industrial, ver Capítulo VIII.1.

27 Ver Ahlheit, 1988; Giddens, 1987a, p.144 ss.

duração e ao sequenciamento de ações. (*Como conseguir cumprir meu trabalho no escritório e buscar minha filha na escola a tempo? Devo fazer compras antes ou depois da natação?*) Em que medida o tempo se torna, nesse plano, um *problema*, depende também do grau de rotinização e habituação, que parecem ter diminuído na Modernidade tardia. No entanto, o tempo cotidiano até hoje, em grande medida, possui um caráter altamente repetitivo ou cíclico e é, como ressalta Giddens, constitutivo para a reprodução de estruturas sociais.[28]

Em segundo lugar, os atores também desenvolvem constantemente uma perspectiva de sua vida como um todo, na qual refletem sobre seu "tempo de vida" [*Lebesnzeit*]. A pergunta *como queremos despender nosso tempo* é formulada não apenas com relação ao cotidiano, mas também com relação à vida como um todo, motivo pelo qual Giddens retoma o conceito *Dasein*, formulado por Heidegger, para essa dimensão temporal. Também aqui surgem questões sobre sincronização, velocidade, duração e sequenciação de acontecimentos (*Quanto tempo quero/devo estudar? Quero/posso ter filhos antes de terminar meus estudos? Quero realmente ser jurista pelo resto da vida? Quando me aposento?*).

Em terceiro e último lugar, os atores vivenciam seu tempo cotidiano e de vida também como envolvido no tempo de sua época, de sua geração e de sua era (a *longue durée*, nas palavras de Giddens citando Braudel). "Nosso tempo" é, portanto, ao mesmo tempo, o do nosso cotidiano, o da nossa vida e o da

---

28 Giddens denomina esse tempo, seguindo Bergson e Schütz, como *durée* e o interpreta como tempo reversível. Adam critica acertadamente que não o tempo em si, mas somente as atividades seriam recursivas; a repetitividade (dos eventos) e a reversibilidade (do tempo) não devem ser confundidas (Adam, 1990, p.24 ss.).

nossa época, o que se torna significativo quando pessoas mais velhas dizem algo como: "em meu tempo isso era diferente", ou, "em nosso tempo atual essas tradições já não têm validade", ou ainda quando se fala de "Goethe e seu tempo".

Esses três níveis de tempo e os horizontes temporais ligados a eles definem, em sua interação, primeiramente o "estar no tempo" de um agente,[29] e precisam ser constantemente reajustados entre si. Um estudante, por exemplo, cuja prática diária seja acordar ao meio-dia, ir à cafeteria e em seguida ao grêmio estudantil revolucionário há que se perguntar, mais cedo ou mais tarde, como tal atitude se compatibiliza com seu plano de se tornar professor de nível superior e de aproveitar um abastado fim da vida na Toscana, e se tal prática cotidiana é compatível e justificável "em nosso tempo", caso não se queira a médio ou longo prazo ser excluído economicamente. Da mesma forma surge a questão se seu plano de vida está atualizado – e, sobretudo, se é atual fazer planos de vida a longo prazo.

Isso significa, formulado de forma mais geral, que a alocação de recursos temporais depende sempre de ponderações relativas aos três níveis: quanto tempo alguém gasta com trabalho, família, atividades de recreação [*Freizeitaktivitäten*] e cuidados com o

---

29 O "estar no tempo" dos atores sociais, aqui repetidamente abordado, não significa de forma alguma um tempo independente dos sujeitos, por assim dizer ontológico. Como já deve ter ficado claro, a presente análise partilha da tese de que o tempo é, em larga escala, histórica e culturalmente variável e constituído, em sua experienciabilidade qualitativamente definida, primeiramente em contextos sociais. Ainda assim, ele se apresenta aos agentes, como tentei demonstrar, em sólida facticidade e praticamente como um elemento natural. Da perspectiva (tanto individual quanto coletiva) dos atores sociais, as pessoas estão sempre "inseridas no tempo".

corpo depende de sua rotina, de suas perspectivas de vida e de sua avaliação do que é atual (ou das exigências do tempo e do futuro). Divergências persistentes nas perspectivas obrigam a estratégias de adaptação: ou a rotina é modificada ou o objetivo de vida de longo prazo é redefinido. (A possibilidade de uma mudança estratégica dos modelos e perspectivas de tempo da respectiva época só é dada em situações de exceção na consciência dos atores.) Os três níveis possuem, em primeiro lugar, seu próprio modelo (ritmos, sequências, velocidade, exigências de sincronização) e perspectivas temporais (isto é, suas próprias representações e horizontes de passado, presente e futuro, bem como de sua relevância para a respectiva ação)[30] e são, em segundo lugar, em grande medida definidos socioestruturalmente. O ritmo, a velocidade, a duração e a sequência de nossas atividades e práticas raramente são determinados por nós mesmos enquan-

---

30 Robert Lauer sugeriu, na análise de estruturas temporais de fenômenos sociais, a distinção de cinco variáveis (1981, p.28 ss.): 1) a periodicidade ou ritmo dos acontecimentos; 2) a velocidade dos processos e mudanças; 3) sua sincronização (interna e "externa", ou seja, em relação a outros acontecimentos/ações); 4) a duração de ações, acontecimentos ou estados e, por fim, 5) sua sequência. Da perspectiva dos atores sociais é preciso, portanto, considerar orientações e perspectivas temporais, ou seja, a análise e definição de passado, presente e futuro. Análise e definição são, em seus efeitos, altamente diversas: dois atores sociais ou grupos podem concordar no sentido de direcionar suas ações ao futuro, que, no entanto, pode significar para um deles o iminente Dia do Juízo Final e para o outro o desenvolvimento da tecnologia em informática, o que equivale a uma diferença significativa na perspectiva temporal. Considero essa categorização heuristicamente útil e, portanto, eventualmente me apoiarei nela no que se segue. Diferenciações similares podem ser encontradas em Adam, 1990, p.106; Zerubavel, 1981, p.1; Gurvitch, 1963, p.174.

to atores individuais, mas sim quase sempre predeterminados pelos modelos temporais coletivos e pelas exigências de sincronização da sociedade (nos horários de funcionamento, nos planos de estudo, nos horários de transporte, nos ritmos institucionais, em contratos reguladores de tempo, prazos etc.)[31]

Os modelos temporais da sociedade moderna permitem em grande medida ilustrar a constituição socioestrutural de práticas temporais. Ensaios de crítica à cultura protestam contra – enquanto manuais de gerenciamento de tempo celebram como conquista – o fato de que os indivíduos das sociedades ocidentais planejam seu tempo de forma rígida e sequenciada, ou seja, de que a duração de eventos e o resultado de atividades seguem um planejamento estabelecido de forma abstrata, externa à ação em si. Essa prática temporal, no entanto, não resulta de decisões individuais ou projetos de vida, mas surge quase obrigatoriamente do princípio estrutural da diferenciação funcional, segundo o qual as esferas sociais seguem, cada uma, sua lógica temporal, e os indivíduos estão apenas parcialmente incorporados nas respectivas áreas trabalho, família, associação, igrejas, partidos, repartição pública etc. Assim, os indivíduos são forçados – como já haviam percebido Simmel e Parsons e como trabalha detalhadamente Zerubavel[32] –, sob pena de exclusão, a definir seu engajamento nas respectivas esferas sociais de forma exata e sequenciada, com a ajuda de

---

31 Ver Garhammer, 1999, p.28 ss. para mais detalhes.
32 "O fato de haver um tempo para cada uma das diferentes atividades [...] impede que as necessidades de uma interfiram nas das outras. Na verdade, uma sociedade tão complexa como a nossa provavelmente não poderia funcionar sem um rígido planejamento do tempo", escreve Parsons, 1951, p.302; ver Zerubavel, 1981, especialmente p.31 ss.

planos horários, diários, semanais, mensais e anuais e sincronizá-los correspondentemente ao modelo específico de cada área. A dominância, constatada frequentemente nas sociedades modernas, do tempo abstrato sobre o "tempo do evento" [*Ereigniszeit*] – que se manifesta em eventos como debates, seminários ou no dia de trabalho, que são encerrados não quando as tarefas são cumpridas, mas sim após o decorrer de um determinado espaço de tempo –, essa dominância não é uma mera particularidade cultural, mas antes uma necessidade socioestrutural. Sua aparentemente possível reversão na sociedade atual em prol de uma "(re)temporalização do tempo" requer, portanto, uma cuidadosa análise cultural *e* estrutural, como mostrado na quarta parte do presente estudo.

A natureza *coletiva* dos modelos temporais *concretos* resulta especialmente da necessidade de sincronização. Temos que orientar constantemente nossas ações em função das atividades e dos modelos temporais de nossos parceiros de cooperação e assegurar assim ao menos uma sincronização, ainda que provisória – o que leva, em sociedades funcionalmente diferenciadas, inevitavelmente a um alto número de períodos de espera mais ou menos longos, por um lado, e ao correspondente surgimento de pressão de tempo por outro. Isso se aplica também às nossas perspectivas de vida. Como será mostrado no decorrer dessa investigação, tanto a ideia de um *plano de vida* quanto sua típica tripartição ideal – em fase de formação, fase de trabalho remunerado e fase de descanso, respectivamente na infância (na família de origem), na idade adulta (com a própria família) e na idade senil (após os filhos saírem de casa) – são construções socioculturais, que não podem de forma alguma reivindicar validade universal, apresentando fortes tendências de erosão na sociedade atual. *Se, como* e *quão distante* se projeta no futuro depende em alto grau da estabilidade e previsibilidade do meio social e cultural. O terceiro plano temporal, o tempo histórico ou "época" histórica, por fim, abstém-se quase completamente das possibilidades de modificação por parte do indivíduo – restando aos atores individuais apenas a possibilidade de posicionarem-se de forma afirmativa ou opositiva em relação às respectivas "exigências de seu tempo". O significado de passado, presente e futuro (perspectiva temporal) e os modelos temporais de nossas ações, que juntos determinam o modo do nosso "estar no tempo", são, portanto, sempre o produto complexo tanto de relações estruturais e culturais quanto de sua refração secundária na perspectiva dos respectivos sujeitos envolvidos na ação.

Na perspectiva dos atores, a ligação dos três planos temporais segue sempre modelos narrativos. São narrativas culturais e individuais, nas quais o tempo cotidiano, o tempo biográfico e o tempo histórico são inter-relacionados e tanto criticados quanto defendidos. Em tais projetos narrativos são definidos ao mesmo tempo o peso e o significado de passado, presente e futuro, e com ele também o peso e a relevância de tradição e transformação. Cada momento presente aparece como fundamentado em um passado e direcionado a um futuro. Através do relacionar narrativo de cotidiano, história de vida e do mundo, as formas de mudança e inércia culturais e institucionais são legitimadas e, conforme o caso, contestadas, através do que o equilíbrio entre forças dinâmicas e estabilizadoras, entre *movimento* e *inércia* transforma-se historicamente.

Tal qual filósofos como Charles Taylor e Alasdair MacIntyre enfatizaram recentemente, a ligação entre passado, presente e futuro em cada história de vida se consuma diante do pano de fundo da "moldura histórica" de uma comunidade cultural ou de uma "história universal".[33] A consciência da finitude de cada existência torna a discrepância entre o limitado tempo da vida e o tempo do mundo,[34] ilimitado em perspectiva, em um problema tanto narrativo quanto da vida prática. A reconciliação dessa discrepância se dá, em quase todas as culturas desenvolvidas, pela introdução de um quarto plano temporal: a concepção de um tempo *sacro*.[35] Esse "tempo sagrado" forma uma abóbada sobre o tempo linear da vida e da história, estabelece seu princípio e fim e eleva as histórias da vida e do mundo a um "tempo atemporal" comum e mais alto.

Na cultura cristã, por exemplo, tempo da vida e tempo do mundo são aproximados ao se direcionarem para um fim do mundo (tido como iminente) no Dia do Juízo Final. O *tempo sacralizado* — ao contrário do *tempo profano*, linear, quantitativo, pertencente a este mundo e ao nosso cotidiano ("dia útil") — possui um caráter cíclico-atemporal, qualitativo, pertencente

---

33 Ver MacIntyre, 1987, p.279; Taylor, 1994, p.615 e, para mais detalhes, Rosa, 1998, p.166 ss. Essa correlação entre biografia e "história" fica evidente, por exemplo, quando entrevistados da antiga RDA contam sua história de vida com o pano de fundo da dupla transição de regimes. Através disso fica claro que a ligação entre passado, presente e futuro, após a mudança drástica de 1989, acontece e tem que acontecer de uma outra forma, diferente da anterior.

34 Ver Blumenberg, 1986; Gronemeyer, 1996; e o Capítulo VIII.2.

35 O significado e o papel socioconstitutivo do tempo sacralizado foi trabalhado na Sociologia especialmente por Durkheim e sucessores como Hubert e Mauss (Watts Miller, 2000); ver ainda Achtner; Kunz; Walter, 1998 e também Zerubavel, 1981.

a outro mundo.³⁶ Ele se vincula ao tempo profano por meio de pontos "nodais" extracotidianos, ou seja, ocasiões especiais, rituais e festas (na cultura cristã, por exemplo, o domingo, o Natal ou a Páscoa), através dos quais, ao mesmo tempo, interrompe o cotidiano no sentido de uma "pausa" [*Auszeit*] e o estrutura, assim, em seu decorrer sequencial.³⁷

Tempo cotidiano, tempo de vida e tempo do mundo fundem-se, assim, com auxílio do tempo sacro, em um significante orientador da cultura e das ações, sob o qual modelos culturais e necessidades estruturais, exigências sistêmicas e perspectivas dos atores são abrigados. Esse uníssono [*Einklang*] temporal não está de forma alguma *desde sempre* garantido, ele tem que ser primeiramente construído em conflitos políticos e sociais. Isso mostra quanto o estabelecimento e a harmonização dos três planos temporais estão ligados a questões de poder sociais e políticas. A questão sobre *quem* decide sobre o ritmo, a duração, a velocidade, o sequenciamento e a sincronização de eventos e de atividades cria uma arena de conflitos de interesses e lutas por poder. *Cronopolítica* é uma parte central de toda forma de soberania, que é, como sobretudo Virilio não se

---

36 Zerubavel, 1981, p.101 ss.; Eliade, 1991.
37 Zerubavel descreve, em consonância com Durkheim e Eliade, por exemplo, o Shabat judeu como "parada cultural" ou imobilização do fluxo contínuo do tempo profano (1981, p.112 ss.), embora ele analise de forma impressionante os diversos modos (através do tipo de roupa ou do andar, de atividades proibidas e prescritas, do prolongamento dos horários das refeições etc.) pelos quais o feriado se torna um período e uma instituição de "desaceleração" marcante, contrastando deliberadamente com o ritmo frenético dos dias úteis (p.121).

cansa de postular e ilustrar, no processo histórico, em geral, a soberania do *mais rápido*.³⁸

Assim, no contexto de práticas cotidianas, estratégias de tempo como *deixar esperar, deter, anteceder, atrasar, mudar o ritmo, variar a duração* etc. estão frequentemente no centro de conflitos sociais,³⁹ enquanto, em um nível temporal intermediário, a "luta pelo tempo da vida" – ou seja, por tempo de formação e de aposentadoria, por reivindicações de férias e feriados, por trabalho nos fins de semana e em períodos noturnos, por regulamentação para casos de doença ou desemprego – ocupa os debates econômicos e, por vezes também, os de cunho político em sociedades capitalistas de forma até mais intensa que exigências salariais.⁴⁰ Essa forma de confronto abrange de modo profuso o terceiro plano temporal, do tempo epocal cultural e politicamente definido, como é fácil reconhecer na disputa por domingos e feriados, que historicamente se consuma como luta de poder entre Igreja e Capital e, assim, entre tempo sacro e tempo profano.

Não é por acaso que revoluções políticas se manifestam constantemente através de mudanças no calendário (como mostra claramente a história do estabelecimento do *calendário gregoriano*) e que novos governantes tentam assegurar seu posto não raro pela introdução de um novo calendário – tal como no novo tempo\* do *Calendário Revolucionário* de 1793 ou nos esforços de

---

38 Virilio, 1980; ver Wallis, 1970 e Rifkin, 1987, que descreve a luta pelo tempo como o conflito mais fundamental da história humana.
39 Ver o impressionante arsenal de estratégias temporais que Bourdieu, 1977, p.7, expõe.
40 Ver as contribuições em Zoll, 1988b ou Rinderspacher, 2000.
\* Rosa faz aqui um trocadilho com o "novo tempo" [*neue Zeit*] do calendário revolucionário e a emergência da modernidade [*Neuzeit*]. [N. T.]

Stálin por uma reforma do calendário.⁴¹ O fato de que ambos os esforços por fim tenham fracassado ilustra mais uma vez, admiravelmente, o quanto estruturas e perspectivas temporais se tornam uma espécie de "segunda natureza" dos atores: os calendários reformados pareciam "antinaturais", embora se esforçassem – ao menos no caso do Calendário Revolucionário – explicitamente para se aproximar da natureza.⁴²* O alto grau de internalização de modelos temporais é responsável pelo fato de que a disposição dos atores frequentemente só se adapta às novas condições estruturais após um complicado e agressivo processo de reeducação, como esclarece E. P. Thompson em sua aclamada contribuição à "nova disposição" temporal dos trabalhadores no processo da primeira fase da Revolução Industrial.⁴³

Se modelos e perspectivas temporais representam, portanto, o ponto paradigmático de mediação entre estrutura e cultura, entre perspectivas do sistema e perspectivas dos atores e ainda de necessidades sistêmicas e expectativas normativas, isso significa que inauguram assim um acesso à análise sociocientífica da formação cultural e estrutural de toda uma época. Quem quer analisar o conjunto de um arranjo sociocultural através de necessidades sistêmicas e orientações culturais, ou seja, aquele que tenta sondar a natureza desse complexo estru-

---

41 Para mais detalhes, Zerubavel, 1981, 1985.
42 Zerubavel, 1981, p.70 ss.; 1985, p.130 ss.
  * Rosa refere-se, aqui, ao fato de que o calendário revolucionário referenciava a passagem do ano pelas características atmosféricas de cada estação: como as brumas de outono faziam dos meses de outubro e novembro o mês de "brumário". [N. T.]
43 Thompson, 1967, ver ainda o Capítulo VIII.1 do presente trabalho para mais detalhes.

tural e significativo a que chamamos "Modernidade" em sua dinâmica e estabilidade, em suas tensões e tendências evolutivas inerentes, fará bem em se deixar guiar em seu trabalho pela especificidade, lógica e desenvolvimento dessas referidas estruturas temporais. Afinal, através desses elementos, como numa lupa, os princípios e tendências que formam esse arranjo podem ser reconhecidos. O presente estudo se baseia, portanto, na convicção de que diagnósticos do presente [*Zeitdiagnosen*] devem ser, literalmente, *diagnósticos do tempo* [*Zeit-Diagnosen*]. Se o complexo problema da disciplina diagnóstica é que ela não consegue mais encontrar um foco comum e escolhe, portanto, um determinado fenômeno estrutural ou cultural de maneira aparentemente arbitrária, transformando-o no ponto-chave de diagnósticos de todo o conjunto social – o que levou à confusa proliferação de definições atuais da sociedade como *sociedade do trabalho, do lazer, da experiência* [*Erlebnis*], *do risco, da informação, de múltiplas opções*, assim como toda sorte de *pós*-sociedades (as pós-convencionais, pós-industriais, pós-históricas, pós-modernas, pós-capitalistas, pós-tradicionais)[44] –, então o "duplo" diagnóstico do tempo aponta uma saída para esse dilema. Justificar esse postulado é objetivo e tarefa do presente estudo.

## 2. Dois diagnósticos do tempo do presente

O sentimento de que cada época está, por assim dizer, "fora dos eixos", de forma que o olhar crítico do observador constata

---

44 Ver, por exemplo, a impressionante lista com não menos que 22 sugestões para a definição da sociedade atual em Beniger, 1986, p.4. Um bom panorama sobre diagnoses temporais atuais é oferecido pela coletânea de Schimank; Volkmann (2000).

quase inexoravelmente os sintomas de um "tempo de crise" em sua própria época, com certeza não é recente. Ele é, na verdade, constitutivo em todas as tentativas de definição de posição e de época na História cultural. No entanto, como nova experiência no horizonte da Modernidade, surge, como descreveu detalhadamente Reinhart Koselleck em vários de seus trabalhos, a sensação, e até mesmo a convicção explícita, de que seria o *próprio tempo* que estaria fora dos eixos;[45] de que o persistente tempo de crise é o resultado de uma *crise do tempo*.[46]

Os observadores da Modernidade são unânimes no diagnóstico do tipo de mudança do tempo, mesmo divergindo quanto à sua avaliação: desde aproximadamente 1750 (época identificada pelos editores dos *Conceitos fundamentais históricos* como "tempo de sela" ou *Sattelzeit*),[47] ou seja, muito antes do início da Revolução Industrial e ainda antes da Revolução Francesa, surgem, em uma quantidade que cresce rapidamente, escritos sobre a percepção de uma enorme *aceleração* do tempo e da história[48] – muitas vezes relatados em estado de perplexidade. Esse sentimento se fortalece ainda mais, especialmente com a introdução do transporte ferroviário, e passa, no âmbito da Revolução Industrial, por assim dizer, a saturar a experiência da prática coti-

---

[45] "The time is out of joint", já reclamava Hamlet (Shakespeare, 1991, I Ato, 5ª cena, Linha 188), antecipando assim, na poesia shakespeariana, altamente sensível às mudanças na estrutura do tempo, a experiência temporal de gerações à frente.

[46] Ver Koselleck, 1989, p.321 e 336; ainda Koselleck, 2000 e Achtner; Kunz; Walter, 1998, p.5.

[47] *Geschichtliche Grundbegriffe* [ou Conceitos históricos fundamentais] (1972ss.).

[48] Para evidências, ver o Capítulo II.1.

diana. No decorrer ulterior da história da Modernidade, como quero mostrar no próximo capítulo, chegam de forma oscilante sempre novos diagnósticos da *aceleração da velocidade* (da vida, do mundo, da sociedade, da história – ou até do próprio tempo), de forma que Peter Conrad pôde constatar, em sua colossal obra de história cultural, *Modern Times, Modern Places*, de 1999, concisa e objetivamente: "modernidade diz respeito à aceleração do tempo".[49]

A experiência de aceleração continua determinante até o presente, e deixa seus rastros em quase todos os diagnósticos, populares e científicos, do tempo. De fato, estabelece-se, no curso da revolução política de 1989 e da aproximadamente contemporânea "revolução digital" nas tecnologias de comunicação, e em face do processo de interligação global por ela possibilitado e facilitado, um discurso de aceleração mais recente, que Gundolf S. Freyermuth, no ano 2000, substituindo toda uma multidão de ensaístas, colunistas, políticos e economistas, com total consciência do histórico do diagnóstico da aceleração, sintetiza da seguinte forma: "somos contemporâneos de um ímpeto de aceleração único na história da humanidade – e que em retrospectiva faz a Revolução Industrial parecer confortável".[50] Filósofos como Stefan Breuer ("Sem dúvida,

---

49 "Modernity is about the acceleration of time", Conrad, 1999, p.9; mais precisamente formulou recentemente Thomas H. Eriksen: "Modernity *is* speed" (2001, p.159, grifo no original).

50 Freyermuth, 2000, p.75. Nesse mesmo sentido observa o americano James Gleick, em seu *best-seller Faster*: the Acceleration of Just About Everything (1999), a abrangente aceleração do nosso dia a dia, do trabalho ao descanso até a vida amorosa, enquanto o governo federal alemão cita a *aceleração* em primeiro lugar de sua lista de tendências para

a velocidade é a deusa dos dias de hoje")[51] e sociólogos como Fredric Jameson ("Tempo é hoje uma função de velocidade, evidentemente perceptível apenas em termos de seu grau ou rapidez como tal")[52] confirmam, do ponto de vista acadêmico, essa percepção cultural dominante.

No entanto, a experiência fundamental, característica para a Modernidade em todas as suas fases, de que "tudo se torna cada vez mais rápido", de que tudo está em constante fluxo e de que o futuro, consequentemente, está totalmente indefinido e incerto, não podendo mais ser previsto através do passado e do presente, define apenas um lado da maioria dos atuais diagnósticos críticos do tempo. Uma segunda auto-observação social diametralmente oposta se desenvolveu paralelamente, de forma paradoxal, apenas na fase avançada da Modernidade – ainda que já tivesse sido formulada por Kojève e Weber e que estivesse desde o princípio presente como, por assim dizer, "subtexto" dos novos tempos. Essa análise se fortalece por volta do fim do século XX, ganha espaço e parece vir de encontro à realidade da experiência da maioria dos contemporâneos. Fala-se de uma experiência de "cristalização" da formação cultural e estrutural da própria época, de sua percepção como um "invólucro de aço" [*stahlhartes Gehäuse*] e estática, na qual mais nada de fundamental se modifica e nada de novo acontece. Nesse olhar sobre a sociedade contemporânea, a época atual se destaca exatamente pelo *findar* de todo movimento: as energias utópicas se esgotam,

---

a sociedade do futuro (ver o anúncio "Dar forma à mudança" ["Den Wandel gestalten"] assinado por Joschka Fischer e Gerhard Schröder na revista *Der Spiegel*, cad.3, p.47-9, 17 jan. 2000).

51 Breuer, 1988, p.309.
52 Jameson, 1998, p.50.

pois todas as possibilidades do espírito e das ideias parecem ter sido exauridas, motivo pelo qual a disseminação de um enorme tédio ameaça se instaurar. Essa tese se encontra formulada de forma mais marcante nos discursos *posthistoire* e na tese de Francis Fukuyama sobre "o fim da história",[53] embora também encontre seu reflexo em definições *ex negativo* da própria época como período de "fim" ou "pós", como pós-época do fim da razão, do sujeito, dos valores, da educação, das narrativas, da política, da história etc. Esses últimos diagnósticos de uma mudança de época são historicamente inéditos, em comparação aos mais antigos, na medida em que aparecem como assimétricos ou "fracionados": são observações de uma ruptura de época sem uma visão correspondente de um recomeço cultural, consequentemente sem uma ligação plena de sentido entre passado, presente e futuro.[54]

Os dois diagnósticos do tempo – o da aceleração social e o do enrijecimento social –, que parecem tão ambiciosos, são apenas à primeira vista contrários. Na marcante metáfora da *paralisia frenética* [*rasender Stillstand*] que devemos agradecer à engenhosa tradução [alemã] de *L'Inertie polaire*, de Paul Virilio,[55] eles são reunidos de forma significativa em um diagnóstico *posthistoire* no *qual* o *frenesi* da história dos acontecimentos recobre apenas de forma precária, e por fim até engendra, a *estagnação* dos desenvolvimentos ideologicamente dinâmicos e das "estruturas profundas". No próximo capítulo tentarei esclarecer que a complementaridade dessas experiências críticas do tempo não é apenas um construto acadêmico distanciado

---

53 Ver Fukuyama, 1992 ou Gehlen, 1994.
54 Para mais detalhes ver Rosa, 1999c e 1999d.
55 Virilio, 1998a.

da realidade, mas antes que ela encontra seu reflexo drástico na expressão própria da sociedade.

A aqui redescrita paradoxal estrutura temporal da Modernidade – e *a fortiori* da Modernidade Tardia –, que converte as experiências de aceleração sempre em seu oposto diametral, pode ser observada não apenas no plano do tempo histórico, mas igualmente nos planos do tempo de vida e do tempo cotidiano. De forma análoga ao paradoxal "duplo diagnóstico", simultâneo, da aceleração da transformação social e da inertificação do desenvolvimento social é possível encontrar na história da Modernidade queixas periódicas a respeito do *aumento da velocidade da vida*, e de um ritmo de vida cada vez mais acelerado, aos quais são relacionadas diversas características adoecedoras, sobretudo na forma de nervosismo e sobrecarga,[56] que curiosamente são acompanhados de um "subtexto" contrário, no qual se reclama do tédio estático da vida moderna – "l'ennui" se torna palavra de ordem justamente no momento em que a Revolução Industrial multiplica "a velocidade em todos os âmbitos da experiência humana", como percebe Peter Conrad.[57] Associado a isso

---

56 No início do século XX, por exemplo, foi difundido o diagnóstico da "neurastenia" – como demonstra Joachim Radkau em seu brilhante estudo sobre a "Era do Nervosismo" (1998) – como consequência de um ritmo de vida frenético (também interessante sobre esse tema, Simmel, [1903] 1995), enquanto no nosso tempo, nos Estados Unidos, uma forma muito parecida de "doença da pressa" foi descoberta – supostamente com as mesmas causas (Levine, 1999, p.152; ver Harvey, 1990, p.287 sobre a "gripe *yuppie*" como reação patológica ao estresse).

57 Conrad, 1999, p.16; ver, para detalhes, Lepenies, 1981. Também no romance de Douglas Coupland *Generation X* – cujo significativo subtítulo é "Contos para uma cultura acelerada" – o principal problema dos

surge o sentimento de que a vida "voa" cada vez mais rápido, embora, em média, a expectativa de longevidade nas sociedades ocidentais tenha aumentado continuamente. A experiência do *tempo estático* se torna patológica na depressão clínica, que não poucos psicólogos supõem representar uma reação a exigências da aceleração impossíveis de serem satisfeitas. Adoecimentos depressivos parecem estar, segundo vários levantamentos, em processo de aumento na sociedade presente.[58]

A transformação acelerada das condições de vida, instituições e relacionamentos, ou seja, a aceleração da mudança social, apresenta aos indivíduos o problema de terem que planejar suas vidas a longo prazo para dar-lhes uma certa estabilidade resistente ao tempo, sem, no entanto, poderem fazê-lo de forma racional em face da crescente contingência das relações sociais. Essa dificuldade, cada vez mais intensa na Modernidade Tardia, se coloca, como será mostrado na quarta parte desse trabalho, não apenas aos atores individuais, mas também como problema social e subsistêmico de direção e superação da contingência – e revela-se um problema fundamental do "nosso tempo".

Como todos sabem por experiência própria, o tempo se apresenta, enfim, na *perspectiva cotidiana* de sociedades modernas, de modo fundamentalmente paradoxal, uma vez que, em todas as práticas cotidianas, é economizado numa proporção crescente através da refinada implantação do planejamento organizacional e da técnica moderna, sem, entretanto, perder seu caráter

---

protagonistas, como consta explicitamente no texto (p.112 da edição alemã), é esse tédio estático *após o fim da História*. Em "Texlahoma", onde a maior parte das histórias se desenrola, o tempo "congelou" em um ano de 1974 infinito!

58 Ver o Capítulo XI.3.

de escassez. Pelo contrário, *quanto mais tempo economizamos, menos temos*, diz a instigante sabedoria popular em *Momo*, de Michael Ende.⁵⁹ Apesar de um alto volume quantitativo de "tempo livre", no sentido de recursos temporais disponíveis que não têm que ser gastos com a execução de atividades produtivas ou reprodutivas importantes, cientistas sociais diagnosticam a sociedade contemporânea, desde o influente estudo de Staffan B. Linder *The Harried Leisure Class* ["A atormentada classe ociosa"], como passando por uma "carência de tempo" [*Zeit-Hungersnot*] aguda que se manifesta nos três níveis temporais.⁶⁰ "A sociedade americana, no momento, está faminta – não como os somalis ou outras culturas tradicionais, que morrem por falta de alimento, mas faminta da suprema escassez do mundo pós-moderno: de tempo", escrevem (orientados estritamente de forma empírica) os pesquisadores do uso do tempo John P.

---

59 Ende, 1973; o belo título do livro *Em busca do tempo ganho* expressa com exatidão esse paradoxo (Auer; Geißler; Schauer, 1990). O quão próxima está a crescente percepção do tempo "acelerado", também no nível das experiências cotidianas, de um estado de imobilidade paralisante talvez possam explicar as seguintes linhas de Michel Quoist, com as quais Staffan B. Linder (1970, ver próxima nota) introduz seu livro: "Adeus, senhor, me perdoe, não tenho tempo/ Eu voltarei, não posso esperar, não tenho tempo/ Tenho que terminar esta carta – não tenho tempo/ Adoraria ajudá-lo, mas não tenho tempo/ Não posso aceitar que não tenho tempo/ Não posso pensar, não posso ler, estou sobrecarregado, não tenho tempo/ Gostaria de rezar, mas não tenho tempo".
60 Linder, 1970, postula um "axioma" segundo o qual existe, por motivos da alocação racional de tempo, uma relação literalmente necessária e inversamente proporcional entre abundância de tempo e abundância de bens, de forma que o processo de modernização se torna inevitavelmente um processo de transformação de sociedades com excesso de tempo em sociedades carentes de tempo.

Robinson e Geoffrey Godbey, e acrescentam: "Estar faminto por tempo não resulta na morte, mas sim, como os antigos filósofos atenienses observaram, em nunca começar a viver".[61]

Se a aceleração em si é julgada como uma transformação temporal maligna ou benigna depende, obviamente, das consequências que se leva em consideração. Da perspectiva da finitude do tempo de vida humano, pressupõe-se que a aceleração de *processos orientados a um propósito* (como a produção de bens ou condições, a suplantação de distâncias para o transporte ou a transmissão de informações) será percebida fundamentalmente como desejável. No entanto, um perigo evidente nesse caso consiste na possível *dessincronização* de processos, sistemas e perspectivas em razão de aceleração unilateral. A aceleração de um único setor da sociedade é socialmente aceitável apenas quando aumentos de velocidade correspondentes são "traduzidos", sem atrito, entre os limiares estruturais e culturais.[62]

Em um número crescente de diagnósticos temporais é possível encontrar, no entanto, a tese, implícita ou explícita, de que exatamente essa "tradução" e "ressincronização" tornam-se crescentemente problemáticas em diversos setores sociais. Sistematizando esses diagnósticos de dessincronização, vemos

---

61 Robinson; Godbey, 1999, p.33.
62 Pode-se ilustrar o problema de transposição e de sincronização induzido pela aceleração através de exemplos simples. Geralmente, quase todo cidadão deseja, como cliente (na estação, num café, no médico, no auxílio telefônico etc.), ser atendido o mais rápido possível – e, por outro lado, ter o máximo de tempo e o mínimo de estresse no trabalho (ou seja, como prestador de serviços). Essa ideia – *de que tudo deve andar o mais rápido possível para que eu tenha mais tempo* – é, num nível coletivo, claramente contraditória.

que eles reportam-se a três desenvolvimentos distinguíveis. Primeiramente, como já mostrado, fica claro ser possível a qualquer momento que, por um lado, modelos e perspectivas temporais sistemicamente institucionalizados e, por outro, os modelos e perspectivas dos atores divirjam de tal forma que, seja em decorrência de migração ou de uma rápida mudança de sistema, chegue-se a um desencaixe e, com isso, a uma dessincrozição de ambas as estruturas temporais. Como já observara clarividentemente Georg Simmel, a velocidade institucional e estrutural imposta pode ser alta demais para os sujeitos, ou, ao contrário, apresentar-lhes rigidez e morosidade demasiadas.[63] Desenvolvimentos estruturais, assim como transformações culturais, podem representar a causa (endógena) de uma dissociação temporal.[64] O processo de ressincronização, por conseguinte, pode se efetuar de forma favorável a um dos dois lados: ou os atores adotam e internalizam novas orientações temporais, como no processo descrito por E. P. Thompson, ou chega-se a uma mudança de sistema – como no caso dos antigos Estados socialistas do Leste Europeu –, no curso da qual estruturas, por demais morosas e inflexíveis, são substituídas através de arranjos velozes e dinâmicos (ou ao contrário).

---

63 Simmel, [1897] 1992, p.228, assim como Lauer, 1981, p.70 ss.
64 São tais dissociações que Gurvitch tinha em mente ao distinguir formas sociais como "tempo atrasado em relação a si mesmo", "tempo alternando entre adiantamento e atraso" ou "tempo adiantado em relação a si mesmo" (1963, p.176 ss.), entretanto sem com isso esclarecer suficientemente sua base estrutural. A dissociação nas estruturas e perspectivas temporais sociais, que surge nas denominadas "formas temporais", não raro resulta em uma revolução, cujo "tempo explosivo" (ibid., p.178) possibilitaria um reequilíbrio das estruturas temporais.

Um diagnóstico do tempo correspondente a esse modelo é defendido por muitos cientistas sociais ao argumentarem que os processos sistêmicos da sociedade moderna teriam se tornado rápidos demais para os indivíduos que nela vivem.[65] A crítica inversa – de que os atores sociais seriam indolentes, acomodados, inflexíveis, em outras palavras, lentos demais para as "exigências do tempo" – é frequentemente levantada por empregadores, economistas e políticos ao terem que esclarecer fenômenos de deficiência sistêmica ou má alocação (como desemprego, por exemplo).

Uma segunda forma de dessincronização apresenta, por sua vez, a crescente incongruência, postulada por Peter Ahlheit, entre os três horizontes de tempo que guiam os atores (ou seja, a desintegração das perspectivas de tempo cotidiano, tempo biográfico e tempo histórico) em sociedades capitalistas modernas, cuja inconciliabilidade seria a causa pela qual o indivíduo perceberia "seu" tempo (nas três referências) como "alienado" [*entfremdet*]. Isso levaria à perda da capacidade de integração da própria vida de forma narrativa em um passado provedor de referências e em um futuro provedor de sentido, e da capacidade de se obter, assim, uma orientação duradoura, ao menos de médio prazo, para ações futuras.[66] Essa forma de dessincronização relativa aos atores pode ser, naturalmente, como

---

65 Essa tese é sustentada por Richard Sennett, 1998, assim como Fritz Reheis, 1998 e diversos autores em Backhaus; Bonus, 1998. Robinson e Godbey supõem uma desintegração entre perspectivas temporais "internas", ou seja, relativas aos atores sociais, e "externas", ou seja, observáveis no plano sistêmico (1999, p.304).

66 Ahlheit, 1988; ver Sennett, 1998, assim como Achtner; Kunz; Walter, 1998; Lübbe, 1998; Rosa, 1999c.

mostram as reflexões de Richard Sennett, uma consequência de processos de dessincronização do primeiro tipo apresentado.[67]

*Dessincronizados* podem estar ainda, em terceiro lugar, subsistemas sociais ou sistemas funcionais entre si. Assim enfatiza um difundido diagnóstico do tempo, desde as ciências sociais até a imprensa e a política cotidiana, segundo o qual a *economia*, a *ciência*, a *técnica*, bem como os desenvolvimentos desencadeados por elas, teriam se tornado rápidos demais para um controle *político* e *jurídico* das transformações sociais. Economia, ciência e técnica, de um lado, e direito e política do outro teriam "saído do compasso", ou seja, estariam dessincronizados.[68] No decorrer do presente trabalho retornarei a todas essas formas de dessincronização e tentarei esclarecer seus complexos internos através da tendência aceleratória inerente à Modernidade. Neste ponto basta fixar que a aceleração (contínua) de mesmo apenas *um* subsistema social pode levar, em função do "acoplamento (crono)estrutural" de sistemas sociais e da demanda por sincronização que daí surge, a con-

---

[67] A dessincronização ocorre, ainda, frequentemente onde atores sociais provenientes de diferentes classes sociais ou círculos culturais se encontram, com práticas e orientações temporais notavelmente distintas. A *não contemporaneidade dos contemporâneos* é, sem dúvida, um dos problemas mais sérios do "multiculturalismo" (ver Marschall, 1997).

[68] Ver, por exemplo, Eberling, 1996; Scheuerman, 2001a; e detalhadamente no Capítulo XII.3. É possível identificar, como variante da diagnose de dessincronização sistêmica, os estudos ligados ao movimento ecológico, que defendem a tese de que "o sistema da sociedade" – ou seja, o sistema *econômico* – teria se tornado rápido demais para o sistema *ecológico* da natureza: o postulado de dessincronização tem por base que a sociedade não dá tempo suficiente à natureza para o reestabelecimento de matérias-primas e a eliminação de materiais tóxicos e rejeitos (ver Reheis, 1998, p.34 ss.).

sequentes problemas temporais para todos os outros sistemas restantes — e aos atores que neles atuam.

Ao se tentar traçar um panorama dos atuais diagnósticos da temporalidade e do tempo presente, percebe-se em geral que elas parecem convergir para *um* único ponto crítico. Um grande número de interpretações sociológicas contemporâneas, em parte bastante distintas entre si, concorda em poder constatar uma *ruptura*, mais ou menos acentuada, no desenvolvimento da Modernidade, que as obrigaria, assim, a uma nova definição da época atual como "Segunda Modernidade",[69] "Modernidade Reflexiva",[70] "Modernidade Liberal Estendida",[71] Modernidade Tardia[72] ou ainda como Pós-Modernidade.[73] Muito controverso nas ciências sociais é, no entanto, a que se refere essa ruptura — se seu caráter é estrutural ou cultural —, quando e onde ela se inicia historicamente — trata-se de uma nova época? Caso sim, quando ela se inicia? — e quão profunda ela é — trata-se de uma ruptura *na* Modernidade ou *com* a Modernidade? Os conceitos aqui examinados deixam claro que a maioria dos intérpretes ora tende à primeira diagnose e afirma observar uma *radicalização* dos princípios modernos — tornando então questionável em que consistiria o *Novo* do tempo histórico identificado.[74]

O caminho para uma resposta apropriada a essa questão, como quero mostrar no que se segue, se abre apenas através de um olhar para os diagnósticos da temporalidade já discutidos.

---

69 Sobre esse conceito ver Beck, 1997, p.25, nota 8.
70 Ver Beck; Giddens; Lash, 1996.
71 Wagner, 1995.
72 Por exemplo, Hörning; Ahrens; Gerhard, 1997.
73 Lyotard, 1986; ver ainda Jameson, 1998; Harvey, 1990; Welsch, 1994.
74 Ver sobre isso Berger, 1986.

Fenômenos de aceleração e dessincronização estão no cerne de quase todas as definições do "novo tempo [*neue Zeit*]".* O que é especialmente válido para aqueles diagnósticos do tempo que conectam a nova formação postulada da sociedade com os fenômenos resumidos sob o termo "globalização". Como quero mostrar no décimo capítulo, o genuinamente novo na globalização atual não está exatamente na ocorrência dos processos discutidos sob esse termo, mas sim na *velocidade* na qual eles ocorrem.

Esse processo de aceleração traz consigo indubitavelmente uma série de consequências estruturais e culturais que levam a diferenças sensíveis em relação à formação da sociedade da "Modernidade Clássica".[75] Ele se manifesta à primeira vista naturalmente como um processo de *sincronização* global sem precedentes. A síntese emblemática da "era da globalização" é a "a-local" e "u-tópica" internet, na qual todos os acontecimentos no mundo inteiro se dão *simultaneamente*. De forma complementar a essa sincronização entre, digamos, sociedades e continentes, agravam-se todos os fenômenos de dessincronização da *sociedade global interna* [*global-innergesellschaftlich*]. Os mercados de informação e financeiro, mundialmente operantes em frações de segundos, praticamente não permitem, segundo

---

\* Aqui o autor faz um trocadilho com os termos *neue Zeit*, tempo novo, referindo-se à nova temporalidade, e *Neuzeit*, vocábulo germânico para Modernidade. [N. T.]

75 Já que, como logo demonstrarei, considero de fato que houve uma ruptura significativa na estrutura e na cultura da Modernidade, que só pode ser definida adequadamente através da teoria da aceleração, usarei no que se segue os conceitos de "Modernidade Clássica" e "Modernidade Tardia" para a identificação de formações anteriores e posteriores ao ponto crítico da ruptura em questão (ver ainda a próxima nota).

a maioria dos observadores atuais, uma ressincronização entre as perspectivas dos atores e do sistema, e não se deixam mais controlar politicamente e – em grande medida – juridicamente. Indivíduos e Estados nacionais tornaram-se lentos demais para a velocidade das transações da Modernidade globalizada; educação, política e direito não conseguem mais acompanhar o passo das "evoluções do tempo corrente". Ao mesmo tempo, grupos quantitativamente grandes, porém marginalizados, no chamado "terceiro mundo" – e também nas sociedades industrializadas – se tornam "dessincronizados", de forma que se tornam excluídos de inovações estruturais e culturais determinantes. Diagnósticos da globalização são unânimes a respeito do rápido aumento da simultaneidade do não simultâneo – a "idade da pedra" e a "era cibernética" coexistem imediatamente lado a lado.

De fato, na aceitação dos processos de dessincronização aqui identificados parece haver um núcleo comum àquilo que os apologistas da "Pós-Modernidade" celebram e seus oponentes combatem. O cerne tanto da ideologia filosófica pós-moderna quanto do diagnóstico sociológico pós-moderno é tratado pelo abandono seja de um controle político de processos de desenvolvimento econômico, técnico ou social (o "fim da política"), seja da tentativa de, ao menos, entender esses processos ("o fim da ciência/da razão"); pela renúncia à pretensão de uma integração narrativa sensata de passado, presente e futuro individuais e coletivos ("o fim das narrativas") e assim de uma integração de tempo cotidiano, biográfico e histórico em um projeto de identidade pessoal ("o fim do sujeito/do terror da identidade"); pela aceitação do processar dessincronizado e desintegrado de subsistemas sociais ("o fim da sociedade") e, por fim, pela aceitação do desenvolvimento dessincronizado e desintegrado de diferentes grupos sociais. No decorrer do presente trabalho tentarei mostrar que a tomada de uma perspectiva temporal possibilita apreender conjuntamente [*zusammenführen*] as múltiplas observações de uma "ruptura" no desenvolvimento das sociedades ocidentais, de forma a permitir uma definição teoricamente rica, empiricamente substancial e precisa em termos de diagnóstico temporal, ou seja, permite uma definição normativamente profícua dessa ruptura no contexto da Modernidade. Minha hipótese heurística norteadora é a suposição de que *a aceleração social constitutiva da Modernidade ultrapassa um ponto crítico na "Modernidade Tardia"*,[76] *além do qual não se pode mais preservar a ambição de sincronização da sociedade como um todo e da integração social.*

A consequência, como será mostrado, é uma mudança fundamental, qualitativa, nas formas de direcionamento da so-

---

76 Para superar a total arbitrariedade no uso dos conceitos até o presente ponto sugiro falar de *Modernidade Tardia* numa perspectiva estrutural e de *Pós-Modernidade* numa perspectiva cultural. Dois motivos me parecem justificar isso: primeiro, a discussão sobre a *Pós-Modernidade* é vastamente marcada científico-cultural e filosoficamente e toma por base aspectos do estilo estético, da inteligibilidade e da transformabilidade do mundo, enquanto o conceito de *Modernidade Tardia* é usado preponderantemente em contextos de análise de mudanças estruturais da sociedade moderna. Segundo, *Pós-Modernidade* designa uma ruptura bem mais profunda na ou *após* a Modernidade que *Modernidade Tardia*. Esse primeiro conceito aponta o início de algo qualitativamente novo, enquanto o último mostra antes uma nova forma do antigo (ou seja, da Modernidade em si). Como quero mostrar no desenvolvimento deste trabalho, essa perspectiva corresponde exatamente à minha própria diagnose de uma cobertura qualitativa da cultura, ou seja, da relação pessoal para com a individualidade e a coletividade sobre a base de princípios estruturais fundamentais não modificados.

ciedade e das autorrelações pessoais, que implica a renúncia ao desejo de autonomia individual e coletiva e, por conseguinte, ao *projeto* (normativo) *da Modernidade*. Nesse ponto de viragem modifica-se também a qualidade do tempo em si (biográfico e histórico). Modelos e perspectivas temporais, tanto individuais quanto coletivos, são, de acordo com a situação e o contexto, redefinidos ("temporalizados") continuamente no fluxo do tempo, o que leva a formas históricas inéditas de "identidade situacional" e "política situacional". À luz de tais reflexões torna-se analiticamente determinável e teoricamente situável a paradoxal simultaneidade dos diagnósticos de uma dinamização "total" de todas as relações sociais e de um concomitante enriquecimento de todo desenvolvimento (histórico e individual), cuja afinidade com os "diagnósticos da Pós-Modernidade" torna-se evidente.[77]

## 3. Reflexões preliminares para uma teoria da aceleração social

A necessidade de fazer das próprias estruturas temporais objeto do diagnóstico sociocientífico do tempo presente e das determinações do conceito de Modernidade, tal qual tentei mostrar, "brota naturalmente", por assim dizer, da auto-observação da Modernidade e se impõe, verdadeiramente, ao cientista social sensível. Ela justifica a esperança de que os desenvolvimentos postulados e diagnosticados (da globalização, da desintegração, da individualização, da sociedade de informação etc.) poderiam dar-se a conhecer como formas fenomênicas

---

77 Ver Jameson, 1998, esp. p.51 ss.; Jameson, 1994; Welsch, 1994, p.1 ss.

múltiplas de uma mesma lógica evolutiva. Assim, no próximo capítulo interpelarei mais precisamente as já existentes auto-observações da Modernidade relativas ao tempo em seu conteúdo sistemático, para daí formar a base da minha própria *teoria da aceleração*. É necessário, no entanto, primeiramente esclarecer os pressupostos metodológicos e teóricos dessa empreitada.

*A experiência de modernização é uma experiência de aceleração*, essa é a hipótese inicial deste trabalho. Entretanto, apenas a análise sociocientífica pode responder propriamente a pergunta a respeito de quais categorias de análise são mais instrutivas para se compreender e esclarecer a dinâmica de desenvolvimento estrutural e cultural da Modernidade. Por isso, a pertinência e o potencial explanatório da suposição de que a *aceleração* seja a característica central da transformação das estruturas temporais e, como tal, uma força fundamental na Modernidade, formadora de estruturas e cunhadora da cultura, ainda precisam ser demonstradas no que se segue. Recentemente alguns autores alegaram que a experiência temporal marcante da Modernidade Tardia seria não mais a aceleração, mas sim a *simultaneidade* de acontecimentos e processos altamente heterogêneos, que levaria a uma perspectiva temporal de um presente estendido (Brose) ou dilatado (Nowotny).[78] Partilho amplamente tal diagnóstico, porém tentarei mostrar que a mudança de consciência e dos horizontes temporais aqui observada representa uma *consequência* e uma *manifestação*, uma nova fase do processo de aceleração social, não podendo ser interpretada como uma substituição através de um novo princípio temporal. Trata-se de uma consequência da já mencionada "temporalização do tempo" *causada* por processos de aceleração.

---

78 Ver Brose, 2000, p.130; Nowotny, 1993.

Outra objeção ao diagnóstico da aceleração afirma que os processos aceleratórios seriam, quase sempre, acompanhados por tendências de postergação, retardamento e diminuição da velocidade, de forma que mudanças em estruturas temporais sempre teriam que ser interpretadas como manifestações complexas dessa interação. *Aceleração* e *desaceleração* são, segundo essa interpretação, tendências temporais universais básicas de igual importância. Embora eu concorde com a objeção de que toda teoria da aceleração com pretensões sistemáticas tenha que levar em conta os respectivos processos de retardamento, estou convicto de poder demonstrar que, no processo de modernização, as forças de aceleração e desaceleração *não* se equilibram, estando distribuídas numa relação altamente unilateral. As detectáveis tendências à inércia podem ser interpretadas como residuais ou como formas de reação a processos de aceleração (e, por vezes, como *funcionais* à aceleração). Ou seja, elas são, de toda forma, secundárias às forças de aceleração. Isto é válido a despeito da observação, central nesta investigação, de que as forças aceleratórias da Modernidade trazem *em si* uma qualidade transformadora do tempo que conduz a manifestações epifenomênicas de estagnação.

Uma definição sociocientífica da Modernidade que tome a categoria da aceleração como seu ponto de partida está, antes de tudo, diante das questões, ao mesmo tempo claras e ainda assim difíceis de ser respondidas: *o que significa aceleração social* e *o que* exatamente se acelera no processo de modernização? A confusão e o desentendimento acerca das respostas corretas a essas perguntas são tão grandes quanto o reconhecimento da aceleração social como fato. Não há até hoje um conceito claro de aceleração sociologicamente definido e muito menos uma *teoria* da aceleração.[79] Com isso, os conceitos de velocidade e aceleração são, em grave negligência para com as categorias da Física e da Lógica, frequentemente usados como sinônimos, ou seja, observações da aceleração e da alta velocidade de processos são tratadas como uma única coisa. No entanto, a situação com relação ao conceito de velocidade não apresenta condições muito melhores; também ele não foi precisado para além de seu significado físico, como comenta Stefan Breuer em seu estudo sobre a "Dromologia" de Paul Virilio (que infelizmente renuncia a definições conceituais exatas):

> Quão pouco sabemos sobre a velocidade! A Sociologia trata do sentido, a Economia da riqueza (ou da pobreza), as Ciências Políticas do poder – fenômenos, portanto, que têm pouca ou nenhuma relação com a velocidade em si [...] Seria a equação $v = \Delta s/\Delta t$ tudo que há para ser dito sobre um fenômeno do qual depende nada menos que a sobrevivência deste planeta?[80]

Permanece obscuro, entretanto, não apenas o que se deve entender por aceleração social, mas ainda a que ela realmente se refere, ou seja, o que constitui sua área de abrangência. Nos

---

79 "A noção de aceleração, que originalmente descrevia a condição de corpos materiais em movimento, migrou de forma gradual e injustificada para a esfera das relações sociais e agora reivindica controlar a própria história", lamenta com razão Jean Chesneaux, 2000, p.417.

80 Breuer, 1988, p.309. Entretanto, há que se contradizer a divisão do trabalho entre as disciplinas, proposta por Breuer. Obviamente, os domínios econômico, sociológico e político de riqueza, sentido e poder estão estreitamente ligados tanto às raízes quanto aos efeitos da aceleração.

diagnósticos temporais existentes até o momento, sejam sociológicos, cotidianos ou da alta cultura, é apresentada, sem grande fundamentação, toda uma série de possibilidades: a história[81] se aceleraria, a cultura,[82] a sociedade, a velocidade da vida[83] ou até o próprio tempo,[84] como sempre se afirma no decorrer do processo de modernização, desde o princípio até hoje, com o que esses diagnósticos são combinados aleatoriamente, e os conceitos, via de regra, usados para designar os mesmos fenômenos, quase como sinônimos e sem qualquer senso de discriminação analítica. Portanto, não surpreende que se encontre, em inúmeros trabalhos sociocientíficos (e não apenas nos de segunda categoria), a afirmação indiscriminada e grosseira de que na sociedade moderna ou contemporânea *tudo*,[85] por fim, se aceleraria.

É quase desnecessário ressaltar a falsidade dessa afirmação. Um simples olhar para o dia a dia mostra que uma série de processos se tornam mais lentos (especialmente desagradáveis no engarrafamento do trânsito ou das reformas políticas), enquanto outros oferecem resistência tenaz a toda tentativa

---

81 A esse respeito, ver Koselleck, 1989 e 2000, que traz incontáveis evidências da diagnose de uma aceleração histórica (embora suas evidências também deixem claro o quanto as categorias abordadas são tratadas como permutáveis) e ainda empreende uma das únicas tentativas de abarcar a ideia de uma aceleração histórica de forma analítica.
82 Por exemplo, Coupland, 1991.
83 Assim como Simmel, [1897] 1992, ou, mais recentemente, Levine, 1999.
84 Gurvitch, 1963 ou Schmied, 1985, p.86 ss.
85 Representantes dessa ideia são Altvater, 2002, p.285, seção 22, ver p.281; Heylighen, 2001; Garhammer, 1999, p.114; Gross, 1994, p.155; Gleick, 1999 (já no próprio título); Eriksen, 2001, p.50.

de aceleração (os processos mais sensíveis são os relativos ao corpo humano, como a gravidez ou resfriados). Uma teoria sistemática da aceleração social não pode deixar de primeiramente propor uma definição categorial exata dos fenômenos da aceleração (Capítulo III.1 e 2, assim como capítulos IV a VI), com a qual se verifique, especialmente, em que medida esses fenômenos identificados, em sua totalidade, podem ser descritos como aceleração *da* sociedade, o que constitui uma exigência categorialmente diferente daquela proposta pela tese de uma aceleração de desenvolvimentos centrais *na* sociedade. Isso só poderá ser decidido quando a definição de processos aceleratórios for confrontada com uma identificação categorial análoga dos fenômenos sociais relevantes de *diminuição da velocidade* [*Verlangsamung*] e *inércia* (Capítulo III.3). Dessa base dependerá decisivamente a definição precisa da relação das forças da aceleração e do retardamento, ou seja, de movimento e de inércia (Capítulo III.4).

Na segunda parte deste estudo submeterei os três domínios parciais da aceleração social identificados na definição categorial – a aceleração técnica (Capítulo IV), a aceleração da mudança social (Capítulo V) e a aceleração da velocidade da vida (Capítulo VI) – a uma análise primeiramente "fenomenológica", ou seja, focada em suas formas de manifestação e em seus mecanismos de ação, antes de me voltar, na terceira parte, à questão, fundamental para toda teoria da aceleração, sobre qual o nexo que se estabelece entre os processos de aceleração identificados e quais suas forças motrizes. Somente se for possível demonstrar que os fenômenos aceleratórios não são integralmente redutíveis a consequências de *outras* tendências fundamentais do processo de modernização (como da diferenciação funcional ou da individualização) pode a hipótese aqui postulada – de que a aceleração seria um princípio fundamental autônomo da Modernidade – pretender alguma plausibilidade inicial. Como resultará no decorrer da investigação, a dinâmica da aceleração moderna pode ser identificada como um processo circular autopropulsionado (*espiral aceleratória*), que é impelido, no entanto, de forma complementar, por três motores "externos", distinguíveis analiticamente, de natureza econômica, cultural e socioestrutural, com os quais ela se encontra em interação dinâmica (capítulos VII e VIII). Em contrapartida, dois aceleradores históricos colossais, *Estado* e *Exército*, vão passando cada vez mais para um segundo plano como fatores de propulsão na Modernidade Tardia; hoje eles parecem ter um efeito antes de frenagem que de dinamização sobre processos de desenvolvimento social (Capítulo IX).

Na quarta e última parte do presente trabalho me ocuparei das *consequências* dos processos de aceleração social trabalhadas. Como mostrado, uma análise das estruturas temporais da sociedade oferece a chance de apreender, simultaneamente, tanto desenvolvimentos estruturais e sistêmicos quanto transformações relativas à ação e ao sujeito, além de possibilitar relacioná-los uns com os outros. Como indiquei há pouco, as forças de aceleração da sociedade contemporânea, na transição do século XX para o XXI, operam de fato uma transformação categorial e uma redefinição das autorrelações [*Selbstverhältnisse*] individuais e coletivas, ou seja, tanto das formas de identidade dominantes como da forma da autoefetuação política ou de direcionamento da sociedade (capítulos XI e XII).

A base de tal argumentação é a ideia de que o processo aceleratório da Modernidade não toma um curso linear. A aceleração de desenvolvimentos e processos sociais não se dá apenas como um aumento escalar quantitativo que deixaria a natureza desses processos intacta, até mesmo em razão da complexa estratificação de modelos e horizontes temporais. Assim como a aceleração de uma série de fotos pode, após uma determinada velocidade, "dar-lhes vida" ao fazer de cada uma delas "imagens animadas" num filme, ou como o movimento acelerado de moléculas modifica o estado agregado de materiais (sólido, líquido, gasoso) em pontos críticos de mudança de estado físico, assim também a aceleração de processos sociais provoca ocasionalmente uma transmutação dos mesmos. Do Capítulo X ao XIII será desenvolvida a tese de que a dinâmica nas estruturas temporais da sociedade, no princípio dos tempos modernos, resultou em consequências fundamentalmente diversas daquelas que marcaram a transição para o século XXI, na qual causaram uma ruptura na estrutura social, cultural e das formas de identidade da sociedade moderna, que tem como consequência, de fato, uma outra sociedade.

Com tal proposta de definição socioteórica e de uma localização da dinâmica da aceleração na trama estrutural e cultural da Modernidade, a presente investigação se compreende como uma contribuição a uma teoria social sistemática e empiricamente conformada e a uma redefinição sociológica da Modernidade. Embora tente – como toda teoria da sociedade que queira ser tomada seriamente – ordenar e interpretar fenômenos empíricos ao postular nexos estruturais e culturais, que, naturalmente, podem e devem ser verificados, este trabalho não carrega a pretensão de ser, ele próprio, um estudo empírico. Na medida em que diagnostica e postula desenvolvimentos sociais, ele se abre, naturalmente, à possibilidade de avaliação e crítica. No entanto, não é possível constatar a validade de seus princípios através de um método uniforme fechado, uma vez que não há método da pesquisa social empírica que permita apreender *simultaneamente* as observações da teoria do sujeito, das ações e das estruturas relacionadas entre si e a complexidade da estratificação dos modelos e perspectivas temporais.

A busca por um método controlado e uniforme, como quero mostrar no próximo capítulo, direciona o olhar para uma superfície de fenômenos deveras restrita, que não permite abarcar estruturas profundas e contextos mais vastos. Em estudos empíricos (como análises de alocação temporal ou estudos sobre a demanda e modelos temporais de organizações) é especialmente a associação temporal de necessidades estruturais e perspectivas culturais que é sistematicamente perdida de vista. A ligação empírica de meu trabalho é dupla. Primeiramente, recorrerei, de forma necessariamente eclética, sobretudo quando o curso da argumentação se fundar em suposições empiricamente testáveis, ao material de dados já existentes – uma série de análises sociotemporais e psicológicas muito diferentes entre si. Nesse processo faz parte da "honestidade intelectual", já referida por Max Weber, não agir de forma seletiva ou sob uma lógica subsuntiva, considerando apenas os levantamentos que confirmam a hipótese da aceleração, mas antes observar os resultados de forma neutra em relação à hipótese apresentada.[86]

As análises de alocação temporal [*Zeitbudgetanalysen*], são, em vários aspectos, elucidativas nesse sentido, e estão disponíveis em larga escala.[87] São indispensáveis quando se trata da con-

---

86 Weber, 1988. Para uma discussão crítica sobre o tema em pesquisas mais recentes e de cunho empírico, ver meu apanhado literário geral em Rosa, 2001a.

87 Avaliei, aqui, especialmente Garhammer, 1999; Robinson; Godbey, 1999; Benthaus-Apel, 1995; Gershuny, 1990 e 2003, assim como Holz, 2000.

firmação de um "aumento do ritmo da vida", embora, como será mostrado, sejam mais adequadas como instrumento para a análise dos arranjos temporais altamente diferenciados da *Modernidade Clássica* do que para o exame das estruturas temporais desdiferenciadas da Modernidade Tardia, e severamente deficiente, conceptual e metodologicamente, no levantamento da condensação de episódios de ação e experiência, quando comparada aos indicadores-chave aqui apresentados. Também imprescindíveis são os estudos qualitativos que procuram pesquisar a experiência e a percepção do tempo dos indivíduos, bem como os *motivos* de transformações em suas práticas e perspectivas temporais.[88] Sem considerar tais resultados qualitativos não se pode decifrar a lógica da tradução de imperativos sistêmicos em impulsos das ações individuais.

Para averiguar as transformações especificamente temporais dos modelos de identidade que estejam ligados a essas ações, lançarei mão de investigações sociológicas e psicológicas de pesquisas sobre identidade.

Qunado, ao contrário, se tratar de decodificar modelos temporais sistêmicos, utilizarei estudos de estrutura e horizonte de tempo da Política, do Direito e da Economia. Informações sobre transformações cronoestruturais da sociedade contemporânea podem ser encontradas, também, em análises do assim chamado processo de globalização e em investigações *cronogeográficas*.[89]

Uma das dificuldades principais está na verificação empírica da postulada aceleração da mudança social. Há não apenas o

---

[88] A esse respeito, ver principalmente Hörning; Ahrens; Gerhard, 1997, assim como Sennett, 1998.

[89] Ver especialmente Castells, 1996; Harvey, 1990 e Held et al., 1999.

problema da contínua falta de dados históricos comparativos, mas ainda a complicação da ausência de consenso, nas ciências sociais, sobre quais seriam os indicadores mais adequados da mudança social. Tampouco há clareza a respeito de o que permitiria constatar uma *aceleração* dessa mudança. A hipótese mais provável, de que seria a aceleração das taxas de inovação, falha empiricamente por não ser claro o que valeria como *inovação-base* nos respectivos setores sociais (isto é, na ciência, economia, arte etc.). Em função disso, primeiramente desenvolverei uma definição de mudança social baseada no conceito de "contração do presente", do filósofo Hermann Lübbe, para então buscar evidências e contraevidências para uma correspondente transformação das taxas de transformação. Análises da mudança de estruturas educacionais, profissionais e familiares poderão fornecer aqui indicações decisivas.

Esse procedimento clarifica de antemão a segunda forma de embasamento empírico do presente trabalho: como pesquisa teórico-social, ele ambiciona abrir novos horizontes de questões e fornecer novas perguntas orientadoras para pesquisas empíricas futuras, nas quais a tese, tanto difusa quanto pervasiva, de uma "aceleração geral" da vida social possa ser traduzida para um campo de questões investigativas empírica e precisamente definíveis.[90] No sentido da definição de Jürgen Habermas, que abre essa introdução, da relação entre teoria social e as ciências sociais, o objetivo deste trabalho é estabelecer

---

90 É exatamente essa "saturação empírica" da diagnose da aceleração através de sua reformulação em hipóteses verificáveis que o grupo de pesquisa em torno de Reinhart Koselleck, apesar de intensos esforços, ainda não conseguiu alcançar (segundo Koselleck em uma carta pessoal de 26 de novembro de 2001 ao autor; ver também Koselleck, 2000).

um novo paradigma de pesquisa ao "poder de foco da lupa", em cujo centro está a aceleração nas estruturas temporais da sociedade moderna.

Antes de começar com o trabalho propriamente, gostaria ainda de me posicionar ante três objeções metodológicas previsíveis. A primeira trata da questão da significância sistemática de resultados empíricos. Um problema fundamental das investigações que se voltam ao diagnóstico do tempo reside no fato de que para cada tendência identificável pode-se encontrar *contratendências*, e para toda evidência, *contraevidências*. Essa dificuldade é um dos principais responsáveis pela insegurança existente com relação, por exemplo, à significância dos diagnósticos da globalização e da individualização. Similarmente, uma teoria da aceleração é confrontada com o problema de, por um lado, como já exposto, ter de ser capaz de definir empiricamente o valor sistemático de *fenômenos de desaceleração*, de forma que eles se mostrem como residuais, como uma reação a processos primários de aceleração ou efeito colateral da aceleração. Em segundo lugar, há a questão da significância sistemática dos dados quantitativos para ser respondida. Sendo a hipótese diretriz deste trabalho a suposição de que os fenômenos de aceleração são fundamentais para o desenvolvimento cultural e estrutural da sociedade moderna, ela não é refutada pela evidência de que grandes grupos da população estão excluídos dos processos de aceleração identificados, seja por estarem desempregados, doentes, privados de direitos ou marginalizados de outras formas. Na medida em que devem ser considerados excluídos das esferas sociais decisivas para o desenvolvimento da sociedade, sua significância para as transformações estruturais e culturais da sociedade é limitada, a despeito de seu número.⁹¹ Um número crescente de "vítimas da modernização", obrigadas à desaceleração, não refuta, portanto, a tese de que a aceleração é uma característica definidora da modernização.

Além disso, em face das diferenças específicas de grupos no que diz respeito à experiência e à organização do tempo, prossegue o debate, no âmbito da pesquisa temporal sociocientífica, a respeito da questão da "sexualidade" [*Geschlechtichkeit*] do tempo, ou seja, sobre as diferenças entre homens e mulheres no comportamento diante e na experiência do tempo, bem como suas causas culturais e estruturais. O fato de tal questão ter sido pouco contemplada no presente trabalho não significa que o autor a julgue irrelevante. Ela parece ter, entretanto, diante de uma análise sistemática da Modernidade pela teoria da aceleração, significância secundária. As pressões da aceleração atuam igualmente sobre homens e mulheres, embora seja supostamente possível comprovar que, sobretudo mulheres profissionalmente ativas com filhos, as sintam em grau ainda mais elevado que homens, já que a incumbência da coordenação da família ainda recai principalmente sobre elas.⁹²

Buscar uma redefinição do processo de modernização através de uma análise temporal não é negligenciar gravemente a transformação complementar do *espaço*? *Quem fala do tempo deve também falar do espaço*, diz a segunda objeção metodológica a ser tratada aqui. Ela se baseia na convicção sociológica, influenciada por

---

91 Ver Castells, 1996, p.476. No mesmo sentido, Zygmunt Bauman (1998, p.324-6) e, na mesma linha, Ulrich Beck (1997, p.102) falam sobre um grupo "em número crescente de maneira incontrolável" de "supérfluos estruturais".

92 Ver Elchardus; Glorieux, 1992; Hufton; Kravaritou, 1996; Leccardi, 1996; Shaw, 1997.

Kant e Durkheim, de que espaço e tempo devem ser considerados formas equivalentes, fundamentais e incontornáveis da perspectiva [*Anschauung*] ou do entendimento. Em função disso, muitos desenvolvimentos centrais das abordagens sociocientíficas atuais, centrais para o presente trabalho, são descritos integrando a dimensão espacial como *"time-space distanciation"*,[93] como *"time-space compression"*[94] ou como *aniquilamento do espaço pelo tempo*[95] ou até mesmo, enfatizando a perspectiva espacial, como uma *liquefação do espaço* em *flows* e *scapes*.[96]

Incontestável nisso é que a percepção e o domínio de espaço e tempo estão intimamente ligados entre si. Essas categorias valem para Kant como dados *a priori*, aparecem em Durkheim como construtos sociais mutáveis histórica e culturalmente, mas ineludíveis individualmente.[97] Minha tese, na sequência, será que espaço e tempo, em face do processo de modernização, *não* são *equivalentes*. A experiência espacial possui uma primazia incontestável, tanto filo quanto ontogeneticamente, sobre a experiência temporal.[98] Enquanto a primeira está mais próxima do *a priori* kantiano, a última apresenta características de variabilidade sócio-histórica em grau bem mais elevado. *Ontogeneticamente* não restam dúvidas de que o senso de espaço e a orientação espacial da criança se desenvolvem bem mais cedo

---

93 Giddens, 1995b, 1987a, p.148 ss.
94 Harvey, 1990.
95 Além de Harvey, ver também Schivelbusch, 2000; Waters, 1995; Robertson, 1992.
96 Appadurai, 1990; Castells, 1996, p.376 ss.; similar a Bauman, 2000, especialmente p.1 ss.
97 Ver Kant, 1981 e a segunda parte da introdução de Durkheim, 1981.
98 Ver, por exemplo, Schaltendbrand, 1988, p.46 ss.

que seu senso de tempo. Em razão do efeito da força gravitacional e da distribuição dos órgãos dos sentidos e locomotores, a diferenciação entre *em cima* e *embaixo* e entre *à frente* e *atrás* é corporal para os seres humanos (*direita* e *esquerda*, ao contrário, em função da estrutura simétrica do corpo, são um esforço artificial de síntese que crianças só aprendem mais tarde e por vezes de forma incompleta). A orientação temporal, ou seja, a capacidade de estimar distâncias temporais ou a duração de eventos é mais complicada e mais abstrata que diferenciações espaciais primárias e se desenvolve somente bem mais tarde em crianças. O sentido temporal só pode ser considerado completamente desenvolvido na puberdade.[99] *Filogeneticamente*, mantém-se a primazia no fato de que as percepções e os conceitos temporais se desenvolvem pelas transformações da qualidade do espaço. As diferenças locais observáveis entre dia e noite e entre as estações do ano, com os ritmos naturais e sociais ligados a elas, formam, via de regra, a base para definições temporais e para o desenvolvimento de um vocabulário sobre o tempo.[100] Tempo é, assim, no desenvolvimento cultural, primeiramente sempre tempo local, ele é definido pela posição do sol e pelo desenvolvimento natural das estações *em um lugar específico*.

No entanto, justamente nesse menor ancoramento antropológico das estruturas e perspectivas temporais em relação à percepção espacial é que está o motivo para que elas sejam grandezas mais variáveis numa perspectiva sócio-histórica. Es-

---

99 Ver em Piaget, 1980.
100 Ver, por exemplo, Elias, 1988; Dux, 1989; Evans-Pritchard, 1969; Giddens, 1995b, p.28 ss. Da mesma forma, nossas categorias para tempo seguem geralmente uma semântica espacial (como *antes* e *depois* etc., ver Schaltenbrand, 1988, p.47).

truturas temporais podem modificar-se numa proporção que as estruturas espaciais nunca poderão. Mudanças no "regime espaço-tempo" de uma sociedade partem, assim, sempre de estruturas temporais modificadas, e não de modificações do espaço. É possível argumentar, portanto, com alguma plausibilidade, que *o nascimento da Modernidade foi a emancipação do tempo em relação ao espaço*, fato que está no princípio do processo de aceleração. Com a introdução do relógio mecânico e, mais tarde, do tempo padronizado, este se emancipa do lugar – o tempo pode ser definido, a partir daí, independentemente das qualidades do espaço. Na Filosofia, no pensamento de Kant, dá-se a emancipação do tempo no momento em que ele ganha uma certa importância maior que a do espaço, na medida em que constitui o sentido interno; e com Hobbes (e na Física moderna), finalmente, o princípio do *movimento* (como liberdade) torna-se preeminente em relação ao da *imobilidade* (aristotélica).[101] Assim, na discussão sobre a transformação das percepções e estruturas espaciais no processo de modernização, é unânime que se trata de *consequência de mudanças nas estruturas temporais*.[102] A progressiva *contração do espaço*, observada frequentemente desde a introdu-

---

[101] Sobre a ideia de o movimento ganhar precedência, na Modernidade, em relação à inércia e o tempo, assim, se tornar dominante em relação ao espaço, ver Harvey, 1990, p.205. Ao mesmo tempo, a necessidade de explicação e justificação é deslocada em favor do movimento: Desde Hobbes é a inércia que exige esclarecimento, como observa, por exemplo, Otthein Rammstedt (1975, p.47 ss.).

[102] Assim formula Zygmunt Bauman, 2000, p.9: "No conflito moderno entre tempo e espaço, espaço era o lado consistente e insistente, inerte e canhestro, capaz de financiar uma guerra apenas defensiva, de trincheiras – de ser um obstáculo para os avanços obstinados do tempo. Tempo era o lado ativo e dinâmico da batalha, o lado sempre na ofensiva: a força invasora, conquistadora e colonizadora".

ção das ferrovias e dos barcos a vapor, é uma consequência da transposição mais rápida de distâncias; a *compressão do espaço*, postulada pelo geógrafo David Harvey, é introduzida pelo próprio autor explicitamente como uma "aniquilação do espaço *pelo tempo*",[103] ocasionada pelo processo de aceleração temporal, e os *flows* e *scapes* da Modernidade globalizada, que se desvinculam de uma fixação estável no espaço geográfico, podem ser interpretados, quase exclusivamente, como consequência da simultaneidade, até certo ponto global, da crescente velocidade de circulação de torrentes informacionais. Sendo assim, minha tese é que *não há, na Modernidade, analogamente à aceleração, um momento de transformação espacial autônomo; a mutação das estruturas espaçotemporais é impulsionada, de forma primária, pela sua dinâmica transformacional temporal.*

O postulado da prevalência sociológica do tempo (ante a uma prevalência antropológica do espaço) certamente há de suscitar objeções, devendo ser entendido neste ponto tão somente como um estímulo à discussão. A sustentabilidade da hipótese diretriz e da construção da presente investigação não depende da correção desse postulado. A transformação das estruturas temporais pode ser analisada em causa, efeito e consequências independentemente da questão sobre como as estruturas espaciais se transformam paralelamente – o que de forma alguma significa que não haja entre elas ligações empíricas altamente relevantes, como em relação à organização do poder político. Por isso, o *espaço* desempenhará um papel extremamente importante na análise que se segue, em relação ao tempo, no entanto, como manifestação de uma variável primariamente dependente.

---

103 Harvey, 1990, p.240, ver p.270 ss. e p.293.

Finalmente, a terceira e última objeção a ser aqui discutida refere-se à questão acerca do conceito de tempo sobre o qual se fundamenta a teoria da aceleração. Não será que o foco na aceleração de processos e transformações implica uma determinada concepção de tempo eurocêntrica, ou seja, um conceito de tempo linear, abstrato, mercantilizável, como se desenvolveu na Modernidade ocidental, sem ser generalizável para todas as culturas e tempos históricos? Aquele que tenta desenvolver uma teoria da aceleração não tem que tratar de modelos e perspectivas temporais de povos e culturas não europeias? Minha resposta a essa crítica é que a presente investigação não tem por objetivo escrever uma história universal do tempo ou conceber um conceito de tempo social a-histórico, mas sim representa uma tentativa de apreender a essência e a dinâmica do desenvolvimento da Modernidade, que segue os modelos ocidentais. Trata-se de uma discussão das estruturas e perspectivas temporais das sociedades ocidentais desenvolvidas. Onde quer que processos de modernização atuem eles trazem – e isso podemos supor com suficientes evidências empíricas – uma transformação correspondente do conceito de tempo.[104] Uma análise sistemática de culturas pré-modernas ou não europeias nas quais processos de modernização ainda não tenham se imposto não é necessária para o projeto presente. Por conseguinte, farei uso de estudos temporais etnológicos e históricos análogos apenas na medida em que, por via de constraste, contribuam para o esclarecimento da transformação das estruturas e perspectivas de tempo *na Modernidade*.

---

104 Para um embasamento sistemático e uma forte evidência empírica da plausibilidade dessa tese, ver Linder, 1970 e Levine, 1999; ver ainda Lauer, 1981.

*Aceleração*

O mesmo vale para os "novos" conceitos de tempo que estão sendo elaborados nas ciências naturais. Na literatura das ciências sociais sobre o tema "tempo" tornou-se uma verdadeira obsessão referir-se à relativização e revisão do conceito linear-abstrato newtoniano de um "tempo matemático absoluto" em consequência especialmente da teoria da relatividade de Albert Einstein, da teoria quântica, da teoria de estruturas dissipativas de Ilya Prigogine, e da descoberta de inúmeros tempos próprios [*Eigenzeiten*] no âmbito biológico. Repete-se de forma estereotipada a afirmação de que essas descobertas revolucionaram nossa compreensão do tempo e que teriam consequências poderosas para a sociedade e, por conseguinte, também para toda concepção de tempo sociocientífica.[105]

Sobre o fundamento de uma mistura, por vezes surpreendente, de pensamentos esotéricos e holísticos, cuja respeitabilidade nas ciências naturais está longe de ser unanimidade, é proclamado o surgimento de uma concepção de tempo completamente nova que, como garantem, revolucionará não apenas as ciências sociais, mas ainda toda a vida na sociedade moderna: "Uma imagem diferente emerge [...] ao colocarmos as concepções newtoniana e cartesiana de lado e nos concentrarmos nas infinitas conexões e relações. Com tal mudança de foco e de ênfase, hipóteses existentes começam a perder sentido", assegura Barbara Adam. E como que para atestar essa tese, o conhecido pesquisador do tempo Karlheinz Geißler declara que, em consequência da teoria da relatividade de Einstein, estaríamos nos aproximando do fim dos horários, da pontua-

---

[105] Como exemplo de inúmeros autores, ver Adam, 1990, p.89 ou Nowotny, 1993, p.157 ss.

lidade, da diferenciação entre passado, presente e futuro e da aceleração em nosso cotidiano:

> Em sua teoria da relatividade, ele [Einstein] provou que relógios em sistemas em movimento avançam alguns mais e outros menos rapidamente – caso esses sistemas tenham diferentes velocidades [...] Através de tal descoberta revolucionária, o tempo do relógio foi relativizado [...] Em 1955, Einstein observa, em uma carta, que o tempo [...] possui "apenas o significado de uma ilusão, ainda que persistente". Essa ilusão não parece mais ser assim tão persistente. A crença outrora inabalável no tempo do relógio desaparece.[106]

Não quero de forma alguma contestar que as descobertas, especialmente da Física, são extraordinariamente interessantes para nosso entendimento teórico e filosófico do tempo e nem que elas provavelmente terão, a longo prazo, efeito também em nossas práticas sociais.[107] Contemporaneamente, no entanto, elas contribuem no máximo para fortalecer o caráter enigmático do tempo. Portanto, considero ambas as afirmações apresentadas como falhas de julgamento. A relativização do tempo nas ciências naturais não leva ao colapso das estruturas de tempo de nossas instituições sociais nem das nossas orientações e horizontes temporais. Ela deixa as estruturas e perspectivas de tempo intactas em todos os três planos (tem-

---

106 Adam, 1990, p.154; Geißler, 1999, p.152; ver, com mais detalhes, Rosa, 2001a, p.341 ss.
107 Sobre os modos extremamente complexos pelos quais nossa interpretação teórica do mundo interage com nossas instituições e práticas sociais, ver Rosa, 2004b.

po cotidiano, tempo de vida e tempo histórico) – o "tempo relativizado" pode, na interpretação da realidade de alguns atores sociais, em último caso, assumir funções de um novo tempo sacralizado, especialmente se associado a pensamentos esotéricos, sem, entretanto, resultar em consequências práticas diretas, já que, especialmente os fenômenos relevantes da Física, escapam à possibilidade de uma experienciação direta.

Assim, havendo evidências empíricas de uma transformação, como postulada por Adam e Geißler, da experiência e da prática temporal social na Modernidade Tardia, é necessário procurar por sua explicação no contexto de práticas sociais e culturais. Um conceito de tempo imaturo, esotérico-holístico e supostamente pertencente às ciências naturais não é capaz de acrescentar muito à pesquisa sociológica e à interpretação sociofilosófica.

A popularidade de conceitos de tempo não europeus, esotérico-místicos e de conceitos alternativos relativos à Física Quântica e à Astrofísica se desenvolve graças à esperança de que deles possa surgir um novo ponto de partida para uma crítica normativa da sociedade moderno-tardia e capitalista-tardia, sobre a base de sua relação com o tempo. Essa intenção é evidente, pois, como tentei mostrar, estruturas de tempo trazem consigo implicações normativas fundamentais. Na medida em que a questão ética fundamental sobre a vida bem-sucedida é, portanto, a questão sobre como as pessoas querem ou devem despender "seu" tempo, modelos e horizontes de tempo, que são sempre de natureza social, estão no centro da ética.[108] Por-

---

[108] A fundamentação filosófica mais profunda para essa relação foi apresentada, sem dúvida, por Martin Heidegger (1927, 1995).

tanto, não surpreende que mesmo estudos do tempo orientados empiricamente discutam, tendencialmente, questões sobre a boa vida e concepções de vida alternativas.[109]

A presente investigação partilha plenamente dessa intenção fundamental de crítica social; ela procura, no entanto, obter suas medidas para um diagnóstico dos desenvolvimentos "patológicos", digamos, num âmbito *interno* da sociedade, ao chamar a atenção, por um lado, para fenômenos de dessincronização e desintegração que se apresentam como consequência da aceleração social, e, por outro, ao manter as perspectivas temporais relevantes para as ações e para o aspecto social em contraposição aos modelos temporais estruturalmente impostos. Lá, onde os três planos (ou quatro, contando-se com o tempo sacralizado) da experiência temporal individual não mais permitem uma consonância entre si e com os modelos temporais sistêmicos, surgem consequências graves e inevitáveis para os sujeitos – individuais e coletivos. Uma ressincronização é então possível apenas sob o preço de uma "revolução" (crono) cultural ou (crono)estrutural. Nesse sentido, entendo as considerações seguintes *também* como uma contribuição a uma – ainda por ser escrita – "sociologia da boa vida", que, diferente de uma *filosofia* da boa vida, cujos critérios éticos abstratos,

---

[109] Assim como já no título da análise empírica dos dados estadunidenses de locação de tempo de Robinson; Godbey (1999), *Time for Life*, está fundamentada a ideia, quase aristotélica, de que ao lado do tempo para (re)produção e consumo poderia e deveria haver tempo para a "vida real"; ver ainda Gershuny, 2003, p.242 ss.; Sennett, 1998; Gronemeyer, 1996; Reheis, 1998 ou Nowotny, 1993, esp. p.135 ss. De fato, é mais difícil encontrar exemplos para análises nas quais a dimensão ética *não* é levada em conta que o contrário.

para a condução da vida, teriam que ser por ela mesma desenvolvidos, oporia, de forma crítica, as *representações*, implícita e explicitamente dominantes em uma sociedade, *da vida bem-sucedida*, às *condições estruturais* sob as quais se procura alcançá-las.[110]

---

[110] Em *Four Levels of Self-Interpretation* (*Quatro níveis de autointerpretação*, Rosa, 2004b) tentei sondar, tendo por base um modelo ético sistemático de coerência, as condições sociais e sociopsicológicas sob as quais uma "vida bem-sucedida" se torna possível segundo critérios dos próprios sujeitos envolvidos. As concepções de uma vida bem-sucedida foram apenas em uma ínfima parte dos casos formuladas diretamente e trazidas a um sistema de convicções reflexivas. Elas fundamentam nossos sentimentos, critérios de valor e decisões de ação antes *implicitamente* e se encontram refletidas em nossas narrações, símbolos e doutrinas individuais e coletivos.

*Parte 1*
*A estrutura categorial de uma teoria sistemática da aceleração social*

# II
# *Do amor ao movimento à lei da aceleração: observações da Modernidade*

## 1. Aceleração e a cultura da Modernidade

Tanto defensores quanto detratores da Modernidade, desde quando há uma discussão reconstituível, após a Renascença, sobre o "novo tempo", estão de acordo em *um* ponto: sua experiência fundamental constitutiva é de uma enorme aceleração do mundo e da vida e, assim, do fluxo de experiência de cada indivíduo. O quanto toda a história cultural da Modernidade tem sido interpretada, até o presente, sob a luz dessa experiência fundamental, foi deixado claro por toda uma série de trabalhos histórico-culturais recentes, cujo foco comum é interpretar a autointerpretação da Modernidade como reação a uma experiência modificada de tempo e espaço.[1]

Assim como Peter Conrad, para quem a Modernidade se trata simplesmente *da aceleração do tempo* (e, relacionada a isto, da

---

[1] Conrad, 1999; Berman, 1988; Borscheid, 2004; Gronemeyer, 1996; Kern, 1983; Harvey, 1990.

dissolução de espaços fixos),² o cientista político e urbanista nova-iorquino Marshall Berman defende a tese que descreve a *Modernidade* como um estado de dinamicidade ininterrupta, que encontra sua expressão mais clara na célebre formulação do *Manifesto Comunista*: *Tudo que é sólido e estabelecido se volatiliza*. Em seu livro de título homônimo\* (com o subtítulo *The Experience of Modernity*), Berman escreve:

> Há um modo de experiência vital – experiência de espaço e tempo, do eu e dos outros, das possibilidades e perigos da vida – compartilhado por homens e mulheres ao redor do mundo hoje. Chamarei esse conjunto de experiências "Modernidade". [...] Ambientes e experiências modernos cruzam todas as fronteiras geográficas e etnográficas, de classe e nacionalidade, de religião e ideologia: lançam-nos num turbilhão perpétuo de desintegração e renovação, de esforço e contradição, de ambiguidade e angústia. Ser moderno é ser parte de um universo no qual, como disse Marx, "tudo que é sólido se desmancha no ar".³

Berman descreve, em seguida, como essa experiência da dinamização, da transformação e da insegurança progressiva acompanha todos os processos da modernização, e como, na cultura da Modernidade (Berman usa aqui o termo "modernis-

---

2 Conrad, 1999, p.9.

\* O título do livro de Berman é *All that Is Solid Melts into Air*, ao qual corresponde, em muitos casos, a tradução em português da famosa frase do *Manifesto*: "tudo que é sólido se desmancha no ar". A tradução aqui adotada, no entanto, é mais fiel ao alemão: "Alles Ständische und Stehende verdampft". [N. T.]

3 Berman, 1988, p.15.

mo" como reação à "modernização"), é elaborada, interpretada e, na medida do possível, colocada sob controle.

Ele situa o início da Modernidade, entendida como tal, nas observações de Jean-Jacques Rousseau sobre o *"tourbillon social"* em *Emílio*, atingindo seu primeiro ponto culminante de expressão artística no *Fausto* de Goethe.⁴ No destino de Filémon e Baucis, como figuras-símbolo do mundo antigo e decadente *da inércia*, que são vitimados no último ato em que Fausto coloca a terra literalmente *em movimento*, Goethe deixa transparecer o quanto o "turbilhão social" associa transformações internas e externas. Como percebeu Friedrich Ancillon já em 1823, o dever de justificação [*Rechtfertigungspflicht*] passa, culturalmente, do movimento para a inércia:

> Tudo se tornou ou é tornado móvel e, na intenção ou sob o pretexto de aperfeiçoar tudo, tudo é posto em questão e duvidado, tudo, por sua vez, se encaminha para uma completa transformação. O amor ao movimento em si, mesmo sem intuito e sem um objetivo determinado, resultou e se desenvolveu dos movimentos do tempo presente. Nele, e somente nele, se procura a vida real.⁵

O ônus da prova recai não mais sobre os modificadores, mas sim sobre aqueles que se atêm ao existente, seja no cotidiano, na política ou na arte. Como Berman esclarece com uma citação

---

4 Também Marianne Gronemeyer (1996, p.121 ss.) enxerga na agitação e inquietude de Fausto, que amaldiçoa a paciência, a expressão paradigmática do ideal da vida moderna.
5 Citado em Koselleck, 1989, p.328.

do urbanista nova-iorquino Robert Moses, cujas escavadoras reviraram violentamente grande parte de Nova York e especialmente o Bronx (de forma muito semelhante aos tratores de Haussman cem anos antes em Paris), pessoas que "amam as coisas como elas são" não têm, na Modernidade, "nenhuma esperança".⁶ É o *amor ao movimento em si*, como formula Ancillon, que parece constituir seu princípio fundamental.

Tal princípio fundamental é experienciado, porém, desde o começo, como ambivalente, tanto como *caminho para a vida real e promessa de progresso*, quanto como *abismo infindável e turbilhão devorador*. Ambivalência essa que é constitutiva para a cultura da Modernidade. Ela pode ser encontrada em Goethe, que se via dividido por um lado entre a admiração e o entusiasmo pelas conquistas sociais e técnicas e, por outro, pela preocupação com as qualidades profundamente destrutivas do "velociférico", da velocidade mefistofélica do novo mundo⁷ – e também em Nietzsche, cuja concepção do ser sobre-humano [*Übermensch*] dinâmico-energético é encoberta pelo temor de uma nova barbárie:

> Na imensa aceleração da vida, espírito e olho são acostumados a uma visão e a um julgamento pela metade ou falsos [...]

---

6 Berman, 1988, p.294.

7 A respeito do último aspecto, ver sobretudo Osten, 2003, 2006. Em uma carta do ano de 1825, Goethe descreve o novo tempo com o neologismo "velociférico" e observa: "Como a maior infelicidade de nosso tempo, que não permite nada amadurecer, tenho de considerar o fato de que no instante seguinte o anterior é devorado, o hoje era para ontem e vive-se sempre de migalhas, sem coisa alguma pela frente" (Goethe, 1825, p.37; ver, em detalhes, Osten, 2006, esp. p.2 ss.).

*Aceleração*

Por falta de tranquilidade, nossa civilização caminha rumo a uma nova barbárie. Em época alguma as atividades, isto é, as intranquilas, valeram tanto. Portanto, parte das correções necessárias que se deve operar no caráter da humanidade é o fortalecimento em grande escala do elemento contemplativo.[8]

Em *Considerações extemporâneas*, Nietzsche não deixa dúvida de que a aceleração, a volatilização e a dissolução das condições e convicções existentes, "o despedaçar e esfarrapar furioso e irrefletido de todos os fundamentos, sua dissolução em um tornar-se fluido e afluente, o incansável tecer e historizar de tudo pelo homem moderno, a grande aranha no nó da teia do universo",[9] constituem o princípio fundamental da cultura moderna. Nesse desenvolvimento, Nietzsche acredita reconhecer o germe do declínio e da decadência. Ao pensar "na pressa geral e na crescente velocidade de queda, na interrupção de toda tranquilidade e simplicidade" é quase como "se ele percebesse os sintomas de uma completa extirpação e erradicação da cultura".[10] Essa ambivalência pode explicar também o efeito das tão influentes caracterizações culturais e históricas da Modernidade de Baudelaire. No ensaio *O pintor da vida moderna*, ele define (e celebra) a Modernidade como o efêmero e continuamente fu-

---

8 Nietzsche, 1988a (I, 5 Caracteres da alta e da baixa civilização [ou Anzeichen höherer und niederer Kultur], §282 e §285), p.231; ver ainda Osten, 2003 e 2006.
9 Nietzsche, 1988b (Vom Nutzen und Nachteil der Historie für das Leben ou Da utilidade ou inconveniência da História para a vida, §9), p.313; ver ainda Frisby, 1988, p.28 ss.
10 Nietzsche, 1988b (Schopenhauer als Erzieher ou Schopenhauer como educador, §4), p.366.

gidio, como "o transitório, o fugaz, o casual, a metade da arte, cuja outra metade é o eterno e o imutável".[11] Com a fugacidade do momento moderno, o desejo do eterno e intransitório é transportado e atualizado de uma nova maneira – a *outra metade da arte* –, em nome da qual Baudelaire manifesta, algumas vezes, com relação à ideia do progresso (tecnológico), constitutiva para a Modernidade, nada além de ódio e desprezo, como ao concluir que o desejo de autoaniquilamento, inerente à ideia do progresso, é suicida e conduz ao eterno desespero.[12]

Neste ponto, não se deve tratar, no entanto, da questão da avaliação das experiências de dinamização conquistadora, mas sim da verificação do efeito de sua influência cultural, determinante em todos os campos de produção cultural, de arquitetura, pintura e escultura até literatura e música.[13]

Nas obras dos cubistas e futuristas como Fernand Léger, Jean Metzinger, Giacomo Balla ou Umberto Boccioni, mas

---

11 Baudelaire, 1989, p.226. David Frisby (1988) também vê a característica fundamental da Modernidade nessa mesma definição de Baudelaire da Modernidade como o *transitório, fugaz e casual*, retomada por Walter Benjamin (1980).

12 Ver Baudelaire, 1976, p.575-83 (*Méthode de critique. De l'idée moderne du progrès appliquée aux beaux-arts*); também sobre isso, Berman, 1988, p.138 e 142; Frisby, 1988, p.14-20.

13 Para Stephen Kern é exatamente uma transformação multidimensional da experiência de tempo e espaço que marca a cultura moderna, porém não é por acaso que, no centro de seu estudo de história cultural, na interseção entre suas análises da *experiência temporal* modificada e as análises de *percepção espacial*, haja um capítulo sobre a (crescente) *velocidade*, no qual é colocado explicitamente que ela representa um ponto decisivo e uma ligação entre estruturas espaciais e temporais (1983, p.3 e 189 ss.).

também, é claro, nos trabalhos de William Turner[14] ou Marcel Duchamp – que em sua pintura *Nude Descending a Staircase*, de 1912, tentou transpor de forma artística a ideia de Einstein[15] de expressar espaço e tempo por meio da representação abstrata do *movimento* –, fica claro o esforço de traduzir a dinamização e a fragmentação da experiência com o espaço e com o mundo em uma nova linguagem formal. David Harvey, como Stephen Kern, mostra como o quadro cubista *La Tour Eiffel* (1911), de Robert Delaunay, expressa exatamente tal ideia de uma representação do tempo através da fragmentação espacial, que vem a ser a base da aceleração da produção industrial por Henry Ford através da linha de montagem.[16]

Na música pode-se observar recorrentemente o quanto a velocidade de execução de obras clássicas desde o século XIX aumentou. É possível constatar, através da comparação da duração média das gravações de uma mesma obra ao longo das décadas, apesar de alguns contramovimentos "desacelerado-

---

14 Sobretudo em seu famoso quadro *Chuva, vapor e velocidade: a grande ferrovia do leste*, de 1844; ver Braun, 2001, p.87 ss.

15 Ver Conrad, 1999, p.82.

16 "Ford [...] fragmentou tarefas e as distribuiu no espaço [...] Com efeito, ele usou uma determinada forma de organização espacial para acelerar o tempo de rotação do capital na produção. O tempo podia então ser acelerado em virtude do controle estabelecido pelo organizar e fragmentar a ordem espacial de produção" (Harvey, 1990, p.266). Ver sobre isso a máxima de Jean Metzinger: "os cubistas [...] permitiram a si mesmos mover-se em torno do objeto para dar, sob o controle da inteligência, uma representação concreta do mesmo, feita de vários aspectos sucessivos. Antes uma pintura se apoderava do espaço, agora ela reina também no tempo" (em Kern, 1983, p.145).

res", uma "tendência à contração".[17] Fora até mesmo afirmado que, em face da alta velocidade da vida de hoje, as sinfonias de Beethoven *teriam* que ser executadas mais rápido para alcançarem um efeito comparável.[18] No entanto, também na própria técnica de composição, desde o período barroco até o Romantismo, tornaram-se cada vez mais importantes os contrastes de ritmo e, consequentemente, também os efeitos de dinamização — o início de uma sonata para piano de Schumann traz a surpreendente indicação "tão rápido quanto possível", para permitir, logo em seguida, uma velocidade ainda maior.[19] A Maurice Ravel pertencem os talvez mais acentuados experimentos com efeitos dinamizadores. Seu *Bolero*, por exemplo, busca um efeito aceleratório ilusório por meio da variação da instrumentação. Darius Milhaud, por fim, elevou a concepção de aceleração musical ao absurdo em suas três *operas minutes* (1927) ao elaborar o conteúdo de três tragédias gregas em poucos minutos.

Também as formas do jazz e de vários estilos musicais da música pop e rock foram interpretadas como reflexos do rit-

---

17 O mesmo parece se aplicar à velocidade dos diálogos no teatro. Eriksen (2001, p.49) relata, por exemplo, que as horas de duração do drama *Rosmerholm*, de Ibsen, teriam se reduzido, em menos de um século, de quatro para menos de duas.

18 O que não deixa de ser irônico, uma vez que as indicações metronômicas de tempo em Beethoven são notoriamente rápidas, o que deu ocasião a especulações de que seu metrônomo seria desregulado, ou seja, muito lento, ou que ele teria tomado dois tempos por apenas um (ver Hagmann, 2003); sobre temporalidade verdadeiramente *revolucionário-dinâmica* como na *Eroica* e sobre a nova experiência de um "tempo impetuoso" proporcionada por essa sinfonia, ver ainda Brinkmann, 2000.

19 Ver Lübbe, 1998, p.283.

mo e do sufocamento da vida urbana moderna. A própria palavra "jazz" parece ser uma expressão coloquial para velocidade (*speed*).[20] Assim, parece plausível a suposição de que os novos estilos de música pop apresentam a tendência de se tornar cada vez mais rápidos até que um ponto crítico (de possibilidade de execução ou de recepção) seja atingido – em seguida, é preciso encontrar novas formas de expressão, caso contrário há o risco da perda de popularidade. Isso vale provavelmente para a música punk das décadas de 1970 e 1980, mas com certeza para o heavy metal, que atingiu e ultrapassou seu auge de popularidade na segunda metade da década de 1980 na forma do "speed-metal" com rapidez alucinante, e para a música techno dos anos 1990, quando se originou uma verdadeira corrida pelo maior número de *"beats per minute"*.[21] O efeito de tal música nos ouvintes pode ser completamente ambivalente – Donna Gaines relata, por exemplo, em seu livro *Teenage Wasteland*: "Trash [uma variante próxima do speed-metal, H. R.] é tão rápido que na verdade acalma o ouvinte; é relaxante, como Ritalina". Barbara Volkwein confirma o efeito, que é central para a presente investigação, de uma "conversão" da experiência do tempo frenético em uma sensação de paralisação e enrijecimento do tempo, no que diz respeito à percepção temporal da cena techno.[22] Diferente é o fenômeno, evidentemente não menos significante, de que a atratividade da música disco e de grande parte da música techno, baseia-se, em grande medida, no fato de sua batida média estar pouco acima do ritmo cardíaco huma-

---

20 Ver Kern, 1983, p.124.
21 Volkwein, 2000.
22 Gaines, 1998, p.203; Volkwein, 2000, p.403 ss., esp. p.407.

no normal, tendo assim, por consequência, um efeito acelerador e excitante. Nesse caso, entretanto, trata-se menos de uma *elaboração* artística de uma experiência transformada de tempo e espaço, do que de sua reprodução industrial. Seus vestígios encontram-se também em outras manifestações da cultura popular e do universo midiático, tais como no corte e sequência de imagens cada vez mais rápidos em filmes e na televisão, ao longo do século XX, até serem finalmente substituídos, em seu princípio de associação narrativa linear, por uma técnica de dissolução associativo-fragmentária e caleidoscópica, como a que tornou a emissora MTV mundialmente famosa com seus videoclipes comerciais e musicais.[23]

Na literatura da Modernidade, finalmente, tornaram-se onipresentes as experiências do "turbilhão social", da reviravolta contínua e acelerada do existente, e a vivência traumática e chocante dos transformados – através da tecnicização – mundos da vida. Não as encontramos apenas em Goethe e nos romances de Rousseau, mas também, por exemplo, na lírica do Romantismo; em *O cavalo de vapor* [*Das Dampfroß*], de Adelbert von Chamisso, no qual o "ícone da velocidade" deixa o "tempo corrente" para trás,[24] na observação, apenas em parte irônica, de Heinrich Heine sobre o extermínio dos nossos conceitos elementares de espaço e tempo pela ferrovia,[25] ou nos testemu-

---

23 Ver Kemper, 1995; Schneider; Geißler, 1999; Gleick, 1999; Großklaus, 1997, esp. p.11 ss.

24 Citado em Koselleck, 2000, p.150.

25 "Que transformações têm que se efetuar hoje em nossas visões e nossas ideias! Até mesmo os conceitos elementares de tempo e espaço se tornaram instáveis. Através da ferrovia mata-se o espaço, restando somente o tempo", escreveu Heine em 1843 (Heine, 1974, p.449).

nhos do Expressionismo, como Georg Heym ou Georg Trakl, para os quais o "demoníaco" das cidades residia também na velocidade e na dinâmica violenta de suas transformações e movimentos.

Também os grandes romances do século XX podem ser entendidos como reações à imposição da aceleração na Modernidade. O *Ulisses*, de James Joyce, transforma e representa essa imposição em um fluxo de consciência que parece permitir apenas o presente, enquanto Marcel Proust se põe em busca de um passado que, na "era da velocidade", à qual seus protagonistas se referem explícita e afirmativamente, parece estar irreparavelmente perdido e museificado.[26] Thomas Mann concebe *A montanha mágica* como um "romance temporal", que reflete não apenas sobre os paradoxos da experiência temporal, mas que faz da aceleração como que um princípio de sua estrutura narrativa; o tempo flui cada vez mais rápido no decorrer do romance, de modo que um mesmo número de páginas que representa, no começo do livro, apenas algumas horas do tempo narrado, passa, em seguida, a dias, depois semanas e, ao fim da obra, meses e anos se comprimem em poucas páginas.[27]

---

Em outro ponto: "Começa uma nova etapa na história mundial [...] Percebemos apenas que toda nossa existência é levada, é arremessada para novos trilhos, que novas relações, novas alegrias e aflições nos esperam e o desconhecido exerce um fascínio terrível, atraente e ao mesmo tempo assustador" (ibid., p.448).

26 Sobre a relação de Proust com o ritmo acelerado das mudanças sociais e com a "compressão do espaço" pelas novas tecnologias de transporte, ver também Conrad, 1999, p.91 ss.

27 Notável ainda nesse contexto é também *O homem sem qualidades* (*Der Mann ohne Eigenschaften*), de Robert Musil, cujo protagonista é introduzido peculiarmente com um relógio (cronômetro) na mão a contar

David Harvey conclui de tais observações que a cultura da Modernidade, como um todo, deve ser compreendida apenas como reação à experiência transformada e crítica do espaço e do tempo, que, por sua vez, deveria ser conceitualizada como resultado de sucessivas ondas de "compressão espaçotemporal", portanto da aceleração do ritmo da vida e aniquilação do espaço pelo tempo.[28]

É plausível supor que as ondas de aceleração, como cerne do processo de modernização, são causadas principalmente por inovações técnicas e sua implantação industrial. A introdução da máquina a vapor nos galpões das fábricas e, logo após, a construção das ferrovias; a difusão em massa de bicicletas e, em seguida, de automóveis, e mais tarde de aviões; a aceleração da comunicação através de telégrafos e pelo telefone e, por

---

pedestres e carros: "ele apreciava a velocidade, os ângulos, as forças vívidas das massas passando, que os olhos atraem rapidamente para si, apreendem e soltam [...] Caso se pudesse medir os saltos de atenção, a atividade dos músculos oculares, o movimento pendular das almas e todos os esforços que uma pessoa deve fazer para manter-se de pé no fluxo de uma rua, teríamos provavelmente [...] uma grandeza comparada àquela força que Atlas precisava para sustentar o mundo seria insignificante, e se poderia mensurar o desempenho descomunal que hoje desempenha uma pessoa que não faz absolutamente nada" (Musil, 1978, p.12). Interessante notar que a aritmomania, compulsão por contar coisas, é considerada um dos sintomas da *síndrome da pressa* (Levine, 1999, p.52), que adquire certa plausibilidade intuitiva em nossa época, quando algumas pessoas acompanham cada mínima variação dos milésimos de seu aparelho de pressão sanguínea, outras fazem o mesmo com as casas centesimais e milesimais das diferenças de segundos entre atletas e outras, ainda, registram pela internet, televisão e jornais mesmo as mais sutis variações de câmbio nas bolsas.

28 Harvey, 1990, p.240 ss., 267, 284 ss., 305 ss.

*Aceleração*

fim, pela internet; o estabelecimento do rádio transistorizado e das "imagens animadas": todas essas formas de aceleração tecnológica de transporte, comunicação e produção modificaram o universo de experiência e a cultura cotidiana de forma por vezes chocante e traumática, levando a uma sensação autotransformadora do *estar no tempo* e *estar no mundo*, de modo que esse mundo parece, como Stefan Breuer observa em ligação com Virilio, desde a Revolução Industrial, irromper sobre os sujeitos "incessantemente com a violência de um acidente",[29] de tal maneira que os conceitos de *choque* e *trauma*, provenientes da medicina, parecem categorialmente bastante apropriados. Resumindo, elas conduziram àquilo que Harvey define como "compressão do espaço-tempo".[30]

A característica ambivalência na *avaliação* de tais transformações para a Modernidade se evidencia reiteradamente nas discussões culturais sobre cada uma dessas inovações, como na formulação de Heine, em conexão com as testemunhas da época, de um "elemento sedutor e ao mesmo tempo assustador". W. G. Greg formula já em 1877:

> Sem dúvida, a característica mais marcante da vida nesta segunda metade do século XIX é a rapidez – a pressa que a satisfaz, a velocidade em que nos movimentamos, a alta pressão sob a qual trabalhamos –, e vale, primeiramente, refletir se essa alta velocidade é algo bom e, em segundo lugar, se ela vale o preço

---

29 Breuer, 1988, p.323; sobre o significado do "acidente" em Virilio, ver Crogan, 2000 e Virilio, 1998c, p.183 ss.
30 Ver também Kern, 1983, p.109 ss.; Conrad, 1999, p.91 ss. Sobre *choque* e *trauma*, ver as interessantes reflexões de Schivelbusch (2000, p.142 ss.).

que pagamos — um preço que só podemos estimar e dificilmente definir de maneira segura.[31]

Cada inovação que proporcionou aumento de velocidade trouxe, com sua introdução, uma forma de "luta cultural" [*Kulturkampf*], na qual os inflamados defensores das novas tecnologias, que louvavam as possibilidades e as promessas a surgir, se defrontavam com adversários igualmente convictos, que alertavam tanto para a perda das medidas humanas e de um mundo da vida controlável, quanto para as consequências da nova tecnologia, nocivas física e psiquicamente. Os alertas vão desde "deformação facial de ciclistas" em função da alta resistência do vento, passando por decomposição cerebral e problemas estomacais devido à alta velocidade em ferrovias e, mais tarde, em viagens de carro,[32] até visões apocalípticas da extinção total da cultura ocasionada pelo consumo massivo de televisão[33] ou do isolamento incurável e depressivo como consequência do uso prolongado da comunicação por *e-mail* e internet. Desse ponto de vista, os difundidos alertas sobre danos cerebrais causados pela telecomunicação móvel parecem um *déjà-vu*.

Da história dessa "luta cultural" em torno das tecnologias aceleratórias apresentam-se três conclusões sistemáticas: pri-

---

31 Citado em Levine, 1999, p.206.
32 Sobre a "deformação facial de ciclistas", ver Kern, 1983, p.111; sobre a luta pela ferrovia, ver especialmente Schivelbusch, 2000, p.35 ss. e 106 ss.; ver ainda Levine, 1999, p.111 ss.
33 A respeito da televisão, tais ideias se mantiveram até o presente mesmo nas ciências sociais. Robert Putnam (1995), por exemplo, atribui a perda de capital social nos Estados Unidos e em outros países desenvolvidos à influência nociva desse meio de comunicação.

meiramente, o processo tecnológico de aceleração não ocorre de modo linear uniforme, mas sim em saltos [*schubweise*], de modo que ele sempre encontra obstáculos, resistência e contra-movimentos que podem retardá-lo, interrompê-lo e, por vezes, até inverter seu sentido.[34]

Em segundo lugar, um impulso aceleratório da técnica é quase sempre seguido pelo estabelecimento de um discurso aceleratório-desaceleratório, no qual o apelo à desaceleração e à nostalgia pelo "mundo lento" – cuja lentidão só se torna qualidade quando vista em retrospectiva – superam, em geral, o entusiasmo pelo ganho de velocidade.[35] Movimentos culturais como o Futurismo nos escritos e manifestos de Filippo Tomaso Marinetti, especialmente no seu muito citado manifesto de

---

34 O neurologista Willy Hellpach registrou, no início do século XX, não apenas um "aumento impressionante de processos mentais", mas ao mesmo tempo toda uma série de fenômenos retardatórios paralelos (que remetem aos estudos de Norbert Elias): "Precisamos de bem mais tempo para sermos educados [...]; quase todos os povos civilizados comem de forma mais lenta e mais trabalhosa que a maioria dos povos 'naturais'; durante o século XIX, com sua aceleração vertiginosa do tráfego, todas as vias se tornaram mais lentas e o avanço profissional, cada vez mais moroso" (citado por Radkau, 1998, p.25; ver Kern, 1983, p.126).

35 É preciso levar em conta que a percepção de processos de dinamização desenvolvida, ou seja, do aparecimento de "discursos de aceleração" pode estar totalmente dessincronizada com processos de aceleração observáveis de forma material; tal deslocamento e autonomização são até mesmo previsíveis. No entanto, sem dúvida há entre discurso e realidade "material" uma forte relação de interdependência; a suposição de que a aceleração seria um mero fenômeno discursivo sem fundamento na experiência material é errônea e refutável através de evidências empíricas.

fundação, de 1909, que celebraram euforicamente o êxtase e o triunfo da recém-criada e (a partir de então) "eterna e onipresente velocidade", vendo nesta, a princípio, uma nova estética, e, mais tarde, uma nova religião e moral, permanecem uma exceção.[36] A oposição, partidária da desaceleração deliberativa, nunca teve problemas em expressar, de forma original, seus protestos contra a velocidade – seja no ensaio de Walter Benjamin sobre a moda parisiense de 1840, observada no *flâneur*, de se passear com *tartarugas* pelas Passagens, ou no contemporâneo projeto de Peter Heintel de uma *associação pelo postergamento do tempo* em Klagenfurt.[37]

Em terceiro, apesar da hegemonia discursiva dos *desaceleradores* da alta cultura, até o momento cada uma dessas "lutas culturais" terminou com a vitória dos *aceleradores*, ou seja, com a introdução e a implantação das novas tecnologias. A marcha triunfal das tecnologias da aceleração é flanqueada por uma cultura popular entusiasmada com a velocidade, que promete e celebra, em publicidades, no esporte e na vida cotidiana, ganhos de tempo, encontrando sua expressão paradigmática na fascinação e no sucesso do *fast-food*, da *Blitzkrieg*, de pilotos de Fórmula 1 e de atletas de luge, ou de emissoras de rádio que transmitem suas notícias dois minutos antes da hora cheia e apresentam *slogans* como "informe-se dois minutos mais cedo com a nossa rádio".

---

36 "Para cada amante da velocidade como Marinetti havia centenas que preferiam o jeito como os rios correm e como as barcas neles deslizam. O Danúbio nunca pareceu tão deliciosamente lento até que ele [Marinetti, H. R.] sugeriu aumentar sua velocidade" (Kern, 1983, p.129; com relação a Marinetti, ver [1909] 1966, p.26 e 1916).

37 Benjamin, 1982, p.532; Heintel, 1999, p.231 ss.

*Aceleração*

É inútil discutir quando exatamente surgem os mais fortes impulsos de aceleração – em parte devido à ocorrência frequente, na Modernidade, de inovações técnicas e organizatórias particulares e à discussão cultural sobre a dinamização da vida, que não silencia em nenhum momento, e em parte porque os impulsos de inovação nos diversos campos do transporte, da produção ou da comunicação não ocorrem necessariamente de forma simultânea. Mesmo assim há um consenso na literatura científica sobre duas ondas de aceleração significantes. Primeiramente é unânime que as décadas antes e depois de 1900 trouxeram consigo, em função da Revolução Industrial e de suas inovações técnicas amplamente abrangentes, também uma revolução da velocidade em quase todas as esferas da vida.[38] Certamente não é coincidência o fato de Werner Siemens e Henry Adams postularem justamente nesse período (1886 e 1904), independentemente um do outro, uma "lei da aceleração" do desenvolvimento cultural. A "lei claramente reconhecível é a contínua aceleração de nosso atual desenvolvimento cultural", esclarece Siemens,[39] enquanto Adams nos lega, em sua obra autobiográfica *The Education of Henry Adams*, um impressionante exemplo de experiência cultural no qual as mudanças súbitas e massivas do universo de experiência aparecem como explosivas, violentas, ineslutáveis e controladas por forças desumanas (Adams fala, de forma algo enigmática,

---

38 Stephen Kern concentra sua análise nos anos entre 1880 e 1918, seguido por Harvey, que postula, para esse período, um novo ciclo da compressão tempo-espaço; também para Marshall Berman o processo de modernização entraria numa nova fase, mais intensa, por volta de 1900 (Berman, 1988, p.17).

39 Citado por Koselleck, 2000, p.178.

constantemente de uma "força" e de "forças" que impulsionam o processo de aceleração). É informativo reproduzir aqui um excerto do capítulo intitulado *A Law of Acceleration* sobre as transformações observadas por Adams desde os anos 1890:

> Nada tão revolucionário aconteceu desde o ano 300. O pensamento havia sido, mais de uma vez, desarranjado, mas nunca capturado e centrifugado no vórtice de forças infinitas. O poder saltava de cada átomo, e uma quantidade suficiente para suprir o universo estelar extinguia-se em cada poro da matéria. O homem não detinha mais seu domínio. As forças o tomavam pelos pulsos e o arrebatavam como se ele estivesse preso a um cordão da vida ou a um automóvel em fuga; o que estava bem próximo da exata realidade [...] Não havia mais impossibilidades no caminho. A vida das pessoas era repleta de impossibilidades. Antes de completar seis anos, o garoto tinha visto quatro impossibilidades se tornarem atuais — o navio a vapor sobre o oceano, a ferrovia, o telégrafo e o daguerreótipo; nem poderia jamais aprender qual das quatro teria precipitado o aparecimento das outras. [...] A natureza revoltava-se todos os dias, causando assim chamados acidentes com enormes destruições de propriedades e vidas, enquanto ria-se claramente do homem, que gemia, berrava e estremecia, mas não podia parar nem um instante. As próprias ferrovias se aproximavam de um massacre de guerra; automóveis e armas de fogo destruíam a sociedade de tal forma que até um terremoto se tornou quase um descanso para os nervos.[40]

Se, como sugere Joachim Radkau, o surgimento de um novo discurso da medicina patológica sobre a aceleração, ou o diag-

---

[40] Adams, [1904] 1999, p.411 ss.

nóstico, amplamente atuante, de um novo quadro patológico induzido pela velocidade, podem ser tomados como o sintoma talvez mais claro de um impulso geral de aceleração, logo, também, o alastrado discurso neurastênico (repercutido em Adams) – que se seguiu à introdução dessa categoria diagnóstica por George M. Beard, em 1881, e levou Radkau a tratar as primeiras décadas do século XX como a "era do nervosismo" – atesta a significância das transformações por volta de 1900.[41] Seguindo esse indicador surgem fortes indícios de um grande impulso de aceleração recente na transição do século XX para o XXI:[42] Desde a "síndrome da pressa", passando pela "gripe *yuppie*" até a *síndrome de déficit de atenção* em crianças e jovens, praticamente onipresente hoje, e a *depressão* clínica como reação às imposições da aceleração da sociedade globalizada, proliferam os diagnósticos de doenças induzidas pelo ritmo acelerado do presente.[43]

---

41 Radkau, 1998; ver Kern, 1983, p.124 ss.
42 A diagnose de uma nova onda de aceleração é colocada também nas ciências sociais, embora da mesma forma não haja clareza sobre seu princípio, como nos predecessores. Castells (1996, p.5), por exemplo, reconhece uma revolução da tecnologia da informação que ele categoriza no mesmo patamar que a Revolução Industrial, vendo seu princípio nos anos 1970, enquanto Thomas H. Eriksen (2001, p.2), que interpreta a mesma revolução mais claramente que Castells como *Revolução da aceleração*, toma seu princípio pela segunda metade dos anos 1990. David Harvey (1990, p.VII) data bem precisamente o começo de uma nova rodada da *compressão tempo-espaço* como sendo o ano de 1972. Ver sobre isso mais adiante o Capítulo X.
43 Harvey, 1990, p.287; Levine, 1999, p.52 ss.; Ulmer; Schwartzburd, 1996; Ehrenberg, 2000.

Em consonância a isso expandem-se, também, os discursos aceleratórios e desaceleratórios como reação ao aumento significativo de velocidade por meio da revolução digital e política, de 1989 até a virada do milênio: *falta de tempo* e *aceleração* são temas constantes nas mídias popular-científicas e em suplementos culturais de grandes jornais; "manuais de administração do tempo" e "autoajuda" para a melhora da administração temporal estão em forte alta,[44] assim como as opiniões alarmantes dos desaceleradores oposicionistas crescem violentamente: livros e movimentos que prescreveram a lentificação consciente – tais como o best-seller *A criatividade da lentidão*, de Fritz Reheis, ou a *Descoberta da lentidão*, de Sten Nadolny, ou ainda a chamada *Associação pelo Postergamento do Tempo* – repercutem tão fortemente que Peter Glotz acredita observar aqui o surgimento de uma nova ideologia oposicional dominante.[45]

Juntamente a isso, tanto defensores quanto críticos de uma nova cultura da "Pós-Modernidade" concordam que um de seus fatores distintivos seria o recente *aumento da velocidade* de processos sociais.[46]

Se a revolução digital e o aumento da velocidade de transações – discutido sob o termo "globalização" – são, de fato,

---

[44] Ver, por exemplo, o *best-seller* de Lothar J. Seiwert (2000), atualmente já em sua quinta edição na Alemanha, *Quando estiveres com pressa, vá devagar*: o novo gerenciamento de tempo em um mundo acelerado.
[45] Reheis, 1998; Nadolny, 1987; Heintel, 1999; Glotz, 1998.
[46] Ver o abrangente estudo de Kay Kirchmann sobre a relação entre desenvolvimento de mídias e aceleração em processos de modernização, no qual ele opõe os que alertam apocalipticamente sobre a nova velocidade, inspirados por Paul Virilio, e os apologistas da aceleração midiática, próximos a Peter Weibel (Kirchmann, 1998, p.16 ss.).

ímpares na história ou se ambos são empalidecidos quando comparados àquilo que a Revolução Industrial trouxe em termos de transformação da experiência (ainda que apenas pelo fato de que, como presumiu Koselleck, experiências de aceleração podem se tornar usuais),[47] é uma questão que mal pode ser respondida e nem se mostra especialmente relevante. No que tange aos fenômenos observados, ou seja, a aceleração de processos direcionados – como o aumento da velocidade dos transportes, da comunicação e da produção –, os eventos de aceleração isolados possuem um efeito cumulativo: seus respectivos processos são sempre mais uma vez acelerados.

Outra questão, de consequências importantes, é saber se o próprio processo de aceleração se acelera, como indicam as "leis da aceleração" postuladas por Siemens e Adams,[48] que apresentam as ondas de aceleração como cada vez mais próximas umas das outras nas diferentes áreas da vida, de forma que as próprias taxas de transformação se elevam até chegar, por fim, a uma mudança permanente. Tal processo de aceleração não pode ser entendido como uma forma da aceleração técnica, mas conceitua-se como um sintoma da aceleração das mudanças sociais.

Outros dois fenômenos, no entanto, que exigem explicação, argumentam em favor da necessidade de uma análise sociocientífica sistemática da dinâmica da aceleração moderna.

---

47 Koselleck, 2000, p.152 ss.
48 David Harvey, ao alertar veementemente para os "perigos geopolíticos" de uma *velocidade aumentada* da compressão tempoespacial, postula assim nada menos que uma *aceleração da aceleração*, embora ele defina, como vimos, a própria compressão como aceleração (Harvey, 1990, p.305).

O primeiro deles se refere ao fato de que a experiência da aceleração e da escassez temporal, no centro do processo de modernização, não são de forma alguma uma simples *consequência* da aceleração técnica. Muito pelo contrário, parecem ser um pressuposto da última. Como observaram, por exemplo, Hans Blumenberg, Reinhart Koselleck, Helga Nowotny ou Marianne Gronemeyer, a impaciência do Iluminismo, que se desenvolveu da desintegração do espaço de experiência e do horizonte de expectativa históricos, e a ela ligadas ideias de "razão atrasada", de progresso e da acelerabilidade da história foram *pressupostos* constitutivos para o subsequente triunfo das ciências naturais e da Revolução Industrial.[49]

Koselleck retrata de forma impressionante como a *percepção* de uma aceleração social e histórica (secular, mas que logicamente teria suas raízes, em parte, em expectativas escatológicas mais antigas) surge, desde aproximadamente 1750, no curso da formação de uma nova compreensão histórica "temporalizada", a partir da qual o "espaço de experiência" da história e o "horizonte de expectativa" do futuro podem paulatinamente se separar. Independente de tais reflexões, mas em consonância com elas, Marshall Berman e David Harvey também situam o início da dinamização moderna ou da compressão tempo-espaço na Renascença.[50] O princípio da dinamização e da aceleração

---

49 Blumenberg, 1986; Nowotny, 1993, p.47 ss.; Gronemeyer, 1996. Ver Koselleck, 2000, p.157: "Faz parte [...] das descobertas do limiar do nosso tempo o fato de que, mesmo antes da invenção da máquina a vapor, do tear mecânico e do telégrafo, que aceleraram o trânsito, o setor de produção têxtil e a transmissão de notícias, *é registrada uma crescente rapidez da vida como um todo*" [grifos no original, H. R.].
50 Berman, 1988, p.17; Harvey, 1990, p.242 ss.

parece, assim, ser inerente à cultura da Modernidade desde o princípio, mesmo antes que ela se fizesse perceptível em suas estruturas materiais.

De forma interessante se manifesta aqui, no mesmo contexto temporal, o já destacado "avesso" da aceleração, que designa o segundo fenômeno carente de explicação aqui identificado: a alastrada e complementar experiência de *processos de enrijecimento*. Essa experiência pode ser identificada não apenas nos conceitos e diagnósticos do tempo de orientação teórica, mas também nos testemunhos e nas auto-observações culturais como um subtexto que se fortalece com o avanço da Modernidade. Experiências de *paralisação* parecem ocorrer não apenas em concomitância com a sensação de aumento das velocidades de transformação e de ação: elas se revelam de fato experiências complementares de seus avessos. Na cultura e no discurso da sensibilidade, que apontavam exatamente o "aumento da vida nervosa" qualitativa e quantitativa e eram considerados por Simmel como sintoma da aceleração, desenvolveu-se, muito antes da Revolução Industrial, mas já reconhecível no horizonte da Modernidade, um contrassintoma marcante sob a forma da *melancolia* ("negra"). Seus acometidos, identificados de preferência como "hipersensíveis", entravam num estado de paralisia e inércia, de vazio atemporal, sem passado nem futuro.[51] Essa experiência retorna na segunda metade do século XIX e no *fin de siècle*, fortalecida e discursivamente variada, sob a forma da amplamente difundida (sobretudo em círculos li-

---

51 Ver, por exemplo, Schings, 1977; e também o Capítulo XI.3.

terários) sensação existencial de *ennui*, de tédio, *boredom*, rumo a uma época na qual as condições de vida se modificaram de fato muito rapidamente em função da Revolução Industrial. "Como que em reação à força gasta tão freneticamente em produção e concepção [...], o centro mais ativo na história mundial era também o mais atingido pelo nervosismo, atraído pela letargia."[52]

Assim, o *ennui* se tornou não apenas para Baudelaire uma consequência ineludível justamente daquela cultura burguesa devotada ao instante fugaz, mas também para Nietzsche, que acreditou reconhecer por trás da mudança acelerada da sociedade moderna o eterno retorno do mesmo e interpretou suas tendências aceleratórias culturais como fuga ao tédio alastrante.[53] No princípio do século XX, os mesmos sintomas tomam a forma expressiva específica da patologia aceleratória conhecida como *neurastenia*. Segundo Radkau, o *"mal du siècle"*, sob um novo nome, identificado por Alfred de Musset já em 1836,[54] também se torna a doença (ou o discurso dominante) do início do século XX. E, como já apresentado, a experiência do tempo que flui vagarosamente ou que não passa, o colapso de um horizonte significante de passado e futuro, como o outro lado da percepção do "tempo acelerado", desempenham um papel fundamental também na virada para o século XXI em todos os planos culturais. Como sintoma patológico da depressão

---

52 Conrad, 1999, p.17; sobre a localização sociodiscursiva e histórica da melancolia, ver ainda Lepenies, 1981.

53 Ver ainda Frisby, 1988, p.11-37, sobre essa faceta da virada dialética da transformação célere à inércia concisa.

54 Ver Conrad, 1999, p.17; Radkau, 1998.

clínica, nos discursos *post-histoire* e, na literatura, nos contos de Douglas Coupland, que em *Generation X* – livro que foi estilizado pelo jornal *Frankfurter Allgemeine Zeitung* como "catequese de uma Modernidade tardia" e "como livro das verdades no fim do século" e que ao mesmo tempo tenta oferecer um conceito para a caracterização sociológica de toda uma geração[55] – parece confirmar a tese de Fredric Jameson de uma queda iminente das antinomias entre mudança e permanência, na medida em que nos oferece as seguintes definições dos sintomas de uma "intoxicação histórica" (da Modernidade Tardia):

> *Historical underdosing*: viver em uma época *em que nada parece acontecer*. Principal sintoma: vício em jornais, revistas e notícias televisivas. *Historical overdosing*: viver em uma época *em que parecem acontecer coisas demais*. Principal sintoma: vício em jornais, revistas e notícias televisivas.[56]

Tudo isso deixa suficientemente evidente que a conexão entre aceleração e modernização é tanto profunda quanto complexa e que as consequências das escaladas de velocidade são extremamente variadas e contraditórias. Nas próximas duas seções me dedicarei à questão a respeito de quais propostas de conceitualização e de formas de abordagem a tradição teórica sociológica e sociocientífica nos oferece, até agora, para compreender e situar de forma sistemática o processo de dinamização observado no contexto da Modernidade.

---

55 Ver Rosa, 1999c para mais detalhes; e ainda Rushkoff, 1994.
56 Coupland, 1991, p.17.

## 2. Modernização, aceleração e teoria social

### a) A aceleração nas teorias sociais clássicas e contemporâneas

Não pode haver dúvida a respeito de que a ascensão e o estabelecimento da Sociologia como disciplina acadêmica foram, essencialmente, uma reação à experiência fundamental da liquefação e da dinamização das relações sociais, à revolução de suas estruturas temporais. E nem de que as análises sociológicas dos chamados "pais fundadores" da disciplina – Max Weber, Émile Durkheim, Georg Simmel e, caso se queira considerar, também Ferdinand Tönnies –, que surgem justamente naquele momento que, segundo o que foi mostrado pela seção anterior, foi o período de aceleração supostamente mais drástico, representam, nesse sentido, *análises da Modernidade*.[57] A questão relevante aqui é, portanto, que contribuição os esboços conceituais dos "clássicos" sociológicos podem nos dar para uma análise sistemática e categorial do processo aceleratório moderno, suas causas, formas fenomênicas e consequências. As reflexões desses autores representam tentativas de situar a experiência cultural fundamental da Modernidade, aqui descrita, em processos transformativos estruturais de *modernização*. Para tanto, é interessante retornar a um ponto anterior à geração dos fundadores da disciplina, na direção de outro ancestral da moderna teoria social: Karl Marx.

O quanto as reflexões de Marx foram marcadas pela experiência de uma mobilização e dinamização literalmente chocantes de todas as relações materiais e sociais no século XIX é evidenciado já na formulação tirada do Manifesto Comunista

---

57 Ver, por exemplo, Frisby, 1988, p.2.

*Aceleração*

e citada por Marshall Berman, segundo a qual, na Modernidade capitalista, *tudo que é sólido e estabelecido* tem sido sempre entendido como em dissolução e transformação, tem sido sempre "volatizado". Marx vê o motivo para tanto na forma capitalista de produção, na qual a revolução permanente dos meios de produção, assim como a constante destruição do existente e do produzido são elementos quase obrigatórios. Nela encontramos, segundo Marx, o princípio fundamental de todos os processos de modernização e, com ele, uma forma historicamente nova de aceleração social, pois todas as formações socioeconômicas anteriores tendem — ao contrário do capitalismo, para o qual a prioridade da mudança em relação à permanência é constitutiva — a estipular estaticamente as relações de produção uma vez estabelecidas, a naturalizá-las e a protegê-las, pelo maior tempo possível, de transformações:

> A burguesia não pode existir sem revolucionar constantemente os instrumentos de produção, as relações de produção, ou seja, todas as relações sociais. A manutenção intacta das antigas formas de produção era, ao contrário, a primeira condição de existência de todas as classes industriais anteriores. A revolução constante da produção, o incessante abalo de todas as instituições sociais, a eterna insegurança e movimento distinguem a época da burguesia de todas as outras. Todas as relações sólidas, enferrujadas, com seus seguidores de antigas e veneráveis ideias e opiniões se dissolvem, todas as outras que se formam murcham antes mesmo de criar raízes. Tudo que é sólido e estabelecido se volatiliza, tudo que é sagrado é profanado [...].[58]

---

58 Marx; Engels, 1986, p.37.

Na análise de Marx da história e do capitalismo, o processo de modernização aparece de fato como processo de aceleração, no qual dois princípios de aceleração analiticamente separáveis podem ser distinguidos. Primeiramente, Marx defende, como é sabido, uma concepção dinâmica da história, segundo a qual o desenvolvimento histórico se consuma pela interação dialética entre as forças de produção continuamente em desenvolvimento e as correspondentemente alteradas relações de produção (ou seja, que ora favorece o desenvolvimento da força produtiva, ora o dificulta e por fim o revoluciona). O capitalismo, ao promover de forma dinâmica esse processo partindo de si próprio – e não apenas do curso de sua superação –, acelera a expansão da força de produção e, com isso, o curso da história de maneira historicamente inédita:

> A burguesia criou, durante sua dominação de classes de pouco mais que um século, forças de produção mais massivas e mais colossais que todas as gerações passadas juntas. Subjugação das forças da natureza, maquinário, utilização da química na indústria e na agricultura, navegação a vapor, ferrovias, telégrafos elétricos, urbanização de áreas terrestres completas, canalização fluvial, populações inteiras surgidas do solo – qual século anterior supunha que tais forças de produção estivessem adormecidas no seio do trabalho social?[59]

---

[59] Marx; Engels, 1986, p.39. É interessante comparar as seguintes diagnoses de Elmar Altvater com as observações de Marx. Altvater (2002, p.285) percebe primeiramente, tal qual Marx e Engels, que "a vida econômica e social na era do capitalismo" teria "cumprido mudanças tão radicais, em uma velocidade tão alta, e, por isso, em tão pouco

A perspectiva de Marx constitui, assim, um exemplo paradigmático para o desenvolvimento, observado por Koselleck, de concepções históricas "temporalizadas", nas quais a própria história tem uma direção e se torna, por assim dizer, um sujeito coletivo, o que é um pressuposto para a ideia de que a ela poderia (e se permitiria) acelerar. A concepção histórico-materialista de história se baseia, portanto, na representação de um tempo linear histórico que se direciona a um futuro mais ou menos "fechado", ou seja, previsível. A observação de Marx, da dinâmica transformativa sem precedentes das sociedades capitalistas, independe, no entanto, da assunção de um tal *télos* histórico.

Em segundo lugar, e independentemente de tal dimensão histórica, o tempo é um recurso dentro do processo de produção capitalista, um fator de produção e, como tal, um bem escasso. Uma vez que ganhos de tempo podem ser convertidos imediatamente em lucros (adicionais), necessários à sobrevivência, o tempo se transforma, no sistema econômico da Modernidade, de maneiras variadas, em dinheiro e aceleração (dos processos de desenvolvimento, de produção e de circulação) e, assim, em um fator predominante de concorrência.[60] Com isso se esclarecem, em grande medida, os imperativos de aceleração

---

      tempo histórico, como nunca antes na história econômica e social humana". Em sua diagnose do tempo é possível reconhecer, entretanto, a perda da crença do marxismo tardio em um futuro sem classes, sendo então, consequentemente, não mais a história que se acelera, mas sim apenas a transformação social (sem rumo).

60 Ver Marx, 1972, sobretudo os capítulos 1,1; 10; 15,3; 17; 19-21; e ainda Postone, 1996 e Giddens, 1987a, p.149 ss., assim como 1995a, p.129 ss.

da Modernidade que objetivam o aumento técnico-instrumental da velocidade (no transporte, na comunicação, na produção e na organização) e a elevação da velocidade de circulação do capital, bem como as transformações do modo de lidar com o tempo, provenientes de tais imperativos. Retornarei a esse ponto no oitavo capítulo ao tratar da questão das forças que impulsionam o processo de aceleração. Neste momento, basta afirmar que a abordagem de Marx oferece um ponto de partida para o esclarecimento de todas as três formas de aceleração — aceleração técnica, aceleração das mudanças sociais e aceleração do ritmo da vida (em Marx e Engels apenas deduzida, surgida sobretudo da permanente incerteza existencial, da competição econômica e da submissão dos trabalhadores à ditadura temporal das máquinas) —, ainda que a aceleração seja, aqui, apenas um subordinado e subdesenvolvido aspecto secundário desse edifício teórico centrado na contradição social fundamental que é o antagonismo de classes. Uma teoria sistemática da aceleração, por conseguinte, deve indubitavelmente levar a sério e assimilar o conhecimento derivado da análise de Marx do sistema econômico capitalista.

Como quero mostrar no oitavo capítulo, os princípios escalares [*Steigerungsprinzipien*] do crescimento e da aceleração aplicados no sistema econômico capitalista definem culturalmente e influenciam estruturalmente as formas de vida e de sociedade na Modernidade como um todo. Max Weber também os tem em vista quando define o capitalismo, no prefácio de sua coletânea de estudos de Sociologia da Religião, no contexto de suas pesquisas sobre a conexão interna entre a ética protestante e o modo econômico capitalista, como "o poder mais determinante de nossa vida moderna",[61] embora ele ao mesmo tempo deixe claro que é preciso ter cautela, na análise das estruturas temporais modernas, com um precipitado reducionismo economicista. O interesse de Weber, como se sabe, era sobretudo o aspecto da motivação das ações no capitalismo, o que valida a tese, formulada na introdução deste trabalho, de que as exigências sistêmico-estruturais e as orientações dos atores podem ser reunidas nas estruturas temporais de uma sociedade, de tal forma que suas análises do *éthos* capitalista – ou seja, da postura diante da vida e de sua condução correspondente a esse sistema econômico – revelam uma das lógicas estruturais análogas às transformações na orientação temporal identificadas por Marx, mas que não se deixam reduzir de forma economicista.

Também para Weber, uma das características centrais desse *éthos* consiste no tratamento do tempo como bem escasso de alta importância. Isso fica claro já no princípio de seu ensaio sobre o espírito capitalista pela citação de Benjamin Franklin, que se inicia com a exortação: "Lembre-se que tempo é dinheiro". O imperativo categórico da ética protestante, assim como o do *éthos* capitalista, consiste na obrigação de *usar o tempo tão intensivamente quanto possível*, eliminar sistematicamente a perda de tempo e o ócio e prestar contas do tempo despendido. O frenesi e a inquietude que marcam a experiência fundamental da Modernidade, a aceleração do ritmo da vida através da eliminação sistemática de pausas e faltas, assim como a economia categórica do tempo na condução da vida são, portanto, segundo Weber, consequências de uma atitude espiritual originalmente

---

61 Weber, 1991, p.12.

protestante (calvinista-puritana), mais tarde secularizada, segundo a qual um único segundo, uma vez perdido, está *perdido para sempre*, e para a qual o desperdício de tempo é o primeiro e "o mais mortífero de todos os pecados". Daí, a sistematização e o disciplinamento da condução da vida se tornam, através de uma espécie de *ascetismo temporal*, elementos centrais da moderna postura diante da vida.[62] A disciplina temporal se mostra, sob essa perspectiva, antes um pressuposto cultural que uma consequência estrutural do capitalismo. Voltarei, mais detalhadamente, a essa dimensão *cultural* das fontes propulsoras do processo moderno de aceleração.

No dado contexto da busca por um ponto de partida para a teoria da aceleração social nas origens clássicas da Sociologia, é sobretudo interessante o fato de que a avaliação protestante-capitalista do tempo é parte, também para Weber, de um movimento histórico abrangente (e autoacelerante) dos processos fundamentais de *racionalização* no Ocidente.[63] Na medida em que esse processo, no sentido da racionalidade voltada para fins [*Zweckrationalität*], busca um aumento de eficiência e um encurtamento das relações meios-fins, ele pode ser interpreta-

---

62 Weber (1991, p.167) tenta com isso mostrar como essa forma de orientação temporal ascética pôde se desenvolver no contexto do puritanismo ao citar, por exemplo, os ensinamentos do presbiteriano Richard Baxter, para quem "desperdício de tempo" é "o primeiro e, em princípio, o mais severo de todos os pecados". A duração da vida seria "infinitamente curta e preciosa para 'fixar' nossa própria vocação [para o estado de graça, H. R.]. Perda de tempo em socialização, 'conversa fiada', luxo ou mesmo em dormir mais do que o necessário à saúde – de seis a, no máximo, oito horas – é passível de uma condenação moral absoluta".

63 Weber, 1972; ver Schluchter, 1998.

do como *processo de aceleração*, uma vez que objetiva a realização acelerada dos fins pela minimização dos passos necessários ou pelo aumento do efeito dos meios utilizados. Racionalização, nesse sentido, significa poder alcançar *mais em menos tempo* (e com menor esforço). No entanto, o aumento de frações por unidade de tempo, como ainda mostrarei, é a mais abstrata e generalizadora definição de aceleração. É esse aumento de eficiência e velocidade que, segundo Weber, distingue as formas de organização e dominação da burocracia racional ocidental[64] do Estado de direito e da organização econômica capitalista, bem como fundamenta sua superioridade histórica em relação a todas as outras formações sociais. No centro dos processos de modernização estão, também para Weber, em última instância, princípios de aceleração, embora ele desenvolva até menos que Marx uma teoria da aceleração social.

A racionalização de processos sociais, central para a análise da Modernidade de Weber, está inerentemente relacionada ao desenvolvimento da divisão do trabalho, ao desenvolvimento da diferenciação social das esferas funcionais e valorativas, que são o centro da compreensão da Modernidade para Émile Durkheim. À primeira vista, os trabalhos de Durkheim mal oferecem um ponto de partida para uma teoria da aceleração e para uma redefinição do processo de modernização a partir desse ponto de vista. No entanto, um olhar mais cuidadoso mostra que sua busca intensiva por novas formas de integração e solidariedade social é motivada, como nas teorias sociais dos outros autores clássicos, pela experiência fundamental, consequência do adensamento do intercurso social, de uma sociedade dina-

---

64 Ver Weber, 1972, p.129 e 570 ss.; ver ainda Segre, 2000, p.154.

mizada, fragmentada e "acelerada" de forma chocante.⁶⁵ Em sua análise da divisão do trabalho *anômica*, vista por ele como um dos grandes perigos do processo moderno de diferenciação, Durkheim identifica a anomia social como *uma consequência de transformações sociais muito rápidas*: a consciência e as regras da interdependência social são erodidas em função do ritmo das mudanças, sem que novas formas de integração social possam ser constituídas em tempo hábil. Assim, a mudança social e a crescente diferenciação não são o problema da sociedade, mas sim sua velocidade (demasiadamente) alta.⁶⁶

O interesse de Durkheim se voltou para a questão de como a ordem e a estabilidade sociais são possíveis em face da constante aceleração e fragmentação das relações sociais. Entretanto, suas reflexões não oferecem nem uma fundamentação teórico-cultural sistemática da experiência da aceleração nem uma análise de suas consequências socioestruturais. Coube a Niklas Luhmann e aos representantes da, por ele cunhada, teoria dos sistemas analisar as consequências temporais da diferenciação funcional e indicar a conexão sistemática, interna, entre processos de diferenciação e de aceleração. Segundo Luhmann, há uma estreita correlação entre estruturas sistêmicas e estruturas temporais, de tal forma que, com a diferenciação de sistemas

---

65 Ver, por exemplo, o Capítulo II do segundo livro de *Da divisão do trabalho social*, no qual Durkheim esclarece o crescente "intercâmbio de movimento entre as partes da massa social" e "tráfego ativo daí resultante" entre eles, que ele designa como aumento da "densidade dinâmica ou moral" da sociedade, declarando-o como a principal causa da divisão de trabalho em progresso e, assim, do princípio de desenvolvimento da sociedade moderna (Durkheim, 1988, p.314-5).

66 Ibid., p.421-5.

funcionais modernos, também suas estruturas e horizontes temporais de passado e futuro se diferenciam.[67] Luhmann partilha, com isso, da percepção de Koselleck, de uma "temporalização" ou dinamização do tempo na Modernidade que não seria simplesmente uma *consequência* da diferenciação estrutural, mas, sim, se encontraria na base desta:

> [C]om o surgimento da sociedade burguesa, a estrutura do tempo se modificou drasticamente em direção a complexidades temporais mais altas [..., motivo pelo qual] *temos que partir do princípio de que essa reestruturação repercute em todas as estruturas sociais e em todo conceito.* Nada conservará seu sentido anterior. Mesmo se houvesse uma continuidade formal em instituições ou terminologias, esta apenas disfarçaria a circunstância de que toda e cada forma alcançou uma contingência e uma seletividade mais altas.[68]

Através da "temporalização da complexidade" – que, como mostrarei no Capítulo VIII.3, pode ser entendida como um terceiro "motor" do processo de aceleração moderno –, característica para sociedades funcionalmente diferenciadas, chega-se aqui, segundo Luhmann, não apenas a um encurtamento progressivo dos horizontes temporais e, assim, possivelmente, a uma "aceleração de processos evolucionários, sem precedentes na história até hoje",[69] mas também a uma *dessincronização*, como discutida na introdução, das respectivas estruturas tem-

---

67 Luhmann, 1990a, p.119 ss. e p.139.
68 Ibid., p.122, grifos no original, H. R. Contrário a isso, ver a p.137, em que Luhmann interpreta mudanças das estruturas temporais como *consequência* das transformações sociais.
69 Ibid., 1990a, p.143.

porais sistêmicas. Luhmann salienta o quão importante seria uma análise desse desenvolvimento para a compreensão da sociedade moderna, deixando evidente, porém, que o aparato conceitual da teoria do tempo se encontra dramaticamente subdesenvolvido para tal tarefa.

> Deveríamos estar em condições de estimar o grau de heterogeneidade das estruturas temporais que podemos tolerar em diferentes subsistemas de nossa sociedade; seria importante saber de que maneira a diminuição dos horizontes temporais de famílias afeta a economia e como podemos contornar a conhecida influência negativa que as perspectivas temporais de uma economia em crescimento têm sobre o sistema político [...] É difícil enxergar como se poderia proceder no desenvolvimento dessas questões ou até mesmo em sua solução. A teoria dos sistemas parece ser o único quadro de referência conceitual a dispor de complexidade suficiente. Porém, até o momento, a teoria dos sistemas só utilizou conceitos cronológicos bem simples de tempo e futuro e concebeu o futuro apenas como estado de um sistema em um ponto temporal mais tardio.[70]

Apesar de suas reiteradas afirmações sobre a importância constitutiva da temporalidade para a compreensão dos sistemas sociais, Luhmann, infelizmente, não elaborou mais uma teoria correspondente do tempo. Não foi ele, mas Armin Nassehi, quem escreveu *Zeit der Gesellschaft* [Tempo da sociedade], obra na qual o conceito de aceleração não aparece nem ao menos como tópico. Ao contrário das esperanças de Luhmann, a

---

70 Luhmann, 1990a, p.137; ver Luhmann, 1980.

concepção temporal da teoria dos sistemas – que compreende o tempo como sendo constituído nas operações sistêmicas como diferença de passado e futuro, e, apenas secundariamente, conceituado cronologicamente através da observação[71] – parece pouco adequada para o desenvolvimento de uma teoria da aceleração, pois as distinções nela utilizadas antes dificultam que facilitam a análise das transformações diacrônicas de estruturas temporais. A teoria dos sistemas, em suas reflexões sobre a temporalização da complexidade e sobre a influência, nas decisões sociais, da "urgência do curto prazo"[72] [*Vordringlichkeit des Befristeten*], associada à escassez de tempo em sistemas autonomizados, representa, ainda assim, uma contribuição importante para uma teoria da aceleração, à qual retornarei no curso de minha investigação.

A divisão social do trabalho e a diferenciação funcional possuem, no entanto, um correspondente necessário no processo

---

71 As mais diversas disciplinas (Física, Biologia, Psicologia, Sociologia) parecem convergir atualmente à convicção, associada a essa ideia, de que os eventos não se produzem *no* tempo (abstrato ou "absoluto"), mas antes criam o próprio tempo (e com isso cada respectivo horizonte de passado, presente e futuro) (ver Adam, 1990; Nowotny, 1993, p.135 ss.; Bergmann, 1983, p.496). O significado de tal concepção para as ciências sociais é, no entanto, até o momento completamente obscuro. Dela parece não resultar ganho de conhecimento sistemático algum para uma análise das *mudanças diacrônicas* dos modelos e perspectivas temporais na sociedade moderna. Sua popularidade atual é, na minha opinião, graças ao fenômeno de "temporalização do tempo" da Modernidade Tardia, à custa de uma *destemporalização* das vidas individuais e da História, que, como quero mostrar na terceira parte deste trabalho, deve ser entendida como uma consequência da *hiperaceleração social*.

72 Luhmann, [1968] 1994.

de individualização, que é mais uma característica inconfundível da modernização, e está no centro das análises sociológicas e sociopsicológicas de Georg Simmel e da Sociologia por ele influenciada. Não é por acaso que as *metrópoles* representam para Simmel, ao mesmo tempo, o lugar paradigmático da Modernidade, da mais extrema individualização e da mais avançada divisão do trabalho.[73] Simmel, de forma mais intensa que Weber, Marx ou Durkheim, correlaciona esse processo à experiência cultural da Modernidade, que, também para ele, é dominada pela atordoante sensação de um aumento e de uma aceleração de processos de trocas sociais, bem como por uma incessante dinamização de todas as relações sociais. "A individualidade da metrópole", escreve ele no começo do seu talvez mais influente ensaio, "A metrópole e a vida mental" (Die Großstädte und das Geistesleben), repousaria sobre a

> [...] *intensificação da vida nervosa*, que surge da mudança abrupta e ininterrupta de impressões externas e internas. O ser humano é um ser que distingue, ou seja, sua consciência é estimulada pela diferença da impressão do momento com relação às anteriores; impressões duradouras, que apresentam mudanças insignificantes, com regularidade habitual em seu transcorrer e em suas oposições, exigem, por assim dizer, menos da consciência que o velocíssimo amontoamento de imagens sucessivas, a descontinuidade aguda contida na apreensão, com um olhar, e o inesperado de impressões que se impõem. A cidade grande, ao criar justamente essas condições psicológicas – com cada atravessar de uma rua,

---

73 Simmel, [1903] 1995; ver ainda Frisby, 1988, p.77 ss.

com a velocidade e multiplicidade da vida econômica, profissional e social –, constitui, já nos fundamentos sensoriais da vida espiritual, no quantum de consciência que ela, por nossa organização como seres que distinguem, requer de nós, um antagonismo profundo em relação à cidade pequena e à vida no campo, com o ritmo mais lento, mais habitual e de fluxo mais regular de seu padrão de vida sensorial e espiritual.[74]

Em consonância com essa definição, Simmel determina – em sua obra *Vom Einfluß des Geldes für das Tempo des Lebens* [Da influência do dinheiro para o ritmo da vida], de 1897, cujas reflexões centrais retornam em palavras bem semelhantes no último e principal capítulo ("Do estilo de vida") de sua *Filosofia do dinheiro* [*Philosophie des Geldes*] – o ritmo da vida como o "produto da soma e da profundidade" das transformações dos conteúdos de representação da consciência por unidade de tempo[75] e enfatiza que tal ritmo aumenta violenta e incessantemente na sociedade moderna.

De fato, todos os elementos citados por Simmel, também apresentados como "afinidades eletivas", através dos quais a vida moderna se diferencia das épocas que a antecederam, se distinguem pela sua dinamicidade e mobilidade crescentes. Segundo Simmel, características à Modernidade são a *cidade rápida* em contraposição ao *campo lento*; a prevalência do *entendimento móvel* sobre uma *vida sentimental estática*, modificável apenas lentamente; a predominância do *individualismo dinâmico*, no sentido de seu

---
74 Simmel, [1903] 1995, p.116, grifos no original.
75 Simmel, [1897] 1992, p.215, e [1900] 1989, p.696.

desenraizamento das tradições e dos elos sólidos e fixos, diante da *estrutura coletiva* de tempos passados, *dificilmente*, e ainda assim apenas *gradualmente, modificável*; e, por fim, a específica "infidelidade" do indivíduos a associações, valores e atividades, bem como a preferência, ligada a isso, por modas alteradas em ritmo acelerado etc.[76] Simmel, entretanto, coloca todas essas tendências em uma conexão estreita com o alastramento da moderna economia monetária, que para ele figura ao mesmo tempo como *causa* (metaforicamente no "rolar das moedas" que não encontra resistência)[77] e *expressão* da aceleração social. As transações monetárias modernas facilitam, multiplicam e aceleram transações sociais e econômicas, e com isso praticamente todas as relações sociais. "De tudo isso resulta que em grande medida o dinheiro designa o aumento do ritmo da vida, como se pode medir no número e variedade de impressões e estímulos que afluem e se dissolvem mutuamente", resume Simmel suas reflexões sobre a relação entre a economia monetária (capitalista) moderna e a velocidade da vida. E prossegue:

> A tendência do dinheiro a confluir e a se acumular [...], a reunir os interesses dos indivíduos e, assim, eles próprios [...] e com isso – como na forma de valor que nele se apresenta – concentrar a maior variedade no menor raio, essa tendência e capacidade do dinheiro possuem como consequência psíquica o aumento das cores e da profusão da vida, ou seja, o aumento de seu ritmo.[78]

---

76 Ver Simmel, [1900] 1989, p.675.
77 Ibid., p.708.
78 Ibid., p.706 ss.

## Aceleração

Simmel segue Baudelaire em sua definição da Modernidade como experiência do transitório e do fugaz, explicando-a pela diferenciação funcional e, sobretudo, pelo modo de efeito [*Wirkungsweise*] do dinheiro.[79] Modernização, para ele, significa também, e sobretudo, uma transformação estrutural da personalidade dos indivíduos, que reagem às exigências da aceleração na Modernidade através de uma transformação de seu estoque de sentimentos [*Gefühlshaushalt*], de sua estrutura afetiva, de sua "vida nervosa" e da relação entre emoções e entendimento. Isso é a base da definição pouco usual de Simmel da essência da Modernidade em seu ensaio sobre a arte de Rodin:

> Pois a essência da Modernidade é, sobretudo, o psicologismo, o vivenciar e o interpretar do mundo de acordo com as reações de nosso interior e, na verdade, de um mundo interior, a dissolução dos conteúdos fixos no elemento fluido da alma, de onde toda substância se libertou e cujas formas são apenas formas de movimento.[80]

Simmel compreende, assim, o processo de modernização como deslocamento do equilíbrio entre os princípios universais de movimento e inércia[81] em favor do primeiro e, assim, como dissolução de ritmos fixos em favor de uma permanência da mudança, embora o *dinheiro*, para ele, seja a manifestação simbólica do "caráter de movimento absoluto do mundo".[82]

---

79 Ver Frisby, 1988, p.38 ss.
80 Simmel, 1919, p.185.
81 Simmel, [1897] 1992, p.230 ss. e [1900] 1989, p.711 ss.
82 Simmel, [1900] 1989, p.714.

Os indivíduos reagem a esse deslocamento, por um lado, com uma postura *blasé* e com *indiferença* diante dos conteúdos do mundo, e por outro lado, no entanto, em uma forma de inversão dialética, acompanhada de constante hiperexcitação, com a adição a experiências e estímulos sempre novos e cada vez mais extremos e excitantes,[83] enfim, com todos aqueles sintomas da "neurastenia" que, segundo seus contemporâneos Troeltsch e Altmann, caracterizavam em grande medida a personalidade do próprio Simmel.[84] Assim, de todos os clássicos da Sociologia, Simmel é quem coloca o aspecto da aceleração de forma mais central em sua definição de Modernidade, sem, entretanto, dedicar-lhe uma elaboração teórica à parte. O centro sistemático de seus, por assim dizer, âmbitos objetuais, de seus trabalhos fragmentários e até mesmos "impressionistas", são, antes, aqueles processos paradoxais da estrutura da personalidade ou da individualização.

Desse percurso pelas interpretações propostas pelos "clássicos" pode-se concluir que suas definições, ainda hoje tão influentes, da modernização como processo de individualização, de racionalização, de diferenciação e de crescente dominação da natureza, têm seu centro comum na experiência de uma enorme

---

83 "A ausência do definitivo no centro da alma leva à busca incessante de satisfação momentânea em novas excitações, sensações, atividades externas. Ela nos envolve, assim, na confusão da instabilidade e da inquietação, que se manifesta ora no tumulto da cidade grande, ora na compulsão por viagens, ora na caçada selvagem à concorrência, ora na infidelidade, característica da Modernidade, no âmbito do gosto, do estilo, das convicções e dos relacionamentos" (Simmel, [1900] 1989, p.675).

84 Ver Frisby, 1988, p.75 ss.; Radkau, 1998; Simmel, [1903] 1995.

aceleração, mobilização e dinamização da vida social; elas representam uma espécie de resposta e uma tentativa de explicação dessa experiência moderna fundamental. No entanto, embora a transformação das estruturas temporais seja tematizada em todas as abordagens e lhes sirva como uma espécie de motivo condutor, ela não se encontra no centro sistemático de nenhuma teoria da modernização, de forma que o processo de aceleração, em tempos posteriores aos clássicos, no contexto do desenvolvimento preponderantemente "atemporalizado" de definições sociológicas e sociocientíficas da Modernidade, perdeu quase por completo, em comparação a outros processos, seu significado e seu papel prático para as teorias mais tardias da modernização.

Com isso explica-se a surpreendente constatação da ausência quase completa de uma teoria da aceleração na teoria social contemporânea. Enquanto em torno das outras tendências essenciais da modernização – a definição e interpretação dos processos de racionalização, diferenciação, individualização e domesticação (no sentido do desenvolvimento e institucionalização da razão instrumental) – ocorreram e ocorrem debates afluentes de cunho histórico, empírico e analítico, encontramos, no que tange ao aspecto da aceleração, apenas inúmeros estudos isolados sobre as manifestações e os efeitos da dinamização, tal como na mídia,[85] no mercado de trabalho,[86] nas novas tecnologias de informação,[87] na economia[88] etc., e observações

---

85 Schneider; Geißler, 1999; Weibel, 1987.
86 Sennett, 1998; Garhammer, 2001.
87 Myerson, 2001; Eriksen, 2001.
88 Ver, por exemplo, as contribuições em Backhaus; Bonus, 1998.

provenientes da ciência popular ou da história cultural[89] que não permitem uma localização precisa e uma definição dessa tendência no contexto da análise cultural e estrutural do processo de modernização.[90]

Entre as poucas exceções estão os trabalhos de Paul Virilio, Fritz Reheis e Kay Kirchmann; todos os três têm como meta uma definição teórica da aceleração social. Lançarei mão, no que se segue, de algumas de suas reflexões, embora as considere, por diferentes razões, inadequadas como ponto de partida para uma teoria sistemática da aceleração social. A reivindicação e a tentativa de Virilio em fundar uma "dromologia" como ciência da velocidade (crescente) constitui, sem dúvida, a abordagem mais proeminente nessa área de pesquisa. Para Virilio é possível uma reinterpretação não apenas da Modernidade, mas de toda a história universal, na qual a velocidade torna-se sujeito histórico. Sua reconstrução histórica é, assim, eminentemente política, porque ele acredita poder abarcar o momento impulsionador do processo de aceleração no princípio da *dominação do mais rápido*.[91] Pelo fato de o *poder* historicamente ser, sobretudo, *poder de movimento*, a luta pelo domínio, que é, em linhas gerais, militar e técnico-militar, se revela uma constante luta para se atingir uma velocidade mais alta. Essa luta também constitui o cerne da "revolução dromocrática",[92] que é como Virilio entende a Revolução Industrial, em cujo

---

89 Como em Gleick, 1999, ou Gronemeyer, 1996.
90 Para um panorama literário crítico, ver Rosa, 2001a.
91 Ver sobretudo Virilio, 1980, e ainda 1998b.
92 Virilio, 1980, p.61 ss.

decorrer a velocidade "metabólica" (de organismos humanos e animais) é substituída por uma nova velocidade, indefinidamente aumentável – a velocidade "tecnológica". Por meio das consecutivas ondas de aceleração advindas da revolução dos transportes, da transmissão e, mais recentemente, da transplantação (ou seja, o aumento da velocidade através da fusão orgânica de corpo e máquina, da manipulação genética e da tecnologia computacional), chega-se como que à vitória do tempo sobre o espaço.[93] O *dispositivo espaçotemporal* é substituído pelo *espaço-velocidade*, a coordenação de ações e a integração social se dão preponderantemente no e por meio do tempo, cada vez menos por meio do espaço. A *cronopolítica* se torna cada vez mais importante que a *geopolítica*. As considerações de Virilio possuem um potencial estimulante exatamente no ponto em que tratam da interpretação das consequências da aceleração tecnológica e sua força motora político-militar ou da interpretação das tendências complementares de aceleração e enrijecimento. Seu diagnóstico é que o ponto de fuga ou final da aceleração seria uma inertificação absoluta, *uma paralisia frenética*.[94] Retornarei à sua tese sobre esses dois pontos de vista. Contudo, não é possível extrair de sua obra uma base sistemática para uma teoria da aceleração, pois Virilio tanto rejeita categoricamente uma construção teórica sistemática – em vez disso, seus trabalhos são construídos de forma espontâneo-associativa, enriquecidos com incontáveis neologismos, ana-

---

93 Ver Virilio, 1993, p.7 ss. e p.17 ss.; ver ainda Breuer, 1988.
94 Virilio, 1998a, assim como suas reflexões sobre a "velocidade de libertação".

logias obscuras e alusões adornadas de esoterismo –, quanto renuncia, com consciência, por assim dizer, "autodidática", a toda associação com teorias sociológicas existentes. A objeção mais séria, a esse respeito, me parece a circunstância de a abordagem de Virilio também manter-se limitada, justamente na medida em que ele concebe aceleração apenas como aceleração tecnológica, não reservando espaço categorial para os outros dois aspectos, analiticamente independentes, da aceleração das mudanças sociais e do ritmo da vida.

O *best-seller* de Fritz Reheis *Die Kreativität der Langsamkeit* [A criatividade da lentidão] formula uma crítica aos imperativos da aceleração da sociedade moderna dos pontos de vista psicológico e ecológico. Reheis constrói sua análise das estruturas temporais da sociedade capitalista tardia – que na sua concepção se tornaram disfuncionais – com base no modelo, proveniente da teoria dos sistemas, de três sistemas sociais básicos, nivelados um sobre o outro. A natureza ou o meio ambiente constituem o sistema abrangente para todos os processos sociais, ela é fundamental também para o segundo nível, o sistema cultura/sociedade, que precede, por sua vez, o fisiológico e psíquico "sistema indivíduo". Transformações em um deles sempre surtem efeito nos outros dois sistemas, embora a rapidez de transformação e o ritmo interno dos sistemas seja, naturalmente, diferente: indivíduos mudam/adaptam-se mais rapidamente que sociedades, e a natureza precisa de mais tempo ainda para reproduzir ou regenerar seus recursos. A tese ecológico-materialista principal do livro, que se vincula claramente a Marx,[95] é que o capitalismo desenfreado (como

---

95 Reheis, 1998, p.35 ss.

elemento básico da sociedade/cultura moderna), com sua inerente compulsão à aceleração, assentada na lei do lucro, não leva em consideração os ritmos naturais e a temporalidade interna dos três sistemas, sobrecarregando e dessincronizando-os em sua capacidade de adaptação e aprendizado mútuos. Daí o surgimento de fenômenos disfuncionais em cada um e entre todos os três sistemas.[96] Em sua análise da dinâmica própria da aceleração, Reheis não vai além de Marx ao vê-la explicada pela lógica de desdobramentos do capital, enquanto procede de forma extraordinariamente seletiva e unilateral na interpretação das consequências e dos limites da aceleração, na qual aloja, sob um mesmo denominador comum, "pessoas doentes, a sociedade decadente e a natureza exaurida".[97]

Finalmente, Kirchmann se vincula, em sua investigação sistemática da relação entre a aceleração de processos sociais e o desenvolvimento das mídias na Modernidade, a Norbert Elias, ao interpretar ambos os elementos como complementares ao processo civilizatório dos tempos modernos.[98] Embora esse estudo forneça uma série de dados interessantes enquanto uma investigação das ciências da comunicação, ele está unilateralmente fixado sobre a análise da aceleração midiática, não podendo servir de ponto de partida para uma compreensão sistemática das causas, formas de manifestação e consequências da aceleração social. Por fim, fica especialmente obscuro o que impulsiona, em última análise, o mecanismo de au-

---

96 Reheis, 1998, p.62 e 83.
97 Para uma crítica a Reheis, ver detalhadamente Rosa, 2001a, p.350 ss.
98 Kirchmann, 1998.

mento [*Steigerungsmechanismus*] na interação entre as mídias, o processo civilizatório, enquanto processo de compressão, e a velocidade.

Em face de tal nível de desenvolvimento teórico, a forma mais promissora para alcançar o objetivo do presente trabalho — de efetuar uma definição, com riqueza teórica e embasamento empírico, da função, alcance e importância dos processos de aceleração, assim como de suas fronteiras e consequências no contexto da modernização — é, na procura por um princípio sistemático, partir do fundamento das teorias sociológicas de modernização introduzidas neste capítulo.

### b) *Aceleração e modernização: tentativa de sistematização*

Um problema fundamental de todas as teorias de modernização está na multiplicidade heterogênea e, em parte, contraditória dos processos de transformação na Modernidade e das perspectivas analíticas que os contemplam. Apoiado na sugestão de Hans van der Loo e Willem van Reijen,[99] que se baseiam, por sua vez, claramente no generalizado (e notoriamente atemporalizado) esquema da ação de Talcott Parsons,[100] me parece sensato, com um intuito de sistematização, diferenciar entre uma perspectiva socio*estrutural*, uma *cultural*, uma orientada para a *estrutura da personalidade* (centrada no sujeito) e, por fim, uma perspectiva voltada para a relação da sociedade *para com a natu-*

---

99 Van der Loo; Van Reijen, 1997, p.30 ss.
100 Ver por exemplo Parsons, 1971, p.4-28 e sobre isso ainda a tentativa de clarificação de Adriaansens, 1980.

*reza*. Formações sociais e seu desenvolvimento podem, assim, ser estudados, de forma basilar, por meio dos quatro aspectos mencionados. Relacionando-se essas perspectivas com os princípios recapitulados na seção anterior, vemos que o processo de modernização pode ser e foi interpretado *culturalmente* como *racionalização*; (socio)*estruturalmente* como *diferenciação* e, em face do desenvolvimento da relações para consigo [*Selbstverhältnisse*] dominante ou do tipo de personalidade, como *individualização*; e, com respeito à relação com a natureza, como *instrumentalização* ou *domesticação* (ver Figura 1).[101]

---

101 Anthony Giddens (1995b, p.75 ss., ver também 1996) sugeriu um quadro de análise alternativo para a diferenciação de dimensões *institucionais* da modernização. Segundo ele, a industrialização, a capitalização, o estabelecimento do aparato governamental de vigilância, assim como o desenvolvimento das forças militares, constituem as características principais da Modernidade. Representativo aqui é o fato de Giddens não levar em consideração as estruturas temporais em seu construto teórico categorial da Modernidade, apesar de sua afirmação de que estas são fundamentais para sua teoria da estruturação (1995a, p.90), e apesar de sua observação de um crescente *distanciamento espaçotemporal* cuja consequência seria uma crescente desvinculação entre tempo e espaço na Modernidade. Portanto, o princípio de Giddens se mostra pouco adequado como premissa para uma teoria da aceleração social no contexto da Modernidade. As dimensões do capitalismo e do industrialismo, por ele diferenciadas, se encontram no meu esquema como elementos do processo de domesticação (elas determinam conjuntamente a forma do processo social de troca com a natureza), enquanto o Estado nacional e forças militares, como quero mostrar no Capítulo IX, embora desempenhem um papel "maiêutico" importante no desencadeamento da dinâmica de aumento da Modernidade, não podem ser considerados elementos estruturais indispensáveis da mesma.

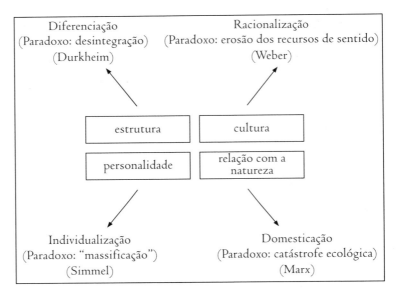

Figura 1 – O processo de modernização

Nos trabalhos dos clássicos da Sociologia, assim como nas investigações contemporâneas que os seguem, uma dessas perspectivas geralmente figura como ideia central. Max Weber, por exemplo, entende a modernização sobretudo como processo de racionalização, que, por sua vez, constitui também o cerne do *projeto da Modernidade* como definido por Jürgen Habermas e seus seguidores.[102] Processos de divisão de trabalho e diferenciação funcional estão, como vimos, no centro não apenas das investigações de Durkheim como também da teoria dos sistemas contemporânea. A individualização, por outro lado, é uma tendência social que ganha hoje uma posição central, como

---

102 Ver sobretudo Habermas, 1981, assim como 1988.

nos diagnósticos do presente de Ulrich Beck ou Gerhard Schulze, após ter sido tematizada primeiramente por Georg Simmel de forma multifacetada. A forma de elaboração e transformação da natureza e, consequentemente, do próprio caráter social e individual, constitui, por fim, o ponto de partida para a análise da Modernidade de Karl Marx e dos pesquisadores por ele inspirados. Desse ponto de vista, a modernização aparece em linhas gerais como tendência extremamente bem-sucedida em instrumentalizar a natureza (interna e externa) e assim domesticá-la, ou seja, torná-la dominável e colocá-la a serviço dos objetivos humanos. A ambivalência dessa tendência foi trabalhada da maneira mais impressionante, por Horkheimer e Adorno, em sua *Dialética do esclarecimento*.[103]

Todavia, o fenômeno de processos de modernização apresentarem, não apenas uma ambivalência profunda, mas também parecerem sempre transportar consigo sua própria contradição, pode ser encontrado em todas as quatro dimensões como um avesso paradoxal.[104] A *dominação* da natureza traz consigo, em função de seus efeitos colaterais, a ameaça da *extinção* da base

---

103 Horkheimer; Adorno, 1947.
104 Van der Loo; Van Reijen (1997, p.36 ss.) apontam para essa natureza inerentemente paradoxal dos processos de modernização básicos. Eles não identificam, entretanto, contratendências para os quatro desenvolvimentos fundamentais, mas sim os veem como contraditórios *em si* mesmos. A *diferenciação* apresentaria ao mesmo tempo elementos tanto de *aumento* quanto de *diminuição de referenciais* (p.130 ss.); a *racionalização* estaria marcada pelos princípios contraditórios da *pluralização* e da *generalização* (p.176 ss.); *processos de individualização* levariam tanto a uma maior *autonomia* quanto a uma maior *dependência* dos indivíduos (p.216); e, por fim, a *domesticação* significaria ao mesmo tempo *descondicionamento* (físico) e um *recondicionamento* (social e psíquico) (p.60 ss.).

para a vida humana em forma de uma catástrofe ecológica. A Modernidade, segundo seus críticos culturais, é marcada pela tendência não apenas ao florescimento da singularidade individual, mas também, através dessa mesma singularidade, à massificação em uma *cultura de massa* homogeneizada – motivo pelo qual já Georg Simmel alegava poder observar não apenas o aumento da individualidade "quantitativa", mas ainda, concomitantemente, o desaparecimento da individualidade originariamente "qualitativa", em consequência da inferioridade da cultura subjetiva em relação à cultura objetiva.[105] Assim, o lado avesso do processo de racionalização ocidental constitui, já para Weber, uma contínua *erosão dos recursos de sentido*, cujo resultado, o condicionamento objetivo que resulta da implacável autonomização das dinâmicas estruturais, pode por fim assumir a forma vazia de um *invólucro de aço*, do qual o *espírito* parece ter-se *evadido*, e cuja lógica inexorável (de aumento e de aceleração, por exemplo), mesmo se mostrando altamente irracional em sua consequência, não pode ser interrompida.[106]

Identificar um lado avesso no processo de diferenciação é um pouco mais difícil. A começar pelo fato de que duas tendências paradoxais de desenvolvimento podem ser aqui observadas: por

---

105 Simmel, [1908] 1992, p.791 ss.; para uma diagnose semelhante mais recente, ver, por exemplo, Riesman; Denney; Glazer, 1977.

106 Ver, sobre isso, Lübbe, 1998, p.293. É interessante notar que Weber caracteriza, além disso, o fundamento ético do capitalismo moderno, o *éthos* protestante, como visão de mundo altamente irracional, uma vez que ela (com base no caráter do cristianismo (protestante) de negação ativa do mundo) objetiva a acumulação máxima de riqueza e a renúncia ao desfrute dos lucros. Assim, o "poder mais determinante" da nossa vida moderna jaz sobre fundamentos éticos irracionais.

um lado, processos de diferenciação cada vez mais refinados são acompanhados por um crescimento paralelo das subordinações mútuas (hoje globais) e das cadeias de interdependência; e por outro, em virtude do processo de diferenciação (que promove o aumento da estabilidade e da eficiência) do todo (da sociedade), sua unidade e coerência parece desaparecer. Como Luhmann não se cansa de enfatizar, a sociedade moderna tem que se arranjar sem topo, sem centro ou "perspectiva central"[107] – o lado avesso da diferenciação é, assim, a *desintegração* social.

Em face desse quadro analítico, representado na Figura 1, que domina até hoje a definição de Modernidade, é difícil indicar um lugar sistemático ou premissa para sua reinterpretação pelo ponto de vista da aceleração social. Nessa busca, poderíamos em princípio cair na armadilha de resolver o problema através da introdução de uma outra perspectiva. Assim como o processo de modernização se mostra, do ponto de vista cultural, como racionalização e, do ponto de vista do desenvolvimento do tipo de personalidade, como individualização, ele pode ser entendido, do ponto de vista da dimensão temporal ou das estruturas de tempo, como aceleração. E, uma vez que processos de individualização e racionalização não transcorrem uniformemente, mas sim de forma ondulatória, o mesmo se dá, como vimos, com processos de aceleração. Assim como ímpetos de individualização são acompanhados por receios "comunitários" e contramovimentos correspondentes,[108] e assim como, a cada onda de racionalização, esforços e alertas "tradicionalistas" podem ser ouvidos, recusa e resistência mobilizam-

---

107 Ver, por exemplo, Luhmann, 1996, p.256 ss.
108 Ver sobre isso, detalhadamente, Rosa, 1998, p.305 ss. e 417 ss.

-se contra cada novo avanço aceleratório – e em todos os três aspectos, ainda que com atrasos ou modificações, o processo de modernização avança inexoravelmente. E, da mesma forma que os outros quatro processos básicos da modernização, também a aceleração social traz sempre consigo sua contratendência paradoxal – a imobilização social. *Como é possível conceber* – em um plano cultural e estrutural – *ao mesmo tempo aceleração social e cristalização do mundo social?* Essa é a questão central para o entendimento do caráter ao mesmo tempo estático e dinâmico da Modernidade. Somente uma teoria da Modernidade que esteja em condições de solucionar essa questão pode pretender fazer jus analiticamente à totalidade dessa formação histórica.

No entanto, tal solução do problema de conceitualização me parece inapropriado.[109] *O tempo* não pode ser colocado conceitualmente ao *lado* dos fenômenos culturais, estruturais, das relações para com a natureza e para consigo; ele é, isso sim, uma dimensão central e constitutiva dos mesmos, bem como e a *aceleração* se mostra um aspecto e um elemento de cada um dos quatro desenvolvimentos aqui relacionados. Ela parece representar sobretudo um princípio que os une e os impulsiona, embora se mostre ora como causa, ora como consequência das outras tendências modernas.[110] Na quarta parte da presente investigação seguirei algumas pistas que indicam que a aceleração

---

109 Agradeço em grande medida às objeções críticas de Andrew Arato e Hanns-Georg Brose em relação a minhas primeiras tentativas de conceitualização.

110 Diferenciação, racionalização, domesticação e individualização podem ser interpretadas de forma consistente como estratégias da aceleração. A meu ver, tal permeabilidade transcategorial só pode ser reivindicada, entre os outros processos, pela racionalização.

poderia se mostrar até mesmo mais fundamental que as outras categorias, uma vez que os processos de diferenciação, racionalização ou individualização sucumbem ou se revertem quase em seu contrário ao se tornarem disfuncionais para mais aceleração. Além disso, parece plausível, como veremos, interpretar as tendências paradoxais de cada um dos quatro processos de modernização igualmente como consequências colaterais (não intencionais) da aceleração social: a desintegração social seria, assim, uma consequência da crescente dessincronização social; a destruição ambiental, uma consequência da sobrecarga do ciclo cronológico de regeneração da natureza; a perda da individualidade "qualitativa", um subproduto do aumento do ritmo da vida; e o abandono da autonomia racional, resultado da "temporalização do tempo". Sob essa perspectiva, as outras tendências de modernização aparecem, por assim dizer, como funções e formas de manifestação da aceleração.

Aceitando-se essa "transversalidade" irredutível da aceleração social em relação aos outros pilares do quadro de análise "clássico", uma segunda estratégia para situar a aceleração na estrutura fundamental das categorias da modernização parece ser a distinção, sugerida por Luhmann, entre as dimensões coisal, temporal e social. A aceleração seria, com isso, simplesmente um princípio evolutivo central na dimensão temporal da Modernidade. Contudo, também tal procedimento de redução de complexidade fracassa aqui: a transformação característica das estruturas temporais se dá exatamente nas dimensões coisal e social da sociedade moderna. A tese por mim defendida é que a evolução nas dimensões coisal e social seguiria exatamente a lógica de transformações, especificamente temporal, da aceleração. A reinterpretação do processo de modernização sob o aspecto da aceleração social ambiciona, com isso, algo mais abrangente do que aquilo que a diferenciação das três dimensões (de sentido) sugere.

A investigação que se segue não pode, portanto, se contentar com a análise da aceleração como um aspecto isolável, parcial, da modernização. Ela não se abstém de conduzir a definição e a análise do processo de aceleração ao longo das quatro dimensões (estrutura, cultura, relação para consigo mesmo e relação para com a natureza) e sob a consideração das três dimensões de sentido. A estrutura categorial elaborada, que deve servir como meio de auxílio heurístico na diferenciação analítica de perspectivas de investigação, pode, com isso, aguçar o olhar para a complexidade do processo de modernização e para as múltiplas interações entre as tendências de evolução aqui identificadas, cuja dinâmica agora nos caberá decifrar. A estruturação da análise não segue, no entanto, as diretrizes "externas" daquele sistema de categorias, mas sim a lógica conceitual e objetiva "interna" da própria aceleração. Ainda assim, ao fim do livro tentarei reintegrar os resultados encontrados a esse esquema, com o intuito de poder precisar a definição da função e do *status* da aceleração no contexto da modernização.

## III
# O que é a aceleração social?

## 1. Uma reflexão preliminar: aceleração e aumento

A introdução de uma definição do conceito de aceleração social que seja analiticamente satisfatória e empiricamente instrutiva representa, em face do contorno notoriamente pouco nítido do referido conceito na discussão sociocientífica atual, um primeiro e fundamental desiderato de pesquisa.[1] Com isso surge, naturalmente, em primeiro lugar, o problema de se po-

---

[1] A situação lastimável da pesquisa nesse contexto também se reflete no trabalho filosófico-ensaístico de Lothar Baier, *Keine Zeit! 18 versuche über die Beschleunigung* [Nenhum tempo! 18 ensaios sobre a aceleração] (2000, p.12), com a honestidade ao mesmo tempo precisa e desarmante de uma confissão: "Para mim não ficou claro como são obtidas as taxas de aceleração de uma sociedade. Ainda que esteja correto que nossas sociedades se encontram em um movimento interno incessante – que mal pode ser descrito ou mesmo definido de forma compreensível sem ser por meio de expressões marcadas –, isso está longe de significar que elas seguem em frente como um todo, independente se de forma rápida ou acelerada".

der observar, nas diferentes áreas da sociedade, fenômenos de aceleração muito heterogêneos, que dificilmente poderão ser categorizados sob um conceito comum e cuja relação mútua não fica evidente à primeira vista. O que possuem em comum os fatos de que recordes de velocidade no esporte são quebrados com cada vez maior regularidade (o que se deve em parte ao aperfeiçoamento técnico e, em parte também, à medição com maior exatidão de diferenças de tempo mínimas), de que novos modelos de computador aumentam sua capacidade de processamento dentro de poucos meses, de que a duração do sono e das refeições parece diminuir constantemente nas sociedades ocidentais modernas, enquanto a troca de parceiros sexuais, de residência, de associações, assim como os ciclos da moda e de produtos de consumo se tornam cada vez mais rápidos?[2]

Ao procurarmos por uma definição de aceleração que abarque todos esses fenômenos constatamos rapidamente que lançar mão das definições tradicionais da Física que se aprende na escola, nas quais a aceleração é definida em função da distância percorrida ($a = v/t$ ou $a = 2s/t^2$) não nos leva muito longe – na verdade, essa definição abrange apenas o primeiro campo de fenômenos apresentado. A inadequação dessa definição estritamente física é mostrada claramente na definição de aceleração de Helga Nowotny: "Aceleração significa [...] não apenas o aumento da velocidade de todos [!] os processos", define Nowotny primeiramente, porém, na frase seguinte, ela parece reduzir, surpreendentemente, a aceleração a fenômenos

---

[2] Essas últimas tendências são extremamente polêmicas. Retornarei à questão da irrefutabilidade de observações empíricas a esse respeito.

de superação mais rápida de percursos: "Ela condiciona uma norma temporal de mobilidade aumentada em geral, que é ao mesmo tempo o resultado de processos, verificados tecnológica e economicamente, de transporte de bens, pessoas, energia e informação que *devem superar distâncias espaçotemporais*".[3] Logo em seguida, ela indica, no entanto, que a aceleração ou a mobilidade teria se tornado uma norma social geral: "Bens, pessoas, energia, dinheiro e informação devem trocar sua localização *com frequência crescente* para circular — em um sentido econômico e cultural abrangente".[4] Porém a troca acelerada de localização, ao contrário da associação errônea com a transposição de distâncias, naturalmente *não* pode ser compreendida com aquela fórmula física — trata-se aqui não do fato de distâncias serem superadas *mais rapidamente*, mas sim *mais frequentemente*, o que representa uma diferença crucial.

As reflexões de Nowotny deixam claro que uma tentativa de definição sustentável da aceleração social deveria separar, de forma analiticamente estrita, duas de suas formas que, em quase toda a literatura, são confundidas: 1. Inúmeros fenômenos podem ser descritos como formas de uma aceleração *intencional* e *dirigidas a um objetivo*, e com isso, num sentido amplo, como uma aceleração "técnica" de processos particulares (como a melhora do desempenho no esporte, no transporte ou na tecnologia informática). Há que se diferenciar essa forma de aceleração tecnológico-teleológica das 2. *taxas de transformação* social aumentadas, ou seja, por exemplo, a aceleração da mudança de profissão, de partido político, de parceiro sexual, de

---

3 Nowotny, 1993, p.97, grifos no original, H. R.
4 Ibid., p.98, grifos no original, H. R.

associação, ou a aceleração da mudança de estruturas familiares e de ocupação, de estilos artísticos etc. por unidade de tempo, ou seja, a aceleração da transformação social não inerentemente direcionada a um objetivo.[5]

Contemplando mais uma vez a lista de fenômenos aceleratórios, descobrimos rapidamente que nem todos eles são abrangidos por essas duas especificações do conceito. A tentativa de economizar tempo por meio de *fast-food*, *speed dating*,[6] *power-nap*[7] e ainda *multitasking*, ou seja, por meio do encurtamento ou da condensação de episódios de ação, representa uma reação à *escassez de recursos temporais* que não se pode enquadrar nem na categoria de fenômenos da aceleração tecnológica, nem na de mudanças sociais aceleradas. O fato de o tempo se tornar um bem escasso representa em si mesmo, em face dos diversos fenômenos aceleratórios tecnológicos, um paradoxo que exige explicação. Por esse motivo não resta dúvida de que a intensificação do *ritmo de vida por meio da multiplicação de episódios de ação e/ou experiências por unidade de tempo* – que está, por sua vez, ligada

---

5 Em sua análise dos efeitos da aceleração na política, Matthias Eberling (1996, p.41) tem em vista somente essa dimensão do fenômeno ao defini-lo como "aumento da velocidade de desenvolvimento, ou seja, de modificações sociais relevantes em política, economia, cultura, ciência e tecnologia, por unidade de tempo". O problema fundamental de tal definição é a determinação do conceito de relevância, ou seja, o notório problema da diferenciação entre inovações de base e mudanças secundárias que neste ponto, em que tratamos de precisar o conceito de aceleração, ainda podemos ignorar.
6 Encontros em série de possíveis parceiros íntimos.
7 Forma acelerada de recuperação física por meio da otimização de um tempo de sono reduzido.

à escassez dos recursos temporais e à consequente "urgência por tempo" – representa uma terceira categoria autônoma da aceleração social na sociedade moderna.

Em quase todos os estudos sobre o tema, o foco recai de maneira irrefletida sobre *uma* dessas três formas ou esferas da aceleração social, enquanto fenômenos provenientes de outros campos são erroneamente subsumidos na respectiva categoria. Os trabalhos de Virilio giram em torno da aceleração tecnológica, os de Lübbe ou Eberling se concentram na aceleração da mudança social, enquanto Simmel e Levine se dedicam à aceleração do ritmo de vida. A questão mais interessante é sem dúvida a das relações internas entre essas categorias da aceleração. Antes de podermos examiná-la detalhadamente, cabe responder se o conceito de aceleração pode ser definido de tal maneira que abarque, concomitantemente, os fenômenos relevantes dessas três áreas analiticamente independentes umas das outras, e, através disso, nos permita definir a relação *lógica* entre elas, e, com isso, nos aponte o caminho para a investigação de suas conexões *empíricas*.

O recurso à Física de Newton ajuda quando se substitui as diferenças contidas nas equações dadas por um valor abstrato. A aceleração pode então ser definida como *aumento de quantidade por unidade de tempo* (ou, com o mesmo sentido lógico, como redução da quantidade de tempo por cada quantidade determinada). Por *quantidade* podemos tomar um caminho percorrido, o número de signos comunicados, de bens produzidos (categoria 1), como também o número de postos de trabalho ocupados ao longo de uma carreira profissional ou de troca de parceiros íntimos por ano (categoria 2), assim como os episódios de ação por unidade de tempo (categoria 3) (Figura 2).

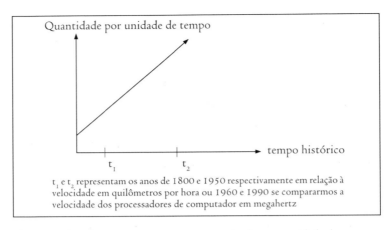

Figura 2 – A aceleração como aumento quantitativo por unidade de tempo

Para o entendimento da relação entre a aceleração técnica e a do ritmo da vida é de suma importância evidenciar de forma precisa a relação entre crescimento quantitativo e aceleração. Tratando-se de processos de "produção" contínua (que crescem de maneira ininterrupta), a consequência será uma aceleração com crescimento quantitativo exponencial (Figura 3).

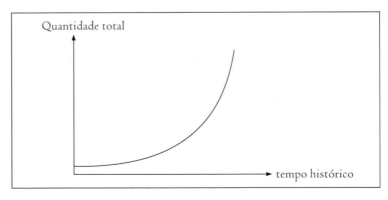

Figura 3 – Crescimento exponencial em decorrência da aceleração em processos constantes

*Aceleração*

Um exemplo modelar para uma curva de crescimento como esta é o aumento da população mundial nos últimos trezentos anos.[8] Curvas de crescimento semelhantes encontramos, por exemplo, na proliferação de células cancerígenas e às vezes (por curtos espaços de tempo) também no aumento da difusão de mercadorias ou inovações técnicas – tal como o volume de publicações científicas, o número de conexões com a internet ou o número de *e-mails* enviados por ano.[9]

De significação decisiva para o contexto que nos interessa aqui é, no entanto, o fato de que os processos acelerados tecnologicamente, cujo cerne é constituído por processos de transporte, comunicação e produção são, em conjunto, *não contínuos*, e com isso não apresentam qualquer tendência intrínseca de crescimento.

O fato de hoje nos ser possível percorrer um trecho de um ponto A a um ponto B em menos tempo que antes não implica de forma lógica ou causal que venhamos a (ou devamos) fazê-lo com mais frequência ou que percorreremos distâncias maiores, assim como a possibilidade de transmitir um deter-

---

[8] "O crescimento da população mundial de aproximadamente meio bilhão de pessoas no século XVII para cerca de seis bilhões por volta do ano 2000 pode ser interpretado como um princípio de aceleração. Trata-se de uma curva de tempo exponencial na qual a humanidade se duplica em espaços de tempo cada vez mais curtos", constata Reinhart Koselleck (2000, p.199), que lança ainda a hipótese de que a diferenciação gradual e a "evolução [biológica] do ser humano" desde o endurecimento da crosta terrestre há cerca de cinco bilhões de anos e, com isso, a história cultural e, nela, por sua vez, a evolução das culturas avançadas podem ser similarmente interpretadas como histórias de aceleração, exemplificando curvas de crescimento.

[9] Ver Eriksen, 2001, p.78 ss. para uma série de tais curvas de crescimento.

minado volume de sinais em menos tempo (para além de uma certa distância) não contém o dever nem ao menos a tendência de comunicar em maior quantidade ou mais frequentemente. Também a capacidade de produzir um tanto determinado de bens *mais rapidamente* é, em si mesma, independente de um *aumento da produção*. Se o volume do que é transportado, comunicado ou produzido, porém, permanece igual, o "ritmo de vida" diminui ao invés de aumentar, como consequência lógica da aceleração técnica, pois o tempo necessário para o cumprimento de uma determinada tarefa é reduzido – surge "tempo livre" no sentido de uma liberação de recursos temporais antes comprometidos (ver Figura 4). O problema da *escassez de tempo* é atenuado, gradativamente, sob tais condições.

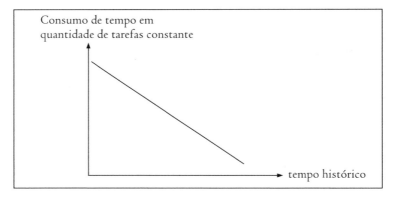

Figura 4 – Consumo de tempo por quantidade de tarefas constante na era da aceleração tecnológica (relativa à Figura 2): o volume de recursos temporais liberados cresce de forma correspondente[10]

---

10 A sociedade de Kairos, imaginada no começo deste estudo, poderia então ser definida como uma "ucronia", em que os recursos liberados dessa forma foram diretamente transformados em "tempo livre" no qual os processos de crescimento correspondentes estão ausentes.

*Aceleração*

Assim, quando no discurso da ciência popular, em consequência da afirmação irrefletida de que na Modernidade mais ou menos "tudo" se tornaria mais rápido, os fenômenos de estresse, agitação intensa e carência de tempo são atribuídos à enorme *aceleração técnica* de inúmeros processos, que, à primeira vista, parece ser a poderosa mola propulsora da ubíqua aceleração social e cultural, essa atribuição logo se revela uma difundida e sensacionalista falácia. A dinâmica e as pressões temporais da vida social e psíquica das sociedades industrial e pós-industrial, não podem ser deduzidas dos progressos aceleratórios técnicos, estando, em relação a estes, até mesmo em contradição lógica. A intensificação do "ritmo de vida" e a falta de tempo da Modernidade surgem não *devido à*, mas *apesar de* quase todas as áreas da vida social serem marcadas pelo enorme *ganho de tempo* resultante da aceleração.

Dessa constatação dá-se o conhecimento de que a aceleração do ritmo de vida, assim como a escassez do tempo têm que ser consequências de um aumento quantitativo logicamente independente dos processos da aceleração técnica: produzimos, comunicamos e transportamos não apenas *mais rápido*, mas também *em maior volume* do que em todas as outras épocas sociais anteriores. Pois uma rarefação dos recursos temporais, em princípio, só pode acontecer *ou* quando é necessário mais tempo para o cumprimento de uma determinada carga de tarefas, ou seja, através de *desaceleração* técnica, *ou* quando as *taxas de crescimento* (da produção de bens e serviços, do número de comunicações estabelecidas, de percursos percorridos, de tarefas a serem cumpridas) superam as *taxas de aceleração* dos processos correspondentes. Apenas no último caso ocorrem, concomitantemente, as acelerações técnica e do ritmo de vida. Nesse caso, a quantidade de distância percorrida (ou de bens a serem produzidos ou de comunicações) em relação a um ponto inicial $t_1$ triplica ao atingir o ponto $t_2$, enquanto a velocidade, nesse mesmo intervalo, apenas duplica. Quanto mais fortemente os índices de crescimento superarem os de aceleração, maior será a carência de tempo; e, inversamente, quanto mais a aceleração superar o crescimento, mais recursos temporais serão liberados e o tempo será menos escasso. Se ambos os índices de aumento forem idênticos, a velocidade da vida ou a escassez (ou abundância) de tempo não se modifica – independentemente de as taxas de aceleração serem altas ou baixas (Figura 5).[11]

---

[11] Aqueles, para quem essas projeções forem abstratas demais, poderão visualizá-las facilmente com ajuda de um exemplo contemporâneo concreto. Sem dúvida, a introdução do sistema de *e-mails* acelerou profundamente a comunicação, escrever e enviar *e-mails* leva bem menos tempo que uma carta convencional. No entanto, quando o volume de *e-mails* enviados diariamente supera em muitas vezes o de cartas escritas antes da introdução desse novo sistema, temos um resultado de aumento de 100% no consumo de tempo dedicado à correspondência! É inquestionável que esse aumento, por sua vez, está relacionado com a velocidade da transmissão de dados – se a resposta à mensagem enviada pela manhã já chega na noite do mesmo dia, quando antes deveria se contar com no mínimo catorze dias, parece resultar disso um impulso inerente à continuação acelerada de cadeias de comunicação e ações. Não obstante, esse impulso não pode ser atribuído de forma lógica ou causal à aceleração técnica – *a tecnologia possibilita o aumento do volume de comunicação, mas não o obriga*. A perceptível compulsão ao aumento resulta, assim, não da técnica em si, mas do *encurtamento do presente* possibilitado por ela, ou seja, da *transformação acelerada dos contextos de comunicação e ação*. Esse exemplo ilustra de forma paradigmática o efeito do círculo aceleratório que será apresentado no Capítulo VII.

*Aceleração*

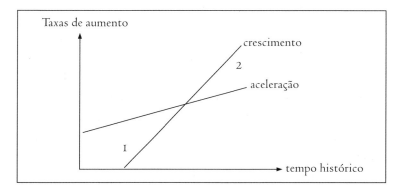

Figura 5 – "Tempo livre" e "escassez de tempo" como consequência das taxas de crescimento e aceleração. No primeiro (1) o ritmo de vida diminui, no segundo (2) ele aumenta. Em caso de valores idênticos, o ritmo de vida permanece constante

A hipótese central da presente investigação é, assim, que *a sociedade moderna pode ser entendida como "sociedade da aceleração" no sentido de que que ela contém em si (através de inúmeros pressupostos estruturais e culturais) uma junção de ambas as formas de aceleração – a aceleração técnica e a intensificação do ritmo de vida através da redução de recursos temporais – e da tendência à aceleração e ao crescimento.* Isso implica que as taxas de crescimento médias (definidas como aumento do volume total de produção, daquilo que é comunicado e das formas de comunicação, de trechos percorridos etc.) estão *acima* da taxa aceleratória média.[12]

---

12 Assim como Luhmann ([1968] 1994); Bergmann (1983, p.484) e Linder (1970) e em divergência com Moore (1963) e Balla (1978), parto do pressuposto de que a escassez temporal, apesar da limitação do tempo de vida, não é um fenômeno inerente à existência humana, mas sim influenciado, ao menos no grau de intensidade de sua manifestação, por fatores estruturais (enfatizados pelo três primeiros

E, de fato, há evidências empíricas suficientes de que os recursos temporais potencialmente "recebidos" ou liberados, através da aceleração, como nos afazeres domésticos – por exemplo, pelo uso de máquinas de lavar roupa e louça, micro-ondas, aspirador de pó etc. – ou no trânsito, são novamente comprometidos por aumentos quantitativos correspondentes. Pesquisas das décadas de 1960 e 1970 indicam, surpreendentemente, que o tempo gasto nos cuidados com a casa cresce, tendencialmente, com a introdução de eletrodomésticos ao invés de ser reduzido. Segundo um abrangente estudo de uso do tempo realizado nos Estados Unidos, em 1975, com 2.406 entrevistados, proprietários de máquinas de lavar louça gastavam em média um minuto, e os de máquinas de lavar roupas quatro minutos *a mais* que adultos que não possuíam tais aparelhos, enquanto o aspirador de pó economizava a seus proprietários apenas um minuto. Nem mesmo a introdução do micro-ondas trouxe uma diminuição do tempo gasto com a preparação dos alimentos.[13] Assim concluem Robinson e Godbey em concordância com a hipótese desenvolvida aqui: "O que ocorreu com outras tecnologias está acontecendo com o forno micro-ondas: a economia potencial de tempo é revertida em maior *output* ou melhor qualidade".[14]

Esse padrão se confirma nos efeitos do automóvel sobre os recursos de tempo. Possuir um automóvel particular não modifica o tempo gasto em trânsito – ou ao menos não no sentido de uma diminuição do tempo necessário para cobrir um mesmo

---

autores citados) e forças culturais (que elaborarei em relação a Blumenberg e Gronemeyer no Capítulo VIII.2).

13 Robinson; Godbey, 1999, p.258.
14 Ibid., p.259.

caminho. Em vez disso, o ganho de tempo relacionado à aceleração é investido em um número maior de viagens ou percursos mais longos, de forma que o tempo estabelecido para transporte parece estar dissociado da velocidade de locomoção.[15]

A partir da observação de que o uso de tempo em um campo de atividade individual, como tarefas domésticas e transporte, permanece relativamente estável, ou seja, comporta-se, de um modo geral, de forma neutra com relação a inovações tecnológicas, Robinson e Godbey concluem que as taxas de crescimento e as de aceleração desenvolvem-se paralelamente, e, assim, que ganhos de tempo por meio da técnica, e perdas de tempo por meio do aumento qualitativo e quantitativo, mantêm-se balanceados. Apesar de que, de acordo com a definição desenvolvida, taxas de crescimento e aceleração congruentes se comportam de forma neutra diante do ritmo de vida, tanto Robinson e Godbey quanto as pessoas por eles entrevistadas constatam uma *aceleração* (inexplicável para os autores) do ritmo da vida. Se considerarmos que se trata *meramente* de um fenômeno resultante da percepção subjetiva, que não pode ser fundamentado objetivamente,[16] teremos duas possibilidades

---

15 Robinson e Godbey supõem aqui a ação da "lei de Parkinson" (originalmente formulada para alocação de tempo em organizações), segundo a qual uma tarefa (de trabalho) demanda tanto tempo quanto é colocado à disposição – independente da quantidade de afazeres. "Para usar os termos de Parkinson, há uma certa norma ou uma 'imagem mental' da quantidade de tempo a ser dedicada a determinadas atividades. O que quer que possa ser executado dentro daquele tempo é o que determina o tempo gasto na atividade" (ibid., p.260).

16 Robinson e Godbey utilizam o conceito de ritmo da vida, entretanto, de forma deveras inconsistente. Em suas explanações fica evidente o quão importante é a diferenciação entre aceleração técnica e acelera-

de explicação complementares, difíceis de serem operacionalizadas em estudos de alocação temporal. Primeiramente, a relativa constância de recursos temporais dedicados a uma forma determinada de atividade não comprova, absolutamente, a correspondência entre as taxas de crescimento e aceleração. Afinal, taxas mais altas de crescimento podem ser compensadas também por meio da *condensação* de episódios de ação ou por "*multitasking*".[17] Quando, por exemplo, a velocidade de locomoção é duplicada por inovações tecnológicas, porém o trecho a ser percorrido é triplicado, um método para manter constante o tempo de transporte consiste em reduzir suas pausas. Da mesma forma, é possível manter estável o tempo dedicado a cuidados com o lar, perante um aumento desproporcional da quantidade de tarefas domésticas em função da aceleração, realizando-se duas tarefas ao mesmo tempo, como cozinhar e aspirar o pó, ao passo que essas tarefas eram realizadas, antes, uma após a outra. Em tais casos, as taxas de crescimento ultrapassam as de aceleração e o ritmo de vida é consequentemente aumentado, pois "microrrecursos temporais" antes livres, *no âmbito* do campo de atividades às quais o tempo é dedicado, são,

---

ção do ritmo da vida, assim como a definição exata de seu comportamento. Os autores tendem (pelos motivos expostos) a considerar a aceleração do ritmo da vida um problema de percepção paradoxal ("O problema da falta de tempo é, na maioria dos sentidos, um problema de percepção" – 1999, p.25, ver p.229 ss.). Por outro lado, no entanto, eles vislumbram exatamente aí um elemento constitutivo da modernização, ao agrupá-lo, entretanto, na aceleração técnica: "Desde a Idade Média, passando pela Revolução Industrial, o ritmo da vida iniciou um processo de aumento sem precedentes" (ibid., p.29).

17 Ver sobre isso, detalhadamente, o Capítulo III.2.c e VI.1.

agora, comprometidos.[18] De fato, essa é a forma mais provável de uma aceleração do ritmo de vida, uma vez que o aumento de recursos temporais só é possível por meio de uma redução do tempo consagrado a outras atividades.

Além disso, uma segunda explicação para a intensificação do ritmo de vida pode ser encontrada no "efeito colateral" específico de novas tecnologias, que inauguram novos campos de atividade e possibilidades, cuja utilização irá requerer recursos temporais adicionais (como no caso dos efeitos de consumo temporal de um gravador de vídeo), podendo ocasionar assim uma diminuição progressiva de recursos temporais *livres*. Retornarei a esse contexto em outro ponto. A multiplicação de opções e contingências, como já aqui podemos supor, é uma das principais causas da aceleração do ritmo de vida.[19] Ela, no entanto, não é uma simples consequência de inovações tecnológicas, nem pode ser deduzida delas sem outras suposições (por exemplo, a atratividade do esgotamento de novas opções ou da inauguração de novos campos de ação). A multiplicação de opções, como veremos, só pode ser completamente compreendida no contexto dos fenômenos aqui categorizados como "aceleração da mudança social".

Essas reflexões, como um todo, deixam claro que os fenômenos que nos interessam, em dada circunstância, podem, de fato, ser compreendidos sob um conceito comum de aceleração, porém também indicam que não há ligação direta lógica ou

---

18 Isso é descrito pela Sociologia Industrial, em referência a Marx, como intensificação do trabalho por meio do *fechamento dos poros do dia de trabalho*, ver no Capítulo VIII.1.
19 Ver, detalhadamente, o Capítulo VIII.3.

causal entre as três áreas de aceleração abordadas. Assim, como novo desiderato de pesquisa surge a pergunta sobre a complexa relação *empírica* entre as três dimensões parciais da aceleração social – o que as impulsiona, ou melhor, o que impulsiona os processos aceleratórios e quais ligações estruturais e/ou culturais podem ser encontradas entre a lógica de aumento quantitativo e a dinâmica aceleratória da Modernidade? Antes de tentar responder sistematicamente a essas perguntas, na terceira parte desta investigação, é preciso apreender precisamente as definições das três dimensões da aceleração e definir os limites entre elas (Capítulo III.2), para então, na segunda parte, examinar individualmente suas formas fenomênicas e suas consequências estruturais e culturais. Entrementes, ocorrerá uma definição categorial dos fenômenos e esferas sociais que escapam ou se opõem às tendências aceleratórias da Modernidade identificadas – ou seja, uma definição categorial da *desaceleração* social (Capítulo III.3) – e, assim, uma análise *das relações* entre as tendências de aceleração e desaceleração na sociedade moderna (Capítulo III.4). Somente quando puder ser mostrado que as forças de movimento superam sistematicamente as de inércia é que se justificará o veredito da sociedade moderna como sociedade da aceleração.

## 2. Três dimensões da aceleração social

Na investigação sistemática da aceleração social e de seu papel constitutivo na Modernidade até aqui desenvolvida, há a sugestão conceitual de diferenciação entre três categorias distintas do fenômeno, ou seja, não passíveis de serem reduzidas de forma lógica umas às outras, bem como empiricamente ligadas entre si de forma complexa e, em parte, paradoxal: a *aceleração técnica*, a *aceleração da mudança social* e a *aceleração do ritmo de vida*. Essas três formas ou dimensões da aceleração deverão agora ser definidas mais precisamente e delimitadas entre si.

### a) A aceleração técnica

A mais evidente e mais consequente figuração da moderna aceleração é a *intencional aceleração técnica e, sobretudo, tecnológica (ou seja, maquinal) de processos direcionados a um objetivo*. Paradigmáticos aqui são os processos de transporte, comunicação e produção (de bens e serviços). Essa forma de aceleração é (com todos os problemas que uma aferição exata da *velocidade média* traz consigo) a mais simples de ser medida e verificada.

A história da aceleração e da velocidade de locomoção desde a sociedade pré-moderna e pré-industrial até o presente, desde as viagens a pé, a cavalo, passando por navios a vapor e ferrovias até o automóvel e, finalmente, do avião à espaçonave, é familiar a todos e bem documentada, dispensando repetições. Em seu decorrer, a velocidade máxima alcançada se multiplicou de aproximadamente 15 para mais de 1.000 km por hora ou, caso consideremos as viagens espaciais, para vários milhares de quilômetros por hora, ao menos por volta de um fator $10^2$.[20]
À parte as velocidades máximas, os limites de velocidade de

---

[20] Ver Geißler, 1999, p.89. Heylighen (2001) parte de um aumento de "várias ordens de grandeza" em duzentos anos de história técnica. Ainda sobre o assunto, ver Beniger, 1986, sobretudo p.208-14, assim como, sobre a história da aceleração técnica como um todo, Virilio, 1980, 1993, 1998a e 1998b.

categorias particulares de locomoção também aumentaram: automóveis, locomotivas, aviões, naves espaciais e até mesmo bicicletas alcançam hoje velocidades muito mais altas que na época de sua introdução, ainda que os limites do possível (e do razoável) comecem a se delinear.

No entanto, para a tese de um aumento da mobilidade e dinamicidade da sociedade, muito mais importante que as velocidades máximas é a elevação da *média* da velocidade de locomoção. Ainda que não haja dúvida de que também ela aumentou violentamente desde a Revolução Industrial, sua avaliação exata é mais difícil de apurar. A medida mais exata possível para definir essa forma de aceleração social consistiria, dada sua relação com a aceleração dos transportes, na apuração da quantidade de bens e pessoas que são movimentados por unidade de tempo e sua velocidade média de locomoção.[21] Como veremos na próxima seção, ambos os valores se encontram, por vezes, em uma relação negativa: quanto mais pessoas querem se locomover ao mesmo tempo, menor será sua velocidade média, caso haja engarrafamento por sobrecarga da infraestrutura. Isso explica por que a velocidade média parece, antes, ser reduzida que aumentada em algumas formas de locomoção (como no trânsito urbano).

O aumento da velocidade de transporte está na raiz da pervasiva experiência moderna da "contração do espaço". A experiência espacial é, em grande medida, uma função da duração temporal necessária para sua transposição. Isso pode ser cons-

---

21 Heylighen (2001, p.2) e Beniger (1986) não deixam dúvidas de que a soma desses valores cresce, no entanto renunciam às estimativas correspondentes e, acima de tudo, aos cálculos.

tatado em informações temporais sobre distâncias ("Qual é a distância de Berlim a Paris?" – "Dez horas de carro ou uma de avião"). Se no século XVIII eram necessárias várias semanas para uma viagem da Europa para a América, hoje são necessárias seis horas. Em função disso, o mundo parece ter encolhido, desde a Revolução Industrial, para cerca de *um sexto* de seu tamanho original. Inovações aceleratórias nas formas de transporte são as principais responsáveis por aquilo que Harvey e outros podem chamar de "aniquilação do espaço pelo tempo".[22]

Responsável por essa inversão, aqui constatada, da prevalência do espaço para uma prevalência do tempo é ainda, tanto quanto a aceleração da locomoção, a aceleração da transmissão de informações. Essa história aceleratória – de "maratonistas" a mensageiros a cavalo, de sinais de fumaça e pombos-correio, passando por telégrafos e telefone até, finalmente, à internet, no sentido mais literal da palavra, u-tópica, sem-lugar, na qual dados deixam sua localização geográfica e são transferidos à velocidade da luz – agora também é conhecida e bem documentada. Nela cresceram continuamente não apenas a velocidade da transmissão de mensagens, mas também a *quantidade* de informações *transmissíveis* por unidade de tempo (em uma determinada mídia). Essa "revolução da transmissão" é um pouco posterior à "revolução dos transportes" e parece, em alguns aspectos, representar uma reação à última.[23]

---

22 Harvey, 1990, p.240 ss.; ver também Capítulo IV.
23 Para Beniger (1986), a aceleração das tecnologias de comunicação e informação representa uma tentativa de retomar o controle sobre os processos de transporte e produção acelerantes. Para a aceleração da comunicação em geral, ver Virilio, 1993; Kirchmann, 1998; Großklaus, 1997; Myerson, 2001 e Eriksen, 2001.

Segundo a estimativa de Karlheinz Geißler, a velocidade de comunicação, apenas no século XX, teria crescido algo em torno do fator $10^7$; Heylighen calcula um aumento nos últimos duzentos anos por volta do fator $10^{10}$.[24] Para o caráter de comunicação interpessoal, mais importante que o volume de dados que máquinas com velocidade da luz podem tornar acessíveis ao redor do mundo, é o fato de que interações assincrônicas (por exemplo, *e-mails* ou a secretária eletrônica) e sincrônicas são possíveis a todo momento, independente da localização dos parceiros de comunicação.

*Aceleração técnica* caracteriza, no entanto, não apenas o movimento mais rápido de pessoas, bens, informações e (como enfatizado por Virilio) projéteis militares sobre a terra, mas também a *produção* mais veloz de bens, a transformação mais ágil de matéria e energia e, embora em menor proporção, a aceleração dos serviços.[25] "De longe o maior efeito da industrialização [...] foi acelerar o sistema de processamento material inteiro de uma sociedade", observa com razão James Beniger.[26] A história da aceleração a ser contada aqui descreve o caminho da máquina a vapor, passando pelo domínio da energia hi-

---

24 Geißler, 1999, p.89; Heylighen, 2001, p.2 ss.

25 Enquanto algumas prestações de serviços utilizam-se da aceleração por meio da especialização e introdução de tecnologia, há muitas áreas (como as de cuidado com crianças e idosos, ou ainda a engraxataria) nas quais não é possível almejar aumentos de velocidade significativos, motivo pelo qual elas sofrem um aumento relativo de preço e, como observa Staffan Linder (1970, p.38 ss.), fomentam a tendência à "sociedade do descartável", na qual a realização de limpeza, cuidado e consertos é assim minimizada, substituindo-se constantemente produtos usados por novos.

26 Beniger, 1986, p.VII; ver também p.169 ss. e p.427.

dráulica e do motor a combustão, até chegar à eletrotécnica, às tecnologias de produção industrial em massa, à linha de montagem e, por fim, à microtecnologia da era dos computadores.[27] A *Revolução Industrial*, interpretada por Virilio como "dromológica", é também, portanto, em primeira instância, uma revolução das velocidades de produção que se estende, na virada para o século XXI, na "revolução digital".

A substituição de processos físicos por virtuais promete a aceleração desejada dos tempos de reação e de circulação rumo ao tempo real. Enquanto sob condições analógicas são necessárias semanas para que a necessidade seja identificada e saciada, a conexão em rede de todos os membros da cadeia de oferta e fornecimento, desde os entregadores, passando pelos envolvidos no processo de produção e distribuição, até o consumidor final, pode acontecer múltiplas vezes mais rápido.

Assim afirma Gundolf Freyermuth.[28] A aceleração é assim concretizada através da virtualização e digitalização imediata de eventos antes materiais (como no caso do desenvolvimento de modelos) que, em algumas áreas, permitem, de fato, sua aceleração até a velocidade da luz, ou ainda por meio da instalação de transmissores de informação digital em cadeias de ações e processos "analógicos", ou seja, materiais, que, da mesma forma, sofrem avançada pressão aceleratória. Na realidade, as três

---

27 Essa história é contada no livro de David S. Landes, *The Unbound Prometheus* [O Prometeu libertado] (1969).
28 Freyermuth, 2000, p.75.

formas predominantes de aceleração tecnológica confluem, assim, em novas possibilidades de virtualização e digitalização de processos e produtos. Através da digitalização, o convencional transporte de bens, como mídias físicas ou livros, é substituído por uma forma de pura transferência de informação. De forma semelhante, processos de produção material (como o desenvolvimento de modelos arquitetônicos ou de *design*) podem, pela virtualização, ser transformados em processos elaborados de modo informático. A velocidade de processamento de dados cresceu, igualmente, num fator de cerca de $10^6$ no século XX.[29] Todavia, isso não significa que o fim do processo de aceleração tenha sido alcançado, como supõe Geißler, uma vez que a velocidade da luz representaria uma fronteira final. Dados podem ser *transmitidos*, mas não *produzidos* na velocidade da luz, e, como consequência das possibilidades de digitalização, a pressão aceleratória sobre as interfaces materiais cresceu enormemente.[30]

No sistema econômico capitalista, no entanto, a velocidade de produção, aumentada constantemente, anda de mãos dadas com o aumento das velocidades de distribuição e consumo, que, impulsionadas por inovações tecnológicas, são corresponsáveis pela reprodução e transformação, em cada vez menos tempo, das estruturas materiais da sociedade moderna. Um pré-requisito para tanto era, e ainda é, que a modernização seja caracterizada não apenas pelas formas básicas da aceleração *tecnológica*, mas também pela aceleração de processos de organização, decisão, coordenação e controle – tal como no sistema das

---

29 Ver Geißler, 1999, p.89.
30 Ibid., 1999, p.155; para uma crítica do autor, ver Rosa, 2001a, p.341 ss.

modernas burocracias e administrações –, que aqui integram a categoria da aceleração *técnica* (ou seja, da aceleração intencional de processos direcionados a um objetivo, por meio de técnicas inovativas) em um sentido amplo.[31]

### b) *A aceleração da mudança social*

Observando detidamente como as inovações técnicas afetam as instituições e as práticas sociais, revela-se que a mudança social e as inovações tecnológicas podem ser diferenciadas de forma analiticamente estrita, ainda que, historicamente, elas frequentemente caminhem de mãos dadas. Defini a aceleração tecnológica como *aceleração intencional de processos direcionados a um objetivo*, enquanto a aceleração da transformação social se refere à velocidade na qual, de um lado, práticas e orientações de ação, e, de outro, estruturas associativas e modelos de relação se modificam. Postula-se, então, que os *índices de transformação transformam-se a si mesmos*, ou seja, se aceleram. A substituição de uma organização de trabalho do capitalismo nascente por um regime de trabalho taylorista representa, simultaneamente, uma forma de mudança social e um fenômeno de aceleração técnica, porém não é, em si, de maneira alguma, um exemplo

---

[31] Como aceleração técnica podem ainda, nesse sentido amplo, ser entendidas também as diversas formas de racionalização "humano-técnica" do processo de trabalho, pelos métodos do *scientific management* de Frederick W. Taylor ou ainda pelas formas atuais da produção flexível *just in time*, do *lean management* etc.; além disso, melhoramentos otimizadores de tempo como técnicas de corrida ou de natação no esporte ou técnicas de leitura estão incluídos nessa categoria.

de *aceleração* da mudança social. Apenas uma reorganização do processo de trabalho em intervalos progressivamente mais curtos poderia ser compreendida como sua manifestação. Já a substituição de programas de partidos políticos com validade de quatro anos por programas com validade de dois constitui um exemplo de transformação social acelerada que não contém nenhum componente aceleratório técnico. Essa diferença também pode ser ilustrada pela história da difusão da inovação: da descoberta do aparelho de radiodifusão, no fim do século XIX, até sua propagação alcançar 50 milhões de receptores, passaram-se 38 anos; introduzida um quarto de século mais tarde, a televisão precisou, para o mesmo feito, de apenas treze anos, enquanto a internet alcançou em apenas quatro anos 50 milhões de conexões. "Alguém ainda tem dúvida sobre se a mudança [social, H. R.] se acelerou no século XX?", pergunta retoricamente Thomas H. Eriksen ante a tais evidências,[32] enquanto Francis Heylighen apresenta números semelhantes ao mostrar que, entre a descoberta da máquina de escrever em 1714, até sua expansão mercadológica, passaram-se 175 anos, para descobertas como a geladeira ou aspirador de pó no início do século XX, cerca de trinta a quarenta, e para novas tecnologias, como o CD player ou gravador de vídeo, apenas uma década separaria sua descoberta de sua expansão em massa.[33]

Importante neste ponto é que a velocidade de estabelecimento de novas tecnologias, ou seja, de novas formas e orientações de ação, não pode ser atribuída de forma lógica ou causal à

---

32 Eriksen, 2001, p.97. Ver ainda Beniger, 1986, p.324 e 362 ss.
33 Heylighen, 2001, p.3.

aceleração tecnológica propriamente (com exceção, é claro, dos pressupostos infraestruturais). O mero aumento da velocidade de processamento de um computador não está relacionado nem com uma transformação significativa das orientações de ação nem com uma mudança de modelos sociais de associação; ele se comporta na maior parte dos casos de forma neutra (o que não nega o fato de que, muitas vezes, inovações técnicas resultam empiricamente numa transformação de formas de ação e/ou modelos de relação).

Ao contrário da afirmação difundida de que a sociedade atual estaria se transformando numa velocidade historicamente incomparável,[34] a questão retórica levantada por Eriksen não pode ser tão facilmente posta de lado como evidente, como ele afirma, pois não há consenso nas discussões sociológicas sobre como a *mudança social* poderia ser definida precisamente, quais seriam seus indicadores e quais inovações deveriam ser consideradas inovações básicas – em suma, cada afirmação de sua aceleração está sobre uma base insegura.[35] "Enquanto se fala muito sobre [...] o aumento das taxas de mudança em sociedades complexas, como definir *taxa de mudança* é um problema ainda não resolvido nas ciências sociais", percebe Marie Jahoda,[36] enquanto o historiador Peter Laslett diferencia, em um sistema de classificação elaborado e extremamente complexo, dezenove (!) tipos de mudança social, dividindo-os em quatro categorias de velocidade (mudanças políticas e do ritmo de vida são as mais velozes, as mais lentas são transformações

---

34 Como um exemplo entre vários, ver Robinson; Godbey, 1999, p.46.
35 Ver sobre isso Sztompka, 1993; Müller; Schmid, 1995; Eder, 1995.
36 Jahoda, 1988, p.169.

nas relações de produção e na estrutura social; entre essas duas categorias estão as mudanças técnica e econômica e ainda as de perspectiva e de mentalidade), e afirma, tendo em vista a questão dessa aceleração, que a pesquisa nesse ponto, apesar de inúmeras evidências, ainda seria obrigada a confiar em intuições e impressões pessoais.[37]

Em face de tal situação, gostaria de propor a definição da aceleração da mudança social primeiramente com auxílio do conceito de *contração do presente*, introduzido por Hermann Lübbe, mas também sugerida na teoria dos sistemas de Niklas Luhmann. *Presente* pode ser definido, segundo Lübbe, como um período de duração ou estabilidade no qual – nos conceitos de Koselleck – espaço de experiência e horizonte de expectativa não foram modificados, sendo assim congruentes. Somente no interior de tais intervalos temporais é possível, a partir de experiências realizadas, deduzir conclusões para o presente e para o futuro, e somente aí experiências e processos de aprendizado possuem uma força de orientação, pois há uma certa medida de segurança de expectativa.[38] *Passado* representa, dessa

---

37 Laslett, 1988, p.31 ss. É interessante observar que o autor postula que a *mudança política*, ao contrário da maioria dos outros tipos de mudança, não poderia ser acelerada, o que indica a possibilidade da ocorrência de dessincronização, como será discutido na terceira parte deste trabalho. Entretanto, Laslett defende uma – em minha opinião implausível – comparação do ritmo de vida pessoal com a velocidade de mudanças políticas, enquanto pretendo mostrar no que se segue que a intensificação do ritmo de vida deve ser considerada como uma das três formas básicas de aceleração social.

38 Ver ainda as entradas "passado", "presente" e "futuro" no léxico *Gedächtnis und Erinnerung* [Memória e lembrança] (Rosa, 2001b) com relação ao trecho seguinte.

perspectiva, tudo aquilo que *não vale mais*; *futuro*, ao contrário, abarca o que *ainda não vale*.³⁹

Essa definição permite uma diferenciação ou pluralização do presente em diferentes âmbitos de valor, função e ação e, com isso, a introdução da ideia da *não contemporaneidade do contemporâneo*:⁴⁰ o que ainda vale em um espaço geográfico ou social, em um outro já perdeu sua validade; o que aqui já foi realizado, lá ainda está no horizonte do futuro. De suma importância aqui é a suposição, formulada por Lübbe, de que a sociedade moderna experiencia, com relação a essa definição, uma contínua *contração do presente*, em razão da crescente "velocidade de obsolescência" social e cultural e do constante "adensamento de inovações".⁴¹ Essa suposição é reforçada pela observação de Koselleck segundo a qual a percepção de tal adensamento como uma experiência histórica da aceleração seria exatamente o que define a era moderna desde o início.⁴²

---

39 Exatamente a definição dada também por Luhmann (1997, p.1073).
40 Ver Koselleck, 1989, p.323 ss.
41 Ver Lübbe, 1998, p.263. "Contração do presente é o processo da diminuição da extensão de espaços de tempo para os quais podemos calcular com alguma constância nossas condições de vida." Marcando um limite com Lübbe, parece-me adequado não vincular o conceito de contração do presente ao de inovação. A forma do primeiro, descrita por ele, pode ser o resultado de qualquer uma das formas de mudança sociocultural acelerada (inclusive um retrocesso a um contexto antigo) e não requer inovações genuínas (a não ser que se queira considerar a erosão de um Estado social ou o retorno a uma política nacional militarista como inovação).
42 Ver Koselleck, 1989, p.328 ss. e 367, ou 2000, p.150 ss. Também David Harvey, que interpreta a Modernidade como processo progressivo de "compressão tempoespacial", identifica, no encurtamento progressivo dos horizontes de tempo e estabilidade, um sinal essencial desse

Assim, *a aceleração da mudança social pode ser definida como um aumento das taxas de expiração de experiências e expectativas orientadoras da ação, e como encurtamento dos intervalos de tempo que, para cada esfera funcional, de valor e de ação, podem ser determinados como presente.* A escala de mensuração aqui tomada para estabilidade e mudança pode, então, ser utilizada para instituições culturais e práticas variadas. A tese de uma aceleração geral da mudança social afirma que o "presente" se contrai tanto na política quanto na economia, na ciência e na arte, tanto em relações de emprego quanto nos arranjos familiares, em orientações morais e práticas cotidianas, bem como, com isso, em perspectivas culturais e estruturais. "O presente, o concreto agora dos eventos, vê-se, em comparação a formas sociais anteriores, confrontado com uma situação nova: ele se torna cada vez menor e mais restrito, sofrendo pressão de acontecimentos do passado e sobretudo de outros aguardados no futuro", observa também Armin Nassehi em vinculação a Luhmann.[43] Onde for este o caso é possível falar com razão até mesmo de uma aceleração *da* própria sociedade, enquanto os fenômenos de aumento técnico da velocidade, compreendidos na primeira categoria de aceleração, devem ser entendidos antes como aceleração *na* sociedade. Naturalmente é concebível, ainda, que esse processo de contração apresente, em distintas esferas, diferentes velocidades, e que ocorra uma

---

processo e uma característica das sociedades modernas, ainda que ele aqui, em sua terminologia, divirja diametralmente de Lübbe: "No encolhimento do espaço em uma 'aldeia global' [...] e *no encurtamento dos horizontes temporais a ponto de o presente ser tudo que há* [...], temos que aprender a arcar com um impressionante sentido de compressão de nossos mundos espaciais e temporais" (1990, p.240, grifos meus, H. R.).

43 Nassehi, 1993, p.342.

inércia ou, em âmbitos sociais determinados, até mesmo um "alongamento do presente", o que pode conduzir ao fenômeno da crescente dessincronização social. Um diagnóstico temporal com base na teoria da aceleração não pode se abster de buscar cuidadosamente, na sociedade investigada, os sinais desses últimos processos citados. Na próxima seção desenvolverei a estrutura categorial necessária para tanto.

Sendo a aceleração da mudança social definida por Lübbe, primeiramente, somente através de uma teoria da ação, encontra-se para ela uma surpreendente correspondência e confirmação na teoria dos sistemas, nas reflexões de Niklas Luhmann. Para Luhmann, o "presente" é constitutivo de toda operação sistêmica ao diferenciar, ininterruptamente, passado e futuro, de forma que o passado apareça como determinado e o futuro, por sua vez, como (ainda) não determinado. Ele os compreende, num sentido mais amplo, como intervalo temporal dentro do qual (partindo da perspectiva de um sistema) os horizontes temporais do passado e do futuro e, consequentemente, a base para expectativas, decisões ou seleções, permanecem estáveis, não deixando dúvida de que a Modernidade é marcada por um progressivo encurtamento desses espaços de tempo.[44]

"Contração do presente" ou aceleração social significam, sob essa perspectiva, que passado e futuro têm que ser rees-

---

44 "Somente na Modernidade e apenas *através da redução da duração do presente* torna-se atual o problema da inércia ou *conservatio* [...] Ao reconstruir o tempo nos últimos duzentos anos, o presente especializou-se na função de integração temporal; no entanto, ele não dispõe de tempo suficiente para arcar com tal tarefa" (Luhmann, 1990a, p.135, grifos meus, H. R.; ver Nassehi, 1993, p.342 e 375).

critos, nas mais diversas áreas sociais, em intervalos cada vez menores.[45] Com isso, para Luhmann é menos a *mudança social* de fato que se torna um problema, mas antes a *instabilidade* dos horizontes de tempo e das bases de seleção[46] causada pela revisão constante de expectativas e reconstrução de experiências. Retornarei no quinto capítulo à diferença entre instabilidade e mudança, tratando das formas fenomênicas, evidências empíricas e efeitos dessa segunda forma de aceleração social, que são bem menos evidentes que os da aceleração técnica. Porém sugiro já neste ponto conceituar as expectativas e horizontes temporais autotransformativos como manifestações da mudança social.[47] Da sua estabilidade pode-se fazer um parâmetro da aceleração ou lentificação da mudança social.

## c) A aceleração do ritmo da vida

Como tentei mostrar no Capítulo III.1, a intensificação do ritmo de vida como *aumento de episódios de ação e/ou experiência* não pode ser derivada simplesmente da aceleração da mudança social, ainda que ela represente, naturalmente, uma *reação* provável (embora não *necessária*) desse desenvolvimento.[48] Sua base, en-

---

45 Ver Guy, 2002, p.2, e Nassehi, 1993, p.342 e 375.
46 Ibid., p.7.
47 Essa perspectiva é indicada também por Nassehi (1993, p.370 ss.) ao interpretar a perda da ligação com a expectativa, em razão do encurtamento de horizontes de tempo, como aceleração da transformação social sob a forma de uma "modalização da estrutura social".
48 Como reação ao encurtamento dos horizontes de tempo e à consequente instabilidade de expectativa, uma postura passiva, fatalista e redutora de ações seria completamente plausível, enquanto, ao contrá-

quanto escasseamento de recursos temporais, e a "carência de tempo" que dela resulta relacionam-se, por sua vez, de forma paradoxal com a categoria de *aceleração técnica*. A intensificação do ritmo de vida, que, especialmente no discurso da ciência popular, é posta no centro dos diagnósticos da aceleração e ocasiona os mais fortes chamamentos à desaceleração, constitui assim uma terceira categoria analítica independente da aceleração social.

Essa terceira forma de aceleração pode ser definida por meio de um componente objetivo e/ou um componente subjetivo. De forma *objetiva*, a aceleração do ritmo de vida implica um encurtamento ou um adensamento de episódios de ação que podem ser verificados principalmente através de estudos de uso do tempo, como são investigados, dentre outros, por Garhammer, por Gershuny e Robinson, e por Godbey.[49] Isso significa, por exemplo, a diminuição da duração das refeições, do sono ou do tempo médio de comunicação na família, e ainda tentativas de reduzir a duração total, seja de uma visita ao cinema, de uma festividade ou de um enterro — em suma, reduzir o intervalo de tempo entre o término de uma atividade e o início de outra. Redução esta que pode ser alcançada, por um lado, por um au-

---

rio, horizontes de expectativa e de experiência estáveis podem estar associados a um aumento da velocidade de ação e a (um sentimento de) escassez de recursos temporais, como mostraram Ernst Benz (1977) e Reinhart Koselleck (2000, p.177 ss.) no exemplo das concepções cristãs temporal-escatológicas. Sobre a interação *histórico-empírica* das três formas de aceleração nas sociedades modernas em um *círculo aceleratório* autorreforçante, ver o Capítulo VII.

49 Garhammer, 1999; Gershuny, 1990; Robinson; Godbey, 1996 e 1999.

mento da velocidade de ação (*mastigar* ou *rezar mais depressa*), e, por outro, pela diminuição de pausas e intervalos entre as atividades, o que também é chamado de "adensamento" de episódios de ação.[50] Tal adensamento e o consequente aumento de episódios de ação por unidade de tempo podem, no entanto, ser alcançados, como já visto, não apenas por meio da aceleração imediata dos episódios, mas também através de sua sobreposição, ou seja, pela execução simultânea de várias atividades (*multitasking*), o que, embora possa conduzir a uma redução da velocidade das atividades individuais, possibilita um cumprimento mais rápido de sua totalidade.[51] Formando um modelo consistente, tais transformações temporais conduzem, necessariamente, em sua soma, a um aumento da densidade de episódios de ação ou experiência por unidade de tempo, constatáveis objetivamente por métodos da pesquisa social empírica.[52]

Uma vez que a intensificação do ritmo de vida deve ser entendida como consequência de um escasseamento de recursos temporais, significando que o aumento da "quantidade" de ações ultrapassa o aumento técnico da velocidade de execução,[53] ela se manifesta (ao contrário da própria velocidade,

---

50 Garhammer, 1999, p.470 ss.; Robinson; Godbey usam a expressão "*time-deepening*" (1999, p.24 ss.).
51 Provavelmente comer, passar roupa, telefonar e assistir a televisão não será temporalmente eficiente em relação a cada atividade de forma individual, porém o conjunto poderá ser executado mais rapidamente que as quatro atividades em sequência.
52 Retornarei à questão de evidências empíricas efetivas para tal circunstância no Capítulo VI.1; embora postulada por toda parte, ela é raramente verificada.
53 Ver Figura 5.

que se porta de forma neutra diante da reconfiguração ou liberação de recursos temporais) *subjetivamente* num aumento do sentimento de carência de tempo, de pressão temporal, da estressante obrigação da aceleração, além do medo de "não conseguir acompanhar o ritmo". A aceleração e o adensamento de episódios de ação representam assim uma reação natural a essas sensações. O escasseamento de recursos temporais torna-se supostamente a principal causa (ao lado da experiência da contração do presente) para a sensação de que o tempo mesmo *passa mais rápido*. De fato, nas sociedades altamente industrializadas, esse tipo de experiência com o tempo está hoje bem documentado; habitantes de países industrializados ricos sentem-se em crescente proporção sob pressão temporal (o que denota uma aceleração exponencial ou ao menos a entrada de uma nova onda de aceleração) e reclamam de forma massiva sobre a falta de tempo.[54] O fato de que essa experiência temporal acompanha a sociedade moderna em ondas recorrentes ao menos desde o século XVIII não comprova que o ritmo de vida na Modernidade "sempre foi intenso", mas antes indica que ele *se acelera continuamente*. Tal circunstância é uma consequência de recursos temporais que se tornam escassos – ela não revela nada concretamente sobre a velocidade "absoluta" da vida.

Por ora não discutiremos o lugar, as causas, formas de manifestação e consequências da aceleração, já que os abordaremos no sexto capítulo. Por ocasião do esclarecimento conceitual das bases da minha teoria da aceleração social gostaria, ainda, de

---

54 Geißler, 1999, p.92; Garhammer, 1999, p.448 ss.; Levine, 1999, p.196; e sobretudo Robinson; Godbey, 1999, p.229 ss.; para uma discussão crítica das evidências, ver o Capítulo VI.2.

apontar um problema de delimitação entre a primeira e a terceira dimensões propostas. Em muitos casos, o encurtamento de episódios de ação está diretamente ligado à introdução de novas tecnologias, ou seja, à aceleração técnica. Se um corredor de longa distância vence um percurso de 10.000 metros em menos tempo por meio do desenvolvimento de uma nova técnica de corrida e respiração parece tratar-se, nesse caso, seguindo as definições elaboradas até aqui, tanto de uma forma de aceleração técnica (ou seja, da *aceleração intencional de um processo direcionado a um objetivo por meio da utilização da técnica*) quanto de um fenômeno de aceleração do ritmo de vida (ou seja, da aceleração de um episódio de ação). No entanto, essa última definição parece, no contexto desse exemplo, no mínimo contraintuitiva, quando não absurda. Interpretar a melhora do tempo de corrida como aumento do ritmo de vida é um ato (falho) acadêmico, antes engraçado que iluminador. Isso nos mostra que é necessário cuidado na definição do que é episódio de ação: não a corrida em si, mas a participação no evento esportivo em questão deveria ser entendida como episódio de ação unitário. Os episódios são definidos não apenas pela própria atividade, mas também pelo contexto. O encurtamento de um evento de atletismo de seis para quatro horas – através da execução paralela de atividades, como lançamento de martelo e corrida de fundo – representa, de fato, um exemplo de aumento do ritmo de vida. Por outro lado, o exemplo dado evidencia que a redução de um episódio de ação ou experiência, tomado individualmente, não basta para a constatação da aceleração do ritmo de vida: a liberação de recursos temporais (através da aceleração tecnológica ou da renúncia a atividades) em si, ou seja, sem que haja um novo encadeamento, é, como mostrei, inclusive um indicador de redução do ritmo de vida. Somente o aumento de episódios de ação por unidade de tempo (como dia, semana ou ano) satisfaz a definição precedente, e ela exigiria, para ficarmos no exemplo dado, que nosso atleta utilizasse o ganho de tempo para, por exemplo, chegar mais cedo ao cinema – o que então de fato poderia ser interpretado como aumento do ritmo de vida.

O sentimento, predominante nas sociedades modernas, de escassez de tempo e da fugacidade da vida social representa entretanto, além da definição mensurável e objetivável aqui sugerida, um fenômeno sociopsicológico extraordinariamente complexo que não pode ser entendido nem explicado adequadamente sem uma consideração sistemática de fatores *culturais*. Resultará de sua análise, no sexto capítulo, que a experiência de *aceleração do ritmo de vida*, vivenciada na Modernidade, contém tanto um *aumento da velocidade de ação* quanto uma *transformação da experiência de tempo* do cotidiano como causas estruturais.

## 3. Cinco categorias da inércia

No contexto da fundamentação conceitual da teoria da aceleração, diante do perigo de, seguindo-se uma lógica subsuntiva, interpretar *todos* os campos e fenômenos da vida social dentro das três distintas áreas analíticas da dinâmica aceleratória, faz-se indispensável propor uma definição exata das formas, da função e do *status* daqueles processos e fenômenos que escapam ou até mesmo se opõem à dinamização, seja por não serem aceleráveis ou por apresentarem uma tendência à lentificação. Em ambos os casos, eles agem como "freios" ou "desaceleradores" em ambientes em aceleração. Somente quando pudermos definir sua relação com as forças da aceleração é que estaremos aptos a dar o sentido exato no qual é possível falar de uma aceleração *da* sociedade. Podemos distinguir analiticamente cinco categorias de desaceleração[55] ou inércia, que parecem, por assim dizer, "cruzar-se" com as três dimensões de aceleração identificadas.

## *a) Limites de velocidade naturais*

Em primeiro lugar, existem limites de velocidade (geo)físicos, biológicos e antropológicos evidentes, ou seja, processos que não podem ser manipulados ou só o podem em sua duração ou velocidade sob o preço de uma massiva mudança qualitativa do processo a ser acelerado. Dentre eles, os limites de velocidade do cérebro (como em processos de percepção, assi-

---

55 Sobre o famoso neologismo de Fritz Reheis (1998), *desaceleração*, ver a entrada correspondente no *Handwörterbuch Umweltbildung* [Manual de educação ambiental] (Reheis, 1999): "Desaceleração significa aceleração negativa, ou seja, velocidade decrescente, lentificação, retardamento ou ainda prolongamento do tempo" (p.53). Diferente do uso que faço do conceito, Reheis quer entendê-lo de forma *prescritiva* para a descrição de um "conceito alternativo" para "sociedade de alta velocidade" e "sociedade *non-stop*". "No trânsito, desaceleração significa redução da velocidade [...] Na economia, redução das taxas de inovação técnica, aumento da durabilidade de produtos e orientação da produção e do consumo rumo à sustentabilidade [...] Na política, o conceito de desaceleração volta-se contra tentativas de abreviar procedimentos em processos políticos em função da pressão da economia [...] Em relação à psique humana, o conceito se volta contra muitas pessoas que tentam intensificar os prazeres da vida por meio da acumulação e adensamento de eventos externos" (ibid.).

milação de estímulos, de reação e também de regeneração),[56] do corpo (como em processos de crescimento ou na superação de doenças) e ainda a velocidade de reprodução de matérias-primas, tal como a transformação de camadas de sedimentos submarinos em petróleo. Um dos limites de velocidade mais graves é representado, sobretudo, pela capacidade do ecossistema terrestre de processar poluentes e rejeitos.[57] As horas do dia e as estações também não podem ser aceleradas, ainda que, ocasionalmente, seus efeitos possam ser manipulados e simulados – como na modificação da temperatura por meio de sistemas de aquecimento e na utilização de luz artificial permitindo a transformação da noite em dia. Na agricultura tentou-se, em alguns casos com sucesso, aumentar os limites naturais da velocidade de processos biológicos, como a produção de ovos de galinha, encurtando-se, através de iluminação artificial, a transição diária entre claridade e escuridão para 23 horas, ou ainda acelerar processos de crescimento por meio de cultivo genético. As árvores plantadas com o sistema *tall spindle*, por exemplo, dão frutos já após quatro ou cinco anos, enquanto espécies comuns necessitam de quinze anos ou mais para tanto, porém se tornam infrutíferas após pouco tempo – seriam, nesse caso, como uma espécie de árvore "descartável".

Onde quer que processos sociais sejam impedidos, em sua aceleração, por um limite de velocidade natural ocorrem tentativas de burlá-lo, tentativas que não raro são surpreendentemente bem-sucedidas. Assim, é preciso cuidado ao se postular limites de velocidade absolutos. É preciso ter cautela, espe-

---

56 Ver sobre isso, por exemplo, Pöppel, 1997.
57 Esse é um dos argumentos centrais de Fritz Reheis (1998).

cialmente em relação a inseguranças e irritações psíquicas ou até mesmo físicas surgidas de uma onda aceleratória massiva, em efetuar um julgamento prematuro das mesmas como insuperáveis ou enxergá-las como barreiras estabelecidas antropologicamente. A história das viagens de trem ilustra isso de forma impressionante. Wolfgang Schivelbusch demonstra, em sua brilhante reconstrução da transformação da consciência temporal e espacial ao longo da institucionalização das ferrovias, que a "aniquilação de tempo e espaço" (ou a aniquilação do espaço pelo tempo), hoje tão estilizada como característica demarcadora de processos de globalização na Modernidade Tardia, dominava já na primeira metade do século XIX o discurso ferroviário [*Eisenbahndiskurs*].[58] Para os primeiros passageiros ferroviários, não apenas espaço e tempo pareciam aniquilados, como também os limites de velocidade que o corpo poderia suportar e que os sentidos poderiam assimilar. O "olhar panorâmico", voltado para a distância, sem fixar constantemente as coisas, permitindo, assim, mesmo durante a locomoção em alta velocidade, a percepção e o desfrutar da paisagem em movimento, teve que ser lentamente desenvolvido e treinado. Os primeiros passageiros, ao contemplarem pela janela do vagão a transição abrupta de impressões, pessoas e paisagens, eram acometidos por um mal-estar físico.[59] Schivelbusch mostra que, com a inovação técnica da ferrovia, formou-se aos poucos uma nova relação entre tempo e espaço na qual se inclui a mobilidade como fator constitutivo, e, aos poucos, se desenvolveram novas

---

58 Schivelbusch, 2000, p.16 e 35 ss.
59 Ibid., p.51 ss.; ver também Treptow, 1992, p.7 e Eriksen, 2001, p.54.

formas de percepção e atitude adequadas ao ritmo acelerado, que constituiu, e até mesmo exigiu, como nova normalidade, o que a princípio parecia *patológico*.[60]

O aumento dos limites de velocidade e, com isso, a mudança da percepção de rapidez e lentidão manifestam-se, por exemplo, como nota Eriksen, no fato de viagens ferroviárias, que no século XVIII pareciam incrivelmente rápidas e portanto nocivas à saúde, mesmo sendo hoje realizadas em velocidades muito mais altas, poderem ser consideradas um meio de transporte paradigmático do *slow time*, lento e relaxante em face da rodovia e da aviação.[61] De forma muito parecida, determinadas formas de jazz, que, na época de seu surgimento, na primeira metade do século XX, eram consideradas de tirar o fôlego, frenéticas, extremamente rápidas, mecânicas e caóticas – como um reflexo de seu tempo –, hoje são qualificadas como "música para momentos tranquilos", "jazz para uma tarde relaxante".[62]

Amparado por Sigmund Freud, Norbert Elias, Walter Benjamin e por uma linha de pensamento que remete a reflexões

---

60 "A ferrovia põe em cena uma nova paisagem. A velocidade que volatiliza os objetos da percepção de um Ruskin [citado aqui como representante paradigmático da forma de percepção 'antiga', H. R.], tomando-lhes sua existência contemplativa, torna-se um elixir da vida para a nova percepção. Somente através da velocidade é que os objetos do mundo visível adquirem um encanto" (Schivelbusch, 2000, p.58, ver p.143).

61 Eriksen, 2001, p.54.

62 Ver os lançamentos em CD da Jazz-Heritage Society. Pela referência agradeço a Bethany Ryker, que analisou a relação entre a percepção temporal social e a percepção temporal musical em um trabalho acadêmico na New School for Social Research em Nova York (Ryker, 2002). Ver também Ogren, 1989.

de Georg Simmel sobre a cidade grande, Schivelbusch supõe, em face de tais fenômenos, que a aceleração civilizatória da vida social expõe o homem moderno a uma sequência cada vez mais densa de estímulos novos e mais agressivos, que agirão de forma irritante e perturbadora enquanto a psique do envolvido não reagir com um reforço (modificador da consciência e da percepção) dos "mecanismos de proteção contra estímulos".[63] Em aberto fica, entretanto, a questão empírica se o aumento do temor por novas ondas aceleratórias, observável no discurso da Modernidade Tardia, representa meramente uma repetição reativa da já conhecida reação cultural a um impulso de aceleração que antecede a formação de novas formas, mais adequadas, de percepção e atitude, ou se esse aumento do temor de fato sinaliza o atingir de fronteiras sociais, ecológicas e talvez antropológicas mais massivas, cuja superação pode levar o arranjo cultural moderno a um colapso. Na quarta parte deste trabalho seguirei e tentarei conectar algumas evidências que indicam a segunda direção. No que tange à superabilidade de limites de velocidade fisiológicos e antropológicos cabe ainda mencionar que as novas possibilidades da engenharia genética e da fusão das tecnologias genética e computacional, nas quais Virilio vislumbra a "revolução do transplante",[64] poderiam trazer consigo uma superação inédita e revolucionária de barreiras até então insuperáveis. Necessidades reprodutivas culturais e estruturais poderiam, então, representar limites de velocidade mais críticos que os processos biofísicos.

---

63 Schivelbusch, 2000, p.142 ss.
64 Ver Armitage, 2000, p.49 ss.

## b) Ilhas de desaceleração

Podemos encontrar, naturalmente, nichos tanto territoriais quanto sociais ou culturais, assim chamados "oásis de desaceleração", que escapam total ou parcialmente dos processos de modernização aceleradores. Nesses lugares, nesses grupos (por exemplo, determinadas seitas, como as comunidades Amish em Ohio e por vezes também em grupos excluídos socialmente) ou nesses contextos praxiológicos,[65] o tempo literalmente "parece ter parado". Essa expressão corrente espelha bem uma forma social resistente àqueles processos, tornando-se, em comparação com os sistemas sociais dinâmicos a seu redor, cada vez mais anacrônica – como se lá a hora "passasse como há cem anos", para usar mais uma figura de linguagem. Na Modernidade Tardia, tais "oásis de desaceleração" sofrem uma crescente pressão erosiva territorial, cultural e econômica. A lacuna temporal em relação aos ambientes passíveis e desejosos de aceleração se torna cada vez maior e mais cara à medida que cresce seu "efeito de frenagem" na interseção com o mundo social acelerado. Excluídas dessa erosão estão, logicamente, como ilhas de desaceleração, lugares e formas de ação criadas ou mantidas conscientemente com esse intuito (como oásis de *wellness*), que entram na quarta das categorias de desaceleração aqui identificadas. Como notaram, em concordância, Helga

---

65 Tais práticas resistentes à aceleração são muitas vezes idealizadas na publicidade, sugerindo que exatamente através delas se instituiria uma reunião de diferentes gerações que, fora desse universo protegido, se tornaria cada vez mais frágil devido à aceleração da transformação social agindo no ritmo de transformações *intergeracionais* (ver o Capítulo V).

Nowotny e Hermann Lübbe, tais fenômenos imunes à aceleração ganham um valor, por assim dizer, "nostálgico" ou uma qualidade prometeica quanto mais raros se tornam.[66]

## c) A lentificação como efeito colateral disfuncional

Lentificação e obstruções ocorrem na sociedade moderna em proporção cada vez mais frequente e grave como *efeitos colaterais indesejados* de processos de aceleração. Contam aqui fenômenos disfuncionais de desaceleração e formas patológicas da lentificação. O exemplo sem dúvida mais conhecido para o primeiro fenômeno é o *congestionamento do trânsito* — a velocidade média de locomoção em centros urbanos norte-americanos, por exemplo, vem diminuindo há anos em razão da intensificação do tráfego —, enquanto, com relação ao último fenômeno, as pesquisas mais recentes encontram mais e mais evidências de que *adoecimentos depressivos* podem ocorrer como uma reação patológica à pressão aceleratória social. Em fases da depressão, o paciente é frequentemente confrontado com a impressão de que o tempo parou ou se transformou numa massa enrijecida.[67] Pode-se enquadrar ainda nessa categoria, de forma exemplar, a exclusão de trabalhadores da vida profissional, na medida em que os motivos estruturais estejam ligados a um aumento da velocidade e da produtividade no processo de produção, de modo que os afetados, na maioria dos casos, não consigam acompanhar o alto ritmo de atividade e inovação exigido na economia, resultando assim em uma extrema desaceleração

---

66 Nowotny, 1993, p.127 e 133; Lübbe, 1998, p.288.
67 Ver o Capítulo XI.3.

(indesejada) sob a forma de desemprego.[68] Mesmo recessões econômicas – chamadas de *economic slowdowns* em regiões anglófonas – podem supostamente ser interpretadas como efeito colateral disfuncional de uma aceleração bem-sucedida, sobretudo de processos de produção.[69]

A lentificação ocorre, no entanto, não apenas como efeito imediato de processos de aceleração, mas também, numa intensidade ainda maior, como efeito de fenômenos de dessincronização (condicionados pela aceleração), ou seja, sob a forma do tempo de espera. Em sociedades funcionalmente diferenciadas, onde quer que processos tenham que ser sincronizados ou coordenados temporalmente entre si, uma mudança temporal como a *aceleração* de processos gera potenciais problemas de atrito nos pontos de sincronização. Isso se torna crítico e evidente no encontro de processos altamente acelerados com sistemas "antiquados" – o que poderia ser acelerado é freado, ou detido, por aquilo que é mais lento.[70] Em diversas situações, essa dessincronização (transitória) leva a lentificações massivas reais, como quando cadeias de trabalho complexas se descompassam a ponto de surgirem bloqueios. A *impressão*

---

68 Ver Sennett, 1998, p.159 ss.; sobre mudanças da estrutura e da percepção do tempo como consequência de desemprego, ver Jahoda, 1988, p.169 ss., e Jahoda; Lazarsfeld; Zeisel, 1933.
69 Ver, por exemplo, Hall, 1988.
70 Como fica claro no caso de um gerente apressado que, ao perguntar pelo caminho para o dono de uma banca de revistas, acaba perdendo um tempo imenso em função do último, ou um professor cujo planejamento de horários é arruinado pela espera no setor de empréstimo da biblioteca, ou ainda um processo de produção industrial altamente acelerado que estaca devido a um serviço de manutenção lento e arcaico.

de retardamento pode, no entanto, surgir onde quer que diferentes velocidade se encontrem, mesmo quando não é possível observar um efeito de frenagem real. Um exemplo interessante parece ser representado pela insuportável impaciência que se impõe quando a ferramenta de busca na internet apresenta resultados de forma torturantemente lenta. Aqui também se trata de um problema de sincronização: o computador "simula" um diálogo, responde a solicitações, mas sempre com atrasos que ultrapassam em muito os limites da tolerável *janela de atenção de três segundos* para conversas, surgindo daí a sensação de que o computador "detém" o usuário, sendo que com ele, em comparação a métodos de pesquisa convencionais, são alcançados enormes ganhos de tempo.[71]

Por fim, lentificação e retardamento podem ocorrer também como efeitos colaterais disfuncionais de acontecimentos (normalmente marcados pelo adensamento temporal) como acidentes, catástrofes naturais ou guerras (esta última usada por vezes com o propósito de retardar desenvolvimentos em Estados inimigos. Tais casos se encaixam na próxima categoria).

### d) *Duas formas de desaceleração intencional*

Há que se diferenciar de forma estrita os fenômenos de desaceleração não intencionais e disfuncionais de *esforços intencionais* e, muitas vezes, *movimentos justificados ideologicamente* com intuito consciente de desaceleração e lentificação social. Estes podem, por sua vez, ser subdivididos em movimentos

---

[71] Ver, por exemplo, Lauer, 1981, p.30; sobre a *janela de três segundos*, ver Pöppel, 1997, p.64 ss. e 84 ss.

de desaceleração (ideológicos) autênticos, que ocorrem frequentemente como oposição fundamentalista decididamente antimoderna, e esforços de lentificação que têm por objetivo preservar e, ainda, promover as capacidades funcionais e acelerativas (individuais e sociais), representando em si, por fim, também uma estratégia de aceleração.

## 1) A desaceleração como ideologia

A convocação a uma desaceleração decidida ou radical – tal qual no exemplo das resistências contra novas tecnologias, como o tear mecânico, ferrovias ou telégrafos – que, na história moderna, sempre ocorreu como fenômeno acompanhante das ondas de aceleração, confunde-se frequentemente com uma crítica fundamental à Modernidade e um protesto contra (novas) modernizações.[72] Isto não causará admiração se estiver correta a tese, defendida neste trabalho, de que o processo de modernização deve ser entendido, em primeiro lugar, como um processo acelerátorio. O anseio, fundamentalmente moderno, pelo mundo calmo, estável e confortável que se perdeu, é difundido por imagens pré-modernas fantasiosas, que se associam a movimentos sociais de protesto que mantêm concepções de uma pós- e uma contra-Modernidade desacelerada. Assim, não é de surpreender que a exigência fundamentalista de uma lentificação radical, que ganhou cada vez mais força com a diagnosticada onda de aceleração advinda das revoluções digital e política, no fim do século XX, nas sociedades

---

72 Ver também Levine, 1999, p.111 ss.

industrializadas, também muitas vezes ocorra sob a forma de uma crítica radical da forma social e da cultura modernas.[73] De fato, o radicalismo político no século XXI se direciona cada vez mais contra a mudança constante e objetiva a manutenção e a conservação do perene, o que ocasionou a suposição de Peter Glotz de que a desaceleração ora se tornaria "uma ideologia agressiva de uma classe (ou camada social), emergente e em rápido crescimento, de vítimas da modernização" e estaria para substituir as concepções socialistas como modelo-guia.[74] O objetivo dessa ideologia é interromper o processo de aceleração da Modernidade em nome de uma sociedade e formas de vida melhores. Ela é alimentada por fontes muito diversas, religiosas, ecológicas radicais, ultraconservativas e anarquistas.[75]

O movimento de lentificação promete "um novo bem-estar por meio da desaceleração"[76] e é organizado, em parte, intelectualmente e, em parte, em associações civis, como a União pelo Retardamento do Tempo ou os Desempregados Felizes, que se celebram como *"gangsters* da ociosidade" [*Müßiggangster*][77] podendo, assim, se situar na tradição de Paul Lafargue e Bertrand Russel.[78] Enquanto, nesse campo, as concepções e fantasias de uma lentificação radical encontram grande aceitação ao nível

---

73 Isso é mostrado também em *best-sellers* como Reheis (1998) e Gronemeyer (1996).
74 Glotz, 1998, p.75; ver Eriksen, 2001, p.29.
75 Ver sobre isso as inúmeras publicações do projeto "Ecologia do tempo" de Tutzing (ver Adam, 2002, para uma visão geral).
76 Como o subtítulo de Reheis, 1998.
77 Ver Glotz, 1998, p.76.
78 Ver o *Direito à preguiça*, de Lafargue [1883] 1998; e o *Elogio ao ócio*, de Russell (1935).

das ideias, ou seja, em palestras, seminários e publicações, elas raramente atingem níveis estruturalmente relevantes da ação.[79] Por um lado, porque o preço da lentificação individual em sociedades pós-industriais é muito alto — quem, como desertor, escapa da pressão temporal (associando-se a uma seita, empreendendo uma fazenda ecológica ou mergulhando num culto tempo-amnésico às drogas) arrisca perder todas as conexões e chances de uma reassimilação. Após alguns anos, ao estar pronto para um retorno à sociedade comum, seus recursos estarão irremediavelmente obsoletos. Resta-nos aguardar se movimentos como *Slow-Food* e *Voluntary Simplicity* se expandirão a ponto de atingirem uma relevância para a sociedade em seu conjunto.[80] Por outro lado, é claro que muitas, se não a maioria das aspirações à desaceleração não são contra a sociedade moderna em si, mas antes contra determinadas consequências desta — como o estresse no trabalho, a velocidade do trânsito no bairro onde mora —, e esse é o motivo pelo qual essas aspirações se tornam muitas vezes incongruentes. Várias de nossas necessidades desaceleratórias diárias são tão seletivas que carregam

---

79 Numa perspectiva histórica, protestos violentos contra tecnologias aceleratórias — como a destruição de fábricas ou linhas de ferro — conduziram, evidentemente, a contratempos, mas nunca a uma guinada da direção do desenvolvimento.

80 O primeiro movimento mencionado promove o desfrutar tranquilo e com estilo de alimentos cultivados de forma orgânico-biológica, enquanto o segundo, surgido há algum tempo nas camadas mais abastadas dos Estados Unidos, tenta quebrar o "ciclo vicioso aceleratório" de *mais trabalho, salários mais altos e maior consumo* (ver Rosa, 1999a, p.739), embora pareça já ter atingido seu apogeu sem ter alcançado efeitos dignos de menção.

em si sua própria negação – desejamos finalmente ter tempo para nós mesmos, para a família, *hobbies* etc., e para alcançar isso desejamos e exigimos, ao mesmo tempo, que *todos os outros* se apressem: a moça do caixa no supermercado, o funcionário público na repartição, e também que o semáforo de trânsito fique verde mais rápido e que o transporte público ande mais depressa. A desaceleração seletiva em sociedades complexas e interligadas é possível apenas em medidas bastante restritas.

Isso não contradiz, necessariamente, o esforço do estabelecimento de refúgios destinados a outras experiências temporais, mais vagarosas, no sentido das descritas *ilhas de desaceleração*. Fazem parte dessa forma de *desaceleração intencional*, por exemplo, encenações da lentificação, digamos, "estético-artística" nas artes, que não apenas permitem a manutenção do presente [*Präsenthalten*] de outras experiências temporais como também podem, partindo disso, levar a uma percepção modificada das estruturas temporais da Modernidade Tardia.[81] É interessante observar que tais experiências de desaceleração ocorrem por vezes também e justamente como consequência de alta velocidade – por exemplo, por meio da externalização da inquietação no percorrer acelerado de uma autoestrada ou numa montanha-russa.[82] Elas buscam, assim, *desaceleração por meio da aceleração*. Com isso alcançamos as formas de desaceleração intencional que não se colocam *contra* as estruturas temporais da "sociedade da aceleração", mas podem, antes, tornar-se plenamente *funcionais* para esta.

---

81 Ver sobre isso o ensaio de Dieter Ronte (1998) sobre experiências temporais na arte e no museu.

82 Radkau, 1998, p.220 ss.

*Aceleração*

## 2) *Desaceleração como estratégia de aceleração*

De suma importância para a funcionalidade das sociedades modernas são os processos e as instituições que objetivam desaceleração parcial e temporária, e que não devem ser confundidos com os esforços do contramovimento ideológico em relação à dinâmica aceleratória moderna. Tais estratégias de lentificação podem ser, muitas vezes, pré-requisitos inevitáveis para a aceleração de *outros* processos. Elas são instauradas tanto por atores individuais quanto por organizações sociais.

No plano individual, podem ser enquadrados nessa categoria, por exemplo, retiros espirituais em mosteiros ou cursos de meditação, técnicas de ioga etc., enquanto sirvam ao objetivo de aumentar o sucesso na dinâmica vida profissional, nos relacionamentos e no cotidiano, ou seja, torná-los passíveis de serem enfrentados com maior rapidez.[83] Eles representam, dessa forma, oásis de desaceleração para "reabastecer" as energias e "reaquecer os motores". Assim, também tentativas de armazenar mais conteúdo em menos tempo através, por exemplo, da lentificação consciente de processos particulares de aprendizado, ou de aumentar a capacidade de inovação e a criatividade por meio de pausas orientadas, representam estratégias inegáveis de *aceleração através de lentificação*.[84]

---

[83] Isso não coloca em dúvida o fato de que mosteiros e técnicas de ioga podem ser empregados de forma diferente, em função de um estilo de vida genuinamente alternativo e desacelerado; nesse caso, se enquadrariam na categoria d.1.

[84] Sobre tais estratégias, ver, por exemplo, Seiwert, 2000 (Se estás com pressa, vá devagar ou *Wenn Du es eilig hast, gehe langsam*).

No plano coletivo, são desenvolvidas e utilizadas, de forma semelhante, sobretudo na política, diferentes formas de moratória que possibilitam o ganho de tempo para a solução de problemas técnicos, sociais, jurídicos ou ainda ambientais que aparecem como empecilho para a realização continuada de intenções aceleratórias ou modernizadoras.[85] Surge daí uma importante constatação sobre a relação entre estabilidade e dinamização em sociedades modernas. Do fato de que o clamor por desaceleração pode ser alimentado por dois motivos muito distintos –, um antimodernista e outro, digamos, "funcionalista" –, fica evidente que Glotz simplifica demasiadamente ao estigmatizar a desaceleração simplesmente como ideologia dos perdedores da modernização. Ele ignora, com isso, que *a aceleração por imobilização institucional e pela garantia de permanência de condições estruturais* constituem um princípio básico e um fator de sucesso da história da aceleração moderna. A aceleração tornou-se possível em instâncias centrais exatamente pelo fato de que instituições sociais decisivas – como o Direito, os mecanismos de direcionamento político, o regime estável do (tempo de) trabalho industrial – puderam, juntamente com influentes orientações culturais abstratas, centradas em valores e ideias de progresso, racionalização, individualização, univer-

---

[85] Para Chesneaux (2000, p.411), tais moratórias são elemento essencial da democracia e, portanto, da Modernidade, pois elas mantêm o horizonte do futuro aberto, possibilitando, com isso, progressos vindouros. Ver ainda Eberling, 1996, que sugere tornar moratórias desaceleradoras em instrumento central da política na luta pelo controle de processos que tendem a se tornar autônomos nas áreas científica, tecnológica e econômica; de forma semelhante, Reheis, 1998, p.217.

salismo e ativismo,[86] ser exluídas elas mesmas das mudanças, criando, assim, segurança de expectativa, estabilidade de planejamento e previsibilidade, que devem ser contempladas como a base da aceleração econômica, técnica e científica, e talvez até mesmo de um estilo de vida individual acelerado.[87] Somente ante a tal pano de fundo de um horizonte de expectativa estável é que se tornou racional planejar e investir a longo prazo, fato que se mostrou indispensável para inúmeros processos de modernização. A erosão de tais instituições e orientações em função da continuação de uma aceleração, por assim dizer, "sem limites", como diagnosticada na Modernidade Tardia por inúmeros cientistas sociais e propagada pelos adeptos de filosofias pós-modernas ou neoliberais, poderia, assim, minar seus próprios pré-requisitos e, ainda, a estabilidade da sociedade na Modernidade Tardia como um todo e, com isso, colocar em risco o projeto (aceleratório) da Modernidade de forma mais séria que todos os movimentos desaceleratórios antimodernos.

Joseph Schumpeter já havia apontado a possibilidade de que a tentativa de eliminação de todas as barreiras de velocidade em favor de uma aceleração máxima, ou seja, da *libertação* do "mercado total", poderia resultar no efeito contrário ao desejado: no colapso da dinâmica de desenvolvimento e, assim, na lentificação econômica sob a forma de recessão e depressão. "Grilhão e freio"[88] poderiam provar-se, então, também do pon-

---

86 Sobre esses valores fundamentais estáveis da sociedade ocidental moderna no sentido de um *pattern maintenance* literalmente parsoniano, ver, por exemplo, Voß, 1990.
87 Esse argumento será aprofundado detalhadamente no Capítulo III.4; ver, sobre isso, ainda Bonus, 1998.
88 Como no título do ensaio de Claus Offe, *Fessel und Bremse* (1989).

to de vista econômico, como funcionais para a sequência do processo aceleratório.[89]

Da perspectiva da teoria da cultura, Hermann Lübbe defende esse argumento ao considerar a estabilidade e a garantia de permanência de alguns pontos culturais fixos como pré-requisitos para uma reprodução cultural bem-sucedida, ainda que sob condições de mudanças sociais flexíveis e aceleradas:

> Uma alta dinâmica de desenvolvimento cultural requer grande constância na validade de uma parte dos elementos culturais. Culturas dinâmicas colocam a si mesmas em perigo através da alta velocidade de obsolescência de tradições, complementar à sua dinâmica, e, para conseguir cumprir [...] este desafio, elementos tradicionais retrógrados, cuja validade apresenta constância, tornam-se proporcionalmente mais importantes. Em outras palavras: parece haver fronteiras individuais e também institucio-

---

[89] Schumpeter defendeu, na realidade, a manutenção de um determinado número de limitações de mercado estáticas e ineficientes, que agiam, a princípio, freando o desenvolvimento econômico repentino e livre, como intervenções estatais, fixação de preços e cartéis, justificando-as com o argumento funcionalista de que elas são, em última instância, fatores aceleratórios de um "processo de expansão a longo prazo, ao qual mais protegeriam que impediriam". Constatação esta que seria "não mais paradoxal do que a afirmação de que carros com freios correm mais do que correriam *por* terem freios" (Schumpeter, 1993, p.146). Como Offe (1989, p.752) assinala a esse respeito, a incrível dinâmica de crescimento do capitalismo consiste para Schumpeter "não na livre concorrência de preços e no desenvolvimento autônomo das relações de mercado, mas sim em sua limitação [provisória, H. R.] por meio de práticas monopolistas".

nais tanto no que tange à capacidade de elaboração de inovações, quanto em seus respectivos pontos de vista.[90]

A desaceleração social seletiva, no sentido de evitar a erosão de instituições necessárias à estabilidade, poderia, nesse sentido, tornar-se tanto cultural quanto estruturalmente um requisito funcional da atual sociedade da aceleração. A investigação de tais tendências de erosão sob a pressão aceleratória de sociedades tardo-modernas será o ponto principal da quarta parte deste trabalho.

## e) *Enrijecimento estrutural e cultural*

Dentro da teoria da aceleração social, a forma mais interessante de uma dessas contrapostas *desacelerações* (pelo menos na superfície) talvez sejam aqueles fenômenos *de enrijecimento cultural e estrutural* ou *cristalização* que perpassaram diversos pontos argumentativos do presente trabalho e que constituem a quinta e última categoria da lentificação ou inércia. Eles podem ser observados, como mostrado, em íntima associação com os fenômenos da aceleração social e levaram a teorias como a do "fim da história", do "esgotamento das energias utópicas", da "cristalização cultural" e da "utopia da opção nula",[91] que postulam, complementarmente ao diagnóstico da aceleração da mudança social, uma inércia imobilizadora no cerne do

---

90 Lübbe, 1998, p.288; ver Brose, 2002, p.126. Sobre a questão da reprodução cultural, Bonus, 1998 é esclarecedor, dentre outros.
91 Respectivamente Fukuyama, 1992; Habermas, 1985; Gehlen, 1978, 1994; Offe, 1986.

desenvolvimento das sociedades modernas. Elas se baseiam na suspeita de que a contingência e a abertura das sociedades modernas, assim como sua mudança rápida e contínua, são apenas aparências superficiais, na "superfície de uso",[92] enquanto suas estruturas profundas se tornam mais sólidas e rígidas. No Capítulo II.3 formulei a hipótese primordial para o presente trabalho de que esses processos complementares da hiperaceleração e da inertificação sociais, que encontram sua expressão mais eloquente na metáfora da "paralisia frenética", estão vinculados entre si não de forma contingente, mas sistemática. As formas da lentificação abordadas nessa categoria não se opõem, portanto, à dinâmica aceleratória nem constituem efeito colateral disfuncional, mas sim representam um elemento *interno* e um princípio complementar *inerente* ao processo de aceleração. Uma vez que ao final deste livro será dedicado um capítulo inteiro à sua análise, no qual os elementos ainda soltos serão concatenados, podemos abster-nos de maiores detalhamentos neste ponto.

## 4. Sobre a relação de movimento e inércia na Modernidade

As categorias da *inércia* introduzidas no último capítulo evidenciaram a insustentabilidade da noção de que, com a chegada da Modernidade, *"tudo"* se torna mais rápido. Muitas coisas mantêm sua velocidade (ou lentidão), outras se tornam até mais lentas. Nessa fórmula, repetida quase à exaustão, espelha-se, no entanto, a convicção, essencial para a era moderna, de

---

[92] Ver Baier, 2000.

um contínuo deslocamento do equilíbrio entre os elementos da inércia e os do movimento em favor deste último.[93] Após a definição das formas de aceleração e desaceleração sociais, estamos aptos para precisar sua relação entre si e, assim, colocar em prova a validade daquela convicção.

Desta forma, duas possibilidades são concebíveis: a primeira, que as forças da inércia e do movimento, em essência, mantêm-se em equilíbrio, isto é, que encontramos processos tanto de aceleração quanto de desaceleração nas estruturas temporais da sociedade sem que se possa identificar uma dominância duradoura de um dos dois sentidos. A segunda possibilidade, ao contrário, é a de que esse equilíbrio tenda de fato no sentido do movimento e da aceleração, ou seja, em favor de uma dinamização progressiva. Um tal diagnóstico seria então (e somente então) justificado se os elementos (não funcionais) da lentificação e da inércia, contrários às forças aceleratórias, forem revelados como *residuais* ou *reativos*.

Minha tese é a de que essa condição se encontra de fato satisfeita na sociedade moderna. Ela está baseada nas assunções de que, em primeiro lugar, as categorias de inércia apresentadas estão exauridas de todos os fenômenos relevantes e, em segundo lugar, nenhuma dessas categorias representa uma contratendência comparável estrutural e/ou culturalmente à dinâmica aceleratória da Modernidade. A justificativa para isso se dá pelo seguinte: os fenômenos agrupados sob as categorias a e b tratam dos atuais *limites* (em retração) da aceleração social; eles não representam de forma alguma uma força contrária. As lentificações da terceira categoria representam *consequências* da ace-

---
93 Ver Rosa, 1999b.

leração e, como tais, são desta deriváveis e, consequentemente, secundárias. Os processos classificados na categoria d.2, por outro lado, são fundamentais para o próprio processo aceleratório, no interior do qual se manifestam seja como elementos inerentes, seja, ao menos, como condições de possibilidade e estabilidade que devem ser levados em consideração. Em todo caso, eles não representam uma tendência contrária. Em compensação, as tentativas de uma resistência intencional contra a aceleração social, listadas em d.1 e a ideologia desaceleratória representam, sem dúvidas, *reações* à pressão da aceleração e suas consequências. Elas sempre acompanham cada onda aceleratória da Modernidade desde o começo, e, ainda que não haja garantia de que venha a ser assim no futuro, até aqui se mostraram de fato efêmeras e bastante ineficazes. Talvez se insinue até uma mudança da relação com a dinâmica da aceleração, cuja causa poderia estar justamente nessa experiência reincidente da inutilidade da resistência, manifestando-se, por exemplo, no modo como a "geração techno" se diferencia de suas antecessoras, sobretudo no que diz respeito aos movimentos juvenis. Os movimentos até aqui – os protestos de 1968, os *hippies*, os "verdes", grupos *new age* etc. – foram marcados, entre outras coisas, pela resistência às coerções da aceleração (da sociedade e das máquinas). Todos eles, ao menos nesse sentido, fracassaram. A atual "geração techno" talvez tenha, com isso, aprendido a lição e desistido da resistência: de forma similar ao pequeno e fugaz grupo dos *futuristas* em sua época, seus representantes se colocam sobre os picos dos processos aceleratórios, se utilizam de todos os mecanismos de economia de tempo e das mais rápidas mídias e tecnologias para, dessa forma, reconquistar sua soberania temporal e técnica, bem como submeter as máquinas à sua vontade, ao invés de se dilacerarem em uma resistência sem sentido. O preço para tanto, porém, como argumentarei nos capítulos XI e XII, parece ser a renúncia ao projeto da Modernidade. Em todo caso, no entanto, permanece válido o argumento de que essas forças desaceleratórias não se equiparam estrutural ou culturalmente à dinâmica da aceleração, parecendo comportar-se antes de forma parasitária em relação a esta.[94]

Somente os processos de enrijecimento cultural e estrutural, abordados na quinta categoria, não podem ser explicados dessa forma como fenômenos secundários, reativos ou residuais, parecendo antes representar um elemento inerente e constitutivo do próprio processo de aceleração e pertencer, assim como este, de forma indissociável à Modernidade. São o avesso (especificamente aceleratório) do processo de modernização, característico para todas as suas tendências fundamentais – diferenciação, racionalização, domesticação, individualização e aceleração – e pode-se supor que eles cresçam ou desapareçam com as próprias forças da aceleração.

Ainda que com isso não reste dúvida quanto ao fato de nenhuma força contrária equiparar-se à da tendência aceleratória, é de suma importância reconhecer a contribuição dada pela imobilidade institucional de condições centrais do pano de fundo da sociedade para o sucesso da aceleração na Modernidade. Essa fixação de condições estruturais, que consistiu especialmente em determinar *vias de desenvolvimento* estáveis – da elaboração de leis, do controle político, do crescimento econômico, de caminhos formativos e profissionais etc. – foi, por seu lado, desdobramento de uma primeira fase de fluidi-

---

[94] Ver Hörning; Ahrens; Gerhard, 1997, p.176 ss.; Baier, 2000, p.12 ss.

ficação e dinamização desses âmbitos sociais no despertar da Modernidade e através da Revolução Industrial. O questionamento de tradições e valores herdados, o estabelecimento de novas práticas na esfera produtiva, bem como os processos de urbanização, já no início da Modernidade, tornaram visível o contingenciamento das instituições sociais, dinamizaram e "fluidificaram", assim, a sociedade como um todo. O reestabelecimento (ou, segundo Peter Wagner, *a organização*)[95] da estrutura social por meio do desenvolvimento do moderno Estado social e de Direito não suspendeu, novamente, essa contingência e mutabilidade fundamentais – pois o Direito moderno e a política democrática são por natureza dinâmicos –, ele antes garantiu o transcorrer das mudanças por caminhos consolidados, por regras previsíveis.

Para os indivíduos, surgiram assim trajetórias de vida confiáveis, sendo seguidas desde o nascimento, passando pela formação profissional, até a aposentadoria, e para seu desenvolvimento econômico foram implantadas bases calculáveis estáveis e de longo prazo, bem como segurança de expectativa. Exatamente por meio dessa "lentidão das regras do jogo",[96] como tentei mostrar, foi possibilitada a enorme aceleração da produção material e do progresso técnico e científico, assim como a fluidificação de muitas (possivelmente todas) as relações sociais. Com isso, a Modernidade criou para si, em suas

---

95 Wagner (1995) identifica na história da Modernidade um processo similar em três etapas: fluidificação, reorganização e desestabilização de instituições e padrões de orientação na Modernidade Tardia.
96 Esse é o título do artigo de Holger Bonus (*Die Langsamkeit der Spielregeln*, 1998).

instituições básicas, um momento de *inércia* próprio que se coloca em uma tensão particular em relação à tendência fundamental de mobilizar e transformar "tudo que é sólido e estabelecido". Essa contradição entre a ideia de *instituições*, que já em sua etmologia latina indica algo que se prova *sólido e estabelecido*, no máximo passivo de mudanças incrementais, e o "espírito da Modernidade" já tinha sido vista por Nietzsche ao formular como crítica da Modernidade:

> O Ocidente inteiro não possui mais aquele instinto do qual surgem as instituições, do qual surge o futuro: talvez nada contrarie tanto seu "espírito moderno". Vive-se para o hoje, vive-se muito depressa – vive-se muito irresponsavelmente: a isso se chama "liberdade". O que faz das instituições instituições é desprezado, repudiado, rejeitado.[97]

A tese a ser fundamentada no que se segue será a de que as instituições não estão aptas a seguir resistindo a esse espírito, uma vez que as forças aceleratórias estão tão desenvolvidas que tais estruturas institucionais, que geraram e promoveram seu desenvolvimento, não mais conseguem acompanhar seu ritmo, e, na passagem para uma *outra* Modernidade, se tornam elas próprias um obstáculo e uma força de frenagem. A aceleração social as superou e começa agora a erodi-las e a introduzir, assim, o fim da fase de imobilização das condições de fundo, na qual *espaço de experiência* e *horizonte de expectativa*, no que toca às regras do jogo, eram congruentes. Isso vale, por exemplo, como mostrarei no Capítulo IX, para o *Estado nacional* e suas *burocra-*

---

[97] Nietzsche, 1988c (*Considerações extemporâneas*), seção 39.

*cias* (celebradas por Weber como aceleradores, tornando-se, porém, na era da hiperaceleração, *lentas* demais e *inflexíveis*), e possivelmente também para as instituições da democracia representativa, para o regime (de tempo) de trabalho da "Modernidade clássica" e para a separação institucional entre *produção* e *reprodução* assim como entre *trabalho* e *lazer* para o regime biográfico, para a "instituição" das identidades pessoais estáveis e até mesmo para o *Direito*.[98] Por ora, as consequências dessa evolução mal podem ser previstas. Elas mesmas poderiam, de maneira paradoxal, conduzir a dinâmica aceleratória à derrota, e de duas formas: por um lado, (em um sentido limitado) pela renúncia a uma perspectiva e a uma "via" de progresso, de modo que, na ausência de um sentido de desenvolvimento, imponha-se a situação da "paralisia frenética"; por outro, através do, por assim dizer, processo "pós-moderno" de erosão dos pilares estruturais e culturais da sociedade moderna, até aqui tidos como ultraestáveis.[99]

Com isso mostra-se que, na história da Modernidade, a relação entre inércia e movimento não pode ser entendida simplesmente como uma progressão linear daquela para este, nem no sentido de uma aceleração linear da mudança social. Ao contrário, ela segue, de maneira particular, antes a lógica dialética da evolução das forças produtivas e das relações de produção, como desvelado por Marx e Engels. As forças dinâmicas da aceleração parecem criar elas mesmas, de acordo com as exigências de seus desdobramentos, as instituições e práticas de que necessitam, e exterminá-las após alcançarem os limites de velocidade

---

98 Ver sobre isso Rosa, 1999b, p.393 ss., assim como a Figura 11.
99 Schulze, 1997b, p.79.

possibilitados pelas mesmas. Dessa perspectiva, o verdadeiro motor da história (moderna) parece ser, de forma espantosa, não o desenvolvimento das forças produtivas (ainda que estejam intimamente ligadas com a dinâmica da aceleração), mas sim o *aumento da velocidade*. Uma tal visão traz naturalmente o perigo de irrefletidamente tomar a aceleração como sujeito histórico. Para contorná-lo, abordarei, na terceira parte da presente investigação, a questão das causas históricas e dos mecanismos sociais do círculo aceleratório dos novos tempos.

*Parte 2*
*Efetuação e formas
de manifestação:
uma fenomenologia da
aceleração social*

# IV
# A aceleração técnica e a revolução do regime espaço-tempo

Não há quem venha a questionar as evidências empíricas, bem documentadas e diretamente experienciáveis no mundo cotidiano, da tremenda aceleração dos processos de transporte, de comunicação e de produção na história da Modernidade, motivo pelo qual poderei abster-me aqui de, mais uma vez, discuti-las detalhadamente. Devido à aceleração técnica, no entanto, modificou-se fundamentalmente o tipo e a forma do "estar no mundo" das pessoas, ou seja, seu estar no tempo e espaço e suas relações umas com as outras, fato que, por sua vez, revolucionou as formas de interpretação do eu e do mundo e, com isso, influenciou profundamente a configuração da subjetividade e da sociedade.[1] Para justificar essa tese não é preciso de forma alguma defender qualquer determinismo tecnológico. Como ainda será mostrado, a própria aceleração

---

1 Ver Rosa, 1998 e 2004b, para uma fundamentação da tese – que segue em pontos essenciais o princípio filosófico de Charles Taylor – de que as formas de interpretação do eu e do mundo, que se modificam por si, são constitutivas tanto para os sujeitos como para a realidade social.

técnica é uma consequência de pressupostos culturais, econômicos e socioestruturais, e o fato de ela influenciar massivamente formas de subjetividade e coletividade não significa que as determine. Transformações da percepção e da conceitualização do espaço e do tempo, assim como inovações tecnológicas relacionadas à forma de locomoção e de comunicação nesses dois planos, se influenciam e se condicionam mutuamente. Na realidade, uma sensível aceleração dos transportes e da comunicação iniciou-se já antes e independentemente das grandes inovações tecnológicas, como a máquina a vapor e o telégrafo, que desembocaram na Revolução Industrial. É o que constata Reinhart Koselleck:

> Aumentos de velocidade anteriores à mecanização podem ser amplamente registrados desde o século XVII. A expansão das ligações rodoviárias e fluviais elevou o número de unidades de carga transportadas e, ao mesmo tempo, as distâncias pelas quais poderiam ser carregadas.[2] [...] A velocidade média dos coches particulares nas ruas francesas de 1814 a 1848 mais que duplicou, aumentando de 4,5 para 9,5 km por hora. Na Prússia da mesma época, o tempo gasto pelos correios no trecho de Berlim a Colônia foi reduzido de 130 para 78 horas. [...] Uma trajetória semelhante de velocidade crescente encontramos nas vias marítimas. Os norte-americanos desenvolveram na primeira

---

[2] Koselleck comete aqui com certeza o paralogismo identificado no Capítulo III.1 de considerar o aumento de quantidades como consequência inerente da aceleração; o certo seria: "elevou o número de unidades de carga passíveis de serem transportadas". A aceleração do transporte *possibilita* um aumento quantitativo.

década do século XIX o clipper, um veleiro estreito com mastros altos, capaz de percorrer o trecho de Nova York a São Francisco, passando pelo Cabo Horn (19.000 km), gastando não mais os 150 a 190 dias como até então se gastava, mas noventa dias, [...] alcançando uma velocidade que os navios a vapor somente bem mais tarde superariam.

Situação parecida podemos observar no setor de transmissão de informação. Antes do estabelecimento da telegrafia elétrica [...] a rede de telégrafos óticos, cuja tradição remonta à Antiguidade, foi desenvolvida à beira da perfeição. A velocidade de transmissão de sinais foi aumentada enormemente, seja por meio do encurtamento da prolixidade dos textos administrativos ou pela construção de sinais que se propagavam de torre a torre.[3]

Tais acelerações *técnicas*, ao mesmo tempo pré-*tecnológicas*, do transporte e da comunicação sinalizam já então uma transformação da consciência espaçotemporal, que se manifesta sobretudo na crescente desvinculação da percepção espacial em relação ao lugar e da percepção temporal em relação ao espaço. Para tanto, a disseminação das inovações técnico-científicas do mapa e do relógio mecânico, por sua vez, foram de grande importância. O uso crescente de mapas transformou a concepção espacial "natural" e estacionária, cujo ponto central é representado pelo "vilarejo" como cerne da vida do observador e a partir do qual se desenvolve o horizonte de um universo de experiência em círculos concêntricos de familiaridade decrescente, em uma contemplação abstrata do espaço, em certa medida "sem

---

[3] Koselleck, 2000, p.158 ss.

lugar" ou de centro variável. É fácil notar que essa última perspectiva inaugura novas possibilidades de conceitualização do espaço como dominável e superável, pois coloca o observador diante dele de uma maneira transformada.[4]

Intimamente ligada a isto está a desvinculação do tempo em relação ao espaço, possibilitada sobretudo pela invenção e disseminação do relógio mecânico. Como já vimos, a percepção temporal é, primeiramente, como que uma função da percepção espacial: o sentimento temporal se desenvolve porque as qualidades espaciais de nossa localização se modificam — clareia, escurece, faz calor no verão e frio no inverno. Portanto, não surpreende que, até boa parte do século XIX adentro — e, por fim, até o estabelecimento da ferrovia, que, em prol da consolidação de um quadro de horários, forçou a padronização ao menos nacional do tempo;[5] e aqui se inverte novamente o processo dialético entre técnica e consciência —, a hora do dia diferisse de localidade para localidade ou, ao menos, de região para região: meio-dia era quando o sol estivesse em zênite (assim como o início do outono era marcado pelo amadurecer de determinados frutos no campo etc.). O relógio mecânico,[6] ao

---

4 Ver, a esse respeito, esp. Harvey, 1990, p.201 ss.

5 Assim, ainda em 1870, apenas no trecho de Washington a San Francisco afirma-se terem vigorado mais de duzentos horários locais diferentes (Kern, 1983, p.12; somente em 1883 os Estados Unidos introduziram um horário nacional padrão); ver Levine, 1999, p.101 ss.; Schivelbusch, 2000, p.43 ss.

6 Já encontrado na Idade Média em mosteiros no fim do século XIII, foi conquistando rapidamente a função de regulador do trabalho e do comércio (ver Le Goff, 1977; Dohrn-van Rossum, 1988; Thrift, 1988).

contrário, permite separar o tempo do lugar; com ele torna-se possível, em princípio, determinar o tempo não apenas independentemente das *qualidades* espaciais, mas sobretudo independentemente de um ponto de localização definido. No ano de 1912, em uma conferência internacional do tempo em Paris, foi introduzido o *tempo mundial*, unificado e de validade global, concebido já em 1884, que permitiu, de forma análoga à definição do espaço alocal, ou "sem lugar", ao redor do globo, uma definição temporal alocal.[7]

Se por meio de tais desenvolvimentos o tempo emancipou-se do espaço, e tomou uma dimensão global autônoma e de mesma importância, foi especialmente a revolução aceleratória dos meios de transporte que seguiu na modificação do regime espaço-tempo, e, com isso, fez o espaço "contrair-se", por assim dizer, em percepção e relevância para muitos processos sociais e culturais, tornando-o, por fim, uma *função do tempo*. Koselleck cita, como exemplo de uma tal reconceitualização de tempo e espaço, uma nota na enciclopédia *Brockhaus der Gegenwart* do ano de 1838 sobre a essência das ferrovias:

> Elas suspendem a separação espacial por meio da aproximação no tempo [...]. Pois todo espaço representa uma distância apenas na forma do tempo de que necessitamos para atravessá-lo; ao acelerarmos, reduz-se o próprio espaço em termos de influência sobre a vida e o trânsito. [...] As ferrovias reduzem a Europa aproximadamente à área da Alemanha.[8]

---

7 Ver Kern, 1983, p.12 ss.
8 Koselleck, 2000, p.160.

Esse processo de encolhimento do espaço ou de *compressão espaçotemporal* é levado adiante no século XX através da invenção e disseminação do automóvel, do avião e, por fim, da espaçonave, ainda que esta até hoje, naturalmente, não tenha se tornado um elemento imediato da consciência espacial do mundo da vida. Porém, mesmo desconsiderando-a, a perspectiva do espaço, desde o século XVIII, foi reduzida a cerca de um sexagésimo (ver Figura 6).

Pode-se compreender esse processo de contração espacial, em seu efeito sobre a experiência do tempo e do espaço de forma imediatamente fenomenológica. Como Virilio e ainda Marianne Gronemeyer mostraram, a consciência espacial está intimamente ligada ao tipo do *locomover-se no espaço* [*Sich-im-Raum-Fortbewegen*]:[9] enquanto nos locomovemos a pé, percebemos o espaço de forma direta em todas as suas qualidades; nós o sentimos, o cheiramos, o ouvimos e o vemos. Com a construção de ruas inicia-se a planificação do terreno, a eliminação de obstáculos, a manipulação da qualidade espacial; não mais vagamos através dele, nós o atravessamos de forma objetiva. Com a invenção das autoestradas, o espaço é encurtado, comprimido, ocultado. Desviar o olhar da estrada sempre idêntica e direcioná-lo ao espaço pode ser mortal. O motorista identifica *onde* ele se encontra não mais pela paisagem que passa, mas pelos símbolos abstratos no acostamento ou até mesmo na tela de seu computador de bordo.

---

9 Virilio, 1980; Gronemeyer, 1996, p.107 ss.

*Aceleração*

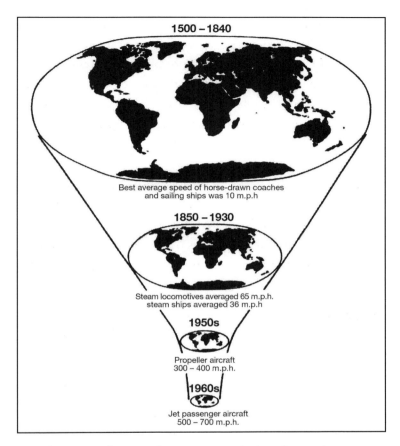

Figura 6 – O encolhimento do espaço por meio da aceleração do transporte (Harvey, 1990, p.241)

Nesse sentido, a experiência moderna da "aniquilação do espaço" possui um fundamento bem real. Finalmente, aqueles que voam desvinculam-se completamente do espaço topográfico da vida e da superfície terrestre. Para estes, o espaço se apresenta apenas como distância abstrata e vazia, medida pela duração do voo. O viajante moderno luta contra o relógio para alcançar conexões e cumprir compromissos, não mais contra as adversidades do espaço – também aqui se espelha a inversão da prevalência do espaço para a prevalência do tempo como dimensão de orientação no que concerne ao planejamento de ações e ao surgimento de imprevistos. Não raro, o espaço passa a ser literalmente uma função do tempo: onde uma pessoa se encontra depende do horário, a definição inversa se tornou, entrementes, obsoleta.[10]

Por fim, o espaço perde completamente sua função orientadora onde processos materiais de transporte são substituídos por transmissão eletrônica de informação. Na internet ainda é registrada a hora, mas não mais o lugar de entrada e consulta de dados – este último caso perdeu o sentido para diversos

---

10 Johanna Marxer (2003) de certa forma "comprovou" de forma brilhante e poética em *Tempo! Die beschleunigte Welt* [Velocidade! O mundo acelerado], sua premiada colaboração para o IV Prêmio Alemão para Estudantes com o fascinante e ambíguo título Weg aus Würzburg [Saída de Würzburg] , a transformação – constantemente *postulada* na Sociologia do Tempo, embora nunca *demonstrada* – da relação do eu com o mundo através da forma dominante de seu progresso e da medida de sua mobilidade, ao documentar em texto e imagem suas percepções do eu, do mundo e do tempo durante uma jornada com oito diferentes tipos de tecnologia e mídia. Essa comprovação foi possibilitada pelo autoexperimento original, realizado de maneira consequente, com uma observação de nitidez e riqueza de detalhes ímpar da própria percepção do *espaço*, dos *parceiros de interações*, do *tempo individual* de pessoas, formas de locomoção e fluxos de trânsito e do conflito daí resultante, e ainda pela co-consumação artística dessa transformação em escrita, imagem, *layout* etc. Ela alcança assim impressionantes resultados a respeito dos efeitos das formas de locomoção e de mídia sobre nosso comportamento objetivo, subjetivo e social perante o mundo.

processos, enquanto as indicações temporais continuam a ganhar relevância para a coordenação e sincronização de cadeias de atividade globais. Cada vez mais eventos sociais, na era da globalização, passam a ser, assim, "alocais".

Esse processo da perda de importância do espaço gera um paradoxo apenas aparente quando, ao contrário da tendência aqui tratada, o espaço geográfico e geopolítico, e por vezes também as especificidades locais do *lugar*, ganham subitamente um novo sentido para uma série de decisões e desenvolvimentos: exatamente pelo motivo de que o espaço se tornou contingente e permutável – por exemplo, para decisões sobre investimentos econômicos e sobre localização –, é que *diferenças locais e regionais* (como as de cunho climático, infraestrutural ou político) se tornaram altamente significativas, fato que pode levar (temporariamente) a uma valorização de identidades e peculiaridades regionais e sobretudo a uma repolitização do espaço.[11] Esse ganho em relevância é, contudo, apenas aparente ou secundário. Ele consiste no fato de que o espaço perdeu, em vários aspectos, sua característica de *dado inabalável*, de *condição imutável*, e adentrou ao domínio do contingente, do opcional e transitório da Modernidade.

Interessante é que a "revolução da transmissão" do (final) do século XX reverte em sua lógica a direção da "revolução dos transportes", que atingiu seu apogeu nos fins do século XIX e início do século XX: o desempenho dinamizador trazido por esta consistiu em transportar pessoas e bens em número e velocidade crescentes sobre a superfície terrestre; já o trazi-

---

11 Harvey, 1990, p.271 ss.; ver Castells, 1996, p.376 ss.

do pela primeira consiste em "reproduzir" lugares e bens por meio da virtualização e digitalização, e torná-los acessíveis, de forma "estacionária", a partir de qualquer lugar. A revolução do transporte levou as pessoas ao mundo, a revolução da transmissão levou o mundo (virtual) às pessoas. Para Virilio, esse processo de dinamização se reverte, assim, dialeticamente, em um processo de enrijecimento no qual as pessoas e, por fim, até mesmo os bens, praticamente não mais se locomovem. Isso culmina em um cenário no qual todo o dinamismo é resultado de um fluxo torrencial de dados, com o qual, através de "luvas virtuais" e "vestimentas cibernéticas", ou até mesmo com a recente junção de corpo e computador da iniciada "revolução dos transplantes", *pode-se* transmitir todo um conjunto de qualidades espaciais, deste e de outros planetas, de forma realista e a todas as partes do mundo, de modo que qualquer tentativa de definição local "real" se torne supérflua – esta a visão de Virilio da "paralisia frenética" terminal, a *"inertie polaire"*.[12]

Ainda que pedagogos, psicólogos e pediatras hoje, reiteradamente, atentem para o fato de que crianças e jovens de países altamente desenvolvidos despendem tempo demais sentados passivamente imóveis em frente de computadores e monitores, arriscando assim comprometer sua capacidade de locomoção e seu arcabouço de orientação espacial,[13] não resta dúvida de que esse diagnóstico descreve uma tendência lógica: pessoas e bens se locomovem não apenas virtualmente, mas também de forma real, em uma proporção historicamente sem precedentes

---

12 Virilio, 1998a; ver 1993, p.7 ss. e p.17, além de 1980, *passim*, e 1997, p.9 ss.

13 Ver Baur, 1989; Fölling-Albers, 1992.

e em alta velocidade pelo espaço. No entanto, o acesso simultâneo, em escala mundial, de informações de toda espécie, bem como a "contração do espaço" em função da aceleração dos transportes, emprestaram a metáforas como a "aldeia global" de McLuhan ou, graças a fotos de satélite, "espaçonave Terra", ou, ainda, ao *slogan* de uma empresa de telecomunicações — "*Não haverá mais 'lá', todos estaremos 'aqui'*" —, uma qualidade visível, que se intensifica, como consequência da combinação de tais acelerações, por meio não somente de novas tendências de moda, movimentos sociais e estilos de vida, mas também doenças, formas de terrorismo etc., que surgem simultânea e globalmente.

Como mostraram recentemente sociólogos como Manuel Castells, Anthony Giddens ou John Urry, os processos descritos sob as palavras-chave da globalização e da revolução informática e comunicacional conduzem não apenas a um outro significado e a uma experiência modificada de espaço, mas transformam, ainda, a forma e a percepção do tempo social. Em virtude da capacidade quase ilimitada de alimentação de dados das novas mídias e do aumento de fenômenos de *contemporaneidade dos não contemporâneos*, aqui já discutidos, o tempo começa a perder seu caráter orientacional e unilinear, pois o conjunto de sequências e cronologias parece se dissolver progressivamente.

Isso é ilustrado em cinco exemplos: 1) Na internet se encontram informações e dados inseridos em diferentes momentos, informando sobre diferentes épocas históricas, lado a lado, sem quebra nem hierarquia, impossibilitando sistematicamente a possibilidade de uma orientação temporal ao deixarem surgir um modelo caleidoscópico e fragmentário no lugar de cronologias ordenadas e estáveis. Esse fenômeno de desorientação temporal-sequencial encontra seu correspondente cultural em inúmeros artigos da produção de vídeos, filmes e televisão, nos quais a ordem cronológico-sequencial e narrativo-linear das imagens e mensagens é substituída por uma sobreposição caleidoscópica, associativa, de elementos espaçotemporais.[14] 2) Da mesma maneira, as formas contemporâneas de comunicação assincrônica (*e-mail*, secretária eletrônica) possibilitam, por assim dizer, "destemporalizar" conexões comunicativas e reativá-las em uma sequência e em um momento quaisquer. 3) O mesmo vale para o marcante princípio estilístico da Pós-Modernidade cultural, que na arte e na arquitetura, moda e estilo de vida, e até mesmo na política e na ciência, coloca lado a lado e conecta variadamente, de forma eclética, com a mesma validade, elementos de épocas distintas. 4) No palco da política internacional, assim como no plano da vida cotidiana, ocorrem sequencial e paralelamente eventos e episódios que parecem pertencer a diferentes épocas da história mundial em uma sequência aparentemente casual.[15] No Afeganistão, após o 11 de setembro de 2001, guerra e política internacional encontraram um Estado religioso medieval (com sua estratégia de guerra lenta) que, por outro lado, havia se unido a formas altamente modernas de terror para, logo

---

14 Um exemplo interessante de abordagem e encenação da perda da ordem sequencial de experiência com o mundo é o filme *Memento*, de Christopher Nolan, no qual o protagonista perdeu a capacidade de armazenar vivências e informações na memória de longo prazo, motivo pelo qual o mundo lhe parece a sequência de uma série de experiências não reconhecivelmente conectadas, através das quais o filme tateia em um retrocesso cronológico.

15 Para uma *interpretação* aprofundada dessa percepção, ver as questões desenvolvidas no Capítulo XII.3 sobre destemporalização da história.

em seguida, recair numa era de guerras tribais pré-modernas. Da mesma forma é possível, andando pelas ruas de uma *"global city"*, passar de um bairro com uma cena religiosa e um mercado que remetem à Idade Média para um centro de finanças e comunicações do século XXI e, logo em seguida, chegar a uma área que lembra a Revolução Industrial – assim como também é perfeitamente possível que elementos dessas três eras se choquem numa mesma região. 5) Por fim, a era biológica perde sua função de ordenação sequencial com relação ao curso da vida: fases de aperfeiçoamento técnico podem se alternar com períodos de vínculo profissional; a paternidade e a maternidade são possíveis mesmo em uma idade mais avançada e até durante a aposentadoria; a vida de solteiro pode vir após uma vida conjugal etc.

Anthony Giddens identifica em tais processos uma mudança e uma ampliação do "distanciamento tempoespacial", marcado sobretudo por uma desvinculação de acontecimentos sociais do modelo tempoespacial herdado,[16] e Manuel Castells cunha, para a forma temporal dominante na Era da Informação, a expressão "tempo atemporal", que lembra o conceito de "espaço alocal":

> Proponho a ideia de que o tempo atemporal, como categorizo a temporalidade dominante em nossa sociedade, ocorre quando as características de um contexto dado, nesse caso o paradigma informacional e a sociedade em rede, induzem uma perturbação sistêmica na ordem sequencial de fenômenos realizados naquele contexto. Tal perturbação pode assumir a forma de uma com-

---

16 Giddens, 1995b, p.33 ss.

pressão da ocorrência de fenômenos, tendo por objetivo a instantaneidade ou, ainda, de uma introdução de descontinuidades aleatórias na sequência. A eliminação do sequenciamento cria um tempo indiferenciado, que é o mesmo que a eternidade.[17]

Daí torna-se evidente que não apenas o espaço, mas, ao menos em alguns contextos, também o tempo (cronológico), perde sua função de orientação, o que parece tornar imprescindível a formação de novos sensores de orientação no contexto tardo-moderno das ações. Retornarei a esse tema na discussão das consequências da aceleração social.

No entanto, a transformação de nossa relação para com o tempo e o espaço, ou a transformação do *regime espaçotemporal*, não é a única forma, advinda da aceleração técnica, de revolucionamento do tipo e da maneira com a qual os sujeitos são "dispostos no mundo". Através de uma fórmula simplificada e esquemática pode-se constatar que, assim como nossa relação com o *espaço* foi modificada sobretudo pela aceleração dos transportes, nossa relação com as *pessoas* foi revolucionada pela aceleração da comunicação e nossa relação com as *coisas* pela aceleração da (re)produção. Todas as três formas de aceleração colaboraram para que nossa relação com o próprio *tempo* se transformasse (ver Figura 7).

---

17 Castells, 1996, p.464. É interessante observar que esse tempo aparece igualmente inerte e "congelado" como a *inertie polaire* de Virilio, centrada no espaço. Ambas as concepções apontam, assim, de forma evidente, para o outro lado da aceleração social, identificado neste trabalho como a inerente e paradoxal inertificação social, cuja lógica deverá ser desvendada na quarta parte da presente investigação.

*Aceleração*

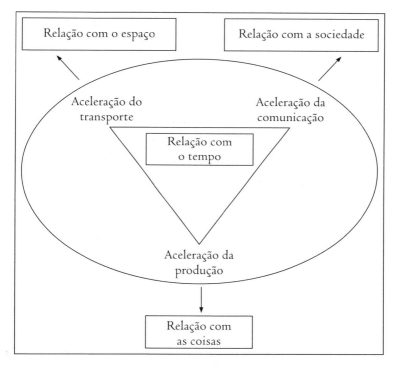

Figura 7 – A aceleração técnica e a mudança das relações com o mundo

A transformação de nossas relações com o espaço, com outras pessoas e com estruturas materiais do mundo das coisas segue aquela lógica geral, característica para o processo de modernização como um todo: elas, por assim dizer, se "fluidificam", ou seja, tornam-se transitórias, rapidamente mutáveis e contingentes.[18] Assim, a mudança técnica dos transportes anula a ligação arcaica entre sujeitos e espaços territorialmente limitados, enquanto o desenvolvimento técnico da comunicação,

---

18 Ver o diagnóstico de Zygmunt Bauman sobre a *Liquid Modernity* (2000).

que tende a conectar *cada um a todos em qualquer lugar e a qualquer momento*,[19] representa um pressuposto fundamental para a transformação de relações sociais no processo de modernização.

Essa transformação é constituída, em primeiro lugar, pelo fato de modelos de associação e relações não mais estarem, ou estarem apenas em medida reduzida, ligados a um espaço geográfico comum (tornando-se assim, por um lado, mais fáceis de serem anulados e modificados, mas, por outro, também passíveis de serem mantidos à distância); em segundo lugar, pelo aumento e pela rápida troca de parceiros de comunicação; e, em terceiro, pela transformação dos *meios* de comunicação, que, inevitavelmente, influenciam a qualidade da interação e, com isso, da própria relação social. O exemplo mais conhecido nesse caso são as diversas diferenças entre contatos face a face e interações intermediadas por mídias.[20]

---

19 Ver Myerson, 2001, p.12 ss.
20 "Na comunidade do face a face, o elenco de outros permaneceu relativamente estável. Houve mudanças relativas a nascimentos e óbitos, porém mudar de uma cidade para outra – e ainda mais de estado ou país – era difícil. O número de relações comumente mantidas no mundo atual apresentava-se em forte contraste. Contando-se a família, o noticiário matutino na televisão, o rádio do carro, colegas no trem e os jornais locais, o trabalhador típico é confrontado nas primeiras duas horas do dia com a mesma quantidade de pessoas (em termos de encontros ou de imagens) que seu predecessor, integrante da comunidade, seria em um mês", constata Kenneth Gergen (2000, p.62) e atribui assim à aceleração tecnológica um papel fundamental para o aumento do número e da intensidade de acelerações sociais na Modernidade que levaria, na Pós-Modernidade, a um estado de individualidade "perpassada" (saturada) pelo mundo social: "Através das tecnologias do século, o número e variedade de relacionamentos de que participamos, a frequência potencial de contato, a intensidade

*Aceleração*

A aceleração da *produção*, finalmente, representa uma pré--condição central para a contínua substituição das estruturas materiais que nos cercam – nossas roupas e sapatos, nossa moradia ou ao menos nossos móveis, cozinhas e banheiros, nossos eletrodomésticos e instrumentos de trabalho, nossos veículos e artigos de luxo. A aceleração monstruosa da produção possibilitou o que o imperativo econômico da ordem econômica capitalista demanda: o acelerar de todo o sistema de processamento material da sociedade e, com isso, da velocidade de realização do capital.[21] Assim, tanto os objetos cotidianos que nos circundam como as estruturas materiais de nosso mundo da vida tornam-se, como um todo, contingentes e transitórios. Pode-se suspeitar que isso modifica substantivamente a relação entre sujeitos e coisas – devido à contínua obsolescência e desatualização (o computador que ainda ontem era promessa de aceleração, hoje, em face de programas que exigem maior capacidade de processamento, já se tornou um empecilho), bem como à racionalidade econômica do *descarte* e da *substitui-*

---

      expressa das relações e sua duração ao longo do tempo estão todos crescendo constantemente. Quando esse crescimento se torna extremo atinge-se um estado de saturação social" (ibid., p.61, ver p.49 ss.). Sobre a transformação de relações sociais em decorrência da aceleração tecnológica da comunicação, ver ainda Eriksen, 2001; Myerson, 2001; Kirchmann, 1998; Hörning; Ahrens; Gerhard, 1997; ver ainda os capítulos V e XI.3.
21  Enquanto, como já observara Simmel ([1900] 1989, p.637), partes fundamentais da instalação domiciliar, hoje denominadas "móveis", eram, até a chegada da Modernidade, literalmente *imóveis* como parte irremovível de uma casa, hoje, ao menos nos Estados Unidos, até mesmo as próprias casas começam a se tornar móveis.

ção no lugar da reparação,[22] processos de assimilação e intimização do mundo das coisas, constituidores de identidade, se tornam cada vez menos verossímeis.[23] Sob essa perspectiva, a Modernidade é caracterizada pela suplantação do *desgaste físico* pelo *desgaste moral* (Marx) como causa da reposição material do mundo objetivo e das instituições: eles se tornaram inutilizáveis, no decorrer dos últimos séculos, cada vez menos por terem sua substância material (irreparavelmente) desgastada ou consumida, mas antes por tornarem-se "ultrapassados", no sentido da obsolescência de sua técnica ou de sua moda. Por essa razão, diferentemente das sociedades pré-modernas, quase nunca são reproduzidos de forma idêntica, mas quase sempre num *formato transformado*.

Mesmo onde sujeitos *não* trocam sua residência nem parceiros sociais, nem objetos materiais importantes, como sua casa ou seu carro, ou até sua bolsa, essas relações se tornaram, no horizonte da Modernidade (Tardia), tão contingentes que a troca é, a todo momento, uma possibilidade real, que a "persistência" diante do movimento quase deve ser justificada. Através disso fica claro o quanto as acelerações dos transportes, da comunicação e da produção influenciaram os sujeitos em suas autorrelações e suas relações para com o mundo e, com isso, os

---

22 Como Linder (1970, p.38 ss.) mostra, a tendência à "sociedade do descartável" possui sua base racional no fato de que os processos de produção se aceleram bem mais intensamente que os processos de conserto, que mal podem ser acelerados, motivo pelo qual estes últimos se tornam cada vez mais caros se comparados com os primeiros.

23 Ver sobre isso o Capítulo XI.3 e ainda as considerações de Frisby em ligação a Walter Benjamin (Frisby, 1988, p.230 ss.), assim como Simmel, [1900] 1989, p.638, e Rosa, 2002a.

modelos de identidade socialmente relevantes. A identificação com espaços, com parceiros de comunicação fixos, com grupos de referência e com as coisas assume um caráter temporalmente limitado e contingente – o sujeito é forçado a distanciar-se ou emancipar-se deles de modo que possa suportar uma mudança (voluntária ou obrigatória) sem perda do eu. Desse modo, existências perdem tendencialmente um *ponto local*, assim como lugares perdem sua *identidade* e sua *história*.[24] Essa ideia tem que permanecer por ora um postulado – retornarei, mais detalhadamente, à questão da transformação de modelos de identidade e relações individuais ligada à aceleração social nos capítulos VI.3 e XI.

De qualquer forma, fomos muito além da área da aceleração *técnica* como tal. As transformações do *regime espaçotemporal* diagnosticadas, de nossas relações sociais e de nossa relação para com as estruturas materiais de nosso meio não são uma simples consequência nem uma implicação lógica de descobertas tecnológicas; elas estão indissociavelmente ligadas, em suas manifestações empíricas, à aceleração da mudança social e do ritmo de vida. Isso fica evidente especialmente em relação à mudança de nossa relação com outras pessoas, assim como em nosso comportamento social: modelos de interação rapidamente alteráveis e qualitativamente transformados são, como logo será mostrado, no mínimo, tanto uma forma e decorrência da aceleração da mudança social quanto uma consequência do desenvolvimento tecnológico-comunicacional; ou, em outras palavras, o efeito específico deste último se manifesta apenas

---

[24] Ver Augé, 1994; Bauman, 2000, p.98 ss.; Lübbe, 1998, p.268; sobre isso, Rosa, 1998, p.205 ss. e 2002a.

no contexto da primeira. De forma semelhante, a revolução cada vez mais rápida das estruturas de nosso meio material não é, como tal, conscientemente objetivada, constituindo assim um fenômeno da aceleração da mudança social. A aceleração técnica representa, portanto, algo como a *base material* e *uma condição de possibilidade* da pluralidade de processos aceleratórios sociais que fundamentam tais transformações e que, hoje, são discutidos sobretudo sob o conceito de *globalização*; ela constitui, assim, a base material para ambas as outras formas de aceleração social que, por sua vez, impulsionam o processo de aceleração tecnológica como um "motivador". Isso revela, mais uma vez, que a diferenciação das três dimensões da aceleração é *analítica*: para a compreensão das formas empíricas de manifestação e efetuação da aceleração social são indispensáveis a consideração, simultânea, de todas as três dimensões e, especialmente, a análise de suas interações. Portanto, antes de questionar as causas e demais consequências da aceleração social, quero me dedicar, na sequência, a um levantamento das duas outras dimensões da aceleração. No Capítulo VII deverá então ser demonstrado, de forma sistemática, como a aceleração técnica, a aceleração da mudança social e a aceleração do ritmo de vida se impulsionam, mutuamente, em um círculo reflexivo.

# V
## *Declives escorregadios:*
## a aceleração da mudança social
## e o aumento de contingências

"É suficientemente ruim [...] que agora não se possa aprender mais nada para a vida inteira. Nossos antepassados seguiam os ensinamentos que receberam em sua juventude; mas nós temos que, a cada cinco anos, reaprender, se não quisermos ficar completamente fora de moda", é a queixa que Goethe atribui à personagem Eduard em *As afinidades eletivas*. Koselleck vê nesse *encurtamento dos ritmos temporais do reaprender* (ou do reduzido prazo de validade do saber), que constitui um correlato da *contração do presente*, o cerne da percepção de uma mudança social acelerada.[1] O conjunto de conhecimentos confiados à obsolescência acelerada diz respeito, como procurei mostrar, tanto a formas de práxis e orientações de ação quanto a estruturas de associação e modelos de relações; ela se refere ao saber sobre a sociedade e sobre o mundo, assim como aos elementos cognitivos das autorrelações subjetivas, abrangendo tanto o lado estrutu-

---

1 Goethe, 1993a (*Die Wahlverwandtschaften*, I, 4), p.370; Koselleck, 2000, p.164.

ral quanto o cultural da realidade social. A sociedade moderna é caracterizada por uma quantidade historicamente inédita de "energia cinética" ou *inquietação transformativa*, que torna plausíveis as metáforas, desde Marx até Berman e Bauman, do contínuo derretimento, evaporação ou liquefação de estruturas sociais.[2]

Em face da erosão, iniciada aproximadamente ao fim do século XX, das estruturas econômica, jurídica, política e de bem-estar social ligadas ao arranjo institucional do Estado nacional, que se desenvolveram na "Modernidade Clássica" e que tinham se mostrado, até então, surpreendentemente estáveis, as metáforas de *"flows"* e *"fluids"* ganham nova atualidade nos novos diagnósticos do tempo: autores como Manuel Castells, Zygmunt Bauman, John Urry ou Arjun Appadurai atribuem ao fluxo de pessoas, informação, finanças e mercadorias, que se espalha em alta velocidade pelo globo, quase sem encontrar resistência, as características de líquidos que podem se dispersar rapidamente por toda parte, mas que, em face da menor das mudanças territoriais ou políticas, fluem em outras direções, por outros canais, ou batem em retirada, isto é, líquidos que não chegam a formar um estado agregado estável, duradouro, que não formam ligações sólidas entre si. Nesse triunfo da dinamização moderna sobre as forças institucionais imobilizadoras (que também devem ser atribuídas, naturalmente, à Modernidade), aqui diagnosticado, não é possível identificar nenhum princípio novo, mas sim apenas mais um salto de nível do processo de aceleração e liquefação que é próprio da Modernidade.

---

2 Para a sugestão de explicação da transformação social através da "energia cinética" de uma sociedade, ver Radkau, 1998, p.13.

## Aceleração

Uma expressão significativa e uma potencial escala para esse desenvolvimento é a imagem, fornecida por Appadurai, da dissolução de agregados sociais solidificados, estáveis histórica e geograficamente, em favor de *"ethnoscapes, technoscapes, finanscapes* e *ideoscapes"* mais fluidos, em permanente movimento e transformação, que se separam uns dos outros de maneira disjuntiva na forma de *"cultural flows"*, e que deslocam uns aos outros, de modo que não podem mais ser ilustrados em mapas tradicionais, mas apenas pela visualização dinâmica de telas em constante modificação.[3] Esses *"flows"* ocorrem sempre no plural: decisivo para a compreensão das sociedades contemporâneas é o fato de que territórios, etnias, fluxos financeiros e ideológicos, assim como formas de práxis religiosas e políticas, se tornam *tendencialmente* independentes uns dos outros, de tal forma que as torrentes fluam em diferentes direções, ou seja, de forma quase aleatoriamente (re)combinável, embora pareçam se abster, em grande medida, de um controle intencional.

Também em face da velocidade da mudança social é possível considerar que um aumento quantitativo contínuo, ao alcançar um limiar crítico, possa levar a mudanças qualitativas na constituição da realidade social. Tal qual autores como Jan Assmann ou Reinhart Koselleck mostraram,[4] a memória social comunicativa é limitada a uma extensão temporal de aproximadamente 80 a 100 anos, o que significa que o fenômeno, característico para a Modernidade, da dissociação de espaço de experiência e horizonte de expectativa e, com isso, a experiência de uma

---

3 Appadurai, 1990 e 1996; ver ainda, sobre a questão de evidências empíricas, Urry 2000a e 2000b; além de Castells, 1996.
4 Assmann, 1992; Koselleck, 1989, p.328 ss. e 366 ss.; ver Bering, 2001.

"*contração do presente*", só podem ocorrer quando processos de transformação significantes ocorrem *dentro de três a quatro gerações*. Caso a transformação social, isto é, caso a transformação de certezas estruturais e culturais, ao contrário, alcance uma velocidade maior que a da *simples* sucessão das gerações, será possível supor que as graves consequências daí resultantes recairão não apenas, como já presumia Karl Mannheim, sobre a relação entre as gerações, mas, ainda, que a erosão das certezas do mundo da vida alcançará uma nova qualidade, a qual não pode deixar intactas a reprodução cultural e as autorrelações subjetivas.[5] Após um limiar crítico ainda mais alto, já não determinável com clareza, a transformação deixa, por fim, de ser percebida como mudança de estruturas fixas, mas sim como *indefinição* fundamental e potencialmente caótica.[6] A atual atratividade de ideias pós-modernas poderia, sem dúvida, sinalizar o atingimento de um limiar crítico como este, para além do qual formas narrativas, cumulativas e lineares de apreensão do mundo não podem mais se sustentar.

A tese, defendida neste trabalho, de uma *aceleração* da mudança social no decorrer do processo de modernização pode ser aqui formulada, aguçadamente, na ideia de que a rapidez dessa transformação foi aumentada de uma velocidade *intergeracional* no início da Modernidade, passando por uma fase de certa sincronização com a sequência geracional na "Modernidade Clássica" e, em seguida, a uma velocidade que na Modernida-

---

5 Mannheim, 1964; e ainda Ahmadi, 2001, p.194, e Lauer, 1981, p.144; sobre o último argumento, ver, por exemplo, Lübbe, 1998, e Lauer, 1981, p.113 e 140.

6 Ver Lübbe, 1998, p.288 ss.

de Tardia se tornou tendencialmente *intrageracional*.[7] Como já foi exposto, é difícil sobretudo solidificar empiricamente essa suposição, pois é altamente disputável, no debate sociocientífico, quais inovações devem ser consideradas *inovações de base* e quais indicadores revelam uma mudança social genuína. Não obstante, há uma ampla concordância com relação ao fato de as instituições de base de uma sociedade serem aquelas que organizam os processos fundamentais de produção e reprodução.[8] Para sociedades ocidentais, tais instituições são, desde a

---

7 Isto parece, à primeira vista, contradizer a citação goethiana que diagnostica, já no século XIX, uma velocidade de obsolescência cultural que requereria *reaprendizado a cada cinco anos*. Essa "indicação de velocidade" se refere, no entanto, como quero mostrar em seguida, não à velocidade na qual os elementos vitais básicos dos atores sociais se transformam, mas antes a um campo periférico de conhecimento. A solidez da diagnose de uma aceleração da transformação social não depende da veracidade desse "argumento geracional" específico.

8 Ver, por exemplo, Castells, 1996, p.228. Uma posição discordante é defendida pelos representantes da teoria dos sistemas, proveniente de Luhmann, para quem a forma primária de diferenciação social (via de regra segmentária, estratificadora ou funcional) define a forma básica da sociedade. Uma aceleração da transformação dessa diferenciação de base é praticamente impensável. Porém os fenômenos, que neste contexto nos interessam e que foram diagnosticados pelo próprio Luhmann, de encolhimento do presente e da contínua redução da duração da estabilidade de horizontes temporais não podem ser analisados. A estabilidade aparentemente inalterável e mesmo a rigidez do processar sistêmico nas sociedades modernas não constitui, como ainda mostrarei, uma contradição à diagnose da aceleração da transformação social, mas sim seu oposto complementar: a infalibilidade das lógicas operacionais (sub)sistêmicas é um correlato necessário do revolucionar contínuo de relações materiais, sociais e culturais na sociedade moderna (ver Jameson, 1998, p.57).

primeira fase da Modernidade, a família e o sistema (capitalista) ocupacional, motivo pelo qual análises da mudança social muito frequentemente se concentram nesses campos.

Apesar de todas as contradições nos resultados empíricos a respeito dessas duas dimensões sociais, não é implausível postular para ambas as áreas exatamente uma tal aceleração transformativa que parte de uma velocidade *inter*geracional, passando por uma *geracional* em direção a uma velocidade potencialmente *intra*geracional, levando-se em conta apenas as causas transformacionais socio*endógenas*, ou seja, causas transformativas autoproduzidas, que são as únicas que aqui nos interessam (e não acontecimentos exógenos, como ataques inimigos, catástrofes naturais etc.). No que tange, por exemplo, aos ciclos de vida de famílias enquanto unidade econômica ou "manutenção doméstica", eram assim as estruturas familiares ideal-típicas em sociedades agrárias tendencialmente estáveis através de uma longa cadeia de gerações: A sucessão geracional mantinha as estruturas básicas intactas e trocava, praticamente, apenas o indivíduo que ocupava determinada posição. Arthur Imhof descreve a manutenção da estabilidade estrutural de uma família ao longo de várias gerações com o exemplo de uma propriedade no norte de Hessen (nesse caso trata-se de uma fazenda, porém as sucessões de propriedade e entre dinastias são, nesse sentido, estruturalmente iguais) da seguinte forma:[9]

> Não fora o indivíduo Johannes Hoos, nascido neste e falecido naquele ano, o fator decisivo. Mais importante era que sempre havia um descendente de nome Johannes Hoos como cumpridor

---

9 Ver Nassehi, 1993, p.346, nota 104.

*Aceleração*

daquele papel de guiar o destino da fazenda durante seus anos de melhor condição física e de maior integração social. Dessa forma, a propriedade não esteve apenas dez, vinte ou trinta anos em poder de Johannes Hoos, mas sim durante consecutivos quatro séculos e meio. De fato, uma impressionante estabilidade apesar do inseguro tempo de vida.[10]

O fato de que para muitos integrantes da sociedade – como criados e serviçais – fosse proibido fundar uma família própria não contradiz em absoluto esse achado: sua posição social estava definida por relações com aquelas estruturas familiares fundamentais; eles eram, em parte, simples elementos da economia doméstica familial. As estruturas familiares mais determinantes, de um ponto de vista estrutural (e cultural), eram, assim, direcionadas para a duração (ao menos em suas condições). Na Modernidade "Clássica", de forma ideal-típica, o núcleo familiar baseado sobre *uma geração* e centrado em torno de um casal cuja morte o desintegra, substitui a grande família, e, com isso, também a unidade familiar suprageracional e sua correspondente estrutura, orientada para uma estabilidade de longo prazo. Torna-se uma tarefa constituidora de identidade e de autonomia, para o indivíduo burguês (e cada vez mais também do "proletário") moderno *formar uma família própria*, que teoricamente só deixará de existir como unidade econômica

---

10 Imhof, 1984, p.188. Luhmann (1980, p.299) também observa a transição da "invulnerabilidade institucional" da estrutura familiar na Idade Média para a fundação descontinuada de tais estruturas na velocidade da sequência de gerações na atualidade. Ver ainda Kohli, 1985, p.11-2.

com a morte do casal. Na *Modernidade Tardia*, ciclos familiares apresentam, finalmente, uma enorme tendência de assumir uma duração infrageracional, o que se afirma, de modo mais significativo, nas taxas crescentes de divórcios e segundos casamentos, bem como de dissolução e reorganização de unidades domésticas.[11] O parceiro de *uma fase* da vida substitui, hoje, tendencialmente, o parceiro de *uma vida inteira* – argumento que, de modo algum, postula em si a queda do ideal da família burguesa. Ao contrário, ele pode ser facilmente associado ao achado empírico que indica que essa forma de vida é, até mesmo em crescente proporção, considerada um modelo desejável[12] e que indivíduos tendem, ainda hoje, a criar (novos) vínculos familiares. A monogamia vitalícia é, cada vez mais, substituída por uma nova forma de "monogamia serial", por um "parceiro amoroso temporário".[13] Como observa Thomas H. Eriksen, trata-se aqui de uma notável manifestação daquela "paralisia frenética" que caracteriza a Modernidade Tardia como um todo.[14]

---

11 A respeito da transformação de estruturas familiares, ver Laslett, 1988, p.33; Brose, 2002, p.127; Castells, 1997, cap.4; Hildebrand, 2001; Beck; Beck-Gernsheim, 1994; Bauman, 2000, p.160 ss.

12 Ver, por exemplo, Fuchs-Heinritz, 2000.

13 Também Burkart, Fietze e Kohli identificam o "parceiro amoroso temporário" como a forma *mais moderna* de relacionamento de casais (1989, p.244 ss.), mesmo que outras formas, como o *casamento tradicional* ou o *vínculo amoroso moderno*, ainda sejam dominantes em determinados meios sociais. Com isso, eles confirmam indiretamente a suposição de que a aceleração seja também nesse sentido equivalente à *modernização*.

14 "Monogamia serial é um dos melhores exemplos existentes da tendência de ficar parado em alta velocidade próximo à virada do milênio" (Eriksen, 2001, p.131).

Apesar de todas as evidentes considerações empíricas ante uma tal representação esquematizada da mudança das estruturas familiares, não se pode negar que a *consciência da contingência* em relação a vínculos familiares cresce também para aqueles que decidem ficar a vida inteira juntos. A consciência de que *também poderia ser diferente*, tanto por iniciativa própria quanto alheia, e as *inseguranças* resultantes disso, assim como a obrigação de justificar a *inércia*, crescem incontestavelmente. Sighard Neckel formulou de forma precisa:

> O simples fato de todos saberem que as coisas são diferentes para os outros coloca o próprio caminho de vida sob o dever de justificar-se, bem como faz nascer a compulsão a descobrir-se como pessoa. [...] Isso institui uma realidade simbólica para atrás da qual o indivíduo não pode voltar. Já essa circunstância transforma a sociedade, independentemente de tudo ter se transformado ou não, em relação aos tempos em que ela se compunha de grandes agrupamentos [...].[15]

E ao contrário das contingências "exógenas" e vicissitudes como doenças, catástrofes naturais, consequências de relações violentas de poder etc., que frequentemente permitiam que estruturas familiares pré-modernas fossem ameaçadas, são as contingências de natureza autogerada e endógena que atingem as estruturas familiares da Modernidade Tardia.

Esse resultado da dinamização é válido também, e em maior medida, para o desenvolvimento das relações ocupacionais. Aqui também é possível argumentar, de maneira enfática, que

---

15 Neckel, 2000, p.40.

as profissões, na pré-modernidade e em seus primórdios, tendencialmente eram passadas de pai para filho, de forma que as estruturas profissionais e ocupacionais apresentavam uma estabilidade, digamos, *suprageracional*. A livre escolha – tomada, em geral, apenas uma vez na vida – de uma profissão *própria*, vitalícia e formadora de identidade se tornou então uma característica da Modernidade "Clássica", na qual estruturas empregatícias apresentam uma estabilidade "geracional".[16] *Encontre sua profissão!* se tornou, ao lado de *constitua uma família própria!*, a tarefa formadora de identidade, primeiro para os homens jovens, e em seguida cada vez mais também para mulheres em sociedades que se modernizam. Na Modernidade Tardia, ao contrário, as profissões e relações ocupacionais raramente possuem a duração de uma vida profissional: múltiplas trocas de profissão e ocupação *ao longo* de uma vida profissional (por vezes acompanhadas de fases mais ou menos longas de desemprego) parece ter passado, segundo a esmagadora maioria dos achados empíricos, de exceção a regra. "Hoje um jovem americano com no mínimo dois anos de estudo universitário deve contar, ao longo de quarenta anos de trabalho, com no

---

16 Essa estabilidade se estenderia, de forma típico-ideal, não apenas à identidade profissional, mas até mesmo à relação empregatícia concreta. Zygmunt Bauman (2000, p.16) observa: "A 'fábrica fordista', modelo de racionalidade mais desejado e avidamente perseguido em tempos de alta modernidade, era o lugar de [...] um tipo de voto matrimonial, como 'até que morte nos separe', entre capital e trabalho. [...] Deveria durar 'para sempre' (independente daquilo que isso significasse em termos de vida individual), e, mais frequentemente que o contrário, de fato durava. O matrimônio era, essencialmente, monogâmico – para ambos os parceiros. Divórcio estava fora de questão".

*Aceleração*

mínimo onze trocas de cargo e pelo menos três trocas de sua base de conhecimento", observa Richard Sennett em sua aqui pertinente investigação.[17]

Também na Alemanha, cujo modelo de alta estabilidade profissional demonstrava, até agora, uma resistência particular contra tentativas de flexibilização,[18] pode-se agora reconhecer uma clara tendência de aceleração tanto da transformação das estruturas ocupacionais quanto de posições ocupadas por parte daqueles que se encontram empregados. Em sua avaliação do microcenso e da amostragem de ocupações do BIBB/IAB (Instituto Federal Alemão de Educação Profissional), entre 1975 e 1997, o grupo em torno de Christoph Köhler e Olaf Struck verificou, no enquandramento de sua análise da transformação da estrutura do mercado de trabalho, como parte do projeto Sonderforschungsbereich 580 (Âmbito de Pesquisas Extraordinárias 580) na Universidade de Jena, uma "contínua erosão do emprego estável e seguro",[19] especialmente a partir de 1990, com resultados que, embora não sejam sempre muito pronunciados, apresentam uma tendência clara. A análise detecta uma redução sensível da duração média de empregos em uma empresa, um aumento da troca de cargos entre empresas, uma maior mobilidade dos empregados e, como um todo, uma crescente instabilidade das relações de trabalho. Também

---

17 Sennett, 1998, p.25. "Quem quer que inicie uma carreira na Microsoft não tem a menor ideia de como ela terminará. Quem começasse a trabalhar na Ford ou na Renault podia estar seguro que permaneceria ali até o fim", assim resume Daniel Cohen essa mudança (citado por Bauman, 2000, p.116).
18 Ver, por exemplo, Berthold, 2002; Donges, 1992.
19 Grotheer; Struck, 2003, p.35.

o risco (subjetivo) de demissão cresceu consideravelmente.[20] Isso "mostra que, nos anos 1990, as relações no mercado de trabalho modificaram-se em direção a uma menor duração e uma maior mobilidade".[21]

Tais achados reforçam a tese de que a sociedade tardo-moderna é marcada por uma superação das mudanças a ritmo *geracional* por mudanças *intrageracionais* na estrutura ocupacional e na reposição da força de trabalho.[22] Associado a isso está o fato de que no setor ocupacional, mais intensamente ainda que nas formas familiares (que na Modernidade Tardia também se pluralizaram, ainda que em menor medida),[23] não apenas as *relações* de trabalho se transformaram rapidamente, mas também o espectro das *formas* de trabalho dos âmbitos profissionais. A desregulação das relações trabalhistas gera novas formas ocupacionais, como o contrato temporário e diversas formas de empregos parciais, enquanto sobretudo as tecnologias da informação criaram novos ramos empregatícios que acarretam o desaparecimento de diversas ocupações tradicionais. Mais uma vez valida-se aqui o fato de ser a dinâmica transformativa da sociedade de natureza *endógena*, e que as transformações podem ser conduzidas por decisões próprias *ou* alheias, e que a consciência da contingência, isto é, a insegurança com rela-

---

20 A duração média de atuação em uma empresa e vinculação a ela caiu de 1991-1992 até 1998-1999 de 11,6 para 10,1 anos (fora funcionários públicos), ao passo que, durante o decorrer dos anos 1990, a parcela de relações empregatícias de curta duração cresceu de quase 20% para quase 27% (ibid., p.14, dados relativos à Alemanha Ocidental).
21 Ibid., p.30 ss.
22 Ver Grotheer; Struck, 2003, p.3 e 17.
23 Ver Beck; Beck-Gernsheim, 1994.

ção à situação ocupacional a curto, médio e longo prazo, aumenta também onde profissões e relações empregatícias *não* são alteradas.[24]

A aceleração da mudança social pode, por isso, e este é o meu argumento, ser identificada clara e conjuntamente nas relações entre gerações da seguinte forma: partindo de uma situação pré-moderna na qual legados estruturais e culturais eram, como um todo, transmitidos a várias gerações futuras, essa aceleração conduziu a uma Modernidade na qual, como conclui Ansgar Weyman, gerações agem "como atores coletivos formadores de estruturas e inovadores", na qual, portanto, transformações podem ser identificadas nas transições geracionais[25] e, por fim, numa Modernidade Tardia na qual as relações se transformam, em suas bases, dentro do período de tempo relativo a uma mesma geração.

Definindo-se contração do presente como a *redução geral da duração temporal na qual prevalece uma segurança de expectativa com relação à estabilidade de condições de ação*, reconhece-se imediatamente em que medida tais formas de instabilidade profissional e familial podem ser interpretadas como sintomas da aceleração da mudança social. A rápida transformação, a revisibilidade e a recombinabilidade e, com isso, o crescente contingenciamento de práticas, constelações e estruturas atingem, entretanto,

---

24 Para os dados empíricos, ver também, além de Grotheer; Struck (2003), Garhammer, 2001, 2002; Kohli, 1994; Comissão para Questões do Futuro (Kommission für Zukunftsfragen), 1996, 1997; Sennett, 1998; Hoffmann; Walwei, 1998; Beck, 1999; Dörre, 1997. Para uma postura crítica à tese da erosão, além de Berthold, 2002, e Donges, 1992, ver Erlinghagen, 2002.

25 Weyman, 2000, p.44.

também outras esferas sociais, estruturais e cotidianas, centrais e periféricas. Na altamente acelerada sociedade "global" predomina, tendencialmente, como dimensão central da mobilidade moderna,[26] a mesma insegurança, seja em relação ao futuro parceiro amoroso ou patrão, seja em relação ao local de residência, à orientação política[27] e religiosa[28] e ainda com relação à estabilidade das condições e contextos de ação em dimensões sociais periféricas: qual companhia telefônica ou energética, qual clube de férias, qual investimento e qual seguro de saúde ou de aposentadoria ainda existirão e oferecerão condições favoráveis "amanhã" (que, no sentido de Lübbe, se aproxima cada vez mais do "hoje") é algo tão incerto quanto a questão sobre quais jornais, revistas, emissoras de televisão, provedores de internet, buscadores virtuais etc. ainda estarão disponíveis com ofertas aceitáveis (ou quais amigos e conhecidos ainda estarão morando na mesma cidade) – sem contar com a incerteza em relação a novos campos de ação e novas práticas que terão surgido. (A questão do provedor de internet e do buscador virtual, ou mesmo a da companhia telefônica correta não faria sentido uma geração atrás.)

Tomamos como menos problemática, em geral, a transformação (acelerada) de modas, produtos e estilos artísticos,

---

26 Ver Walzer, 1993, p.164 ss., que não tematiza, entretanto, a mobilidade religiosa, mas trata o status social como categoria independente.

27 O aumento da volatilidade política e partidária é um fenômeno bem documentado nas pesquisas eleitorais.

28 "Qual é a religião certa para mim?" era há algum tempo a manchete de uma revista sobre estilo de vida que tematizou de forma provocativa a mobilidade religiosa (Teste de religiões, em: *XX Living. Der Navigator für das moderne Leben*, cad.6, p.44-52, 1998).

uma vez que tais campos são direcionados constitutivamente para a mudança, ainda que, quando tipos e marcas de roupas, alimentos, cosméticos etc. com os quais nos acostumamos, se tornam indisponíveis, isso possa ser sentido como um abalo na segurança do mundo da vida. O encurtamento do ciclo de vida de produtos torna-se, assim, problemático para comerciantes e compradores, especialmente quando a velocidade de inovação é tão alta que, mesmo para os primeiros, só com muito esforço é possível distinguir modelos novos e antigos.[29] É evidente que, como visto no Capítulo III, subseção 2.b, o "presente", isto é, o intervalo de estabilidade, que dura diferentemente para cada âmbito social — esse presente é, em geral, mais longo em relação ao parceiro amoroso (de uma parte da vida) que em relação à moda do vestuário. A tese de uma aceleração generalizada da mudança social afirma, no entanto, que o presente contrai ou em *todos* os âmbitos ou, ao menos, em seu valor agregado através de todos os campos (mais relevantes).

Fenômenos de dessincronização prenhes de consequência, ocasionados por diferentes velocidades de transformação e adaptação, ocorrem não apenas entre sistemas funcionais (as velocidades transformativas e inovativas em educação e política, por exemplo, são menores que aquelas da economia e da tecnologia), mas também entre diferentes grupos sociais e, especialmente, entre as *gerações* coexistentes em uma sociedade. Quando a mudança social atinge uma velocidade *intrageracional* pode-se esperar que isso crie amplas consequências para as possibilidades e formas de integração social e reprodução cultural. Assim supõe Lübbe:

---

29 Ver sobre isso Backhaus; Gruner, 1998.

A transferência cultural intergeracional está potencialmente ameaçada quando as orientações culturais daquelas duas gerações, que coexistem na pequena unidade social de uma família moderna, se afastam demasiadamente. Processos de amadurecimento, assim como processos de envelhecimento, assumem traços precários na medida em que a porção de repertórios culturais, que possuem uma constância de validade acima do curto prazo de uma vida média, se dissolve, trazendo consigo desorientação. [30]

Ainda que se possa questionar o fundamento empírico das "consequências de desorientação", os sintomas observáveis de uma crescente "clivagem" intergeracional, sobretudo em vista da cultura midiática e cotidiana atual, permanecem ineludíveis: jovens e idosos vivem cada vez mais em submundos isolados entre si, não apenas por utilizarem diferentes meios de comunicação, mas ainda por jogarem diferentes jogos e frequentarem diferentes lugares, assistirem a diferentes programas de televisão, lerem diferentes periódicos, preferirem distintos estilos musicais em ambientes divergentes, usarem outras roupas, compradas em lojas especializadas para sua faixa etária, e até mesmo comerem comidas diferentes, além de falarem uma outra língua.

A contração *progressiva* do presente implica, assim, que não apenas uma, mas sim duas ou mais linhas de cisão etária se formem. A relação entre gerações torna-se assim uma manifestação da *não contemporaneidade do contemporâneo* e, com isso, do problema da dessincronização social: as experiências, as práti-

---

30 Lübbe, 1998, p.289.

cas e o conjunto de conhecimentos da geração dos pais tornam-se crescentemente anacrônicos e sem sentido, e, uma vez que o conhecimento está ligado à participação prática, até mesmo *incompreensíveis* — e vice-versa: o mundo dos *gameboys*, da internet e das mensagens SMS é para muitos pais, e mais ainda para muitos avós, tão ininteligível e estranho quanto os costumes e práticas de uma cultura bem afastada geograficamente. Um indício empírico de que as formas de prática "mais antigas" também são as *mais lentas* é dado pelos estudos que atribuem aos jovens capacidades e habilidades completamente novas para os idosos, como "policronicidade" ou *multitasking*, ou seja, a aptidão de tratar com diversas fontes de informação e campos de atuação simultaneamente.[31] Em um mundo que se acelera, portanto, as aptidões e o conjunto de conhecimentos de jovens e idosos não são apenas diferentes, como também os primeiros encontram-se sistematicamente em vantagem. De Haan conclui, a partir disto, que a educação das gerações mais jovens pelas mais velhas teria chegado ao fim, e exige, como "última máxima pedagógica", um "direito inerente dos adultos como geração mais velha", ou seja, uma espécie de espaço de proteção para o mundo da vida dos mais velhos, no sentido de um "oásis de desaceleração" conservado intencionalmente.[32] Em todo caso, é perceptível uma diferenciação, preocupante para

---

31 Ver, por exemplo, Francis-Smythe; Robertson, 1999, p.286. Esses autores relacionam as dificuldades com *multitasking* das gerações de mais idade não com um efeito de corte, ao contrário da suposição aqui postulada, mas sim com um efeito etário, sem, no entanto, fornecer comprovações para tal.

32 De Haan, 1996, p.123.

as chances de integração e solidariedade intergeracional, dos mundos de vida e de experiência entre as gerações.[33]

As consequências dessa "ruptura geracional" são diversas. Inconteste nesse campo é o fato, tendo em vista a reprodução cultural, de que crianças e jovens recebem hoje cada vez mais conhecimento orientacional de seus pares e cada vez menos de seus pais e dos mais velhos, pois as experiências e o corpo de conhecimento dos mais velhos são, em face da contração do presente, cada vez mais rapidamente desvalorizados.[34]

Com isso se transforma, inevitavelmente, o *status* da velhice na sociedade. A instituição, indiscutível em sociedades tradicionais, dos *"velhos sábios"*, detentores de um *status* excepcional por terem conhecido e "visto de tudo", não podendo mais serem surpreendidos por nenhum infortúnio da vida, prati-

---

[33] Assim como já Clemens Theodor Perthes, em face da aceleração política que acompanhou a Revolução Francesa, comentou: "Nosso tempo [...] reuniu o inconciliável extremo nas três gerações que ora estão vivendo. As terríveis oposições dos anos 1750, 1789 e 1815 prescindem de qualquer transição, parecendo não uma sucessão, mas sim uma concomitância nas pessoas hoje, dependendo se elas são avós, pais ou netos". E em outro trecho ele constata: "Quanto mais próximo a história comprime as sucessões, mais violento e generalizado será seu embate" (citado em Koselleck, 1989, p.367).

[34] Ver Gaines, 1998, p.256 e 260; Eriksen, 2001, p.133 ss.; De Haan, 1996, p.122 ss. Margaret Mead (1970, p.61) apontou, já há trinta anos, em sua análise das trincheiras entre gerações: "No passado havia sempre pessoas mais velhas que sabiam mais que qualquer criança em relação a sua experiência dentro de um sistema cultural. Hoje não há nenhuma. Isso não quer dizer apenas que os pais não são mais guias, mas sim que não há mais guias, quer se procure no próprio país ou no exterior. Não há mais idosos que saibam o que os que foram criados nos últimos vinte anos sabem sobre o mundo em que nasceram".

camente desapareceu na sociedade tardo-moderna: os idosos são, ao contrário, estigmatizados por *não estarem mais a par e não conseguirem acompanhar* seu tempo. A ameaça de perda, associada à idade, da capacidade de estar aberto e flexível torna-se, em uma sociedade com altas taxas de transformação, uma deficiência estigmatizante, como atestam ramos profissionais nos quais pessoas acima de quarenta anos de idade não são mais aceitas por não aparentarem flexibilidade e disposição ao risco suficientes – o que leva hoje à necessidade de acelerar as próprias carreiras profissionais, de modo que devem ser resolvidas entre a idade de 25 a 45 anos.[35] A (tardo-)moderna "obsessão pela juventude", frequentemente zombada pela crítica cultural, apresenta aqui suas raízes vinculadas à aceleração: a imagem ideal do idoso não é mais aquela do "velho sábio", mas sim aquela do ainda flexível e versátil *Não-realmente-velho*, que não teme adaptações ativas ao novo. A compulsão à juventude ou até a uma "eterna puberdade" surge não de um capricho da sociedade tardo-moderna, ela está, muito antes, gravada de forma indelével em suas estruturas temporais.[36]

---

35 Ver Sennett, 1998. Nos últimos tempos surgem sinais de uma tendência contrária (supostamente passageira): após a decadência dramática da "New Economy", muitas empresas voltaram a valorizar a *experiência* em suas diretorias.

36 Ver Krappmann, 1997. Ahmadi (2001, p.191 ss.) mostra, através da biografia de Stefan Zweig, que, até a geração pré-guerra do começo do século XX, *experiência* e *idade* eram preferidas em vez de *flexibilidade* e *juventude*, o que fazia que jovens tentassem de todas as formas aparentar serem *velhos*, exatamente como os velhos hoje investem fortunas para poder se apresentar como *jovens*. Essa mudança representa um indicador impressionante da aceleração da transformação social além das sequências geracionais.

A instabilidade material e social constitutiva das condições contextuais, de ação e de decisões gerada pela aceleração das mudanças sociais obriga tanto indivíduos quanto organizações e instituições a uma permanente revisão de suas expectativas, reinterpretação de suas experiências, reformulação de relevâncias e repetição de esforços de coordenação e sincronização. A flexibilização e a desregulação de incontáveis práticas sociais, sob o signo da "globalização" neoliberal, na sequência das aceleratórias revoluções política e digital do fim do século XX, impulsionou ainda mais esse processo.

Assim como a *aceleração técnica,* de um ponto de vista fenomenológico, modificou nossa relação espacial e temporal com as coisas e com a sociedade, também a *aceleração da mudança social* e a "fluidificação" de relações sociais e materiais causam um forte impacto no tipo tardo-moderno do *"estar no mundo"*. Procurei descrever, em outros pontos, o sentimento existencial [*Daseinsgefühl*] gerado na Modernidade, generalizado e intensificado na Modernidade Tardia, através do conceito *"slippery-slope"*, com o qual quis dar uma expressão ao fato de quase todas as áreas da vida estarem marcadas sob a percepção de se estar em um *declive escorregadio* ou em uma "escada rolante descendente".[37] Na verdade, a metáfora de declives *em deslizamento (slipping slopes)* me parece mais adequada para interpretar o estado mental da Modernidade Tardia: os atores sociais operam sob condições de mudança permanente e multidimensional que fazem da inércia pela *não ação* ou *não decisão* algo impossível. Aquele que, em face das permanentemente alteradas condições de ação, não se adap-

---

37 Ver Rosa, 1999b e 1999d, assim como 2002a.

ta constantemente ao novo (que, tanto no sentido literal quanto figurado, não atualiza seu *hardware* e seu *software*) perde os pré-requisitos e opções de conexão com o futuro. Isto significa, de um ponto de vista da práxis da vida e das ações: quem não se esforça para se atualizar constantemente se torna anacrônico em sua linguagem, suas roupas, sua agenda, seus conhecimentos sobre o mundo e a sociedade, suas capacidades, seus recursos de lazer, seu seguro previdenciário e seus investimentos etc.[38] Não são apenas os próprios movimentos que introduzem as transformações (como sugere a imagem de declives *escorregadios*), e também não se trata do perigo de uma anacronização unilinear, como sugere a imagem da escada rolante, mas trata-se, na realidade, de situações de ação e decisão em um mundo social altamente dinamizado que deve ser entendido através da metáfora dos declives *em deslizamento*: as próprias condições de

---

38 Uma ilustração interessante daquilo que acontece quando alguém se recusa a se submeter à pressão aceleratória e adaptatória encontra-se em Levine (1999, p.80). Ele cita um colega norte-americano que foge do ritmo de vida acelerado da cultura estadunidense por meio de longas estadias na América do Sul. Ele comenta suas experiências ao retornar aos Estados Unidos: "A cada visita me surpreendo com o quanto me sinto estrangeiro. É como se a cada vez as pessoas tivessem abandonado completamente a moda de ontem e trocado por outra – não somente no vestuário, mas também na música, na arte e tudo o mais. Até mesmo a língua me parece se modificar. Nunca sei como devo me vestir, sobre que devo falar ou quais palavras atualmente soam completamente idiotas. Há vezes, especialmente entre jovens, em que nem consigo mais acompanhar uma conversa". A experiência de não entender mais nada, aqui tematizada, é a mesma de várias pessoas mais velhas diante daquilo que lhes parece uma "bolha tecnológica" da juventude.

ação e de seleção se modificam de forma multidimensional e constante, de modo que uma posição de descanso, a partir da qual opções e conexões podem ser sondadas com "tranquilidade", já não existe. Como em um deslizamento de terra, nem todas as camadas (do solo) se modificam na mesma velocidade. Há, como já tentei mostrar, fenômenos de dessincronização em que diferentes áreas se movem em diferentes velocidades, além do fato de que sempre surgem "oásis de desaceleração" que, como rochas estáveis em um deslizamento de terra, prometem uma estabilidade limitada em um meio que continua a se modificar constantemente. O resultado é como uma reestruturação permanente da "paisagem de decisões" que, não apenas em face das inovações, invalida ininterruptamente experiências e conjuntos de conhecimento, como torna quase impossível prever *quais* opções de conexão e oportunidades de ação serão relevantes e importantes no futuro. No entanto, onde se torna difícil prever relevâncias surge, como reação natural, a tentativa de manter o maior número possível ou a totalidade de opções em aberto, para que possam ser realizadas mais tarde. É exatamente o que Luhmann descreve como *temporalização da complexidade*, que, por sua vez, induz mais aceleração.[39]

O mais revelador sintoma dessa dinamização social talvez seja a introdução dos jornais diários no fim do século XVIII, que reagem à crescente necessidade das pessoas de serem informadas sobre as transformações repentinas nas diferentes esferas sociais, reproduzindo assim, em certa medida, os "mapas" atualizados da política, da economia, da vida cultural, dos

---

39 Luhmann, 1980. Ver, sobre isso, o Capítulo VIII.3.

esportes etc.[40] Sua data de validade tem a duração exata de um dia – nada é mais conhecidamente anacrônico que um jornal de ontem. Entretanto, o recenseamento diário do terreno já não é o suficiente – as edições virtuais dos jornais na internet passam cada vez mais a atualizar suas notícias diariamente, a cada hora ou até mesmo *on line*.[41] De forma semelhante, o "cinejornal" semanal já foi há muito substituído pelo *diário* de notícias, e modernas emissoras de notícia, como a CNN, mantêm seus espectadores, com até três barras de notícias em forma de legenda, literalmente "na sequência" dos acontecimentos. As linhas móveis de notícia (não apenas em telas de computador ou televisão, mas também em painéis de informação em prédios públicos e em meios de transporte), que prometem notícias em "tempo real", tornam-se, assim, um símbolo de uma sociedade em transformação *"nonstop"*.

Naturalmente, é possível levantar contra esse argumento a objeção legítima de que a possibilidade de propagação acelerada de notícias não pode ser simplesmente equacionada a uma aceleração real dos processos sociais que constituem seu objeto. No entanto, encontramos aqui mais um exemplo da correlação entre aceleração tecnológica e aceleração da mudança social: a difusão mais rápida de notícias possibilita uma reação mais rápida às mudanças (como deixou claro o desenvolvimento das bolsas e dos mercados financeiros), levando, assim, a uma aceleração real da mudança social. A atualização acelerada de notícias representa, além disso, um caso paradigmático de con-

---

40 O primeiro jornal diário americano surgiu em 1784 na Pensilvânia; ver Beniger, 1986, p.183.
41 Ver, sobre isso, Eriksen, 2001, p.66 ss.

tração do presente: O "saber do mundo" das 10 horas já está ultrapassado às 16 horas,[42] e, diante das linhas móveis de notícias, seu "prazo de validade" se contrai para próximo de zero. Uma vez mais, é antes a instabilidade que a mudança de fato a responsável pela perda de certeza em várias áreas: as circunstâncias reportadas geralmente ainda se mantêm mesmo seis horas depois, mas elas *podem* ter se modificado, ao menos no que se refere a sua relevância.

A consequência da sensação, desencadeada pela aceleração da mudança social, de se estar sobre *slipping slopes* ou "declives em deslizamento" é clara; a lógica cultural aqui corresponde exatamente à física: os atores se sentem sob estresse e pressão temporal para manter o passo diante das transformações e não perder, pela obsolescência de seus conhecimentos e capacidades, opções de ação e oportunidades de integração. A *elaboração cultural* de novas informações, ou seja, sua inserção em um conhecimento de mundo sistemático e em estruturas interpretativas narráveis é algo, inevitavelmente, *consumidor de tempo*. Esse é um motivo básico da experiência de "pressão temporal, sob a qual tentamos, tanto individual quanto institucionalmente, elaborar, culturalmente, as ondas de inovação temporalmente adensadas".[43] É plenamente concebível, assim, como já procu-

---

42 Assim, as notícias a cada quinze minutos da emissora MDR-Info (no ano de 2003) começam com o *slogan*: "O mundo em sua última atualização"; e seus anúncios, com os bordões: "O mundo não faz pausas" e "Notícias novas a cada quinze minutos!".

43 Lübbe, 1998, p.270. Uma causa associada da transformação social acelerada é o crescimento caótico da *quantidade de relíquias*, tornadas obsoletas e a serem protegidas a todo custo da decadência por meio *musealização* (ibid., p.286).

rei mostrar me baseando em Lübbe, que os limites temporais da capacidade de elaboração sejam superados pela mudança social e que, em consequência disso, em razão de um aumento *quantitativo* da velocidade, chegue-se a uma nova transformação *qualitativa* ("pós-moderna") da cultura e das autorrelações subjetivas. "Corremos o mais rápido possível para permanecermos no mesmo lugar", descreve Peter Conrad, na primeira página de sua história cultural da Modernidade – e representa, com isso, as legiões de observadores da cultura –, a experiência cotidiana e de vida dos sujeitos no final do século XX, e os pesquisadores das práticas de alocação temporal Robinson e Godbey comprovam essa experiência, com base em dados empíricos, usando quase as mesmas palavras: "Dançamos mais rápido para permanecermos no mesmo lugar".[44] Com isso nos encontramos já no âmbito daqueles fenômenos que, de acordo

---

44 Conrad, 1999, p.6; Robinson; Godbey, 1999, p.33. Talvez não seja mera coincidência o fato de que os símbolos mais monumentais dessa *marcha estática*, as esteiras rolantes das academias de ginástica, sejam tão populares que, desde a virada do milênio, tenham se tornado imprescindíveis nos centros, especialmente das *"global cities"*. Nelas, os fenômenos analisados neste trabalho parecem concentrar-se como em uma lente focalizadora. Elas ilustram primeiramente a comodificação eficiente de uma atividade tão simples como o caminhar: embora praticamente não requeira aparato técnico, a academia de ginástica pode torná-lo infinitamente mais cômodo – com a tela de televisão em frente ao aparelho, com música, medidor de pulso e pressão sanguínea acoplados (como que confirmando a obsessão por números associada à síndrome da pressa da Modernidade Tardia), e o olhar fixo no relógio, a *mobilidade sem movimento* é encenada como que num ritual. O tempo se torna para o caminhante sem destino infinitamente longo (o que talvez esclareça a fascinação da esteira rolante: finalmente estende-se o tempo, que fora isso apenas se contrai) e cada minuto adicional arrancado da estei-

com a definição desenvolvida no Capítulo III.2, pertencem à categoria da *aceleração do ritmo da vida*, cuja inventariação fenomenológica é o objetivo do próximo capítulo. Retornarei ao problema da ultrapassagem dos limiares críticos da capacidade de elaboração individual e coletiva da mudança social, de forma detalhada, na última parte desta investigação.

---

ra torna-se um triunfo pessoal, comemorado como ganho de tempo e vivenciado talvez como uma vingança do caminhante sobre o próprio tempo. O exercício tão popular nas academias é denominado apropriadamente de *work-out*: uma vez que a ânsia da aceleração da Modernidade, que leva a uma situação paradoxal da *paralisia frenética*, tem suas raízes na *ética protestante de trabalho*, não poderia haver de fato denominação mais apropriada.

# VI
## A aceleração do "ritmo da vida" e os paradoxos da experiência temporal

"Muito se escuta falar do 'ritmo da vida', e que em relação a ele se distinguem as diferentes épocas históricas, as diferentes zonas do mundo contemporâneo, as diferentes partes de um mesmo país e até mesmo diferentes indivíduos de um mesmo círculo", constatou Georg Simmel já em 1897.[1] De lá para cá, esse quadro se modificou tão pouco quanto o diagnóstico segundo o qual esse ritmo *aumenta* constantemente na sociedade moderna, de forma que cada uma de suas épocas pode reivindicar o fato de vivenciar um recorde de velocidade histórico inédito.[2] Como vimos na primeira parte do presente estudo, essa percepção é quase sempre acompanhada pelo temor de que o ritmo de vida tenha se tornado *alto demais*. Entretanto, a questão sobre como *medir* e *verificar empiricamente* a asserção so-

---

1 Simmel, [1897] 1992, p.215.
2 Em uma pesquisa representativa produzida por Nadine Schöneck em toda a Alemanha, 80,4% (!) dos entrevistados concordaram com a afirmação de que sua *vida teria se acelerado substancialmente nos últimos anos* (2004, p.32).

bre a aceleração permanece, apesar de todos os estudos de uso do tempo, ainda hoje tão obscura como na época de Simmel.

O próprio Simmel sugeriu definir o ritmo da vida como "produto da soma e da profundidade" das transformações dos conteúdos representados na consciência por unidade de tempo[3] – uma definição tão curiosa (ainda que intuitivamente plausível) quanto empiricamente não operacionalizável – e supôs que esse ritmo estivesse correlacionado com a quantidade de dinheiro disponível e sua velocidade de circulação.[4]

Em uma premiada investigação sociopsicológica, na qual foi medido o ritmo de vida nas maiores cidades de 31 países dos quatro cantos do mundo, o sociólogo californiano Robert Levine e sua equipe propõem uma outra definição de velocidade da vida, relativamente simples de se operacionalizar empiricamente. Daí é possível averiguar o ritmo da vida definido culturalmente por meio de três indicadores: "Primeiro a velocidade do caminhar – a velocidade com a qual pedestres percorrem um trecho de 20 metros no centro da cidade; segundo, a velocidade do trabalho – quanto tempo funcionários dos correios precisam para vender um selo comum a um cliente; e, terceiro, a precisão dos relógios públicos".[5] Essa definição possui a van-

---

3 Ibid., ver Simmel, [1900] 1989, p.696; ver ainda o Capítulo II.2.

4 Ver Simmel, [1900] 1989, p.706 ss. Simmel deriva exatamente daí o ritmo de vida da sociedade moderna, dramaticamente aumentado em comparação com sociedades agrárias: "Comparando-se, por exemplo, a capacidade de circulação de solo e terra com a do dinheiro, a diferença [sic] do ritmo de vida entre os tempos esclarece de imediato onde aqueles e este constituem o ponto crucial dos movimentos econômicos" (ibid., p.709).

5 Levine, 1999, p.179; ver mais detalhadamente sobre isso Rosa, 2001a, p.343 ss.

tagem de possibilitar comparações interculturais verificáveis que produziram, de fato, alguns resultados interessantes.⁶ Não obstante, ela se apresenta, antes, metodologicamente duvidosa e apenas parcialmente elucidativa no plano empírico. Sobretudo impõe-se a questão sobre *o que é*, com isso, *realmente* medido: *a velocidade da vida social*?! Apenas a seletividade dos indicadores já é um argumento contrário. Funcionários dos correios em Nova York são, como sabe o autor por dura experiência própria, estranhamente e, em comparação com os padrões europeus, escandalosamente lentos, o que está supostamente ligado à desvalorização e ao subfinanciamento crônico do setor público nos Estados Unidos.⁷ Avaliar isso como indicador de um baixo ritmo da vida como um todo nessa metrópole parece

---

6 Os estudos de Levine comprovam, em sua maioria, suposições que sempre existiram: regiões mais desenvolvidas economicamente são mais rápidas que as mais pobres e atrasadas (p.38 ss.; o economista sueco Staffan B. Linder (1970) apresentou há mais de trinta anos uma explicação econômica brilhante para tal, que trata o tempo como recurso (vital) escasso, cuja alocação segue pontos de vista racionais, o que leva a uma relação inversamente proporcional, embasada analiticamente, de abundância de bens e abundância de tempo); lugares em regiões climáticas quentes são mais lentos que aqueles em latitudes amenas (p.47 ss.) e – comprovando a teoria do artigo de 1903 de Simmel, *A metrópole e a vida mental* – cidades maiores possuem um ritmo da vida mais rápido que o de cidades pequenas (p.46 ss.; nesse ponto, Levine se baseia majoritariamente em outras análises). O que chama a atenção é que a Europa ocidental aparece como o espaço cultural mais rápido de todos com larga vantagem (nos primeiros lugares estão Suíça, Irlanda (!) e Alemanha), enquanto Canadá e Estados Unidos aparecem apenas na parte inferior da metade da lista.

7 Correspondentemente, os Estados Unidos ocupam a 23ª de trinta posições na lista de Levine sobre a velocidade dos correios (ibid., p.180).

questionável. Ao contrário, o surpreendente fato de os *irlandeses* apresentarem a maior velocidade de caminhada poderia ser explicado, provavelmente, não por seu ritmo da vida veloz como um todo, mas sim pelo constante tempo chuvoso na Irlanda.[8] Para poder considerar de forma adequada, em relação ao ritmo da vida, as particularidades temporais de práticas culturais tomadas individualmente, seria necessário considerar e agregar à análise ritmos de ação de uma série de processos muito diversos, provenientes de campos de atuação variados.

A questão sobre *o que* exatamente é medido coloca-se também com ênfase em relação ao terceiro indicador de Levine: se estiver correta a observação de Karlheinz Geißler, de que relógios em locais públicos e especialmente em pontos nodais da vida metropolitana, como aeroportos modernos, perdem cada vez mais importância e desaparecem da paisagem urbana (ou são vítimas do abandono),[9] isso reforçaria a suspeita de que a precisão de relógios públicos é mais um sinal de *subdesenvol-*

---

8 Agradeço a Manfred Garhammer por essa sugestão.
9 O que, em minha opinião, está correto, porém não comprova, como Geißler afirma, que o tempo perde importância, mas sim está relacionado com o alto grau de disseminação de relógios individuais. A afirmação de que o tempo perde importância em aeroportos e estações é, a meu ver, absurda – ele é mais importante do que nunca para a coordenação e sincronização de processos de conexão. Entretanto, o desaparecimento e depredação de relógios públicos parece ser um sintoma notável da perda de importância de ritmos temporais *coletivos*: o relógio de ponto que marca meio-dia não sinaliza mais necessariamente a pausa para o almoço, cinco da tarde não significa obrigatoriamente fim do expediente, as lojas não fecham às 18h30 em todos os lugares, meia-noite não quer dizer interrupção da transmissão televisiva e sexta-feira à noite não significa necessariamente o início do tempo livre coletivo (ver Rosa 2001a, p.342).

*vimento*, de uma permanência na Modernidade "Clássica", que de chegada à veloz "Pós-Modernidade".[10] Afinal, os indicadores de Levine, por si mesmos, não são capazes de revelar nada a respeito do "adensamento" de episódios de ação e da *pressão temporal* enquanto algo sentido, nem desempenham, ao menos para a *percepção* subjetiva de um intenso ritmo da vida, um papel fundamental e, definitivamente, não estão ligados de forma linear à velocidade de execução de atividades isoladas. Quem está em condições de realizar uma atividade mais rapidamente que outros pode, exatamente através disso, desacelerar sua vida – desde que os recursos temporais liberados sejam usados para pausas ou descanso.

Em razão de tais dificuldades propus, no Capítulo III.2.c, definir a aceleração do ritmo da vida como *aumento dos episódios de ação e/ou de experiência por unidade de tempo*, isso *em função de um escasseamento dos recursos temporais*, bem como diferenciá-la em componentes objetivos e subjetivos. *Objetivamente*, pode-se medir adensamento de episódios de ação e de experiência, ao menos a princípio, por meio de estudos de alocação temporal, enquanto, *subjetivamente*, experiências de estresse, de pressão temporal e de um tempo "vertiginoso" são indicadores, empiricamente distinguíveis, da percepção de escasseamento de recursos temporais[11] e da passagem acelerada do tempo. A

---

10 Talvez se esclareça com isso o motivo pelo qual Suíça e Itália ocupam a primeira e a segunda posição desse indicador, enquanto os Estados Unidos têm que se conformar com o vigésimo lugar (Levine, 1999, p.180).

11 Que, por sua vez, podem ser interpretados como consequência "objetiva" de uma relação de taxas de aumento de medidas de ação e velocidades de execução na qual as primeiras são maiores que as últimas; ver Capítulo III.1, Figura 5.

*aceleração do ritmo da vida* compreende, assim, tanto um *aumento da velocidade agregada da ação* quanto a *transformação da experiência temporal* da vida cotidiana.

Na sequência investigarei, primeiramente, formas de manifestação e evidências de um adensamento objetivo dos episódios de ação e de experiência, para, então, retornar pormenorizadamente à questão da sensação subjetiva da pressão temporal, bem como da percepção dos recursos temporais e da velocidade com a qual o tempo transcorre. Na última seção deste capítulo quero tentar elaborar outra dimensão da aceleração do ritmo da vida que permanece latente e se projeta sobre as formas de ação e de experiência em direção às "formas de ser", ou seja, às formas de identidade socialmente constitutivas. Sua transformação se dá como consequência cultural da aceleração da mudança social e do ritmo de vida. Ela representa, assim, uma consequência necessária do "círculo aceleratório" que, no Capítulo VII, deverá ser apresentado como uma síntese das ideias tratadas até o momento.

## 1. Parâmetros objetivos: o aumento da velocidade de ação

Na dimensão verificável por meio de métodos de pesquisa social quantitativa e empírica, a tese de uma *aceleração do ritmo da vida* postula que há um aumento do número de episódios de ação e/ou experiência por unidade de tempo. Para tanto, há basicamente três estratégias, distintas e combináveis entre si, à disposição: em primeiro lugar, o próprio agir pode ser acelerado (*andar, mastigar, ler mais rápido*); em segundo, as pausas e tempo vagos podem ser reduzidos ou eliminados, e, em terceiro, diversas ações podem ser executadas simultaneamente (*multitasking*). Em seus estudos sobre uso de tempo, Robinson e Godbey qualificam tais estratégias como "aprofundamento temporal" (*time deepening*) e adicionam a elas uma quarta estratégia — a substituição de atividades lentas por outras mais rápidas, como a do *cozinhar* pelo *serviço de pizza*.[12]

Em sua forma geral a tese aqui defendida significa que *o ritmo médio da vida se acelerou continuamente desde o início da Modernidade, ainda que não de forma linear, mas sim em surtos interrompidos por pausas e pequenas inversões de tendência.*[13] A duração do dia de trabalho e

---

12 Robinson; Godbey, 1999, p.39. Ver a lista, tão extensa quanto impressionante, de Schmahl (1988, p.362 ss.) de dezoito estratégias de economia e manipulação de tempo cotidianas.

13 Isso implica ao mesmo tempo a suposição de que o ritmo de vida na sociedade moderna é mais intenso que em todas (ou quase todas) as culturas pré-modernas. No entanto, uma verificação empírica dessa tese fracassa na dificuldade de gerar material correspondente de comparação dos dados. Linder (1970, cap.2) deriva de seu axioma da relação inversamente proporcional entre abundância de tempo e abundância de bens a existência de três tipos culturais distintos: sociedades com abundância de tempo e escassez de bens, sociedades com um equilíbrio entre prosperidade econômica e recursos temporais e, por último, sociedades abastadas com uma escassez temporal marcante. Esses tipos de sociedades equivalem em sua análise em grande medida a sociedades pré-modernas, sociedades em modernização e a sociedades altamente modernas. Algumas evidências empíricas da pesquisa etnológica corroboram essa teoria. Como Allen Johnson (1978) relata, os índios peruanos Machiguenga dispõem diariamente *de mais de quatro horas a mais* de tempo em inatividade (para dormir, cochilar ou conversar) que os contemporâneos franceses, que utilizam de três a cinco vezes mais tempo no consumo de bens. Para outras evidências ver Sahlins, 1972; Cherfas; Lewin, 1980, e a discussão em Robinson; Godbey, 1999, p.26, assim como Levine, 1999, p.41 ss.; e ainda Dux, 1989.

a porção de tempo relativo a atividades não remuneradas não dizem, por si mesmos, nada a respeito do ritmo de vida. Ainda que no início da Modernidade tenha-se trabalhado até catorze horas por dia, isso não significa que a velocidade de ação e de experiência fosse particularmente alta – supostamente ela era bastante baixa, ainda que longas jornadas de trabalho possam compelir a um adensamento das ações no escasso tempo livre. A *intensificação* do trabalho e o fechamento dos "poros do dia de trabalho", observados por Marx no primeiro volume d'*O capital*, são, por outro lado, o exemplo máximo para a primeira e a segunda estratégias de aceleração mencionadas; elas representam uma consequência direta do *encurtamento do dia de trabalho*.[14] Assim, ao menos o ritmo da vida relacionado ao trabalho aumenta como consequência direta da *diminuição* do tempo de trabalho na sociedade capitalista, enquanto o ritmo da vida nos períodos de atividade não remunerada não se relaciona com sua duração: perante um aumento de tempo livre ele pode tanto aumentar quanto diminuir; perante o crescimento da abundância de bens[15] apresenta, no entanto, uma tendência ao aumento. Na medida em que as sensações de pressão temporal e de estresse são indicadores de uma aceleração do ritmo da vida, seu aumento paralelamente verificável à redução do tempo de trabalho nas sociedades ocidentais não deveria causar surpresa – a contradição, mais que enfatizada por Robinson e Godbey, entre essas duas grandezas (estresse crescente apesar de aumento de tempo livre), se revela, em uma análise mais minuciosa, apenas aparente.

---

14 Ver Marx, 1972, sobretudo cap. I, 10, 15, 17 e 19-21.
15 Ver nota 12.

Os exemplos para as três (ou quatro) estratégias de adensamento temporal, detectáveis no cotidiano, em suplementos de jornal e em obras de crítica cultural, são tanto numerosos quanto variados. Eles vão desde tutoriais para o *power nap* (o dormir revitalizante de apenas alguns minutos) e para o reduzido e adensado *quality time* à noite com as crianças, passando pelo *speed reading* e *speed dating* (uma forma de mediação de encontros na qual parceiros potenciais são apresentados a cada minuto como numa linha de montagem) até o funeral *drive-through*. Para a nomeação de tais inovações são preferidos anglicismos, o que pode significar que os americanos assumem um papel pioneiro também nessa área. Encontram-se ainda relatos sobre a difundida tendência de contínuo encurtamento de, por exemplo, sinfonias clássicas e peças de teatro, assim como da duração de programas de notícias e reportagens para rádio e televisão.[16] Até mesmo nossa velocidade de fala teria se acelerado significativamente: enquanto isso é intuitivamente evidenciado e facilmente comprovado em reportagens para rádio e televisão,[17] uma pesquisa do cientista político Ulf Torgersen concluiu que o número de fonemas articulados, por minuto, nos discursos parlamentares noruegueses, por ocasião das discussões orçamentárias anuais, cresceu continuamente entre 1945 e 1995 em quase 50%, passando de 584 para 863.[18]

---

16 Ver Capítulo II.1.
17 Gleick (2000, p.103) relata, por exemplo, que o tempo médio de discurso ininterrupto dado na televisão a um candidato norte-americano à presidência teria se encurtado de aproximadamente 40 segundos no ano de 1968 para *sound bites* de 8,2 segundos de duração. Ver ainda Weibel, 1987, e Kirchmann, 1998.
18 Ver Eriksen, 2001, p.71.

Como apontam sobretudo os trabalhos de Gerhard Schulze,[19] o ritmo da vida, particularmente na sociedade tardo-moderna, é definido não apenas pelo número de *episódios de ação* (ativos, objetivamente mensuráveis), mas também pela quantidade de *episódios de experiência* (também passivos, subjetivos). Pois, enquanto nem todas as experiências podem ser qualificadas como ação,[20] são exatamente a qualidade e a quantidade delas o que, segundo Schulze, constituem o centro da vida social na "sociedade da experiência" [*Erlebnisgesellschaft*] e o que fornece, a esta sociedade, o foco para a definição da "boa vida". *Quanto mais episódios de experiência puderem ser desfrutados, no menor intervalo de tempo, para o enriquecimento da vida interior, tanto melhor —* esta, segundo Schulze, é a máxima cultural desta sociedade.[21] Porém, independentemente da questão sobre esse programa cultural fundamental (à qual retornarei no Capítulo VIII.2), a teoria da aceleração do ritmo da vida postula que o número de *episódios de experiência por unidade de tempo* também cresce, tornando-se, assim, uma espécie de "adensamento da experiência".

Exatamente essa ideia fundamenta a definição do ritmo da vida para Simmel, na medida em que ele o relaciona com o aumento, por unidade de tempo, do número e do contraste dos conteúdos cambiantes da consciência. Uma tal forma de adensamento da experiência pode ser encontrado, por exemplo, na redução da duração de comerciais televisivos da CNN

---

19 Schulze, 1994, 1997a e 1997b.
20 Sigo aqui a utilização dos conceitos sugerida por Schulze (1997a, p.735-8), não a diferenciação de Luhmann (1996, p.161 ss.) entre vivenciar e agir.
21 Schulze, 1997b, p.90 ss.

em 1971 para, naquela época, extremamente vanguardísticos trinta segundos – hoje eles duram apenas cinco segundos. O espectador é exposto, a cada cinco segundos, a completamente transformados "conteúdos da consciência", cada qual com sua própria estrutura narrativa fragmentar.[22] Ainda mais rápido é o contemporâneo "zapear" dos canais de televisão, de modo que troca-se o programa, em média, a cada 2,7 segundos.[23] Porém, mesmo quem permanece num canal sem anúncios comerciais encontra-se exposto a uma frequência de cortes de imagem bem mais alta do que, por exemplo, a dos anos 1970. Tendo em vista a definição simmeliana e, também, uma média diária de audiência televisiva muito acima de duas horas, enquanto resultado, isso, por si só, já se deixa interpretar como indício de uma aceleração do ritmo da vida – o fenômeno, constatado com admiração por Robinson e Godbey, de que pessoas parecem se queixar tanto mais de estresse quanto mais tempo passam diante da TV, sob essa perspectiva, nem sequer parece paradoxal.[24]

Uma dificuldade aqui é o fato de não estar claro o que pode ser considerado um episódio autônomo de experiência – na

---

22 Ver Eriksen, 2001, p.84. Outro fenômeno impressionante nesse mesmo contexto é a prática agora rotineira em filmes de Hollywood de acelerar cenas de ação e de luta a tal ponto que os efeitos na tela se sobrepõem, tornando-se impossível para o espectador acompanhar o desenrolar da situação: o que aconteceu exatamente esclarece-se em seguida – ou permanece completamente obscuro. Ver Peter Wollen, 2002, especialmente p.109 ss., para uma instrutiva apresentação da história da aceleração do filme. Wollen chega a uma visão cineástica da paralisia frenética, da "paralisia pela hiperaceleração" que remonta claramente a Virilio e Baudrillard (ibid., p.114).
23 Levine, 1999, p.80.
24 Robinson; Godbey, 1999, p.136 ss., p.261.

medida em que experiências são sempre definidas também através de seu contexto e necessitam de um encerramento narrativo por parte dos sujeitos,[25] não parece plausível definir cada novo comercial ou cada sequência narrativa como episódio de experiência. No entanto, mesmo baseando-se em uma definição de experiência mais abrangente, permanece plausível a suposição de um aumento contínuo da densidade de episódios. As estruturas temporais da Modernidade Tardia parecem ser marcadas em grande medida pela fragmentação, ou seja, pela decomposição de cursos de ação e experiências em sequências cada vez menores com janelas de atenção decrescentes. Eriksen enxerga exatamente aí uma característica distintiva da "tirania do momento" da Modernidade Tardia, ocasionada pela permanente alcançabilidade (e, com isso, pela suscetibilidade a inúmeras interrupções externas), pela flexibilização e desinstitucionalização de práticas, assim como pela profusão de informação e pela abundância de bens. Ela gera uma situação na qual "tanto o tempo de trabalho quanto o tempo de lazer são cortados em pedaços nos quais os intervalos se tornam cada vez menores, onde um número crescente de eventos é comprimido em alocações de tempo decrescentes".[26] Ainda nesse contexto, é também interessante o fenômeno do *multitasking*: ele força um câmbio de consciência entre múltiplos contextos de ação em questão de segundos, chegando a uma sobreposição não apenas de ações como também de experiências. Como veremos na próxima seção, há indícios empíricos sobre o fato de que o encurtamento

---

25 Ver Schulze, 1997a, p.43 ss. e p.735.
26 Eriksen, 2001, p.148, ver p.141; ver ainda Bauman, 1995.

e adensamento de episódios de experiência podem conduzir a uma transformação significativa da experiência do tempo e à percepção de seu decorrer acelerado.

Praticamente indubitável é o fato de que um número crescente de bens e informações disponíveis e potencialmente interessantes reduz o intervalo de tempo que pode ser dedicado a cada objeto individualmente: assim, se dedicamos uma parte de nossa provisão de tempo à leitura de livros, à música e para responder *e-mails*, reduz-se a duração média que podemos dedicar a cada livro, cada CD e cada *e-mail* paralelamente ao aumento do número de livros e CDs que adquirimos (ou tomamos emprestado) e ao número de mensagens eletrônicas que recebemos e enviamos.[27] Da mesma forma diminui o tempo que podemos dedicar à leitura de uma revista especializada paralelamente ao número correspondente de revistas: exemplos para tais coerções acelerativas são multiplicáveis à vontade, evidenciando, mais uma vez, o quanto as lógicas de aumento e de aceleração estão ligadas entre si. Pelo fato de as taxas de aumento estarem acima das taxas de aceleração origina-se um escasseamento dos recursos de tempo e, com isso, uma elevação do ritmo da vida.

Essa elevação é impelida ainda pelo aumento constante da demanda de tempo para a tomada de decisões e escolhas ra-

---

27 De forma trivial é possível ilustrar a relação, postulada pela teoria dos sistemas, entre a temporalização da complexidade (como reação ao seu aumento) e a aceleração: naturalmente, nós nos "consolamos" com o fato de que os livros ou CDs comprados não têm que ser consumidos todos dentro de um mês, mas sim em alguns anos; essa soma só é exata se reduzirmos a quantidade de novas aquisições no futuro — o que muito provavelmente não faremos, motivo pelo qual as coerções da aceleração se tornam inevitáveis: *no próximo mês ou ano a situação estará ainda pior...*

cional e informativamente embasadas e para a coordenação e sincronização de ações. Igualmente responsáveis por isso são, por um lado, uma quantidade crescente e complexificante da oferta de mercadorias e serviços, e, por outro, a desregulação, a flexibilização e desrotinização de práticas de ação. Sua consequência é que os processos de decisão, em vista das diferentes opções que surgem em cada vez mais momentos de realização da vida e na prática cotidiana, se tornam cada vez mais complexos e, com isso, consomem mais tempo, pois as consequências (e a interação) das decisões tomadas tornam-se incomensuráveis, forçando uma aquisição e elaboração de informações cada vez mais trabalhosa.[28] Para nossa prática temporal, resulta disso quase sempre um sentimento de insatisfação: toma-se, por fim, uma decisão 1) ao menos parcialmente contingente, baseada em informações insatisfatórias (*é possível que algum outro modelo de computador, em alguma outra loja, seja bem mais barato, mas não se está disposto a investir mais tempo para descobri-lo* — segundo Linder, o segredo funcional da propaganda está na capacidade de tornar *sugestão* num equivalente funcional de *informação*),[29]

---

28 Exemplos cotidianos nesse sentido são: Qual modelo de computador é o certo para mim em relação a custos, funcionalidade, compatibilidade? Qual telefone celular? Qual seguro de saúde é a curto, médio e longo prazo o mais vantajoso (levando em conta o fato de que meu desenvolvimento profissional e familiar é incerto), qual investimento é o mais promissor? A crescente demanda por informação associada à diminuição de recursos temporais é o motivo para a proliferação de serviços de consultoria profissional de toda sorte.

29 "Na verdade, *queremos* ser influenciados por anúncios para ter uma sensação momentânea de que temos uma boa razão para comprar esse ou aquele bem, cujas características reais conhecemos vergonhosamente

ou 2) informa-se detalhada e longamente, tendo em seguida a sensação de haver desperdiçado tempo demais com essa decisão, ou 3) abre-se mão de uma decisão, permanecendo com o modelo de computador já existente, com o seguro de saúde já contratado, com a ultrapassada caderneta de poupança etc.[30] Essa situação, segundo a análise de Linder, tem como consequência inevitável a queda da qualidade das decisões individuais, isto é, de sua pertinência prática; as exigências da racionalidade temporal forçam uma crescente irracionalidade prática.[31] Como quero mostrar no Capítulo XII, processos coletivos e políticos de tomada de decisão passam exatamente pelo mesmo dilema, o que exerce uma profunda influência sobre a capacidade de autodirecionamento da sociedade e, assim, sobre sua autocompreensão política.

A desregulação e a desinstitucionalização temporal de inúmeros campos de ação na sociedade tardo-moderna aumentam muito o esforço de planejamento e, com isso, a carência de tempo para a coordenação e sincronização das sequências de ação cotidianas. A consequência do abandono de ritmos e estruturas temporais coletivas[32] é que o decorrer de dias, semanas e anos deixa de ser pré-estruturado de forma evidente,

---

pouco. Apenas consumidores pouco inteligentes adquirem informações completas" (Linder, 1970, p.74).

30 Para uma confirmação empírica de tal dilema tempo/decisão, ver Hörning; Ahrens; Gerhard, 1997.

31 The Rationality of Growing Irrationality, cap.VI, em: Linder, 1970.

32 Como horários de trabalho, de funcionamento de lojas ou de serviços litúrgicos, datas de férias, regulamentações relativas ao fim de semana, ao envio de mensagens etc.; ver mais detalhadamente sobre isso em Garhammer, 1999, p.30 ss., 347 ss. e 474 ss.

devendo ser reiteradamente planejado e negociado em concordância com os parceiros de cooperação.³³ Se nem o nascer nem o pôr do sol (como há milênios), nem a sirene da fábrica, nem mais a interrupção ou recomeço da transmissão televisiva podem servir de impulso rotinizado para o ato de se levantar ou ir para a cama, cada decisão deve ser planejada e ponderada em relação a si própria. "Quem hoje sai da cama, ou tem a intenção de fazê-lo, necessita de um motivo", constata de forma precisa o pesquisador do tempo Karlheinz Geißler.³⁴ A sobrecarga causada por tais processos de decisão e planejamento (temporalmente onerantes) evidencia um argumento central de Arnold Gehlens, segundo o qual sobretudo as instituições sociais desempenham uma importante função de alívio [*Entlassungsfunktion*] para a contingência fundamental de ação e escolha da existência humana.³⁵ A atual desinstitucionalização social de inúmeras práticas leva, assim, a uma *sobrecarga* (temporal e cognitiva) que contribui significativamente para o es-

---

33 Um exemplo ilustrativo de tal processo é fornecido por Eriksen (2001, p.132): "A maior preocupação de vários pais é a organização industrial do tempo familiar. Funciona assim: Se você levar X à aula de violino hoje, eu buscarei Y no jardim de infância. Se você levar os dois para o sítio no fim de semana, de forma que eu possa me concentrar em alguma atividade, eu os levarei para a casa dos meus pais no próximo fim de semana. Você pode ficar em casa hoje para que eu possa ir à reunião? Se eu puder sair cedo para o trabalho amanhã, você poderá fazê-lo na quinta-feira. Fechado!".

34 Geißler, 1999, p.142, embora aqui ocorra o interessante fenômeno de que relevâncias e prioridades possam se modificar literalmente do dia para a noite: o que ontem à noite ainda bastava como motivo para ativar o despertador pode falhar como motivador na hora de levantar...

35 Gehlen, 1986.

casseamento dos recursos temporais e, assim, para o aumento do ritmo de vida.

Em relação à questão da racionalidade temporal, as interações entre as novas possibilidades de aceleração técnica e de uma acessibilidade mais flexível e as expectativas de ação social mostram-se altamente interessantes. De fato, mesmo compromissos são hoje cada vez mais "temporalizados", na medida em que não são mais previamente marcados para um determinado ponto no tempo do decorrer do dia, mas sim negociados de forma *flexível* por *e-mail* e telefone celular (*Nos encontramos ao meio-dia* versus *Eu te ligo quando estiver pronto para ver se você já chegou*). Manfred Garhammer deduziu em sua investigação comparativa de modelos de uso de tempo europeu, japonês e estadunidense até mesmo a tendência geral de se substituir atividades com alto comprometimento temporal (e social) por outras com menor comprometimento.[36] Isso aumenta o esforço de planejamento e o tempo de coordenação abruptamente, pois o número de variáveis e contingências se multiplica, porém encurta os tempos de espera e evita a rigidez temporal (por exemplo, a interrupção prematura da atividade já em curso). Em face das ambivalentes consequências sobre a alocação temporal, seria, por assim dizer, *altamente racional*, por um lado, abrir mão de um planejamento de horários "móvel" e flexível para com isso economizar tempo e energia, por outro lado, no entanto, isso seria, para decisões individuais concretas em determinadas circunstâncias, altamente *irracional* (*Por que você não pode me telefonar quando estiver pronto?!*). De forma semelhante é al-

---

36 Garhammer, 1999, p.412.

tamente irracional *não* trocar de canal quando na televisão passa um filme chato ou não verificar seus *e-mails* durante dias quando se possui uma conexão rápida com a internet (correndo o risco de se perder algo importante) ou ainda, como sugeriu Luhmann[37] para a solução da "tirania do momento", planejar de antemão, de forma rotineira, dias inteiros de trabalho e, com isso, ficar inacessível aos colegas (conquistando-se assim, de certa forma, um "oásis de desaceleração" temporário e artificial no sentido antes definido): se a mais importante conferência do ano ou a visita de um colega do exterior caísse justamente naquele dia, até mesmo o representante mais convencido de tal máxima se permitiria uma exceção, no entanto, são os problemas de coordenação menos dramáticos e mais cotidianos que tornam tal estratégia irracional e/ou associal: *Se você não me mandar o anexo amanhã eu perderei o prazo para a inscrição. Se você não vier amanhã para o nosso encontro no corredor terei de ir à cidade, depois de amanhã, mais uma vez.* Os custos de tais macroestratégias de economia de tempo geralmente são, tanto para o indivíduo quanto para outros, altos demais (contrariando todos os conselheiros de gerenciamento temporal)[38] – a não ser que elas sejam reinstitucionalizadas e coletivamente comprometidas.[39]

---

37 Luhmann, [1968] 1994.

38 É um fenômeno surpreendente o fato de que um grande número de colegas que trabalham na análise de estruturas temporais se sinta pressionado a incluir em suas análises uma espécie de *guia prático sobre tempo* para a *desaceleração*, assim como Reheis, 1998; Levine, 1999; Geißler, 1999; Eriksen, 2001, e até mesmo Luhmann, [1968] 1994.

39 Luhmann chega por fim à mesma conclusão: "Apenas subterfúgios institucionalizados podem proteger contra exigências de cooperação" (ibid., p.158).

Por fim, a aceleração técnica de processos transforma concomitantemente as medidas da racionalidade temporal estabelecidas socialmente: esperar sete dias pela resposta de uma carta que demorou oito dias para chegar ao destinatário parece ser tão apropriado quanto seria inapropriado esperar o mesmo tempo pela resposta de uma mensagem de *e-mail* que chegou após alguns segundos. A aceleração técnica não obriga um aumento do ritmo de vida, mas modifica as *medidas de tempo* que embasam nossas ações e planos.[40]

Infelizmente, praticamente nenhum desses desenvolvimentos é apreendido pelas correntes pesquisas de alocação temporal (motivo pelo qual *aceleração* não aparece em praticamente nenhum dos dados que têm sido levantados, sistematicamente, em todas as grandes nações industriais). Assim, aquele que, em face dos dados episódicos apresentados, espera encontrar evidências empíricas sistemáticas para tais processos de adensamento e aceleração na abundante pesquisa atual sobre uso do tempo, se decepcionará amargamente. A pesquisa de alocação temporal em sua forma atual se concentra na *distribuição do tempo* entre diferentes campos de atividade, isto é, na questão sobre *quem* desempenha *que tipo* de atividade *por quanto tempo*, de modo a averiguar diferenças entre variados grupos populacionais, tendências diacrônicas de desenvolvimento da conversão de recursos temporais (com o que conclui que o tempo empregado em visitas ao teatro tenha sido levemente reduzido e

---

[40] Eriksen (2001, p.150) conclui disso que, na sociedade moderna, o que vale é: *o tempo rápido mata o tempo lento* – onde quer que processos rápidos ou lentos se encontrem, há uma assimetria tal que os processos *lentos* ficam sob pressão temporal (e não o contrário).

o tempo passado em frente ao computador, ao contrário, tenha sido aumentado; sobre o desenvolvimento da relação de tempo de trabalho e tempo livre reina, por outro lado, uma contenda ferrenha[41]) e conexões entre comportamentos de trabalho e de tempo livre (etc.[42]). Com os instrumentos de pesquisa desenvolvidos para tanto não é possível, contudo, abarcar os fenômenos aceleratórios aqui supostos. O tempo total disponível corresponde sempre a 24 horas por dia, de forma que o tempo economizado em uma atividade (por exemplo, serviços

---

41 Ver, por exemplo, Robinson; Godbey, 1999, que constatam um leve declínio do tempo de trabalho nos Estados Unidos também para os anos 1980; e Schor, 1992, que postula um aumento claro. Os diferentes resultados estão ligados, assim, dentre outros, com diferentes interpretações da questão sobre o que conta como tempo de trabalho (polêmicos são as pausas de trabalho, o tempo de percurso e atividades de formação). Nesse contexto, parece plausível a suposição de Garhammer (1999, p.293 ss.) de que as reduções do tempo de trabalho ainda observáveis (conquanto não sejam relativas a um crescente desemprego) serão compensadas ou até mesmo superadas por atividades relacionadas a trabalho, porém não remuneradas (como busca por informação, *networking*, formação profissional etc.). Ver sobre isso também Hochschild, 2000. Nos últimos anos, a virada da tendência na direção de tempos de trabalho *mais longos* tornou-se irrefutável.

42 Especialmente interessante é a observação de Robinson e Godbey, comprovada sistematicamente, de um padrão *more-more* (1999, p.41 e *passim*): quanto mais ativa é uma pessoa em uma área social, maior é a probabilidade de que ela também seja ativa em outros setores. Os mais propícios a assumir um cargo voluntário ou uma tarefa adicional não são aqueles que trabalham pouco ou mal possuem *hobbies*, mas sim exatamente o oposto; a disposição aumenta com o número de cargos e atividades já exercidos – o que é de grande interesse, por exemplo, para a questão sobre como recursos motivacionais podem ser utilizados e fomentados para o engajamento civil (ver Giegel; Rosa, 2000, e Giegel; Rosa; Heinz, 2001).

domésticos) é consumido por outra (como assistir a televisão): o resultado permanece, com isso, sempre um jogo de soma zero indiferente à velocidade.[43] Se durante as horas de trabalho trabalha-se *mais* e, portanto, *mais rápido*, se nas horas de leitura lê-se mais ou se nos horários de comunicação são feitos mais contatos, permanece inverificável. Mesmo a redução de pausas e tempos livres, que poderia ser averiguada facilmente por meio de diários temporais, é tornada invisível, em parte pelos pesquisadores e em parte pelos entrevistados, ao serem contabilizadas nos campos de atividades substanciais (como no transporte, no sono ou na comunicação). A questão sobre se e em que medida ocorre um aumento da densidade dos episódios de ação e experiência por unidade de tempo não pode, portanto, ser respondida por meio dos estudos de alocação temporal apresentados.

Daí resulta, como desiderato urgente de pesquisa, a exigência de projetos de investigação inovativos, que apurem de forma sistemática as três (ou quatro) formas diagnosticadas de aceleração – a aceleração de *ações particulares*, a supressão de pausas, a sobreposição temporal de atividades (*multitasking*) e a substituição de atividades temporalmente dispendiosas por atividades temporalmente econômicas. Um problema fundamental nesse processo é que enunciados sobre a aceleração são relacionais, de modo que só podem ser verificados por meio de levantamentos diacrônicos, iterativos (especialmente dados em painel).

---

43 Ver sobre isso, por exemplo, a explicação de Robinson e Godbey da "característica da soma zero" do tempo, que revela uma surpreendente insensibilidade diante da possibilidade de adensamento do tempo formulada pelos próprios autores: "Colocado de forma simples, se uma pessoa aumenta o tempo gasto em alguma nova atividade [...] o tempo para outra tem que apresentar uma queda" (1999, p.15).

Na falta de tais estudos, resta apenas a possibilidade da dedução de processos aceleratórios de forma *indireta* pela identificação de deslocamentos de alocação temporal que possam ser interpretados como encurtamento de episódios de ação. Para isso toma-se especialmente o tempo utilizado para a regeneração pessoal (alimentação, sono, cuidados com o corpo), no qual uma redução evidencia a aceleração do respectivo processo.

E, de fato, os estudos existentes são reveladores nesse sentido: a suposição, justificada anteriormente, segundo a qual os anos das revoluções digital e política em e após 1989 sejam marcados por um evidente impulso aceleratório, parece se refletir nos dados da grande pesquisa nacional estadunidense de uso do tempo (*American's Use of Time Project*) de 1985 (n = 5.300) e 1995 (n = 1.200). Depois disso, especialmente entre homens, o tempo semanal utilizado para cuidados com o corpo reduziu-se em 2,2 hora, em 1,8 hora para as refeições e em meia hora para o sono, o que indica que os entrevistados comiam, dormiam e se lavavam mais rápido (com relação a mulheres, os indicadores apontam menos 1,9 hora para cuidados com o corpo, menos 1,5 para as refeições, porém um aumento de 1,3 hora para o sono).[44] Esse resultado se confirma nos dados europeus de uso do tempo analisados por Garhammer, dos quais ele deriva igualmente uma tendência ao "adensamento temporal de necessidades pessoais" e, consequentemente, à aceleração das atividades correspondentes.[45] Especialmente surpreendente é o achado que aponta uma redução da duração média do sono desde os anos 1970 em cerca de trinta minu-

---

44 Dados de Robinson; Godbey, 1999, p.336 ss.
45 Garhammer, 1999, p.336 ss.

tos, e desde o último século em quase duas horas (!).⁴⁶ No entanto, apenas esse cálculo já ressalta o cuidado necessário na interpretação de tais resultados, pois, em primeiro lugar, ele é contestado por outros pesquisadores⁴⁷ e, em segundo, seria precipitado interpretá-lo como sintoma de uma inquieta sociedade *non-stop* – ele *poderia* simplesmente ser resultado do fato de que o trabalho físico pesado se torna cada vez mais raro na sociedade pós-industrial e que as pessoas alcançam uma idade cada vez mais elevada, reduzindo-se assim a *necessidade de sono* "objetiva".⁴⁸

O material disponível, entretanto, também confirma, em um sentido mais avançado, o desenvolvimento postulado: as tendências ao aumento do *multitasking* e de uma crescente *fragmentação* de atividades são crescentemente incontestáveis.⁴⁹

---

46 Ibid., p.379.
47 Curiosamente, esses números são refutados especialmente por Robinson e Godbey (1999), cujos dados colocam o desenvolvimento dos hábitos de sono masculinos entre 1985 e 1995 antes como excepcionais; também para os dois outros tipos de atividade resulta desse estudo, considerando-se *outros* espaços de tempo, uma imagem preponderantemente não coesa. Gershuny (2000, p.219) constata, com base nos dados comparatórios longitudinais internacionais avaliados por ele, desde 1960 um "adensamento do sono" de indivíduos mais bem situados ou mais instruídos em cerca de vinte minutos.
48 Zulley; Knab, 2000, p.118. O último argumento, entretanto, não vale para o retrocesso, também constatado da duração do sono de *indivíduos empregados*; ver, sobre isso, ainda Holz, 2000, p.14, e Gershuny, 2000, p.218.
49 Sobre a fragmentação, ver, por exemplo, Robinson; Godbey, 1999, p.56 ou Holz, 2000, p.19; ver ainda Eriksen, 2001; sobre *multitasking*, ver Gleick, 1999, p.171 ss.; Garhammer, 1999, p.472; Benthaus-Apel, 1995.

Contudo, elas mesmas comprometem a validade dos estudos de alocação temporal: quando, em um determinado intervalo de tempo, diversas atividades são executadas paralelamente (possivelmente sem uma hierarquização clara em atividade primária, secundária e terciária), isso implica notórios problemas no que diz respeito à determinação do que é uma unidade de tempo. Ainda mais graves parecem ser as consequências da fragmentação temporal e da dissipação de fronteiras entre as formas, lugares e horários das atividades: quando o trabalho remunerado é executado em casa, entre afazeres domésticos e cuidados com os filhos, quando atividades de lazer são coordenadas do local de trabalho, quando mensagens de *e-mail* pessoais, profissionais e voluntárias são processadas desordenadamente e correspondentes ligações telefônicas são realizadas, então a coordenação temporal é altamente dificultada. Ela se torna quase impossível quando as atividades não podem mais ser categorizadas claramente, pois as fronteiras das esferas do trabalho, da família e do tempo livre se misturam até se dissiparem no indistinguível: aquele que escuta Beethoven no escritório e, no entanto, encontra a solução para seu mais grave problema profissional na sala de concerto, que organiza suas relações de amizade e suas atividades de lazer de forma que elas sirvam ao avanço profissional, praticando o cada vez mais importante *networking*, escapa às redes da pesquisa de alocação temporal.[50] Isso poderia revelar inteiramente que a pesquisa de uso do tempo, em sua instrumentária de levantamento, é um fenômeno da altamente diferenciada Modernidade "Clássica",

---

50 Ver, sobre isso, ainda Verkaaik, 2001; assim como Michelson; Crouse, 2002.

cujo valor de análise para as estruturas temporais da Modernidade Tardia permanece restrito.

Em face de tal condição dos dados, é ainda mais surpreendente que os dois mais abrangentes e atuais estudos de alocação temporal, *Time for Life: the surprising ways Americans use their time* [Tempo para a vida: a forma surpreendente como os americanos usam seu tempo] de Robinson e Godbey e *Wie Europäer ihre Zeit nutzen* [Como os europeus usam seu tempo] de Manfred Garhammer, identifiquem, coincidentemente, a aceleração e o adensamento temporal como tendências principais do desenvolvimento dos modelos de uso do tempo, e dediquem a eles tanta atenção – sem, no entanto, poder embasá-los em seus dados. Garhammer coloca a *aceleração* em primeiro lugar na sua abrangente listagem das dez tendências mais importantes de desenvolvimento da estrutura temporal atual, remetendo-se marcadamente, no entanto, para embasar seu diagnóstico, ao estudo de Levine.[51] Como outra tendência central, ele denomina o *adensamento*, ou seja, o encurtamento e a execução simultânea de atividades, que, segundo a definição aqui fundada, também podem servir como indicadores de uma aceleração do ritmo de vida. Robinson e Godbey, por sua vez, antepõem o diagnóstico de uma *aceleração sem precedentes do ritmo de vida* ao desenvolvimento e discussão de seus dados empíricos em um capítulo próprio, dedicando trinta páginas completas aos fenômenos do adensamento temporal e da escassez de tempo – entretanto sem realmente relacioná-los, também aqui, com os dados sobre uso do tempo apresentados em seguida.[52]

---

51 Garhammer, 1999, p.46 ss.
52 Robinson; Godbey, 1999, p.29; ver p.33, 35 e 46.

Sua avaliação leva os autores, ao contrário de seu próprio diagnóstico, a sugerir ao leitor que entenda a aceleração do ritmo de vida como fenômeno (puramente) da percepção.[53] Ainda que eu tenha tentado mostrar que há uma base "objetiva" ou material, sólida e observável, embora oculta nos dados de uso do tempo, para um diagnóstico da aceleração do ritmo da vida, não pode haver dúvida quanto à correção da conclusão de Robinson e Godbey segundo a qual sobretudo a *experiência temporal* se modificou em consequência da transformação das práticas da vida e do cotidiano: *o aumento quantitativo do ritmo objetivo da vida parece levar a uma mudança qualitativa da experiência temporal subjetiva.* Esse fenômeno, não passível de ser esclarecido apenas através da pesquisa de alocação temporal e da análise de evidências empíricas de aceleração, deverá ser submetido, no que se segue, a uma investigação sistemática.

## 2. Parâmetros subjetivos: pressão temporal e a experiência do tempo acelerado

Como a discussão conceitual da aceleração social no Capítulo III.1 demonstrou, o aumento do ritmo da vida em face da

---

53 "[Nossos] resultados parecem estar em sério conflito com os modelos temporais que diversos observadores sociais reportaram e que vários de nossos próprios entrevistados alegam afetar suas vidas — tal como *o ritmo de vida americano mais acelerado*" (Robinson; Godbey, 1999, p.8, grifos meus, H. R.). Para os autores, as contradições surgem sobretudo do fato de que o tempo disponível parece aumentar exatamente como aquele tempo (sem estresse) passado em frente à televisão. Que isso de forma alguma contradiz o diagnóstico de um ritmo de vida crescente é o que tentei demonstrar.

contínua aceleração técnica de processos de transporte, comunicação e produção é uma manifestação paradoxal. A aceleração técnica encurta o tempo envolvido nesses processos e, em parte, libera recursos temporais consideráveis, de forma que, para uma quantidade de atividades e experiências que permanece constante, coloca-se *mais tempo* à disposição – gerando, assim, a expectativa de uma *menor velocidade de ação, pausas mais longas* e uma *menor sobreposição de ações*. Exatamente por isso é que, até os anos 1960, sob o "problema do tempo livre" não era entendido algo como o *estresse do tempo livre*, mas sim como o "problema" de que as pessoas (em especial, naturalmente, as "massas iletradas") não saberiam fazer nada (razoável) com o, sempre suposto como iminente, "imenso capital de reserva de tempo liberado" (como afirmava o *Bayerische Gewerbefreund* em um artigo com o título "Abundância de vapor e abundância de tempo" do ano de 1848).[54] Ainda em 1964, a manchete da revista *Life Magazine* era: "Os americanos encaram agora um excedente de tempo – o desafio à frente: como levar uma vida tranquila".[55]

---

54 Citado segundo Koselleck, 2000, p.161, nota 17.
55 Ver a nota 4 do prefácio. Sobre esse "problema do tempo livre", ver ainda Gershuny, 2000, p.58 ss. O argumento aqui consiste sempre na afirmação (interpretada erroneamente nas consequências) de que o tempo de trabalho diminui e o tempo livre aumenta. Curiosamente, o próprio Gershuny parece considerar a possibilidade de liberação de grandes recursos temporais frente ao estresse do tempo livre como o maior dos dois "perigos do tempo livre". Com razão ele aponta, entretanto, para as *diferenças de sexo*, ainda consideráveis no que concerne à carga de trabalho e à experiência de escassez temporal, que surgem sobretudo do duplo encargo das mulheres pela profissão e por afazeres domésticos, assim como pela educação dos filhos. Pelo fato de os homens ainda conseguirem se manter afastados desses últimos

Um *aumento do ritmo da vida* representa, ao contrário, uma reação ao *escasseamento de recursos temporais*, de modo que, para as ações (ou experiências) particulares, resta *menos tempo* disponível que antes. A ocorrência simultânea de ambas as formas de aceleração, como a discussão concluiu, só é imaginável sob a condição de *processos de crescimento* através dos quais o aumento da quantidade de ações ultrapassa o aumento da velocidade de realização. *Subjetivamente*, isto é, na experiência temporal dos sujeitos agentes, tal escassez de recursos temporais reflete-se através de um sentimento da *passagem mais veloz do tempo*,[56] mas sobretudo na experiência da *carência temporal* e do *estresse*, bem como na sensação de *não "ter" tempo* (a não ser que os atores tenham, anteriormente, se entediado).

Há poucas dúvidas, portanto, que precisamente essas percepções do tempo se tornaram, praticamente de forma ininterrupta, cada vez mais dominantes em todos os países ocidentais industrializados desde o início dos correspondentes levantamentos nos anos 1960.[57] Assim, pode-se concluir dos dados

---

afazeres, as mulheres possuem menos recursos temporais livres de forma objetiva e de forma subjetiva, maiores taxas de estresse (ver, sobre isso, ainda Schor, 1992; Hochschild, 2000; Robinson; Godbey, 1999, p.197 e 349, cujos dados apontam, entretanto, para uma paulatina redução das diferenças).

56 O que não surpreeende, uma vez que a sensação de tempo decorrido é obtida da ação que se acelera.

57 Ver, por exemplo, Geißler, 1999, p.92; Garhammer, 1999, p.448 ss.; Levine, 1999, p.196; Robinson; Godbey, 1999, p.229 ss. e 319 ss., assim como inúmeros estudos sobre esse tema na página da web da International Time Use Conference "Time Pressure, Work-Family Interface, and Parent-Child Relationships" de 2002 (www.lifestress.uwaterloo.ca).

oriundos dos levantamentos de alocação temporal nos Estados Unidos, reproduzidos, por exemplo, no estudo de Robinson e Godbey, que o número de norte-americanos entre 18 e 64 anos de idade que afirmam sentir-se *sempre* com pressa aumentou, gradativamente, entre 1965 e 1992, de 24% para 38%, enquanto o número de pessoas que *quase nunca* se sentem sob pressão temporal caiu, no mesmo espaço de tempo, de 27% para 18%. O número de entrevistados que afirmou dispor *frequentemente* de recursos temporais ("tempo disponível com o qual você não sabe o que fazer") caiu, entre 1965 e 1994, mais que pela metade, de 15% para 7%, enquanto a porcentagem daqueles que responderam à pergunta com *quase nunca* subiu de 48% para 61%.[58] A escassez de recursos temporais parece

---

58 Robinson; Godbey, 1999, p.32. Os números comparativos internacionais de Garhammer (1999, p.450 ss.) seguem na mesma direção. Segundo eles, em 1991-1992, por volta de 78% dos alemães empregados se queixavam de falta de tempo. Holz (2000, p.10 ss.) apresenta, surpreendentemente, números segundo os quais, ao contrário, 71% dos cidadãos alemães analisados no levantamento de alocação temporal de 1991-1992 não estariam expostos a um estresse temporal significativo. Tal desvio se deve, em minha opinião, sobretudo ao fato de o indicador de estresse (*desejo de mais tempo para uma área de atividade específica*) nas referidas análises ser muito impreciso. Possivelmente os entrevistados interpretaram o desejo de mais tempo para uma atividade específica no sentido do jogo de soma zero típico para a alocação temporal, como um desejo de "redistribuição temporal". Há que se levar em conta nos dados sobre estresse, naturalmente, que nem todos os grupos populacionais são afetados uniformemente; aposentados e desempregados, por exemplo, são notoriamente menos afligidos (Holz, 2000, p.13). O argumento central deste trabalho é que a aceleração é uma tendência fundamental, uma característica básica da modernização – onde grupos populacionais se encontram

estar documentada de forma undubitável em tais números. No entanto, se Robinson e Godbey acreditam encontrar sinais crescentes de que, desde meados dos anos 1990, a sensação de estresse e pressão temporal, como sintoma de uma diminuição dos recursos temporais, tenha decrescido de forma suave porém constante e que os números sinalizem uma mudança de tendência (o número de pessoas que estão *sempre com pressa* caiu, de 1992 para 1995, em 6% e a porcentagem de entrevistados que alegaram ter *menos tempo livre que há cinco anos* diminuiu em 9 pontos para 45%),[59] isso não reflete de forma alguma, ao contrário da interpretação dos autores, uma *lentificação* do ritmo de vida (*The Great American Slowdown*), mas, antes, um *abrandamento da aceleração*: recursos temporais se tornam escassos com menor rapidez. A sensação de estresse, como demonstrei, não diz nada sobre o ritmo absoluto da vida, mas apenas sobre sua *transformação*. Portanto, ao contrário do que Robinson e Godbey supõem,[60] não surpreende que os habitantes da Rússia produzam, desde 1990, índices numéricos relativamente altos de experiência de estresse e pressão temporal (26% dos adultos russos, por exemplo, afirmaram não ter mais tempo para atividades recreativas, contra "apenas" 23% dos americanos),

---

excluídos cultural ou estruturalmente de processos de modernização não há que se esperar uma experiência significante com a aceleração.

59 Robinson; Godbey, 1999, p.239 ss. e 314 ss.; ver 1996. Segundo os números apresentados por John Robinson no XV Congresso Mundial de Sociologia em Brisbane em 10 jul. 2001, em sua palestra "Is There an Acceleration of the Pace of Life? Some Empirical Evidence (RC 35)", essa tendência se mantém também nos mais recentes dados de consumo de tempo estadunidenses.

60 Robinson; Godbey, 1999, p.279 ss.

embora seja de se supor que o ritmo da vida, na Rússia, seja claramente menos intenso que nos Estados Unidos: as *taxas de aceleração*, na Rússia, devido às ondas de transformação, devem ser significativamente mais altas.

Os dados de Robinson e Godbey aguardam, entretanto, uma confirmação de outras investigações, especialmente aquelas de outros países industrializados.[61] Se eles se revelarem consistentes, poderiam ser interpretados como uma confirmação impressionante da tese de que em 1990 a corrente e última onda aceleratória alcançou seu auge e estaria, agora, em declínio.

No entanto, o paradoxo formulado inicialmente se reflete nos dados dos pesquisadores de uso do tempo em uma outra variante surpreendente: a sensação de estresse e falta de tempo coincide, em seu aumento dramático entre 1965 e 1995, com um aumento do tempo livre igualmente significativo, o que já sugere, semanticamente, um acréscimo de recursos temporais liberados. *Tempo livre* é definido, na pesquisa de alocação temporal, não simplesmente como o tempo em que não se exerce uma atividade remunerada, mas, antes, como aqueles recursos temporais que não estão vinculados a atividades obrigatórias, os quais se pode dispor com maior ou menor volição individual, ou seja, como tempo que resta após a subtração do tempo de trabalho, familiar e de cuidados domésticos (como cuidar dos filhos, fazer compras, arrumar a casa) e do tempo de cuidados pessoais (refeições, sono, cuidados com o corpo). Esse "tempo livre" cresceu, entre 1965 e 1995, de forma contínua

---

61 Nesse sentido, há que se aguardar com expectativa os resultados do novo levantamento representativo de alocação temporal do órgão federal de estatística da Alemanha (2001-2002).

para praticamente todos os grupos da população, mesmo para mulheres empregadas (em 5,6 horas semanais para estas contra 10,3 horas para donas de casa; homens profissionalmente ativos ganharam quase seis horas a mais de tempo livre por semana). Responsáveis por isso são a redução dos horários de trabalho remunerado e, sobretudo, a diminuição do tempo gasto com afazeres domésticos, que mais que compensou os aumentos, surgidos especialmente nos anos 1990, do tempo de trabalho remunerado.[62] Eis aqui a razão da suposição de Ro-

---

62 Dados de Robinson; Godbey, 1999, p.339. As diferenças entre homens e mulheres são relevantes na *composição*, mas não nos resultados: para mulheres, o tempo gasto com afazeres domésticos decresceu enormemente, enquanto o tempo gasto com trabalho remunerado aumentou; para homens, o tempo dedicado a cuidados com a casa cresceu, mas o tempo relativo a atividades remuneradas diminuiu. Ambos os sexos contabilizam, no entanto, um acréscimo significativo de tempo livre (ver ibid., sobretudo p.346). Os dados comparativos internacionais (União Europeia e Estados Unidos) de Garhammer confirmam esse crescimento do tempo livre entre 1960 e 1995; entretanto, ele não aponta, segundo esses dados, uma redução do tempo de trabalho total ou doméstico, mas sim uma aceleração dos cuidados individuais: "O desenvolvimento do trabalho *remunerado* e do tempo a ele vinculado [...] cai significativamente de 7,6 para 6,5 horas por dia. [...] Diferente do que era de se esperar, o trabalho não remunerado *aumentou* (significativamente) dos anos 1960 até os anos 1990 de 1,7 para 2,8 horas na mesma quantidade, *de forma que o trabalho total permaneceu igual com 9,29 horas até quase o centésimo algarismo*. A expansão do tempo livre diário a partir dos anos 1960 de 38 minutos para 4,9 horas (sig.) *não* resulta, assim, do fato de que pessoas profissionalmente ativas trabalhem menos. A fonte do 'ganho de tempo' é, antes de tudo, um adensamento de suas necessidades pessoais em mais de uma hora [!], de dez horas e meia para nove e meia (sig.). [...] Essa tendência é, apesar de toda a questionabilidade das fontes de dados, inegável" (Garhammer, 1999, p.427, grifos no original).

binson e Godbey de que o aumento do ritmo da vida pudesse ser um *problema de percepção*.

Embora as considerações do último segmento tenham mostrado que o aumento do ritmo da vida, no sentido de um crescimento dos episódios de ação e experiência por unidade de tempo, pode estar sim e de forma não contraditória associado a uma extensão do tempo de ócio, ainda carece de esclarecimento por que os entrevistados reclamam de uma *pressão temporal* e uma *coação* aceleratória crescentes. Em face dos dados disponíveis, o que surpreende não é o aumento da velocidade em si, mas sim a sensação do *estar acelerado*. Ela encontra seu equivalente na evidência de que os entrevistados têm a impressão, em certa medida inversamente proporcional às evidências, de que seu tempo livre diminui continuamente: o tempo livre *estimado* diminui, de forma espantosa, paralelamente ao aumento do tempo livre "factual"; ele não só corresponde, por vezes, a menos da metade do tempo livre *contabilizado* nos diários temporais utilizados nos estudos, mas ainda fica, em média, abaixo do tempo que de fato é passado em frente à televisão![63] Com segurança, é possível concluir disso, a princípio, apenas que o tempo livre averiguado não é vivenciado pelos atores sociais como uma reserva de *recursos temporais livres*, mas antes como uma porção de tempo que flui rapidamente e que está atrelado a ações (e experiências).[64]

---

63 Robinson; Godbey, 1999, p.135, ver a tabela 30 na p.279.
64 Sob uma perspectiva macrossociológica e econômica fica evidente que esses recursos estão vinculados sobretudo a atos de consumação, cujo aumento é um correlato necessário do crescimento de produção capitalista (Linder, 1970).

No que se segue quero tentar encontrar, partindo desse paradoxo e sobre a base das reflexões da psicologia social e da filosofia da cultura, uma explicação para a transformação da experiência temporal que, na Modernidade e, *a fortiriori*, na Modernidade Tardia, se reflete em tais evidências, bem como pôr-me no encalço de sua relação interna com o aumento da densidade das ações e das experiências.

Dois motivos evidentes para a percepção da pressão temporal são, primeiramente, o *medo de perder oportunidades* e a *compulsão à adaptação*, que possuem raízes bem diversas. O medo de perder oportunidades (valiosas) e, daí, o desejo de elevar o ritmo da vida são, como demonstrarei no Capítulo VIII.2, o resultado de um programa cultural desenvolvido na Modernidade que consiste na ideia do "gozar aceleradamente as opções do mundo" — isto é, aumentar o índice de experiências —, para que cada um possa fazer de sua vida algo mais pleno e rico, realizando, assim, um ideal de "boa vida". Nessa ideia está contida a *promessa cultural da aceleração*. Ela tem, por consequência, o fato de os sujeitos *desejarem* viver mais rápido.

A *compulsão à adaptação*, ao contrário, é uma consequência da dinâmica estrutural das sociedades tardo-modernas, mais especificamente da *aceleração da mudança social*. A transformação acelerada, não apenas das estruturas materiais do ambiente, mas também dos modelos de relações e estruturas associativas, bem como das formas de prática e orientação de ação, como tentei mostrar, conduz inevitavelmente à "síndrome *slipping-slope*"; ela transmite aos atores o sentimento existencial do *estar sobre declives escorregadios*. Em uma sociedade dinâmica, como consequência da "contração do presente", quase todo conhecimento e conquista estabelecida está sob a ameaça da obsolescência. Mesmo naqueles períodos em que o ator dispõe de recursos temporais livres e desatrelados de ações específicas, seu meio continua a se modificar em alta velocidade. Após esse período, ele se encontrará de diversas formas em atraso, e será obrigado, por isso, a recuperar o tempo perdido. Um cientista, por exemplo, encontra, após oito dias de férias, uma conta de *e-mail* superlotada com todo tipo de requisições, uma série de trabalhos finais para corrigir, um número impressionante de publicações recentes relevantes para sua pesquisa, novas ofertas de *software* e *hardware* etc. É facilmente compreensível por que surge, em sociedades altamente dinâmicas, mesmo em períodos de ócio, o sentimento de um tempo fugaz e gerador de pressão. O "acontecer objetivo" se dá mais rapidamente do que qualquer um poderia jamais elaborar, reativamente, em suas ações ou experiência.[65] Nisso jaz a compulsão aceleratória estrutural da Modernidade. Ela tem como consequência o fato de os sujeitos *terem de* viver mais rápido.

Para decidir se a aceleração do ritmo da vida é causada mais pelo medo de perder oportunidades ou pela compulsão à adaptação (que nem sempre se deixam distinguir empiricamente) não bastam pesquisas quantitativas ou padronizadas de alocação temporal, como até as pesquisas de uso do tempo agora reconhecem.[66] Apenas uma análise dos *motivos* daquelas respectivas atividades (de lazer) e do deslocamento de alocações temporais poderia prover informações sobre essa questão.

---

65 Ver Luhmann, [1968] 1994, p.149.
66 Ver Michelson; Crouse, 2002; Garhammer, 1999, p.32 ss.; Benthaus--Apel, 1995; Robinson; Godbey, 1999, p.290 ss.

Obviamente, é preciso considerar o fato de que, no interior do moderno modelo de reconhecimento social, a pressão temporal possui uma conotação positiva: *não ter tempo* sinaliza ambição e produtividade, de modo que a escassez temporal é um fenômeno reforçado, se não até mesmo gerado, comunicativamente. Entretanto, é perfeitamente concebível uma inversão conceitual do critério de distinção no que diz respeito à velocidade: se até agora ser *mais rápido* significou ser *melhor*, por sinalizar mais competência e recursos, sendo assim uma vantagem evolucionária e social, a *lentidão* poderia se tornar uma característica distintiva na sociedade tardo-moderna: aquele que pode se dar mais tempo, controlar sua acessibilidade para os outros e ter recursos temporais livres é que está em vantagem.

Mesmo na ausência de levantamentos sistemáticos a respeito dessa questão, é notável, de qualquer forma, que, na semântica do tempo livre, um vocabulário do *dever* e do *ser obrigado* prevalece onde quer que se trate da explicação ou da justificativa de alocação do tempo livre. Em uma enorme contradição em relação à ideologia dominante de liberdade individual e ao código ético minimamente restritivo da sociedade moderna, e de um modo que não pode ser explicado pela atratividade social da escassez de tempo, os atores sociais falam de suas atividades surpreendente e frequentemente como algo obrigatório: *Eu tenho que voltar a ler jornal urgentemente, eu deveria finalmente fazer algo para meu* fitness, *comprar roupas novas, aprender uma língua estrangeira, me dedicar a meus* hobbies, *me encontrar finalmente com meus amigos, ir ao teatro, tirar férias* etc.[67] Não surpreenderia se atividades não

---

[67] Ver a impressionante lista de tais pseudo-obrigações geradoras de "estresse do tempo livre" em Opaschowski, 1995, p.85.

produtivas se mostrassem mais dominadas pela semântica do *dever*, nas sociedades ocidentais, do que são naquelas sociedades tradicionais altamente reguladas em sua normatividade. Ela parece representar uma reação natural à situação do viver sobre declives escorregadios: *dançamos cada vez mais rápido apenas para permanecer no mesmo lugar*; torna-se cada vez mais difícil manter-se *atualizado*. "A vida cotidiana se tornou um oceano de reivindicações que nos afogam e não há terra à vista", situa com êxito Kenneth Gergen, enquanto Robinson e Godbey e o pesquisador do tempo livre Opaschowski observam que parece ocorrer uma multiplicação do *necessário* e do *imprescindível* também no tempo livre.[68] Na medida em que os *declives* se tornam *mais íngremes*, isto é, em que as taxas de mudança crescem, parece se desenvolver, além disso, a tendência inerente de um paulatino deslocamento de motivos: a retórica da *promessa da aceleração* é cada vez mais substituída, tanto no plano individual quanto no político, pela retórica da *compulsão à adaptação*; em um mundo marcado pela mudança, pela contingência e insegurança, surge, no lugar de uma orientação para objetivos de longo prazo, o empenho na manutenção em aberto de opções e possibilidades conectivas.[69]

Isso fornece a ocasião para uma suposição especulativa para a qual se podem encontrar alguns indícios empíricos: por trás do esforço de manter-se em dia com as mudanças e com as exigências delas resultantes e do esforço de – diante da crescente imponderabilidade não apenas do mundo circundante,

---

[68] Gergen, 2000, p.75; Opaschowski, 1995, p.85; Robinson; Godbey, 1999, p.305.

[69] Rosa, 2002b; ver os capítulos XI.3 e XII.3.

mas também das próprias necessidades –, se não multiplicar o número de opções (categórico ético da Modernidade, segundo Heinz von Foerster[70]), ao menos mantê-lo, desaparecem do campo de visão as atividades tidas como de valor ou ambicionáveis por si próprias: para as atividades que "realmente" têm valor não resta mais tempo. Isso não se aplica de forma alguma apenas ao tempo livre, mas, pelo menos na mesma medida, também para o trabalho. Para as coisas que são importantes a longo prazo – no caso do cientista, por exemplo, a redação do novo livro – parece não haver tempo absolutamente, pois pequenas obrigações, relacionadas à tentativa de manter opções em aberto, se insinuam constantemente. Para apoiar essa afirmação, que à primeira vista talvez pareça infundada, pode-se identificar, curiosamente, em primeiro lugar, um princípio funcional repleto de consequências e, em segundo, podem-se apresentar dados de pesquisa surpreendentes.

O ato de sequenciar ações representa um método quase natural para avaliar e ordenar atividades segundo seu valor:[71] o mais importante ou mais valioso é executado primeiro, depois as atividades de importância secundária, e somente depois o menos importante, caso recursos temporais ainda estejam disponíveis. Em uma sociedade diferenciada funcionalmente, com cadeias de interação extensamente ramificadas, esse princípio de ordenação é cada vez mais substituído, como meio de coordenação e sincronização de atividades, por prazos e horários fixos. "Parece que a ordenação do tempo rearranjou a ordem dos

---

70 Ver Gamm, 1992, p.80; assim como Rosa, 1999a e 2002b.
71 "'Trabalhe antes de se divertir' é uma ordenação de atividade que reflete uma hierarquia de valor" (Lauer, 1981, p.35).

*Aceleração*

valores", constata Luhmann diante da prevalente *primazia orientacional* do tempo.⁷² "O poder do prazo" determina a sequência das atividades e faz que, sob condições de recursos temporais escassos, objetivos que não estejam vinculados a prazos ou compromissos sejam gradualmente perdidos de vista, pois o peso daquilo que deve ser resolvido (antes) os esmaga— deixando atrás de si um vago sentimento de que não conseguimos fazer "nada" Estamos constantemente "apagando incêndios" que continuam a surgir no bojo das complexas obrigações de coordenação de nossas atividades, sem conseguirmos desenvolver, e muito menos seguir, objetivos de longo prazo.⁷³ "A ordenação do tempo e a dos valores não podem [...] ser separados [da maneira tradicional, H. R.]. A prioridade dos prazos se converte em uma primazia dos prazos, em uma prioridade valorativa não conciliada com os demais valores normalmente professados",⁷⁴ prossegue Luhmann, evidenciando assim que, com essas estruturas temporais, ocorre uma espécie de duplica-

---

72 Luhmann, [1968] 1994, p.143.
73 Robinson; Godbey, 1999, p.292.
74 Luhmann, [1968] 1994, p.148; ver ibid., p.154, em que a descrição de Luhmann do contexto de trabalho do funcionário público administrativo parece caracterizar toda a vida na Modernidade Tardia: "Requerido por incontáveis obrigações de cooperação, o indivíduo encontra seu tempo tão escasseado e tão fragmentado que ele até ainda pode funcionar em contextos cooperativos, e sobretudo ainda transpor informações atuais de um contexto de trabalho a outro, mas não encontra tempo para refletir. Em seu trabalho ele continua a depender de dados e de símbolos de uso e análise imediatos; informações temporal ou factualmente distantes não são mais consultadas, linhas de pensamento indiretas não são mais utilizadas, a não ser que para tanto sejam criadas rotinas cooperativas".

ção da ordem dos valores: nós "professamos" como altamente valiosas determinadas atividades ou até determinadas formas de vida (por exemplo, *passeios à beira-mar, idas ao teatro, engajamento civil, tocar violino, escrever um romance*), no entanto, essa ordem "discursiva" de valores mal se reflete na ordem de preferências expressa em nossas atividades factuais.

É exatamente isso que atestam levantamentos empíricos ao relacionar aspectos do uso do tempo com questões sobre qualidade de vida. Segundo eles, os atores sociais empregam seu tempo majoritariamente em atividades que consideram de pouco valor, mas que, segundo declarações fornecidas por eles mesmos – entre outros lugares, em seus diários de organização temporal –, além disso, lhes proporcionam apenas uma satisfação mínima. Isso se aplica especialmente ao ato de assistir a televisão: os entrevistados não apenas o indicam como a menos valiosa atividade de tempo livre,[75] como ainda obtém dela menos satisfação do que obtém do trabalho remunerado (em uma escala de satisfação de 1 a 10, num levantamento nacional estadunidense de 1995, assistir a televisão alcançou o valor médio de 4,8; já o trabalho remunerado alcançou 7,0 [em 1975, chegou a 8,0]) ou do ato de fazer compras (6,4 no levantamento de 1985); em 1995, entrevistados, ao menos os do sexo feminino, alegaram obter maior satisfação com o tempo empregado em tarefas de limpeza doméstica (5,6!) do que com aquele passado em frente à televisão, enquanto homens alegaram ter mais prazer cozinhando (5,5) que assistindo a

---

75 O que é expresso, por exemplo, no fato de os entrevistados alegarem que essa seria a primeira atividade da qual eles estariam dispostos a abrir mão (Robinson; Godbey, 1999, p.242).

TV.[76] Todavia, os habitantes dos países industrializados ocidentais dedicam justamente a essa atividade quase 40% de seu tempo livre, o que representa mais de duas horas diárias e bem mais que todas as outras atividades de lazer. Ao contrário, para muitas atividades consideradas pelos atores como componentes integrais de uma "boa vida" e que lhes proporcionam de fato grande satisfação,[77] restam somente recursos temporais mínimos que, desde 1965, ainda apresentam uma tendência decrescente. "Em outras palavras, a alocação de tempo livre em tais atividades recreativas 'valiosas', como ler literatura séria, se engajar em atividades comunitárias ou visitar eventos culturais é um pequeno ponto de luz na tela do radar do tempo livre", resumem assim Robinson e Godbey seus resultados, constatando uma inegável *incongruência* entre o que os atores sociais declaram gostar de fazer e o que realmente fazem.[78]

À primeira vista, essa evidência se opõe marcadamente, sob *uma* perspectiva, à linha argumentativa desenvolvida até aqui: o fato de os entrevistados poderem empregar tanto tempo vendo televisão, uma atividade por eles mesmos pouco estimada, parece incompatível com a ideia de que a realização de atividades mais satisfatórias é impedida pela *urgência do prazo* e pela escas-

---

76 Dados de ibid., p.241 ss.
77 Altos valores de satisfação (entre 9,0 e 9,3) alcançaram especialmente sexo, modalidades esportivas com bola (para as quais é dispendido cada vez menos tempo em comparação com *jogging* e exercícios físicos em academias), pescaria e atividades envolvendo arte e música (ibid., Apêndice O., p.374). Também visitas a amigos e parentes normalmente alcançam valores altos na escala de satisfação, mas os recursos temporais a elas disponibilizados se tornam, ao menos nos Estados Unidos, cada vez menores (ibid., p.297).
78 Ibid., p.126 e 292.

sez de tempo. No entanto, uma análise mais minuciosa mostra que essa evidência não necessariamente contradiz aquela tese, mas pode até mesmo oferecer-lhe sustentação. Pois, primeiramente, é incontestável que assistir a televisão é uma das poucas atividades que podem ser usadas a qualquer momento tanto para o preenchimento de curtos fragmentos de tempo quanto para encobrir pausas: ela não necessita de preparação nem de elaboração posterior. As investigações atestam ainda, de forma consequente, que o consumo de televisão diminui sensivelmente nas férias, quando os recursos de tempo livre são menos fragmentados (enquanto atividades consideradas mais valiosas se tornam mais preponderantes), embora aumentem em quantidade.[79] Em segundo lugar, porém, está o fato de que assistir a televisão requer apenas um dispêndio mínimo de energia psíquica e física. Nenhuma outra atividade, exceto *dormir* e *cochilar*, exige uma elaboração tão baixa de *input*, motivo pelo qual o consumo de televisão é visto, em geral, como "atividade particularmente passiva".[80] Por isso ela parece (enganosamente)[81] ser uma apropriada "atividade" compensatória das estressantes experiências cotidianas, realizadas sob alta pressão temporal. Isso corresponde a uma "polarização" do tempo cotidiano em fases que são sentidas sob a marca do estresse, da

---

79 Ibid., p.311.
80 Ver, sobre isso, as extensas análises de Kubey; Csikszentmihalyi (1990) sobre o grau de atenção etc.
81 Como mostram Kubey; Csikszentmihalyi (1990, p.122 ss.), o consumo de televisão relaxa o espectador durante o período de audiência, porém, após esse período, deixa-o estressado e tenso; o esporte apresenta o efeito exatamente inverso: sua prática é cansativa, possui, no entanto, um efeito posterior relaxante.

sobrecarga e das altas exigências e períodos complementares de compensação, caracterizados pela passividade.[82] Nietzsche já diagnosticara essa tendência da vida moderna, que coloca os sujeitos sob um estresse e uma pressão temporal tão grandes que eles, no momento em que têm tempo para si mesmos, preferem "não apenas se deixar levar, mas esparramar-se longa e desajeitadamente" (ou fazer o que Nietzsche ainda não podia: assistir a televisão).[83]

Em terceiro lugar, porém, o consumo televisivo representa, assim, uma das atividades, características da cultura do entretenimento da Modernidade Tardia, nas quais a relação *input-output* é especialmente positiva no que diz respeito à satisfação imediata do consumidor: a televisão promete "gratificação imediata" sem dispêndio prévio de tempo e energia – uma vantagem inestimável em uma sociedade marcada por altos índices de transformação e orientada para o imediatismo. Para a compreensão da atratividade psíquica da televisão (e de outras mídias de entretenimento projetadas para o consumo passivo) há ainda outra dimensão significativa: *durante* o ato de assistir a televisão, a satisfação das pessoas analisadas é, em geral, claramente mais alta do que após fazê-lo, e, tendo em vista uma escala de atividades consideradas satisfatórias ou valiosas, elas *experienciam* o assistir a TV como mais positivo do que aquilo que julgam de uma perspectiva distanciada. O ganho imediato de experiência proporcionado pela televisão é, assim, relativamente alto, no entanto, o ganho de valor "permanente" não o

---

[82] Ver, por exemplo, Achtner; Kunz; Walter, 1998, p.1 ss.
[83] Nietzsche, 1986, quarto livro, aforismo 329 (Lazer e Ociosidade).

é: isso é mostrado não apenas subjetivamente, pela desvalorização do consumo televisivo mostrada nas pesquisas, mas ainda em investigações psicofísicas que avaliam o grau de satisfação, o estado de ânimo e a capacidade de concentração e atenção após o término da atividade. O assistir a televisão parece deixar os espectadores tendencialmente cansados e mal-humorados, não revigorados.[84] De fato, a sorrateira "reestruturação da ordem dos valores a partir de problemas temporais", sugerida por Luhmann, poderia se concretizar na vida cultural exatamente dessa forma: uma vez que a estrutura social, em função de altos índices de instabilidade e de transformação, premia o imediatismo e a indústria do entretenimento cria toda sorte de possibilidades literalmente "mais atrativas" de experiência, que oferecem "gratificação instantânea" em relações *input-output* mais favoráveis, cada vez menos recursos temporais são empregados naquelas atividades que, numa dimensão cognitivo-abstrata, são consideradas mais valiosas e mais satisfatórias, e que, no entanto, exigem grandes investimentos de tempo e energia a longo prazo.[85] Pode-se considerar a ópera mais valiosa que um

---

84 Ver os dados em Kubey; Csikszentmihalyi, 1990, p.122 ss.

85 É instrutivo observar esse argumento sob a luz da premissa de Linder, segundo a qual uma alocação de tempo racional sempre procura otimizar a relação *input-output*, ou seja, tirar o maior proveito do menor esforço (Linder, 1970, p.2 ss.). Esse argumento, na minha opinião, deve ser "temporalizado": parece variável se o cálculo se refere a horizontes de tempo de curto, médio ou longo prazo. Em uma sociedade com altos índices de instabilidade, na qual condições de expectativa e realização relativas ao futuro se tornam inseguras, há que se esperar a preterição de critérios de racionalidade em prol de cálculos de benefício imediatistas: torna-se irracional apostar em concretizações de longo prazo.

musical e, ainda assim, ir ao último; um bom restaurante mais satisfatório que o McDonald's, e acabar por comer na rede de *fast-food*; pode-se atribuir alto valor ao exercício de violino e no entanto ir conferir os novos CDs na loja de artigos culturais; pode-se ter experimentado o envolvimento com a poesia como de extraordinária satisfação e, em seu lugar, ligar a televisão; ou considerar escrever um romance como a atividade mais desejável de todas, mas acabar, na busca do arquivo correspondente, em um jogo de computador; podemos até mesmo ter certeza de que ganharemos mais assistindo a um exigente clássico do cinema que a uma comédia de ação hollywoodiana e, ainda assim, comprar bilhetes para esta última.

Em longo prazo, atividades às quais, a princípio, se atribuía valor serão lançadas ao esquecimento e desvalorizadas: "tarefas que se tornam pouco frequentes são, por fim, desvalorizadas e recebem um menor grau de importância, de modo que destino e sentido possam harmonizar-se. Dessa maneira uma reestruturação da ordem dos valores pode derivar, simplesmente, de problemas temporais".[86]

Tais considerações contêm em si uma entonação de crítica cultural, mas têm a seu favor o achado que indica que aquilo que os atores valorizam e experienciam como satisfatório, e aquilo que eles fazem, nos países industrializados do Ocidente, são significativamente apartados. E aquele que quiser defender um diagnóstico do declínio da cultura faria bem, em minha opinião, colocando a dimensão temporal em primeiro plano.

---

86 Luhmann, [1968] 1994, p.148. A respeito dessa consideração, ver Eriksen, 2001, p.63.

A mencionada revisão da ordem social dos valores seria, todavia, um irrefletido *efeito colateral desproposital* dos desenvolvimentos temporal-estruturais da sociedade. Ante processos autorreferentes em seu desenvolvimento, uma comunidade política democrática que quisesse se agarrar à ideia de autonomia coletiva poderia acabar por concluir que deve voltar-se contra eles. Ela teria que lançar mão de métodos completamente ambivalentes como um autocomprometimento [*Selbstbindung*] democrático-deliberativo e algo "autopaternalista", tendo em vista evitar a erosão, causada pelo incontrolado e imediatista "paternalismo do mercado", de suas práticas culturais consideradas valiosas.[87] As gerações mais novas só se comprometerão com práticas que se desenvolvem a longo prazo e exigem altos investimentos prévios (e, consequentemente, só experimentarão a validade de fazê-lo) quando forem encorajadas a tal por relações estáveis de confiança e exemplos seguros. Não obstante, tais relações de confiança se desenvolvem, por sua vez, apenas a longo prazo. Para tal seria necessária, de um ponto de vista cultural, a criação de "oásis de desaceleração" protegidos pelo Estado no sentido desenvolvido no Capítulo III.3, no interior dos quais tais experiências pudessem ser realizadas.[88] As chances de uma tal intervenção dependem, decisivamente, das condições estruturais que possibilitam o direcionamento político do desenvolvimento social. Tais condições, no entanto, se tornam

---

87 Ver, mais detalhadamente, Rosa, 1999a, p.753 ss.
88 Ao invés disso, estamos encurtando o tempo escolar ginasial e colocando, assim, o "oásis de desaceleração" em potencial ali oferecido – a *escola* – sob pressão aceleratória.

sensivelmente desfavorecidas na sociedade contemporânea, como quero expor na última parte desta investigação, em razão da *dessincronização*, condicionada pela aceleração, das *esferas funcionais*.

Em todo caso pode-se deduzir dessas considerações uma explicação plausível para aquele difundido sentimento de urgente escassez temporal, apesar da liberação de recursos temporais e das longas horas diante da TV: em função da rica oferta de experiências, que se efetua como "atrator" psicofísico, juntamente com sua ótima relação *input-output* e capacidade de satisfação imediata de necessidades, não há mais tempo, na sociedade tardo-moderna, para as coisas tidas como "realmente importantes". *Nós literalmente não damos mais conta de realizá-las*, ainda que possamos nos consolar com a ideia de que *um dia* poderemos separar um tempo para elas. Por ora nos orientamos segundo a urgência do curto prazo – independente da quantidade de nossos recursos temporais. Em um estudo nacional estadunidense do ano de 1993 sobre arte, a maioria dos entrevistados alegou, quando perguntados sobre o motivo de seu afastamento de eventos artísticos e museus, "não ter tempo" (resposta que foi quatro vezes mais frequente que *falta de dinheiro*) –, no entanto, mostrou-se (mesmo após o desconto de fatores educacionais e de renda) que, em conformidade com o "padrão mais-mais", são exatamente as pessoas com *menos* recursos temporais (ou com as maiores quantidades de horas de trabalho) que participam mais frequentemente.[89] Não obstante, a alegação de

---

89 Robinson; Godbey, 1999, p.152 e 255.

falta de tempo provavelmente não era apenas uma mera desculpa: surpreendentemente, a sensação de escassez temporal se apresenta sempre que consideramos a primeira parte da lista de atividades mencionada alguns parágrafos atrás, mas nunca quando consideramos a segunda parte, com a qual gastamos muito mais tempo.

Kubey e Csikszentmihalyi explicam as diferenças dos valores de satisfação relacionados a atividades de longo prazo se utilizando do conceito, desenvolvido pelo último, de *flow*. Segundo esse conceito, os mais intensos (e duradouros) sentimentos de alegria se apresentam naquelas atividades que possuem uma finalidade em si mesma e que não são sobrecarregadas por complexas condições contextuais, atividades nas quais capacidades e desafios mantêm-se em equilíbrio num alto nível: se não somos desafiados, isto é, se as capacidades superam claramente os desafios, há a ameaça de tédio; se somos, por outro lado, sobrecarregados, reagimos com estresse e medo. Quanto mais alto o nível de equilíbrio, maior parece ser a chance de se vivenciar um *flow*. *Jogar tênis* ou *tocar violino, escrever um romance, dirigir uma instituição educacional* ou *aprender a entender uma peça musical dodecafônica* são bons candidatos para tanto; todas essas atividades, todavia, requerem investimentos prévios de longo prazo, além de disposição para o postergamento de satisfações.[90]

Embora essas considerações sejam embasadas por evidências empíricas, pode-se certamente suspeitar de um viés crítico-cultural elitista por trás delas. No entanto, elas possuem uma correlação extremamente interessante, até agora ignorada,

---

[90] Ver Kubey; Csikszentmihalyi, 1990, p.140 ss.

com os paradoxos da *experiência temporal*, que poderia se mostrar elucidativa para o esclarecimento da sensação do "tempo acelerado".

Como Hans Castorp em *A montanha mágica*, de Thomas Mann, observa, e William James tenta fundamentar psicologicamente, o tempo vivenciado possui a estranha característica de se "inverter" de certa forma na memória: "Em geral, um tempo preenchido com experiências interessantes e variadas parece curto em seu decorrer, porém longo quando o recordamos. Por outro lado, um período de tempo isento de experiências parece longo em seu decorrer, mas retrospectivamente curto".[91] A experiência temporal produz ou um padrão *curto-longo* (curto tempo vivido, longo tempo recordado) ou um padrão *longo-curto* (longo tempo vivido, curto tempo recordado). Esse fenômeno se encontra bem documentado e é perfeitamente ex-

---

91 James, 1890, p.624. Como ilustração, imagine um dia de viagem em que uma pessoa parte de Stuttgart, almoça no Lago dos Quatro Cantões, visita, após o café, a catedral em Milão e vai passear à noite na Riviera: ao ir se deitar, o viajante inevitavelmente se perguntará se partiu realmente na manhã daquele dia – a impressão que se tem é de ter sido há muito mais tempo, embora o tempo tenha passado rapidamente o dia todo. Ao contrário disso, na noite após um dia cuja maior parte uma pessoa tenha passado a esperar em repartições públicas ou no consultório odontológico (supondo que essa pessoa não possua uma fobia acentuada de dentistas que faça a consulta se tornar inesquecível), ela terá a sensação de apenas acabar de ter se levantado. A conclusão de Flaherty (1999, p.40 ss.), de que o tempo às vezes transcorre devagar exatamente quando estamos expostos a um ganho de informação muito grande com alto índice de envolvimento afetivo, ou seja, especialmente em situações extremas, como acidentes, crimes ou catástrofes naturais (ver Capítulo I.1, nota 26), não contradiz a correção da observação de James e Mann.

plicável sob o nome de *paradoxo temporal subjetivo*: os episódios de experiência sentidos como interessantes deixam, comparados aos entediantes, rastros mais pronunciadosna memória, e sua carga de recordação age como *prolongamento* do tempo recordado e vice-versa.[92]

Um outro fenômeno, este, ao contrário, quase não explorado, que contraria esses padrões, é o que quero designar, seguindo as ideias de Ariane Barth, como *paradoxo da televisão*.[93] Ele significa que o tempo passado por alguém em frente ao aparelho televisor (por exemplo, assistindo a um filme policial), embora apresente todas as características do *curto* tempo vivido (alta densidade de estímulos, envolvimento emocional – quando o assassino está chegando ou quando o atacante corre para o pênalti modificam-se a pulsação, a pressão sanguínea e resistência galvânica da pele – e a sensação do tempo "rasante"),[94] porta-se, já ao desligar da televisão e, mais ainda, nas recordações posteriores, exatamente como o *longo* tempo

---

92 Michael Flaherty (1999, p.112) esclarece esse fenômeno, em seu estudo sobre experiência temporal, por meio de tempos de erosão variantes da memória episódica: "A memória episódica é orientada para a reunião de atividades. Situações nas quais há um nível anormalmente baixo de atividade explícita geram a experiência de uma duração alongada. Mas embora essas situações possam parecer durar para sempre enquanto são vivenciadas, pouco ou nada 'acontece', de forma que elas deixam apenas um resíduo tênue e evanescente na nossa memória episódica". Ver as pesquisas neurofisiológicas de Ernst Pöppel (1997) ou de Frederic Vester (1998).

93 Ver Barth, 1989, p.208.

94 Quem nunca passou pela situação de querer dar só uma olhadinha "rápida" na programação televisiva e, ao desligar o aparelho, constatar espantado que duas horas se passaram?

vivido – "não resta nada", o tempo de recordação se contrai rapidamente, motivo pelo qual respondentes frequentemente relatam um "grande vazio" após consumirem televisão, o que, pela alta densidade de episódios de experiência, é surpreendente. Isto deve ser responsável, em grande medida, pelo "estado de ânimo" negativo que se segue a essa atividade. Kubey e Csikszentmihalyi citam, por exemplo, um professor de inglês, que resume sua experiência da seguinte forma:

> Eu acho a televisão algo quase irresistível. Quando o aparelho está ligado não consigo ignorá-lo. Não consigo desligá-lo. Sinto-me imbecilizado, apático, enervado... Então sento ali por horas e horas... Lembro-me de que, quando adquirimos o aparelho, eu, sempre que podia, o assistia por horas, e me lembro da sensação de cansaço e ansiedade que sempre precedia aquelas orgias, um *sentimento de tempo terrivelmente desperdiçado*. Era como comer algodão doce; a televisão prometia tanta riqueza que eu mal podia esperar, *e em seguida tudo evaporava no ar. Lembro-me de me sentir terrivelmente esgotado após assisti-la por muito tempo.*[95]

O consumo de televisão, em oposição à experiência temporal "convencional", parece gerar tendencialmente um novo e paradoxal padrão *curto-curto* – o que não significa que o faz sempre; sob determinadas condições, às quais retornarei em breve, ele sem dúvida também pode gerar experiências temporais dentro do padrão "normal". Infelizmente, a verificação empírica, metodicamente controlada, desse efeito da televi-

---

95 Kubey; Csikszentmihalyi, 1990, p.145, grifos meus, H. R.

são permanece, por ora, um desiderato de pesquisa ainda não alcançado.⁹⁶

Pode-se supor, entretanto, que *assistir a televisão* não é a única atividade que produz um padrão *curto-curto*. Jogos de computador, por exemplo, parecem ser ainda mais eficientes na produção de tais experiências temporais: eles induzem os jogadores a horas de ocupação febril, com alta densidade de estímulos e alto grau de envolvimento, porém, no momento de desembarcar daquilo (especialmente se se tratar de uma *interrupção* antes do cumprimento do objetivo do jogo), sobrevém a sensação esmagadora de "constrição" do tempo. Curiosamente, os "segundos de desligamento", isto é, o breve intervalo necessário para que o computador feche o programa, parece ser sentido, muitas vezes, como *insuportavelmente longo* e extraordinariamente doloroso; talvez porque nele a "contração do tempo" seja experimentada de forma especialmente evidente. Esse curto período é seguido, possivelmente, por um padrão *longo-longo*, o que não ocorre senão como modo da experiência temporal de situações extremas, nas quais o fluxo do tempo parece se tornar mais lento, ou em situações de decisão, como bem documen-

---

96 Essas considerações ganham, entretanto, plausibilidade empírica, por um lado, por meio de difundidos *relatos de experiência* qualitativos de espectadores, por outro, pelo fato de que o autor as pôde testar inúmeras vezes sob a forma de uma pergunta aberta – após a explicação do *paradoxo temporal subjetivo*, os ouvintes deveriam encontrar o padrão correspondente de consumo televisivo – em uma audiência, altamente disposta à crítica e à contestação, de professores, alunos, estudantes universitários, colegas e outras pessoas do público interessado, quase sempre levada a um efeito de surpresa pela identificação do padrão *curto-curto*. (Meu agradecimento especial aos resistentes e criativos participantes da Deutsche Schüler Akademie em Braunschweig nos anos de 1998 a 2003.)

tado no esporte de alto rendimento:[97] esportistas de sucesso devem possuir a capacidade de perceber o rápido decorrer do jogo como que em "câmera lenta" e, com isso, dispor de um tempo de reação suficiente; é de se presumir que essa experiência temporal não se modifica na memória (Figura 8).

|  | Tempo vivenciado | Tempo na lembrança | Exemplo |
|---|---|---|---|
| Paradoxo temporal subjetivo | curto | longo | viagem de férias |
|  | longo | curto | sala de espera |
| Paradoxo da televisão | curto | curto | filme na televisão, jogos de computador |
|  | longo | longo | vivências críticas, esporte, segundos de desligamento (?) |

Figura 8 – Paradoxos da experiência temporal

Interessante é a questão sobre qual padrão de tempo uma visita ao cinema produz. As condições contextuais e *o significado* subjetivo que um filme possui para o espectador parecem exercer uma influência decisiva nessa questão. E exatamente isso parece fornecer uma pista decisiva para o esclarecimento do paradoxo da televisão. Minha suposição é que os rastros de memória, no caso da televisão (e dos jogos de computador), se apagam tão rapidamente porque a experiência, em primeiro lugar, *é dessensualizada* e, em segundo, é geralmente *descontextualizada*. *Dessensualizada* significa, aqui, que somente os sentidos visual e auditivo são solicitados, enquanto sensações táteis e olfativas (que possuem, reconhecidamente, uma maior importância

---

[97] Ver os detalhados relatos em Flaherty, 1999, p.40 ss. e 69 ss.; ver ainda Levine, 1999, p.58 ss.

para a memória de longo prazo) ou estímulos gustativos são negligenciados. Além disso, todos os estímulos provêm de uma estreita "janela", espacialmente limitada. Pesquisas importantes constataram que, por esse motivo, em comparação a outras atividades, o grau de ativação e atividade cerebral se encontra modificado ou limitado.[98] Mais relevante ainda me parece ser, entretanto, o fenômeno da *descontextualização*: o acontecimento na tela não está relacionado ao resto de nossas experiências, a nossos estados de ânimo, necessidades, desejos etc., e não reage a eles; ele é quase totalmente "a-contextual" ou não situável no arranjo (narrativo) de nossa vida, não podendo ser transformado em constituinte da experiência de nossa própria identidade e história de vida. São histórias *estranhas*, sem vinculação interna com o que fazemos antes ou depois nem com quem ou com o que acreditamos ser, de modo que delas "nada resta". O contrário ocorre quando tais vinculações podem ser estabelecidas: para fãs de *Star Wars*, por exemplo, que vivem com e através de seus heróis, que colecionam artigos da série, visitam convenções, leem revistas etc., assistir aos mais novos episódios *não* é uma atividade vazia de contexto, este pode ser recuperado, narrativamente, no horizonte de suas vidas e da sua identidade sem esforço – por isso pode-se supor que sua experiência com a televisão ou o cinema siga, nesse caso, o padrão *curto-longo*.

O padrão *curto-curto* poderia se mostrar, entretanto, como o mais elucidativo para a tardo-moderna experiência do "tempo

---

[98] Kubey e Csikszentmihalyi (1990, p.135 ss.) relatam um nível de excitação cortical comparativamente baixo e o fenômeno da "inércia de atenção": quanto mais tempo o olhar permanece fixado na tela, tanto mais forte deverá ser um estímulo externo para soltá-lo.

célere": é concebível que a experiência cotidiana da sociedade contemporânea produza cada vez mais esse padrão temporal, pois os episódios de experiência, que adensadamente sucedem uns aos outros, apresentam uma tendência progressiva à descontextualização (no sentido anteriormente explicado). Episódios de experiência curtos, repletos de estímulos, mas isolados entre si, isto é, que permanecem sem ligação interna, alternam-se rapidamente, de modo que, em certa medida, o tempo dispara em "ambos os fins": ele passa rapidamente *durante* aquelas atividades que são percebidas enquanto breves (e muitas vezes enquanto estressantes), deixando a sensação, porém, retrospectivamente, de ter sido "contraído", como se dias e anos tivessem voado, nos dando a sensação de mal ter vivido, embora já possamos ser velhos. Vivemos, então, por assim dizer, (objetivamente) mais e (subjetivamente) menos ao mesmo tempo.[99] Indícios objetivos de que, na sociedade presente, o tempo, em retrospecto, parece ter transcorrido mais rápido do que o esperado, são apresentados em uma pesquisa empírica de Michael Flaherty, na qual 366 analisados de três grupos etários que deveriam responder sobre o quão rápido o último ano passara,[100] registrando sua opinião em uma escala pontuada de 1 (para muito devagar) a 5 (para muito rápido).

---

99 Ver Rosa, 2004d. Se estiver correta a tese de que as experiências com o tempo na sociedade tardo-moderna seguem cada vez mais o padrão televisivo, isso poderia se revelar um efeito colateral da comercialização ou colonialização do universo de experiência: são atividades como uma visita a um parque de diversões, à discoteca ou ao clube que apresentam os traços mais fortes da mencionada "descontextualização" episódica.
100 A análise aconteceu em março de 1990, de forma que o "último ano" aqui significa 1989.

A média das respostas resultou num valor de 4,216, ou seja, entre *rápido* e *muito rápido!*[101]

*Uma* causa para a suposta descontextualização de episódios de ação e experiência poderia estar na já discutida *desestruturação* progressiva do cotidiano e, ligada a ela, na permanente disponibilidade de possibilidades de ação e vivência. Se, nos 365 dias do ano estiverem disponíveis *Lebkuchen*, *morangos* e a possibilidade de *nadar*, eles se desvinculam de contextos espaciais, temporais e sociais específicos, e fazem a vinculação entre as experiências a eles ligadas e outros contextos de experiência e memória (como: *morango – verão – jardim – avó*) tornar-se impossível ou improvável.[102] Uma tal desestruturação e des-

---

101 Flaherty, 1999, p.115 ss. O valor das respostas foi maior que 4 em todas as faixas etárias. Os valores mais altos (4,328), no entanto, contrariando surpreendentemente a suposição de que o tempo passa mais rápido na velhice, não vieram dos grupos de idade mais avançada (com uma idade média de mais de 70 anos), mas sim dos grupos etários (profissionalmente ativos) intermediários (com uma média de idade de 38,4 anos). Flaherty interpreta esse resultado, porém, diferentemente de mim, como um efeito mnemônico "normal", consequência da erosão da memória episódica pelo tempo: após um ano, os sujeitos mal podiam se lembrar de suas vivências e atividades. Considero essa interpretação implausível, na medida em que o efeito a que Flaherty se refere, tomado separadamente, deveria resultar na resposta "normal rápido" (3). Um ano decorre, de fato, na velocidade que deveria, a erosão da lembrança mantém todo ano seu tamanho, resta de cada ano o "mesmo tanto" (ou o mesmo pouco) de sempre. O número significativamente mais alto indica claramente, na minha opinião, um *efeito acelerátorio*: o tempo (tomado em retrospectiva) passou *rápido demais* para os entrevistados, restando menos tempo que o esperado ou desejado (segundo a experiência).

102 A descontextualização de experiências poderia, assim, contribuir para uma redução da intensidade de vivências. Georg Simmel já supunha

contextualização faz o saber (judaico-cristão) multimilenar, segundo o qual "tudo tem seu próprio tempo" (e, poder-se-ia acrescentar, seu próprio *lugar*), tornar-se crescentemente obsoleto: muitas coisas tornam-se permanentemente disponíveis e arbitrariamente combináveis entre si.

Extraordinariamente claros e argutos parecem, sobre esse problema, o pensamento e a filosofia da cultura e da história de Walter Benjamin, nos quais ele fundamenta o porquê de, por um lado, a desintegração do espaço de experiência e horizonte de expectativa e, por outro, a sucessão acelerada e não cumulativa de episódios de experiências, transformarem, duradouramente, a estrutura da experiência (temporal) subjetiva.[103]

Benjamin diagnostica uma progressiva *perda da experiência*[104] na sociedade moderna, que resulta da incapacidade dos sujeitos em transformar as inúmeras *vivências* [*Erlebnisse*] traumáticas do cotidiano (para as quais a vida metropolitana lhe parece, assim como para Simmel, paradigmática) em *experiência* [*Erfahrung*] genuína. *Experiência* é, para Benjamin, algo inextricavelmente ligado à agregação do vivido à história experienciada e à tradição vivida, ela surge através de uma apropriação do vivenciado com auxílio dos padrões narrativos estáveis fixados na memória e

---

que os indivíduos reagem a ela com uma diminuição de sua "excitabilidade" psíquica ([1903] 1995, p.116 ss.). A enorme *ânsia* por experiências intensas na sociedade (de "vivências") da Modernidade Tardia pode fazer os conteúdos de vivências tenderem cada vez mais para "extremos", o que poderia explicar a busca contínua pelo máximo de excitação e, associado a isso, possivelmente até mesmo o aumento da disposição à violência (sobre esse último tema, ver Enzensberger, 1994, p.33; Nassehi, 2000; Assheuer, 2000).

103 Ver Benjamin, 1974c, esp. p.609 ss.; e ainda 1974a, 1974b.
104 Ver, sobre isso, ainda Honneth, 1999, esp. p.101 ss.

à luz dos horizontes de expectativa historicamente firmados. Assim, vivências só podem se tornar experiência se puderem ser relacionadas de forma significativa a um passado e a um futuro individual e coletivo. Experiências genuínas, como se pode inferir a partir disso, adentram a identidade dos sujeitos, em sua história de vida; seus rastros na memória são amplamente resistentes à erosão. Elas se tornam impossíveis, no entanto, em um mundo no qual horizontes de expectativa se transformam permanentemente e no qual espaços de experiência são continuamente reconstruídos.[105] Por isso, quanto mais curto o espaço de tempo da congruência entre espaço de experiência e horizonte de expectativa (o presente), bem como quanto maior o número de episódios de experiência por unidade de tempo, mais improvável se torna a transformação de vivências em experiências.[106] O tempo moderno, para Benjamin, se assemelha ao tempo vazio de experiências do *jogador*, que consiste numa cadeia de vivências não cumulativas, desvinculadas entre si e tendentes ao choque, das quais não resulta nenhuma experiência, mas das quais os sujeitos, mais tarde, tentam se lembrar com a ajuda de *souvenirs* (também em forma de fotos).[107] Tendo em vista uma tal sucessão de episódios isolados de vivências, poder-se-ia, aqui, tomar as atividades do assistir a televisão e do jogar jogos virtuais como paradigmáticas: sua intraduzibi-

---

105 Ver, sobre isso, ainda o diagnóstico da destruição da experiência de Giorgio Agamben (1993, p.13): "Um dia comum na vida do homem moderno contém virtualmente nada que ainda possa ser traduzido em experiência [...] É essa intraduzibilidade em experiência que ora torna a existência diária intolerável". Ver, sobre isso, também Ahmadi, 2001, p.191 ss.
106 Ver Benjamin, 1974c, p.612 ss.
107 Benjamin, 1974a; ver também Frisby, 1988, p.262.

lidade em experiência faz que permaneçam episódios e acelera a erosão dos rastros de lembrança a elas vinculados.

A sociedade que se caracteriza pelo padrão *curto-curto*, como essas considerações demonstram, é uma sociedade *rica em vivências*, porém *vazia de experiências*. Seu tempo escapa por entre os dedos em ambos os fins – na vivência e na memória. Da perspectiva da experiência temporal subjetiva, como se pode concluir do paradoxo da televisão, de fato, e por razões socioestruturais, acelera-se o próprio fluxo do tempo.

## 3. Estruturas temporais e autorrelações subjetivas

Como demonstrado nesta segunda parte da presente investigação, os processos da aceleração técnica impactam as relações dos sujeitos com o tempo e o espaço, e com pessoas e coisas na mesma proporção, enquanto a aceleração do ritmo de vida transforma suas *ações* e *vivências* ao aumentar o índice de ações e vivências por unidade de tempo. Disso resulta, necessariamente, o fato de que a dinâmica aceleratória moderna modifica não apenas o *fazer*, mas também o *ser(-aí)*, ou seja, as identidades ou as autorrelações subjetivas, uma vez que estas são constituídas por aquelas relações e ações. Nossa noção de *quem somos* é, em verdade, uma função de nossa relação com o espaço, o tempo, o próximo e os objetos de nosso meio, bem como de nossas ações e vivências – e vice-versa: em nossas ações e relações se reflete nossa identidade; trata-se, assim, de uma relação de interdependência.[108] Com isso, na Sociologia é considerado um truísmo que a estrutura social e a estrutura

---

108 Procurei uma definição dessa relação tão dinâmica em meu livro *Identität und kulturelle Praxis* [Identidade e práxis cultural] (1998).

de autorrelações sejam correlacionadas, de forma que processos de modernização social, por exemplo, devem possuir uma necessária correspondência na construção de autorrelações subjetivas.[109] Como expus na introdução ao presente estudo, minha tese sugere que são exatamente as estruturas temporais (da sociedade e dos sujeitos) que constituem o elo entre uma e outra, garantindo, assim, seu "acoplamento estrutural". Nesta parte trata-se daquela questão sobre a maneira pela qual as estruturas temporais cambiantes se manifestam na forma de identidade moderna e tardo-moderna. Existe algo como uma dinamização ou aceleração da identidade, da autorrelação subjetiva ou da *forma de ser*?

Para poder responder a essas perguntas há que se manter em vista o fato de que as autorrelações subjetivas possuem uma estrutura temporal irrevogável, à qual estão vinculados o passado, o presente e o futuro de um sujeito.[110] *Quem somos* também é sempre definido por *como nos tornamos o que somos*, por aquilo que *poderíamos ter sido, por aquilo que fomos* e pelo que *seremos e gostaríamos de ser*. Em cada história de vida, na qual se funda a identidade e que se forma narrativamente, não só o passado é reconstruído como também o presente é interpretado e um possível futuro projetado. As autorrelações subjetivas também são, assim, sempre relações com o tempo, e estas podem apresentar grandes variações relacionadas à cultura: em vários círculos culturais, a identidade parece se desenvolver prioritariamente através de uma orientação para o *passado* e para tradições (para as obrigações e definições de *status* derivadas

---

[109] Ver, por exemplo, Willems; Hahn, 1999; Keupp et al., 1999; ou ainda Rorty, 1989; sobre isso, Rosa, 2002a.
[110] Ver, sobre isso, Straub, 1993 e 1998a.

da *origem*), enquanto, em outras culturas, são as expectativas e projeções do *futuro* (como tempo a que se deve dar forma ou como tempo de cumprimento de um destino) que marcam o sentido do eu. Em uma sociedade na qual o passado perdeu sua força de comprometimento enquanto o futuro é concebido como imprevisível e incontrolável, podem dominar, por sua vez, padrões de identidade voltados para o presente, ou "situacionais".[111] Ao mesmo tempo, no "trabalho identitário cotidiano" dos sujeitos, diversos horizontes temporais de diferente alcance são ininterruptamente vinculados: devem ser harmonizados entre si os padrões temporais e de identidade da respectiva situação, da forma dada de prática cotidiana, da perspectiva abrangente que se tem sobre a própria vida e, por fim, da época histórica.[112] Transformações nas estruturas e horizontes temporais da sociedade afetam inevitavelmente as estruturas temporais da construção e da manutenção identitária, e – como indicará a tese a ser desenvolvida no Capítulo XI – é nesse, mais do que em qualquer outro ponto, que se pode entrever uma ruptura entre a modernidade "clássica" e o que se pode tratar como Modernidade *Tardia* ou *Pós*-Modernidade (dependendo da perspectiva adotada).

De importância fundamental para a transformação da estrutura temporal das identidades, no sentido de que resulta da aceleração social, é a aqui identificada aceleração da mudança social em ritmo *intrageracional*, bem como o aumento das contingências e instabilidades que a acompanha. Ela é responsável, como observa Lyotard, pelo fato de que, na "Pós-Modernida-

---

111 Ver Lauer, 1981, p.35 ss., 63 ss. e 112 ss.
112 Ver Straus; Höfer, 1997; e ainda Ahlheit, 1988. Ver também o Capítulo I.1.

de", todas as relações constitutivas de identidade necessitam de um marcador temporal: se, *em princípio*, a família, a profissão, a residência, as convicções e práticas política e religiosa são cambiáveis ou podem, a qualquer momento, se transformar, então um indivíduo não *é* mais padeiro, marido de Y, de Munique, conservador e católico *por si*, e sim apenas por períodos de duração indefinível – ele é todas essas coisas "naquele momento", ou seja, no presente, que tende assim a se contrair; ele *era* algo diferente e *será* (possivelmente) uma outra pessoa.[113]

A mudança social é como que transferida para a identidade dos sujeitos. Interessante é a questão de saber se aquelas relações ainda podem definir nossa identidade, ou se, em nossa autodescrição, prescindimos de predicados identitários por eles sugerirem uma estabilidade da qual não podemos nos desvencilhar: o indivíduo não *é* padeiro, ele *tem trabalhado* (há dois anos) como padeiro; ele não *é* marido de Y, mas *está vivendo* junto com Y; ele não *é* de Munique e conservador, mas *está morando* (pelos próximos anos) em Munique e *tem votado* pelos conservadores.[114] Tal perspectiva leva por fim à tese de uma contração identitária; o eu é restringido a algo como uma "individualida-

---

113 "[O] pacto temporário [substitui] a instituição permanente em esferas profissionais, afetivas, sexuais, culturais, familiares e internacionais, assim como nas questões políticas" (Lyotard, 1986, p.191).

114 Exatamente essa dissociação do eu e seus papéis é que Amir Ahmadi (2001, p.192) afirma, como Paul Valéry e Walter Benjamin, ser consequência inevitável da aceleração social: "Enquanto os indivíduos assumem e desempenham vários papéis em seus cotidianos, seu engajamento permanece apenas esse, desempenhando papéis que eles não sentem corresponder ao âmago de sua existência. Assim, todos se tornam sartrianos por si próprios. Acima e além dos afazeres do dia a dia, o eu continua a buscar ansiosamente, em uma expectativa perpé-

de puntiforme" sem predicados,[115] que não se identifica mais (inteiramente) com seus papéis e relacionamentos, ou com seus predicados identitários potenciais, adotando, antes, uma espécie de relação instrumental com eles.

Frequentemente, a transformação observada (discutível no que diz respeito a sua dimensão e abrangência, mas incontestável como *tendência de desenvolvimento*)[116] é interpretada, na pesquisa sobre questões identitárias, como uma *dinamização* da identidade e, respectivamente, do eu: os sujeitos continuam a ser definidos por seus papéis, relações e convicções, obtendo deles e neles seu autoentendimento – eles continuam *sendo* padeiros, maridos, católicos –, porém o que há de fundamental (substancial) nessas identidades (inclusive preferências e convicções avaliativas) se torna temporalmente instável: elas se transformam tendencialmente de situação para situação e de contexto para contexto.[117] Demonstrarei, no Capítulo XI, que ambos os diagnósticos não são incompatíveis entre si – eles apenas se referem a diferentes lados do processo de autodeterminação que se expressa como *"eu me determino"* –, o lado do sujeito nesse processo (o *quem* da identidade) contrai-se a um ponto sem predicados, enquanto o lado do objeto (o *quê* da identidade) aparece como situacional e fluido.[118]

---

tua, enquanto sua sombra terrena se exaure em suas batalhas diárias com o tempo".
115 Taylor, 1994, p.288 ss. e 309; Sandel, 1993; e ainda Rosa, 1998, p.342 ss., 403 ss. e 2002a.
116 Ver, sobre isso, Straub, 1998b e 2001 ou Wenzel, 1995.
117 Gergen, 2000; Willems; Hahn, 1999, p.19 (Introdução); Willems, 1999; Harvey, 1990, p.286 ss.
118 Ver Rosa, 2002a, parte II.1.

O conceito de uma identidade pessoal estável poderia, com isso, demonstrar ser, digamos, o correlato natural de um ritmo de mudança social que seja sincronizado com o ritmo de sucessão das gerações, e, com isso, um signo constitutivo da Modernidade "Clássica". Em sociedades tradicionais, com *baixos* índices de transformação, os indivíduos se encontram definidos por estruturas preexistentes e perenes, de modo que são definidos por identidades "intrageracionais", enquanto na sociedade tardo-moderna, identidades individuais estáveis e que se orientam pela duração não conseguem resistir ao elevado ritmo de transformação, e são, por assim dizer, "rompidas", de tal modo a surgir uma "sequência identitária intrageracional" (ou *intrapessoal*. Uma sociedade altamente dinâmica como a tardo-moderna leva, assim, a uma correspondente dinamicidade nas autorrelações subjetivas e nos modelos de identidade dos indivíduos por meio de uma premiação da flexibilidade e da disposição para a transformação, contra a inércia e a continuidade: os sujeitos devem, desde o princípio, conceber-se como abertos, flexíveis e simpáticos a mudanças, caso contrário correm o risco de sofrer permanentes frustrações sempre que suas concepções identitárias ameaçarem fracassar em um ambiente em rápida transformação.

Na quarta parte deste livro, em que serão abordadas as *consequências* da aceleração social e procurarei uma definição mais precisa da forma de identidade "situacional" que daí advém. Como resultado prévio, pode-se concluir, no entanto, que a aceleração do ritmo de vida de fato parece implicar algo como um sequenciamento e uma dinamização das formas de existência: a aceleração se dá não apenas naquilo que os indivíduos fazem e vivenciam, mas também no que eles *são*.

*Parte 3*
*Causas*

# VII
## Aceleração social como processo autopropulsor: o círculo aceleratório

Por que na sociedade moderna praticamente "tudo" parece se tornar cada vez mais rápido? Como a discussão no terceiro capítulo demonstrou, essa pergunta é, como ponto de partida para uma análise da dinâmica aceleratória moderna, no mínimo enganosa: em primeiro lugar, nem *tudo* se acelera – muitas coisas não se deixam acelerar e uma série de processos até mesmo se tornam mais lentos. Em segundo, nem todos os processos aceleratórios são do mesmo tipo; analítica e logicamente, as três formas de aceleração social elaboradas – a *aceleração técnica* de processos direcionados a um objetivo, a *aceleração da mudança social* e a *aceleração do ritmo da vida* – têm que ser estritamente diferenciadas entre si. Mais do que não poderem ser reduzidas umas às outras, elas se encontram, ao menos no caso da aceleração técnica e da aceleração do ritmo de vida, numa relação paradoxal: a *aceleração técnica* libera, por definição, recursos temporais, e, assim, atua contra a escassez de recursos temporais, bem como contra a aceleração do ritmo da vida. No entanto, a análise das formas de manifestação da aceleração social na parte precedente deste estudo revelou uma série de interações *empíricas* e interdependências causais entre as três dimensões fenomênicas correspondentes às formas da aceleração, as quais deverão ser sistematizadas neste capítulo. Disso resultará uma primeira resposta à questão sobre as raízes ou a força motriz da dinâmica aceleratória da sociedade moderna, que parece ser onipresente.

A tese que quero fundamentar aqui é a de que *a aceleração social na Modernidade se tornou um processo autopropulsor*, que dispõe as três áreas da aceleração numa interação circular, na qual se relacionam no sentido do aumento. A aceleração dentro desse círculo gera, assim, sempre e inevitavelmente, mais aceleração, torna-se um "sistema de *feedback*" que se fortalece a si mesmo.

Uma vez que a cadeia causal a ser analisada é de natureza circular, o processo de análise pode ser iniciado, à vontade, em qualquer um dos pontos. Por razões heurísticas, no entanto, o mais elucidativo é observar a interação numa ordem inversa à utilizada na segunda parte e, assim, começar com a já problematizada relação entre o ritmo da vida e a aceleração técnica.

A função social e o efeito imediato da aceleração técnica consistem em *economizar tempo*, ou seja, reduzir a demanda temporal de um processo, criando, com isso, recursos temporais livres. Essa é a função social, por exemplo, da aceleração dos transportes, da comunicação ou da produção: seus respectivos processos são encurtados, gerando mais tempo disponível para outros. Exatamente por isso é que ela representa uma evidente resposta social ao problema da escassez temporal, que é, como pode-se observar, a causa para o aumento do ritmo da vida. Os atores reagem ao escasseamento de recursos temporais com um *adensamento dos episódios de ação*, o que pode ser alcançado ou por meio do emprego de técnicas aceleratórias *ou* através da redução de pausas e da sobreposição de atividades (*multitasking*).¹ No entanto, uma vez que as últimas possibilidades acelerativas são bastante limitadas por sua natureza, é evidente que *a demanda por técnicas e tecnologias aceleratórias se torna tanto maior quanto mais escassos se tornam os recursos temporais e, com isso, quanto maior for a aceleração do ritmo da vida.*

A sensação, discutida no capítulo anterior, de estresse e de carência temporal generalizada (quaisquer que sejam suas causas) e a escassez de recursos temporais de atores individuais e coletivos *constituem, assim, uma poderosa mola propulsora do processo de inovação técnica e tecnológica para a aceleração de processos direcionados a um objetivo*. Quanto maior for a carência de tempo, tanto mais intenso será o clamor por um trânsito mais rápido, computadores mais eficientes e tempos de espera menores e, por conseguinte, mais as demandas irrazoáveis de lentificação serão experienciadas como impertinências. Onde quer que seja *possível* economizar tempo por meio de técnicas mais aperfeiçoadas – inclusive em processos administrativos e legislativos, na educação e até mesmo no descanso e no lazer –, é grande a

---

1 Como tentei mostrar com o exemplo da técnica de atletismo aperfeiçoada e do encurtamento desses eventos esportivos, a aceleração técnica só leva a um aumento do ritmo de vida quando é utilizada para um encurtamento de episódios de ação e de vivência. O tempo "economizado" pode igualmente ser usado para tornar as pausas mais longas e as atividades de preparação e revisão mais lentas, ou ainda para a execução sequenciada de atividades que antes eram simultâneas (ou seja, para a transição de *monotasking* para *multitasking*). Embora recursos temporais escassos levem quase naturalmente a uma demanda por aceleração técnica, o contrário paradoxalmente não se aplica: aceleração técnica *não leva* a um escasseamento de recursos temporais.

pressão social para, através desses desenvolvimentos e empenhos, liberar recursos temporais, de forma a se poder redisponibilizá-los. Aliado a isso está o fato de que manter *futuras opções de aceleração* em aberto – por exemplo, por meio da aquisição ampliada, ante as demandas atuais, de maiores recursos de *hardware*, da construção de ruas mais largas, de armazenadores de energia de maior capacidade etc. – se torna igualmente um imperativo da ação social. O descuido em relação a isso transforma-se para os atores, a longo prazo, em geral, em algo (temporal e financeiramente) oneroso; a expectativa de aceleração técnica (e do correspondente *aumento quantitativo* do trânsito, do processamento de informações, da demanda energética etc.) está, assim, sempre, de certa forma "embutido" na infraestrutura social e material. *A aceleração técnica é, portanto, uma consequência direta do escasseamento de recursos temporais e com isso do aumento do ritmo da vida* (seta 1 do círculo aceleratório na Figura 9).

Entretanto, a aceleração técnica de processos direcionados, e sobretudo a introdução de novas tecnologias aceleratórias, conduzem não apenas a uma *transformação quantitativa* dos recursos temporais necessários para sua execução, mas ainda conduz, como mostrou a análise dos correspondentes processos aceleratórios no quarto capítulo, a uma transformação *qualitativa* de nossa relação com o espaço e o tempo, com o mundo material e social e, dessa forma, a uma mudança da forma de vida (ver a Figura 7).

Um simples olhar sobre os efeitos históricos que inovações tecnológicas de base no transporte, na comunicação e na produção exerceram sobre as modernas *formas de vida* deixa clara essa relação: como já visto no exemplo das ferrovias, a adaptação às possibilidades de locomoção mais acelerada exigiu até

*Aceleração*

mesmo o desenvolvimento de novas maneiras de percepção e novos padrões psicofísicos de comportamento, de modo a tornar as "altas" velocidades em algo psíquica e fisicamente suportável e elaborável.[2] De forma similar, psicólogos e pedagogos afirmam que a alta velocidade dos fluxos informacionais das mídias tardo-modernas conduz ao desenvolvimento de novas habilidades de processamento simultâneo em crianças e adolescentes.[3]

Também as implicações sociais da disseminação em massa do automóvel e, com ela, alguns anos mais tarde, do transporte individual, se encontram hoje bem documentadas na literatura sobre a sociedade "dos automóveis". Nelas está demonstrada especialmente a transformação, condicionada pela aceleração, de estruturas associativas e padrões de relação: a introdução do automóvel transformou a espacialidade das relações sociais e a geografia da sociedade industrial ao tornar possível, por exemplo, maiores distâncias entre a casa e o local de trabalho, influenciando, assim, as estruturas de ocupação das cidades, dos subúrbios e até mesmo das regiões rurais de forma massiva.[4]

A transformação das relações de trabalho e, por conseguinte, das relações sociais, em função da aceleração dos processos sociais de produção e, com isso, da consequente aceleração do

---

2 Heinrich Heine já antecipava o caráter transformador da *forma de vida* da ferrovia, ao supor (ainda que num tom irônico) que com ela um novo capítulo da história mundial se inicia: "Percebemos apenas que toda nossa existência é levada, é lançada a novos trilhos, que novas relações, alegrias e tormentas nos esperam..." (Heine, 1974, p.448). Ver o Capítulo III.3.a.

3 Ver o Capítulo V, nota 54.

4 Ver, por exemplo, Birkefeld; Jung, 1994.

metabolismo material na Revolução Industrial, dispensa mais explicações – ela já foi detalhadamente investigada por sociólogos e historiadores inúmeras vezes.[5]

Iniciada nos fins do século XX, estendendo-se até o presente momento, a última "onda aceleratória" da *Revolução Digital* concentrou-se na aceleração de fluxos de comunicação e informação devido à introdução de novas tecnologias computacionais e midiáticas. Também seus efeitos sobre o mundo social são importantes, trazendo consigo novas estruturas profissionais, novas formas de produção, padrões de comunicação modificados e uma nova etapa da compressão espaçotemporal. A conversão de um aumento quantitativo de velocidade em uma forma social qualitativamente nova pode ser ilustrada, de maneira especialmente impressionante, com a transformação dos mercados financeiros. A partir do momento em que as possibilidades de transações financeiras internacionais se tornaram praticamente ilimitadas e executáveis em questão de segundos, transformaram-se dramaticamente as relações entre capital monetário e fixo,[6] os padrões de investimento, as práticas de comércio, as possibilidades de especulação e, em consequência disso, os riscos políticos da ação econômica (como deixaram claro as crises do México, da Ásia ou da Argentina) e o espaço

---

5 Ver, por exemplo, Thompson, 1967, ou as contribuições de Zoll, 1988a, além de Virilio, 1980; ver, sobre isso, o Capítulo VIII.1.

6 Ocorreu uma separação quase completa entre mercados financeiros e de ações, de um lado, e de desenvolvimento econômico real de outro, o que no ano 2000 evidenciou o colapso dos assim chamados "novos mercados", gerando, por fim, uma crise internacional também dos mercados de ações tradicionais.

de ação da política.⁷ Em função de tais processos de transformação, sociólogos como Castells ou Eriksen diagnosticaram a realização de uma nova revolução social equiparável à Revolução Industrial e, consequentemente, o surgimento de uma nova forma social (*A era da informação*).⁸

Como consequência da aceleração direcionada de processos técnicos, a transformação de nossa relação com o espaço, com o tempo, com as coisas e com outros atores traz consigo, como procurei demonstrar no Capítulo VI.3, também uma transformação das formas de subjetividade. Práticas de subjetivação e de socialização e, assim, padrões de identidade e estruturas de personalidade são uma função daquelas relações; transformando-se as últimas, as primeiras não permanecem imunes à influência.⁹

Com isso evidencia-se de forma irrefutável o fato de que *a aceleração técnica e, sobretudo, tecnológica, atua como uma poderosa mola propulsora da mudança social*. Por meio de seus mecanismos empírico-históricos de atuação, ela conduz a uma constante transformação de formas de prática e orientações de ação, de estruturas associativas e padrões de relações e até mesmo das autorrelações do eu e das disposições psicofísicas. Defini no terceiro capítulo, no entanto, a aceleração da mudança social como aumento do *ritmo* com o qual exatamente essas estruturas

---

7 Muito informativo sobre isso é Held et al., 1999, p.189 ss.; ver ainda o Capítulo X.

8 *The Information Age* é o título da obra em três tomos de Manuel Castells (1996, 1997, 1998); ver Eriksen, 2001, assim como Lestienne, 2000.

9 Sobre o surgimento de novas formas de identidade social em decorrência da internet, ver, por exemplo, Turkle, 1995, ou Buchstein, 1997.

e orientações – e com isso as formas sociais de vida – se transformam. Pelo fato de o desenvolvimento e da difusão massiva de inovações tecnológicas contribuírem de forma substantiva para o aumento correspondente das taxas de transformação, *a aceleração da mudança social é uma consequência direta (e, por fim, inevitável) da aceleração técnica* (seta 2 do círculo aceleratório na Figura 9).[10]

---

10 Naturalmente isso não significa que a aceleração técnica seja a *única causa* da transformação social acelerada. Poder-se-ia, de fato, objetar contra o argumento aqui formulado, que a aceleração técnica da forma descrita realmente provoca transformação social, porém não necessariamente sua *aceleração*. Essa objeção, por sua vez, pode ser revidada com dois contra-argumentos: primeiro, todas as sociedades estão, já por causa da transformação das condições ambientais, submetidas a processos de transformação social (ver Laslett, 1988) mesmo sem gerar nenhuma forma de inovação tecnológica. Essas taxas de transformação (dependentes também da estrutura social), por assim dizer "naturais", são sem dúvida aumentadas pelo surgimento da aceleração técnica. Esta é, por esse motivo, um motor da transformação social. Em segundo lugar, inovações tecnológicas parecem possuir consequências de certo modo exponencialmente crescentes sobre o mundo social: invenções como a aceleração do transporte por meio da ferrovia têm um efeito *multidimensional* sobre a sociedade (transformando concomitantemente práticas sociais, relações de comunicação, padrões de percepção, estruturas de povoamento etc.) e aceleram, nesse sentido, a transformação social através da multiplicação mútua de seus efeitos. Além disso, pode-se ainda argumentar que o próprio processo de inovação se aceleraria (dado que não é, como já visto, fácil de ser comprovado, pois frequentemente permanece obscuro o que deve ser tomado como *inovação de base* e o que é mera *progressão de um desenvolvimento*). Caso isso ocorra, trata-se de uma forma da aceleração da transformação social – o aumento das taxas de inovação não é um desempenho técnico (ainda que haja técnicas sociais para alcançá-lo).

A aceleração da mudança social, por sua vez – e assim chego à terceira e última das relações de interdependência constitutivas do círculo aceleratório –, implica uma crescente dissociação entre espaço de experiência e horizonte de expectativa e, assim, o encurtamento da estabilidade dos horizontes temporais, no sentido de uma "contração do presente": condições de ação e determinações situacionais perdem sua validade em intervalos cada vez mais curtos. Como foi demonstrado pela análise do quinto capítulo, isto conduz a uma situação existencial, caracterizada pela síndrome do *slipping-slope*, que pode ser descrita como um "estar sobre declives escorregadios", o que tem validade não apenas para atores sociais individuais, como também para organizações e instituições: os horizontes de expectativa e de experiência devem ser constantemente corrigidos, os atores sociais se veem obrigados a manter o ritmo em face das transformações multidimensionais de seu meio e a desempenhar suas correspondentes capacidades adaptativas. Através disso, todas as posições imagináveis de repouso são erodidas: colocar-se em *estagnação* se torna inevitavelmente uma forma de *retrocesso*, não apenas na economia, mas em todas as dimensões da vida social. Por conseguinte, expande-se o escopo do *imprescindivelmente necessário*, dos esforços (de adaptação) a serem mobilizados, assim como a lista do *possível*: o tempo se torna *escasso* para os atores (e sistemas) sociais.

Assim, o escasseamento de recursos temporais é, como já observado por Luhmann, uma consequência do fato de que, para transformações ambientais, não parece existir escassez temporal, enquanto os respectivos recursos temporais para a elaboração dessas mudanças são inevitavelmente limitados: o horizonte temporal (respectivo a cada indivíduo) e a estrutura de expectativa ("objetiva") se dissociam entre si,[11] ou, nas categorias de Hans Blumenberg, o *tempo da vida* e *tempo do mundo* se tornam cada vez mais incongruentes. A tentativa, sempre temporalmente custosa, de se *elaborar culturalmente* as mudanças sociais que se aceleram, ou seja, de assimilá-las de forma histórica e semanticamente elaborada, por meio de padrões narrativos de interpretação (necessários para a transformação de vivências em experiência), torna-se, por esse motivo, cada vez mais problemática.[12] Mesmo que, em face das altas taxas de transformação, ainda seja possível uma ação reativa; que, nas palavras de Luhmann, "ainda funcionamos em arranjos cooperativos" e "transferimos informações de um contexto de trabalho para outro", passa a ser difícil integrar os desenvolvimentos nas figurações culturais do mundo, narrações, instituições formativas e padrões de interpretação. Essa dimensão da pressão temporal constitui o cerne da ideia, culturalmente difundida, de que o mundo "não tem mais tempo para palavras" ou de

---

11 "[P]ode-se esperar, naturalmente, uma quantidade indefinida de acontecimentos objetivos, porém, da própria vivência e ação, apenas tanto quanto couber no tempo individual" (Luhmann, [1968] 1994, p.149). Lübbe (1998, p.272) menciona nesse contexto as consequências da "ruptura do adensamento da inovação nas estreitas fronteiras temporais da vida" que tornam o tempo escasso.

12 Hermann Lübbe (1998, p.272) formula essa ideia de uma forma algo rebuscada: "O [...] adensamento de inovações aumenta, especificamente de acordo com a época, a pressão temporal como experiência do escasseamento do tempo por meio de uma incongruência estrutural da crescente riqueza de possibilidades de assimilação oferecidas e das chances de recepção relativamente decrescentes em sua vinculação ao tempo de vida basicamente constante".

que a *filosofia* é lenta demais para a sociedade tardo-moderna.[13] É a qualidade de elaboração semântica que torna os homens "antiquados", como já Günther Anders supunha, o qual, ao mesmo tempo, expressou a inexpurgável escassez estrutural de recursos temporais ao constatar que, no mundo moderno, *tudo o que exige duração, dura por muito tempo, e tudo que exige tempo, toma tempo demais.*[14]

Entretanto, o escasseamento de recursos temporais conduz, necessariamente, seguindo também a definição adotada, a um *aumento do ritmo da vida*, ou seja, ao adensamento de episódios de ação e vivência sob a experiência da pressão temporal[15] – *a mudança social em aceleração é, assim, uma poderosa mola propulsora da aceleração do ritmo da vida*. O sentimento ubíquo de estar sempre atrasado diante de um mundo "sempre em fuga",[16] tem sua causa generalizável não no desperdício individual ou institucional de tempo, ou na "indolência", mas sim na incongruência estrutural, crescente com o avançar da modernização, entre tempo do mundo e tempo da vida. *O aumento do ritmo da vida*

---

13 A citação foi retirada de uma entrevista com André Kemper, gerente da agência publicitária Springer & Jacoby, de Hamburgo, publicada na revista *Stern* de 2 jul. 1998; sobre esse tema, ver, por exemplo, Myerson, 2001, que especula sobre a possibilidade de o sentido (*meaning*) ter se tornado lento demais como mídia para a velocidade de interação necessária (p.46).

14 Anders, 1987, p.338.

15 Lübbe ilustra esse aumento do ritmo de vida de forma exemplar no aumento da velocidade de leitura como "reação cultural padrão do público leitor" ao "adensamento de inovações no âmbito das publicações" no final do século XVIII (1998, p.270).

16 *A Runaway World* [Um mundo em fuga] é o eloquente título de um livro de Anthony Giddens (1999).

*diante de recursos temporais decrescentes é, com isso, uma consequência direta (e, por fim, inevitável) da aceleração da mudança social* (seta 3 do círculo aceleratório na Figura 9).

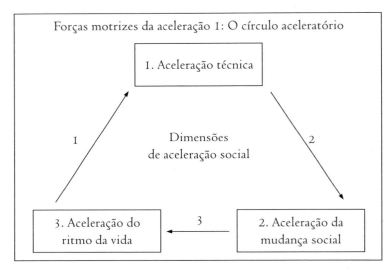

Figura 9 – O círculo aceleratório

Em face dessa situação existencial fundamental de recursos temporais decrescentes, o clamor por alívio através da *aceleração técnica* de todos os processos intencionalmente realizados se torna uma resposta estratégica cultural e estrutural para a qual não parece haver alternativas – com isto, o círculo aceleratório se encerra firmemente. Aqui se encontra uma primeira resposta, porém fundamental, à pergunta de saber por que, na sociedade moderna, "tudo parece se tornar mais rápido" ou, ainda, por que a velocidade, nas palavras de Eriksen,[17] parece

---

17 Eriksen, 2001, p.70.

ser algo "contagioso": na modernidade, *a aceleração social se converte em um processo autopropulsor.*

O círculo aceleratório representa, assim, um bom exemplo do que significa a dissociação entre racionalidade individual e coletiva: aquilo que, de uma perspectiva microssocial, parece ser a solução do problema da escassez temporal – a aceleração técnica de processos intencionalmente direcionados – se revela, num plano macrossocial, um elemento fundamental de sua causa. Em contextos cotidianos, essa circunstância se reflete em nosso anseio pela máxima aceleração de todos os processos rotineiros, o que implica o fato de que *todos os outros* com os quais entramos em contato devem se apressar ao máximo, de modo que *nós* possamos ter tempo – uma estratégia que claramente sabota a si mesma. Porém, como já vimos, o paradoxal efeito redutor de tempo da aceleração técnica se manifesta também numa outra perspectiva, qual seja, na da execução de nossas ações cotidianas, mais precisamente na mudança implícita do referencial temporal e da racionalidade da ação: enviamos uma mensagem eletrônica em vez de uma carta, pois isso nos poupa recursos temporais (e, evidentemente, também energia psíquica) – e corremos o risco, com isso, de obtermos uma resposta após apenas algumas horas (em vez de após alguns dias) e de nos colocarmos, assim, mais uma vez sob a compulsão à ação. Trata-se aqui, como a sequência argumentativa demonstrou, também de uma forma de "contração do presente", a qual traz consigo um impulso inerente ao desdobramento acelerado das cadeias de comunicação e ação.

Isto lança, automaticamente, a questão de saber qual ponto do círculo aceleratório autopropulsor poderia, potencialmente, ser parado ou interrompido.[18] Um olhar mais atencioso para a Figura 9 revela que os processos sinalizados com as setas 2 e 3 são profundamente imunes a um controle ou direcionamento intencional: no que diz respeito às consequências da aceleração técnica sobre nossas práticas e relações trata-se, em regra, de efeitos colaterais não intencionais e inevitáveis das inovações técnicas; uma interrupção do sistema de *feedback* nesse ponto parece praticamente impossível. Isso se aplica *a fortiori* às consequências da acelerada mudança social e sua resultante contração do presente sobre nossos recursos temporais: segundo a lógica dos "declives escorregadios", seu escasseamento é inevitável na medida em que os atores devem sincronizar suas orientações de ação aos desenvolvimentos estruturais.

Com isso, o processo sinalizado pela seta 1 parece ser o ponto "natural", ou predestinado, para uma intervenção (política) na moderna dinâmica aceleratória, que se tornou autônoma: a resposta técnica ao problema dos autoescasseados recursos temporais não é logicamente compulsória e parece estar acessível a intervenções intencionais. Entretanto, o círculo aceleratório se mostra amplamente imune a tentativas de interrupção *individuais* – apesar das sugestões de todos os conselheiros. Aquele que abre mão, individualmente, de economizar tempo através de recursos técnicos paga o preço de uma dessincronização parcial: não poderá se manter "ao passo dos eventos" e perderá oportunidades de conexão (que podem, mais tarde, tornar-se relevantes) pois, por razões temporais, deverá ser eliminado de alguns contextos interacionais.

---

18 No contexto dessas considerações, agradeço a Nancy Fraser pelas valiosas indicações.

A transformação das racionalidades da ação, em sua dimensão temporal, faz parecer uma extravagância, no mundo tardo-moderno, aquilo que no cotidiano da Modernidade nascente e na "Modernidade Clássica" era um sinal de pobreza e atraso, ou seja, a *lentidão* e a temporária *indisponibilidade*. Imaginemos uma remota fazenda na Floresta Negra há apenas cem anos: o povoado mais próximo ficava a duas horas de caminhada, não havia automóvel, nem telefone ou televisão e muito menos conexão com a internet, provavelmente não havia sequer eletricidade. Hoje, ao contrário, quem decide passar um fim de semana na Floresta Negra se verá confrontado com a seguinte "lista de tarefas": *Quando você chegar, me encaminhe, em anexo, o arquivo no qual estamos trabalhando. Telefone para mim durante o fim de semana. Se você for para a Floresta Negra terá que vir sem falta me visitar em Freiburg, que fica, no máximo, a uma hora de distância. No fim de semana, você terá então tempo para dar uma olhada na nossa* homepage. *A propósito, no domingo, passará um programa interessante no canal tal e tal que trata exatamente sobre o seu tema* etc. Um fim de semana tardo-moderno em uma fazenda na Floresta Negra *sem* carro, telefone e conexão com a internet representa, comparado a isso, um exemplo típico de uma estada em um "oásis de desaceleração": promete tempo para passeios, para cortar madeira, observar as estrelas etc.[19] Podem dar-se a esse luxo (especialmente se em

---

19 No entanto, a consciência de que se *poderia* nesse tempo também fazer aquela ligação urgente, assistir ao programa interessante, enviar o anexo por *e-mail* e fazer aquela visita (atividades que potencialmente se encaixam na categoria das atividades tidas como necessárias) subitamente modifica o contexto e, com isso, o caráter e a qualidade das atividades "simples": nem mesmo no oásis de desaceleração podemos nos furtar à consciência espaçotemporal da Modernidade Tardia (ver

reiteradas vezes) apenas aqueles que prescindem de manter todas as opções em aberto ou aqueles que, possivelmente por ter outras pessoas trabalhando para si, terão certeza de não encontrar, na semana seguinte, o "resíduo temporal" acumulado: a conta de *e-mail* lotada, a ligação ou visita que terá de ser retornada; se o programa de televisão tiver sido realmente relevante será necessário conseguir uma cópia em vídeo etc. Tudo isso leva a um escasseamento acentuado de recursos temporais *fora* do oásis de desaceleração, e algumas possibilidades terão sido perdidas para sempre. Independente disso, aquele que se faz inacessível incorre na obrigação de se justificar, uma vez que, pelas expectativas de interação, as possibilidades técnicas já se tornaram norma: *Por que você não me visitou ou telefonou?* etc.

Em função dos consideráveis custos da desaceleração quando empreendida por um indivíduo, um agente racional supostamente optará por passar seu fim de semana em uma fazenda que lhe ofereça todas as possibilidades técnicas de conexão, propondo-se com convicção, porém, a não fazer uso delas. Entretanto, a possibilidade de facilmente *enviar o anexo*, de *assistir ao programa de televisão* ou de *ir a Freiburg para um concerto único* reconfigura consideravelmente a relação custo/benefício do emprego da tecnologia e, por conseguinte, também o peso da justificativa *em desfavor* da desaceleração pretendida: uma vez que as possibilidades de aceleração estão disponíveis no local, torna-se quase impossível manter o "oásis".

Como já vimos com Luhmann, são necessárias "escusas institucionais", isto é, medidas que possuam abrangência coletiva,

---

as considerações sobre o pescador e o empresário, desenvolvidas em "À guisa de prefácio").

para que se possa abdicar do uso exaustivo das possibilidades de ganhos aceleratórios tecnicamente possíveis. Apenas pelo caminho de intervenções políticas intencionais, segundo parece, é que se pode evitar que processos sociais intencionalmente direcionados sejam acelerados até seus limites técnicos (ou financeiros). Por isso, o estabelecimento de novos "oásis de desaceleração" e a proteção dos já existentes, assim como a criação de "moratórias políticas", ou seja, períodos artificiais de prorrogação ou suspensão de atividades, são as principais exigências dos partidários de uma (ao menos parcial) *desaceleração* social, como Fritz Reheis, Matthias Eberling, Jeremy Rifkin ou ainda Thomas H. Eriksen.[20] Elas podem ser interpretadas como tentativas de interromper o círculo aceleratório estrutural e culturalmente rotinizado na interseção, representada pela seta 1 na Figura 9, entre escasseamento de recursos temporais e seu retorno por meio da aceleração técnica.

Todavia, essa empreitada se mostra muito mais difícil do que os adeptos da *ideologia da desaceleração* acreditam, e isso em função de dois motivos a serem examinados nos próximos capítulos. Um deles é o fato de que a aceleração social é impulsionada, na Modernidade, não apenas por sua dinâmica própria interna, mas também por fatores culturais e estruturais, por assim dizer, "externos", que desencadeiam o círculo, mantendo e estimulando a complexa dinâmica interacional de crescimento e aceleração em pontos nos quais ela não resulta, por si própria, do círculo de *feedback*. O próximo capítulo será dedicado à identificação de tais "propulsores" externos da aceleração social.

---

20 Reheis, 1998, p.217 ss.; Eberling, 1996; Rifkin, 1987, p.189 ss.; Eriksen, 2001, p.147 ss.

Uma interrupção política intencional do círculo aceleratório deveria, portanto, ser capaz de confrontar não apenas a dinâmica a ele intrínseca, mas também forças aceleratórias que são, em relação ao círculo, cultural e estruturalmente independentes.

Em segundo lugar, o conceito de uma interrupção (ou modificação) política intencional do círculo aceleratório se baseia na representação de um direcionamento político (preferencialmente democrático) do desenvolvimento social. Sua possibilidade não é isenta, entretanto, de pré-requisitos temporais, muito pelo contrário: a autodeterminação democrática e sua forma específica de adesão social, como mostrarei no Capítulo XII, dependem de condições culturais, estruturais e institucionais que na Modernidade Tardia parecem, exatamente em função de efeitos da aceleração social, erodir-se rapidamente.[21] Uma interrupção efetiva do círculo aceleratório no horizonte dos modernos processos sistêmicos que ganham vida própria [*sich verselbstständigenden*] é, assim, muito improvável; ela necessitaria de uma mobilização de forças e motivos que constituem o *projeto da Modernidade*, sobretudo em relação à promessa de autonomia (individual e) política.

---

21 Ver, sobre isso, Rosa, 2003, p.20 ss.; Scheuerman, 2001a e 2003.

# VIII
## Aceleração e crescimento: forças motrizes externas da aceleração social

Como ficou claro no Capítulo III.1, aquele que deseja entender a dinâmica aceleratória da sociedade moderna não pode se abster de tratar da *dinâmica de crescimento* dessa sociedade. Não é um acaso conceitual que, a partir de todas as três dimensões da aceleração, um único conceito de aceleração generalizável é aquele que se deixa definir como *aumento quantitativo por unidade de tempo*. Foi revelado, em especial, que, dada a proporção entre recursos temporais disponíveis e comprometidos, uma aceleração do ritmo da vida só é compatível com uma aceleração técnica de processos voltados a um fim se houver um aumento, *logicamente* independente, do aumento de *quantidades* (de unidades transportadas, comunicadas, produzidas, ou, ainda, de ações e vivências). Somente quando, num determinado processo, as *taxas de crescimento* superam as *taxas de aceleração* é que, apesar da economia técnica de tempo, recursos temporais podem se tornar escassos.[1] Por esse motivo, caracterizei a sociedade moderna especificamente como uma "sociedade da aceleração", no sen-

---

1 Ver o Capítulo III.1, Figura 5.

tido de que nela a aceleração técnica e a aceleração do ritmo da vida ocorrem concomitantemente, o que significa uma vinculação entre processos de crescimento e processos de aceleração fundada não sobre uma relação lógico-analítica, mas cultural e/ou estrutural. E, de fato, não é difícil identificar tais taxas correspondentes de crescimento, para as quais pode-se levar em conta a multiplicação de opções e contingências tanto quanto a de produtos e serviços, além do aumento correspondente das *possibilidades* de ação e vivência, assim como o aumento dos *episódios* a eles relacionados. Há boas razões para se supor que, sob vários aspectos, ocorre um crescimento quantitativo *exponencial*, diante do qual se coloca uma aceleração "meramente" linear.[2]

A questão central desta terceira parte da presente análise, isto é, o que impulsiona o processo, ou melhor, *os* processos aceleratórios na sociedade moderna, se revela inevitavelmente uma indagação sobre como são entrelaçadas, cultural e estruturalmente, as lógicas modernas do aumento exponencial e da dinâmica aceleratória. O autoalimentado círculo aceleratório não basta como resposta, uma vez que ele só pode fundar *processos de aumento* em uma escala limitada,[3] e não lança esclarecimento sobre aquilo que o põe em movimento.

---

2 Eriksen, 2001, p.78 ss.; ver, sobre isso, o Capítulo III.1.

3 A *aceleração técnica*, como visto, justifica a *possibilidade*, mas não a própria ocorrência do aumento de quantidades. A aceleração da transformação social, como tal, não corresponde a um "crescimento real"; ela acarreta perspectivas de crescimento somente quando a transformação cultural for elaborada e "traduzida" em "conhecimento" ou em orientações de ação. Tal forma de crescimento age então como *um* fator propulsor do aumento do ritmo de vida, que, no sentido de um aumento do número de episódios de ação e de experiência por unidade de tempo, é definido naturalmente como processo de crescimento.

No que segue identificarei, em primeiro lugar, três forças sociais motrizes, por assim dizer, "externas", analiticamente independentes entre si e em relação ao círculo aceleratório, que, cada uma a seu jeito, vinculam os momentos de aumento e aceleração uns com os outros, e que podem ser ordenadas, no sentido de uma "lógica motriz", como motores primários de cada uma das três dimensões da aceleração (ver a Figura 10). Em segundo lugar, no capítulo seguinte, tentarei definir com maior precisão, no contexto da teoria aqui desenvolvida, o papel, evidenciado, por exemplo, por Virilio, Giddens ou Scheuerman, do Estado nacional e do Exército para o processo de aceleração.

## 1. Tempo é dinheiro: o motor econômico

De fato, não é necessário procurar muito para identificar, na sociedade moderna, um elemento constitutivo que abarque em si ambos os princípios – aceleração e aumento quantitativo, ou *aceleração com fins de aumento* – e os una em uma lógica de ação comum: o sistema da economia capitalista, com o qual a *aceleração* é convertida numa inescapável condição que permeia as estruturas materiais da sociedade. Através da dissolução, via reconfiguração da economia no sentido da lógica de valorização do capital e da produção da mais-valia, do mútuo condicionamento tradicional, enraizado quase por natureza, entre produção e satisfação de necessidades – isto é, através da substituição da produção para o suprimento de demanda (tradicionalmente determinada) pela "produção pela produção"[4] – é colocada em movimento uma

---

4 Reheis, 1998, p.66 ss.; ver Schlote, 1996, p.63: "A reconfiguração do objetivo da economia, de satisfação das necessidades para a pro-

dinâmica que supera todas as limitações próprias a um modelo econômico fundado na necessidade. Ela permite que o crescimento escalar da produção e da produtividade, e com eles o anseio pela vantagem e eficiência temporal, se tornem, inevitavelmente, imperativo sistêmico de uma forma de produção que ganhou vida própria, que produz a si mesma suas próprias necessidades.

O conceito temporal "operativo" na sociedade moderna é, como foi meticulosamente elaborado em uma série incalculável de investigações cronossociológicas,[5] cunhado e moldado de forma profunda pela característica reificação e *comoditização* do tempo,[6] isto é, pela sua transformação em um bem escasso a ser administrado de forma eficiente, o que é responsável pela sua experiência como uma grandeza linear, sem qualidade[7] e abstra-

---

dução de mais-valia [ou seja, do processo de circulação de mercadoria – dinheiro – mercadoria para a forma dinheiro – mercadoria – *mais dinheiro*, H. R.] é a base para compreender a 'economia do tempo' especificamente capitalista".

5 Como exemplo de muitos outros, temos Thompson, 1967; Zoll, 1988a; Scharf, 1988a; Adam, 1990; Giddens, 1995a; Sennett, 1998; Reheis, 1998; Rinderspacher, 2000; Schlote, 1996; Richter, 1991, e especialmente Postone, 1996; para um panorama literário do assunto, ver ainda Bergmann, 1983, p.483 ss.

6 Estou totalmente de acordo com Barbara Adam que, em sua resposta a uma versão antiga de minhas considerações, revelou o aspecto do tempo comoditizado como consequência do modelo econômico capitalista (Adam, 2003).

7 A "falta de atributos" do tempo, ou seja, o fato de que o tempo, no processo de produção e na contabilidade capitalistas, não apresenta "marcas" das circunstâncias (como feriado ou cotidiano, dia ou noite, juventude e velhice etc.) (Marx, 1972, p.271 ss.) é responsável por sua experienciação e identificação recorrente como tempo "morto".

ta. É o próprio tempo que, agora, o empresário capitalista compra de seus trabalhadores, não mais o produto de seu trabalho.

De ao menos três perspectivas, a economia capitalista se baseia, fundamentalmente, na aquisição e exploração de vantagens temporais, de forma que especialmente a esse modelo se aplica a máxima de Marx segundo a qual, ao fim, *toda a economia se torna uma economia de tempo*,[8] sintetizada na famosa expressão de Benjamin Franklin *"Time is money"*: "Quando tempo é dinheiro, a velocidade se torna um imperativo absoluto e inabalável para os negócios".[9] Seguindo a análise sugerida por Marx, em primeiro lugar, o *tempo de trabalho* constitui, imediatamente, um fator de produção decisivo, ou seja, criador de valor, de tal

---

8 Marx, 1983, p.105.
9 Adam, 2003, p.50; ver Postone, 1996, p.378 ss.; Giddens, 1987a, p.150 ss.; Garhammer, 1999, p.73 e 88 ss. A comoditização do tempo na Modernidade capitalista e sua equivalência com o dinheiro se manifestam hoje também em vários aspectos da vida cotidiana e da língua como fatos da experiência: assim como o dinheiro, o tempo é escasso, independentemente de quanto se tenha, e o tempo, exatamente como o dinheiro, pode ser *perdido, investido, gasto, economizado, organizado* etc. E, assim como duas moedas, pode-se converter tempo e dinheiro nas duas direções: aquele que precisa de dinheiro tem que *investir* tempo trabalhando, seja como babá, cortador de grama ou assalariado, para *receber* dinheiro – ou ele tem que *utilizar* o tempo para *economizar* dinheiro e, por exemplo, andar a pé, lavar roupa manualmente ou remendar suas meias velhas. Aquele que, por outro lado, estiver com pouco tempo, pode *investir* dinheiro para ganhar tempo – ele pode tomar um táxi para chegar mais rápido em casa, contratar um jardineiro, uma lavanderia, a entrega de pizza para *economizar* o tempo de manutenção do jardim, de cuidados com as roupas, de preparo das refeições. No entanto, essa livre convertibilidade possui, como é sabido, suas fronteiras, tanto em situações nas quais o tempo não é mais demandado (como no desemprego), quanto na impossibilidade de se estocar tempo (com juros) para o futuro.

modo que o tempo, por meio do trabalho, é transformado em valor.[10] Na medida em que o valor de troca de uma mercadoria pode ser estipulado pelo tempo de trabalho (socialmente necessário) nela investido, a economia de tempo na produção pode ser imediatamente traduzida em lucro (relativo): aquele que consegue produzir em menos tempo, ou seja, que na produção de uma mercadoria consegue permanecer abaixo da média de tempo de trabalho necessário, alcança um lucro potencialmente maior, aumentando, assim, a "mais-valia" do trabalho (ou seja, a razão entre trabalho "necessário" – e, portanto, remunerado – e trabalho "excedente", ao longo de uma jornada, desloca-se em favor deste último). O aumento da *produtividade*, que pode ser definido, imediatamente, como *aumento da quantidade de* output *por unidade de tempo* (diga-se, por hora de trabalho) e consequentemente, portanto, como *aceleração*, acarreta vantagens concorrenciais – entretanto, apenas até que a concorrência se restabeleça e o tempo de trabalho socialmente necessário seja pressionado para um nível mais baixo, através do que uma espiral aceleratória potencialmente infinita é posta em movimento.[11] A aceleração da produção – por exemplo, pela intensificação ou pelo "adensamento" do trabalho – se torna, assim, como consequência do princípio concorrencial, um elemento fundamental da economia capitalista.

---

10 Ver Schlote, 1996, p.66, e Richter, 1991, p.57.

11 Ver Schlote, 1996, p.67. A aceleração da produção, por meio do crescimento da produtividade, força, por sua vez, um aumento da quantidade de produto, ou seja, um *crescimento econômico*, enquanto se mantiver o objetivo da atividade plena (pois com o mesmo *quantum* de trabalho social pode ser produzido mais): dessa forma, as espirais aceleratória e de crescimento se impulsionam mutuamente.

*Aceleração*

Em segundo lugar, e em relação ao primeiro, está o fato de que a disposição e a exploração de vantagens temporais com a introdução de novas tecnologias produtivas ou de novos produtos é algo de profundo significado para geração de "lucros extras", sem o que não se sobrevive na luta concorrencial. Isto é, significativo para a possibilidade de vender produtos, por um tempo limitado, a um preço significativamente mais alto que o custo de produção, bem como produzi-lo abaixo do valor de mercado, antes que a concorrência recupere seu atraso. A aceleração dos ciclos de inovação e do progresso técnico, bem como o encurtamento dos ciclos de vida dos produtos, encontram aqui suas raízes "sistêmicas".[12]

Por fim, em terceiro lugar, a aceleração da reprodução de capital investido, em razão do princípio dos juros[13] e do "desgaste moral"[14] de máquinas e instalações (isto é, o desgaste em função da probabilidade – sempre crescente no processo da dinâmica aceleratória – de que as máquinas, antes mesmo de se tornarem inúteis em decorrência de seu próprio desgaste, se desvalorizem economicamente devido ao desenvolvimento de tecnologias produtivas mais eficientes), se torna, em um um sistema econômico capitalista, uma necessidade do empreendimento. Quanto mais tarda para que o capital investido seja reproduzi-

---

12 Ver Garhammer, 1999, p.79.
13 Marx (1957, p.685) já atribuía ao sistema de crediário a função de "aceleração [...] das fases individuais da circulação ou da metamorfose de mercadorias – e, além disso, da metamorfose do capital – e, por fim, do próprio processo de reprodução". Sobre o contexto do princípio de juros e aceleração, ver ainda Reheis, 1998, p.181 ss., que segue aqui as (polêmicas) teses de Silvio Gesell.
14 Marx, 1957, p.254 ss.

do, menores se tornam os lucros e as chances ante a concorrência. Daí decorre a necessidade de que os períodos operacionais da maquinaria sejam os mais longos e, de preferência, os mais ininterruptos possíveis. A economia capitalista do tempo oferece, com isso, como Marx já percebera, *uma* explicação para a relação paradoxal entre a introdução de tecnologias que economizam tempo e o sequente escasseamento de recursos temporais, isto é, o aumento do ritmo da vida: "Daí o paradoxo econômico de o meio mais drástico de encurtamento do tempo de trabalho converter-se no meio mais infalível de transformar o tempo de vida do trabalhador e de sua família em tempo de trabalho disponível para a valoração do capital".[15] Ele observa aqui, de fato, um "círculo acelerátorio" técnico-produtivo, que consiste no fato de que máquinas mais rápidas trazem à sua frente uma intensificação do trabalho que torna necessária, ao menos no longo prazo, uma redução da jornada de trabalho, e motiva, por sua vez, o desenvolvimento e a aquisição de tecnologias e máquinas mais rápidas.

De importância fundamental para a relação constitutiva entre o modelo econômico capitalista e a dinâmica aceleratória da Modernidade é a circunstância de que a aceleração da produção, que é devida à economia capitalista do tempo, exige, necessariamente, a aceleração simultânea da *distribuição* e (ao menos quando as possibilidades de criação de novos mercados

---

15 Ibid., p.257. Para Marx, no entanto, a contradição se explica também por meio da reconfiguração da relação entre capitais constantes (máquinas) e capitais variáveis, produtores de mais-valia (trabalho), em favor dos primeiros e da tendência de decréscimo das margens de lucro daí resultante (ver ainda ibid., p.614 ss.).

se exaurem) do *consumo*, de modo que o elemento dinamizador extrapola a esfera da produção. A velocidade do processo de valorização do capital depende decisivamente da velocidade de circulação, isto é, sobretudo do transporte, armazenamento, distribuição e venda de mercadorias, bem como da aquisição de matérias-primas; uma vez que nessas etapas não é agregado nenhum valor, mas sim postergada a consumação da mais-valia alcançada, o tempo de circulação, segundo Marx, é um "tempo de desvalorização"[16] – a compulsão aceleratória se efetua, aqui, com pressão especial.

É de especial interesse, quando se trata da *gênese* da moderna dinâmica aceleratória, a circunstância de que, de uma perspectiva histórica, a aceleração impulsionada pela lógica da valorização do capital é introduzida não nas esferas de produção, mas antes, justamente, nas esferas de distribuição e circulação: como já visto, transporte e comunicação se aceleram perceptivelmente a partir do século XVII, muito antes das grandes inovações tecnológicas que levaram à aceleração dos processos de produção. Um motivo essencial para tanto diz respeito ao fato de que, nos séculos XVI e XVII, o capital se acumula primeiramente no setor de comércio, isto é, na esfera da circulação, pressionando o aumento de sua velocidade de realização, uma vez que o modo corporativo e baseado na subsistência da esfera produtiva, a princípio, ainda impediam um desenvolvimento correspondente.[17] Portanto, a aceleração do comércio e dos transportes precede, historicamente, a aceleração da produção,

---

16 Marx, 1957, p.458 ss.; ver Schlote, 1996, p.72.
17 Ver, sobre isso, por exemplo, Richter, 1991, p.27 ss., ou Dohrn-von Rossum, 1988.

que alcança seu primeiro apogeu na Revolução Industrial. Um acelerador crítico, nesse contexto, é, naturalmente, o avançado desenvolvimento do sistema financeiro; um desenvolvimento que, como uma olhada sobre as mudanças céleres e sobre as fabulosas velocidades de transação no mercado financeiro internacional revela, ainda não se encontra concluído.[18]

O aumento, por unidade de tempo, de realização do capital e das mercadorias tem como necessário correlato econômico, correspondentemente ao crescimento das taxas de produção, uma escalada dos atos de consumo, uma vez que é nesse ato que a mais-valia se realiza. A economia capitalista do tempo "obriga", assim, um aumento, análogo ao processo produtivo, da intensidade de consumo e pode fornecer uma maneira de decifrar, como uma necessidade econômica, a intensificação do ritmo da vida, definido como aumento dos episódios de ação e experiência por unidade de tempo. O problema fundamental da economia capitalista, do ponto de vista da economia nacional, não é o problema (estático) da distribuição, mas antes o problema da manutenção acelerada da circulação. Entretanto, essa necessidade sistêmica não consegue esclarecer logicamente o correspondente aumento do ritmo da vida pelo lado do *consumo* no plano de uma teoria da ação: ninguém é obrigado, por motivos econômicos, a aumentar "o número de atos voltados à satisfação de necessidades por unidade de tempo"[19] e, com isso, a dimensionar o valor do tempo livre com referência àquelas taxas de aumento. O fato de que os sujeitos, na sociedade mo-

---

18 Ver, sobre isso, Marx, 1951, 5ª seção, esp. cap.27 (p.436 ss.) e Simmel, [1897] 1992.
19 Scharf, 1988a, p.157.

derna, tendam para uma tal definição valorativa do tempo, não é algo antropologicamente dado, como Linder parece supor,[20] nem simplesmente dedutível de uma necessidade econômica, como sugere Scharf;[21] exige, antes, para ser explicado, uma reconstrução das bases culturais características da Modernidade sobre as quais os indivíduos orientam suas ações.[22] No próximo capítulo tentarei traçar o contorno de uma "lógica cultural" da aceleração, indispensável para uma sincronização sistêmica e individual dos horizontes temporais.

A concepção de uma tal orientação temporal está, em todo caso, intimamente ligada à internalização do conceito linear e abstrato do tempo, bem como à adoção das normas econômico-temporais do mundo do trabalho. Como tentei mostrar na introdução, são as estruturas temporais que, em linhas gerais, representam o lugar de mediação entre as orientações subjetivas da ação e os imperativos sistêmicos (através da sincronização). Do que resulta, necessariamente, o fato de a transformação dos horizontes temporais na economia ser acompanhada por uma mudança nas orientações temporais de ação no plano individual. De fato, a compulsão, resultante da economia capitalista do tempo, no sentido de um lidar mais eficiente com recursos temporais, começou a surtir efeito massiva e abrangentemente no bojo da industrialização, na forma e substância das práticas temporais, da sensibilidade e orientação temporais dominantes. Essa reconfiguração, acompanhada de lutas sociais e, como elaborou E. P. Thompson em seu deveras

---

20 Linder, 1970, p.77 ss.
21 Scharf, 1988a.
22 Ver, mais detalhadamente sobre isso, Rosa, 1999a.

citado ensaio sobre "Tempo, disciplina de trabalho e o capitalismo industrial",[23] muitas vezes acompanhada de toda sorte de coações externas, que conduziu as disposições subjetivas à adaptação ao imperativo de aceleração do sistema econômico, manifestou-se em um triplo desacoplamento entre tempo de trabalho industrial e vida cotidiana tradicional.

1) Em primeiro lugar, o tempo do trabalho remunerado foi vinculado às diretrizes do relógio mecânico e, assim, em medida avançada, dissociado dos ritmos da natureza que, por séculos, se não por milênios, estruturaram, ao menos em zonas temperadas, a vida social. Períodos do dia e estações do ano, assim como condições climáticas, não fazem mais diferença para a produção industrial. Esse desacoplamento se mostra, de forma especialmente drástica, no *trabalho em turnos*. Ele é, como Marx destaca em *O capital*, uma consequência quase natural do fato de que o tempo, na economia capitalista, mantém-se *sem*

---

23 Thompson, 1967; ver ainda, por exemplo, as contribuições em Zoll, 1988a, ou Richter, 1991, p.61 ss. Contra Thompson argumentou-se que a formação de um conceito temporal linear e a manutenção da disciplina temporal não se iniciam somente na Revolução Industrial, tendo tido uma série de precursores históricos importantes, como nos mosteiros, e que as orientações temporais sociais sempre seriam "plurais", complexas e multifacetadas, portanto, não seria possível chegar a uma simples desvinculação total entre "as" orientações temporais de duas épocas (Thrift, 1988; Glennie; Thrift, 1996; Garhammer, 1999, p.73 ss.; sobre isso, ver também Dohrn-van Rossum, 1988). Ambos os pontos são aqui incontestes, porém nada mudam no fato de que apenas a partir da Revolução Industrial e do regime institucional da Era das Indústrias é que se dá o estabelecimento rigoroso, abrangente e socialmente obrigatório de modelos e estruturas temporais elaborados, que seguiram dominando a ordem temporal da sociedade moderna apesar de todas as alternativas de orientação temporal restantes.

*qualidade* – ele transcorre dia e noite, no verão ou no inverno, de forma linear e no mesmo compasso, de modo que uma hora na qual as máquinas cessam e não se trabalha, ou então não se transporta ou se vende, é uma hora economicamente perdida. "Apropriar-se de trabalho durante todas as 24 horas do dia é, assim, o impulso imanente da produção capitalista", conclui Marx de forma consequente.[24] O processo, ainda em curso e não totalmente concluído, da dissolução, primeiramente, dos ritmos naturais e, posteriormente, dos ritmos produzidos coletivamente, não apenas no âmbito da produção, mas também no da circulação e do consumo (isto é, dissolução da diferença entre tempo de trabalho e tempo livre, domingos e dias de trabalho, horários de funcionamento e não funcionamento, horários de transmissão e de pausa na programação, em suma: dissolução entre disponibilidade e indisponibilidade) em favor de um tempo simultâneo e continuado, "sem qualidade", possui aqui seu cerne econômico.

2) Ao mesmo tempo, desenvolve-se, com a industrialização, uma divisão temporal e espacial estrita e quase completa entre trabalho e tempo livre, o que traz amplas consequências para a experiência do tempo e o planejamento temporal dos indivíduos, bem como para as estruturas temporais da sociedade moderna como um todo. Apenas com essa separação puderam surgir as instituições, características da Modernidade, do "tempo livre" e, a ela oposta, do "tempo de trabalho", que reestruturaram fundamentalmente – com variadas avaliações – a conduta e o estilo de vida dos sujeitos e, assim, as formas pelas quais estes buscam conciliar tempo cotidiano, tempo de

---

24 Marx, 1972, p.271; ver Garhammer, 1999, p.79.

vida e tempo histórico. A separação espacial e temporal entre trabalho e vida privada conduziu a consequentes efeitos políticos, que se manifestam na específica delimitação moderna entre esfera *pública* e *privada*.[25]

3) Por fim, o tempo de trabalho se desacopla do objeto de trabalho, ou seja, ele passa a ser determinado segundo uma duração abstrata, relativa ao calendário e ao relógio, e não mais em relação às respectivas tarefas ou acontecimentos (por meio dos quais, especialmente em sociedades agrárias, as atividades são, ou eram, temporalmente estruturadas). O início e o fim do expediente de trabalho são estipulados, a partir daí, pelas sirenes ou pelo relógio de ponto, não mais pelas exigências das tarefas a serem cumpridas. A substituição do "tempo do evento" [*Ereigniszeit*] — tradicionalmente determinado, segundo o qual a duração e a velocidade de atividades e acontecimentos são condicionadas por seu caráter natural ou tradicional, bem como pelo seu "tempo próprio" [*Eigenzeit*], altamente sujeito a oscilações —, por uma trama temporal linear e abstrata, com a qual o enquadramento temporal das atividades e acontecimentos é definido de antemão, representa uma condição para a planejabilidade e, com isso, para a manipulabilidade temporal e, consequentemente, para a aceleração dos processos sociais. Transforma-se, assim, o foco de atenção da orientação temporal, que se desloca da orientação pelas tarefas e acontecimentos para uma orientação abstrata.[26] Como Giddens sempre destaca, com razão, o tempo do capitalismo industrial, que é definido, por um lado, pela economia capitalista do tempo, e, por

---

25 Ver, por exemplo, Giddens, 1987a, p.151.
26 Essa transformação é o foco principal de Thompson (1967).

outro, pela específica lógica técnica da produção industrial,[27] apresenta-se, portanto, como *linear*, *abstrato* e, ao mesmo tempo, como as lutas pelo tempo de trabalho deixam claro, *polarizado*.

A imposição desse tempo de trabalho e de sua cadência fixa nas fábricas esteve ligada, em parte, a uma intensa resistência, como naquelas em que os trabalhadores destruíam os relógios das fábricas, por ser o símbolo central desse desenvolvimento, ou nas reiteradas segundas-feiras em que se ausentavam, sentindo, com isso, toda a violência das sanções do novo regime de produção.[28] Mais importante ainda e mais prenhe de consequências para a internalização do novo conceito de tempo, enquanto *compulsão* irremediável, foram e são aquelas instituições da sociedade moderna nas quais aquelas orientações e práticas são, correspondentemente, habituadas e ensaiadas, a saber (além das fábricas), hospitais, prisões, quartéis, jardins de infância, e, sobretudo, escolas.[29] Sob um olhar detido, o *tempo*, especialmente se analisado segundo a teoria da sociedade disciplinar de Michel Foucault, se revela seu principal instrumento. A obediência a uma rígida disciplina temporal desempenha um papel expressivo em todas as instituições mencionadas, cujo modelo de atividade é definido, em regra, por um esquema temporal rígido e abstrato (imagine-se, por exemplo, o ritmo de horários de aula ou de viagens, do cumprimento de penas etc.), e parece ter como principal objetivo o disciplinamento.

---

27 Giddens, 1995b, p.75 ss. e 1987a, p.149 ss.
28 Ver, por exemplo, Scharf, 1988b; Negt, 1988, ou Thompson, 1967.
29 No entanto, horários do transporte público ou a programação de cinemas e teatro também colaboram para regular a orientação temporal cotidiana e as práticas temporais de acordo com o conceito de tempo linear e abstrato do relógio.

Relógios representam instrumentos de controle por excelência, pois rompem os *ritmos internos* [*Eigenrhythmen*] dos homens, ditados pela natureza ou pelo costume; nesse sentido, eles são uma pré-condição para o desencadeamento da moderna dinâmica de aceleração e crescimento, o que levou Lewis Mumford à sua conhecida constatação de que o *relógio*, e não a *máquina a vapor*, seria a máquina-chave da era industrial.[30] A disciplina temporal a ser inscrita no corpo consiste, antes de tudo, na capacidade de orientar as próprias ações segundo um esquema temporal abstrato, isto é, em ser *pontual* e preterir eventuais necessidades (como sono, fome ou vontade de ir ao banheiro) em favor das diretrizes do esquema temporal estipulado, de modo a postergar-se a satisfação de necessidades, reprimir-se impulsos e condicionar, em relação a pontos temporais abstratos, períodos de alto desempenho e descanso.[31]

---

30 Mumford, 1934, p.14; a respeito da complexa relação entre o desenvolvimento da consciência temporal moderna e da história da introdução e disseminação do relógio mecânico, do relógio de torre e, por fim, do relógio de precisão no contexto de rotinas monásticas, de domínio citadino e (mais tarde) da industrialização, ver ainda Dohrn-van Rossum, 1988; Le Goff, 1977; Thrift, 1988.

31 Realmente interessante, nesse sentido, é o regime temporal das escolas, através do qual as crianças são introduzidas nas práticas temporais apropriadas. "O cotidiano escolar consiste em uma permanente confrontação com o tempo linear. De manhã cedo, o despertador, durante o café da manhã, provavelmente, reiterações constantes das horas no rádio, depois, no caminho para a escola, os horários de ônibus e trens a serem precisamente mantidos, finalmente, ao se chegar à escola, o ponteiro dos minutos clama à pressa pelos corredores e, ao fim da aula, o sinal anuncia o intervalo. A escola serve como 'aparato para intensificação da utilização do tempo'" (Richter, 1991, p.40; ver ainda Treptow, 1992, p.9 ss., e Garhammer, 1999, p.73 ss.).

*Aceleração*

Não se afirma aqui, de modo algum, que as referidas instituições, e as orientações temporais nelas comunicadas, sejam uma consequência ou efeito colateral da organização capitalista da economia – algo como uma relação entre infra e superestrutura. Elas também são, como ainda deverá ser demonstrado, consequências e condições da diferenciação funcional (que, sem a orientação abstrata do tempo para a coordenação e sincronização das ações, seria impensável) da organização política e da racionalidade do Estado nacional e do Exército, bem como da especificamente ocidental cultura do racionalismo. Esses elementos constituem entre si um modelo, característico da trama institucional moderna, tal qual elaborado por Weber, de "afinidades eletivas".[32] Pressupõe-se, com isso, que ideias e instituições se desenvolvam e se alterem, de forma coevolucionária, em um processo de adaptação interacional e interdependente, de modo que se deve renunciar, aqui, ao postulado de uma prioridade monocausal ou unilinear, seja ela do desenvolvimento econômico, socioestrutural ou cultural.[33] Pode-se também prescindir, aqui, de uma tal determinação histórico-filosófica de um fator motriz primário, pois a tendência à aceleração convém ao *arranjo estrutural e cultural conjunto* e se inscreve, igualmente, em todas as suas partes.

No entanto, como fator motriz primário e imediato das dimensões *técnica* e *tecnológica* da aceleração encontra-se, indiscutivelmente, a lógica concorrencial temporal-econômica do capitalismo – a incessante aceleração dos transportes, da comunicação e da produção encontra, nela, sua causa eminente, e a

---

32 Ver Giddens, 1995b, p.75 ss.
33 Ver Rosa, 2004b, e ainda Garhammer, 1999, p.75 ss.

pressão aceleratória dela advinda não se restringe, naturalmente, ao campo da inovação tecnológica, estende-se, antes, a desenvolvimentos no âmbito da organização do trabalho e "irradia" de lá, por assim dizer, para todas as esferas da sociedade, como a moderna administração pública, o desenvolvimento científico, a legislação etc. As enormes revoluções técnicas da Modernidade estão a serviço do relógio, e não o contrário: elas possibilitam a aceleração (temporal-economicamente eficiente). Por trás da dominante *lógica da técnica* da sociedade industrial está, portanto, a *lógica do relógio*, o que confere plausibilidade à tese de Paul Virilio, segundo a qual a "revolução dromocrática", mais profunda e abrangente (e posta antes em movimento) que a Industrial, é que estaria, propriamente, no berço da Modernidade.[34]

A suposição segundo a qual a dinâmica aceleratória moderna não deriva de seu arranjo institucional, mas, antes, o fundamenta, rapidamente se fortalece ao colocarmos sob observação as transformações institucionais, sob a pressão da "globalização", das atuais sociedades pós-industriais. Demonstra-se, aqui, que o regime laboral clássico-moderno e, com ele, ao menos dois dos três mencionados "desacoplamentos" da industrialização parecem (à primeira vista) em vias de retroceder a modelos pré-capitalistas.

As atuais tendências à *produção flexível*, à *desregulação* espacial e temporal do trabalho e à produção e fornecimento *just in time*, como demonstram os achados contemporâneos da Sociologia do Trabalho e da Sociologia Industrial,[35] erodem o regime es-

---

34 Ver Virilio, 1980, p.61; e ainda Breuer, 1988, p.314 ss.
35 Piore; Sable, 1984; Behr, 1999; Voß, 1998, 2001; Sennett, 1998; Garhammer, 1999, 2002.

tático do tempo de trabalho normalizado e reintroduzem, no âmbito do trabalho, de forma evidente, elementos da orientação à tarefa e ao acontecimento, de modo a gerar uma paulatina *des-diferenciação* espacial e temporal entre trabalho e "vida", ou entre tempo de trabalho e tempo livre. Isso vale, em especial, para novos ramos profissionais, como aqueles da chamada "New Economy", e para ocupações altamente qualificadas, mas não só. Cada vez mais o trabalho não acaba quando o ponteiro aponta cinco horas ou quando o calendário indica o fim de semana, mas sim quando a tarefa assumida é executada – o que geralmente significa: manter o prazo firmado ou cumprir o projeto tal qual contratado.[36] Até mesmo as empresas mais tradicionais passam, entrementes, a desfazer-se de seus relógios de ponto e ao controle de presença no local de trabalho. O volume de trabalho volta a ser ditado não mais pelo relógio, mas pelo objeto, isto é, a ser definido pelas tarefas e acontecimentos, o que, do ponto de vista da Sociologia Industrial de inspiração marxista, equivale a uma revolução impensável do capitalismo.[37] Essa viragem das práticas temporais capitalis-

---

36 A transição, observável de forma abrangente, de trabalho de longo prazo rotinizado para "trabalho por projeto" ou para projetos de trabalho (muitas vezes a serem cumpridos em equipes) constitui apenas *um* sintoma da troca de um modelo de trabalho orientado segundo padrões temporais externos abstratos e rígidos por atividades de curta e média duração, porém relativamente autônomas e de organização flexível.

37 A pesquisa, ora amplamente aplicada nesse campo, recomenda com razão cuidado para com uma hipergeneralização desse resultado: ainda domina em muitas empresas, sobretudo nas altamente mecanizadas e com mão de obra pouco qualificada, o regime de trabalho "clássico--moderno", que até parece se reestabelecer, por ocasião da decadência

tas também parece ser, assim como a recente des-diferenciação temporal e espacial das esferas da vida, uma intrigante reversão às condições pré-modernas. Na Modernidade Tardia, o local de trabalho volta a ser parte, tendencialmente, do mundo da vida, e vice-versa; o trabalho é levado para casa ou lá mesmo realizado, bem como preferências e anseios oriundos do mundo da vida são novamente infiltrados na esfera do trabalho. Um exemplo paradigmático do primeiro caso é o *teletrabalho*, muito embora seu grau de difusão, apesar da atenção teórica dada ele, não seja muito alto.[38] Como representantes do último caso são os esforços de diversas empresas no sentido de permitir que funcionários levem seus filhos para o local de trabalho ou que pratiquem, ali, atividades culturais e esportivas, de modo a incentivar novas formas corporativas de "cooperação".[39] Com

---

    da "New Economy" e da jovem geração de empresários que com ela estiveram em ascensão, colocando assim em evidência os tão discutidos "limites da libertação do trabalho". No entanto, o desenvolvimento apresentado me parece irrefutável em sua influente *tendência* (ver ainda Döhl et al., 2001, e Moldaschl; Sauer, 2000; ver, além disso, Schneider; Limmer; Ruckdeschel, 2002).

38 Logicamente, os teletrabalhadores não são os únicos aos quais se aplica essa nova-antiga orientação de tarefas: em face das novas possibilidades técnicas de constante disponibilidade orientada pela demanda e da liberdade espacial possibilitada por computadores transportáveis e pela telefonia móvel, agora não mais apenas cientistas (sociais), como também corretores de imóveis ou de seguros, programadores, dentre outros, não estabelecem uma divisão entre tempo de trabalho e tempo livre, ou seja, eles alternam constantemente entre lazer e trabalho em ritmos curtos e irregulares em grande medida independentemente de sua localização. Sobre teletrabalho, ver, por exemplo, Garhammer, 1997.

39 Ver Behr, 1999, p.145 ss., ou Deutschmann, 1989.

isso (assim como pelo enfraquecimento da demarcação social de feriados e horários de funcionamento), a fronteira entre tempo de trabalho e tempo livre se torna mais permeável, de modo a conduzir a novas misceláneas entre interesses público e privado, laborais e pessoais.[40]

Esse desenvolvimento atesta a enorme habilidade de mutação e adaptação do sistema capitalista, cuja capacidade de transformação e cujo polimorfismo levaram, nos últimos tempos, ao questionamento de sua unidade lógica de desenvolvimento ou até mesmo "do" capitalismo enquanto uma uniformidade.[41] Segundo vejo, no entanto, tal dúvida é consequência de uma abordagem analiticamente unilateral do fenômeno.[42] A tentativa de determinar o significado histórico desse modo de produção e sua relevância para as modernas formas de vida e sociais pode tomar, basicamente, duas direções. A variante que, do ponto de vista das ciências sociais e da política, domina a discussão sobre o capitalismo, direciona seu olhar para as *separações, cisões e contradições* acarretadas por esse modelo econômico, especialmente para aquelas entre classes e camadas, ou entre nações mais desenvolvidas e mais "atrasadas".[43]

---

40 Nesse contexto se encontra a atual discussão da Sociologia do Trabalho sobre a "libertação" e "subjetivação" do trabalho no capitalismo tardio; ver Voß, 1998, 2001; Behr, 1999; Schneider; Limmer; Ruckdeschel, 2002; Döhl et al., 2001, e Moldaschl; Sauer, 2000.
41 Ver o artigo de Elmar Altvater para a revista *Erwägen, Wissen, Ethik* ("Ponderação, Saber, Ética"; Altvater, 2002) e as contribuições para a discussão ali publicadas.
42 A respeito do que se segue, ver Rosa, 2002b.
43 Nessa categoria entra ainda o trabalho bastante respeitado de Michael Hardt e Antonio Negri (2001), cuja base analítica (ou "ontológica") é constituída pela distinção ou "contradição primeva" entre "império"

A outra direção analítica, até aqui tendencialmente obliterada, se concentra, por outro lado, sobre aqueles elementos formativos que determinam as modernas formas de vida e sociais, bem como sua dinâmica, por cima e para além das fronteiras de classes. A necessidade de um debruçar-se sociocientífico renovado sobre o capitalismo, sobretudo a partir dessa última perspectiva, me parece, considerando os desenvolvimentos discutidos neste trabalho, evidente. Afinal, sob um olhar mais acurado, evidencia-se que, mais do que o antagonismo de classes e as contradições sociais a ele ligadas, são as *compulsões e promessas de crescimento e aceleração*, inerentes à economia capitalista, que marcam, com cada vez mais contundência, as formas de vida e as formas sociais da Modernidade. São esses dois princípios exponenciais, que correm paralelamente na economia

---

e "multidão". Entretanto, a insistência de Hardt e Negri na definição de um proletariado como classe revolucionária de oposição em potencial deixa clara a insuficiência categorial de seu enfoque para a interpretação da realidade social da Modernidade Tardia. "[T]odas [as] diversas formas de trabalho estão, de alguma forma, sujeitas à disciplina e às relações de produção capitalistas. O fato de estar dentro do capital e sustentá-lo é o que define o proletariado como classe", escrevem Hardt e Negri (p.53), demonstrando com isso, involuntariamente, que esse "proletariado" *não* constitui uma classe, mas sim representa as condições de vida de *todos* os sujeitos atores sociais nas sociedades desenvolvidas. Pois a quem *não* se aplicaria tal definição? Na medida em que praticamente todos os sujeitos em sociedades modernas estão submetidos às exigências do capital, que se estendem até as formas de subjetividade e às relações com o corpo, de forma alguma se devem procurar potenciais de resistência em primeiro lugar na linha de conflitos de classe ou na "classe trabalhadora", uma vez que eles se encontram, como sugerem Hardt e Negri, nas tradições dessa sociedade direcionadas à *autodefinição individual e política*.

capitalista do tempo, que permanecem operantes a despeito das transformações históricas do capitalismo. Mesmo quando, em sociedades de capitalismo liberal, o antagonismo de classe se volatiliza, quando a distinção entre proprietários dos meios de produção e proletários perde contraste, bem como quando não se vislumbra mais um "sujeito revolucionário", tais princípios permanecem culturalmente determinantes e estruturalmente constitutivos.[44]

O que permanece inalterado como fundamento dos desenvolvimentos tardo-modernos, descritos como um fio vermelho que transpassa as diferentes formas de produção capitalista, é o imperativo de validade da economia temporal: reformas e transformações estiveram e estão sob o ditame da eficiência temporal, e é especialmente a *lógica da aceleração* que, por detrás e por entre as tão admiradas versatilidade e flexibilidade do capitalismo, continua a abrir o caminho – muito embora, nos distintos contextos históricos, geográficos e culturais, essa lógica conduza a diferentes arranjos, tais como o modelo "renano", "anglo-saxão" ou "asiático".[45] O que liga essas modalidades é sua subordinação às leis da economia capitalista

---

44 É exatamente essa segunda modalidade que parece prevalecer também na recente pesquisa neomarxista em território anglo-saxão, como nos trabalhos de David Harvey, Fredric Jameson ou ainda Moishe Postone.

45 A crítica de William Scheuerman de que minha identificação "do" capitalismo como um dos principais motores da aceleração social não deixaria claro *quais formas de ocorrência do capitalismo eu teria em vista* (Scheuerman, 2003, p.42) se mostra infundada: a tese é exatamente que o efeito dinamizador seria a característica unificadora das formas de ocorrência desse modelo econômico.

do tempo, muito embora seja possível supor que a extensão temporal de seus horizontes de cálculo varie bastante. O capitalismo anglo-saxão, por exemplo, é tido como imediatista; o modelo renano, ao contrário, orienta seu aumento de eficiência numa perspectiva de longo prazo.[46] Uma vez que, no bojo da "globalização", como sempre se postula, o primeiro modelo imponha-se hegemonicamente, isso equivaleria, de uma perspectiva temporal, a um encurtamento do horizonte do processo de aceleração social.

Abre-se, daqui, um olhar surpreendente sobre a dinâmica de desenvolvimento dos sistemas capitalistas: em analogia à definição de Marx da relação histórica entre forças produtivas e relações de produção, impõe-se a impressão de que a escalada da velocidade e o aumento das forças aceleratórias sejam, efetivamente, a força motriz da história (capitalista). Pois a pressão aceleratória produz sempre novas práticas e instituições temporais que possibilitam, à dinâmica aceleratória, prosseguir, por mais algum tempo, em seu curso exponencial, até que ela se defronte com seus próprios limites de velocidade, isto é, até que se torne um *obstáculo* à aceleração, que, por fim, será "superado" pelas forças aceleratórias postas em movimento por aquelas mesmas práticas e instituições.

A institucionalização, na era industrial, de um tempo formal, rigidamente linear e abstrato, e, ela vinculada, estrita separação espaçotemporal entre trabalho e "vida", figuram, dessa perspectiva, como uma espécie de "alavanca" para pôr

---

46 Segundo, por exemplo, Sennett, 1998; ver ainda, sobre isso, os estudos comparatórios de Garhammer (1999), assim como Streeck; Höpner, 2003.

*Aceleração*

em movimento um processo de aceleração até então inimaginável, uma aceleração, em princípio, da produção e da circulação e, por fim, da vida social como um todo. O desenvolvimento dos potenciais de aceleração fundamentou-se exatamente no alheamento de questões do mundo da vida da esfera diferenciada do trabalho: apenas com essa rígida exclusão foi possível o fechamento dos "poros do tempo de trabalho"; dentro da esfera profissional, a racionalidade econômico-temporal pôde se impor livre e completamente. O fordismo, o taylorismo e o trabalho de engenheiros da REFA e da MTM otimizaram a eficiência temporal de uma forma que só pôde ser possível sob as condições do "sistema de pagamento indiferenciado",[47] ou seja, em um universo de trabalho "purificado" de todas as relações do mundo da vida, privadas e subjetivas. Por outro lado, essa rígida separação de funções e esferas possuía, para os trabalhadores, a vantagem de desonerar a esfera privada, ou o "mundo da vida", no sentido atribuído por Habermas, das reivindicações e exigências econômicas (da racionalidade estratégico-instrumental).[48] Consequentemente, a questão que predomina no confronto econômico entre empregadores e empregados na industrializada Modernidade "Clássica", marcada por esse regime de tempo de trabalho, é sobre quanto peso deve ter cada uma das respectivas esferas, ou seja, qual seria a duração do tempo de trabalho.[49]

---

47 Segundo Behr, 1999, p.44, na mesma linha de Luhmann, ver ainda Richter, 1991, p.65.
48 Habermas, 1981, v.2, p.471.
49 Ver Behr, 1999, p.34. A intensificação do trabalho já representa, dessa forma, o segundo nível de desenvolvimento da lógica aceleratória capitalista: como já Marx (1972, p.245 ss., 279 ss. e 425 ss.) docu-

Ao fim do século XX, as possibilidades de aceleração do regime fordista-taylorista se mostravam, entretanto, esgotadas e exauridas, e o regime institucional de trabalho a elas ligado se transformava, de "acelerador", em "freio".[50]

Se o regime laboral clássico-moderno objetivava uma intensificação do trabalho (e, com isso, aumento produtivo ou aceleração) por meio da desvinculação de questões subjetivas de *sentido*, potencialmente retardadoras, bem como de práticas temporais provenientes do mundo da vida, delineia-se agora uma situação na qual a economia só pode recobrar dinamismo através do processo contrário, isto é, de uma ressubjetivação do trabalho, e de uma "colonização" dos recursos e competências do mundo da vida, através da suspensão da divisão entre as esferas: hoje o trabalho pode ser intensificado desde que as empresas promovam a infiltração de energias motivacionais e habilidades subjetivas, promovam, portanto, o "tempo particu-

---

mentou histórica e meticulosamente, o capitalismo acelerou a acumulação de capital no século XVIII e início do século XIX, a princípio, por meio da *extensão* do trabalho, ou seja, por meio do *prolongamento do dia de trabalho* em até catorze, dezesseis ou, em casos extremos, mais horas. Essa forma de aceleração da produção chegou rapidamente a seu limite – ela levou à perda da capacidade de reprodução, tornando ineficiente o verdadeiro processo de trabalho remunerado. A reação do sistema econômico a isso foi uma transformação que resultou no encurtamento do tempo de trabalho (gerando tempo suficiente para o consumo e a qualificação) e na aceleração por meio da *intensificação* do trabalho.

50 Assim, Gert Günter Voß (1998, p.1; ver 2001), por exemplo, postula uma "transformação estrutural profunda" do universo do trabalho em todas as suas dimensões ao longo das linhas de desenvolvimento aqui apontadas.

lar" [*Eigenzeit*] e tomem em consideração os ritmos individuais e as necessidades espaçotemporais dos sujeitos. Se o desempenho profissional não é mais regulado, por exemplo, pelo relógio de ponto, mas, antes, pelos acordos de prazo, surge, por um lado, um maior raio de ação subjetivo para a organização do trabalho, e, por outro, para o empregador, novas chances de aumento de desempenho e de aceleração. É evidente que um regime (temporal) de trabalho que "adota uma posição de indiferença a ritmos individuais em suas capacidades diárias, semanais, anuais e ao longo de uma vida laboral" e não se pergunta "se as pessoas estão preocupadas ou se têm um resfriado", exigindo, "em princípio, o mesmo esforço em todas as horas", e que permanece, além disso, indiferente aos potenciais não econômicos de motivação dos trabalhadores, perde oportunidades de intensificação diante de um sistema que se restringe à "coordenação do pano de fundo", permite a subjetivação e retira as fronteiras do trabalho, dinamizando, assim, o próprio desgaste relacionado ao desempenho.[51]

Vantagens econômico-temporais surgem para os empresários, além disso, com a possibilidade de eliminar os ineficientes tempos vazios e ociosos e migrar para formas mais eficientes de "produção *just in time*", mais capazes de reagir às bruscas mudanças no campo de demandas, tudo através de uma múltipla flexibilização do tempo de trabalho, que se dá, por exemplo, por meio de contratos de trabalho elaborados individualmente e com prazos de duração cada vez mais curtos, ou através

---

[51] Citações de Garhammer, 1999, p.74. A mesma tese é defendida por Michael Behr (1999), ver esp. p.171.

de contratos de trabalho "sob demanda e encomenda", ou contratos temporários etc.[52] Enquanto o moderno mundo do trabalho precisava ser protegido – pode-se interpretar assim – do mundo da vida tradicionalmente transmitido, de modo a possibilitar, no interior de suas fronteiras, pela racionalização, a concretização de seu regime temporal e a aceleração, a orientação e a disciplina temporais aí desenvolvidas penetraram de tal forma a conduta de vida e as instituições do mundo cotidiano que, hoje, a "colonização inversa" torna-se possível: o *éthos* da ética protestante e sua lógica racionalizadora criaram raízes tão profundas no mundo da vida e na cultura do lazer que já não podem ser ameaçadas por essa des-diferenciação. Esta última tem por efeito, antes, que também os potenciais oásis desaceleratórios ainda restantes no *mundo da vida* sejam erodidos em favor de uma mais avançada aceleração da produção, distribuição e consumo e, assim, do processo de valoração do capital. Assim constata Gert Günter Voß como resultado de um projeto de pesquisa sobre a transformação da conduta de vida de profissionais:

> Pode-se constatar, de forma generalizada [...]: quanto mais pronunciada a derrubada das barreiras das relações de trabalho e, com isso, mais pronunciada a obrigação de uma reestruturação ativa do próprio trabalho, maior se torna a necessidade de se orientar todo o cotidiano segundo as exigências profissionais, e organizá-lo de forma eficiente. [...] Weber registrou e generali-

---

52 Sobre isso, ver, detalhadamente, Garhammer, 1999 e Grotheer; Struck, 2003.

zou, historicamente, um tal desenvolvimento em determinados grupos. [...] Ele não podia imaginar, porém, [...] que o ideal "burocrático" da racionalização de organizações e da conduta de vida alcançaria, um dia, possivelmente, limites históricos, podendo ser transformado em uma forma nova, flexível, baseada em uma sistemática derrubada de barreiras. É exatamente o que parece acontecer neste momento.[53]

Essa retirada das fronteiras entre trabalho e vida se reflete também no fato de que diversas atividades, como no campo da educação continuada, da atividade asseguradora de oportunidades do *networking*, ou da análise de mercado de trabalho, não se deixam mais vincular de modo inequívoco ao trabalho ou ao tempo livre. Aquele que se encontra com colegas de trabalho, à noite, para jogar boliche e ganhar informações importantes; aquele que se engaja em trabalho voluntário ou se especializa para aumentar as chances de emprego; aquele que se ocupa, em seu tempo livre, com leituras sobre as mais recentes inovações em tecnologia computacional, pois estas o interessam tanto pessoal quanto profissionalmente; aquele que busca um tratamento psicofísico de *Wellness*, tendo em vista aumentar tanto seu desempenho profissional quanto sua alegria de viver – em todos os casos, trata-se, ao mesmo tempo, de atividade profissional e pessoal. O "empregador da força de trabalho" (Voß) *também* se interessa, em todos os aspectos de sua conduta de vida, por questões de proveito econômico, ele se encontra *também*, e exatamente por motivos econômi-

---

[53] Voß, 1998, p.25 ss.; ver ainda Voß, 1990, assim como Sennett, 1998.

cos, em todas as áreas de sua vida, sobre "declives escorregadios", que caracterizam, segundo Marx *e* Weber, a situação do empresário capitalista: *se ele não escala para cima, ele escala para baixo.*[54]

Em face dessa mistura, que se realiza no bojo das atuais transformações da Modernidade Tardia, mistura entre orientações da ação relativas ao tempo ou à tarefa, entre o tempo abstrato-linear e o tempo do evento [*Ereigniszeit*], bem como entre tempo de trabalho e tempo livre, uma série de sociólogos do tempo sugeriram interpretar as estruturas temporais da sociedade contemporânea com o auxílio do conceito de "multitemporalidade", o que significa uma alternância, determinada pela situação, entre um tempo planejável e linear e um tempo "temporalizado", aberto à eventualidade, bem como enfatiza a retomada da margem de organização e da soberania tempo-

---

54 Weber, de fato, caracteriza esse princípio como consequência inevitável de processos (econômicos) de racionalização (1991, p.57). Richard Sennett, por outro lado, julga, em seu ensaio sobre a cultura do novo "turbocapitalismo", que exatamente essa sensação de que *estagnação* inevitavelmente signifique *retrocesso* é que levaria, por fim, a uma hiperatividade irracional também econômica (1998, p.99 ss.). É interessante que essa posição é igualmente identificada por Robinson e Godbey em sua análise de alocação de tempo (1999, p.45) como uma tendência dominante da conduta de vida: "De uma perspectiva como essa, a linha entre tempo livre e trabalho é amplamente irrelevante – não fazer nada é não ser nada, trabalho e lazer são importantes na definição de quem somos. É algo surpreendente que a elaboração de currículos tenha se tornado uma ciência e que tais currículos agora frequentemente incluam informações tanto sobre as atividades desempenhadas pelas pessoas em seu tempo livre quanto profissionalmente".

ral do sujeito. "O mais frutífero [...] é quando se transita de forma flexível entre os universos [...] do tempo do evento e do tempo do relógio, conforme exige a situação."⁵⁵ No entanto, me parece altamente questionável se esse conceito temporal caracteriza, de forma suficiente, a tardo-moderna "derrubada de fronteiras" do arranjo laboral. Os imperativos econômico--temporais da economia capitalista continuam a relacionar-se, exclusivamente, pelo tempo linear do calendário e do relógio, sobretudo em pontos decisivos, como onde largas cadeias de interação em e entre sistemas funcionalmente diferenciados precisam ser coordenadas e sincronizadas. Se empresas (e cada vez mais também órgãos públicos) deixam de prescrever abstratamente o horário de trabalho e passam a estipular prazos de transporte, produção e entrega aos empregados ou aos trabalhadores (supostamente) autônomos, o tempo linear e o tempo do evento, entretanto, coincidem apenas de maneira precária: deve-se alcançar uma eficiência econômico-temporal, sem a estrutura estável de instituições temporais coletivas e sem "tempos livres" economicamente desonerados, que está, por fim, *além* da eficiência do antigo regime temporal *regulado*, *inflexível* e *linear*. Por isso me parece mais oportuno, ao menos em face dos novos arranjos temporais do trabalho, falar de uma "colonização do tempo do evento pelo tempo linear" – e da autonomia temporal pela heteronomia temporal –, o que conduz, como mostrarei na quarta parte desta investigação, a "práticas temporais altamente situacionais" não apenas no plano microssocial da conduta de vida, mas também no setor

---

55 Levine, 1999, p.141, ver 283 ss.; igualmente Geißler, 1999, p.168 ss.

macrossocial do direcionamento e da organização política, chegando até o campo da *estratégia* econômica propriamente dita.[56]

Com esse cenário, não surpreende que nas atuais Sociologia Industrial e Sociologia do Trabalho, críticas ao capitalismo, possa-se constatar, entrementes, um tipo de anseio [*Sehnsucht*] por aquela temporalidade clássico-moderna, institucional-linear, antes criticada (pelos mesmos motivos críticos) como "morta", abstrata, estranhada e "destruída".[57] Nessa inversão se revela, de forma evidente, o que serviu como hipótese central das presentes considerações, isto é, que a dinâmica econômico-temporal da aceleração capitalista, de acordo com os requerimentos para seu subsequente desenvolvimento, é capaz de criar instituições e modos de ação (além de, como ainda será mostrado, formas de subjetividade) e, junto disso, as orientações temporais de que precisa, e também é capaz de aniquilá-los. No plano macrossistêmico da lógica escalar do capitalismo, no entanto, aceleração e crescimento estão tão intimamente entrelaçados entre si, que a "velocidade da economia" costuma ser medida pelos seus índices de *crescimento*, enquanto recessões são interpretadas como *lentificação* econômica.

Originada por tal circunstância, a alta velocidade de desenvolvimento e transformação das esferas sociais técnico-econômicas lança, entretanto, consequências dramáticas para todas

---

56 Piore e Sable (1984), por exemplo, caracterizam a estratégia econômica contemporânea da *especialização flexível* como "uma estratégia de inovação permanente: uma adaptação à transformação constante em vez da tentativa de tentar controlá-la" (aqui citado segundo Sennett, 1998, p.64; ver ainda Backhaus; Gruner, 1998).

57 Como em Sennett (1998) e Garhammer (1999); ver ainda Rinderspacher, 2000.

as outras áreas sociais – para a política, a educação e a formação cultural, para a reprodução cultural e até para o sistema jurídico –, que serão o foco analítico Capítulo XII.

## 2. A promessa da aceleração: o motor cultural

Não faltam autores, nas ciências sociais, que defendem a posição segundo a qual apenas o motor econômico é responsável, afinal, pela tendência à aceleração na Modernidade – a aceleração de todas as outras esferas sociais seguiria, então, como epifenômeno, e obrigatoriamente, o marca-passo capitalista, que produz os correspondentes "fenômenos superestruturais" da cultura, a ideologia da velocidade e o anseio pela aceleração.[58] Porque a aceleração e o crescimento da produção exigem a aceleração da circulação e do consumo, o fenômeno aceleratório teria se tornado, de um fator técnico-econômico, em um fator cultural. A fascinação moderna, antes absurda e nem mesmo economicamente fundamentada, por fenômenos como *fast food*, *Blitzkrieg* ou *luge* é interpretada, nessa perspectiva, como reflexo cultural epifenomenal dos imperativos da base material.

Uma interpretação tão reducionista se mostra insatisfatória por dois motivos. Primeiramente, ela *não* consegue esclarecer exatamente o processo de mediação entre os imperativos econômicos estruturais e os padrões de sentido [*Sinnmustern*] subjetivos e culturais – por quais motivos os sujeitos admitem uma aceleração de sua atitude de consumo e, com isso, de seu

---

[58] Essa posição é defendida sobretudo por Reheis, 1998 (ver esp. p.64); Jameson, 1994, 1998; e bem elaboradamente, por Harvey, 1990; ver ainda Scheuerman, 2001a, p.2 ss., assim como Postone, 1996, p.224.

ritmo de vida, quando não há, para isso, qualquer vantagem econômica, mas, pelo contrário, quando isso lhes traz dificuldades financeiras (e, com isso, carência de tempo)? A compulsão capitalista à aceleração não basta, por si só, para explicar o prolongamento, quase sem resistência, do processo aceleratório nas dimensões não técnicas, ou seja, para fundamentar a falta de resistências culturais estruturalmente efetivas contra a dinâmica automotriz, ou contra a "superdeterminação" de imperativos aceleratórios econômicos. De uma perspectiva das autorrelações culturais, trata-se evidentemente, no que diz respeito ao processo continuado de dinamização, não de uma *adaptação* a coerções externas, mas de um momento essencial de *autodeterminação*.

Em segundo lugar, a redução materialista permanece cega para as *pré-condições* ideárias e culturais que possibilitaram o desencadeamento, tal qual descrito, das forças produtivas e aceleratórias.[59] Como argumentam os representantes da crítica cultural à prevalência econômica, o desenvolvimento da dinâmica econômica não é, por sua vez, isento de pressupostos culturais, mas sim o resultado de um "estado de necessidade" altamente específico, relativo à cultura e à história das mentalidades.[60] Segundo a concepção de evolução histórica aqui defendida, a atribuição causal unívoca e, por assim dizer, apriorística, de transformações históricas fundamentais, se baseia em um equívoco histórico-filosófico, pois o desenvolvimento

---

59 Ver Rosa, 1999b, p.395 ss.
60 Max Weber oferece uma formulação clássica dessa perspectiva em seu estudo sobre o protestantismo (1991); ver ainda Gronemeyer, 1996; Blumenberg, 1986; ou Heintel; Macho, 1985.

de ideias e instituições deve ser entendido como um processo coevolucionário no qual ambos os lados permanecem, por um lado, interdependentemente relacionados, mas que, por outro, também se desenvolvem, dentro de determinados limites de elasticidade, de forma parcialmente autônoma em direções variadas, até que ocorra uma crise de legitimação ou uma crise institucional, o que conduz a uma readaptação póstuma, seja por uma revolução da estrutura institucional, seja por uma troca de paradigma histórico-ideológico;[61] e é especialmente através das estruturas e orientações temporais que, esta é a tese, a mediação mútua é novamente produzida. Assim, é até correto concluir, tendo em vista o sucesso continuado do sistema econômico capitalista, que a cultura da Modernidade deva ser igualmente orientada para a aceleração, ou ao menos compatível com ela. No entanto, seria precipitado simplesmente derivar daí que isto ocorre *porque os imperativos sistêmicos econômicos assim o exigem*. Resta perguntar, portanto, de que forma a moderna dinâmica aceleratória é culturalmente estabelecida, ou de que forma a lógica escalar do crescimento e da aceleração são entrecruzadas e ancoradas no fundamento cultural da Modernidade.

Uma vez que se aceite o corrente pressuposto, segundo o qual a consciência temporal da Modernidade avançada pode ser descrita como *linear com futuro em aberto*, e que, portanto, a concepção de um futuro de desenvolvimento aberto, e ainda indeterminado em diversos pontos, mas que evolui linearmente a partir do passado, domina nossa experiência temporal,[62] então a carência temporal e o anseio por aceleração tardo-mo-

---

61 Detalhadamente sobre isso, Rosa, 2004b, assim como 1998, p.271 ss.
62 Ver, sobre isso, a Introdução, Capítulo I.1.

derno soam quase como uma estranheza. Se, por um lado, *nenhum* fim do mundo ou apocalipse ameaçam tornar curto o tempo restante na Terra, e, por outro, não parece haver qualquer expectativa do surgimento de um futuro melhor, categoricamente novo *no tempo* ou *para além do tempo (terreno)*, que poderia, porventura, resultar da ação política no sentido de uma aceleração do progresso,[63] então não parece haver fundamento algum para ideologias da velocidade. Pelo mesmo mo-

---

63 Para a origem cristã da ideia de que o curso da história seria predeterminado e poderia ser acelerado, apontaram especialmente Ernst Benz (1977) e, em seguida, também Reinhart Koselleck (2000, p.168 ss. e 177 ss.). Essa ideia se tornou, de maneira transformada, a força propulsora das ações iluministas, que pretendiam acelerar, com todas as suas forças, o progresso humano, estagnado já havia tempo demais e cujo objetivo era então concebido como *historicamente imanente* (ver Koselleck, 2000, e Blumenberg, 1986, p.218 ss.). Sobre o fundamento das filosofias deterministas da história surgiu a ideia de um compromisso de aceleração político e histórico revolucionário que estimulou os movimentos sociais revolucionários pelo século XX afora (ver, por exemplo, ainda Lübbe, 1998, p.276 ss.).

O fator de uma *expectativa sacra*, a princípio cristã e mais tarde secularizada, não deve ser subestimado na gênese do impulso aceleratório moderno. No entanto, também Hans Blumenberg (1986, p.246) adverte nesse contexto que "ideologias de aceleração", óbvias no caso de concepções históricas fechadas e deterministas, são, tratando-se de concepções temporais com futuro em aberto, deveras improváveis. Blumenberg enfatiza que "o reconhecimento da necessidade do decorrer histórico [...] por si" seria "motivação suficiente para a disposição de se apoiar algo conhecido com toda a força aceleradora", por outro lado faltaria, no caso de "algo desconhecido, [...] uma inclinação à interferência e à participação", isto é, à aceleração ativa. Fica faltando esclarecer aqui, portanto, de que forma o impulso aceleratório se manteve e até mesmo se estabilizou ao longo da transformação da concepção temporal-histórica.

tivo observa Luhmann que a incontestabilidade da ideologia temporal moderna, que se vincula a "metas variáveis", para a qual velocidades ascendentes são mais importantes que os conteúdos que elas desenvolvem, é "tão mais curiosa quanto mais nosso conceito de tempo se dirige ao infinito, e não nos sugere qualquer tipo de último compromisso ou fim do mundo. Nós teríamos tempo, portanto, infinitamente muito tempo". Exatamente por esse motivo, prossegue Luhmann, a representação de uma riqueza temporal deveria ser "proibida, de fato moralmente proibida", por ser incompatível com as exigências da sociedade moderna.[64]

Não pode haver dúvidas, no entanto, de que a cultura moderna conheça uma poderosa fonte de tal "proibição moral do desperdício de tempo", que é o *éthos* da *ética protestante*, elaborado por Max Weber e pelos, por ele inspirados, sociólogos (do tempo).[65] Como já vimos, o mandamento da eficiência temporal, do uso intensivo e da valorização de cada minuto, representam um elemento central dessa ética, que se desdobra como um efeito racionalizador e disciplinador sobre as práticas temporais daqueles por ela dominados. A *ascese intramundana* destacada por Weber tomou, assim, a forma de uma rígida e meticulosa disciplina temporal. Capitalismo e puritanismo são congênitos também, particularmente em suas orientações temporais – a ética protestante forneceu à economia capitalista do tempo seu correlato cultural. À ela, a ideia de que o tempo seja

---

64 Luhmann, [1968] 1994, p.156.
65 Weber, 1991, ver, sobre isso, Capítulo II.2.a, além de Neumann, 1988, ou Sparn, 1999.

um bem abundante e disponível é, de fato, moralmente proibida, e o desperdício de tempo se torna, nas palavras de Richard Baxter, o "primeiro e o mais severo de todos os pecados".[66] As palavras iniciais da confissão de Bertrand Russell, em seu "Elogio do ócio", ilustram (sem qualquer relação com as teses de Weber), o quão vinculada essa orientação temporal era à moderna sociedade do trabalho: "Como a maior parte da minha geração, eu fui criado segundo o ditado de que 'cabeça vazia é oficina do diabo'. Tendo sido eu uma criança muito virtuosa, acreditava em tudo que me era dito, e adquiri a consciência que me manteve trabalhando duro até o presente momento".[67]

No entanto, essa proibição moral do desperdício de tempo, histórico-religiosa, não basta para o esclarecimento cultural sobre o anseio de aceleração moderno, e por dois motivos. Em primeiro lugar, proibições não criam ideologias motrizes[68] — para uma explicação compreensível da, segundo Luhmann, *ideologia da velocidade de metas variáveis,* não basta a identificação de uma proibição do desperdício de tempo, é preciso haver um

---

66 Ver o Capítulo II.2.a, nota 62. Como Weber também aponta, o mesmo rigor moral pode ser encontrado, numa variante secularizada, em Benjamin Franklin, que recorda que todo aquele que, por preguiça, deixa de ganhar uma moeda de cinco xelins, "assassina" esse e todos os seus rendimentos potenciais "até sua milésima parte" (apud Weber, 1991, p.40). O desperdício de tempo é colocado, assim, no mesmo patamar que os piores pecados capitais.

67 Russel, 1935, p.11. Voß (1990) tentou mostrar de que forma esse *éthos* protestante até hoje, ainda que de forma transformada e ampliada, permaneceu determinante como paradigma de conduta de vida.

68 Por isso é que proibições morais rígidas, como a do *assassinato* ou a do *roubo*, não produzem as energias motivacionais positivas correspondentes.

mandamento moral adicional, ou melhor, ético: algo que torne promissor o ganho temporal. Em segundo, a força moral e cultural da ética *protestante* se baseava em uma concepção temporal linear com futuro *fechado*. A preocupação com a salvação da alma, com a vida após o fim do mundo (tido como iminente) é que legitimavam e motivavam aquele mandamento. A questão continua a se constituir, portanto, sobre quais energias motivacionais da cultura repousa o impulso aceleratório de uma Modernidade secularizada e com horizonte de futuro *aberto*.

No que concerne à primeira questão, fica claro, por ora, que os imperativos temporais da ética protestante – a proibição do desperdício e o mandamento do aumento de eficiência – foram motivados igualmente pelo *medo* e pela *promessa* (como os mais fundamentais princípios propulsores da humanidade). O furor protestante do trabalho foi, segundo Weber, sobretudo resultado de uma angústia dilacerante, proveniente do fatídico isolamento religioso, diante da atormentadora questão sobre a própria salvação e a misericórdia divina. O ativismo ascético e disciplinado serviu aos protestantes (calvinistas) como um catalisador ante o medo da potencial danação, derivado do efeito da predestinação, da extinção da salvação sacramental, especialmente via confissão, e era considerado o único "meio confiável de expiação dos afetos religiosos angustiantes".[69] A

---

69 Weber, 1991, p.129. Através da abolição da confissão, o "meio para a 'reação' periódica à consciência da culpa, reforçada pelo afeto", teria sido eliminado (ibid., p.214). A ocupação profissional contínua e uma conduta de vida consciente e metódica com relação ao tempo teriam se tornado um "antídoto" psicológico expressamente recomendado.

*promessa* correspondente, no entanto, era a salvação da alma, a predestinação para a vida eterna ou a misericórdia divina: embora estas fossem, segundo a doutrina calvinista, fatidicamente predeterminadas e através de nenhum meio conquistáveis, seria possível, de acordo com a convicção então difundida, "deduzir" essa predestinação de uma vida bem-sucedida, de uma conduta de vida temporalmente eficiente (e do sucesso profissional e material por ela proporcionado) – de modo a cuidar que essa diferença seja diminuída na prática religiosa cotidiana.[70]

É evidente que *medo* e *promessa,* como molas propulsoras da ação subjetiva e do desenvolvimento da cultura, *não são* uma especificidade da ética protestante e, consequentemente, da cultura moderna da aceleração; assim como seus correlatos semântico-estruturais *desejo* e *dor,* elementos fundamentais da motivação psíquica, são eles também indubitavelmente universais. Específico é, por outro lado, seu emprego econômico-temporal: *o atributo característico da cultura moderna é a ligação dessas molas propulsoras ao princípio da eficiência temporal e às expectativas de aceleração a ele relacionadas.* E essa ligação, segundo minha tese, manteve, no decorrer da transformação secular, seus fundamentos de sentido.

No avanço do processo de modernização, de acordo com meu argumento, medo e promessa modificaram suas formas culturais, de modo que sua superfície de projeção deslocou-se de um campo transcendente extrassocial (*salvação eterna* versus

---

[70] Analisando-se exatamente, ambas as interpretações contradizem a verdadeira doutrina de Calvino, segundo a qual a predestinação não pode ser reconhecida em nenhum tipo de sinal exterior.

*danação*) para o campo sistêmico-imanente da concorrência social, tendo mantido sem prejuízos, na superação de um horizonte de futuro fechado por um horizonte de futuro aberto, portanto, sua função como molas propulsoras do processo de aceleração (e crescimento).

A inquietação universal de se estar, em todos os campos da existência, sobre declives escorregadios, isto é, de se tornar irreversivelmente "suspenso" em um mundo de contingências crescentes, de se perder oportunidades e ligações decisivas ou de cair num retrocesso irrecuperável, esta inquietação — originalmente do empresário capitalista —, tal qual apresentada no quinto capítulo, opera como *medo fundamental* na moderna sociedade do movimento. O tempo permanece, portanto, mesmo após a "morte" de seu específico alicerce religioso de sentido, existencialmente escasso.

Como *promessa* servem, porém, a "prosperidade infinita" (Burkhard Lutz) ou a *riqueza absoluta* (Christoph Deutschmann).[71] Encontramos, nessas promessas, uma vez mais aquela tão característica ligação moderna entre crescimento e aceleração: como especialmente Deutschmann deixa claro, o *dinheiro* (uma espécie de tempo "coagulado") adquire, na sociedade capitalista secularizada, uma função de substituto religioso ao assumir o papel de Deus enquanto *domador das contingências*. Diante da incerteza fundamental do futuro, o voltar-se a um Deus interventor e assegurador já não garante tranquilidade — o pensamento encorajador fundamental de muitas orações consiste, justamente, na ideia de que, independentemente do que aconteça, tudo está nas mãos de Deus e, *portanto, está*

---

71 Lutz, 1984; Deutschmann, 1999.

*bem*. No entanto, como equivalente funcional, surge a concepção de que dispor da *maior* quantidade de dinheiro e, com ele, de opções *possível,* possibilita a reação adequada a contingências futuras, isto é, a novas necessidades e novas situações de risco. Segundo a tese de Deutschmann, em consonância com Luhmann, enquanto capital, o dinheiro assumiu a tarefa de transformar a complexidade indefinível em definível e, assim, tornou-se "meio de assenhoreamento do indeterminado".[72] A fortuna induz, dessa forma, "a obsessão pela onipotência individual" (isto é, a manutenção de todas as opções em aberto) – e, bem como no caso de antigas promessas religiosas, no que tange à "riqueza absoluta", muitos sentem-se *chamados*, muito embora, ao fim, apenas poucos sejam *escolhidos*.[73] Por causa da equivalência entre tempo e dinheiro na economia capitalista, e da indomável contingência da vida, que não se intensifica por si mesma, mas pela autopropulsada Modernidade Tardia, é evidente que o desejo de mais aceleração (e crescimento) tanto se inscreve indelevelmente quanto deve manter-se insaciável na cultura moderna.

De fato, como apontou Marianne Gronemeyer,[74] a *necessidade de segurança* da Modernidade (no sentido da necessidade de se assegurar contra contingências e criar princípios de ação calculáveis) entra em conflito com seu *desejo por aceleração*. Parece se confirmar, com isso, de modo interessante, aquela tese fundamental desta investigação, a saber, que a dinâmica aceleratória da Modernidade consegue impor-se, dialeticamente,

---

[72] Deutschmann, 1999, p.100.
[73] Ibid., p.177-9.
[74] Gronemeyer, 1996.

sobre todos os outros princípios de desenvolvimento: depois que a eclosão dinamizadora do período inicial da Modernidade gerou grandes riscos e incertezas individuais e sociais, o Estado social, que lentamente se constituía na Modernidade "organizada", criou uma "estrutura de segurança" e deu origem a fundamentos de previsão estáveis, exatamente através dos quais se desenvolveu um enorme efeito acelerador.[75] Assim como o regime taylorista de trabalho, esse sistema de segurança (do Estado nacional) sofre hoje nova compulsão aceleratória, e, com isso, a pressão de erosão. A sociedade tardo-moderna se caracteriza, em contraposição à "Modernidade Clássica", por um aumento das incertezas e contingências provocado pelo impulso aceleratório tardo-moderno aqui identificado, em relação ao qual praticamente todos os diagnósticos do tempo são unânimes.[76] Assim, impõe-se a conclusão de que a moderna necessidade de segurança é afinal sacrificada à escassez de tempo da necessidade de aceleração.

Isso indica que a promessa moderna da aceleração deve ultrapassar seu aspecto de *promessa de segurança* de base econômica tal qual desenvolvido aqui em concordância com Deutschmann. E, de fato, pode-se encontrar um outro aspecto de promessa da ideia de aceleração que se mantém como constituinte da cultura moderna independentemente do complexo de ideias e normas da *ética protestante*. Há uma latente, mas culturalmente de grande eficácia, "promessa de salvação" da aceleração social, como pode-se supor a partir dos argumentos "culturalistas"

---

75 Ver, sobre isso, Capítulo III.4.
76 Sobre a "onda de aceleração" do fim do século XX, ver o Capítulo X.

de Hans Blumenberg, Marianne Gronemeyer e outros,[77] e consiste no fato de que ela parece oferecer um equivalente funcional secular para a ideia da "vida eterna", de modo que pode ser compreendida como a *resposta moderna* ao grande e inevitável problema cultural da finitude humana, *a morte*.

A figura de sentido determinante aqui é, em sua estrutura básica, a seguinte: na era moderna, a ideia de um "tempo superior", ou seja, um tempo sacro, que abriga, após a morte ou o fim do mundo, apenas a verdadeira concretização de todo tempo e de toda vida, e em comparação com o qual todo *tempo terreno* (como tempo de vida *ou* tempo do mundo), efêmero e transitório, não passa de um insignificante ciclo de acontecimentos, perdeu aos poucos sua efetividade.[78] Para Gronemeyer (que

---

77 Blumenberg, 1986; Gronemeyer, 1996; e ainda De Haan, 1996; Geißler, 1999; Achtner; Kunz; Walter, 1998, p.76 ss.

78 Sem dúvida, a questão a respeito da relação entre aceleração e secularização na Modernidade é tão complexa quanto interessante. Em certa tensão em relação às considerações já apresentadas (ver a nota 63), segundo as quais a ideia da aceleração é sobretudo uma consequência da expectativa de salvação judaico-cristã, pode-se argumentar de forma igualmente plausível que a religiosidade (tradicional) representa um enorme obstáculo cultural para a aceleração. Pois convicções religiosas quase sempre possuem uma relação com uma "dimensão temporal transcendental" (tempo sacro), que possui um elemento de estabilidade, quiçá até mesmo de estaticidade (ver, sobre isso, Achtner; Kunz; Walter, 1998, assim como Sparn, 1999, p.19 ss.). Talvez a ampla secularização da sociedade tenha sido, assim, um *pré-requisito* para a sua aceleração derrocadora; ela poderia também ser, em parte, uma *consequência* da aceleração. *A seta da causalidade*, como formulou Charles Taylor, *aponta em ambas as direções, o enovelamento de causas não se deixa destrinçar* (Taylor, 1994, p.366 e 368). Entretanto, caso se quisesse tentar um desenredamento desses, evidenciar-se-ia a dinâmica dialética

segue aqui a obra monumental do historiador da cultura Egon Friedell),[79] o estopim dessa progressão e da perda das certezas metafísicas foi a experiência coletivamente traumática da *peste negra* no século XIV, a partir da qual a autora interpreta, em sua reconstrução histórica das mentalidades, a cultura moderna como uma espécie de *reação de fuga em pânico* (pela qual o desejo de aceleração assume um caráter da ânsia pela *fuga*).

Ainda que não se partilhe dessa narrativa de origem, permanece válido o argumento segundo o qual o abandono da consciência de uma vida após a morte, enquanto ideia cultural sobre a qual e a partir da qual a vida *antes* da morte obtinha seu significado e direção, deve inevitavelmente colocar em questão os fundamentos culturais e subjetivos de sentido, pois – nas categorias de Blumenberg – a dissociação entre *tempo do mundo* e *tempo da vida* (ou de *história* e *biografia*) se torna um novo e dramático problema cultural, ainda por ser subjugado. Se antes o fim da vida individual era pensado, perspectivamente, em unidade com o iminente fim do mundo, que sinalizava, ao mesmo tempo, início do "tempo verdadeiro", quando este último se desbotou, ambos os horizontes temporais se afastaram radicalmente:

> Se antes, a duração do mundo, da Criação à sua queda no Juízo Final, era a unidade de tempo com a qual os homens contavam, no

---

da aceleração, observada também aqui em diferentes contextos: a dinâmica aceleratória, colocada em movimento pela expectativa cristã da salvação, se tornou por fim tão poderosa que ela se incompatibilizou com aquelas orientações religiosas, começando, assim, a erodi-las.

79 Friedell, 1976.

princípio da era moderna essa unidade passa a ser determinada pela duração da vida, do nascimento à morte. Importante para o homem é, agora, sua própria permanência *no tempo*. O homem medieval tinha certeza de receber sua parcela do tempo restante do mundo envelhecido após sua morte [...]. A única coisa que lhe causava preocupação era se, ao final de tudo, ele seria vítima da danação ou alcançaria a bem-aventurança eterna. Porém, essa preocupação nada tinha a ver com a duração da vida terrena, mas sim com o modo de conduta nesta. [...] Desde quando o período da vida fora abruptamente arrancado do tempo do mundo e do tempo sacro, desde que a vida individual deixou de ser observada da perspectiva de um mundo em envelhecimento, mas, ao contrário, o mundo passou a ser observado da perspectiva central da vida individual, surgiu então uma carência crônica de duração.[80]

Principia-se, assim, toda uma série de possibilidades culturais como reação, ou amestramento estrutural-semântico, a essa situação, e a maioria dessas alternativas foram, ao menos em parte, na Modernidade, provadas.[81] Uma saída para essa crise ética consistiu, por exemplo, no desdobramento de uma serenidade estoica, ou na negação ofensiva do mundo e da vida: aquele que toma o mundo e, com ele, a vida, como um "vale de lágrimas" sem valor, não tem nada a perder – a morte nada lhe subtrai. Outra possibilidade de reação à irrevogável finitude da vida está no desenvolvimento de uma "perseverança da espécie" [*Gattungsgeduld*] desindividualizante, como fora sugerido em algumas correntes do marxismo: a vida individual retira seu

---

[80] Gronemeyer, 1996, p.91; ver, sobre isso, Blumenberg, 1986, p.86 ss.
[81] Sobre o que se segue, ver Gronemeyer, 1996, p.92 ss.

sentido e consolação do fato de se conceber como membro de uma longa cadeia que, se por um lado não deságua numa nova forma de tempo sacro, re-ata a vida ao tempo do mundo. Além disso, a dissociação entre tempo da vida e tempo do mundo poderia ser superada, subjetivamente, por meio da busca de um "eternizar-se" em suas "obras", sejam elas artísticas, científicas ou mesmo de cunho político, isto é, *deixar uma pegada atrás de si*, de modo a ampliar o espectro de sua vida para além de sua própria duração e, ao menos assim, aproximar-se do tempo do mundo. Não é difícil identificar esse motivo, também, como operador cultural da Modernidade.

Com o avançar da Modernidade, no entanto, foi outra alternativa a que conquistou, de fato, hegemonia cultural e, na Modernidade Tardia, parece ter se tornado a única resposta ao problema da morte: trata-se da ideia de *gozar as opções terrenas em ritmo acelerado*, da ideia de que, através de uma "vida veloz", a clivagem entre tempo do mundo e tempo da vida seja reduzida. Para compreender esse pensamento é preciso ter em mente que a questão sobre o significado da morte está insoluvelmente ligada à questão sobre a vida correta, ou a "boa vida". Pois a ideia da *boa vida* que corresponde àquela resposta, culturalmente dominante, à questão sobre a morte, consiste na conceituação da *vida como última oportunidade*, isto é, como intervalo temporal terreno do qual é adequado aos sujeitos utilizarem o mais intensiva e extensivamente possível, antes que a morte imponha um ponto final definitivo; essa é a tese sedutoramente simples de Gronemeyer. Dá-se daí, como moderno ideal de vida e de tempo, a convicção de que a *boa vida* seja a vida *repleta* [*erfüllte Leben*], que consiste em gozar o máximo possível daquilo que o mundo pode oferecer, bem como fazer o uso mais extenso possível de suas possibilidades. É esse princípio de vida que o *Fausto* de Goethe expressa de forma eminente e, como parece, antecipa as potencialmente destrutivas consequências dessa empreitada que se destacam somente ao fim do século XX:

> E o que a toda humanidade é doado,
> Quero gozar no próprio eu, a fundo,
> Com a alma lhe colher o vil e o mais perfeito,
> Juntar-lhe a dor e o bem-estar no peito,
> E, destarte, ao seu Ser ampliar meu próprio Ser,
> E, com ela, afinal, também eu perecer.[82]

A duradoura efetividade cultural dessa concepção secularizada de felicidade e de tempo, e de sua fundamental *lógica escalar*, é o que Gerhard Schulze tentou demonstrar recentemente. Segundo seu diagnóstico, ela se coloca, na Modernidade Tardia, em direção a uma intensificação da multiplicação e do adensamento dos episódios de experiência por unidade de tempo:

> Duas técnicas voltadas a um suposto aumento da riqueza de experiências têm modificado nosso cotidiano, continuamente, nas últimas décadas: aumento e adensamento dos objetos vivenciados. O cálculo simples aponta: de quanto mais meios de experiência (canais de televisão, vestimentas, viagens de férias, parceiros etc.) nos apropriamos (multiplicação) e quanto mais nós os compri-

---

[82] Goethe, 1993b, p.54. Sobre a previdente interpretação de Goethe do âmago "velociférico" da era moderna, ver Osten, 2003, 2006.

mimos no tempo (adensamento), mais rica se torna nossa vida interior: aumento do ser via aumento do ter.[83]

Junto a esse pensamento do *esgotar de opções*, surge ainda, de maneira complementar e operando na mesma direção, o *ideal humanista de formação* [*Bildungsideal*], segundo o qual a boa vida consiste sobretudo em desenvolver, da forma mais abrangente possível, as aptidões e os potenciais inerentes a um sujeito.[84] Na medida em que a dissociação entre tempo do mundo e tempo da vida aparece, dessa perspectiva, como desproporção entre as quase inesgotáveis opções do mundo e o limitado número de realizações possíveis no interior de uma vida individual, o princípio da *aceleração* consiste, nessa ideia, em esgotar todas as possibilidades possíveis do mundo e do sujeito. Daí, o aumento do ritmo da vida resulta como consequência quase natural: *por se poder realizar mais possibilidades quanto mais rapidamente cada estação, episódio e acontecimento passar, a aceleração representa a mais prenhe das estratégias, a única na verdade, para reaproximar, tendencialmente, tempo do mundo e tempo da vida*. Quem vive duas vezes mais rápido pode concretizar o dobro de possibilidades terrenas, alcançar o dobro de objetivos, realizar o dobro de experiências e acumular o dobro de vivências; quem assim o faz dobra seu grau de consumação das opções terrenas.[85] Isso evidencia como

---

83 Schulze, 1997b, p.90, ver p.87; assim como 1997a e 2003.
84 Essa ideia, para permanecer em Goethe, encontra sua expressão literária clássica, por exemplo, em *Os anos de aprendizado de Wilhelm Meister* (embora seja no fim revogada de forma pessimista).
85 Que essa ideia abstrata de fato criou raízes nas concepções contemporâneas da (boa) conduta de vida fica evidente, a meu ver, sobretudo nas práticas e problemas temporais (bem documentados em estudos

a aceleração *técnica* e o aumento do *ritmo de vida* estão ligados por uma lógica cultural de *aumento quantitativo*, e como, também de uma perspectiva cultural, *crescimento* e *aceleração* se vinculam. Quem vive ainda mais rápido pode então, de certo modo, realizar uma série de ensaios de vida [*Lebenspensen*] em uma única vida, e explorar suas possibilidades de experiência – não é difícil enxergar aqui de que forma o horizonte de uma "vida eterna" é reconquistado através da imaginação de uma aceleração ilimitada. *Aquele que se torna infinitamente rápido não precisa mais temer a morte como o aniquilador de opções*; até a chegada da morte haverá uma quantidade infinita de "ensaios de vida".

É esse o nexo que faz do aumento do ritmo de vida uma resposta moderna à morte, e que empresta à ideia de aceleração aquele sobretom eudemonístico, expresso tanto no Futurismo

---

de uso do tempo) de diversas mulheres: movidas pelo desejo de levar tanto a vida de uma "boa" mãe quanto a de uma profissional de sucesso, muito embora ambos os projetos de vida sejam temporalmente muito exigentes, elas tentam, pela duplicação do ritmo de vida, como que levar duas vidas inteiras em uma – seja tentando dar conta de todas as exigências pertinentes feitas a uma mãe e todas as reivindicações legítimas do trabalho de forma *paralela* (o que, apesar de todo o aumento de velocidade, a colocará numa situação de urgência temporal contínua) ou *primeiro* seguir uma carreira profissional e depois levar a vida de dona de casa e mãe (ou o contrário; segundo me esclareceu recentemente uma bem-sucedida colega britânica a respeito de seu próprio ritmo de trabalho acelerado, é preciso, de fato, *trabalhar num ritmo fanático quando se inicia a carreira científica após se ter criado dois filhos*). É em certa medida a mesma situação de alguém que, após uma vida como consultor de empresas, começa outra como artista; ou um empresário experiente que resolve no tempo livre ser professor ou educador.

de Marinetti quanto na fascinação pela Fórmula 1 ou pelas propagandas da Modernidade Tardia – *"eu invisto em velocidade"*, *"all you need is speed!"*. A observação de Friedrich Ancillon aqui citada, segundo a qual na era moderna se busca a "vida real" no *movimento*, "e apenas nele", carrega em si aquela promessa de felicidade da aceleração que pode ser entendida, na organização econômica capitalista, como o segundo "motor" externo da dinâmica aceleratória moderna que impulsiona de modo algo exterior o círculo aceleratório. Seu ponto de partida são os modelos subjetivos e culturais de sentido, bem como as orientações de ação, o que significa que ela impulsiona o processo aceleratório através do desejo de aumentar o ritmo da vida e o número de episódios de ação e experiência por unidade de tempo, e, em vista desses objetivos, economizar tempo.

Dessa perspectiva, a organização econômica capitalista não aparece como *causa* da ideologia da aceleração, mas antes como seu *instrumento*. Heintel e Macho observam, nesse sentido: "Nosso sistema econômico pode ser avaliado como uma tentativa de compensação do desejo de dominar a fronteira absoluta da morte pelo preenchimento quantitativo do tempo."[86]

---

[86] Heintel; Macho, 1985, p.66. Da mesma forma, Castells (1996, p.452 ss.) diagnostica na cultura da "era da informação" a tentativa de, através da hiperaceleração que se manifesta na simultaneidade, se superar a morte (o que levaria a uma repressão cultural da morte) e a tentativa de se alcançar a *eternidade no período de uma vida*, enfatizando, porém, de forma explícita, que não haveria *nenhuma relação* entre essa ideia e a economia capitalista. Todavia ele ignora, na minha opinião, a ligação constitutiva, que surge do princípio aceleratório, entre essa economia e aquela cultura.

Entretanto, a ligação dessa dimensão à aceleração técnica e à mudança social, exposta no sétimo capítulo, produz consequências altamente desagradáveis e paradoxais, que tornam a concretização do programa aceleratório moderno num "trabalho de Sísifo", levando a "promessa de felicidade", implícita à aceleração, fatalmente ao fracasso. As mesmas invenções, técnicas e métodos que permitem a efetivação acelerada de possibilidades terrenas e, com isso, aumentam a soma total de opções *concretizadas* em uma vida, aumentam também o número e a variedade de opções *concretizáveis*, ou seja, o *tempo do mundo*, e, além disso, como já visto anteriormente, muitas vezes numa progressão exponencial.[87] Basta imaginar a imensa expansão de opções proporcionada pelas novas mídias, como a televisão a cabo[88] e, sobretudo, a internet, que não apenas acelera processos tradicionais de informação e comunicação, mas também inaugura campos de possibilidades de serviço, ofertas de diversão e formas de comunicação completamente novos – eles são apenas exemplos de como o "grau de perdas possíveis" [*Verpassensgrad*] aumenta de forma exponencial na sociedade moderna.

Também os desenvolvimentos multidimensionais resultantes da flexibilização, da des-regulação e da des-convencionalização sociais, bem como os progressos das ciências naturais, ampliam constantemente o número de possibilidades terrenas e de opções de escolha viáveis. Qualquer que seja a *escolha* de

---

87 Ver, sobre isso, Nowotny, 1993, p.139 ss.
88 Nos anos 1970, quem assistia a um canal de televisão estava perdendo naquele momento a programação de outros dois canais; hoje perdem-se potencialmente centenas de outros – o que gerou o costume do consumo acelerado de TV através do *zapping*.

um agente tardo-moderno, ela representará a *renúncia* a cada vez mais alternativas – e sua realização será mantida em aberto, de modo que o ator a desejará realizar num momento posterior, seguindo a lógica da "temporalização da complexidade", com a qual nos ocuparemos na próxima seção: *Se por agora não me convém ter filhos, talvez mais tarde; se devo realizar um curso profissionalizante após o ensino médio, talvez faça uma faculdade depois; se eu não puder ir à estreia, deixarei para ver o filme depois, em DVD etc.*

Para cada momento futuro, porém, o número de opções à disposição (ao menos em relação ao tempo médio de vida restante) não se reduz, mas sim continua a crescer – a temporalização da complexidade não elimina a obrigação aceleratória, ela a reforça. Opções indeferidas retornam e ainda sobrecarregam as decisões futuras.

A consequência disso é evidente: por mais que nos apressemos para aumentar nosso ritmo de vida, o *grau de exaurimento* – a proporção entre as possibilidades terrenas *realizadas* em uma vida e aquelas *realizáveis* – *diminui* continuamente, contrariando a promessa da aceleração. Por isso, a estratégia moderna de reajuste entre tempo do mundo e tempo da vida fracassa. Pois os *índices de aumento* (de opções) superam inevitavelmente os *índices de aceleração* – os recursos temporais, por sua vez já extremamente escassos, tornam-se constantemente mais rarefeitos. A *infinitude irracional do progresso*, de que fala Max Weber em relação à ciência, se transfere assim para a vida em absoluto: o sujeito (tardo-) moderno nunca chega a ponto de morrer "velho e satisfeito da vida", de ter reconciliado o tempo da vida com o tempo do mundo, como o camponês pré-moderno de Weber, inserido não no tempo linear progressivo de futuro aberto, mas sim no tempo cíclico de ritmos reiterantes de dia e noite, verão e inverno, juventude e velhice,[89] pois tudo que esse sujeito vivenciou se encontra há muito ultrapassado por novas possibilidades de vivência, acontecimento e experiência. Com isso descreve-se o lado *cultural* do fenômeno paradoxal do escasseamento de recursos temporais concomitante à aceleração técnica.[90] A espiral aceleratória é mantida, com isso, em curso numa velocidade como que duplicada.

---

89 "Abraão ou algum camponês dos velhos tempos morreu 'velho e satisfeito da vida', pois se encontrava no ciclo orgânico do viver; pois sua vida, segundo sua percepção, tinha-lhe dado, na noite de seus dias, o que ela podia; pois para ele não restara nenhum enigma que desejasse solucionar e ele, por isso, tivera o 'suficiente'. Um ser cultural, porém, inserido no incessante enriquecimento da civilização com pensamentos, conhecimento, problemas, pode chegar a se sentir 'cansado da vida', porém não saciado dela. Pois ele absorve apenas uma ínfima parte daquilo que a vida gera incessantemente e, ainda assim, apenas coisas efêmeras, nada de definitivo; por isso a morte é para ele um incidente irracional. E por ser a morte irracional, a vida cultural como tal também o é, já que, por seu 'progressismo' irracional, ela sela a morte com o signo da irracionalidade." Com essa observação sobre a "irracionalidade" do progresso científico, Weber (1988, p.594) formula, sem perceber, o fracasso do programa aceleratório como resposta à morte.

90 Bálint Balla (1978, p.26), ao afirmar que *escassez temporal* é um fenômeno universal, independente da cultura, já que existiria um constante "déficit entre o tempo para a satisfação de necessidades, para a concretização de objetivos almejados de um lado e de outro o tempo de fato disponível", ignora que uma interpretação de seu argumento segundo a teoria da aceleração revela o arraigamento da escassez temporal exatamente nos modelos culturais descritos. Através da aceleração de processos direcionados a um objetivo, é, a princípio, perfeitamente possível superar o problema da escassez temporal: o tempo necessário para a satisfação de necessidades e desejos existentes pode ser sucessivamente ajustado ao tempo disponível – a não ser que desejos e

## 3. A temporalização da complexidade: o motor socioestrutural

Não se pôde abarcar, de modo suficiente, no entanto, o aspecto socioestrutural da mudança das estruturas temporais na Modernidade, e através dela, com a lógica da economia moderna, tal qual elaborada na primeira parte deste capítulo. À primeira vista, pode parecer que minha identificação de três motores (ou lógicas) fundamentais da dinâmica aceleratória moderna possuiria um erro categorial grave: ao se analisar os desenvolvimentos estruturais e culturais de forma individual e comparando sua importância, o motor econômico não representaria um *componente* do motor estrutural e seria um equívoco apresentá-lo como um terceiro princípio propulsor autônomo? Um olhar mais apurado, todavia, revela rapidamente que, de fato, no caso desses dois momentos motrizes, que se dão, por um lado, no gerenciamento social na forma de diferenciação, e, por outro, em seu específico "código econômico operacional", trata-se de dois fatores de aceleração clara e analiticamente diferenciáveis (e empiricamente suficientes).

Um postulado da Sociologia do Tempo é que a natureza do tempo social, isto é, sua percepção e estruturação,[91] é defini-

---

necessidades se *multipliquem* num índice igual ou maior. A última alternativa levaria, naturalmente, a um *agravamento* do problema de escassez temporal *apesar* da satisfação acelerada de necessidades.
91 Utilizo o conceito de estrutura social aqui no sentido sugerido por Luhmann ou Durkheim das linhas de diferenciação social fundamentais; ou seja, não no sentido da análise da pesquisa de estrutura social, voltada para desigualdade, meio e posição sociais.

da pela respectiva forma da estrutura social.[92] A tarefa aqui é colocar em debate a questão sobre em que medida o princípio da *diferenciação funcional* – definido no Capítulo II.2.b como um princípio central do desenvolvimento das sociedades modernas – conduz ou obriga a uma aceleração dos processos sociais *a partir de si mesmo*, isto é, conforme sua lógica evolutiva própria. A independência analítica desse potencial motor de dinamização se evidencia no fato de que é possível imaginar, sem grande dificuldade, sociedades funcionalmente diferenciadas cujos (sub)sistemas econômicos *não* se orientam pela máxima da valorização do capital, mas sim pelo princípio da satisfação de necessidades (em si neutro com relação à velocidade), que não são, portanto, organizadas em relação ao capitalismo de mercado. Ao contrário, uma sociedade poderia produzir segundo o princípio de valorização do capital sem ser, primariamente, funcionalmente diferenciada, mas antes, por exemplo, dividida em estratos (ou voltada a um primado econômico, religioso ou político). O motor econômico e o motor socioestrutural, a ser agora investigado, não se deixam, portanto, reduzir-se um ao outro, nem derivar-se um do outro.

Pode-se compreender a diferenciação funcional, antes de tudo, como um mecanismo de aumento de velocidade de toda sorte de processos produtivos e desenvolvimentos, uma vez que, com ela, perspectivas externas ao sistema e inibições são eliminadas: descobertas científicas, inovações tecnológicas, produções econômicas etc., podem avançar num ritmo muito mais intenso quando são desoneradas de expectativas (religio-

---

92 Ver Capítulo I.1; sobre isso, também Bergmann, 1983, p.476 ss.

sas, políticas ou o que o valha) "externas". Através desse efeito aceleratório, o princípio da diferenciação representa, antes de mais nada, uma *reação* bem-sucedida à necessidade de aceleração e a problemas de escassez temporal. Para os indivíduos incluídos, simultaneamente, *parcial* e *multiplamente* nas diversas esferas funcionais, há a consequência de serem obrigados a definir, segundo um plano de horários sequenciado, quanto tempo querem passar em qual das esferas funcionalmente diferenciadas (trabalho, família, serviço voluntário, igreja etc.); o desenvolvimento de cadências e quadros de horário, como já vimos, é um correlato praticamente natural da diferenciação funcional.

Contudo, por sua vez, essa forma de diferenciação conduz também a um escasseamento do tempo, pois ela (e isso é um princípio fundamental da teoria dos sistemas) gera um enorme aumento de complexidade, e porque o aumento de complexidade, como Bergmann, em referência a Luhmann, ressalta, pode ser entendido como uma fonte essencial da escassez de tempo. "A sensação de escassez temporal surge da diferença entre a complexidade do mundo, o horizonte do possível e a capacidade de elaboração do sistema."[93] O aumento exponencial de alternativas e opções (de relação) e, com isso, de sistemáticos excedentes de possibilidade, não pode mais ser domado apenas por meio da aceleração (linear) do processamento sistêmico – esse é apenas o lado sistêmico-estrutural daquele problema cultural, identificado no segmento anterior, da crescente divergência, a despeito da aceleração, entre "tempo do mundo" e "tempo da vida" e, com isso, daquela ligação

---

93 Bergmann, 1983, p.483; ver Luhmann, 1990a, p.131.

interna, característica da Modernidade, entre aumento quantitativo e aceleração.[94] A diversificação das decisões possíveis [*Selektionsentscheidungen*] e a compulsão à sincronização apenas aumentam, segundo Luhmann, a *temporalização* da complexidade: possibilidades não efetivadas são "guardadas" para o futuro e sua possível atualização é mantida em aberto; opções a serem selecionadas são ordenadas, assim, ao longo de um eixo temporal projetado no futuro. "Apenas no futuro a orientação no interior da dimensão temporal pode alcançar um grau de complexidade que corresponda à complexidade estrutural do presente do sistema social."[95]

A temporalização da complexidade diz respeito, portanto, à tentativa de, pelo sequenciamento de decisões, "realizar, sucessivamente, mais relações do que seria possível fazê-lo simultaneamente" e "adiar escolhas, bem como utilizar o futuro presente como uma espécie de reservatório para decisões a serem realizadas mais tarde".[96] No entanto, o aumento da complexidade não termina no respectivo presente atual, e cada presente futuro será sobrecarregado pelo excedente de opções e pelas decisões adiadas no passado.[97]

---

94 Sobre essa interação em contextos de aumento de quantidades, ver ainda Luhmann, 1980, p.251.
95 Luhmann, 1991, p.124.
96 Luhmann, 1980, p.238 e 1990a, p.141; ver 1996, p.76 ss.; assim como Nassehi, 1993, p.199 ss.
97 Esse exemplo pode ser ilustrado pela forma de ação de conquistas que nos permitem postergar decisões, como o gravador de vídeo: quem não consegue se decidir entre dois programas diante da diversidade de canais de televisão e decide, então, assistir a um deles e gravar o outro, constatará em sua próxima "sessão televisiva" que seu dilema agora é a

*Aceleração*

Por isso, os sistemas sociais (sejam eles sistemas de interação, organizações ou sociedades), devido ao efeito de complexificação e temporalização da diferenciação funcional, acabam por colocar-se sob pressão aceleratória de duas formas. De forma *endógena*, a compulsão à aceleração surge do fato de que sistemas temporalizados são, como Luhmann enfatiza, "imanentemente instáveis" e só se estabilizam *dinamicamente*, isto é, são orientados a um processar ininterrupto e, para tanto, pressionados a propiciar a ligação ininterrupta de operações sistêmicas a novas operações, as quais executam *outras coisas*.

> A consequência disto é que sistemas temporalizados devem ser rápidos ("quentes"), devem reunir encerramento e capacidade de discriminação (auto-observação) [...] sob formas que sejam suficientes às exigências de velocidade [...]. Para sistemas com complexidade temporalizada, a reprodução se torna um problema de duração. Nessa teoria [de sistemas, H. R.] não se trata, como em teorias clássicas do equilíbrio, da retomada de uma condição estável após a absorção de perturbações, mas antes do asseguramento da contínua renovação dos elementos sistêmicos; ou, numa formulação concisa: de uma estabilidade não estática, mas dinâmica.[98]

De fato, o problema temporal da Modernidade, aqui soado através da dicção própria à teoria dos sistemas, pode ser fa-

---

escolha não apenas entre os canais atuais, mas ainda adicionalmente a favor ou contra o programa *gravado*. *Temporalização* da complexidade, nesse sentido, leva a um *crescimento* vertiginoso da complexidade.
98 Luhmann, 1996, p.79.

cilmente traduzido na perspectiva temporal que se estabelece em toda parte em que contextos de interação são diferenciados com certa medida de coerência autopoiética: da "perspectiva interna" de tal contexto fica claro que a todo momento decisões são adiadas e operações devem ser planejadas para o futuro, e que conectividade [*Anschlussfähigkeit*] é algo a ser constantemente organizado. Tais coerções sistêmicas da ação e a escassez temporal daí resultante inevitavelmente são transferidas aos atores. Luhmann formula isto da seguinte forma: "Um sistema assim comandado [...] interfere em seu meio e, ali, forma pessoas e coisas de tal maneira que sejam a ele integradas e possam funcionar segundo seus impulsos de comando. Com isso [...] a temporalização da complexidade é deslocada do interior para o exterior, englobando a forma de conduta de vida das pessoas e o tempo de validade das coisas [...]."[99] Essa interferência pode ser facilmente ilustrada, por exemplo, por um ator que é, ao mesmo tempo, pai de família, professor universitário e membro de uma iniciativa civil. Uma vez que participe ativamente na vida familiar, a universidade e a iniciativa lhe parecerão um "ambiente perturbador", o qual diminui a "velocidade operacional" desejável da família. O sistema-família será sempre forçado à pausa, a realização de suas opções e a produção de sua conectividade será sempre obstaculizada, bem como entrará quase em suspensão – a tia não será convidada, a bicicleta do filho não será consertada, a festa de aniversário da filha será adiada etc. – quando o ator operar em outros contextos (a universidade ou a iniciativa civil). Uma vez que sistemas sociais "autopoiéticos" são projetados para alcan-

---

[99] Luhmann, 1980, p.255; ver 1990b, p.114.

çar e manter um "ritmo normal ou, em casos-limite, suportável de sequência de acontecimentos", de forma que "o tempo livre seja eliminado [...] e as sequências concatenadas",[100] praticamente cada minuto despendido pelo ator em outros contextos de interação parece irremediavelmente perdido, pois o tempo que não é utilizado para a execução de "operações sistêmicas" é, sob condições da escassez temporal, tempo perdido. Da perspectiva sistêmica, ações voltadas à conexão dos acontecimentos sistêmicos [*Anschlusshandlungen*] são desde sempre necessárias e esperadas; elas são continuamente adiadas através dos "tempos vazios" no sistema, durante os quais os atores mantêm-se fazendo outras coisas no ambiente sistêmico [*Systemumwelt*]. A temporalização da complexidade gera, portanto, segundo Luhmann, uma compulsão fundamental à ação: "O problema temporal é passado do campo da vivência para o campo da ação, e o tempo compele as pessoas não mais apenas exteriormente, mas interiormente. Ele as força a serem ativas", nota Luhmann, e cita, em concordância, Karl E. Weick: "'Ação caótica é preferível a inação ordenada', [...] não agir é tempo perdido, uma mera duração do presente sem realidade".[101]

Da perspectiva interna dos outros dois contextos sistêmicos aqui escolhidos, a situação apresenta-se, evidentemente, como numa imagem espelhada: se a iniciativa civil não planeja e executa novas atividades numa sequência incessante, ela corre um grave risco de se extinguir como contexto interacional; também aqui as pausas se tornam um problema. Por outro lado, quando o referido ator retorna ao seu posto de trabalho, sobrecarre-

---

100 Luhmann, 1990b, p.117 e 126.
101 Luhmann, 1980, p.279.

gado com inúmeras tarefas, é como se o tempo passado com a família e com a iniciativa civil foi "desperdiçado", são *eles* que representam, agora, ambiente perturbador e inibidor. Ele deverá constatar que, de fato, mesmo seu trabalho universitário se diferencia em setores orientados a um semelhante "encerramento das cadeias de acontecimento, e que são marcados pela escassez temporal decorrente do contínuo crescimento de complexidade: uma vez na sala de aula, parecerá a ele incompreensível o motivo por não ter preparado melhor a lição, por não ter lido o texto mais profundamente, por não ter elaborado melhor sua concepção didática ou feito os *slides* com mais clareza. O livro que ele está por escrever, digamos, uma *teoria da aceleração social*, foi agora substituído pelo perturbador "ambiente da aula" – perturbador porque raptor de tempo.

Um vez terminada a aula e começado o encontro do projeto de pesquisa por ele dirigido, sobre as motivações do engajamento civil, as perspectivas de tempo novamente se deslocam: por que ele, desde ontem, não leu as entrevistas, não escreveu o novo guia de atividades, não ligou para o membro do projeto que está doente? Finalmente, ao voltar para seu livro, talvez ele consiga realmente se esquecer dos ambientes agora perturbadores...[102]

---

[102] Essa transmissão da escassez temporal da perspectiva sistêmica interna para os atores sociais ativos é, do ponto de vista da teoria dos sistemas, plena de pré-requisitos, uma vez que sistemas de consciência ou "psíquicos", que, segundo esse princípio teórico, se tornam *pessoas* apenas através da inclusão do próprio eu e do outro, não estão acoplados de maneira operativa com o acontecimento comunicativo em sistemas sociais. Que o tempo se torne escasso em sistemas sociais implica antes muito indiretamente que ele também se torne escasso

*Aceleração*

A essa pressão aceleratória, gerada de forma endógena e intrassistêmica, soma-se, devido às condições estruturais de sociedades funcionalmente diferenciadas, um outro fator aceleratório *exógeno*, o qual faz da aceleração, em tais sistemas, uma

---

para atores sociais individuais. Sendo assim, como é possível reconstruir o mecanismo de transferência segundo a teoria dos sistemas? Armin Nassehi mostra o caminho. Em *Zeit der Gesellschaft* [Tempo da sociedade] (1993, p.175), ele primeiramente prova que o acoplamento *estrutural* entre sistemas psíquicos e sistemas sociais representa, afinal, um acoplamento *temporal*, que é, por sua vez, de natureza temporária, ou seja, um sistema psíquico e um sistema social operam no modo de simultaneidade quando e enquanto o primeiro se adaptar ao contexto social, isto é, enquanto ele estiver, digamos, "sintonizado". ("Sistemas acoplados estruturalmente convergem, por fim, apenas através da simultaneidade recíproca entre o sistema e seu meio, porém dão aos acontecimentos simultâneos diferentes seletividades e conexões.") No entanto, uma vez que sistemas psíquicos têm a todo momento a chance de se "dessintonizar", de seguir outras *seletividades e conexões*, essa forma de acoplamento temporal ainda não basta para embasar o efeito aceleratório da diferenciação funcional sobre *pessoas*. Este se torna inevitável somente pela necessidade funcional recíproca de *coordenar* e *sincronizar* sistemas históricos, individuais e sociais. Isso se dá, segundo Nassehi, com ajuda de *estruturas processuais* que tornam previsível o decorrer de ações e cadeias de acontecimentos, acoplando temporalmente sistemas psíquicos e sociais. "Estruturas processuais estão em condições de efetuar a sincronização entre sociedade e consciência de forma a tratar indivíduos como destinatários de comunicação [...]. Não apenas na dimensão social, mas também na dimensão temporal é possível encontrar consciências sob a forma de pessoas que, através da experienciação de comunicação, sabem não apenas *o que* é esperado delas, mas também *quando* isso ocorre" (ibid., p.353, nota 111). Especialmente onde a continuação de operações sistêmicas está ligada à atividade de pessoas individualmente, estas são também levadas à pressão temporal como consequência do escasseamento temporal sistêmico por meio da temporalização da complexidade.

"forma racional da experiência temporal".[103] Como Luhmann não se cansa de enfatizar, o *futuro* serve, da forma descrita, como *horizonte de expectativa* para a administração dos excedentes de possibilidade e o adiamento da tomada de decisões. Sociedades funcionalmente diferenciadas tendem, no entanto, como vimos, inevitavelmente a tornar esse horizonte de expectativa cada vez mais instável e, com isso, a tornar o futuro "cada vez mais curto". Isso é um efeito colateral inevitável do aumento endógeno do ritmo de processamento de cada sistema sobre o *ambiente sistêmico*. "Em suma, todos os subsistemas funcionais estimulam uns aos outros e as comunicações [como as próprias operações sistêmicas, na perspectiva da teoria dos sistemas, H. R.] tendem a provocar mais e mais comunicações", resume Jean Sebastian Guy essa interação que se impõe a si mesma uma lógica escalar.[104] A diferenciação funcional, segundo seu argumento, multiplica a aceleração da mudança social, pois cada operação sistêmica se apresenta como acontecimento em *outro* ambiente sistêmico. Por força do ritmo veloz dessas condições ambientais autocambiantes, os sistemas sociais são obrigados a reavaliar seus horizontes de expectativa (e seus respectivos horizontes de experiência projetados no passado) em espaços de tempo cada vez mais curtos, bem como constantemente precisar refinar seus esforços de sincronização. O adiamento de decisões se torna, assim, cada vez mais arriscado: "Nenhum ponto temporal presente pode se fiar em algum outro ponto

---

103 Rammstedt, 1975, p.50 e 55 ss.; ver ainda Nassehi, 1993, p.194 e 376.
104 Guy, 2002, p.4.

temporal, pois a estrutura social começa ela mesma a se modalizar. Por meio de um vínculo expectacional, as estáveis estruturas das sociedades passadas podiam antecipar, sem grandes desapontamentos, o presente futuro, de modo que se edificavam sobre a continuidade da tradição [...]. Na Modernidade, ao contrário, a autodescrição da sociedade deve ser restabelecida. Cada vez mais é preciso ter em conta que as expectativas estruturais frequentemente não serão previsíveis".[105] Mais uma vez, isto diz respeito a um correlato sistêmico-estrutural daquela experiência, apresentada "fenomenologicamente" no quinto capítulo, dos "declives escorregadios" e do postulado da *contração do presente* e, com isto, da *aceleração da mudança social*.[106] A rápida mudança do ambiente sistêmico (observada a partir de cada sistema) implica a transformação acelerada das condições seletivas e dos horizontes de expectativa, e força cada sistema diferenciado, portanto, a aumentar sua velocidade de operação pelo "lado de fora".

Para fazer uso de nosso exemplo: o tempo para a elaboração dos projetos de pesquisa, o tempo para a reação das iniciativas civis e os prazos para concluir aquelas tarefas familiares que estão no aguardo parecem encurtar-se continuamente; as respectivas atividades assumem o caráter do *inadiável, caso contrário perdido* [*Hinfällig*]. No plano dos subsistemas sociais, setores como a política e a legislatura, por exemplo, bem como o sis-

---

[105] Nassehi, 1993, p.376, ver p.322 ss.; ver ainda Luhmann, 1980, p.296 ss.
[106] O próprio Luhmann aponta sempre para esse efeito do encurtamento do presente como consequência da elevada temporalização da complexidade; ver, por exemplo, 1980, p.296 ou 242 ss., ou 1990a, p.119 ss.; ver ainda Nassehi, 1993, p.342.

tema educacional, são pressionados a acompanhar o ritmo de mudanças provocadas pela economia e pelo desenvolvimento tecnológico (e vice-versa), enquanto no plano organizacional empresas são obrigadas não apenas a reagir às diretrizes de mercados financeiros voláteis, como também a antecipá-las.[107]

Uma vez que o tempo dos sistemas sociais se torna escasso com isso, por motivos simultaneamente endógenos e exógenos, e a aceleração das operações se torna uma condição de reprodução, o fato de, sobretudo no nível organizacional e dos contextos interativos, os sistemas tenderem cada vez mais intensamente a extrapolar suas "janelas temporais" socialmente definidas e a empurrar todos os processos a uma perpetuação, representa uma consequência tanto "natural" quanto grave dos processos de diferenciação altamente desenvolvidos. O ímpe-

---

107 O próprio Luhmann deixa poucas dúvidas a respeito desse (duplo) efeito acelerátorio da diferenciação funcional (ver 1980, p.239, 288 ou 296, ou ainda Luhmann, 1990a), mas considera a sensação, associada a isto (e confirmada por ele próprio), de "aumento de velocidade, encurtamento do presente, [...] mobilidade até mesmo daquilo que é constante e de seus semelhantes" como consequência de uma *semântica obsoleta* que estaria vinculada a um anacrônico *conceito de mobilidade* do tempo, não mais adequado à complexidade estrutural atual. Entretanto, ele não se encontra em condições de fornecer uma descrição adequada desse fenômeno por meio de *outros* conceitos (Luhmann, 1980, p.296). Sua suposição de que "muito estresse e pressa" poderiam ser, portanto, apenas "consequências de um desequilíbrio entre estrutura e semântica" (ibid.) é, diante do pano de fundo de sua própria teoria da temporalização da complexidade, altamente implausível, pois esta coloca o escasseamento do tempo como consequência necessária do modo operacional de sistemas funcionalmente autonomizados.

to ao "encerramento de sequências" e à eliminação de espaços vazios conduz, *por um lado*, ao desaparecimento de padrões e ritmos temporais coletivos em favor da perpetuação da "sociedade *non-stop*",[108] na qual processos sistêmicos tendem a acontecer ao longo das voltas do relógio: na internet, produtos continuam, incessantemente, a ser desenvolvidos, transações financeiras a ser efetuadas, ofertas de educação continuada a ser requeridas etc., de forma que a *world wide web* gera a impressão de que *tudo se passa, em toda parte, simultaneamente*. No entanto, também do lado de fora da rede, as tendências ubíquas de perpetuação de horários de disponibilidade, operação e acessibilidade – por exemplo, o prolongamento de horários de produção e atendimento, a oferta de cultos religiosos em diversos horários, a alocação de reuniões de trabalho nos fins de semana, a distribuição de eventos esportivos, ao contrário, ao longo da semana, a eliminação do tempo livre de anúncios comerciais da programação televisiva – mostram o poder desse processo de des-diferenciação.

*Por outro lado*, esse desenvolvimento em direção à perpetuação do processar sistêmico tem como consequência, para os atores, o fato de os sistemas sociais, bem como as organizações e instituições, tornarem-se "vorazes" (*Coser*):[109] eles não se contentam

---

108 Ver, por exemplo, Adam; Geißler; Held, 1998.
109 Ver, sobre isso, a instrutiva análise de Lewis A. Coser (1974) "de instituições vorazes". Coser, porém, ainda parte do pressuposto de que uma diferenciação funcional clara combateria o princípio das "organizações vorazes", voltado para a "apropriação total". A filiação simultânea a diversas organizações sobrepostas ofereceria proteção contra a ameaça da perda de autonomia advinda da apropriação "voraz" (ibid., p.21). Essa vinculação múltipla, segundo o argumento de Coser, im-

mais com as janelas temporais a eles socialmente atribuídas, mas requerem, tendencialmente, a atenção integral e os recursos totais dos sujeitos. Pelo fato de que, da perspectiva interna

> pediria que as ambições das organizações com relação a recursos dos indivíduos se tornassem um todo ao basear-se em diretrizes e limitações coletivas obrigatórias normativas e jurídicas das ambições conflitantes, permitindo assim uma "inclusão sequencial" relativamente pacífica. "Por conseguinte [...] a quantidade de tempo que um indivíduo deve legitimamente a seu empregador é estabelecida normativa e até legalmente; isso lhe permite ter tempo para sua família ou para outras associações não ocupacionais. De forma similar, sociedades democráticas limitam as áreas nas quais as reivindicações do Estado para com o cidadão são consideradas legítimas. [...] Sociedades modernas não totalitárias tipicamente resolvem a questão [...] de reivindicações conflitantes de indivíduos através de um acordo estrutural no qual esses indivíduos, longe de estarem completamente imersos em um subsistema particular, estão de fato engajados segmentalmente em uma variedade de círculos sociais, dos quais nenhum deveria exigir lealdade exclusiva [...] Suas relações multifacetadas com uma pluralidade de parceiros-temáticos [...] tende a não apresentar dilemas insolúveis [...] enquanto [...] *todos os indivíduos concordarem em controlar apenas um segmento [...] da personalidade. Colocando de forma um pouco diferente, a estrutura segmental da sociedade é viável na medida em que padrões concomitantes de prioridades normativas determinam as reivindicações de lealdade de tal maneira que apenas pequenas escolhas tenham que ser feitas pelos indivíduos concernidos*" (Coser, 1974, p.2, grifos meus, H. R.). No entanto, no início do século XXI, segundo a hipótese aqui desenvolvida, as próprias organizações diferenciadas de forma "segmentária" se tornam "vorazes", rompendo suas fronteiras de alcance (específico de tempo, espaço e recursos) por meio de *processos de libertação e subjetivação*; as limitações obrigatórias normativas e jurídicas entram em processo de erosão – com consequências, como ainda será mostrado, possivelmente ainda mais graves para a capacidade de autonomia individual (e coletiva). Os indivíduos não se veem mais confrontados com apenas uma, mas sim com várias organizações "vorazes" (ver, também sobre essa tendência, Bennis; Slater, 1968).

de cada sistema e contexto interacional, todas as outras atividades representarem apenas atrasos importunos e lacunas temporais elimináveis, o acesso de sistemas altamente temporalizados sobre os atores sociais se torna, tendencialmente, totalitário. Estes últimos se veem sempre sob a pressão de defender seus recursos temporais de novas demandas, e se movem constantemente, como diria Luhmann, em um *campo magnético de demandas sociais*.[110] O fato de organizações e instituições se tornarem "vorazes" e levantarem reivindicações temporais, por assim dizer, "totais", impondo exigências temporais quase "totais" configura, assim – ao lado da explicação *econômica* e *cultural* –, o terceiro fator decisivo em função do qual pessoas relatam o sentimento, em grande proporção nas sociedades funcionalmente diferenciadas, de estarem "sob frenesi" e de não terem mais "tempo suficiente" para qualquer atividade. Mesmo que um ator investisse todas as 24 horas de seu dia em *uma* das esferas funcionais, seus recursos temporais não seriam suficientes para o cumprimento das tarefas aí geradas: há sempre ainda mais tarefas a se cumprir, se não razoáveis, necessárias – e sempre inadiáveis –, o que inevitavelmente gera o desejo de desistir das outras esferas de atividade que não estão sendo realizadas no momento.[111]

---

[110] Com relação ao nosso exemplo, isso significa: as reivindicações (justificadas) da família ficam em segundo plano em relação à profissão e à iniciativa civil; as exigências (justificadas) da profissão são relegadas a um segundo plano em favor da família e do engajamento voluntário; a sobrecarga advinda do comprometimento familiar e profissional cobra seu preço ante as condições necessárias para a sobrevivência da iniciativa civil etc.

[111] Ver Bennis; Slater, 1968, p.93.

Porém, mesmo onde os atores ainda tentam equilibrar os diferentes contextos interativos nos quais participam, veem-se obrigados, como consequência da "derrubada das fronteiras temporais" das operações sistêmicas, a derrubar também as fronteiras de suas cadências e ritmos, com os quais cumprem suas funções: como tentei mostrar no Capítulo VIII.1, o trabalho tendencialmente *nunca* acaba, ele será de novo levado para casa e, mais uma vez, realizado no fim de semana, e, para tal, os interesses familiares serão entremeados no tempo de trabalho. Tal tendência vale, de modo semelhante, para a iniciativa civil. Pelo fato de o engajamento em cada uma das esferas funcionais, devido aos "declives escorregadios" que ocorrem em todas as perspectivas sistêmicas, não ser mais temporalmente delimitável, o padrão temporal do futuro é o do "jogador" flexível, que decide *o que, quando* e *por quanto tempo* de acordo com a situação dada, como argumentam Hörning, Ahrens e Gerhard em seu estudo sobre a temporalidade e os estilos de vida tardo-modernos, e como atestam análises de vários estudos sobre alocação temporal.[112] Este é o fundamento sócio-estrutural da tardo-moderna "derrubada de barreiras" entre trabalho, tempo livre e "vida", que demanda e possibilita, em grande medida, a *soberania temporal* dos indivíduos. A obsolescência do relógio de ponto reside não apenas nas exigências tardo-modernas do capitalismo; mais do que isso, ele se torna inadequado, na Mo-

---

[112] Hörning; Ahrens; Gerhard, 1997. Ver, por exemplo, Garhammer, 1999, p.157 ss., 411 ss. e 463 ss.; Robinson; Godbey, 1999, p.286 ss., ou Benthaus-Apel, 1995; ver, sobre isso, ainda Sennett, 1998; Eriksen, 2001.

dernidade Tardia, enquanto instrumento de sequenciamento. Entretanto, também aqui é necessário observar que se trata, com isso, apenas de uma *tendência* de futuro; de forma alguma deve se afirmar que a ordem temporal das sociedades atuais tenha sido contemplada, com isso, de forma abrangente. O argumento defendido é que a lógica da diferenciação funcional, inerente ao aumento da complexidade e vinculada à aceleração das cadeias processuais e, sobretudo, à aceleração da mudança social, conduz a uma regressão da diferenciação temporal. Isto se revela parte daquela forma dialética do movimento aceleratório tão característico da Modernidade: a diferenciação espacial e temporal das esferas funcionais, que iniciou uma aceleração de processos sociais inédita nos primórdios da Modernidade e ao longo da Modernidade Clássica, constitui, na Modernidade Tardia, um obstáculo cada vez maior para o prosseguimento e permanência sistêmica da aceleração, e se vê sob pressão erosiva.[113]

As transformações nos padrões de identidade e nas formas de autorrelação subjetiva, que se relacionam a esse fenômeno, deverão ser abordadas apenas no Capítulo XI. Pode-se afirmar aqui, no entanto, que planos horários, diários, anuais ou de vida, pertencem *estruturalmente* ao passado; eles se tornam insustentáveis ante a derrubada de fronteiras entre sistemas altamente diferenciados, sobretudo onde a manutenção dos processos sistêmicos depende do engajamento dos atores in-

---

113 A respeito desse modelo da formação dialética e erosão dos padrões institucionais caraterísticos da Modernidade no processo de desenvolvimento de suas forças aceleratórias, ver Capítulo IX, esp. Figura 11.

dividuais, isto é, quando os sujeitos, no exercício de sua função, não podem se substituir no prosseguimento ininterrupto das operações. Segundo a conclusão de Hörning, Ahrens e Gerhard, administração temporal e planejamento precisos se revelam, como instrumentos de alocação temporal, impróprios e anacrônicos: eles eram (e são) adequados apenas onde a diferenciação funcional não conduziu a uma desdiferenciação temporal (e espacial), e são hoje substituídos, típica-idealmente, por arranjos temporais flexíveis que operam como oscilações microtemporais (comparável ao processamento de uma calculadora digital) entre as exigências das diferentes esferas de função, trabalhando todas como um empreendimento *non-stop*. Para insistir uma última vez no exemplo escolhido: o civicamente engajado professor universitário e pai de família transita, na Modernidade Tardia, ininterruptamente, em ritmo e intervalos irregulares, entre os contextos interacionais da família, da universidade e da iniciativa civil. Ele não lhes atribui mais intervalos temporais fixos, independentes das tarefas pendentes (e, portanto, *aliviados* das exigências provenientes de outras esferas); começa, antes, a sequenciar suas ações *no próprio tempo*, o que Hörning, Ahrens e Gerhard definem, em consonância com Nassehi ou ainda Sandbothe, como *temporalização do tempo*. "O imenso potencial transformacional torna o fixar-se problemático. As diferenças do passado, assim como do futuro, tornam-se cada vez mais profundas. Em face desse 'tempo de permanente transformação', cada orientação de duração deve ser continuamente redefinida e justificada. Cada constante, cada continuidade, cada permanência deve ser laboriosamente produzida. Se só podemos ter certeza de que expectativas poderão ser frustradas, precisamos adotar a concepção de que *só é possível dispor sobre o tempo no tempo*.".[114]

A *fragmentação* da prática temporal tardo-moderna, observada no sexto capítulo em conexão aos estudos de alocação temporal, bem como a tendência ao *multitasking* se apresentam, assim, como *consequências estruturais* da sociedade funcionalmente diferenciada que *"ficou velha"*; elas são uma consequência do impulso sistêmico ao "encerramento das cadeias sequenciais" e à sua perduração. Técnicas modernas, como o sistema de *e-mail*, *possibilitam* uma nova qualidade de operação sistêmica perenizada e de oscilação microtemporal entre áreas funcionais, porém não as *causam*.

Coloca-se a questão, no plano dos sistemas sociais, acerca da manutenção de sua capacidade de sincronização, bem como acerca das possíveis consequências de fenômenos de dessincronização: se estiver correta a suposição de que sistemas funcionalmente diferenciados tendem a acelerar suas cadeias de processos apenas por razões endógenas, então é bem provável que seja justificada a suspeita de que eles possuem diferentes graus de capacidade para tanto, que os "tempos próprios" dos sistemas permitiriam diferentes velocidades, e que, assim, os subsistemas mais lentos chegariam ao seu limite aceleratório, com consequências potencialmente disfuncionais para o sistema como um todo, ao tentar manter o passo com as transformações que ocorrem em seu ambiente sistêmico. No Capítulo XII empreenderei a tentativa de interpretar a *perda de autodeter-*

---

114 Höning; Ahrens; Gerhard, 1997, p.168, grifos meus, H. R., ver p.179; Nassehi, 1993; Sandbothe, 1997, 1998; ver ainda o conceito de "temporalização" de Luhmann (1997, v.2, p.997 ss.).

*minação* política, observável na sociedade tardo-moderna, como consequência de uma tal dessincronização entre subsistemas sociais, que surge especialmente do descompasso entre os índices de inovação econômico-científico-técnicos e a capacidade de elaboração política.[115]

Pode-se concluir neste ponto, resumidamente, que a busca por *causas* da moderna dinâmica aceleratória para além da lógica do *círculo aceleratório* autopropulsor, elaborada no sétimo capítulo, levou a outras três forças motrizes "externas", cuja atuação conjunta e complementar depende de uma série de pré-condições e pode explicar a relação escalar, tão fundamental na Modernidade, entre crescimento e aceleração. Essa relação se revela, *estruturalmente*, como ligação entre aumento e temporalização da complexidade, *culturalmente*, como consequência de uma imagem de mundo na qual a aceleração se torna, enquanto substituto secular da ideia de eternidade, uma estratégia para o reajuste entre tempo do mundo e tempo da vida, e, *economicamente*, como resultado da lógica de valorização do capital (ver Figura 10). Cada um desses três princípios propulsores pode ser relacionado, de forma primária, a uma das três dimensões aceleratórias, ainda que cada "motor", naturalmente, em função do modo de funcionamento do círculo aceleratório, impulsione a espiral aceleratória também como um todo: a lógica econômica atua como acelerador primário para a *aceleração técnica*, a lógica escalar da cultura impulsiona a *aceleração do ritmo da*

---

115 Minha orientação para tanto é antes Schimank (2000, ver esp. p.274) que Luhmann, supondo que a diferenciação funcional e ambições de controle (estrutural) sejam igualmente fundamentais para o arranjo estrutural e cultural da Modernidade.

*vida*, e o princípio estrutural da diferenciação funcional *acelera a mudança social* de forma historicamente inédita. Na última parte desta análise causal restará a questão a respeito das condições institucionais que possibilitaram e conduziram, historicamente, o desenvolvimento desse arranjo aceleratório-escalar.

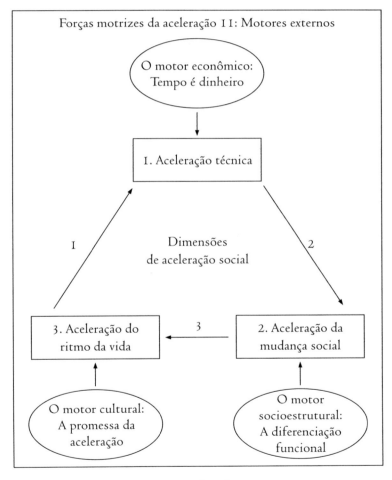

Figura 10 – Forças motrizes externas da aceleração

# IX
## *Poder, guerra e velocidade: Estado e Exército como aceleradores institucionais fundamentais*

A conexão dinâmica e o desenvolvimento dialético que se estabelecem entre aceleração e crescimento trabalhados no capítulo anterior, e que, segundo o argumento central desta investigação, caracterizam a essência da Modernidade e a lógica da modernização, se constituíram a princípio, indubitavelmente, à sombra do surgimento do Estado territorial moderno e do aparato militar a seu serviço. Diversas condições institucionais básicas da aceleração social e inúmeras inovações materiais aceleratórias não teriam se tornado possíveis sem as modernas instituições e iniciativas militares e estatais, devendo até mesmo ser a elas diretamente atribuídas. *Estado* e *Exército* representam, como convincentemente demonstram trabalhos que tematizam a aceleração no campo da ciência política, tais quais os de Paul Virilio, William Scheuerman, Charles Tilly ou Matthias Eberling, e mais ainda os de Anthony Giddens e Herfried Münkler,[1]

---

[1] Ver esp. Virilio, 1980; Scheuerman, 2003, 2004; Tilly, 1990; Eberling, 1996; Giddens, 1987b, 1995a, 1995b, p.182 ss.; assim como Münkler, 2006.

fatores aceleratórios cardinais, extremamente influentes de um ponto de vista histórico, que desempenharam uma decisiva função "maiêutica" para o nascimento da dinâmica escalar da era moderna e suas correspondentes *práticas temporais*. Entretanto, como quero mostrar no que se segue, eles parecem compartilhar do destino, já elaborado numa outra situação, de todas aquelas "instituições clássico-modernas" que, na Modernidade Tardia, correm o risco de serem erodidas pelas forças aceleratórias que elas mesmas puseram em movimento, pois passaram, em sua funcionalidade, de *aceleradoras* a *freios*, ou *obstáculos à velocidade*.

Até chegar a esse ponto, no entanto, houve um longo caminho histórico, em cujo percurso a estática social dos antigos Estados tradicionais foi substituída em todos os âmbitos, por meio da dinamização, pelo moderno Estado territorial.[2] A *aceleração* de processos e transações sociais foi uma consequência da *uniformização* das condições de ação e de desenvolvimento no moderno Estado territorial. A instituição de línguas nacionais, moedas, zonas de horário, sistemas de educação, condições legais, sistemas de administração, cargas tributárias, infraestruturas e órgãos administrativos centralizados se revelou, sobretudo através da abolição de barreiras internas de tradução e transações, um tremendo acelerador de desenvolvimento e circulação. Por meio da ampliação sistemática da infraestrutura e do estabelecimento da segurança jurídica e comercial, além da conquista do monopólio da violência (e da tributação), no âmbito interno, e do oferecimento de uma proteção relativa-

---

2 Ver Giddens, 1995b, p.75 ss.

mente confiável no âmbito externo, o Estado nacional criou as condições para o planejamento seguro e para a previsibilidade a longo prazo, que assim possibilitaram a aceleração do desenvolvimento técnico-científico e econômico-industrial.[3]

O direito moderno permitiu, com isso – diferentemente do direito consuetudinário tradicional ou de concepções estáticas de direito natural –, também uma adaptação dinâmica às autocambiantes necessidades,[4] assim como as democracias políticas constituídas autonomamente se mostraram mais capazes de adaptação e reação que as monarquias tradicionais. Ao mesmo tempo, o Estado moderno criou para si, em seu sistema de administração burocrático, uma instrumentária de decisões e implementação destas altamente eficiente, muito superior a qualquer sistema mais antigo em velocidade e confiabilidade, especialmente com relação à aquisição e emprego de recursos (sobretudo de impostos) e de informações.[5] Com ajuda dele, os Estados territoriais modernos bem-sucedidos alcançaram,

---

[3] Ver, sobre isso, o Capítulo III.4.

[4] *Neste ponto*, estou totalmente de acordo com as observações de Scheuerman (2003, p.43) a respeito de minhas considerações.

[5] Max Weber (1972, p.562) já celebrava a burocracia moderna como a forma de administração mais rápida, mais eficiente e, exatamente por isso, inescapável. Em vinculação a isso, Scheuerman (2003, p.45) resume a eficiência temporal do processo de decisão burocrático: "No modelo clássico, a atividade administrativa é [...] um instrumento eficiente de economia de tempo, uma vez que ela minimiza a necessidade de consumo de tempo durante a aplicação de uma diretriz. Oficiais administrativos não precisam se engajar em debates ambiciosos ou se preocupar em chegar a um acordo com relação aos objetivos da diretriz, já que outros já o fizeram. Eles idealmente nada mais fazem que aplicar regras gerais em vigor e, como 'máquinas', deveriam 'emitir

por via da *regulação* estatal e burocrática e do *direcionamento* político dos processos sociais, uma inaudita aceleração do desenvolvimento técnico-econômico e social.

A concorrência, sobretudo entre Estados europeus, na luta pela expansão territorial e pela conquista e desenvolvimento de colônias cada vez mais distantes, representou, por longo tempo, uma das principais causas da aceleração técnica das redes de transporte e comunicação: os Estados nacionais foram obrigados a investir massivamente em tais tecnologias por meio de programas militares e civis para não ser ultrapassados na competição por recursos, mercados consumidores e territórios.[6] *A modernização pode ser entendida, dessa perspectiva, como programa aceleratório estatal centralizado, impulsionado por nada menos que a aspiração política de acúmulo e manutenção de poder em um sistema de Estados territoriais concorrentes formado após a Paz de Vestfália.*

Evidentemente, soberania e velocidade não estão ligadas intimamente apenas desde a Modernidade: poder político é, como Virilio tenta mostrar, uma forma de *poder de movimento*, que permite a dominação do espaço por meio da velocidade superior, de forma que soberania significa sempre a *soberania do mais rápido* – e do *mais flexível*, que dispõe livremente de estratégias de aceleração e desaceleração.[7] Esse princípio, na verdade

---

um veredito' de maneira adequada em qualquer questão particular em pauta 'lendo mecanicamente os motivos de parágrafos codificados'".

6 Ver, mais precisamente sobre isso, Held et al., 1999, p.39 ss. e 58 ss.; Münkler, 2006, parte IV, p.21; assim como Virilio, 1998b, p.22.

7 "A velocidade sempre foi a vantagem e privilégio do caçador e do guerreiro. Corrida e perseguição são o coração de todo combate. Há, assim, uma hierarquia de velocidades que pode ser encontrada na his-

*Aceleração*

trans-histórico, ganha uma nova significação ao longo da formação da era moderna, pois a forma e o alcance do "distanciamento entre tempo e espaço" no plano político (Giddens),[8] isto é, a capacidade de intervir por cima de limites espaciais e temporais, no presente imediato, se modificam fundamentalmente. Scheuerman conclui com precisão:

> O Estado-nação moderno triunfou sobre uma série de modos de organização política concorrentes (impérios, cidades-Estado, livre-associações de cidades-Estado) em parte por sua superioridade na manipulação da velocidade. A competição por controle de territórios e populações, tão essencial para o sucesso político em um contexto internacional perigoso, constituiu por muito tempo uma fonte essencial de aceleração social. Tecnologias e formas de organização social de alta velocidade são ferramentas indispensáveis na batalha por territórios e população.[9]

Isso fica claro também, e especialmente, no âmbito militar: o domínio do espaço não tem mais por objetivo apenas a ocupação e controle de importantes pontos estratégicos – como

---

tória das sociedades, pois, para se tomar posse da terra e defender terrenos é igualmente necessária a posse dos melhores meios de rastreá-la e assim protegê-la e defendê-la. A propriedade imobiliária está ligada, de forma direta ou indireta, à faculdade de penetração de territórios" (Virilio, 1998b, p.24). Sobre poder de movimento, ver Virilio; Lothringer, 1984, p.57, assim como Breuer, 1988, p.316 ss.; e ainda Eberling, 1996, p.59 ss. Sobre a "dialética" de aceleração e desaceleração na guerra, ver Münkler, 2006.

8 Ver, por exemplo, Giddens, 1995b, p.28 ss. e 83.
9 Scheuerman, 2003, p.43.

castelos e fortalezas –, mas sim o domínio militar e administrativo de territórios fechados, sobre os quais o Estado nacional procura conquistar e defender o monopólio da violência. O modo de condução e preparação de uma guerra, tanto em relação à defesa quanto ao ataque, se transforma, assim, fundamentalmente: trata-se cada vez menos da construção de fortalezas invulneráveis ou de seu cerco e conquista, mas antes de tornar espaços, em quaisquer pontos, estrategicamente alcançáveis e defensáveis de forma dinâmico-flexível, o que exige uma infraestrutura sólida e unidades militares móveis. Essa nova forma de presença militar e de poder de movimento surge, segundo Virilio, pela primeira vez, no *"fleet in being"*, que se desenvolve no fim do século XVII na Inglaterra:

> O *"fleet in being"* é a logística que executa a estratégia, como arte do movimento de corpos não visíveis, de forma absoluta; ele consiste na presença permanente de uma frota invisível no mar, que pode surpreender o inimigo independentemente de onde e quando, exterminando sua sede de poder através da criação de uma zona global de insegurança [...] Tem-se assim uma ideia completamente nova de violência, que surge não mais por meio do embate direto e do derramamento de sangue, mas sim por meio da posse desigual de corpos militares e através da avaliação da quantidade de movimentos possíveis em um determinado elemento e, assim, através da permanente verificação de sua efetividade dinâmica.[10]

---

10 Virilio, 1980, p.52.

*Aceleração*

Esse princípio militar da presença territorial rápida e quase total em espaços amplificados se intensifica, no século XX, em função do desenvolvimento de uma força aérea com poder potencial de "recobrir toda a extensão territorial" e atinge, de certa forma, um ponto final, lógico e logístico, com a produção de foguetes intercontinentais, que tornam qualquer ponto da terra atingível em questão de minutos.[11]

A lógica competitiva e expansiva da acumulação de poder estatal sobre o território agiu, assim, como fator determinante para a aceleração social, não apenas pelo desenvolvimento de novas tecnologias e formas de organização militares em sentido estrito, mas também por meio da coação complementar ao aumento de recursos econômicos e humanos, ao progresso científico e técnico, ao maior controle administrativo e à crescente infraestrutura de comunicação e de locomoção. A disputa concorrencial, política e militar, impulsiona, assim, a aceleração em todos os setores da sociedade moderna, até alcançar, finalmente, quase uma "mobilização total", como Eberling, pautando-se claramente em Jünger, Sloterdijk e Virilio, observa: "A 'mobilização total' compreende tudo e todos, a 'guerra mundial' e a 'revolução mundial' abarcam o globo terrestre inteiro. Sob a pressão de conflitos militares e ideológicos permanentes, ciência, economia e outros setores da sociedade trabalham mais rapidamente e com menos atrito. A aceleração de todos os movimentos dissolve as resistências ainda existentes, a completa tensão de todas as forças não tolera qualquer hesitação."[12]

---

11 Ver Virilio, 1980, p.177 ss.
12 Eberling, 1996, p.62; ver Virilio, 1980 e Sloterdijk, 1989, p.21 ss. Para efeitos em parte acelerantes, em parte retardadores da guerra so-

Se *as benesses da velocidade*, na política e na guerra, não podem ser consideradas em absoluto como especificamente modernas, elas assumem, no entanto, no contexto do Estado nacional, no qual se desenvolve a dialética entre crescimento e aceleração, seja na forma da moderna industrialização da guerra, da capitalização da economia ou da burocratização da administração, uma qualidade nova, extremamente influente cultural e estruturalmente.[13]

Até o presente ponto estive em completa concordância com as já mencionadas investigações, de Scheuerman a Giddens e de Tilly a Virilio. A questão decisiva, que, no entanto, ainda se apresenta, diz respeito ao papel desempenhado pelo Estado e pelo Exército, através de suas instituições, em face das transformações sociotemporais no mundo de relações globalizadas do início do século XXI. Deverão suas instituições continuar a ser interpretadas como as forças que, em medida estruturalmente relevante, de fato impulsionam, ou que, ao menos, coimpulsionam a aceleração, de maneira a serem categorizadas no mesmo plano de efetuação lógica onde se localizam os três motores externos da aceleração social antes identificados – como William Scheuerman dá a entender em sua crítica à mi-

---

bre o próprio desenvolvimento social e político, ver, mais detalhadamente, Münkler, 2006, seção II.

13 Sobre as ligações recíprocas entre poderio militar, Estado de vigilância administrativa, industrialismo e capitalismo, ver Giddens, 1995b, p.75 ss. Sobre a irredutibilidade do princípio do Estado nacional com relação às necessidades do desenvolvimento do capitalismo (e vice-versa), ver ibid., p.83, assim como, mais detalhadamente, Giddens, 1995a, p.182 ss.

nha concepção?[14] Ou deverão elas, no sentido da "hipótese maiêutica" aqui desenvolvida, dado seu papel de parteiras da dinamização moderna, baseada na vinculação triádica entre crescimento e aceleração, serem adicionadas ao conjunto de instituições "clássico-modernas" que, na Modernidade Tardia, correm o risco de erosão pelas mesmas forças aceleratórias por elas colocadas em ação? Como já evidenciei, sou representante da última concepção. Gostaria de fundamentá-la, no que segue, primeiro em relação às Forças Armadas e, em seguida, ao Estado nacional.

O aparato militar que se desenvolveu na era moderna desempenhou, por sua elevada demanda de poder organizacional, isto é, sobretudo da aquisição rápida de informações, de suporte político e moral, além da necessidade de reposição material e pessoal, um papel incontestável para a aceleração da mudança social,[15] porém cabe a ele, ainda mais imediatamente, a posição-chave no processo de aceleração social nas duas outras dimensões, ou seja, na *aceleração técnica* e na *aceleração do ritmo da vida*. Por um lado, em relação ao desenvolvimento de sistemas bélicos de base terrestre, aérea e marinha, assim como em relação à infraestrutura técnica de transporte e comunicação, a tecnologia militar foi, incontestavelmente, um marca-passo do desenvolvimento aceleratório *técnico*. Nesse sentido, é possível interpretar o desfecho da Primeira Guerra Mundial, segundo o general Ludendorff, como a vitória do caminhão francês, de maior mobilidade, sobre as ferrovias alemãs, mais

---

14 Scheuerman, 2003.
15 Ver Münkler, 2006, p.5 ss.

lentas.¹⁶ Vinte e três anos mais tarde, os velozes tanques alemães constituíram as pré-condições da *Blitzkrieg* (guerra-relâmpago), e, consequentemente, da *Blitzsieg* (vitória-relâmpago) sobre a França. Da mesma forma, as bem-sucedidas invenções do avião a jato e do foguete apresentam-se como resultados técnico-militares da Segunda Guerra Mundial, além da própria internet, acelerador cardinal da Modernidade Tardia, que deve seu surgimento a reflexões estratégico-militares.

Por outro lado, no entanto, a instituição da *caserna*, no contexto dos exércitos recrutados a partir da massa civil, além da instituição do serviço militar obrigatório, representa, ao lado da escola, talvez a mais importante instituição educacional da sociedade disciplinar, sendo colocada por Michel Foucault no centro do processo de modernização.¹⁷ Nela, a disciplina temporal moderna é "inscrita", de forma mais ou menos violenta, no corpo humano. E nela a nova forma dessa disciplina, imune a todos os ritmos naturais e contrária a quaisquer diferenças individuais e "tempos internos" subjetivos, é literalmente "inculcada", ao menos na parcela masculina da população, com consequência drásticas. E a capacidade da subordinação de manifestações impulsivas e afetivas sob um regime de tempo e de comando formal-abstrato é ensinada. Além disso, o "poder de mobilidade" do corpo também é aumentado por meio da aceleração física do mesmo na *marcha militar* [*Gewaltsmarsch*] e no *marcha de assalto* [*Sturmangriff*], e unificado na "coativação" de um grande número de soldados em um verdadeiro "maquinário militar" (por exemplo, na *marcha sincronizada*).

---

16 Ver Eberling, 1996, p.61.
17 Ver sobretudo Foucault, 1977.

## Aceleração

O setor militar representa, assim, o lugar paradigmático do desenvolvimento do abstrato regime temporal moderno muito antes de sua generalização na Revolução Industrial.[18] Além disso, ele impulsiona, de forma decisiva, a aceleração de sequências de ação e interação por meio das hierárquicas cadeias de comando e obediência, e acelera a transmissão de informações por meio da eliminação de componentes comunicacionais que não carregam informações consigo. Por fim, ele representa, ainda, uma importante instância no processo de *temporalização da vida* ao projetar na vida dos soldados (profissionais), sob a forma da *carreira militar*, um possível padrão temporal de ascensão, o que faz do *aspecto da aceleração* um componente quase natural de suas perspectivas de futuro. Dessa forma, também a aceleração do ritmo da vida é, na Modernidade, ao lado da aceleração tecnológica, essencialmente uma realização militar.

Como essa condição aparece, no entanto, na situação das sociedades mais fortemente modernizadas do século XXI? Observemos, primeiramente, o último aspecto. Pouca dúvida pode restar de que a disciplina militar, sob a forma do treinamen-

---

18 De fato, a minuciosa decomposição de ações militares em componentes individuais, que pode ser identificada desde a Holanda do final do século XVI, parece adiantar a concepção de aceleração do taylorismo. Segundo Giddens (1986, p.148), Maurício de Orange separou a utilização de um mosquete em uma sequência de 43 passos e a de um pique em 23 movimentos. Assim como McNeill (1982, p.130) enfatiza que através das novas formas de treinamento militar no século XVII cada movimento alcança um novo patamar de exatidão e velocidade (ver, sobre isso, também Scheuerman, 2003, p.44).

to soldadesco, não contribui mais, ou não de modo relevante, para a aceleração do ritmo da vida. Seria antes possível supor que muitos recrutas vivenciam seus períodos de serviço militar, dados os períodos compulsórios de espera, ociosidade e *monotasking* rudimentar, como uma fase de *desaceleração*, na qual a densidade de *episódios de ação e vivência por unidade de tempo*, comparada à costumeira vida cotidiana, antes diminui que aumenta. Como a discussão a respeito da transformação do regime temporal no mundo do trabalho tardo-moderno mostrou, efeitos aceleratórios podem ser alcançados, hoje, não pela padronização e uniformização de atividades e movimentos, mas antes através da *individualização*, isto é, pelo aproveitamento de peculiaridades, ritmos e temporalidades individuais. Além disso, pelo fato de cadeias hierárquicas de comando terem se tornado ineficientes, isto é, *lentas demais* em relação à inovação, flexibilidade, produtividade e capacidade de adaptação às freneticamente modificadas exigências, o princípio de liderança militar é cada vez mais substituído, em quase todas as esferas sociais, sobretudo na economia e administração, por hierarquias horizontais, trabalho de equipe e aumento de responsabilidades individuais. O Exército se mostra, por fim, também em relação ao seu padrão linear de carreira, claramente uma instituição da "Modernidade Clássica", cujo princípio organizacional corre o risco de se tornar anacrônico no bojo da tardo-moderna *temporalização do tempo*. Carreiras profissionais tendencialmente orientadas para o desenvolvimento de longo prazo perdem importância e poder de orientação na era do capitalismo globalizado; fora do setor militar, elas ainda podem ser encontradas apenas na burocracia estatal, que pode ser considerada, como em breve será mostrado, como igualmente anacrônica.[19] Sendo assim, não há mais que se esperar por um significante efeito aceleratório sobre o ritmo da vida, na Modernidade Tardia, advindo do setor militar.

Mas como isto opera no caso da aceleração dos transportes, da comunicação e da produção? Como já dei a entender, a lógica geoestratégica de defesa e, potencialmente, conquista de territórios fechados alcança, com o desenvolvimento de foguetes atômicos de longo alcance, durante o ápice da Guerra Fria, uma fronteira decisiva. Quando armas de eliminação em massa podem alcançar qualquer lugar do mundo em questão de minutos, ou até mesmo de segundos, um planejamento militar geoestratégico, baseado na diferenciação fundamental entre territórios *a serem defendidos* e territórios *a serem* (potencialmente) *conquistados*, entre *linha de frente* e *retaguarda*, entre *soldados* e *civis*, e entre *perto* e *longe* perde seu sentido. "A ruptura tecnoló-

---

19 "'Carreira' traz à mente uma trajetória estabelecida [...] com uma sequência de estágios marcados com antecipação e acompanhados por condições de ingresso e regras de admissão moderadamente claras. [...] Independentemente do que acontecer aos funcionários da Microsoft ou a seus inúmeros observadores e imitadores, a preocupação dos gerentes é com formas organizacionais mais livres que estão mais aptas a acompanhar as tendências e onde a organização dos negócios é vista cada vez mais como uma tentativa nunca conclusiva de formar uma ilha de adaptabilidade superior em um mundo percebido como múltiplo, complexo e em movimento rápido [...] indo contra estruturas duráveis e notadamente contra estruturas com uma expectativa de vida integrada, comensurável com a duração normal de uma vida de trabalho. Sob tais condições, a ideia de uma 'carreira' parece nebulosa e completamente fora de lugar", constata Zygmunt Bauman (2000, p.116), em referência a Nigel Thrift; ver Sennett, 1998, assim como a literatura discutida no Capítulo VIII.1.

gica, a última forma da guerra móvel [...], conduziu, com ajuda da intimidação, à dissolução de tudo aquilo que separava, mas que também diferenciava, e essa não diferenciação é, para nós, comparável a uma cegueira política."[20] Como Virilio sempre enfatiza, a ameaçadora destruição com tais armamentos será tão rápida e total que eliminará a possibilidade de decisões políticas racionais, pois, no instante de uma ameaça existencial, *não restará mais tempo* àquele que deve realizar escolhas e, assim, para tomar decisões no modo da política, isto é, no modo do aconselhamento e ponderação comuns. Segundo a tese de Virilio, as possibilidades militares da segunda metade do século XX obrigam, assim, ao estabelecimento de um permanente "Estado de exceção", que se encontra nos limites controláveis das aceleradas possibilidades militares.[21] "Uma técnica ao nível da perfeição, tão racional, tão rápida e tão bem-sucedida [...] que seus resultados são irracionais e disfuncionais para o sistema político."[22]

Se, por volta do fim do século XX, a "guerra aceleratória total" se torna tão rápida e destrutiva a ponto de não ser mais realizável, sob pena de um indubitável autoaniquilamento, na transição para o século XXI se desenvolvem, repentinamente, formas de condução de guerra novas e também antigas, que operam, em diversos aspectos, com arsenal, estratégias e velocidade de épocas pré-modernas ou da Modernidade nascente: em muitas regiões do mundo, guerras são travadas, novamente, com armas convencionais, com fuzis e por vezes até mesmo

---

20 Virilio, 1980, p.187.
21 Ibid., p.177.
22 Eberling, 1996, p.63.

com machetes e facas, e os combatentes cada vez mais deixam de se orientar pela moderna lógica militar de ocupação de territórios fechados, e voltam-se à estratégia terrorista, ou de guerrilha, de ataque pontual (com o maior raio de ação de terror disseminado possível) e de retirada rápida.[23]

Por mais que a vantagem da capacidade de decidir sobre a aceleração e desaceleração da guerra, e, com ela, a "vantagem da velocidade", assinalada antes como uma vantagem *trans-histórica*, permaneça valendo para as novas guerras, também aqui o Exército, como instituição da Modernidade Clássica, especialmente do ponto de vista da aceleração técnica, perdeu seu protagonismo: o "maquinário" militar do Estado nacional, que durante muito tempo, exatamente por sua velocidade superior, foi tão bem-sucedido, se encontra praticamente impotente contra essa nova/antiga forma de combate. Ele é muito lento, pouco maleável e pesado demais contra um inimigo que opera segundo a tática de guerrilha, e em um mundo no qual não existem mais fronteiras geoestratégicas. Pelo fato de os mecanismos de ativação militar – tais como o *recrutamento* e a *declaração de guerra* politico-diplomática, a *mobilização* e a *parada militar* – consumirem muito tempo, é esperada hoje, como mostram Herfried Münkler e Martin van Creveld, uma dinamização bélica, em direta oposição às condições da Modernidade Clássica, advinda exatamente da *desmilitarização* da guerra, da derrocada do monopólio da violência e da "eclosão da guerra civil" (Enzensberger).[24] As impressionantes demonstrações de força do Exército

---

23 Münkler, 2002, p.13 ss. e 175 ss., assim como Creveld, 1998; além de Enzensberger, 1994.

24 Münkler, 2002, 2006; Creveld, 1998; Enzensberger, 1994.

norte-americano no início do século XXI não enganam: reagir aos ataques terroristas de 11 de setembro de 2001 à maneira da velha guerra de Estados com campanhas militares contra o Afeganistão e o Iraque é uma resposta tanto anacrônica e "arcaico-europeia" quanto inadequada às emergentes situações de problema e perigo. Contra uma rede terrorista operando com as possibilidades da era da informação, a moderna instituição do Exército não tem chance alguma, ela chega a figurar como "antiquada".[25] À parte esse fato, inovações genuinamente *militares* têm hoje como objetivo muito antes a *lentificação* e *precisão* da tecnologia de destruição — numa medida que permita a *utilização controlada* e, portanto, *estratégica* de armamentos rápidos — que a continuidade de sua aceleração. *Smart bombs* não são mais rápidas, mas *mais precisas*, além de serem, em seu poder de destruição, *mais seletivas* que suas antecessoras. O objetivo do desenvolvimento técnico-militar é, hoje, não mais a *destruição mais rápida* do inimigo, mas sim uma desativação mais exata de sua infraestrutura e de sua capacidade de resistência.[26]

---

25 Ver ainda Castells, 1997, esp. cap.IV.

26 "[C]laro que as mais novas invenções mostram, como no caso dos chamados aviões furtivos, que não é a continuidade do aumento da velocidade que corresponde às novas demandas militares, mas sim uma menor detectabilidade pelo adversário, por vezes associada à renúncia à aceleração", aponta Münkler (2006, p.13). Os exemplos de Scheuerman (2003, p.46) dos mais "recentes" efeitos da aceleração da técnica militar não conseguem, portanto, ser convincentes: O bombardeio de cidades inglesas pela Luftwaffe, a Força Aérea Alemã, não é mais "recente", a transmissão do bombardeio de Bagdá nas telas de televisão não é uma conquista da técnica militar, assim como o sucesso das *smart bombs* não é baseado em efeitos aceleratórios.

*Aceleração*

Curiosamente, se observarmos com atenção o aparente exemplo modelar do desenvolvimento militar de tecnologias aceleratórias tardo-modernas – a internet –, veremos que ele sustenta minha tese da perda de funcionalidade do princípio aceleratório na lógica militar. Por mais que a internet represente, indubitavelmente, um acelerador cardinal não apenas de processos técnico-informacionais, mas também da mudança social, para seus "inventores", estrategistas militares, sua lógica da conexão não serviu à *aceleração*, mas à *desaceleração* da guerra: a *Arpanet*, uma forma primitiva de internet, foi uma invenção do Departamento de Defesa norte-americano para, através da dispersão e descentralização, impedir que as estruturas de comunicação, no caso de um ataque (soviético) nuclear, não pudessem ser desativadas de uma só vez. "De certa forma, este foi o equivalente eletrônico da tática maoísta de dispersão de forças de guerrilha por um vasto território para contra-atacar o poder inimigo com versatilidade e conhecimento de terreno. O resultado foi uma arquitetura de rede que, como seus inventores almejavam, não pode ser controlada por nenhum centro, sendo formada por milhares de redes de computadores autônomos que possuem inúmeras formas de se conectar entre si", constata Manuel Castells, ao passo que Herfried Münkler, independentemente de tais observações, aponta que essa tática de guerrilha maoísta representa uma forma de *desaceleração da guerra*.[27] A internet ilustra, assim, um caso raro de aceleração

---

[27] Castells, 1996, p.6; Münkler, 2002, p.25 e 55. Obviamente, *aceleração* e *desaceleração* da guerra são basicamente princípios complementares de estratégia militar: diante do aumento do poder de movimento de possíveis agressores, os defensores reagem sempre com tentativas de desenvolver novos métodos de *inibição, frenamento e interrupção* – como

social como *consequência não intencional de esforços técnico-militares de desaceleração* (isto é, em certa medida, uma forma complementar da terceira categoria de desaceleração, definida no Capítulo III.3). Mesmo que esse exemplo comprove que, a partir de inovações militares, mais aceleração pode ser efetuada, ele não se presta, de forma alguma, como exemplo contrário à tese aqui apresentada de que *a instituição Exército perdeu majoritariamente sua função de marca-passo da aceleração social na Modernidade Tardia*.

O mesmo vale para a instituição Estado, como indicam os inúmeros diagnósticos sobre a perda ou transformação da função do Estado nacional na era da globalização.[28] É sabido que a tese de que o Estado nacional estaria em queda, perdendo cada vez mais poder, não constitui um consenso. O diagnóstico contrário indica que os Estados continuam a ser os principais agentes da formação das regras do jogo globais, tendo sido, afinal, as medidas e acordos entre os governos, sobretudo dos poderosos países industrializados, que teriam introduzido e possibilitado aquilo que hoje é discutido sob o termo *globalização*. Além disso, o Estado nacional continuaria a ser o destinatário principal das crescentes aspirações políticas dos cidadãos.[29] Por outro lado, não restam dúvidas de que o poder

---

os exemplos históricos de castelos, fortalezas, muralhas e fossos mostram claramente. Virilio tentou mostrar que, no entanto, o impulso tecnológico e organizatório até o presente advém, em geral, do aumento da velocidade de ataque e, com isso, do progresso das tecnologias aceleratórias – aceleração e desaceleração se mostram também aqui *assimétricos*. A *Arpanet* representa, dessa perspectiva, apenas uma *compensação desaceleratória*.

28 Por exemplo, Beck, 1997, p.34.
29 Ver, por exemplo, Gilpin, 1987; sobre essa posição cética com relação à globalização, ver ainda Held et al., 1999, p.5 ss.

dos Estados nacionais, tanto no sentido de sua *soberania* quanto no de sua *autonomia,* está sujeito a novas formas de limitação:[30] a *soberania* dos Estados nacionais é cerceada, de um lado, por desenvolvimentos do direito internacional, segundo o qual determinadas intervenções de órgãos internacionais em assuntos internos são permitidas – especialmente em casos de catástrofes humanitárias, como genocídios, mas possivelmente também no caso do desenvolvimento de armamentos de destruição em massa –, e, por outro, pelo cessão de direitos a instituições supranacionais (como a União Europeia). Este último caso representa sobretudo uma reação ao desmonte progressivo da *autonomia* dos Estados nacionais através da "globalização", especialmente de transações econômicas e financeiras, que por sua vez reduzem enormemente o campo de ação de governos particulares.[31] O fato de que principalmente a globalização dos mercados financeiros – o que significa, aqui, *desregulação* – foi resultado de políticas adotadas por Estados altamente industrializados não altera em nada a circunstância dessa perda de autonomia, que não pode mais ser compensada através de medidas tomadas por Estados isoladamente. Em face disso, não resta dúvida com relação à veracidade do argumento, cuidadosamente elaborado por Held et al., segundo o qual o modelo do Estado nacional contemporâneo não é caracterizado apenas

---

30 *Soberania* representa aqui a garantia legal de liberdade de ação nacional; *autonomia,* a existência concreta de espaços de ação; ver Held et al., 1999, p.441 ss.

31 Ver Beck, 1997, cap.I; Harvey, 2000b, p.65; Castells, 1997; Held et al., 1999.

por uma perda simples e sem limites de poder, mas por experimentar uma transformação fundamental de suas *funções*.[32]

Essa mudança funcional se mostra com especial agudeza da perspectiva da aceleração social. De forma concisa, meu diagnóstico indica que o Estado nacional, de uma instância aceleratória fundamental, converteu-se numa instituição central da desaceleração ou do impedimento à aceleração. Como demonstrei, a centralização, a padronização e a regulação território-estatal de desenvolvimentos e processos de troca, no início da Modernidade e na Modernidade "Clássica", quando suas instituições mais importantes eram, de um lado, órgãos de segurança e, de outro, o maquinário administrativo altamente eficiente da burocracia estatal, produziram um efeito aceleratório monstruoso. Com relação ao Exército, que se encontra intimamente vinculado ao Estado nacional, apresentei, em sua transformação funcional, sua conversão de acelerador moderno a freio tardo-moderno: a desmilitarização da guerra é, também, uma *desestatização*, como demonstra o crescimento de conflitos que se assemelham a guerras civis, que são, ao mesmo tempo, expressão do desafio à soberania nacional advinda de movimentos *internos*.[33]

Um desenvolvimento análogo pode ser observado também em relação ao segundo elemento fundamental do Estado, a burocracia estatal. As estruturas e os processos burocráticos administrativos não apenas perderam seu *status* de quintessên-

---

[32] Held et al., 1999, esp. p.436 ss., ver p.82 ss. Similarmente, embora com maior ênfase na questão da perda do poder, Castells, 1997, cap.4.

[33] Ver Creveld, 1998, 1999, que também aponta para a paralelização da transformação funcional do Exército e do Estado nacional.

cia da eficiência e racionalidade temporal, como também passaram a ser considerados exemplo máximo de *ineficiência*, isto é, de *lentidão* e *inflexibilidade*, exatamente em função dos princípios pelos quais Weber via o motivo de sua racionalidade e velocidade, como a *protocolização de todos os processos*, a obediência estrita às *vias oficiais*, a *hierarquia unilinear de autorização e disposição*, o estabelecimento de *rotinas de trabalho fixas* etc.³⁴ Pelo fato de terem se tornado lentas demais, a *desburocratização* de processos administrativos é considerada hoje necessária para a aceleração de decisões. Assim, a "crise do estatismo", diagnosticada por Castells, é, desde o último quarto do século XX, sobretudo uma crise da administração burocrática. A derrota do *socialismo de Estado* pelo capitalismo de economia privada pode ser entendida como consequência do fato de a capacidade de aceleração do controle estatal ter chegado a um limite: o Estado centralista é demasiado lento e inflexível, enquanto ator, para as estruturas temporais, cunhadas pelas tecnologias da informação, da "sociedade conectada"; ele nada mais pôde acrescentar, em termos de força dinamizante, à até agora última onda de aceleração das sociedades capitalistas ocidentais.³⁵ Em investigações realizadas sobre a ruptura sistêmica na Europa do Leste, fora demonstrado, de forma consequente, que o tempo dos Estados socialistas aparentava, em grande medida, como continua-

---

34 Ver Weber, 1972, p.562 e 825 ss. Ver, além disso, Beniger, 1986, p.13 ss. e 184 a respeito da relação entre burocratização e racionalização na era da industrialização. Surpreendentemente, Scheuerman (2003, p.45) parece considerar exatamente essas categorias estáticas da burocracia como extraordinariamente aceleratórias.

35 Ver Castells, 1998, cap.I.

mente "estático", enquanto a mudança sistêmica foi percebida como um enorme processo aceleratório.[36]

A transformação funcional, que veio à tona através da crise da burocracia, aponta para mais do que uma simples crise administrativa: a aceleração é obtida na Modernidade Tardia de forma diametralmente oposta às condições da Modernidade Clássica, não mais por regulação estatal de processos e condições sociais, culturais e econômicas, mas sim através de sua *desregulação*. Como mostrarei no Capítulo XII, o efeito acelerador do direcionamento político se esgotou, pois aquelas inovações por ele geradas, como as inovações econômicas, técnicas e nos padrões sociais de associação, se tornaram tão rápidas e flexíveis que o sistema político não mais pôde acompanhá-las. Isso se aplica

---

36 Em Chesneaux (2000, p.419) se encontra a seguinte citação de Václav Havel, então presidente da Tchecoeslováquia em 1990: "Quando comecei a trabalhar, em meu gabinete presidencial no castelo de Praga, não encontrei nenhum relógio, o que teve para mim forte valor simbólico; por muito tempo, infinitos anos, não havia a necessidade de se olhar as horas, pois o tempo não existia. A história havia parado, e não apenas no castelo de Praga, mas em todo o país. Hoje a história se precipita... e parece estar tentando compensar o tempo perdido. Todos nós [...] temos que retomar o curso do tempo". Priller (1992, p.610) aponta a baixa dinâmica nos padrões de uso de tempo da Alemanha Oriental dos anos 1970 até a mudança de sistema político, que ele interpreta como sinal de falta de inovação e de modernização. Ver, além disso, Borneman, 1993, p.105; Keane, 1991, p.189; assim como Urry, 2006, p.20. Outra expressão eloquente da chamada experiência temporal é apresentada no filme *Adeus, Lênin*, de Wolfgang Becker, no qual o jovem protagonista constata que a vida após a virada política se tornou cada vez mais rápida, trazendo a sensação de se estar num *acelerador de partículas*. Sobre os diferentes ritmos de vida na Alemanha Oriental e Ocidental e sobre a experiência da virada política como experiência aceleratória, ver também Hofmann, 2004a.

especialmente às aspirações diretivas de sistemas *democráticos*: como será mostrado, processos democráticos de decisão e formação de vontade política não apenas são, por si próprios, consumidores de tempo, como também desenvolvem, em virtude da transformação da esfera pública e das estruturas de associação tardo-modernas, uma *demanda de tempo crescente*. Em razão dessa dessincronização temporal, a relação entre direcionamento político e aceleração social praticamente se inverteu nos países industrializados desenvolvidos: se, por um lado, a desconstrução da regulação estatal e a renúncia ao direcionamento político prometem mais aceleração social, por outro, a fixação em tais pretensões de controle e regulação se revela, antes de qualquer coisa, um freio econômico. Isso se manifesta, por exemplo, em iniciativas políticas, como aquela lançada pelo estado da Baviera no inverno de 2003: "Desburocratização: O Estado livre quer cortar um terço das medidas regulatórias – Por meio de uma grande votação na internet, o governo federal quer descobrir quais regulamentações desaceleram a economia", reporta, por exemplo, o jornal *Süddeutsche Zeitung* em sua edição de 1º/2 de fevereiro de 2003. Iniciativas parecidas foram tomadas, desde então, também por outros estados alemães.[37]

Estados se apresentam, com isso, ainda hoje, como agentes decisivos da aceleração, porém o *modo* de aceleração político-estatal se transformou fundamentalmente: no lugar da dinamização do desenvolvimento social, através de regulação e padronização, no sentido de uma "política progressiva", surgiu a dinamização via *desregulação* e sucessivos *abandonos* de padrões nacional-estatais específicos (chegando até mesmo ao aban-

---

37 *SZ*, n.26, 1º-2 fev. 2003, p.48.

dono da moeda própria). A concorrência aceleratória entre os Estados nacionais se estende até o presente, porém ela se transferiu, especialmente, para o campo da concorrência por oferecer um território economicamente mais vantajoso, no qual os concorrentes, paradoxalmente, conseguem suas vantagens sobretudo com a erosão de seus próprios fundamentos, por exemplo, ao contribuir para o exaurimento de suas fontes de impostos.[38] Enquanto a uniformização e a centralização nacionais tiveram um efeito aceleratório no desenvolvimento da era moderna, as diferenças interestatais começaram a se fazer notar, na segunda metade do século XX, na forma de obstáculos a transações e, consequentemente, à aceleração: as forças aceleratórias se expandiram como que para além das fronteiras nacionais. Com isso, onde quer que o Estado ainda apareça, hoje, como agente da aceleração, isso se deve ao fato de ele se ocupar, preponderantemente, da gestão da erosão dos arranjos institucionais que o definem (até aqui), bem como da erosão de seus tradicionais anseios estruturantes [Gestaltungsansprüche]. Por isso não surpreende que o cerne da ideologia do "neoliberalismo", tão bem-sucedida no mundo todo, consista em uma política de desregulação, desburocratização e desconstrução do Estado, em suma: numa *ideologia do apolitismo*.[39]

---

38 Ver, por exemplo, Beck, 1997, p.13 ss.; Castells, 1997, cap.5. Com isso, a crítica de Scheuerman (2003) a uma formulação passada de minha tese da perda de função do Estado nacional através da aceleração merece aprovação na medida em que importantes impulsos aceleratórios continuam partindo desse agente, no entanto ele ignora a estrutura paradoxal daqueles impulsos, que constitui a base da minha interpretação do Estado como obstáculo da aceleração na Modernidade Tardia.

39 Ver Beck, 1997, p.203 ss.

| Instituições centrais da sociedade | Como acelerador na Modernidade | Como "freio" na Modernidade Tardia |
|---|---|---|
| Estado nacional | Aceleração através da uniformização (do tempo, da língua, da moeda, do direito etc.) | Bloqueio de processos trans- e supranacionais (no sentido de "fluxos globais") |
| Burocracia | Aceleração da administração | Atraso do desenvolvimento social e econômico |
| Exército | Aceleração através de inovação e disciplina temporal | Aparato/estrutura de comando militar demasiado entorpecidos e lentos |
| Controle político | Dinamização através de política "progressista" | Pretensão de controle como freio da dinamização |
| Democracia | Aceleração da sucessão de poder; reação acelerada a necessidades sociais/políticas | Lenta demais como modo de decisão política |
| Separação espacial/temporal de "trabalho" e "vida" | Livre dinamização da esfera econômica | Freia a dinamização do universo de experiência |
| Identidade pessoal estável (profissional, familiar etc.) | Dinamização através da individualização | Freia a dinamização da vida por falta de flexibilidade |
| Planos de vida individuais dispostos no tempo | Temporalização da vida; aceleração do ritmo de vida | Lenta adaptação à mudança social; impedimento da aceleração no sentido da *temporalização do tempo*[40] |
| (Forma institucionalizada da diferenciação de esferas de função) | (Desenvolvimento desenfreado de lógicas funcionais individuais) | (Impedimento de dinamização além das esferas de função) |

Figura 11 – A dialética de aceleração e inércia: aceleradores modernos como "freios" da Modernidade Tardia

[40] Para esclarecimentos, ver os capítulos X e XI.3.

Na quarta parte desta investigação tentarei fundamentar a tese segundo a qual a Modernidade se encontra, de fato, por motivos tempoestruturais, em transição rumo a uma fase *pós--histórica* e, consequentemente, *pós-política*, num sentido específico. Nesse ponto cabe salientar, mais uma vez, de forma resumida, que o conjunto de instituições sociais que define a "Modernidade Clássica" é marcado, agora, no contexto do desenvolvimento dialético entre as forças aceleratórias e o arranjo modular institucional, por uma inversão de funções abrangente e prenhe de consequências. Os *aceleradores* da Modernidade Clássica se tornaram, na Modernidade Tardia, *obstáculos da aceleração* ou *freios*, e são colocados, agora, sob pressão de transformação e erosão por forças dinamizadoras desencadeadas por eles mesmos (ver Figura 11). A dinâmica da aceleração social ganhou vida própria no jogo de interações dos já apresentados momentos motrizes, culturais e estruturais, e colocou-os contra as próprias instituições. Isso se aplica ao *Exército* e à *burocracia estatal*, porém, como ainda será apresentado mais detalhadamente, de certa maneira também aos princípios da *configuração democrática* e da regulação política. Além disso, a mencionada dialética pode ser observada também em relação à instituição do *regime industrial de trabalho*, com sua rigorosa separação espacial e temporal entre trabalho e tempo livre,[41] e, possivelmente, até mesmo no que tange à específica *institucionalização espaçotemporal da diferenciação funcional*,[42] bem como em relação à concepção de *identidades pessoais estáveis* e *biografias normalizadas*, e com

---

41 Ver Capítulo VIII.1.
42 Ver capítulos XII.3 e XIV.

*Aceleração*

o *regime de percurso de vida* moderno a elas relacionado.[43] Tanto num plano semântico quanto institucional, o tecido social da Modernidade, até então estável, é posto literalmente em movimento. Reconstruir esse movimento, de forma empiricamente palpável e teoricamente substantiva, enquanto consequência do grau aceleratório da Modernidade Tardia, e categorizá-lo, adequadamente, em suas consequências éticas e políticas, será a tarefa da quarta e última parte desta investigação.

---

43 Mais detalhadamente sobre isso, ver capítulos XI.2 e XI.3.

# Parte 4
# Consequências

# X
## *Aceleração, globalização, Pós-Modernidade*

A crise do conjunto de instituições da Modernidade Clássica, abordada no capítulo anterior, figura, na maioria dos atuais diagnósticos do tempo, como resultado dos processos comumente reunidos sob a palavra-chave "globalização". Ulrich Beck, por exemplo, interpreta o processo de globalização não apenas como *desnacionalização* ou desestatização, mas também, explicitamente, como um "amolecedor de instituições", que colocou em movimento, e como que "liquefez", a enrijecida estrutura dos elementos socioestatais centrais, já há muito tempo despojada dos processos políticos:

> Instituições da sociedade industrial, que pareciam estar completamente fechadas ao manuseio político, podem tornar-se "violadas" e politicamente acessadas: as premissas do Estado de bem-estar social e do sistema de previdência, da assistência social e das políticas comunitárias, da política de infraestrutura, do poder organizado dos sindicatos, do sistema de negociação supraempresarial de autonomia tarifária e das despesas públicas, bem como do sistema e da "justiça tributária" – tudo isso se fun-

de, em direção à (expectativa de) manuseabilidade política, sob o novo e escaldante sol da globalização.[1]

O fato de a violação dessa estrutura institucional não trazer consigo a capacidade de uma reestruturação política (nem ao menos democrática), como sugere Beck, mas, antes, poderia até mesmo estar vinculada a uma progressiva perda das possibilidades de autoefetuação política [*Selbsteinwirkungsmöglichkeiten*] por parte da sociedade, deverá nos ocupar apenas no Capítulo XII. Primeiramente, é preciso apreender, com precisão, a lógica comum dos processos através dos quais, na Modernidade Tardia, a vida social é liquefeita, e, também, preparar o alicerce para responder a notória questão sobre o que há de *genuinamente novo* na fase atual do desenvolvimento social.[2]

Tenta-se apreender essa novidade não apenas sob a palavra-chave "sociedade globalizada", mas também através dos diversos diagnósticos de uma "Pós-Modernidade", que se precipita

---

[1] Beck, 1997, p.16 e 13; ver Harvey, 2000b, p.62.

[2] Gostaria de lembrar neste ponto que o *novo* não pode consistir na dissolução de instituições e relações sociais em si, pois a Modernidade é marcada desde o princípio pela tendência à dinamização do "regulamentado e estável". O conjunto de instituições da "Modernidade Clássica", que surgiu após uma primeira onda de dinamização de instituições estáticas e tradicionais, acompanhado da Revolução Industrial, enfrentou então uma resistência temporal surpreendentemente alta, pois pagou o preço pelo caráter dinamizador da Modernidade, mostrando-se apto a conduzir os processos aceleratórios e transformadores do mundo social por um caminho estável e, exatamente através disso, impulsionando-os. Ver, mais detalhadamente, Capítulo III.4, assim como Wagner, 1995, e Bauman, 2000, p.2.

da passada Modernidade "Clássica".[3] Os diagnósticos de uma então irrompida Pós-Modernidade também observam um "amolecer" das instituições clássico-modernas, por longo tempo consideradas inabaláveis; também eles postulam o fim das identidades pessoais e coletivas estáveis, a substituição do padrão de sentido da narratividade linear pelo princípio do *fragmentário-simultâneo*, a ruptura dos Estados nacionais e a supressão das fronteiras institucionais entre esferas funcionais, como entre a arte e a economia, a economia e a política, a política e a ciência etc.[4] Diagnósticos radicais da Pós-Modernidade declaram, daí, o fim, simultâneo, do projeto da Modernidade, da razão, do sujeito, da política, e de quase tudo que gerou sentido e legitimidade na Modernidade. É interessante observar que, com isso, a posição sociofilosófica da Pós-Modernidade é marcada, também, pela concepção de que o mundo ou "a vida", da perspectiva tanto dos sujeitos quanto da política, não seria mais legível, compreensível e configurável – e tampouco precisariam mais sê-lo, pois a pretensão de controle e autonomia seria apenas uma quimera da Modernidade. Postulados filosóficos e análises sociológicas são muitas vezes colocados lado a lado, o que parece problemático especialmente nos pontos em que projeções filosóficas ou normativas são enunciadas como observações empíricas.[5]

---

3 Para uma diferenciação conceitual entre Modernidade Tardia e Pós--Modernidade, ver, na Introdução, nota 76.
4 Ver, por exemplo, Harvey, 1990, p.113 ss.; Jameson, 1998; Giddens, 1995b, p.186; as introduções a Welsch, 1994; ou Urry, 2006.
5 Ver, sobre isso, a tentativa clarificadora de Peter Wagner (1995) de explicar os fundamentos empíricos para a diagnose da Pós-Modernidade.

A percepção de uma "quebra" no desenvolvimento da sociedade moderna, na transição para o século XXI é, no entanto, compartilhada por uma série de autores que não compartilham nem seguem o discurso da globalização ou da Pós-Modernidade e que, para a significação do que há de novo, se utilizam, portanto, de conceitos como *Segunda Modernidade*, *Modernidade Tardia* ou *modernização reflexiva*. Esse três conceitos sinalizam, ao mesmo tempo, a suposição de que o que há de novo não se movimenta *para fora* do enquadramento evolucionário da sociedade moderna, mas seria antes apenas uma fase, ou um estágio, dentro do paradigma social da Modernidade.[6]

Como já anunciado na Introdução, quero agora mostrar, nos próximos três capítulos, que tanto a *cesura* quanto a *continuidade* do desenvolvimento contemporâneo só podem ser localizadas de forma exata e empiricamente instrutiva pelo caminho de uma determinação *temporal-analítica* da Modernidade. A seguir, fundamentarei a tese segundo a qual as sociedades desenvolvidas de tipo ocidental experienciaram, nas últimas décadas, outro surto aceleratório que transformou, mais uma vez, seu regime espaçotemporal e as conduziu a um ponto crítico de suas formas, individuais e coletivas, de autorrelação.

O aqui postulado surto aceleratório desenvolve suas forças motrizes econômicas, culturais e tecnológico-informacionais, no mais tardar, a partir dos anos 1970,[7] porém ele conquista

---

6 Sobre o debate sociológico em torno da questão de ruptura e continuidade da Modernidade, ver Berger, 1986.

7 Castells (1996, p.5 ss., e 1998, p.355 ss.) considera como as três forças propulsoras principais da aceleração na era da informação: a *revolução cultural* iniciada em 1968 e os *novos movimentos sociais* que dela resultaram, o *boom tecnológico* na microeletrônica e a *crise* político-econômica

sua força de penetração sobretudo com a conjunção de três desenvolvimentos históricos em 1989: tanto a *revolução política* daquele ano – o colapso da Alemanha Oriental e do regime soviético e a abertura política e econômica dos Estados da Europa do Leste – quanto a *revolução digital*, forçada, especialmente, pela consolidação da internet (e do avanço da televisão via satélite), que pouco tempo depois se expandiu em uma *revolução da mobilidade*, o que possibilitou uma acessibilidade [*Erreichbarkeit*] comunicativa microeletrônica e sem determinações de localidade, e, por fim, a *revolução econômica* da acumulação flexível, do modelo de produção pós-fordista do *"just-in-time"* e do "capitalismo turbo", podem ser entendidas, fundamentalmente, como *movimentos aceleratórios*.[8] Naturalmente, os efeitos de tais

---

    *do Estatismo*. No entanto, datações de tendências de desenvolvimento social global devem sempre ser interpretadas com prudência, ainda que haja um amplo consenso com relação à discussão sobre o início *da Modernidade* ou *do capitalismo*.

8 Sobre a "revolução digital", ver, por exemplo, Freyermuth, 2000 e Eriksen, 2001. Este último aponta o colapso da União Soviética, a desintegração da Iugoslávia e a Segunda Guerra do Golfo como os acontecimentos políticos que geraram um pulso aceleratório fundamental em 1991 (p.8 ss.). Sobre o efeito dinamizador da "revolução política" ver ainda Urry, 2006, p.20; sobre a "revolução da portabilidade", Myerson, 2001. Sobre a "revolução da velocidade econômica" do "capitalismo turbo" praticado sobretudo por grupos multinacionais com novas estratégias de centralização e descentralização, relações trabalhistas modificadas e uma nova disposição espacial da produção, e sobre a *acumulação flexível*, ver o Capítulo VIII.1, além de Sennett, 1998; Harvey, 1990, sobretudo p.141; Jameson, 1998, p.67. A tese de que essas inovações em sua ação conjunta introduziriam uma nova época social – ou seja, uma transformação dos modos de *produção*, da *política* e da *experiência cultural* – se encontra nos três volumes da obra de Castells sobre a era da informação (1996, 1997, 1998). Hardt e

inovações se associam e se multiplicam. As revoluções políticas após 1989, por exemplo, favoreceram a conexão entre economia e tecnologias da informação que, por sua vez, possibilitou novas formas de aceleração da produção.

Especialmente o fato de termos alcançado um nível de transmissão de informação em *tempo real* produziu um violento impacto aceleratório em quase todos os campos da vida econômica e cotidiana, e deu a impressão, com isso, de que somos testemunhas de uma nova e qualitativa revolução da velocidade, cujo corolário não pode mais ser simbolizado pelo sôfrego "girar trepidante das engrenagens", mas, antes, pela *World Wide Web* e por palavras-chave como "gratificação instantânea" e "entrega instantânea".[9] A virtualização e digitalização de processos até então materiais (como o desenvolvimento de um modelo) e a integração de meios digitais de informação a meios "analógicos", isto é, cadeias de processos materiais, levam à aceleração da produção, da circulação e do consumo, num só tempo.[10]

Como já demonstrei em minha análise da auto-observação cultural da Modernidade, a percepção e elaboração cultural desses acontecimentos repete, em muitos aspectos, o modelo de recepção e reação à onda de aceleração ocorrida na virada do século precedente.[11] Além da poderosa reação discursiva ao postulado surto aceleratório, situada na esfera da auto-observação, análises sociológicas e econômicas fornecem, no entanto, provas "materiais" para a aceleração da velocidade de produção (e,

---

Negri defendem uma visão similar em sua polêmica diagnose temporal *Império* (2001).
9 Freyermuth, 2000, p.75.
10 Ver, sobre isso, também o Capítulo III.2.a.
11 Ver os capítulos I.2 e II.1.

consequentemente, de distribuição e consumo), bem como para o aumento do ritmo da vida e, também, para aceleração da mudança social.[12] Entretanto, a tentativa de medir essa aceleração encontra dificuldades similares às da tentativa de determinar o grau de globalização. Como indicador do postulado surto aceleratório poderia ser considerado, por exemplo, o grau de pressão exercido sobre as forças e nichos de inércia identificados no Capítulo III.3: limites de velocidade naturais, como supõe-se ser possível demonstrar, são atacados com fúria redobrada (como ao tentar-se estimular a capacidade prematura de aprendizado de uma criança *antes* do nascimento, bem como quando se cogita aumentar a performance cerebral através de implantes tecnológico-computacionais ou nas tentativas de induzir transformações biológicas, por meio de manipulação genética, para que ocorram em uma fração do tempo que seria naturalmente necessário); "ilhas de desaceleração" sofrem cada vez mais pressão erosiva em toda parte (de tal modo que tradições modernas, praticadas durante décadas, como no sistema de formação universitária, mas também diversos processos de produção e até mesmo sistemas de transporte caem vítimas de medidas de racionalização); e, ao menos em jornais e revistas especializadas, são relatados cada vez mais "reações desaceleratórias" patológico-individuais ou efeitos colaterais disfuncionais, tais como a *síndrome da pressa* [*Eilkrankheit*] ou a "doença social" da depressão.[13] Ao mesmo tempo, parece ganhar força, no âmbito da auto-observação cultural, a impressão segundo a qual a ace-

---

12 Ver, a esse respeito, sobretudo os resultados discutidos na segunda parte da presente análise.

13 Ver o Capítulo III.3; ver também o Capítulo XI.3.

lerada mudança social ocorre apenas na "interface do usuário" e que, na verdade, esconde uma inércia cultural profunda,[14] e, enquanto isso, cresce brutalmente o clamor "ideológico" por desaceleração. Mas o desenvolvimento mais interessante se dá no campo da *desaceleração funcional* ou da *desaceleração com fins aceleratórios*. Como mostrei nos capítulos anteriores, a pressão aceleratória se tornou tão grande que a malha institucional da "Modernidade Clássica", repleta de freios e volantes, e que possibilitara, com suas frenagens de curto prazo, acelerações de longo prazo – e pode-se atribuir, aqui, a atividade estatal sobre a economia[15] –, já não pode mais suportar a "aceleração sem limite" da Modernidade Tardia – com consequências altamente imprevisíveis.[16]

---

14 Baier, 2000; Jameson, 1998, p.50 ss.
15 Ver Harvey, 2000b, p.58: "[O C]apitalismo está sempre sob a incitação de acelerar o tempo de rotatividade do capital e de aumentar sua velocidade de circulação, assim como, consequentemente, de revolucionar o horizonte temporal do desenvolvimento. Mas ele pode fazê-lo somente com investimentos de longo prazo (no ambiente desenvolvido, por exemplo, assim como em infraestruturas elaboradas e estáveis de produção, consumo, troca, comunicação e similares). Um estratagema fundamental de prevenção de crise, além disso, consiste em absorver capital excedente em projetos de longo prazo (como as famosas 'obras públicas' realizadas pelo Estado em períodos de depressão), reduzindo o tempo de rotação do capital". Ver detalhadamente sobre isso no Capítulo III.3.d.
16 O fato de que, por outro lado, formas *individuais* da desaceleração funcional desfrutam de alta popularidade pode ser tomado como indício auxiliar de um impulso aceleratório duradouro: cursos, tratamentos, técnicas e modalidades de férias que sugerem "pausa" representam um dos poucos setores em franca expansão na área da economia do lazer, sendo os "oásis terapêuticos", que têm ditado tendência, um exemplo clássico de *ilha de desaceleração* intencional.

*Aceleração*

Decisivo para minha tese é, entretanto, o fato de que todas as três inovações descritas podem ser entendidas como formas da globalização. De fato, o discurso da globalização é definido exatamente pela observação dos efeitos de tais transformações tecnológico-informacionais, econômicas e políticas das condições sociais desde os fins do século XX. Uma definição dos elementos *qualitativamente* novos dessas condições só poderia ser satisfatoriamente obtida por meio de uma perspectiva temporal-analítica – porque, e na medida em que, os diagnósticos da globalização não reconhecerem isso, as tentativas de fundamentar uma "nova era" permanecerão insatisfatórias e desnorteantes.[17] O que há de novo não é a troca ou o movimento de informações, dinheiro, mercadorias ou pessoas, assim como de ideias e até de doenças através de longas distâncias, mas sim a *velocidade* e a *ausência de resistência* com que tais processos podem ocorrer hoje.[18]

Diversas transações de longa distância podem ser digitalizadas e, com isso, ser realizáveis em "tempo real", isto é, sem atrasos, grandes custos e atritos desgastantes: investimentos financeiros, transferências de informações de todo tipo, assim como o trato simultâneo de produtos virtualizáveis ao redor do globo são, aí, exemplos conhecidos. No rastro da evolução da tecnologia de portabilidade, sobretudo do telefone, aperfei-

---

[17] Isso fica evidente nas tentativas de definição do "novo" por Harvey (2000b, p.67) e Held et al. (1999, p.424), que, ademais, possuem clara consciência em relação a transformações de estruturas temporais, assim como na listagem de novos aspectos sociais de Castells, que beira a desorientação (1998, p.356).

[18] Ver, sobre isso, também Jessop, 2006.

çoado como um computador com internet sem fio, as imediatas condições de infraestrutura local tornam-se negligenciáveis. Paralelamente, o tempo e o custo de transporte para deslocamentos materiais de pessoas e bens reduziu-se violentamente nas últimas décadas. Tal redução de custos, de resistências e de tempo para a superação de distâncias gerou, naturalmente, um aumento quantitativo do número de transações correspondentes. Com isso, Held et al. podem, em seu minucioso estudo, determinar a globalização como um estado definido pelo grau de extensão (*extensity*), intensidade, velocidade e impacto (*impact propensity*) das transações globais.[19] Uma vez que a *extensão*, isto é, a grande extensão espacial na qual ocorrem os processos de transação, é um critério de definição analítico de globalidade, só se pode avaliar a transformação do grau de globalização por meio dos outros três parâmetros. Consequentemente, o estudo de Held e seus colegas demonstra também que o elemento novo da globalização contemporânea é sobretudo o aumento, em muitas esferas sociais, da velocidade e da intensidade das transações.[20] A elevação do *grau de impacto* é, assim, não apenas, mas sobretudo uma consequência das formas de aumento primeiramente referidas. Tanto o aumento de veloci-

---

19 Held et al., 1999, p.14 ss.
20 Ibid., p.433. O contexto de análise desenvolvido por Held et al. deixa claro, ao mesmo tempo, que a globalização, como processo, apresenta de forma evidente tendências de desenvolvimento irregulares e temporariamente opostas: em dimensões individuais, como em relação a fluxos migratórios ou, em muitas regiões, até mesmo em relação à participação no comércio exterior, o grau de globalização em épocas históricas antecedentes pode ter sido maior.

dade quanto o de intensidade representam, no entanto, nada mais do que processos da aceleração social: aquele compreende a aceleração do transporte e da comunicação, enquanto este, o aumento do número de transações por unidade de tempo.

Contudo, fica registrada, a princípio, apenas uma mudança quantitativa. A tese de uma mudança *qualitativa* na formação social da Modernidade se baseia na suposição de que os processos reunidos sob a palavra-chave "globalização" conduzem, ou até mesmo já conduziram, a uma recente transformação do moderno *regime espaçotemporal*. Exatamente isto é postulado, implícita ou explicitamente, na maioria dos diagnósticos teóricos da globalização. A transformação espaçotemporal qualitativa deixa-se ver, portanto, seja nas análises da globalização como processo, seja em sua definição como novo estado social e, curiosamente, até mesmo em sua concepção como *projeto político*.[21]

Como *processo*, a globalização pode ser definida, segundo Harvey, como nova etapa ou continuação do aumento da compressão espaçotemporal (*time-space compression*) ou, segundo Giddens, como a conquista progressiva de um novo nível de distanciamento entre espaço e tempo (*time-space distanciation*), ou seja, do aumento do alcance espacial e temporal da capacidade de coordenação.[22] Esse processo é caracterizado pela

---

[21] A respeito dessas três possibilidades de interpretação da globalização, ver Harvey, 2000b, p.53. Beck (1997, p.26 ss.) sugere uma diferenciação conceitual análoga ao caracterizar a dimensão processual como *globalização*, a dimensão situacional como *globalidade* e a dimensão de projetos como *globalismo*.

[22] Sobre a primeira definição, ver Harvey, 1990; ver ainda os capítulos I.3 e II.1; sobre a segunda definição, ver Giddens, 1995a, p.90 ss.

aqui colocada redução – tecnológica e política, de custos, da resistência e do tempo necessário para a superação de distâncias –, o que tem como consequência, para muitos processos sociais, o fato de *distâncias espaciais* tornarem-se *irrelevantes*, de forma que, cada vez mais, acontecimentos ou ações são tempoespacialmente "desvinculados", ou seja, suas causas e consequências são, parcial ou integralmente, separadas de si.[23] Pelo fato de essas desvinculações desenraizarem ações e acontecimentos de seus contextos locais, encontra-se nelas uma causa essencial da *descontextualização* das vivências, tal qual observada no Capítulo VI.2, que torna a experiência cotidiana uma sequência de *episódios desconexos*.

Como exemplos claros de "desvinculação" espacial podem ser considerados o fato de ser possível a um político afirmar, hoje, que a segurança da Alemanha não se defende mais em suas fronteiras, mas sim no Iraque ou no Afeganistão, o fato de um jogo

---

Curiosamente, o próprio Giddens (ao contrário de outros autores que abordaram seu conceito) não usa essa perspectiva na análise do processo globalizatório. Ela permanece negligenciada em sua concepção das dimensões da globalização (1995b, p.92 ss.). Para a definição de globalização como transformação correspondente do dispositivo espaçotemporal, ver ainda Jessop, 2006, ou Waters, 1995.

23 Ver Giddens, 1995b, p.33: "Entendo desvinculação como o 'deslocamento' de relações sociais de contextos interacionais baseados localmente e sua reestruturação ilimitada em lapsos de tempo e espaço". Isso se associa com processos de "desalocação" através dos quais "a trama da própria experiência temporal [...] [se modifica, pois] proximidade e distância são relacionadas de uma forma sem correspondentes em tempos anteriores" (ibid., p.174): *intimidade* e *estranheza* não correspondem mais a *proximidade* e *distância*, pois o distante pode ser bem íntimo, enquanto o próximo, devido a rápida transformação, ao contrário, completamente "estranho".

de futebol no Japão provocar agitação em Moscou ou de uma transação ocorrida na Argentina levar a um colapso de preços em Wall Street – e isso em *tempo real*. Pode-se considerar, como aspecto escalar dessa desvinculação, que tais interações parecem se propagar não apenas por cima das fronteiras espaciais, mas ainda por cima das esferas sociais: acontecimentos econômicos na Ásia produzem efeitos nas decisões da política educacional da Europa e nas preferências culturais nos Estados Unidos etc.[24] Evidentemente, em função desse desenvolvimento, surgem, por outro lado, ganhos *secundários* de relevância espacial ou *local*, além de tentativas de "revinculação" (*reembedding*)[25] de acontecimentos sociais. Exatamente *pelo fato de* o espaço ter se tornado *contingente* para diversas decisões, diferenças e identidades regionais ou locais ganham uma nova relevância, que é, evidentemente, consequência de uma desvinculação espacial precedente.[26]

Essa forma de contração ou *extermínio* do espaço pelo tempo, ou melhor, pela *aceleração*, como mostrei já na primeira parte do presente trabalho, é uma característica constitutiva da própria Modernidade e, como tal, não representa nada essencialmente novo. No entanto, ela acontece em surtos históricos que, especialmente em decorrência da introdução de novas tecnologias de transporte e comunicação, conduzem a uma transformação gradual do *regime espaçotemporal*, ou seja, a uma transformada relação com o espaço, com as coisas e com o próximo, assim como a uma relação autotransformadora do sujeito gerando, consequentemente, uma transformação do mundo objetivo,

---

24 Ver Jessop, 2006, p.1.
25 Giddens, 1995b, p.102, 112.
26 Ver sobre isso, mais detalhadamente, o Capítulo IV.

subjetivo e social.[27] Por isso, uma nova onda de *compressão espaçotemporal* traz consequências sociais e culturais abrangentes, que são capazes de fundamentar, ao ultrapassar pontos limítrofes críticos, uma nova qualidade de sociedade. O que as definições de globalização tentam demonstrar como sendo um novo *estado*, é o fato de ter-se atingido, através dos processos tardo-modernos, esses pontos limítrofes.

Como consequência da mais recente compressão *espaçotemporal*, segundo a definição mais contundente da globalização como novo *estado*, formou-se um novo regime espaçotemporal, caracterizado, *espacialmente*, pela substituição de fixações estáveis por *flows* em movimento permanente, e, *temporalmente*, pela dissolução de ritmos e sequências estáveis em função da *contemporaneização* [*Vergleichzeitigung*] do não simultâneo.

A concepção de que qualidades espaciais, cultural e estruturalmente importantes, hoje não são mais definidas por instituições territorial e localmente fixas e imóveis, nem por localidades e lugares fixos, mas sim por *correntes* ou *fluxos* (de poder, capital, mercadorias, pessoas, ideias, doenças, riscos etc.) que constantemente alteram sua direção e forma, está alcançando hegemonia cultural. Ela domina ao menos os discursos da globalização e da Pós-Modernidade, parecendo, assim, evidenciar uma circunstância central da sociedade contemporânea. Zygmunt Bauman conclui disto que a época presente seria mais bem caracterizada como *"Modernidade Líquida"*, estabelecendo a

---

27 Ver o Capítulo IV; ver ainda Virilio, 1998b, p.24: "[A] chegada de um novo sistema infraestrutural-veicular sempre revoluciona uma sociedade ao derrubar seu sentido tanto de relações materiais quanto sociais – em suma, o sentido do espaço social como um todo".

relação entre o aspecto "amolecedor de instituições" da globalização e a perda de relevância do espaço em relação ao tempo da seguinte forma:

> [L]íquidos, ao contrário de sólidos, não conseguem manter sua forma facilmente. Fluidos, por assim dizer, não fixam espaço nem unem tempo. Sólidos possuem dimensões espaciais evidentes, porém neutralizam o impacto e assim reduzem a significância do tempo (resistem a seu fluxo ou o tornam irrelevante), enquanto fluidos não mantêm nenhuma forma por muito tempo, estando constantemente preparados para (e propensos a) mudar; assim, para eles, é o fluxo do tempo que conta, mais do que o espaço que venham a ocupar: afinal, eles preenchem aquele espaço apenas "momentaneamente". Sólidos, de certa forma, cancelam o tempo; para líquidos, ao contrário, é basicamente o tempo que importa. Ao descrever sólidos, pode-se ignorar o tempo completamente, mas não considerar o tempo ao descrever fluidos seria um erro grave. Descrições de fluidos são como fotos instantâneas, precisam de data na margem. Fluidos viajam facilmente. [...] Saem ilesos do encontro com sólidos, enquanto estes, se permanecerem sólidos, estarão modificados – úmidos ou erodidos [...]. *Essas são as razões para se considerar a "fluidez" ou "liquidez" como metáforas apropriadas para quando queremos abarcar a natureza da presente fase da história da Modernidade, nova em vários sentidos.*[28]

---

28 Bauman, 2000, p.2, grifos longos meus, H. R.; ver ainda Urry, 2006. Arjun Appadurai (1990 e 1996, p.33 ss.) conceptualiza, em sua tentativa de definição da globalização, a geografia desse novo regime de espaço-tempo, consequentemente, não mais segundo o modelo de mapas "estáticos", que representam "estados da matéria" territoriais que estão consolidados e ligações de territórios, etnias, religiões, formas

Também Manuel Castells vê a, por ele identificada, *era da informação* como caracterizada por uma mudança do *regime espaçotemporal* e tenta, em uma análise fortemente empírica, retraçar a transição do "espaço de lugares" para o "espaço de fluxos", dentre outras formas, por meio da investigação de transformações em infraestruturas urbanas e princípios arquitetônicos. O espaço de fluxos é, com isso, caracterizado especialmente por sua organização em rede, descentralizada, não hierarquicamente estabilizada, mas operante apenas através de adensamentos temporários e inclusões reversíveis.[29]

Em vinculação a essa ideia, Castells tenta esclarecer como uma morfologia do espaço transformada traz consigo uma nova estrutura do *tempo social*, descrita pelo autor como "*tempo atemporal*". "O espaço de fluxos [...] dissolve o tempo desordenando a sequência de eventos e tornando-a simultânea, instalando a sociedade, assim, em uma efemeridade eterna."[30] Na base do conceito de *tempo atemporal* encontra-se a representação de que o *tempo* é formado pela duração, pela sequência e pelo ritmo de ações e eventos, e, consequentemente, um estado social caracterizado pela eliminação da duração, pela desritmização dos acontecimentos sociais e pela dissolução de cadeias de sequência estabelecidas e estáveis (como a do transcorrer da vida, da disponibilidade de alimentos no decorrer do ano,

---

de domínio político, modelos econômicos e estágios de desenvolvimento (em certa medida) temporalmente resistentes, mas sim no sentido de "*cultural flows*" que se separam e deslocam uns aos outros, como "*ethno, techno, finance, media* e *ideoscapes*", comparáveis apenas com a visualização dinâmica de imagens oscilantes de um monitor.

29 Castells, 1996, p.376 ss. e 469 ss.
30 Ibid., p.467.

das formas de ação no decorrer de dias e semanas etc.), pode ser descrito como *atemporal* na medida em que nele dominam os modos da *simultaneidade* determinada pelo momento e, como horizonte negativo desta última, da *eternidade*.[31]

Castells aponta ainda, em concordância com David Harvey e Fredric Jameson, para o fato de que o predomínio desses modos está, em primeiro lugar, intimamente ligado à percepção cultural de um *fim da história*, pois a ideia de uma história "no singular coletivo" (Koselleck) está vinculada à temporalidade sequencialmente fixada do desenvolvimento, progresso e ordem, constituindo assim, em segundo lugar, um princípio básico da "Pós-Modernidade" cultural: a saber, a combinação eclética e aleatória de elementos históricos, mediante a renúncia à ideia de ordenação sequencial e desenvolvimento histórico.[32] O conceito de um *tempo atemporal* e, com ele, curiosamente também, o fato, tratado por Harvey de forma bastante assistemática, da aniquilação do espaço *pelo* tempo e, em seguida, da aniquilação de espaço *e* tempo,[33] levantam a suspeita de que nosso senso temporal não suportaria, sem danos, a completa separação do tempo em relação ao espaço, nem à "pulverização" deste: a orientação temporal sem fundamentação espacial parece ser um empreendimento difícil. Bauman suspeita, ainda, que a nova irrelevância do espaço se disfarça na forma de uma "aniquilação do tempo", para acrescentar à sua constatação da estrutura paradoxal de um tempo sem extensão e momentâneo,

---

31 Ibid., p.464 ss.
32 Ibid., p.462 e 464; ver Harvey, 1990, p.240 e 304; assim como Jameson, 1998, p.58.
33 Ver, por exemplo, o sumário e os títulos dos capítulos em Harvey, 1999.

logo em seguida, a observação irônica: "Talvez o tempo, após matar o espaço como valor, tenha cometido suicídio? Não teria sido o espaço meramente a primeira vítima do ímpeto frenético de autoaniquilação do tempo?"[34]

Castells, assim como os outros autores referidos, não afirma que os *espaço de fluxos* e o *tempo atemporal* constituem o regime espaçotemporal determinante para *todos* os grupos sociais do mundo globalizado. Para a maioria das pessoas predomina o espaço do lugar (estável) (*space of place*), assim como o *horário* (linear) do *relógio*, ambos externos aos fluxos de rede. Porém, aqueles dois primeiros é que determinam a lógica de desenvolvimento cultural e estrutural dominante.[35] Com isso se apresenta aqui também, como Bauman evidencia, a dialética entre a aceleração e o regime institucional da Modernidade, apresentada no nono capítulo: enquanto na "Modernidade Clássica" o descomprometimento espaçotemporal do nomadismo (como dos sem-teto, dos ciganos ou dos "povos nômades") era considerado, diante do sedentarismo, no sentido da posse de uma "residência permanente" (e de uma disciplina temporal submetida a horários), um indício de subdesenvolvimento, levando à exclusão social, hoje acontece o exato oposto, ou seja, é a vinculação a um lugar e a falta de autonomia temporal (o limitar-se ao plano local e a ligação ao *duradouro*) que faz que as classes socialmente inferiores pareçam atrasadas, e, por assim dizer, "retrógradas", sinalizando perigo de exclusão. Sempre que, no discurso da globalização, se fala sobre a crescente superioridade do capital sobre o trabalho, ela está fundamentada na seguinte circunstância: o capital pode se movimentar de forma pratica-

---

34 Bauman, 2000, p.116 e 118.
35 Castells, 1996, p.476.

mente "atemporal" por todo o globo, enquanto a mobilidade dos trabalhadores e suas capacidades flexibilizatórias e aceleratórias permanecem bastante limitadas.[36] Também a ideia do *triunfo do nomadismo* sobre o espacial e temporalmente fixo une, evidentemente, os diagnósticos da globalização e da Pós-Modernidade. De fato, esta última parece estar mais fortemente orientada para a reorganização temporal que espacial da sociedade. A dissolução de ordenações temporais e a dominância de *simultaneidades* de toda sorte, com suas conotações de fluidificação, de des-historização e de "fragmentação caleidoscópica", se encontram no centro do discurso da Pós-Modernidade.[37]

A lista (proveniente de John Urry) associativa de fenômenos sociais que podem ser categorizados sob o conceito de *contemporaneização* ou "tempo instantâneo", a seguir poderá evidenciar de que forma diagnósticos da globalização e da Pós-Modernidade coincidem – e o quanto eles são determinados pela lógica da aceleração em suas três formas da *aceleração técnica*, *aceleração da mudança social* e aumento do *ritmo da vida*.[38]

---

36 "Estamos testemunhando a vingança do nomadismo sobre os princípios de territorialidade e sedentarismo. No estágio de fluidez da Modernidade, a maioria sedentária é governada pela elite nômade e extraterritorial", constata Bauman (2000, p.13), e observa em perspectiva temporal: "Ficar preso a coisas por um longo tempo, além de sua data de 'validade e descarte' e além do momento do surgimento da oferta de seus substitutos 'novos e melhorados' é [...] o sintoma de privação. [...] A durabilidade perde sua atratividade e passa de uma vantagem para uma obrigação" (ibid., p.126).

37 David Harvey (1990, p.285 ss.) elaborou essa ideia detalhadamente; para um panorama, ver a coletânea editada por Bertens; Natoli (2002).

38 Sobre o contexto constitutivo de contemporaneização, aceleração e globalização, ver ainda as contribuições do simpósio Time and Globalization, *Time & Society*, ano 9, p.289-346, 2000 (Lestienne, 2000).

| Formas de contemporaneização |
|---|
| • Transformações no âmbito da tecnologia informacional e comunicacional que possibilitam um contato e acesso global simultâneo a informações e ideias |
| • Transformações tecnológicas (organizacionais) que propiciam o desaparecimento das diferenças entre dia e noite, dias de trabalho e fins de semana, horários de lazer e de trabalho |
| • A crescente possibilidade de substituição de bens, locais e imagens em uma "sociedade do descartável" |
| • Uma crescente "temporariedade" de bens, empregos, carreiras, da natureza, de valores e de relações |
| • Uma abundância, muitas vezes acima dos limites, de novas mercadorias, de tecnologias mais flexíveis e de imensas montanhas de lixo |
| • O aumento de contratos de trabalho por tempo limitado e de mão de obra *just-in-time*, assim como da tendência de preparação de longas listas de tarefas |
| • O crescimento do comércio *non stop* global de títulos e moedas |
| • A crescente "modularização" do tempo livre, da formação continuada e do trabalho |
| • O extremo aumento da disponibilidade de bens e costumes de diferentes sociedades em todos os lugares do mundo |
| • Crescentes índices de separação e outras formas de dissolução de lares |
| • O desaparecimento da confiança intergeracional e redução de sua solidariedade |
| • A sensação de um ritmo de vida (global) demasiado alto que leva a contradições nas experiências humanas básicas |
| • A crescente volatilidade do comportamento político-eleitoral |

Figura 12 – Formas de contemporaneização (Urry, 2006, p.20)[39]

---

39 Urry (2006, p.15) menciona um *tempo instantâneo* e o define da seguinte forma: "Uso o termo para caracterizar: em primeiro lugar, novas tecnologias informacionais e comunicacionais baseadas em instantes

*Aceleração*

O fato de que a *contemporaneização* é uma tendência fundamental da sociedade atual é constatado também por autores céticos com relação ao diagnóstico da globalização, assim como ao da Pós-Modernidade.[40] No entanto, essa ideia de uma "simultaneidade atemporal" possui, em vários aspectos, uma qualidade somente metafórica e até "ilusória".[41] Os diagnósticos aqui discutidos permanecem em dívida com uma explicação sistemática sobre o motivo, e de que forma, a *aceleração* converte, em vários processos contemporâneos, o padrão da percepção linear do tempo na forma da simultaneidade. Nos três últimos capítulos restantes da presente investigação gostaria de mostrar, com isso, que o "novo" da era contemporânea consiste no fato de que a velocidade da transformação social ultrapassou um *limiar crítico* – a saber, aquele da velocidade das sequências

---

    inconcebivelmente curtos, muito além da consciência humana; em segundo, o caráter simultâneo de relações sociais e técnicas, que substitui a lógica linear de horários, caracterizada por separação temporal de causa e efeito ocorrendo em instantes passíveis de serem medidos separadamente; e, em terceiro, uma metáfora para a amplamente difundida significância do tempo excepcionalmente curto e fragmentado, mesmo onde ele não é literalmente instantâneo e simultâneo".

40 Hanns-Georg Brose (2002, p.30), por exemplo, a interpreta como sinal de uma consciência temporal transformada: após a supremacia, durante a Modernidade (Clássica), de uma percepção temporal linear, sequencial, voltada para a diferença entre passado e futuro, nós nos encontraríamos "atualmente em uma fase de desenvolvimento social [...] na qual a percepção da dimensão temporal do mundo, baseada em descontinuidade e assimultaneidade, é completada por uma semântica da simultaneidade (do assimultâneo)". Ver ainda Nowotny, 1993, p.17 ss., que enxerga, como Castells, nessa simultaneidade uma forma de "presente prolongado"; ou ainda Geißler, 1999, p.111 ss.

41 Nowotny, 1993, p.17 ss.

geracionais –, e impõe, desse modo, um padrão de percepção e elaboração temporal que pode ser descrito como *temporalização do próprio tempo* e, portanto, como *destemporalização* da vida, da história e da sociedade. Com o auxílio dessa concepção, isto é, da transformação da perspectiva individual e cultural do tempo, induzida pela aceleração, assim demonstrarei que as condições temporal-estruturais do tornar-se dominante [*Dominantwerdens*] de concepções tais como "tempo atemporal", *fim da história* e *simultaneidade* estático-dinâmica podem ser facilmente reconstruídas.

Para tanto, gostaria de analisar o processo de *temporalização do tempo*, por um lado, através da transformação das formas identitárias individuais e, por outro, através da transformação das condições da ação política, pois ele surge no ponto de transição ou de "tradução" entre padrões temporais sistêmico-estruturais e horizontes e percepções temporais. Assim, não é coincidência que a transformação postulada nos diagnósticos da Pós-Modernidade foque, em geral, exatamente sobre esses campos: a fragmentação, multiplicação e difusão de identidades sociais ("o fim do sujeito") constituem, tal como a observação da renúncia à conformação política e ao direcionamento normativo da sociedade ("o fim da política"), o objeto principal da teoria social pós-moderna.[42] À luz dos reconstruídos

---

42 Ver, sobre isso, Eriksen, 2001, p.140 (grifos meus, H. R.): "A fragmentação de trabalho, consumo, vida familiar e esfera pública nos leva a um mundo além de 'pacotes de identidades' *ready-made*. Cada um deve criar sua própria totalidade coerente a partir dos fragmentos desconexos. Uma questão longe de ser irrelevante é se tal tarefa é realizável ou se a vida está se tornando inevitavelmente mais parecida com uma colagem, preenchida com eventos e impressões singulares, com arbitrariedade e espontaneidade, antes com escolhas de curto

processos da liquefação e contemporaneização é possível reformular o diagnóstico da Pós-Modernidade como a chegada a um estado social no qual *a aceleração instituída na Modernidade ultrapassa um ponto crítico, ou assume uma nova qualidade, de tal maneira que a linearidade e a sequencialidade da percepção e da elaboração, individual e social, de problemas e transformações, são rompidas, e a pretensão de integração é abandonada*. A alta velocidade obriga a uma elaboração não integrada de acontecimentos paralelos, o que conduz à fragmentação, à perda de controle e a perdas da capacidade de compreensão e conformação, tanto no nível individual quanto no nível sociopolítico.

A princípio, o diagnóstico de *fim da política*[43] parece, nesse contexto, naturalmente em forte contraste com a terceira das perspectivas de globalização postuladas anteriormente, que procura compreender a própria globalização como *projeto político*. O contraste perde, porém, sua força ao se analisar o caráter desse projeto: seu objetivo é sobretudo eliminar os obstáculos para a circulação de "fluxos globais". Pelo fato de haver uma tendência, inerente à natureza de tais fluxos, especialmente de fluxos de capital, de desvio de curso para uma outra direção de menor resistência política ou econômica, tornou-se um objetivo prioritário da política (nacional-estatal) melhorar ao máximo as condições de circulação em suas respectivas esferas de influência,

---

prazo que com diretrizes abrangentes – ou seja, antes *num modo hegemonicamente rápido* do que numa mistura entre modos rápidos e lentos. Muitos defendem a ideia de que isso é exatamente o que acontece em muitas áreas, desde o trabalho até a ética, *onde a mudança insinuada é descrita como uma transição da Modernidade para a Pós-Modernidade*".

43 Ver, por exemplo, a introdução de Welsch, 1994, p.21, ou as contribuições de Georg-Lauer, 1992.

pois, caso contrário, corre-se o perigo de exclusão no sentido do *desvio* – e aqui fica evidente a nova *relevância secundária* do aspecto territorial, como foi postulado. Essa circunstância exige, sobretudo, a eliminação de pretensões de regulação e direcionamento político em relação aos "fluxos livres" das correntes globais, mas não necessariamente a renúncia à regulação *per se*. De fato, regulações e sanções *reforçadas*, diante de desenvolvimentos local e temporalmente comprometidos – o que possibilita entender as objeções dos "céticos da globalização", que contestam a perda de direito do poder nacional-estatal –, que dificultam o fluxo livre de correntes de capital, mercadorias, *experts* e informações, são parte desse projeto político. Entre tais medidas estão ainda as tentativas de conter ou, ao menos, reduzir *fluxos migratórios*. Migrantes – na medida em que não sejam da "elite global", pois a atração desta é algo que consta na agenda de todos os países – não fazem parte da rede global, fazem parte antes dos *excluídos*, cuja presença pode ser associada a obstáculos nas condições que favorecem os *fluxos desejados*.

Pelo fato de o direcionamento político, de base estatal e democrática, a não ser quando se empenhe em remover barreiras de circulação, ser, por um lado, temporalmente custoso e criar, por outro, custos de transação e perdas friccionais entre fronteiras, ele atua como um freio em relação aos processos de circulação hiperacelerados das redes globais, que não são, de forma alguma, livres de relações de poder e dominação, muito embora incorporem uma forma igualmente fluida e despersonalizada de poder.[44] Para garantir o livre fluxo dessas "forças

---

44 Por isso, Hardt e Negri (2001) falam, concordando com Foucault, sobre "governança sem governo", enquanto Castells (1998, p.366 ss.;

globais", o projeto político da globalização, como supõe Zygmunt Bauman, desintegra todos os vínculos sociais comunais baseados espacial e temporalmente, ou seja, que se encontram além do *espaço de fluxos* e do *tempo atemporal*. "Para que o poder possa fluir livremente, é necessário um mundo sem limites, barreiras, fronteiras fortificadas e *checkpoints*. Toda rede densa e estreita de vínculos sociais e, especialmente, toda rede fundamentada territorialmente, representam um obstáculo a ser removido do caminho. As forças globais estão empenhadas em desmantelar tais redes para o bem de sua fluidez contínua e crescente, que é a fonte principal de sua força e a garantia de sua invencibilidade." Bauman acredita ainda que a eliminação de obstáculos de circulação seja o real objetivo das "novas guerras" travadas, sobretudo pelos Estados Unidos, desde 1989: "Forças militares e sua estratégia de *hit and run* prefiguraram, incorporaram e vaticinaram o que realmente estava em jogo na nova forma de guerra da Modernidade Líquida: não a conquista de um novo território, mas sim a queda de barreiras que impediam o escoamento de novas forças globais fluidas; eliminando da mente do inimigo o desejo de impor suas próprias regras e abrindo, assim, o terreno até então inacessível, embarricado e murado para outras fontes de poder, não militares.[45]

A nova ordem mundial, identificada nos diagnósticos da globalização e da Pós-Modernidade, não está livre de relações de poder e dominação, porém estas não são mais legitimadas democraticamente nem podem mais ser politicamente atribuí-

---

assim como 1997, cap.5) observa que o próprio "poder dos fluxos" controla os "fluxos do poder".

45 Bauman, 2000, p.14 e 12.

das, apresentando-se, sob a perspectiva de atores individuais e coletivos, como incontroláveis e não dirigidas. A aceleração se revela, nesse sentido, uma estratégia política para a *imunização* daquele poder de fluxos que fundamenta o *projeto político* da globalização; como uma política da eliminação dos anseios modernos de direcionamento.[46] A percepção, ligada a isso, da globalização como um "trem desgovernado causando devastação"[47] ou como *carro de Jagannath* desgovernado em alta velocidade, estraçalhando e arruinando tudo pelo seu caminho (Giddens),[48] aparece, metaforicamente adensada, para expressar, mais um vez, o quanto a globalização, seja como *processo*, como *estado* ou *projeto político*, está vinculada ao atingimento de um novo nível de aceleração, cuja compreensão sistemática está além do plano da auto-observação discursiva da Modernidade Tardia, e é o objetivo dos próximos capítulos.

---

46 Motivo pelo qual essa estratégia pode ser compreendida como uma "ideologia da apoliticidade" (Beck, 1997, p.203 ss.) e, por conseguinte, como elemento do *fim da política* e ao mesmo tempo do *projeto político*.

47 Thomas Friedman, citado por Harvey, 2000b, p.61 e 68.

48 Giddens, 1995b, p.173 e 187-90.

## XI
## *Identidade situacional:*
## *de errantes e jogadores*

### 1. A dinamização do eu na era moderna

Como procurei mostrar na introdução deste trabalho, estruturas temporais representam o ponto paradigmático de encontro entre estruturas sociais e cultura; elas só empreendem a "tradução" necessária de exigências sistêmicas em orientações de ação individuais, pois, mesmo em uma sociedade pós-tradicional, instituem obrigatoriedade normativa, um alto nível de estabilidade de expectativa e uma estrutura de orientação da ação que dá a impressão de ser um fenômeno natural. Essa estrutura de orientação é determinante também para a estrutura temporal dos padrões de identidade, nos quais passado, presente e futuro têm que ser necessariamente associados, uma vez que o sentido de *quem se é* não pode ser separado de *quem se foi* e de *quem se será* ou *quem se quer ser*.[1] A transformação do regime espaçotemporal de uma sociedade influencia, com isso, as formas socialmente dominantes de relação para com a própria identidade, ou seja, os

---

[1] Sobre isso, ver mais detalhadamente o Capítulo VI.3.

*tipos de personalidade* ou *padrões de identidade*. As relações para consigo se fluidificam exatamente porque, com o *regime de espaço-tempo*, as relações dos atores para com a sociedade e as coisas se modificam, pois a "relação para com o eu" e a "relação para com o mundo" estão irrevogavelmente entrelaçadas.[2] Nosso sentido para *quem somos* (e consequentemente para nossa identidade) é, como expus no Capítulo VI.3, na realidade uma função de nossa relação para com o espaço, o tempo e para com nossos semelhantes, assim como para com os objetos de nosso meio, nossas ações e vivências. Uma questão fundamental para a análise da ruptura dentro do desenvolvimento das sociedades modernas, aqui postulada, levanta o seguinte: qual efeito sobre as formas de subjetividade tardo-modernas teria a transformação social, observada nos diagnósticos da "globalização" e da "pós-modernização", que se apresenta, *espacialmente*, como processo de uma recente "contração" ou do aumento da irrelevância do espaço através da *aceleração técnica* e, *temporalmente*, como processo de transformação na direção de um *tempo instantâneo* "atemporal".

Nesse sentido, há que se considerar que as fluidificações e dinamizações tratadas pelo conceito da globalização não são em si algo qualitativamente novo, mas apenas apresentam uma fase mais recente do processo aceleratório tridimensional que se encontra no centro da presente análise. A tarefa a seguir é, portanto, retomar, com toda a diligência, a questão, colocada ao fim da segunda parte desta investigação, sobre se e como o aumento *quantitativo* de um princípio fundamental para a Mo-

---

[2] Ver Giddens, 1995b, p.118; Wenzel, 1995, p.124; assim como, mais detalhadamente, Rosa, 1998, p.84 ss.

dernidade pode se reverter em uma *transformação qualitativa* das relações com as autorrelações consigo.

A percepção de uma mudança no equilíbrio entre movimento e inércia em favor da dinamização é também, em relação à própria individualidade, uma experiência moderna, como foi mostrado anteriormente. Nesse sentido, é possível ler as experiências do protagonista Saint-Preux no romance epistolar de Rousseau *Júlia ou a nova Heloísa* (1761), escrito após sua chegada a Paris, não apenas como uma antecipação da tentativa de definição teórica da influência da metrópole sobre o indivíduo na obra de Georg Simmel, mas ainda uma antecipação das calamidades da individualidade tardo-moderna, predominantemente relacional[3] ou situacional:[4] "O bom, o mau, o belo, o feio, a verdade, a virtude existem somente em determinados lugares e dentro de determinados limites. [...] É preciso ser mais habilidoso que Alcebíades, mudar de opinião a cada encontro, alterar sua razão praticamente a cada passo e reavaliar constantemente suas premissas". Logo em seguida, ele constata começar a "sentir a embriaguez que essa vida intranquila e ruidosa traz àqueles que a levam; caio em uma letargia semelhante ao estado de uma pessoa que visse passando rapidamente à frente de seus olhos uma enorme sequência de objetos. Nada do que meu olhar apreende chega até o coração; no entanto, o todo inquieta sua pulsação e lhe ordena inércia, de forma que eu, por alguns instantes, esqueço quem sou e a

---

3 Ver Gergen, 2000, p.139 ss.
4 Ver Rosa, 2002a; para outras análises do caráter transitório da identidade na Modernidade Tardia, ver Wenzel, 1995, ou Straub; Renn, 2002.

quem pertenço. [...] *Mudo de um humor a outro e* [...] *não há um dia em que tenha a certeza do que amarei no dia seguinte."*.[5]

Nesse ponto parecem se agrupar todos aqueles elementos que caracterizam, no diagnóstico das identidades pós-modernas, a liquefação das estruturas da identidade, antes estáveis, em favor de relações identitárias mais abertas, mais experimentais, mais fragmentárias e sobretudo cada vez mais transitórias, que refletem a dinâmica dos frenéticos "fluxos globais". Douglas Kellner formula, nesse sentido: "A identidade hoje [...] se torna um jogo escolhido deliberadamente, uma apresentação teatral de si mesmo, na qual o indivíduo pode se apresentar em uma variedade de papéis, imagens e atividades de forma relativamente despreocupada com substituições, transformações e mudanças dramáticas",[6] enquanto Iain Chambers descreve a administração da identidade na Pós-Modernidade da seguinte forma: "Você muda constantemente sua localização, divide sua vida em âmbitos isolados e em diferenças, constrói seu estilo de vida de forma móvel. Você toma decisões conscientes a respeito de sua condição momentânea e de como representa a si mesmo".[7] Porém, mesmo observações mais cuidadosas das ciências sociais, com um posicionamento altamente cético

---

5 Rousseau, 1988, p.240 (segunda parte, 14ª carta) e p.262 (segunda parte, 17ª carta), grifos meus, H. R.; ver o início da 17ª carta (p.252); sobre isso, ainda Berman, 1988, p.18.

6 Kellner, 1992, p.157.

7 Citado por Kemper, 1995, p.24. Um panorama sobre teorias sociológicas e sociopsicológicas pós-modernas de relações identitárias se encontra em Wenzel, 1995; ver ainda Gergen, 2000 para uma análise completa da identidade da Modernidade Tardia com inclusão sistemática de uma perspectiva de instabilidade e dinamização (espaço) temporal.

quanto à tese de uma ruptura, constatam uma transição das identidades estáveis para relações identitárias dinâmicas, marcadas por "permanentes revisões" biográficas ou, ao menos, pela contingência de elementos da identidade antes *estáveis*.[8]

Se, entretanto, a Modernidade é marcada pelo "amor ao movimento em si", e se "nele e somente nele a verdadeira vida" é procurada (Ancillon), e se, em função disso, também na Modernidade a "identidade entra em movimento",[9] então, de um ponto de vista da teoria da identidade, a questão a respeito da definição do *novo* na Modernidade Tardia é: *em que se diferencia a Modernidade Clássica da forma de liquefação e dinamização da identidade na Modernidade Tardia?* Minha tese, a ser explicada no que se segue, é a seguinte: ela se diferencia no fato de que a transformação das autorrelações e das relações com o mundo que se manifestam majoritariamente como *individualização*, levam, na *Modernidade Clássica*, a uma *temporalização da vida*, ou seja, a uma perspectiva da própria vida como um *projeto a ser desenvolvido temporalmente*, enquanto o mesmo processo de dinamização produz, em sua fase de desenvolvimento tardo-moderna, um efeito de definição da identidade, numa perspectiva do curso da vida, como "destemporalizada", *situacional*. A "aceleração do ser", mencionada no fim da segunda parte da presente investigação, se manifesta como uma espécie de quebra dupla na forma socialmente dominante de relação para com o eu, que ora quero retraçar com auxílio dos conceitos-chave de *individualização* e *aceleração*, e com o que é possível reconstruir, ideal-tipicamente,

---

8 Wenzel, 1995, p.114; Straub; Renn, 2002, p.7; Schneider; Limmer; Ruckdeschel, 2002, p.13 ss.

9 Straub; Renn, 2002, p.13.

as transições da Pré-Modernidade para a "Modernidade Clássica" e, dessa última, para a Modernidade Tardia.

## 2. Da identidade substancial *a priori* à identidade estável *a posteriori*: a temporalização da vida

A modernização, no que diz respeito à forma predominante de relações identitárias subjetivas ou aos *tipos de personalidade*, aparece nas análises sociocientíficas, desde a época dos "clássicos" da Sociologia, como um processo de *individualização*.[10] Esse processo está inerentemente vinculado à dinamização das relações sociais, na medida em que ele caracteriza a desvinculação de ações e decisões individuais de posições e papéis sociais rigidamente definidos e de tradições e convenções compulsórias, aumentando o grau de liberdade de realização individual, porém também a responsabilidade pela própria vida. Ainda que historicamente seja problemático falar "da" identidade pré-moderna por excelência, uma vez que a pré-modernidade não existe em absoluto como formação social coesa, é possível justificar a tese de que, em sociedades tradicionais – até o início da primeira fase da Modernidade –, a identidade social substancial dos sujeitos era predefinida e determinada como

---

10 Ver o Capítulo II.2.b. O conceito de "personalidade" saiu de moda no discurso sociocientífico, tendo sido substituído em grande parte pelo conceito de identidade (pessoal). Essa transição conceitual estaria supostamente relacionada com a circunstância a ser analisada aqui: ela sinaliza o abandono de idealizações substancialistas ou até essencialistas da individualidade em favor de formas de auto*representação* mais flexíveis, mais fortemente reflexivas, mais adaptáveis e até definíveis.

que *de fora*. A questão da identidade (uma vez que ela existisse como problema da vida cotidiana em tais sociedades) é respondida através do olhar para fora: tradição e religião atribuem ao sujeito seu lugar na estrutura do mundo e na sociedade, predefinindo quem ele é, como se encontra na comunidade e o que deve fazer. Seus "parâmetros de identidade", que se tornam reconhecíveis como tais apenas depois de tradições e convenções terem *se tornado questionáveis* – dentre elas, por exemplo, religião, local de residência, "orientação política", profissão, modos de vida etc. –, são *prescritos*, e não *escolhidos*, deixando evidente que questões a respeito da orientação política, da religião, do modo de vida ou da profissão não fazem nenhum sentido no horizonte da sociedade tradicional.

Como Charles Taylor destacou, em uma sociedade fundamentada por um horizonte de sentido concebido divinamente, ou dado de antemão como uma "grande ordem da existência", as relações de reconhecimento também estarão asseguradas "*a priori*": a medida de reconhecimento social que cabe a cada sujeito pode ser identificada em sua respectiva posição na ordem social.[11] Os conceitos correlativos de identidade e reconhecimento, que se tornam cada vez mais importantes para a cultura e para a política ao longo do avanço da Modernidade, praticamente não influenciam o vocabulário da compreensão das sociedades pré-modernas sobre si mesmas (com exceção da situação crítica de conflitos de lealdade, como ilustrado de forma exemplar em *Antígona*); eles não designam nada que pudesse ser influenciado pelo indivíduo e, desse modo, tornar-se questionável. Autorrelações ou identidades nem sequer são ob-

---

11 Taylor, 1993.

jeto de reflexão em sociedades estritamente tradicionais, elas só são tematizadas como consequência da *introspecção* reflexiva, que, especialmente com a Reforma Protestante, se torna, nos novos tempos, prática dominante de autodeterminação.[12] Sujeitos em sociedades tradicionais possuem, então, praticamente uma *identidade substancial a priori*.

*Individualização* designa, assim, o processo, que se inicia na Modernidade, de criação de *alternativas* substanciais de ação e de vida, que delega ao indivíduo uma responsabilidade progressivamente crescente pela configuração de seu destino. Um pré-requisito para que isto ocorra é a *mudança social* sob a forma da liquefação de diretrizes e papéis-modelo tradicionais. *Quem alguém é* não pode mais ser determinado externamente, mas reside em proporção crescente numa configuração da qual o próprio sujeito participa [*Mitgestaltung*]. Individualização significa, com isso, sobretudo a possibilidade, mas também a tarefa de encontrar ou escolher, por si mesmo, papéis e relações formadores de identidade – a *profissão*, o *parceiro conjugal*, a *comunidade religiosa*, a *orientação política* –, e assim arcar com suas consequências. Dessa forma, o eu se torna, em medida muito maior do que fora, um *projeto reflexivo*.[13]

De fundamental importância é o fato de que a individualização, nesse sentido, é correlativa a uma *temporalização da vida*. O desdobramento ou "efetivação" da identidade se torna um projeto temporal que se desenvolve em uma trajetória de vida; essa é a forma clássico-moderna de "*pôr a identidade em movimento*". Quando a responsabilidade por aquilo que alguém faz da

---

12 Taylor, 1994, p.209 ss.; sobre isso, Rosa, 1998, p.181 ss. e 351 ss.
13 Ver Wenzel, 1995, p.127, em concordância com Giddens.

própria vida, pela forma como alguém *conduz* a vida e pela busca do *projeto constitutivo da identidade* é do próprio indivíduo, este se vê obrigado a tomar medidas preventivas e sondar possibilidades alternativas para o futuro. Exatamente por isso, também Norbert Elias observa em O *processo civilizador* uma crescente "compulsão à previdência" (complementar à difusão do autocontrole [*Selbstzwang*]).[14] Ao contrário, a orientação segundo o passado perde importância.[15]

Apresenta-se, como condição fundamental para que ocorra uma tal conversão do horizonte de futuro, constitutivo da identidade, a *planejabilidade* do futuro. A identidade só pôde se tornar um projeto socialmente vinculado, condicionado aos movimentos da vida que se dão ao longo de rotas de desenvolvimento alternativas, quando a fluidificação das formas de vida e de comunidade, sobretudo com as pioneiras fluidificações causadas pela Revolução Industrial, foram conduzidas a trilhos relativamente fixos e dinamicamente esabilizadas numa "Modernidade organizada",[16] crescentemente, sob a forma de um Estado social.

Esse processo foi abordado detalhadamente por Martin Kohli, ao mostrar a importância do *"regime de percurso de vida"* [*Lebenslaufregime*] institucionalizado para os padrões de identidade

---

14 Elias, 1976, v.II, p.336 ss.

15 Robert Lauer (1981, p.117) diferencia exatamente nesse ponto a sociedade moderna da tradicional. Esta última tomaria seus critérios de valor e legitimação do passado, comprovando-se na prática da conduta de vida, mas como orientada ao presente, enquanto tal conduta se reduzir fundamentalmente à adaptação reativa a acontecimentos imprevisíveis e à (manutenção da) vida cotidiana.

16 Wagner, 1995; ver também 2002.

da Modernidade Clássica. "O processo de modernização é uma transição de um modelo de relativa casualidade dos acontecimentos da vida para outro de percurso de vida previsível", constata Kohli,[17] apontando ainda para o fato de que o percurso de vida dividido em sequências temporais possui, aqui, uma dupla função: por um lado, fundamenta a ordem institucional do Estado social – no sistema de educação, de seguridade social, de previdência etc. –, tornando-se, por sua vez, através desse sistema institucional, um percurso socialmente vinculado, e, por outro lado, estabelece, numa "biografia normalizada", que segue um "programa" de três etapas respectivas para o âmbito profissional (*formação, profissão, aposentadoria*) e para a estruturação familial da vida (*infância na família de origem, família própria com filhos, velhice após os filhos deixarem a casa dos pais*), um esquema de orientação biográfico que guia a identidade. "O desenvolvimento em direção à Modernidade é um processo de temporalização da vida. [...] De uma forma de vida para a qual a idade era relevante apenas como *status* categorial, a mudança conduziu a uma forma em cujos princípios estruturais centrais reside o transcorrer do tempo da vida. Em outras palavras: no lugar de uma forma predominantemente estática de vida, ou seja, ordenada situacionalmente – isto é, por meio de vínculos estáveis –, surge uma forma predominantemente biográfica – ou seja, ordenada por meio de um programa vitalício", é como Kohli

---

[17] Kohli, 1986, p.185. Ver Wenzel, 1995, p.127 (grifos meus, H. R.), na mesma linha de Giddens: "O indivíduo [moderno] pensa de forma autobiográfica, produz uma identidade coerente, continuada *ao criar sua história de vida, ao antecipar seu futuro em uma postura estratégica, calculista, ao manter um planejamento de vida*".

resume assim a *concepção clássico-moderna* a respeito da vida individualmente estruturável.[18] A identidade, nesse sentido *temporalizada*, está estreitamente ligada a uma conduta de vida que pressupõe a confiabilidade de sequências temporais de conteúdo previsível, tal como em modelos de formação educacional e de carreira, ou no planejamento familiar e no sistema previdenciário, substituindo a forma de vida da sociedade pré-moderna, descrita acertadamente por Kohli como, ao mesmo tempo, estática (na definição substancial da identidade e da ordem social) *e* situacional (na conduta da vida como adaptação reativa a determinados acasos e imprevistos exógenos).

A confiabilidade das instituições sociais corresponde, assim, à representação da estabilidade de cada identidade particular que se institui no desenvolvimento da vida. A identidade "clássico-moderna" parece ser, com isso, uma *identidade estável a posteriori*. A tarefa, delegada ao indivíduo, de constituição da identidade, é a seguinte: *encontre seu lugar no mundo*, ou seja, escolha uma profissão, constitua uma família, adote uma comunidade religiosa e encontre uma orientação política. No entanto, o encontro da identidade é, segundo essa ideia, um processo que ocorre apenas uma vez. O fato de ele se desenvolver, em geral, ao longo de diretrizes provenientes de nichos sociais estáveis e, por fim, desaguar em *"clusters* de identidade" típicos, nos quais caminhos de formação específicos, profissões, formas de vida, orientações políticas etc. estão intimamente correlacionados, o que limita a livre combinação de "peças" de identidade, me parece menos relevante que o fato de que a identidade, uma vez "encontrada", e o papel-modelo que a de-

---

18 Kohli, 1986, p.184, grifos meus, H. R.

fine, raramente sejam revisados, empírica e substancialmente. Na Modernidade Clássica, a troca de profissão e a separação conjugal, assim como a conversão a uma nova comunidade religiosa ou a filiação a uma outra orientação política são, por um lado, sempre possíveis, porém permanecem sendo a exceção e representam indícios de um projeto de identidade, se não falido, ao menos fragilizado; elas constituem uma espécie de *revisão identitária emergencial*.

Da mesma forma, *revisão* e *conversão* representam possibilidades reais do desenvolvimento biográfico no horizonte da "Modernidade Clássica"; no entanto, onde quer que ocorram, são narrativamente reconstruídas, em geral, sob a forma de *histórias progressivas*, ou seja, como importantes etapas rumo a uma vida *mais autêntica*, ou como emancipação de compulsões e libertação de equívocos.[19] Com isso, a identidade revisada também constrói, constantemente, a perspectiva abrangente de uma evolução contínua e de um desenvolvimento do projeto de vida como um todo. A representação narrativa da vinculação entre passado, presente e futuro conserva a forma de uma história progressiva e evolutiva, que compreende um horizonte de destino reconstruível e fornecedor de sentido.[20]

Uma tal forma de desenvolvimento biográfico, seja de um plano de vida ou de um projeto de identidade, para a qual o *romance de formação ou desenvolvimento* burguês, no qual o propósito é quase sempre o encontro de uma identidade autodeterminada,

---

19 Ver sobre isso, mais detalhadamente, Rosa, 1998, p.166 ss.
20 Uma diferenciação interessante de formas modernas e pós-modernas de identidade narrativa orientadas por tais atributos se encontra em Kraus, 2002.

sua afirmação e seu desenvolvimento em um meio potencialmente hostil ou indiferente,[21] constitui uma imagem modelar, parece aqui, de forma inegável, "estruturalmente" acoplada, por assim dizer, a uma velocidade "geracional" da mudança social, no sentido definido no quinto capítulo. Pois ela exige que, por um lado, o espaço de experiência e o horizonte de expectativa sejam suficientemente diferentes para que se possa compreender a própria vida (assim como o desenvolvimento social) no sentido de um *movimento direcionado* e para que não seja necessário reproduzir tradições de maneira irrefletida; e, por outro lado, no entanto, que o horizonte de expectativa permaneça suficientemente estável de modo a possibilitar o desenvolvimento de perspectivas de vida de longo prazo, temporalmente resistentes, e também permitir que necessidades imediatas sejam sistematicamente adiadas e que o cumprimento de um modelo biográfico possa ser esperado.

Na sociedade *pré-moderna*, na qual a mudança das estruturas sociais fundamentais ocorre *mais lentamente* que a sucessão completa das três gerações que podem conviver em um dado tempo, o tempo, em tal circunstância, parecerá *imóvel* e estático, como um pano de fundo determinado pela tradição, diante do qual se sucedem os não planejados acasos e imprevistos da vida. Mas se, por outro lado, a velocidade da mudança social se torna *maior* que a da sucessão simples das gerações, como explicarei, não é mais possível sustentar a representação de identidades pessoais *estáveis*. Apenas na Modernidade Clássica, que se move entre esses limites dinâmicos, é possível, como mostra Ansgar Weyman, que cada nova geração se torne o portador das ino-

---

21 Ver sobre isso, por exemplo, Petersen, 1991.

vações estruturais e culturais.²² Tal tarefa identitária contém em si uma tarefa intergeracional de inovação que, por sua vez, enquanto *projeto geracional*, promete, ao mesmo tempo, estabilidade geracional.

Essa estabilidade é – por exemplo, no que concerne à forma das relações de trabalho – de importância indubitavelmente central para a identidade moderna. Não é por coincidência que Zygmunt Bauman, apoiando-se em Daniel Cohen, descreva o "clássico-moderno" contrato de trabalho entre uma "fábrica fordista" e seus empregados utilizando o vocabulário do *matrimônio civil*: ele se baseava fundamentalmente em estabilidade ("até que a morte os separe") e em um modelo de carreira e rotina previsível ("o divórcio estava fora de questão"), mas cada um devia cumpri-lo individualmente.²³ Evidentemente, tais vínculos empregatícios, assim assegurados, eram antes a exceção que a regra, porém definiam, de forma paradigmática, o exemplo de identidade vocacional-biográfica bem-sucedida, e foram por muito tempo tomados como *epítome de modernidade*. Essa forma de estabilidade geracional se estendeu não apenas às esferas centrais da vida (casamento, profissão, orientação política etc.), como em grande medida também às suas dimensões periféricas, por exemplo, sobre o pertencimento a grupos, sobre o engajamento voluntário e até mesmo sobre a escolha do seguro de saúde, da instituição financeira e, por vezes, até da marca de automóvel. O significado de tal forma de cons-

---

22 "Na sociedade moderna, as gerações atuam dentro das respectivas relações geracionais históricas como agentes coletivos estruturadores e inovativos" (Weyman, 2000, p.44).

23 Ver o Capítulo V, nota 16.

tância para a possibilidade de uma identidade estável só se torna claro ao ser contraposto à instabilidade das relações na Modernidade Tardia.

## 3. Da identidade temporalmente estável à identidade situacional: a temporalização do tempo

A relação, socialmente determinada, entre movimento e inércia é de imprescindível relevância para a forma das relações identitárias, uma vez que, nelas, *continuidade* e *coerência* devem ser constantemente equilibradas diante de *mudança* e *flexibilização*.[24] À luz dos argumentos apresentados, fica evidente que esse equilíbrio é construído de maneira mais dinâmica na sociedade moderna do que em sociedades tradicionais; da mesma forma, fica claro que a identidade *clássico-moderna* foi construída de modo relativamente resistente ao tempo e fundamentada em coerência e continuidade onde quer que lhe tenha sido necessário se afirmar em contextos de transformações e revoluções. Desde a década de 1970 (ou seja, por volta da época do surgimento de diagnósticos de uma transformação do *regime espaçotemporal* da Modernidade), multiplicam-se as observações, provenientes da cultura e das ciências sociais, de uma *segunda onda de individualização* e, consequentemente, de *pluralização*,[25] que, de acordo com suas conclusões, deslocariam mais uma vez, e de forma duradoura, aquele mencionado equilíbrio em favor da dinamização do eu e da identidade.

---

24 Ver Rosa, 2002a, p.268 ss.; assim como Krappmann, 1997, e Straub, 1998b.

25 Um exemplo clássico é Beck, 1986.

Portanto, não causa surpresa que os diagnósticos de uma identidade "pós-moderna", em geral tão heterogêneos, tendam a um consenso a respeito da tese de uma liquefação da *identidade pessoal estável* em favor de um projeto de si mais aberto, experimental e, por vezes, também fragmentário. A *individualização* significa igualmente, em sua forma tardo-moderna, o aumento de opções de escolha e de contingências para a construção da própria biografia, ainda que esse aumento assuma, aqui, sobretudo a forma de uma *combinabilidade* [*Kombinierbarkeit*] mais livre e de uma *revisibilidade* [*Revidierbarkeit*] mais simples dos componentes da identidade. Assim, na Modernidade Tardia, por um lado, aumentam drasticamente as possibilidades de escolha e as formas de diferenciação, não apenas em relação a dimensões *centrais* da vida e da identidade, como profissão, família, religião, residência, mas também, tendencialmente, a nacionalidade, sexualidade e gênero, e em relação a âmbitos *mais periféricos* que, não obstante exercem uma influência considerável sobre o cotidiano, tais como companhias de telefone, de seguros, de energia, associações, formas de investimento financeiro etc.

Por outro lado, tanto os componentes identitários centrais quanto os periféricos são, como já dito, livremente *combináveis* e tendencialmente *revisáveis*: famílias, profissões, orientações religiosas, preferências partidárias, companhias de seguros e redes de contatos não são mais pontos fixos da conduta de vida, que se tornam permanentes e vitalícios após sua escolha (singular). Eles podem, ao contrário, a qualquer momento ser revisados por escolha *própria* ou pela decisão *de outros*. Mesmo em contextos nos quais antigos padrões são transmitidos e onde não é feito nenhum uso das novas possibilidades de escolha e de mudança, inevitavelmente cresce a *consciência da contingência*.[26] Além disso, aquilo que é estabelecido em *uma* dimensão perde sua força de condicionamento sobre possibilidades de escolha que, em *outras* dimensões, continuam em aberto. No bojo da dissolução progressiva dos nichos rígidos e formadores de identidade, de um lado, e dos padrões sequenciais e das carreiras, de outro, uma determinada formação não mais conduz, necessariamente, a uma determinada profissão, assim como uma determinada profissão não está mais ligada a a prováveis preferências políticas; e ambas não mais coincidem com determinadas orientações religiosas e atividades de lazer. Da mesma forma, *fases da vida* perdem sua correlação, até então estreita, com orientações e atividades específicas: é cada vez mais comum constatar, em idades mais avançadas, e *após* longos períodos de atividade profissional, períodos de formação que estão tradicionalmente associados à juventude; fenômeno similar ocorre com as fases biográficas do apaixonar-se, do matrimônio e da paternidade, enquanto, ao contrário, a exclusão involuntária e permanente da vida profissional pode ser experienciada já na juventude.[27] A participação nas chamadas "culturas da juventude" parece não mais ser regulamentada pela idade.

O que há de novo nessa situação é, portanto, tanto a progressiva dissolução dos *"clusters"* nos quais características identitárias ocorrem, com grande probabilidade, juntas – gerando uma diferenciação das situações particulares de vida –, quan-

---

26 *É assim. Mas também poderia ser diferente* (*Es ist so. Es könnte auch anders sein*) é o representativo título de um livro de Helga Nowotny (1999).

27 Martin Kohli (1990, 1994) diagnostica, assim, uma paulatina *des-institucionalização* e uma *des-padronização* do decorrer da vida; similarmente em Castells (1996, p.445 ss.).

to a perda da *previsibilidade* do desenvolvimento biográfico *após* uma decisão individual em um âmbito específico da vida. Pois revisibilidade não significa, aqui, nada mais que a *temporalização da identidade pessoal*: *quem alguém é* não pode mais ser inferido por meio de um modelo de ordenação cultural e social determinado pela tradição, que o transmitiu por várias gerações (como no período *pré- moderno*); porém também não pode mais ser determinado a partir de uma apreensão da vida como um todo (como na Modernidade Clássica); mas depende, antes, do específico *ponto no tempo* no qual alguém se encontra no decorrer da vida. A identidade se torna, assim, *transitória*,[28] ela se transforma numa velocidade *intrageracional*. Como demonstrei no Capítulo VI.3, os predicados indicadores de identidade devem, na Modernidade Tardia, ser sempre sinalizados com um índice temporal: não se é mais padeiro, conservador ou católico *per se*, mas sim "naquele momento", e tendencialmente em um presente contraído, de duração não predizível; era-se algo diferente e (provavelmente) se será algo outro. A transformação dos padrões de identidade no avançar da Modernidade também pode ser descrita, portanto, como uma aceleração que vai de sequências identitárias geracionalmente abrangentes a sequências intrageracionais, o que se evidencia no fenômeno da "monogamia serial", que tendencialmente substitui, tanto no que concerne a relações íntimas quanto a atividades profissionais, a monogamia vitalícia.[29]

Com isso, parece ter-se concretizado, do ponto de vista prático-identitário, aquilo que Luhmann conceitua como uma consequência inevitável da diferenciação funcional e da temporalização da complexidade, a saber, o ajuste do "esquema-ser"

---

28 Straub; Renn, 2002.
29 Ver, sobre isso, o Capítulo V.

em relação ao "esquema-tempo", o que faz que decisões e posições (constituidoras da identidade) tornem-se *relativas ao tempo*, e não mais *relativas ao ser*.

> [Assim] o tempo se encontra não apenas tematicamente inserido na autodescrição da sociedade sobre si e seu mundo, mas também de forma muito mais profunda e operativa. Na verdade, não é mais possível insistir que identidades, sejam elas objetos ou sujeitos, sejam predefinidas para o tempo. Elas são, antes, construídas e reproduzidas em meio ao respectivo tempo presente, de modo a gerar, durante determinado período, vínculos temporais que comuniquem os extremamente distintos horizontes temporais do passado (memória) e do futuro (oscilação em todas as distinções relevantes observáveis).[30]

Para tal concepção do tempo impôs-se, no entanto, tanto na filosofia quanto nas ciências sociais, o conceito de *temporalição do tempo*: temporalização do tempo significa que a decisão a respeito da duração, da sequência, do ritmo e da velocidade das ações, acontecimentos e vinculações se dá apenas ao longo de suas realizações, isto é, *no próprio tempo*, sem obedecer a um plano cronológico predefinido. Paradoxalmente, *temporalização do tempo* significa exatamente o que Castells descreve como tempo *atemporal*.[31]

Sobretudo duas questões são decisivas para a transformação, aqui postulada, dos modelos identitários, em decorrência

---

30 Luhmann, 1997, p.1014.
31 Ver, sobre isso, os capítulos IV e X e especialmente o Capítulo XIII; sobre o estabelecimento de tal concepção temporal na Filosofia e nas ciências naturais, ver Sandbothe, 1998.

da aceleração social: em primeiro lugar, uma tal *temporalização do tempo* é diametralmente oposta à já discutida *temporalização da vida*, no sentido de seu regime de conduta de vida e de sua biografia normalizada, determinantes para a forma de identidade da Modernidade Clássica. O primeiro surto de dinamização da Modernidade levou a uma concepção da vida como movimento direcionado que se dá ao longo de trilhos de desenvolvimento pré-sequenciados e alternativos, que eram determinados pela previsibilidade e planejabilidade do futuro, que, por sua vez, conduziam a um esboço de "planos de vida"; o segundo põe em suspensão exatamente esse pré-sequenciamento e a planejabilidade do futuro. *Temporalização do tempo significa, portanto, a revogação da temporalização da vida enquanto um projeto temporalmente extenso.* E em segundo lugar: a então teoricamente deduzida representação de uma temporalização do tempo, posta anteriormente é, enquanto tendência determinante do desenvolvimento das sociedades ocidentais contemporâneas, algo muito bem documentado empiricamente. Ante o fato de que os desenvolvimentos sequenciais profissionais e familiares (tais como formação, atividade profissional e aposentadoria ou o apaixonar-se, casar-se e ter filhos) estão, por um lado, cada vez menos vinculados uns aos outros e à idade biológica, e, por outro, cada vez mais percorridos em momentos diversos e transgredidos em sua ordem sequencial, constata Martin Kohli uma inegável tendência à desinstitucionalização do regime de vida e uma crescente perda da força orientadora da *biografia normalizada*.[32] Porém, a temporali-

---

[32] Kohli, 1986, 1990, 1994; assim como Castells, 1996, p.439 ss. e 445 ss.; Bauman (2000, p.116) e Sennett (1998) interpretam no mesmo sentido a erosão de sequências de carreira pré-definidas no mundo profissional.

zação do tempo também pode ser atestada empiricamente em âmbitos semiperiféricos e periféricos da vida. No âmbito do engajamento civil, por exemplo, há muito é diagnosticada uma transformação na forma do emprego voluntário [*Ehrenamt*] (de um "velho" para um "novo" voluntariado),[33] que pode ser precisamente descrita através da conceituação do *tempo temporalizado*: voluntários mais jovens estão cada vez menos propensos a se vincular *a longo prazo* e a realizar "serviços" de em abrangência *predefinida*. Eles preferem, em vez disso, formas de engajamento mais livres, cuja duração possa ser definida de caso para caso, e nas quais possam controlar, de forma flexível, a parcela de seu orçamento temporal semanal ou mensal que irão dedicar ao emprego voluntário – o que significa que o conceito de "emprego" voluntário para tal atividade é extremamente enganoso. O engajamento civil assume, no bojo da temporalização do tempo, tal qual a atividade profissional e tendencialmente também as atividades e compromissos privados, a forma "projeto": decide-se flexivelmente sobre sua duração, sequência e, muitas vezes, velocidade; projetos podem sempre ser cumpridos no curto prazo e sua duração é limitada.[34]

A temporalização do tempo da Modernidade Tardia, que segue a lógica do *tempo atemporal*, se manifesta, no entanto, não apenas na desestruturação temporal do *percurso de vida*, como ainda na flexibilização do *cotidiano*. Como apresentado, os padrões de uso temporal na funcionalmente diferenciada sociedade *clássico-moderna*, são definidos, em grande medida,

---

[33] Ver, por exemplo, Heinze; Olk, 1999; sobre isso, também Giegel; Rosa, 2000, e Corsten et al., 2005.
[34] Ver, sobre isso, também Garhammer, 1999, p.157 ss., 411 ss. e 463 ss.

por diretrizes do tempo linear do relógio, externo aos acontecimentos, isto é, os padrões de atividade dos indivíduos são adaptados às "janelas temporais" de cada esfera funcional por meio de planos horários, diários, semanais e mensais, exatamente sequenciados. Uma boa gerência temporal se manifesta, assim, na manutenção da sequência de ações visando a um "mínimo de perdas", ou seja, sem pausas indesejadas e intervalos, mas também sem colisões de horários, de forma que as tarefas e obrigações possam ser cumpridas de fato no período previsto. A duração e a sequência das atividades a serem realizadas num intervalo de tempo são definidas e planejadas, portanto, *antes do tempo*, para garantir a coordenação e a sincronização social das sequências de ações.[35]

No bojo da perpetuação e contemporaneização de processos sistêmicos, bem como da derrubada de fronteiras entre "janelas temporais" sistêmicas, que ocorre, tendencialmente, através do prolongamento ilimitado dos horários de disponibilidade, de operação e acesso, há a erosão dos ritmos coletivos da vida social, e, em consequência da flexibilização a isto relacionada, há o fato de períodos de engajamento individual em uma área específica, também no âmbito das práticas e estratégias temporais cotidianas, passarem por uma "mudança paradigmática".[36] Na ausência de intervalos de tempo predefinidos para atividades da vida cotidiana, como *trabalhar, fazer compras, encontrar os amigos, tratar da correspondência, cuidar da família*

---

35 Ver o Capítulo I.1 e VIII.3.
36 Sobre as causas dessa mudança de paradigma, ver o Capítulo VIII.3; sobre sua plausibilidade empírica, ver, por exemplo, Seiwert, 2000, p.15 ss.; Levine, 1999, p.249 ss.; Geißler, 1999, p.111 ss.; Hörning; Ahrens; Gerhard, 1997.

etc., tanto pelo fato de que sua execução é possível a qualquer momento, quanto pelo fato de que imprevistos podem a qualquer momento exigir um engajamento mais intensivo, torna-se racional projetar o cotidiano de forma flexível, de modo que novas tecnologias móveis são utilizadas para a coordenação e sincronização de cadeias de ação. O cotidiano clássico-moderno era, assim, caracterizado por um planejamento cronológico predefinido – e por uma rotina que daí se desenvolveu –, aproximadamente da seguinte forma: *7 da manhã: levantar-se; 8 horas: começar a trabalhar; meio-dia: pausa para o almoço; 17 horas: fim do expediente/fazer compras; 18 horas: buscar as crianças na educação física; 19 horas: jantar; 20 horas: encontrar os amigos.* Os temporalizados horários do cotidiano tardo-moderno, ao contrário, mantêm a ocorrência, a duração e a sequência de acontecimentos amplamente flexíveis. Pode até ser que o cotidiano seja ainda marcado pelo levantar-se da cama e pelo ir dormir, no entanto, uma vez que os horários de trabalho se tornam flexíveis e passam a ser coordenados apenas por *deadlines*, e mediante a possibilidade de execução de várias tarefas a qualquer momento e concomitantemente, a escolha do que fazer requer um *motivo* específico.[37] Com ajuda de tecnologias de coordenação, encontros privados ou profissionais podem ser marcados de forma flexível, tanto em relação ao horário quanto ao local: *quando e onde me encontrarei com a pessoa X depende, por um lado, do quão bem estou progredindo com meu trabalho, e, por outro, de quanto tempo sua reunião durará. X me telefonará assim que estiver pronta. Se nesse momento eu estiver em casa, nos encontramos lá, se eu já estiver na cidade, nos encontramos no Café Y.* De acordo com a situação, decidirei se farei compras antes ou

---

37 Geißler, 1999, p.142.

depois do encontro. Ordenações cronológicas são criadas, assim, de forma individual e flexível *no próprio tempo*.

Como consequência inevitável de tal forma de *temporalização da complexidade*, opções e contingências, e com elas surpresas e imponderáveis, assim como mudanças de situação repentinas, aumentam consideravelmente, tornando o gerenciamento temporal, ao estilo de um controle disciplinado de horários, cada vez menos praticável. Esse é o motivo pelo qual Hörning, Ahrens e Gerhard acreditam poder comprovar, com sua investigação empírica das *práticas temporais* da Modernidade Tardia, baseada em entrevistas individuais e conversas em grupo, que a forma clássico-moderna de gerenciamento temporal linear e de planejamento temporal sequencial tornou-se insustentável, e a figura do "gerenciador de tempo" foi paulatinamente suplantada por um novo estilo de vida, o do "jogador malabarista de tempo".[38] O "jogador" supera a moderna orientação temporal linear, contabilizadora e planejadora, substituindo-a por uma "prática temporal situacional" orientada aos acontecimentos (que dá a impressão de ser pré-moderna, porém tornada reflexiva).[39]

---

38 Os autores, entretanto, caracterizam o *gerenciador temporal* clássico-moderno em função de sua tentativa de manter o controle do cotidiano e retomar a segurança de planejamento através da utilização da tecnologia moderna de uma forma que pode conduzir a um equívoco, ou seja, como "equilibrista das ondas fascinado pela tecnologia" (1997 e 1999).

39 Nas palavras da entrevista de um jogador "recentemente convertido": "Prioridade é eu poder manter o decorrer do dia da forma mais espontaneamente desestruturada quanto possível; é claro que também marco horários e encontros, mas sempre posso mudar aqui e ali uma coisa ou outra. Essa insistência nos formatos clássicos de horários só

Também Hörning, Ahrens e Gerhard caracterizam essa recentemente estabelecida prática temporal com o conceito de uma *temporalização do tempo*,[40] pois o "jogador" decide sobre a velocidade e a duração dos acontecimentos, e sobre ações conectivas, não dentro do quadro de um plano geral ou de um conceito temporal abstrato-linear, mas sim de forma flexível e de acordo com a situação, a partir do tempo interno e do horizonte temporal de cada acontecimento atual, por assim dizer. "O 'jogador' não quer mais aceitar prescrições nem prescrever a si mesmo o que, quando, quão rápido, por que e para que as coisas ocorrem. Ele não quer mais definir qual forma de temporalização é adequada para qual momento, mas sim saber que possui a todo momento o tempo à sua disposição.".[41] Dessa forma, ele consegue, segundo os autores mencionados, "colocar o que é dado sob diferentes variações de perspectiva e, assim, ajustar-se às 'vicissitudes' do cotidiano tardo-moderno. Na medida em que ele é que 'deve' iniciar, interromper, prolongar e encerrar o 'jogo', acaba desenvolvendo a qualidade notória de uma prática temporal orientada para os acontecimentos, que buscará manter seu papel no 'jogar o jogo' da forma mais flexí-

---

atrapalha. Antes a coisa era completamente diferente. Eu tinha um calendário semanal, tudo muito separado em intervalos de trinta minutos, aí eu coloquei blocos de atividades no meio e foi isso. Agora posso lidar com as coisas de forma mais espontânea. É uma boa estratégia" (Hörning; Ahrens; Gerhard, 1997, p.142).

40 Ibid., p.145 ss.
41 Ibid., p.178. Não se pode esquecer, logicamente, que o jogador também está ligado – especialmente na esfera de atividades remuneradas – a prazos e datas que não pode influenciar e que acabam "colonizando" seu jogo com os tempos de acontecimentos; ver sobre isso mais profundamente acima o Capítulo VIII.1.

vel possível".[42] Dessa maneira, o "jogador" aprende, pela deslinearização e temporalização do tempo, aquilo que Richard Sennett entende como uma ameaça tardo-moderna ao caráter, a saber, o fato de "perturbações como inseguranças temporais, assincronias, discordâncias, o choque de diferentes culturas temporais, a ocorrência de rupturas" etc. não "serem vistas como anomalia, mas serem introduzidas como normalidade na atual, altamente situacional prática temporal.".[43]

Assim, essa nova forma, *"altamente situacional"* de prática temporal, que não reage mais à abertura e à não planejabilidade do futuro com a exigência de controle e de segurança da "Modernidade Clássica", se vincula às tardo-modernas perspectivas biográfica e cotidiana tornando-se uma *nova forma de identidade,* em si mesma situacional. A hiperaceleração da Modernidade Tardia, que não pode ser domada pelas referências de estilo de vida e tipos de identidade clássico-modernos, não representa

---

42 Hörning; Ahrens; Gerhard, 1997, p.16, grifos no original.

43 Ibid., p.178. Brose, Wohlrab-Sahr e Corsten, em sua análise de formas ou tipos de conduta de vida na Modernidade Tardia com base no exemplo de trabalhadores temporários, concluem que o padrão mais bem adaptado às condições modificadas e, com isso, "mais moderno" da organização da biografia ou da conduta de vida seria o "tipo descentralizador", muito parecido com o "jogador": "O que é vivenciado como problemático [pelos outros tipos] passa por uma inversão violenta no tipo descentralizador. [...] A perspectiva temporal desse tipo é marcada pelo 'futuro presente'. E esse futuro aparenta estar em aberto. [...] O futuro está aberto no sentido da possibilidade de diferentes desenvolvimentos. [...] Quando não houver mais uma perspectiva central nem um objetivo de vida fixo e único; quando o objetivo for antes se realizar na mudança de perspectivas de forma variada, então a contingência do futuro não será mais motivo de inquietação" (Brose; Wohlrab-Sahr; Corsten, 1993, p.322).

mais uma ameaça para o "jogador". Ele, ao contrário, a afirma como geradora de possibilidades, com a qual "uma 'temporalização do tempo' cada vez mais rápida se torna possível". Ele se

> liberta [...] de obrigações, vinculações e imperativos temporais predeterminados [...], modera e modula seus altamente situacionais tempos próprios [*Eigenzeiten*]. O "jogador", consequentemente, reflete em sua orientação a crescente dinâmica e complexidade de uma sociedade que, em meio à torrente de acontecimentos, cada vez mais só consegue capturar sua própria identidade em descrições situacionais momentâneas.[44]

Gert Günter Voß também separa essa forma de *conduta de vida situacional* de padrões tendencialmente superados, ou seja, de um lado, a *conduta de vida tradicional*, de outro, a *conduta de vida estratégica*. O cerne da lógica interna da primeira seria "estabilidade e autoevidência: pessoas com uma tal conduta de vida se orientam, na elaboração de seu cotidiano, fortemente segundo noções socialmente preconcebidas de uma vida 'ordinária', procurando se 'adaptar' a um modelo no qual segurança e regularidade são valores centrais".[45] Essa forma de conduta de vida corresponde, como é possível perceber, à lógica diacrônica, apresentada anteriormente, da *identidade estável a posteriori*, caracterizada pelo fato de que o arranjo de elementos identitários, uma vez encontrado, seja mantido de forma cronologicamente estável: "Aquele que, nesse sentido, encontrou sua 'vida', também já a encerrou, por assim dizer – o mínimo possível deverá ser mudado".[46] A *condu-*

---

44 Hörning; Ahrens; Gerhard, 1997, p.179 e 174.
45 Voß, 1998, p.20.
46 Ibid., p.21.

*ta de vida estratégica*, que lembra fortemente a referência de estilo de vida do *gerenciador de tempo*, identificada por Hörning, Ahrens e Gerhard, é considerada por Voß, ao contrário, uma variante mais moderna de uma forma de construção do cotidiano que, mesmo na Modernidade Tardia, ainda se mostra adequada para vários estilos de vida. No entanto, sua caracterização não deixa dúvidas de que suas origens remontam antes à Modernidade fordista-industrial que à Modernidade Tardia flexibilizada, e se torna, com isso, tendencialmente anacrônica. "Uma conduta de vida 'estratégica' consiste [...] em planejamento sistemático, cálculo e domínio ativo das condições e recursos de vida para a realização de projetos. Uma importante perspectiva de tal conduta de vida é a da constante otimização e adensamento do decorrer do cotidiano".[47] Ele resume a contrariedade entre as formas de vida estratégica e situacional da seguinte maneira:

> Uma conduta de vida *estratégica* se baseia em planejamento severo e organização rígida, que lembra, em muitos aspectos, a burocratização ou organização centralista (ou até taylorista) das empresas. A forma *situacional* segue, ao contrário, uma lógica de flexibilização ou até mesmo de descentralização, assemelhando-se, de forma surpreendente, às novas estratégias empresariais. Com isso, a lógica estratégica se correlaciona antes a relações empregatícias que, apesar de complexas, são calculáveis e relativamente estáveis a longo prazo. No entanto, com a crescente dinâmica e desestruturação das relações, uma lógica situacional se torna cada vez mais funcional.[48]

---

47 Ibid., p.21.
48 Ibid., p.25.

Essa lógica situacional da conduta de vida, cotidiana e biograficamente, segundo minha tese, é um elemento imediatamente formador de identidade, uma vez que obriga indivíduos, perspectivas e horizontes temporais a manterem-se, sincrônica e diacronicamente, flexíveis. Na medida em que passado, presente e futuro são sempre de novo situacionalmente associados e interpretados, a concepção de *quem alguém era, é, e será*, transforma-se ininterruptamente. Os predicados e o sopesamento dos parâmetros identitários se modificam de acordo com a situação: quem alguém é depende de com quem essa pessoa está lidando e de em qual esfera social isto se dá (motivo pelo qual Kenneth Gergen afirma poder prever a iminente reposição da identidade pessoal por uma identidade meramente "relacional");[49] torna-se obscuro quais dimensões identitárias (profissão, religião, família, orientação sexual ou política, atividades de lazer etc.) são centrais e quais são periféricas. Coerência e continuidade do eu se tornam, com isso, contextuais e flexíveis em sua estrutura; sua estabilidade não reside mais em identificações substanciais.

Gergen (dentre outros)[50] identifica sinais empiricamente verificáveis que sustentam o fato de as perspectivas e horizontes do eu não poderem mais ser integrados a um projeto identitário unificado ou mesmo temporalmente estável, não apenas diacronicamente, ao longo de diferentes fases da vida, mas também sincronicamente, em relação aos diferentes contextos sociais nos quais um indivíduo está inserido. Isso espelha no lado subjetivo a lógica estrutural, discutida no capítulo ante-

---

49 Gergen, 2000, p.156 ss.
50 Bilden, 1997; Helsper, 1997; ver ainda Wenzel, 1995.

rior, da "desvinculação" do espaço temporal entre episódios de ação e de experiência, que perdem sua ligação contextual uns com os outros. A fragmentação, pluralização e multiplicação do eu, reiteradamente postulada em teorias "pós-modernas" da identidade em sociedades ocidentais altamente desenvolvidas, me parece ser nada mais que uma consequência lógica da *temporalização do tempo*, sincrônica e diacrônica, no plano prático da vida, que, por sua vez, deve ser entendida como consequência da aceleração da velocidade da mudança social em sua ultrapassagem de um limiar crítico de capacidade integrativa.

Abre-se mão, portanto, sob as exigências da sociedade da aceleração, da ideia de um projeto de identidade planejado sobre a duração e o longo prazo, consequentemente, da concepção de uma autonomia[51] que permita aos sujeitos o acompanhamento abrangente, contextual e temporalmente estável, de valores e objetivos autodeterminados. No lugar do tipo de personalidade da Modernidade Clássica, caracterizado por uma identidade relativamente resistente ao tempo, entra a figura do eu situacionalmente "mutante" (Lifton)[52] ou da "personalidade pastiche", que Gergen define da seguinte maneira: "A personalidade pastiche é um camaleão social que constantemente pega pedaços e peças de identidade emprestados de quaisquer fontes disponíveis, construindo-os de forma útil ou desejável em uma dada situação".[53] É evidente que nessa definição está caracterizado

---

[51] Utilizo aqui e no que se segue o conceito de autonomia não em um sentido puramente kantiano da autolegislação moral, mas sim em um entendimento ético, apoiado na teoria de identidades, do desenvolvimento autônomo de uma consumação da vida.

[52] Lifton, 1993; ver, sobre isso, Wenzel, 1995, p.121.

[53] Gergen, 2000, p.150.

apenas um radical ponto de fuga lógico do desenvolvimento aqui descrito, no qual não é mais possível nem mesmo falar de identidade, uma vez que o deslocamento de equilíbrio entre continuidade e coerência, de um lado, e flexibilidade e transformação, de outro, parece se encontrar num estágio tão avançado que aquela simplesmente se dissipa. No debate da teoria da identidade foram feitas críticas legítimas a uma tal concepção, questionando não apenas a plausibilidade empírica das correspondentes observações, mas até mesmo a possibilidade existencial de uma tal forma de relação identitária.[54] Diante disso quero defender a tese de que os achados empíricos apresentados convergem para o diagnóstico de uma tendência a uma forma tardo-moderna de *identidade situacional*, que consegue reunir as características paradoxais da situacionalidade e da identidade.[55]

Caso se defina identidade como aquilo que confere coerência e continuidade a um sujeito ao longo de contextos variantes, então o conceito de *identidade situacional* se torna, em certa medida, uma *contradictio in adjecto*. Caso se entenda identidade, ao contrário, como um *senso de si mesmo*, fornecendo capacidade de orientação e de ação, então as identidades situacionais, como uma espécie de ponto de fuga lógico de aceleração e individualização elevadas, são completamente imagináveis: esse senso de si se transforma, em sua substância, de contexto para contexto, de situação para situação, porém o sentimento de identidade, que orienta decisões e ações em todos os contextos práticos,

---

54 Straub, 2001; Joas, 1994. O próprio Lifton também evidencia que a identidade mutante tem sempre que criar coerência e continuidade de forma não linear e episódica.

55 Ver também Rosa, 2002a.

não se perde. Pois a concepção de uma tal identidade naturalmente não significa que *todas* as características se transformem de situação para situação. Muito pelo contrário, é possível supor que algumas, mesmo ao longo de inúmeras situações, se mantenham sincrônica e diacronicamente íntegras, de forma que identidades situacionais, mesmo não podendo mais ser precisadas de modo definitivo, ainda se encontrem ligadas por uma "semelhança familiar" [*Familienänhlichkeiten*] no sentido wittgensteiniano. Entretanto, transformações radicais também são completamente possíveis. O conceito apenas indica que nenhuma definição de identidade é, por si mesma, temporalmente estável e que a ponderação, a relação e a interpretação de características identitárias muda de situação para situação. Uma rudimentar continuidade e unidade transituacional do eu que justifique a utilização do conceito de identidade é garantida, a meu ver, pelos quatro seguintes fatores:

1) Em primeiro lugar, uma identidade situacional também permite a mínima ligação narrativa entre passado, presente e futuro e entre diferentes províncias de sentido e função de cada vida própria, ainda que essa ligação siga modelos narrativos que se originam, por sua vez, do dado contexto situacional.[56]

2) Consequentemente, é presumível que sujeitos são marcados por uma continuidade, digamos, *habitualizada*, que apresenta uma relativa resistência temporal. Pois, além de nossa autodeterminação reflexiva, nosso sentimento de identidade surge e se conserva em grande medida por meio daquilo que Bourdieu denomina *habitus*: através de nossas preferências e aversões

---

[56] Ver, sobre isso, Anderson, 1997; Kraus, 2000, 2002.

inscritas em nossos corpos, de nossos gestos e particularidades expressivas, de predicados do gosto etc. Esse *habitus* não se encontra de modo algum a salvo da mudança e também não é contextualmente invariável – nossas preferências e maneiras de comportamento são sempre situacionalmente codeterminadas –, porém ele se modifica em seu modelo fundamental apenas de forma aditiva, e apenas raramente de forma intencionada. O sentimento de si, incorporado em nossas práticas e em nossa relação corporal, ainda consegue gerar continuidade onde este, por trás da mudança situacional da identidade reflexiva e do estilo de vida, parece já estar perdido. Além disso, reforça-se a ideia de que continuidade e coerência passam, no decorrer da Modernidade, cada vez mais de uma questão sobre a *substância* do eu para uma questão de *estilo*: *quem se é* é definido cada vez menos pela forma e pela soma dos papéis desempenhados, das convicções defendidas e das posições adotadas e cada vez mais pela forma de lidar com acasos e imprevistos da vida. Entretanto, mesmo essa forma de coerência deve, também, ser atribuída antes ao lado romântico-expressivista da "Modernidade Clássica" que a uma "Pós-Modernidade" radicalizada:[57] uma identidade genuinamente pós-moderna se caracteriza exatamente pela inexistência da sensação de uma obrigação interior a um estilo sincrônica e diacronicamente unificado. A identidade radicalmente situacional é caracterizada, assim, pela possibilidade de um sujeito ser crédulo e introvertido na igreja, "deli-

---

57 A respeito do lado romântico-expressivista da identidade moderna, analisado por Charles Taylor, ver detalhadamente Rosa, 1998, p.351 ss.; ver ainda Gergen, 2000, p.18 ss., que considera, entretanto, a concepção romântica de identidade como precursora da versão moderna e, apesar disso, ainda culturalmente eficaz.

cado e feminino" nos relacionamentos, chauvinista e vitalista no trabalho, pacifista-alternativo numa demonstração pela paz, porém militarista-agressivo e ateu na reunião do partido, sem sentir as inconsistências ligadas a isso como problemáticas. Ao contrário, o fascínio do credo pós-moderno de que *"eu sou muitos"* reside em experimentar as possibilidades da questão de estilo também de forma flexível, aceitando o *pastiche* e a *colagem*. Essa pluralização interna se torna problemática, entretanto, quando o sujeito é obrigado a definir relevâncias e prioridades, e quando dela surgem exigências de ação conflitantes.

3) Em seu estudo sobre a relação entre *objetos de grande valor afetivo* e a construção identitária, Tilman Habermas chama a atenção para uma outra surpreendente forma de instituição da continuidade em tempos de mudança acelerada. Segundo esse estudo, objetos pelos quais indivíduos desenvolvem uma relação pessoal e emocional podem assumir uma função de, por assim dizer, "objetos de transição", representando e simbolizando continuidade e coerência exatamente no momento em que identidades e relacionamentos estão em transformação. Nesse sentido, objetos pessoais (ou animais de estimação), conscientemente subtraídos, ao menos por instantes, da contingência generalizada dos "descartáveis" que nos circundam, ocupam a lacuna, na Modernidade Tardia, deixada pelas identidades temporalmente estáveis e substanciais; eles suscitam uma continuidade transitória em tempos de reorganização do próprio indivíduo, contribuindo assim para uma transição entre contextos e situações divergentes sem rupturas.[58]

---

[58] Habermas cita, por exemplo, um estudante de medicina que afirma que sua adorada bicicleta representaria "a última convicção que ain-

*Aceleração*

4) Como recentes estudos na área de Psicologia Social apontam (contrariando as suposições, por exemplo, do interacionismo simbólico), sujeitos possivelmente dispõem de um "eu-nuclear" [*Kern-Selbst*] sem predicados "inato" que, para além dos elementos estabilizadores, possibilita a manutenção de um *sentimento* de identidade até mesmo em face de completa descontinuidade situacional.[59]

Com isso parece estar claro que uma *identidade situacional* pode ser pensada de forma filosófica e psicologicamente coerente, e que ela, na Modernidade Tardia, ao menos se desloca para o campo das possibilidades. Ela forma o correlato de personalidade do *espaço de fluxos* e do *tempo atemporal*, com o que não se define, certamente, a realidade social de todas ou da maioria das pessoas do mundo globalizado, mas descreve o modelo de autorrelação que corresponde à lógica de desenvolvimento estrutural e culturalmente dominante da sociedade contemporânea.

Ao mesmo tempo, se torna evidente também que, na Modernidade Tardia, as *relações espaciais, temporais* e *objetais* dos sujeitos e, exatamente através delas, sua relação consigo mesmo e com o mundo transformam-se de forma continuada. Da perspecti-

---

    da tenho" (Habermas, 1999, p.431, ver p.506). Confirmando essa ideia, Norbert A. Platt, diretor da Montblanc International, remete a atratividade de marcas de luxo exatamente ao fato de que elas, em uma "era de transformação vertiginosa [...] personificam valores recorrentes como tradição e estabilidade, ponderação e vagareza" (Platt, 1998, p.179). O fato de os *objetos estimados* analisados por Habermas terem menos de cinco anos (Habermas, 1999, p.457) pode inclusive exprimir algo sobre a velocidade da mudança nesse campo.

59 Ver, por exemplo, Glass, 1993.

va espacial, o ímpeto, fundamentado na Modernidade, de desprendimento da identidade pessoal de um *lugar* fixo, a partir do qual o mundo possa ser abarcado, é mais uma vez radicalizado. Quanto mais intensivamente as relações consigo forem definidas e estabilizadas no espaço de fluxos, mais fortemente a identidade perderá, literalmente, sua "orientação" geográfica: entre a forma clássico-moderna, que, tomando como referência um "local de domicílio", permitia grande mobilidade e, ao mesmo tempo, uma transformação sequencial desse local de domicílio, e a forma tardo-moderna do *retorno do nomadismo* (Bauman) ou da *poligamia dos locais* (Beck), estende-se um grande abismo.[60] Quem se considera morando em Hamburgo, apesar de passar cinco meses do ano na Espanha e no Egito, está "situado no espaço" de forma diferente daquele que, de fato, não mais consegue ou não mais quer dizer onde realmente mora.

Também em função dos altos índices de transformações das estruturas materiais do ambiente que nos circunda, cresce na Modernidade Tardia, novamente, o processo, observado por Simmel, de distanciamento entre o eu e seu entorno local e material: "O processo de objetivação dos conteúdos culturais que, conduzido pela especialização destes, cria um estranhamento crescente entre o sujeito e suas criações, chega, finalmente à intimidade da vida cotidiana. Os móveis, os objetos que nos [...] circundam ainda eram, nas primeiras décadas do século XIX [...] de uma simplicidade e durabilidade relativamente grande. Através disso surge o 'elo' da personalidade com os objetos de seu entorno, que as gerações mais novas hoje veem

---

60 Bauman, 2000, p.13; Beck, 1997, p.127 ss.

como uma excentricidade de seus avós".[61] Identidades, como é possível concluir, se distanciam, no processo de modernização, cada vez mais de seu entorno espacial e das estruturas materiais do ambiente: elas não encontram sua extensão nestas nem são mais por elas definidas. Nada do local (temporalizado) no qual o sujeito cumpre sua vida adere a ele de maneira "essencial"; ele não reconhece mais o ambiente como uma extensão de si.[62] Esse é o lado *literal* do processo postulado por Taylor da "contração" do eu, que chega a um ponto em que todas as relações – espaciais, objetais e sociais – se tornam contingentes e configuráveis, de tal modo que podem ser selecionadas de maneira *ilimitada*, permanecendo a identidade, com isso, sem predicados por não *ser* de fato coisa alguma.[63]

Isso é justamente um requerimento funcional de uma radicalizada "sociedade da aceleração", na qual grupos de refe-

---

61 Simmel, [1900] 1989, p.637. Ver Harvey, 1990, p.286 para a interpretação da Modernidade Tardia como aumento dos índices mencionados por Simmel: "O bombardeamento de estímulos, só no setor de produtos, cria problemas de sobrecarga sensorial que, comparados com a dissecação de Simmel dos problemas da vida urbana moderna na virada do século, reduzem-na à insignificância".

62 Ver sobre isso, detalhadamente, Rosa, 2002a, p.286 ss.

63 Taylor, 1994, p.288 ss.; ver o Capítulo VI.3. Exatamente esse modo de distanciamento da identidade autônoma determinada predicativamente é que Werner Helsper observa em suas reflexões sobre a forma possível de uma identidade pós-moderna (1997, p.177): "A identidade moderna é [...] *especialmente reflexiva*, ou melhor: autorreferencial, pois a pluralidade de formas de vida, de interpretações de mundo, de estilos culturais e de possibilidades de conduta de vida, assim como decisões sempre a serem tomadas diante das crescentes opções colocam a identidade em uma relação distanciada para com o mundo social e subjetivo. [...] Uma relação reflexiva para com a identidade e o mundo distancia a identidade de si e do mundo".

rência, parceiros de comunicação, objetos, ideias, empregos etc. mudam tão rapidamente que seu *conteúdo* se torna cada vez mais indiferente e permutável; significa, posto de outra forma: quanto mais indiferença os sujeitos sentirem por *conteúdos*, melhor poderão se adaptar às exigências aceleratórias e flexibilizatórias. Também essa tendência já fora antecipada por Simmel, que desfruta de grande popularidade no discurso pós-moderno, não apenas em função de tais observações.[64] Stefan Breuer postula, assim, em vinculação a Virilio, que sujeito e objeto na sociedade da aceleração se unem apenas "ocasionalmente" (ou pontualmente), de tal forma que o mundo irromperia, "incessantemente, com a violência de um acidente", enquanto o próprio Virilio afirma que *substância* e *acidente* teriam trocado os papéis que exercem no tempo de Aristóteles: a efemeridade se torna necessidade, a substância, contingência.[65] A isso corresponde o fato de que, na sociedade capitalista, a permanente revolução e, com ela, a permanente desvalorização da moda, dos estilos, conteúdos e objetos deve conduzir a um necessário deslocamento de ênfases: a suposição de que conteúdos e objetos de uma experiência ou relação ganhassem por si mesmos um valor (durável, "profundo", constituidor de identidade) é permanentemente frustrada, e, é possível supor, quase, ou definitivamente, não se formam mais.[66]

---

[64] Ver Simmel, [1900] 1989, p.642. Sobre a recepção de Simmel como precursor do pensamento pós-moderno, ver, por exemplo, Kaern; Philips; Cohen, 1990; Dörr-Backes; Nieder, 1995; ou Moebius, 2002.

[65] Breuer, 1988, p.323; Virilio, 1998c, p.184; ver Crogan, 2000, p.171.

[66] Harvey (1990, p.286) observa, em concordância com o *best-seller* de Alvin Toffler, *O choque do futuro*, que o conceito de *sociedade do descartável* implica "muito mais do que apenas jogar fora bens produzidos [...],

*Aceleração*

No ambiente altamente dinâmico da Modernidade Tardia, projetos identitários orientados para estabilidade se apresentam como um anacronismo fadado ao fracasso, enquanto formas de identidade baseadas em flexibilidade e propensão à mudança são sistematicamente favorecidas. Em compensação, projetos identitários que possuem uma relação afirmativa e constitutiva para com a ideia de *mudança* constante se tornam forças propulsoras para a aceleração do ritmo da vida e da mudança social.[67]

Como quero mostrar no que se segue, através da cotidiana e biográfica *temporalização do tempo* é modificada também a *experiência temporal* dos próprios sujeitos, ou seja, a forma como eles se percebem inseridos *no tempo* (e assim *na história* e *na sociedade*), com amplas consequências éticas, culturais e políticas. Pois a vinculação, a ser estabelecida no trabalho identitário diário, entre horizontes temporais do cotidiano, da própria vida e da época histórica, caso haja a pretensão de se manter uma autonomia

---

mas ainda ser capaz de descartar valores, estilos de vida, relacionamentos estáveis e ligações com coisas, edifícios, lugares, pessoas e maneiras de fazer e de ser herdadas". No momento em que Bill Martin (1998, p.5) reclama que vivemos em um tempo no qual é quase impossível que alguma coisa conquiste *verdadeira relevância*, essa dificuldade parece ser uma consequência inevitável da velocidade de mudança da Modernidade Tardia.

67 Também essa ideia já se encontra, como não é de surpreender, em Simmel ([1900] 1989, p.675): "A escassez de elementos definitivos na mente leva à busca de uma satisfação momentânea em sempre novos estímulos, novas sensações e novas atividades exteriores; essa escassez nos envolve, por sua vez, na inconstância e inquietude confusas que se manifestam ora no tumulto da metrópole, ora como mania de viagem, ora na caça selvagem à concorrência, ora na infidelidade, específica para a Modernidade, nos campos do gosto, do estilo, das opiniões, das relações".

do sujeito, se torna extraordinariamente precária. O que chama a atenção no grande número de estudos sobre a experiência temporal constituidora da identidade individual na sociedade contemporânea, não apenas da Psicologia Social, mas especialmente da Sociologia, é a patente contradição entre um ganho evidente de *soberania temporal* na vida prática e, ao mesmo tempo, a sensação de uma perda de *autonomia e controle* sobre a própria vida. Essa contradição é consequência de uma situação paradoxal, na qual, por um lado, a vida individual, caso se deseje manter sua autonomia, deve ser, muito mais do que antes, ativamente conduzida e planejada, seja no curto, médio ou longo prazo, pois a orientação segundo *biografias normalizadas* e *programas de percurso de vida* padronizados foi erodida, e a estrutura de tempo e de conteúdo da vida se abre. Por outro lado, em consequência da crescente dinamização social, uma tal configuração de longo prazo se torna difícil ou até mesmo impossível. Por isso se torna "cada vez mais necessário planejar e decidir o que não é planejável nem previsível. Em outras palavras: o que foi e o que será podem cada vez menos, mas devem cada vez mais frequentemente serem formulados *agora*".[68] Pelo fato de uma tal exigência ser como aquela da quadratura do círculo, resta como solução óbvia a renúncia à pretensão de autonomia e a fuga para um novo ou "segundo" fatalismo, que Manfred Garhammer, com base em suas análises empíricas, e Peter Sloterdijk, por meio de suas perspectivas filosóficas, acreditam já poder observar.[69]

---

68 Hörning; Ahrens; Gerhard, 1997, p.180.
69 "O segundo fatalismo, que surge em todos os lugares, pertence a uma consciência que percebe o quanto as coisas hoje acontecem diferentemente do que se pensa" (Sloterdijk, 1989, p.112; ver p.126; Garhammer, 1999, p.482).

*Aceleração*

A sensação de ser levado pelo não controlado e incontrolável do arrastar de um mar de opções e contingências parece, assim, uma consequência inevitável da crescente impossibilidade de se planejar a própria vida a longo prazo e desenvolver vinculantes perspectivas futuras. Nisso se reflete não apenas o abandono da *pretensão* de configuração ativa da própria vida, mas ainda o fato de que ganhos de autonomia não necessariamente são gerados onde contingências se colocam – muito pelo contrário.[70] O fato de sujeitos, em reação à *temporalização do tempo*, abrirem mão da realização e da manutenção de um plano de "vida" é, entrementes, um achado empírico solidamente comprovado no qual – ainda que por diferentes caminhos – coincidem as perspectivas de autores como Manfred Garhammer, Richard Sennett, Karlheinz Geißler ou Hörning, Ahrens e Gerhard.[71]

Como indicador expressivo de tal fato pode ser considerada a disposição cada vez menor de se postergar a satisfação de necessidades em detrimento de objetivos de longo prazo, pois tal disposição "tende a ocorrer quando as recompensas futuras são razoavelmente seguras e até se encontram, em determinado grau, sob o controle do indivíduo".[72] Estudos recentes, tanto qualitativos quanto estandardizados, apontam que esses requisitos não ocorrem mais sem motivos específicos, e por isso cresce entre os jovens a *orientação para o presente*.[73]

---

70 Ver Garhammer, 1999, p.482.
71 Ver ainda Gergen, 2000, p.XX ss.
72 Adam, 1990, p.124.
73 Sobre o primeiro fato, ver Urry, 2006, p.17, que também trata sobre observações de uma respectiva reformulação de espaços de lazer, trabalho e vivência das cidades. Sobre o último, ver Garhammer, 1999,

Sennett elabora a experiência tardo-moderna da transformação do eu no decorrer do tempo, tomando por base suas entrevistas narrativas, de forma claramente pessimista, como ao empregar sua metáfora central, adotada de Walter Lippmann, da *errância (drift)* como "experiência da condução errática da vida" do "interno arrastar-se sem destino", que se encontraria em extrema oposição ao sentimento e à pretensão do "controle sobre os acontecimentos da vida" por meio da própria ação.[74] Na *errância* de Sennett, como "uma experiência de se errar de lugar para lugar e de atividade para atividade",[75] reencontramos o padrão de comportamento e de decisões do estilo de vida da figura, identificada por Hörning, Ahrens e Gerhard, do "malabarista temporal", pois também ele renuncia à aspiração, ainda central para a Modernidade Clássica, de um *controle* sobre a

---

p.482; Robinson; Godbey, 1999, p.137; Brose, 2002, p.131 e Fuchs-Heinritz, 2000. No entanto, os dados da *Pesquisa Shell* se mostram contraditórios aqui, na medida em que indicam também que o alcance das concepções sobre a própria vida futura cresceu em 1999 em relação a 1991 (Fuchs-Heinritz, 2000, p.30). Uma ampla pesquisa de opinião entre alunos das turmas finais de todos os modelos de escola no estado alemão da Turíngia (N = 407) no ano de 2002 mostrou que mais de 40% deles responderam à pergunta sobre que espaço de tempo eles acreditariam poder pensar de forma planejada com a afirmação de que "o futuro hoje não pode mais ser planejado" (40,3%). Apenas 4,2% acreditavam poder contemplar toda sua vida futura (Behr; Kottmann; Seiwert, 2002, p.14). Ao mesmo tempo, 78,7% dos entrevistados afirmaram possuir apenas uma vaga noção do decorrer de sua vida; do restante, foi maior o número de alunos (10,8%) que alegaram não ter nenhuma ideia do desenrolar de sua vida, enquanto (9,3%) afirmaram ter planejado sua vida passo a passo (ibid., p.16).

74 Sennett, 1998, p.160 e 181.
75 Ibid., p.31.

vida reflexivo e ativo, renunciando, ao mesmo tempo, à busca por autenticidade ou originalidade. Ainda que as análises sociocientíficas divirjam fortemente na *avaliação* desse fato, elas estão de acordo no diagnóstico de que a nova *situacionalidade* e *temporalização* das decisões e ações é inconciliável com a ideia moderna de autonomia, orientada à perseguição temporalmente estável e transituacional de projetos de vida individuais e, com isso, irreconciliável também com horizontes de futuro (e passado) estáveis.

Também para Robert Lauer a renúncia a um planejamento racional do futuro resulta em "errância societária, ou pior, em caos societário". Ele supõe que um sistemático presentismo situacional gera fatalmente patologias sociais.[76] Não muito mais favorável é o julgamento de Sennett, que acredita ter encontrado indícios empíricos para a tese de que a errância do "jogador" leva a uma desintegração da personalidade, ou à erosão do caráter, bem como das relações sociais e da confiança social. "As condições temporais no novo capitalismo criaram um conflito entre caráter e experiência. A experiência de um tempo descontextualizado ameaça a capacidade do ser huma-

---

76 Lauer, 1981, p.37 e 114. Não fica descartada a possibilidade, no sentido dessa argumentação, de que "práticas temporais altamente situacionais" da Modernidade Tardia, em função de sua falta de perspectiva narrativa e da curteza temporal de seus horizontes de futuro e de passado, assim como sua *indiferença estrutural*, provoquem o acúmulo de energias psíquicas não direcionadas que podem ser liberadas em atos de violência sem motivação aparente. "A atração da violência física consiste no fato de que ela encurta o tempo, gera reações imediatas e – literalmente – acelera o pulso, não exigindo um fôlego longo" (Nassehi, 2000, p.36; ver Reheis, 2000, p.1; sobre isso, ainda Enzensberger, 1994, p.33; Assheuer, 2000).

no de dar forma a seu caráter em narrativas resistentes. [...] Talvez a destruição do caráter seja uma consequência inevitável. 'Nada duradouro' [o lema norteador do novo capitalismo, H. R.] desorienta, a longo prazo, toda ação, desata o elo entre confiança e dever, e elimina os elementos mais importantes da autoestima."[77]

Kenneth Gergen, ao contrário, chega a uma avaliação exatamente oposta da nova situacionalidade, segundo a qual esta realiza tudo aquilo que Sennett acredita estar exterminado: "A recompensa [da aceitação da 'personalidade pastiche', H. R.] pode ser substancial – a possibilidade de ocupar-se de seus entes íntimos, a felicidade dos filhos, o sucesso profissional, o alcance de objetivos comunitários, popularidade pessoal etc. Tudo isso é possível quando se evita olhar para trás em busca de uma identidade verdadeira e duradoura e se age simplesmente com o máximo potencial no momento dado". No entanto, ele também deixa bem claro que o preço da *errância* consiste na *perda da autonomia* e da pretensão de se ser (co)autor da própria vida. Na introdução da nova edição de seu livro, ele descreve, em um capítulo intitulado *Fora de controle*, sua própria experiência no caminho para uma "multifrenia" da seguinte maneira: "Eu também estou lutando contra meu treinamento modernista de constante melhoria, avanço, desenvolvimento e acúmulo. Lentamente estou aprendendo os prazeres de renunciar ao desejo de controlar tudo à minha volta. *É a diferença entre nadar deliberadamente rumo a um* ponto no oceano – mantendo domínio sobre as ondas para alcançar o objetivo – e flutuar harmonicamente com

---

[77] Sennett, 1998, p.37.

os movimentos imprevisíveis das próprias ondas".⁷⁸ Essa forma de "deixar-se levar" não deve ser confundida sob hipótese alguma com um estilo de vida de passividade: a identidade situacional pode enfrentar ativamente grandes dificuldades contextuais para atingir seus objetivos e/ou concretizar suas pretensões sociais, porém ela renuncia a compromissos com "objetivos de vida" de longo prazo que ultrapassem o contexto dado.

Com isso, no entanto – e esse é o ponto ao qual me dirijo –, a vida como um todo perde *sua direção* no decorrer biográfico, não podendo mais ser compreendida como *movimento direcionado* nem reconstruída narrativamente no sentido de uma história de progresso e desenvolvimento. *A vida não se move em direção a lugar nenhum, ela anda em alta velocidade (de transformação) sem sair do lugar.* É nesse sentido que a *temporalização do tempo* implica a *destemporalização da vida*, tendencialmente assinalando, com isso, um retorno à forma de vida situacional-estática da pré-modernidade,⁷⁹ muito embora os acasos e imprevistos da vida

---

78 Gergen, 2000, p.150 e XVIII (grifos meus, H. R.).
79 Garhammer também diagnostica, nesse sentido, um "retrocesso a uma forma de vida situacional" (1999, p.476). E Brose, Wohlrab-Sahr e Corsten encerram seu livro (1993, p.323) com a constatação de que para as formas de conduta de vida genuinamente pertencentes à Modernidade Tardia por eles analisadas seria característica "uma ruptura de concepções teleológicas do desenvolvimento histórico da vida. Despede-se não apenas a forma da teleologia ordenada 'exteriormente', que de certo modo pode ser observada no transcorrer gradual de sequências de posições, mas também de sua versão 'internalizada', que não reconhece o atingimento de um objetivo de vida em elementos de *status*, mas sim o interpreta como um processo de amadurecimento orientado segundo concepções de aperfeiçoamento. A continuidade e linearidade do desenvolvimento histórico da vida – tanto interno

hoje sejam de uma outra natureza, isto é, de natureza reflexiva e socialmente *endógena*. Os "acontecimentos" cotidianos e biográficos da *pré-modernidade* estavam inseridos numa estrutura amplamente estável e estática, composta por natureza e instituições sociais; embora não fossem concretos, eram uma possibilidade presente sempre esperável (o que vale para secas, guerras e carestias); sua relevância era definida na rotina ou pela tradição. Na *Modernidade Tardia*, ao contrário, possíveis acontecimentos frequentemente são imprevisíveis e estão sujeitos eles mesmos a uma transição súbita num horizonte de possibilidades não mais definido pela rotina e pela tradição, mas elevado ao imponderável, diante do qual as relevâncias não são mais detectáveis, mas devem antes serem definidas pelos próprios atores.

A definição de prioridades e relevâncias é uma condição imprescindível para o planejamento e a configuração temporais; no entanto, ela é possível apenas onde algumas condições estruturais e orientações fundamentais estão livres do jogo de contingências, podendo assim funcionar como fatores de ordenação. A incapacidade (ou indisposição), fundamentada no caráter da *identidade situacional*, de definir relevâncias temporalmente estáveis e respectivas prioridades de ação, no sentido do desenvolvimento de uma "tarefa",[80] leva, portanto, como

---

quanto externo – não são mais consideradas fundamentos de orientação óbvios. Nos modelos de desenvolvimento biográfico reconstruídos por nós, os objetivos (de vida) – em um outro sentido além do implicado pela teoria de ação utilitarista – se tornam contingentes".

80 "A forma altamente dinâmica de comunicação do 'jogador', que tem como objetivo estabelecer novos mundos sensoriais, pode levá-lo a se perder no fascinante jogo das comunicações. Cedendo a todo mo-

diversos autores independentemente uns dos outros observam, a uma inversão paradoxal, na qual, da experiência do tempo "temporalizado" e acelerado, surge subitamente a experiência da *destemporalização*, da *inércia* temporal. "Quem se dedica razoavelmente a uma tarefa não vivencia absolutamente o tempo como dimensão em si mesma. Apenas quem se sobrecarrega o experiencia como obrigação ou pressão – e, no extremo oposto: quem não sabe se dedicar a nenhuma atividade, a nenhum plano nem a nenhuma pessoa, e permanece completamente 'em si', mesmo se estiver superficialmente envolvido em alguma atividade, sente uma espécie de estagnação temporal, uma tenacidade que faz do tempo uma repetição do mesmo, muito embora algo esteja definitivamente acontecendo", escreve, por exemplo, o filósofo Klaus-Michael Kodalle.[81]

O paradoxal-complementar *avesso* da aceleração social, a saber, a sensação de uma profunda estagnação estrutural e cultural, que acompanha a história aceleratória moderna como uma sombra, poderia também, em função disso, se impor na autopercepção cultural da Modernidade Tardia. A metáfora *da paralisia frenética* parece, em todo caso, duplamente adequada para descrever a experiência temporal vinculada à forma de

---

mento às inúmeras referências sempre disponíveis, ele terá enormes dificuldades – já que praticamente tudo é possível – de ainda reconhecer relevâncias e manter importâncias em vista. Os problemas do 'jogador' são: estabelecer limites a si próprio, abrir mão de coisas, desenvolver regras de controle próprias que acusem o término de algo" (Hörning; Ahrens; Gerhard, 1997, p.165).

81 Kodalle, 1999, (Introdução) p.12; ver, sobre isso, ainda Robinson; Godbey, 1999, p.47; além de Garhammer, 1999, p.482; Sennett, 1998, p.121; detalhadamente sobre isso, Rosa, 1999d.

identidade situacional da Modernidade Tardia: o tempo *acelera* porque, no espaço de fluxos, os índices de mudanças aumentam, e porque a *descontextualização* e a *episodificação* das vivências e ações fazem tendencialmente que os rastros de lembrança se apaguem, favorecendo, assim, como a discussão sobre a experiência subjetiva do tempo no Capítulo VI.2 mostrou, a sensação de um passar do tempo acelerado. E o tempo *se torna inerte* porque o *tempo atemporal*, por detrás das transformações, não permite mais reconhecer qualquer desenvolvimento, de forma que a vida, em face da carência de perspectivas de modelação temporal, se apresenta como um *errar* desnorteado por situações cambiantes, se assemelhando, com isso, ao *eterno retorno do mesmo*. "Em 1996 aumentou [na Alemanha Oriental, H. R.] de 14% para 32% o contingente de pessoas que afirmam: 'Na minha vida não há nada de novo a se esperar. Só acontecem coisas sobre as quais não tenho controle'", aponta, por exemplo, o estudo de Michael Häders citado por Garhammer.[82] Também Hörning, Ahrens e Gerhard observam exatamente essa tendência: "Pode-se concluir cada vez mais que a luta contra o tempo atingiu um limiar, a partir do qual a dominate concepção linear do tempo é levada a um limite: o 'culto da velocidade' é elevado ao máximo e a dinâmica que ele põe em movimento corre o risco de imobilizar-se numa 'paralisia frenética' (Virilio)".[83] Essa inércia temporal, como já afirmei, corresponde a uma experiência que permeia a cultura da Modernidade Tardia, manifestando-se, por exemplo, nos títulos de discos que

---

82 Garhammer, 1999, p.482.
83 Hörning; Ahrens; Gerhard, 1997, p.60.

vendem milhões de cópias (*Tudo continua diferente* [de Herbert Grönemeyer] ou *Para lugar nenhum – rápido!* [da banda Fury in the Slaughterhouse]), em manchetes de jornal (*Tudo continua como é, apenas mais rápido*), ou ainda em *best-sellers* como as *Histórias para uma cultura em aceleração* de Douglas Coupland, sobre Texlahoma, uma cidade onde o tempo parou em um infinito ano de 1974 (!).

Lothar Baier também tematiza detalhadamente essa percepção individual e aponta para o fenômeno patológico possivelmente mais significativo de uma tal experiência do tempo e de si:[84] o aumento dramático em sociedades modernas, constatado por diversas pesquisas, de *doenças depressivas*, ficando em segundo lugar na lista da OMS de doenças mais frequentes no mundo, atrás apenas de doenças *cardiovasculares*.[85] A depressão pode sem dúvida ser compreendida como uma *patologia temporal* nos seguintes sentidos:

Em primeiro lugar, é consenso atualmente que ela *pode ser* uma consequência de reiteradas situações de estresse, ou seja, de pressão temporal indesejada, mas também de altos índices

---

84 Baier, 2000, p.147 ss.
85 Schulte-Strathaus, 1999, p.29. Baier conclui dos dados empíricos que sete em cada dez pacientes com doenças psíquicas na França apresentam indícios de uma experiência temporal patológica e que "uma parcela considerável da população de países altamente desenvolvidos deverá sentir ao fim do século XX uma sobrecarga advinda da urgência" (2000, p.160). Para outras formas de "doenças do tempo" contemporâneas, como a *síndrome da pressa* ou a experiência de um esquizofrênico para quem o tempo "cessou; não existe mais tempo... O passado e o futuro implodiram no presente e não consigo mais separá-los", ver Levine, 1999, p.52 ss. e 69 ss. (a citação se encontra na p.71).

de transformação e de insegurança.⁸⁶ Em segundo, e é isso que a torna especialmente interessante no contexto aqui discutido, ela representa uma reação psíquica caracterizada pela sensação de um *tempo viscoso e paralisado*, e de uma *ausência de futuro*. Baier sintetiza a situação dos depressivos da seguinte maneira:

> O que é difícil de comunicar parece ser a deterioração da vivência do tempo que a depressão causa, de uma vivência temporal que mesmo antes de chegar a um estado de paralisia, se furta à fixação linguística. [...] Pacientes depressivos sentem [...] uma espécie de enovelamento do tempo que provoca algo como acessos de sufocamento temporal: a passagem entre passado e futuro é interrompida. Com isso é reforçada ainda mais a sensação do cair para fora de um mundo no qual a incessante transformação de futuro em presente e de presente em passado é autoevidente.⁸⁷

Em vinculação com isso, Baier cita o psiquiatra Eugène Minkowski: "Nossa vida é voltada essencialmente para o futuro. Nos casos em que ocorre uma lentificação patológica, essa orientação é modificada de forma profunda; de acordo com o grau de lentificação, ora será o presente e ora o passado que exercerão uma influência anormal".⁸⁸ Robert Levine também constata essa relação com base em dados psiquiátricos. Ele cita um paciente depressivo que afirma: "O futuro parece frio e sombrio e eu pareço estar congelado no tempo".⁸⁹

---

86 Ver, por exemplo, Nuber, 1999; Levine, 1999, p.52 ss. e 69 ss.; Ulmer; Schwartzburd, 1996.
87 Baier, 2000, p.157.
88 Ibid., p.158.
89 Levine, 1999, p.70.

*Aceleração*

Assim, a depressão se torna, em terceiro lugar, a *patologia da Modernidade Tardia*, não apenas por sua ocorrência crescer claramente e, o que parece historicamente novo, acometer cada vez mais jovens, mas ainda mais fortemente pelo fato de parecer incorporar e confirmar aqui, da perspectiva temporal da *identidade situacional*, a experiência temporal da *paralisia frenética* em uma forma puramente patológica. "A depressão é o corrimão da pessoa desnorteada, não apenas sua miséria", escreve Alain Ehrenberg, "ela é *o lado avesso da expansão de sua energia.*"[90] Essa energia, segundo o diagnóstico de Ehrenberg, possui dificuldades insuperáveis em se desenvolver de maneira produtiva, caso se considere de antemão, em razão dos motivos citados, que toda relação possível, na qual ela poderia ser investida, será transitória, passageira, não vindo a ser, portanto, constituidora da identidade. É interessante observar que a história da dinamização na era moderna é acompanhada por esse problema, que encontra sua expressão em diagnósticos e discursos culturais diversos primeiramente como *acédia*,[91] depois, secularizada como *melancolia*,[92] como *tédio*, mais tarde como *neurastenia*[93] e hoje como *depressão*. Trata-se sempre de um estado psíquico que, *em face da incapacidade do espírito em direcionar sua energia para um objetivo fixo, constante e tido como vantajoso, e desenvolvê-la resolutamente*, é caracterizado por uma prostração, uma monotonia e um vazio artificiais (acompanhados de uma inquietude interior), por uma "paralisia espiritual" [*Seelenlähmung*].

---

90 Ehrenberg, 1999, p.250, na tradução de Baier (2000, p.159), grifos meus, H. R.
91 Ver Kessel, 2001, p.20; Schings, 1977.
92 Schings, 1977.
93 De forma detalhada e instrutiva sobre isso, Radkau, 1998.

Embora tais experiências, num primeiro momento, tenham sido interpretadas e compreendidas ainda como patologias individuais (embora específicas de um período) ou como disposições peculiares dos indivíduos "sensíveis", dos poetas, artistas ou filósofos, pois nelas se encontra um forte contrapeso cultural à clássico-moderna representação idealizada do plano de vida (definido autonomamente e desenvolvido de forma autêntica), na Modernidade Tardia elas poderiam se precipitar, estrutural e ineludivelmente, em uma experiência comum.

Se a melancolia era característica de indivíduos diferentes, então a depressão atesta a democratização da exceção. Vivemos com a verdade e a crença de que todos devem ter a possibilidade de criar sua própria história, em vez de aceitá-la como destino. O ser humano, através de iniciativas individuais e da abertura de possibilidades, colocou a si mesmo, até em suas esferas mais íntimas, em movimento. Essa dinâmica aumenta sua indeterminação, acelera a dissolução da constância, multiplica a oferta de pontos de referência e ao mesmo tempo os torna confusos. "O homem sem qualidades" de Robert Musil está aberto para o indefinido e descarta, paulatinamente, toda identidade exteriormente instituída que o estruturava. Musil escreve: "As pessoas se assemelham às ramas de trigo; foram antes arrebatadas por Deus, por granizo, incêndio, pestilências e guerras de forma provavelmente mais brutal que hoje, mas eram então como um todo, cidades inteiras, nações inteiras". Os novos abalos são individuais, vêm de dentro. [...] *Depressão é a melancolia em uma sociedade na qual todos são iguais e livres, é a doença da democracia e da economia de mercado por excelência. Ela representa, nesse sentido, o avesso inevitável da soberania do ser humano, não* *daquele que age erroneamente, mas daquele que não consegue agir. Nela não se pensa em termos de direito, mas de capacidade de ação.*⁹⁴

Incapacidade de ação significa aqui a consequência da incapacidade de relacionar-se ou de criar vínculos (no sentido utilizado por Kodalle), cuja causa advém do fato de nenhuma parte do eu apresentar-se mais como completamente *dada*, de tal modo que poderia e deveria ser *descoberta* e *desenvolvida*, de forma autêntica, em um processo de *atuação sobre o mundo circundante*, no qual o eu e o mundo se interinfluenciam e se desenvolvem (no sentido do *romance de formação*). Em vez disso, como observa Gerhard Schulze, na Modernidade Tardia o tipo de ação da *escolha* dependente de oportunidade suplanta o tipo de ação do *influir* sobre o mundo, com a ameaça de não ser mais possível definir *em nome de que* se quer ou se escolhe algo.⁹⁵

---

94 Ehrenberg, 2000, p.124, grifos meus, H. R. Axel Honneth (2003, p.15) chega a um diagnóstico semelhante em sua discussão dos paradoxos da individualização na Modernidade Tardia.

95 Schulze, 1997b. Exatamente aqui é que Werner Helsper (1997, p.177) vê a problemática da identidade *pós-moderna*, que pode levar potencialmente à incapacidade de ação depressiva: "Assim como da pluralização do mundo resulta a 'estranheza' tendencial de organizações sociais e o sujeito busca abrigo em sua identidade, esse abrigo sempre volta a se tornar precário em face do autoquestionamento de possibilidades plurais impostas socialmente [...] O dilema da autorreferenciação da identidade moderna consiste, portanto, no fato de que ela necessita dessa autorrefenciação para manter sua capacidade ação. Se a autorrefenciação necessária for solapada, a identidade se torna um joguete de obrigações sociais remotas. Se ela for reforçada em vista das possibilidades de decisão ilimitadas, isso levará à capacidade de decisão e ação em questões da vida prática, através das quais a identidade,

Característico para a identidade tardo-moderna, além de suas patologias paradigmáticas, parece ser, assim, a perda da percepção de um movimento direcionado do eu, ou da vida, através do tempo e, com isso, a perda da perspectiva de desenvolvimento. "Se 'os enfermos possuíam um conhecimento muito particular do estado da sociedade', como Benjamin escreveu, então os depressivos são [...] hoje provavelmente os sismógrafos mais sensíveis das falhas atuais e futuras. Por trás de uma interface do usuário animada com cores e amenizada com uma desordem descontraída, seu estupor boceja uma desértica paralisia."[96]

A repercussão total dessa experiência temporal e da transição que a acompanha, de uma semântica do progresso para uma retórica da necessidade circunstancial, poderá ser abarcada apenas sob a luz de uma análise do aspecto *coletivo* do processo de temporalização do tempo, ou seja, por meio da análise da *política situacional* e da *experiência histórica* da Modernidade Tardia que a fundamenta, objetos do próximo capítulo.

---

por fim, também acaba sendo definida pelo seu exterior. A identidade reflexiva se expande à custa de uma vivência prática e sensorial, resultando em sentimentos de vazio e monotonia sensorial".
96 Baier, 2000, p.161.

# XII
# *Política situacional:*
## horizontes temporais paradoxais entre dessincronização e desintegração

## 1. Tempo na política – política no tempo

O *projeto político da Modernidade,* a ideia que o funda, de configuração democrática das formas coletivas de vida e do mundo da vida, se sustentam sobre duas suposições fundamentais a respeito das estruturas temporais da sociedade, que são muito pouco ou nem sequer refletidas. Trata-se, em primeiro lugar, da convicção de que a sociedade seria um projeto a ser construído *politicamente no tempo.* As democracias representativas da Modernidade se desenvolveram no contexto de uma concepção histórica dinâmica, segundo a qual especialmente a legislação não é um ato a ser consumado de uma vez por todas, nem uma instituição atemporal, mas sim uma tarefa contínua, progressivamente direcionadora do curso de desenvolvimento social no processo histórico. Defendo com Schimank (ao contrário de Luhmann) o parecer de que a diferenciação funcional e o direcionamento político, no entender da Modernidade, devem ser pensados de forma conjunta. Escreve Schimank que sociedades modernas seriam, em primeiro lugar, *diferenciadas funcionalmente*, em segundo, *sociedades de crescimento* e, em terceiro, *sociedades direcionadas*:

> Isso não quer dizer que o direcionamento social seja sempre ou na maioria dos casos bem-sucedido, isto é, que alcance seus objetivos autodeterminados. Todos sabem que não é o caso. No entanto, há por parte dos atores a pretensão, tanto altamente contrafactual quanto vinculadora, de serem não apenas os produtores efetivos, mas os criadores conscientes das estruturas sociais, ou seja, de influenciar de maneira reguladora na construção, na manutenção ou na transformação de determinadas estruturas. Essa moderna aspiração ao direcionamento, formulada pela primeira vez no curso do Esclarecimento, e completamente estranha para sociedades pré-modernas em sua multiplicidade e radicalidade, não se manifesta apenas, mas especialmente, em medidas de direcionamento político.[1]

Relacionada a isso está uma série de pré-requisitos, cujas condições temporal-estruturais, na era da "Modernidade Clássica", eram tomadas como evidentes, mas que, como pretendo demonstrar, são postas em questão na Modernidade Tardia: tais como a expectativa de que o futuro venha a ser diferente do passado, de que o desenvolvimento social em direção a esse futuro possa ser *compreendido*, *direcionado* e *moldado* democraticamente, e de que os *parâmetros normativos* ou as *diretrizes de objetivos* para essa configuração social já existam ou, ao menos, possam ser definidos sob a forma do consenso político cole-

---

1 Schimank, 2000, p.274.

tivo – ainda que aberto a revisões. A política democrática possui, portanto, em seu entendimento moderno, um correlato imediato numa concepção "temporalizada" da história, como elaboraram especialmente Koselleck e a escola historiográfica que com ele organizou os *Geschichtliche Grundbegriffe* [Conceitos históricos fundamentais]. Essa concepção atribui uma tarefa altamente específica à política *no tempo histórico*. Como o mais evidente indicador disto, pode ser considerado o fato de que ambos os grandes campos políticos da Modernidade Clássica foram diferenciados, em referência a um índice direcional do tempo, como *progressivo* e *conservador*. Retornarei a esse contexto em breve.

A segunda suposição fundamental reside no fato de que as diversas estruturas temporais institucionalizadas da formação da vontade política, da tomada e implementação de decisões, são compatíveis com o ritmo, a velocidade, a duração e a sequência dos desenvolvimentos sociais; em outras palavras, que elas estão fundamentalmente sincronizadas com o passo do desenvolvimento social, de forma a dar tempo ao sistema político para tomar decisões primordiais e, para tanto, organizar o processo democrático-deliberativo de formação da vontade política.

A possibilidade de controlar ou direcionar democraticamente o desenvolvimento de condições estruturais depende, no entanto, do sucesso de uma série de processos altamente sensíveis de transmissão e tradução. Como anteriormente demonstrado, a superioridade dos modelos políticos das democracias modernas, em relação a seus antecessores e concorrentes reside sobretudo em sua capacidade em reagir de forma sensível, rápida e flexível às necessidades em surgimento nas diferentes esferas sociais.[2] Sua eficácia funcional depende, decisivamente, de que interesses coletivos possam ser agregados e articulados rapidamente e dentro do tempo necessário, que possam ser transformados em programas políticos, trazidos através dos partidos para o processo de tomada de decisões e de legislação e implementados adequadamente pelo poder executivo. Ao mesmo tempo, é necessário que surja, nesse processo, um enquadramento direcional que apresente, por um lado, suficiente estabilidade institucional e institucionalizada para garantir a segurança de expectativa que é imprescindível para o desenvolvimento das esferas funcionais (como a economia, a ciência, a educação e o direito) e que, por outro lado, permaneça suficientemente flexível e modificável para poder reagir a cambiantes circunstâncias de demanda e a novos desenvolvimentos.

O elemento dinâmico é, assim, levado em consideração também pela duração claramente limitada dos períodos de legislação – que em geral consistem em quatro ou cinco anos. Isso esclarece, em comparação ao período de governo de um príncipe, em geral bem mais longo, o motivo pelo qual a democracia foi experienciada, por um longo período da Modernidade Clássica, como um elemento de aceleração política. A regulamentação dinâmica e democrática pressupõe que esse intervalo é longo o suficiente para dar a um novo governo a possibilidade de testar e implementar seu programa político, e curto o suficiente para impedir uma estagnação política ou a criação de cenários irreversíveis. Nesse ponto fica especialmente evidente a necessária concatenação temporal entre transfor-

---

2 Mais detalhadamente sobre isso, ver Chesneaux, 2000.

mações políticas e sociais. Além disso, como a controvérsia da ciência política em torno dos limites da *democracia majoritária*, nos anos 1980, evidenciou, o *alcance temporal das consequências* de decisões políticas desempenha um papel central para a capacidade funcional e a legitimação dos sistemas democráticos de modelo ocidental: quanto mais graves, de longo prazo e *irreversíveis* forem as decisões políticas, mais questionáveis se tornam seus fundamentos, bem como desaparece sua legitimidade aos olhos da minoria.[3] Ao mesmo tempo, a aceitação da regra da maioria pressupõe a condição de que os representantes da opinião da minoria considerem o panorama social e político suficientemente dinâmico de modo a não perderem a esperança de conseguir constituir a maioria na próxima eleição.

Dada essa sensível interdependência temporal entre as estruturas de decisão e de implementação políticas e os "tempos próprios" das demais esferas sociais, fica evidente que processos de aceleração social trazem consequências para o funcionamento e a eficiência do sistema político, influenciando em grande medida as possibilidades de interferência política sobre a sociedade. Tanto Locke[4] quanto Montesquieu[5] apontam, em passagens proeminentes, para a diferença temporal entre o modo hesitante do Legislativo e as flexíveis e velozes possibilidades de ação do Executivo, traçando assim o deslocamento, condicionado pela aceleração, das competências de decisão política do Legislativo para o Executivo, observado mais

---

3 Guggenberger; Offe, 1984.
4 Locke, 1977, p.298 ss. e 301 ss. (segundo tomo, parágrafos 156 ss. e 159 ss.).
5 Montesquieu, 1992, livro XI, cap.6, p.214 ss.

tarde por John Stuart Mill,[6] John Dewey[7] ou Carl Schmitt,[8,9] Esse deslocamento acompanha, como Scheuerman observa, tendências de substituição de leis formais por decretos (exe-

---

6 Mill, 1971, p.89 ss.
7 Dewey, 1954.
8 Schmitt, 1950.
9 De fato, é possível estabelecer uma *tripartição* da ordem política democrática da Modernidade sob o aspecto da velocidade ou da relação entre inércia e movimento: mais lenta ou estática que a legislação comum seria a *Constituição*, que apresenta um alto fator de inércia em função de impedimentos legais severos e que, desconsiderando-se a possibilidade de uma revolução, permite em geral apenas modificações incrementais. Por isso, constituições também correm o risco de se tornar anacrônicas por sofrerem a pressão de uma alta aceleração social. O sistema político pode reagir a essa circunstância interpretando as normas constitucionais de maneira cada vez mais abstrata, como *regras de conduta* mínimas ou possibilitando sua adaptação acelerada à realidade social em transformação (ver Howard, 1990, p.17). A esta última solução parece tender Scheuerman ao escrever, em face do problema, sobre constituições como que "congeladas" no tempo (2001a, p.64): "[P]recisamos considerar a possibilidade de que a instantificação contemporânea do constitucionalismo fracasse em prover possibilidades adequadas para a modificação da base original em benefício da adaptação de uma mudança social e econômica de ritmo acelerado. [...] Ao reconhecermos que a compressão de tempo e espaço força constantemente tribunais constitucionais a adaptar normas da Constituição ao ritmo incansável da vida social e econômica, podemos ao menos começar a considerar reformas institucionais que reconheçam honestamente os poderes admiráveis da legislação constitucional, agora nas mãos da maior parte dos tribunais constitucionais". A instituição da Justiça constitucional pode, portanto, ser utilizada para encurtar processos de decisão democráticos deliberativos, nos quais decisões delicadas – por exemplo, sobre a legalidade do aborto, sobre políticas para migrantes ou sobre a interferência em conflitos bélicos – seriam retiradas da discussão política e encaminhadas à Justiça (ver Howard, 1990, p.17). Retornarei ainda a essa problemática.

cutivos), assim como de seu "esvaziamento" material em favor de determinações e ordenações *procedimentais* substancialmente variáveis.[10] Como dificuldade central, especificamente temporal, da política democrática, tem-se o fato de que uma formação participativa e deliberativa da vontade política que abarque uma representação popular democrática abrangente é acelerável apenas muito limitadamente, e sob condições sociais específicas. A agregação, a articulação de interesses coletivos e a tomada de decisão democrática são e permanecem temporalmente custosos[11] – por isso, a política democrática corre o risco de dessincronizar-se em relação às inovações sociais e econômicas mais facilmente aceleráveis.

Em suas regulamentações institucionais, os sistemas políticos dos Estados nacionais desenvolvidos se mostram, até o momento, surpreendentemente indiferentes a esse risco – para não dizer *cegos*. Como a investigação de Gisela Riescher, por exemplo, revela, os "tempos próprios" do sistema político (como a duração dos discursos, os ciclos de consultoria, os horário de atendimento, as formas de eleição etc.) são em larga escala orientados "autorreferencialmente", segundo a lógica da interação entre governo e oposição (em sistemas

---

10 Scheuerman, 2001a, p.62, e 2001b, p.118; ver Dicke, 2001, p.22 para o campo do direito contratual internacional. Ver ainda as contribuições à terceira parte de Rosa; Scheuerman, 2006.

11 Como Scheuerman (2001a, p.49 ss.; ver 2004, p.39 ss.) mostra, essa lentidão na tradição do pensamento político liberal – tanto para Locke e Montesquieu como para Alexander Hamilton, James Madison ou ainda para John Dewey – é considerada uma *virtude* característica, e não uma carência do processo de legislação em relação às decisões mais rápidas do Executivo: ela asseguraria, assim, a crença na *alta qualidade* de decisões legislativas.

parlamentares) e entre Executivo e Legislativo (em sistemas presidenciais) e, como tal, incrivelmente estáveis. Aceleração e desaceleração ocorrem, assim, majoritariamente como instrumento tático de politicagem, isto é, da luta pelo poder entre antagonistas do conflito político em evidência (fácil de se notar, por exemplo, sob a forma do obstrucionismo no Senado norte-americano).[12]

A dificuldade em apenas se pensar numa solução institucional para o dilema temporal aqui abordado[13] levanta, entretanto, a suspeita de que o projeto político da Modernidade poderia se revelar incompatível com condições sociais tal como se insinuam em conceitos como os de "espaço de fluxos" (*space of flows*), de um "tempo atemporal" da simultaneidade ubíqua e de uma *forma situacional de identidade*. O fato de, por outro lado, haver uma determinada velocidade mínima da mudança social como um dos requisitos da possibilidade de uma ideia configurativa da Modernidade política, atesta que o sistema político que fundamenta aquele projeto, assim como a forma de *identidade pessoal estável* a ele correspondente, podem existir apenas dentro de determinados limites de velocidade da mudança social — acima e abaixo da velocidade de transformação característica da Modernidade Clássica, a pretensão de se determinar

---

12 Riescher, 1994.
13 William Scheuerman busca, em uma série de publicações, encontrar caminhos para uma reforma institucional da democracia liberal "pelo bem da conversão da compressão espaçotemporal em um *aliado* e não em um *inimigo* da democracia liberal" (2001a, p.67; ver 2004). Na minha opinião, ele até o momento ainda não superou essencialmente o postulado bem fundamentado dessa necessidade, assim como seus colegas alemães Eberling (1996) ou Reheis (1998).

deliberativa e democraticamente os fundamentos da forma de vida comum perde, segundo a tese a ser explicitada no que se segue, sua credibilidade.

## 2. A temporalização da história na Modernidade

O primeiro dos pressupostos antes identificados, de que a sociedade seria um *projeto político a ser implementado no tempo histórico*, constitui uma das raízes culturais da Modernidade. De fato, ele representa sua base conceitual: o qualitativamente diferente desses "novos tempos", na emergência do Esclarecimento e da Revolução Francesa, não é mais pensado e esperado como a ruptura de um tempo sacro transcendente ao fim do tempo terreno – segundo a crença cristã, a ressurreição de Cristo e do Fim do Mundo –, mas interpretado secularmente e reintroduzido *no tempo histórico*: o tempo se torna uma tarefa política.[14] Assim como Reinhart Koselleck e, em seguida, Niklas Luhmann meticulosamente elaboraram, uma abrangente reorganização da semântica temporal vinculou-se à *temporalização dos tempos modernos*, que atingiu seu ponto culminante no "tempo de sela" [*Sattelzeit*], entre 1770 e 1830.[15]

Segundo a tese central de Koselleck, esse desenvolvimento consiste em uma transformação fundamental da percepção e da experiência da *história*. Nela é expressada e internalizada

---

14 Ver ainda Habermas, 1985, p.141 ss.
15 Koselleck, 1989, p.337; ver sobre isso ainda *Geschichtliche Grundbegriffe* (1972 ss.), assim como Luhmann, 1997, p.866 ss., esp. p.997; assim como sua análise em quatro volumes sobre *Gesellschaftsstruktur und Semantik* [Estrutura social e semântica] (1980-1999).

uma nova percepção do *estar inserido no tempo*, individual e coletivamente, que continuamente se intensifica desde o início da Modernidade (que nesse contexto foi datado cerca de três séculos mais cedo, por volta de 1500). *Antes* o tempo histórico era experienciado – também e especialmente na historiografia analisada por Koselleck – como um espaço-tempo estático, no qual diversas *histórias* ocorriam, muitas vezes se repetindo, de tal forma que a *Historie*, a narrativa histórica no sentido do antigo *topos* da história como um mestre da vida (*historia magistra vitae*)[16] poderia servir para se aprender com os erros de gerações passadas. Koselleck sintetiza essa forma de experiência temporal histórica, da pré-modernidade e do início da Modernidade, da seguinte forma:

> O tempo, enquanto determinação genérica dos acontecimentos possíveis, permanecia neutro ante aos saltos epocais ou aos períodos historiográficos. *Historia omnis Chronica est, quoniam in tempore fit*, como formulou Alsted. Mesmo Bacon, que separava a história antiga da moderna, tratava a *"historia temporum"* por meio de métodos, gêneros, categorias, e não segundo critérios temporais de modernidade ou de arcaísmo, como sua nova ciência e sua máxima *"veritas filia temporis"* teriam comprovado. Bodin encontrou a fórmula talvez mais sucinta para abarcar o escrever contínuo dos acontecimentos históricos no tempo: enquanto os ricos envelhecem, a história permanece eternamente jovem. *A escrita aditiva da história, que registra de acontecimento para acontecimento o que ocorre de novo, corresponde a uma experiência temporal como que estática.*

---

16 Ver Koselleck, 1989, p.38 ss.

> [...] *O mundo permanece mundo e nele prosseguem os mesmo negócios, ainda que as pessoas morram*, como constatou Melanchthon, de maneira bem luterana, em referência a Tucídides. [...] Essa perspectiva pressupõe, porém, que todas as histórias se assemelhem ou sejam estruturalmente idênticas: só assim será possível se aprender com elas no futuro.[17]

Ao contrário, uma nova experiência temporal provoca uma enorme revolução na época enfocada por Koselleck e pelos editores dos *Geschichtliche Grundbegriffe*, na qual a história se torna um "coletivo singular" vivenciado não mais estaticamente, mas *em movimento*. O principal nessa nova percepção de história é encontrado por Koselleck na dissociação entre *espaço de experiência* e *horizonte de expectativa*.[18] O futuro será estruturalmente diferente do passado, postula o credo, baseando-se indubitavelmente em uma transformação fundamental da qualidade do presente: como tentei mostrar, a dissociação dos horizontes temporais é uma consequência previsível, e até inevitável, do aumento da velocidade da mudança social além do crítico limiar perceptivo das três (ou no máximo quatro) gerações convivendo em um mesmo intervalo histórico – a experiência do movimento histórico se torna, assim, um epifenômeno da transição paulatina de uma velocidade de transformação *intergeracional* para uma *geracional*.[19] E, consequentemente, Koselleck também constata que a temporalização da história, na época do "tempo de

---

17 Koselleck, 1989, p.312; o grifo maior no meio da passagem é meu, H. R.
18 Ibid., p.349 ss.; 2000, p.331 ss.
19 Ver, sobre isso, Capítulo III.2.b e Capítulo V.

sela", e com isso a dissociação entre os horizontes temporais da *experiência* e da *expectativa*, fundamentam a experiência da aceleração da história e a experiência de ultrapassagem de um limiar epocal, muito embora ele permaneça ambivalente quanto à interpretação das origens causais dessa percepção.[20] Após a análise de uma série de testemunhos históricos, que atestam uma experiência temporal modificada, ele conclui:

> São duas as determinações temporais que caracterizam a nova experiência de transição: a esperada diferença do futuro e, vincu-

---

20 Em seus dois artigos mais recentes sobre essa questão, "Gibt es eine Beschleunigung der Geschichte?" [Existe uma aceleração da história?] (2000, p.150-76), e também em Rosa; Scheuerman, 2006) e "Zeitverkürzung und Beschleunigung. Eine Studie zur Säkularisation" [Encurtamento temporal e aceleração. Um estudo sobre a secularização], (2000, p.177-202), Koselleck parece tender mais que em seus trabalhos anteriores a interpretar a *aceleração histórica*, a princípio, como uma categoria secularizada da *expectativa* política ora transformada, que se torna de fato *saturada de experiência* somente com a Revolução Industrial. Sua tese seria de que "a aceleração como categoria de expectativa é antiga, que a ela se somaram, desde o século XVI, novos conteúdos de expectativa, que ela pode se tornar um conceito de experiência saturado apenas a partir da Revolução Industrial" (p.153). A *experiência* aceleratória do século XVIII teria de qualquer forma estado fundada empiricamente na sequência muito rápida de abalos políticos. Esse resultado permanece insatisfatório, pois é, no fundo, circular: a transição do horizonte temporal da política se torna ao mesmo tempo *explanans* e *explanandum*. A meu ver, a urgência de explicação de Koselleck remonta ao fato de que ele, por motivos empíricos, procura indícios para seu resultado evidente da percepção da aceleração social no tempo de sela apenas sob a forma da *aceleração técnica* (ibid., p.167), ignorando as possibilidades, daí apartadas, de uma aceleração do ritmo de vida e da transformação social.

ladamente a isto, a mudança dos ritmos temporais da experiência: a aceleração, através da qual o nosso tempo se distingue dos passados. Humboldt enfatizou isso em sua análise do século XVIII e não foi o único: *nossa era parece nos levar de um período que agora termina para um novo, não menos diverso*. E o critério dessa mudança está no tempo histórico, que engendra prazos cada vez mais curtos. Pois *quem, mesmo que apenas com um mínimo de atenção, comparar o estado atual das coisas com o de quinze ou vinte anos atrás, não poderá deixar de constatar uma discrepância equivalente ao dobro desse espaço de tempo no início do século*. O encurtamento de prazos, que ainda permite uma experiência homogênea, faz parte dos *topoi* que caracterizam as respectivas atualizações mais recentes da história.[21]

Com base nesses dados históricos que encabeçam a *Lei da aceleração*, de Henry Adams, formulada no início do século XX,[22] Koselleck interpreta a *aceleração* como experiência fundamental, decisiva e categorialmente nova, assim como o rápido estabelecimento do conceito de Modernidade como "indicador de uma acelerada transformação da experiência histórica e de sua elevada elaboração consciente".[23] Ela faz que a história não seja mais um lugar estático ou um panorama neutro diante do qual diferentes *histórias* se desenrolam, mas que se torne, ela própria, *temporalizada*. O próprio tempo "adquire uma qualidade histórica. A história se desenvolve não mais no tempo, mas através dele. O tempo é dinamizado como uma força da própria his-

---

21 Koselleck, 1989, p.329.
22 Adams, 1999, p.406 ss. (agora também em Rosa; Scheuerman, 2006).
23 Koselleck, 1989, p.320; ver p.336 ss.

tória. Essa nova fórmula de experiência requer, naturalmente, um conceito de história igualmente novo, ou seja, o singular coletivo da história, que desde aproximadamente 1780 pôde ser pensado – como história por e em si mesma – sem um objeto ou sujeito a ela relacionado".[24]

Essa transformação da experiência histórica se encontra na raiz da reconceptualização do *status* e da tarefa do âmbito político na Modernidade, que passa a formular as modernas *filosofias da história*, as quais, por sua vez, tentam definir a direção e o objetivo do movimento da história percebido, vinculando-o, constitutivamente, à ideia de *movimento político*: a sociedade se torna uma missão a ser cumprida *no tempo* segundo os princípios do desenvolvimento histórico. O conceito-chave para a expectativa do desenvolvimento histórico direcionado a um objetivo é a categoria do *progresso* social e político, como "primeira categoria temporal genuinamente histórica",[25] que também recebe seu impulso cultural da moderna *temporalização das utopias*: concepções políticas de uma sociedade melhor, alternativa, não são mais projetadas em um espaço imaginário u-tópico, mas sim no futuro, sendo incluídas, com isso, no espaço da história e da política. "De fato [...] a consciência temporal moderna inaugurou um horizonte no qual o pensamento utópico é fundido ao histórico. Essa migração das energias utópicas para a consciência histórica caracteriza [...] o espírito do tempo que marca a esfera pública política dos povos modernos desde a

---

24 Ibid., p.321.
25 Koselleck, 2000, p.163, ver p.172 ss., assim como 1989, p.155 e 200 ss. Ver ainda, sobre a centralidade da ideia de progresso para a temporalização da história, Nowotny, 1993, p.17.

época da Revolução Francesa. O pensamento político, influenciado pela atualidade do espírito do tempo, [...] é carregado de energias utópicas – porém esse excedente de expectativa deve ser contrabalançado com a experiência histórica conservadora", observa acertadamente Jürgen Habermas.[26] Koselleck, no entanto, constata que praticamente *todas* as teorias e programas sociais se temporalizam e se organizam ao longo de linhas temporais de movimento, de tal modo que a *pressão por movimento* gera um *padrão temporal compulsório*. Sem coeficientes temporais de movimento e transformação, nada mais poderia ser reconhecido, argumentado e tampouco legitimado politicamente.[27] Até o surgimento dos *novos movimentos sociais*, logo após as revoltas de 1968, quase todas as correntes e agrupamentos políticos da Modernidade se compreendem como *movimentos*.

Como há pouco mencionado, as grandes facções políticas da era moderna se posicionam ao longo da linha divisória marcada pelo índex direcional do *progressista* e do *conservador*, embora sua forma de movimentação específica possa ser reconhecida nas criações conceituais dos -ismos (*republicanismo, liberalismo, conservadorismo, socialismo* etc.).[28] Por meio da suposta irreversibilidade do desenvolvimento histórico, esses movimentos se tornam, no entanto, estruturalmente assimétricos: uma política conservadora não pode parar a história, mas apenas zelar por

---

26 Habermas, 1985, p.142; ver Lübbe, 1998, p.277: "A temporalização da utopia por meio da realocação da perfeição literariamente realizada do espaço distante no tempo distante [...] exige que o estado social no qual as pessoas se encontram seja percebido ao mesmo tempo como um estado em transformação direcionada".

27 Koselleck, 1989, p.341 e 339.

28 Ver ibid., p.300 ss.

transições suaves e pela manutenção do que vale a pena ser preservado. Progressista e conservador muitas vezes caracterizam, portanto, antes diferentes *velocidades* que diferentes direções: a política progressista busca, segundo sua lógica, uma *aceleração* do desenvolvimento histórico esperado, a conservadora, ao contrário, busca uma *desaceleração* ou sua suspensão por um determinado período.[29] *De toda forma, a política se torna o marca-passo do desenvolvimento social no contexto da experiência histórica da Modernidade (Clássica); ela compreende uma mandatória tarefa de configuração.* Isso constitui inevitável correlato com relação à *promessa de autonomia* da Modernidade política, segundo a qual a constituição do projeto social está nas mãos dos homens enquanto cidadãos.

No que se segue quero mostrar que o *fim da história*, prematuramente diagnosticado pelos advogados da *posthistoire*, pode ser entendido apenas como fim *dessa forma específica de história temporalizada* e que, com ele, se transformam não apenas a experiência do tempo histórico, mas também a concepção e a forma da política e daquilo que a ela se refere — assim se confirmará que

---

29 Ver ibid., p.78: "Para todos em geral, a Revolução [Francesa] se transformou, desde sua ocorrência, em um conceito de *perspectiva histórico-filosófica* que apontava uma direção sem volta. A questão agora era se mais cedo ou mais tarde, se de forma lenta ou acelerada, pois a direção do movimento parecia [...] dada". Assim é temporalizado o próprio conceito de revolução: ele não mostra mais a "virada" ou retorno de determinadas circunstâncias a um estado anterior ou cíclico que se repete, mas sim uma transformação social histórica irreversível e direcionada (sob a forma do revolucionamento potencialmente permanente) a ser conduzida (ou acelerada) politicamente. Ver ainda Nowotny, 1993, p.152, a respeito da unificação de "progredir" e *progresso através da aceleração.*

essa transição de época só pode ser compreendida e definida precisamente da *perspectiva de uma teoria da aceleração*.

## 3. Horizontes temporais paradoxais: a destemporalização da história na Modernidade Tardia

As estruturas temporais da Modernidade Tardia fazem que ambos os princípios temporais fundamentais, elaborados na primeira parte deste capítulo, tornem-se questionáveis, se é que não os destroem: tanto nossa atual concepção do papel da *política no tempo (histórico)*, quanto a concepção clássico-moderna de *modelos temporais na política* ou na interseção entre a política e a sociedade, parecem se tornar insustentáveis em consequência das mais recentes ondas de aceleração social.

Essa *crise temporal da política* se manifesta mais claramente na *dessincronização*, já tematizada diversas vezes, entre o "tempo interno" da política e as estruturas temporais de outras esferas sociais, especialmente da economia e do desenvolvimento técnico, porém cada vez mais também entre as medidas políticas e o desenvolvimento sociocultural. O cientista político norte-americano Sheldon Wolin sintetiza esse descompasso da seguinte maneira:

> Falando sem eufemismos, o tempo político está fora de sincronia para com as temporalidades, ritmos e cadências que governam a economia e a cultura. Ele [...] exige um certo elemento de ócio [...]. Isso se deve à necessidade de ações políticas serem precedidas por deliberações que, como o próprio termo "deliberar" sugere, consomem tempo por surgirem em um contexto de

considerações legítimas em competição ou conflito. O tempo político é condicionado pela presença de diferenças e pela tentativa de sua negociação. Os resultados das negociações, bem sucedidas ou não, retêm tempo [...] Assim sendo, tempo é "gasto" em deliberação para ser "economizado".[30]

A última frase de Wolin deixa claro que coube, até o momento, à política cumprir a tarefa de preservar a *unidade do tempo* contra todas as tendências de desintegração na sociedade, e que a manutenção da integridade entre passado, presente e futuro políticos é efetuada através do processo deliberativo da confrontação política, não através das decisões enquanto tais.

A evidência da dessincronização, no entanto, pode, ao menos em face das formas democráticas da política, agora ser considerada nada menos que um lugar-comum não apenas na teoria social, mas também na teoria política.[31] Pode-se citar, como exemplo desta última, a iniciativa do governo estadual bávaro de cortar regulamentações políticas que desaceleraram a economia; as eleições estaduais do ano 2000 em Nordrhein-Westfalen, em que o Partido Democrático Liberal [Freie Demokratische Partei ou FDP] atingiu sensacionais 10% de votos com o *slogan* "Nordrhein-Westfalen precisa de velocidade", enquanto o Partido Verde do ministro-presidente Clement (ao contrário de sua própria concepção política "progressista") foi taxado e considerado pela opinião pública como "atravancador da mo-

---

30 Wolin, 1997, p.2; ver mais detalhadamente, sobre isso, Chesneaux, 2000.

31 Exemplos disso são Eberling, 1996; Chesneaux, 2000, e Scheuerman, 2001a; neles há vários outros exemplos. Ver ainda Hennis, 2000, p.175 ss.

dernização", perdendo um terço de seus eleitores; ou ainda a iniciativa legislativa aceleratória da Suíça, lançada também em 2000, que buscava a eliminação de direitos democráticos de participação com o argumento de que os mecanismos de decisão democrática direta, que podem levar até três anos, seriam lentos demais para desenvolvimentos na economia e na pesquisa, prejudicando-as.[32]

Comum aos três exemplos é a ideia, de grande efeito político, de que *menos política* no sentido de regulamentação democrática significaria *velocidades mais altas* e, com isso, a eliminação da dessincronização social. Ela se baseia na observação de que subsistemas sociais autonomizados – ao contrário da opinião corrente de que a Modernidade teria substituído um grande número de tempos e ritmos particulares, naturalmente condicionados, por um único tempo do mundo linear, abstrato e "vazio", ao qual tudo seria relacionado sem se levar mais nada em conta – se tornaram, em grande medida, independentes uns dos outros também em seus padrões e horizontes temporais, ou seja, originando *novos* tempos internos a cada subsistema,[33] que podem, por sua vez, serem acelerados em diferentes proporções. Apenas isso possibilita a ocorrência da dessincronização sistêmica e da *não contemporaneidade dos contemporâneos*, que

---

32 *Ditar em vez de debater* foi o título da manchete de capa da revista suíça *Weltwoche* de 24 fev. 2000. Os representantes da iniciativa (também chamada de "Iniciativa Denner") argumentaram que, por exemplo, projetos na área da pesquisa genética, após três anos de tramitação, estariam simplesmente ultrapassados, fazendo que as decisões tomadas se mostrassem anacrônicas logo após sua aprovação. A iniciativa, no entanto, foi recusada pelo plebiscito suíço de 14 de abril de 2000.

33 Ver com mais detalhes em Nassehi, 1993, p.323 ss.

apenas se manifesta à luz do acoplamento estrutural-temporal entre os sistemas.³⁴

Esse problema não se restringe à relação entre política e economia, ocorrendo em e entre todos os subsistemas sociais possíveis, por exemplo, entre educação e ciência, entre direito e economia e, inclusive, no limiar, entre economia e ecologia. Como David Harvey observa: "O modelo de espaço-horizonte imposto por Wall Street simplesmente não consegue acomodar de maneira responsável as temporalidades dos sistemas de reprodução social e ecológico. E nem é preciso mencionar que

---

34 A aceleração poderia, dessa forma, levar, na Modernidade Tardia – ao contrário da tese de Schwinn (1999) sobre a formação de uma nova forma de interação entre racionalidades formais em novas estruturas –, a um estado de *desacoplamento estrutural* marcante (ver, sobre isso, o Capítulo VIII.3). Como é possível especular, uma representação do efeito dessa aceleração em analogia ao campo da Física revelaria que o princípio da diferenciação das esferas funcionais possibilita uma aceleração significativa do processamento de novos sistemas, praticamente autopoiéticos, e que as "forças centrífugas" daí resultantes provocariam, em caso de aumento de velocidade, uma erosão progressiva dos limites sistêmicos, levando, assim, a uma *desdiferenciação* pós-moderna que, no entanto, não deve ser confundida com uma *re-integração*, uma vez que ela sinaliza antes a atomização e fragmentação de contextos sistêmicos: hoje supostamente já não existiria mais, por exemplo, um sistema científico unificado nem um corpo de subsistemas (por exemplo disciplinares) respectivos, mas sim um "caleidoscópio" de escolas, premissas, projetos de pesquisa, periódicos, congressos etc. no qual arte, comércio, política e ciência se misturam em simbioses e sínteses (muito criativas). Os processos daí resultantes não podem ser planejados, controlados ou coordenados, *nem* de forma política, *nem* econômica, nem de outra forma qualquer, ao menos não por longos períodos, surgindo a questão sobre qual *lógica* eles de fato seguem.

a instabilidade da flutuação dos mercados financeiros é ainda mais estressante para os trabalhadores (com relação à segurança no emprego, às suas habilidades etc.) e para o mundo da vida da reprodução socioecológica".[35] Da mesma forma relata Thomas Assheuer que seria "enganar a si mesmo acreditar ser possível acelerar uma sociedade o quanto se quiser sem arruinar seus mundos da vida"[36] — a desintegração cultural intergeracional do mundo da vida, na Modernidade Tardia, foi amplamente tematizada no quinto capítulo.

Porém, mesmo no próprio âmbito da economia, a pressão aceleratória gera problemas de sincronização massivos, cujos custos normalmente são externalizados. Isso ficou evidente no contexto do surgimento e da crise da *New Economy*, através da divergência entre o mundo da alta velocidade dos mercados financeiros e a esfera dos investimentos reais e do desenvolvimento empresarial e de produção. Nestes últimos, ao contrário, a duração dos períodos de testes de novos produtos ou materiais foi reduzida, levando à sua introdução no mercado *antes* do final da fase de testes, incluindo o consumidor como cobaia para o aprimoramento de um novo produto; ciclos de inovação (o período entre uma invenção científica ou técnica e sua introdução no mercado) e ciclos de produtos (o prazo de validade de um modelo específico) em alguns setores (como

---

35 Harvey, 2000b, p.59. Similar à tese de Reheis (1998) de que os "sistemas" indivíduo, sociedade e natureza estariam dessincronizados e que isto teria consequências patológicas. Bergmann (1981, p.166 ss.) também diagnostica para a sociedade moderna uma dessincronização de tempo social e do tempo ambiente psíquico, fisiológico e físico-biológico.

36 Assheuer, 2000, p.38.

na indústria eletrônica de entretenimento e, em parte, na indústria automobilística) se aceleraram de forma tão extrema que não apenas os consumidores, mas até mesmo os comerciantes não são mais capazes de identificar os produtos mais recentes; o número e o efeito de novos compostos medicinais aumentou tão drasticamente que, agora, médicos, em vez de seguirem sua experiência para receitar medicamentos, têm que se orientar pelas informações da indústria farmacêutica etc.[37]

Além disso, aparentemente até mesmo os métodos de jurisdição se tornaram lentos demais para a solução de conflitos em relações econômicas, sobretudo no contexto de operações transnacionais, apelando assim cada vez mais para formas de conciliação alternativas (como *procedimentos de mediação e arbitragem*) e originando, com isso, novas estruturas de "lei de projeto" ou até mesmo de "lei neo-espontânea".[38] A crescente compulsão aceleratória agora também surte efeito nas formas internacionais de jurisdição. Também aqui os procedimentos tradicionais se mostram insuficientes para atender às exigências da velocidade, como aponta Klaus Dicke, de forma que a pressão cresce para se transformar a Assembleia Geral ou até

---

37 Sobre esses fenômenos de dessincronização, ver especialmente as contribuições de Backhaus; Bonus, 1998.
38 Ver Scheuerman, 2001b, p.115 ss.; assim como Günther, 2001; sobre o conceito de "direito neoespontâneo", ver Teubner, 2000. Ligada a isso está uma dissolução potencial do *monismo jurídico* no mundo globalizado: qual tribunal e qual jurisprudência é responsável por quais conflitos e decisões parece novamente cada vez mais obscuro e cada vez mais uma questão de poder – o extermínio da ONU pela política exterior dos Estados Unidos no princípio do século XXI e a suspensão da validade e do campo de aplicação do direito internacional público são provavelmente apenas os sintomas mais evidentes disso.

mesmo o Conselho de Segurança das Nações Unidas num orgão "legislador".[39] Também isto ilustra a tendência de se transferir a órgãos executivos competências (praticamente) legislativas em função da escassez temporal: a instauração do Tribunal Penal Internacional para a Iugoslávia em maio de 1993, por exemplo, apelava para o capítulo VII da Carta das Nações Unidas, *por meio do Conselho de Segurança*, que se baseou em um relatório do secretário-geral, segundo o qual os procedimentos "normais" do acordo multilateral eram *lentos demais*. O procedimento adotado seria por fim mais rápido e de eficácia imediata.[40]

No entanto, pelo fato de o *tempo interno* da política ser, em grande medida, resistente ou incompatível com a aceleração, a política, segundo minha tese, perdeu, por volta do fim do século XX, a posição incontestável de *marca-passo* social (agora ocupada pela economia) que ocupava na Modernidade Clássica: seus horizontes temporais apresentam cada vez mais uma estrutura altamente paradoxal. O *tempo na política*, como quero expor, se torna altamente caótico, causando assim o colapso da concepção clássico-moderna do papel da *política no tempo*.

O paradoxo do tempo político na Modernidade Tardia consiste em uma desvinculação dupla de seus horizontes temporais constitutivos e da proporção entre recursos temporais e a demanda temporal (ver Figura 13).

---

39 Dicke, 1988, p.217 ss. Dicke sugere, ao contrário, a ampliação de regulamentações jurídicas contratuais, de direito internacional público e de cooperação jurídica internacional; ver Dicke, 2001, p.13 ss.
40 Ver Dicke, 2001, p.15.

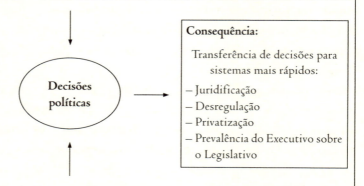

Figura 13 – Os paradoxos do tempo político

A pressão aceleratória sobre o sistema político para a expedição rápida de decisões definitivas é, a princípio, uma consequência direta da aceleração do ritmo de desenvolvimento e de transformação de outros sistemas sociais, especialmente da circulação econômica e da inovação técnico-científica. Ela provoca a redução contínua dos recursos temporais que estão disponíveis para o direcionamento ou a regulação política, por três motivos.

*Primeiro*, a política, se e enquanto se mantiver fiel à sua pretensão de controlar as diretrizes do desenvolvimento econômico e tecnológico, terá *ou* de se adaptar ao ritmo acelerado das inovações nas referidas esferas sociais, com isso, se tornar um "legislador motorizado", como Carl Schmitt anteviu,[41] *ou* interferirá deliberadamente na autonomia daqueles desenvolvimentos e retomará, dessa forma, o princípio da diferenciação funcional em favor de uma nova dominância política.

Assim, ela poderia impor aos demais sistemas funcionais o ritmo (mais lento) de transformação do sistema político e guiar uma "ressincronização compulsória". Essa última alternativa é a saída que autores como Reheis ou Eberling vislubram quando exigem uma *política temporal* orientada para a desaceleração social: "A política temporal deve interromper, através de investidas graduais, a aceleração artificial de processos evolucionariamente emergentes ou introduzir desaceleração", defende Reheis de maneira sintética, e Eberling formula de modo ainda mais conciso: "A tese central é a seguinte: se o problema é a aceleração, a solução está no retardamento. [...] Democracia é a chave para o retardamento", pois ela intencionalmente exerce o poder *lentamente*.[42] Essa ideia, no entanto, se

---

41 Schmitt, 1950; ver ainda Scheuerman, 2000, esp. p.1891 ss. Sobre dinamização e "motorização" da legislação do direito internacional público, ver Dicke, 1988, p.200 e 202 ss.
42 Reheis, 1998, p.215; Eberling, 1996, p.14.

mostra altamente ilusória ante os custos econômicos e sociais que uma ressincronização política compulsória acarretaria, e sobretudo dada a crise da concepção moderna do papel da política no tempo, ao qual retornarei em breve, especialmente por tornar obscuro quem poderia ser o *encarregado* de uma tal política de desaceleração. Atualmente, porém, a dessincronização, que tem sido cada vez mais observada, gera o risco de que a política tome decisões anacrônicas que, no momento de sua aplicação, já se encontrem ultrapassadas – como exemplificam questões sobre a pesquisa com células-tronco ou clonagem, ou ainda problemas jurídicos relacionados à transferência de informações na internet.

*Segundo*, em função da apresentada "contração do presente", ou seja, da crescente instabilidade dos horizontes de expectativa e condições de ação na *era pós-convencional*, crescem os índices não apenas de inovações, mas também o número e a abrangência de setores sociais que demandam regulamentação política. Esse fato se baseia na observação de Beck segundo a qual, de certa forma, a abrangência e importância dos afazeres políticos crescem cada vez mais: não há mais nenhum âmbito, desde o *descarte de lixo*, passando por *férias* até *relações sexuais*, que *não* seja objeto de debate político. Essa extensão do campo de regulamentação implica, no entanto, que o tempo disponível para *cada decisão* do legislador ou responsável político é reduzido com o crescimento da demanda por decisões.[43]

*Terceiro*, por fim, exatamente esse princípio da contração do presente ocasiona que, em função das rapidamente cambiantes condições da ação social, o alcance temporal, no âmbito do

---

43 Ver, sobre isso, Scheuerman, 2001a, p.57 ss.

planejamento político, reduza progressivamente sua previsibilidade racional. Como demonstrei, a *demanda* por planejamento cresce, na Modernidade Tardia, na mesma medida em que o *planejável* decresce. Consequentemente, cada vez menos coisas podem ser regulamentadas de maneira definitiva ou, ao menos, por um espaço de tempo de uma ou mais gerações; o futuro *previsível* recua continuamente para mais perto do presente, de forma que a política tem que se manter num modo *improvisado* (*muddling through*), regido pela *urgência dos prazos*, pelas soluções temporárias e provisórias no lugar dos grandes projetos estruturais,[44] motivo pelo qual os mesmos problemas (como reformas do sistema de saúde ou previdenciário) sempre retornam, em intervalos curtos, à pauta legislativa. A política perde, com isso, sua função de *agente transformador*, assumindo o *status* de um jogador a mais, preponderantemente *reativo*.[45]

O dilema do *tempo na política* é causado, porém, não apenas pela pressão aceleratória externa, mas também por uma crescente *incapacidade de aceleração*, sendo até mesmo agravado por uma clara *tendência à lentificação* do modo operacional da política democrática, o que acaba tornando os horizontes temporais tardo-modernos da política realmente paradoxais. Para tal *desaceleração* involuntária da tomada de decisões políticas parece haver três motivos, correspondentes às causas da pressão aceleratória.

---

44 Ver, sobre isso, Denninger, 1988.
45 Ver ainda Kielmansegg, 2003a, 2003b, que atribui a "recusa ao futuro" dos partidos políticos alemães, ou seja, sua manifesta incapacidade de desenvolver e efetivar projetos sólidos para o futuro, aos próprios partidos e à lógica da competição partidária.

*Em primeiro lugar*, aumenta o alcance temporal do *efeito* das decisões políticas; muitas de suas consequências se prolongam pelo futuro afora. Matthias Eberling o exemplifica com o desenvolvimento da tecnologia:

> A técnica tradicional oferece a cada nova geração, a princípio, a possibilidade de uma revisão crítica e de uma possível reprovação [...]. Com a introdução da tecnologia atômica isso já se torna mais difícil, uma vez que rejeitos radioativos continuam a constituir uma ameaça às próximas cem gerações, mesmo após a interrupção imediata de qualquer fissão nuclear. A engenharia genética, contudo [embora sendo uma técnica de aceleração brutal de processos tradicionais de criação e cultivo, H. R.], terá consequências infinitas, pois seus erros podem se reproduzir. Ela pode marcar não apenas a sociedade contemporânea, mas cada uma das outras sociedades após a nossa.[46]

Decisões irreversíveis, no entanto, precisam de um planejamento e uma coleta de informações consideravelmente mais meticulosos, sendo, por isso, inevitavelmente mais intensivos temporalmente que decisões reversíveis. O que de fato se aplica a condições circunstanciais invariáveis é: quanto maior o alcance de uma decisão, maior será o prazo para que ela possa ser tomada com base em um fundamento racional. Isso ilustra o paradoxo do desenvolvimento temporal atual: o alcance de nossas decisões parece aumentar à medida que os recursos temporais necessários para tomar tais decisões desaparecem.

---

46 Eberling, 1996, p.68.

*Em segundo lugar*, porém, nas condições tardo-modernas, o gasto temporal para uma decisão política que ainda preserve dada racionalidade substantiva (temporalmente *insensível*) se torna maior mesmo onde o alcance das consequências *não* aumenta: quanto menos certeza houver sobre a estabilidade dos parâmetros marginais [*Randbedingungen*], maior será a demanda por informações para a contabilização de contingências e alternativas e, em consequência disso, maior o gasto temporal para a tomada de uma decisão racional.[47] Assim, projetar um sistema de aposentadoria seguro pode se tornar uma tarefa complicada, mesmo quando as variáveis demográficas, especialmente a relação entre pessoas profissionalmente ativas e não ativas, se mostram estáveis ou previsíveis; porém se torna quase impossível quando se desconhece a) o quanto as gerações futuras viverão; b) até quando elas trabalharão; c) que porcentagem da população, até que ponto, será profissionalmente ativa; d) que formas de previdência privada se desenvolverão; e) quais acordos transnacionais e internacionais entrarão em conflito com um dado modelo. A crescente insegurança política e jurídica sobre a atribuição de competências e espaços de decisão nacionais e supranacionais colabora para o agravamento do problema.

*Em terceiro*, por fim – e esse me parece ser o achado mais crítico –, os processos genuinamente políticos de articulação

---

47 Naturalmente, como já demonstrei, os custos de oportunidades, que crescem com o desgaste temporal da decisão, têm de ser considerados no julgamento da racionalidade de uma decisão. Disso resulta, no contexto dado, no entanto, apenas que a redução dos critérios de racionalidade substanciais se torna, por motivos temporais, politicamente racional. A crescente indefinição das condições marginais é uma consequência necessária do adensamento de inovações.

e agregação de interesses, assim como de deliberação (democrática), ou seja, de formação da vontade e de tomada de decisões, se tornam cada vez mais difíceis e, consequentemente, cada vez mais temporalmente custosos em face do desenvolvimento cultural e socioestrutural da Modernidade Tardia. Pois quanto menor é o consenso de valores presumível de uma sociedade, e quanto menos tradicionalistas e convencionalistas se tornam os princípios de justificação e legitimação do debate político, mais difícil se torna chegar a um acordo ou formar uma vontade política propensa à concordância. E a sociedade tardo-moderna tende, segundo todos os diagnósticos apresentados, a se tornar, a um só tempo, mais pluralista e mais pós-convencionalista. O próprio grau de *desintegração* social associado a isso pode ser interpretado como consequência da *dessincronização* social: como exposto anteriormente, a tardo-moderna *não contemporaneidade dos contemporâneos* compreende também os diferentes grupos populacionais culturais, étnicos e religiosos, que se desenvolvem como que "dessincronizadamente" segundo regras próprias,[48] de forma a possibilitar o surgimento de um "mosaico de guetos temporais" (como é possível observar sobretudo nos Estados Unidos – numa direção similar à que parecer tomar a relação entre alemães e turcos na Alemanha). Esses "guetos" podem se livrar parcialmente da compulsão aceleratória (e, com isso, das estruturas e horizon-

---

48 O multiculturalismo representa um fenômeno interessante do "pluralismo temporal": os horizontes, padrões e práticas temporais das diferentes culturas sem dúvida se diferenciam enormemente, colidindo inevitavelmente na esfera pública, governada pelas estruturas temporais da cultura dominante; ver, sobre isso, Marschall, 1997.

tes temporais da Modernidade), assegurando, assim, sua existência (como os Amish nos Estados Unidos). Onde quer que a pressão aceleratória impulsione as esferas e grupos sociais, é possível presumir que ela acabará por pressionar a difusão de suas fronteiras, pois tais fronteiras constituem claramente barreiras de velocidade (o processo em que fronteiras nacionais se tornam irrelevantes é apenas mais um exemplo para isso).[49] A daí resultante *des*-diferenciação pós-moderna, a despeito de todas as tentativas temporárias de associação, provavelmente não levará a uma *re-integração*, mas antes a mais *desintegração* atomizante, de tal forma que do *mosaico de guetos* poderia surgir um construto social sem estrutura, caleidoscópico (no sentido de se transformar rapidamente), de associações flutuantes e ambientes temporários.

Porém, mesmo desconsiderando-se tais cenários especulativos, parece ficar claro que a dissolução progressiva de nichos sociais estáveis, a instabilidade dos pertencimentos sociais e a volatilidade das preferências políticas, discutidas através do conceito de *individualização da situação de vida*, tornam a articulação e a organização de interesses coletivos cada vez mais difíceis, até mesmo porque se torna progressivamente mais obscuro quais associações, parceiros e grupos sociais são relevantes para quais processos de negociação. John Dewey anteviu o problema central da organização de uma esfera pública estável como pré-condição para uma democracia bem-sucedida, problema

---

49 Ver Bauman, 2000, p.14 e 168 ss. para o argumento de que a desintegração social na Modernidade Tardia se torna uma exigência aceleratória ou ainda uma condição para o livre trânsito dos fluxos globais; ver, sobre isso, o Capítulo X.

esse especificamente temporal, e que se vincula às condições discutidas: "Como pode um público ser organizado, poderíamos perguntar, quando ele literalmente não se fixa em um lugar? Sem vincular-se a laços, as associações se mostram voláteis e instáveis demais para permitir ao público a localização e identificação de si mesmo", constata Dewey já em 1927. E os problemas aí traçados não se tornaram mais escassos na era das mídias digitais e dos fluxos globais.[50]

As esperanças de uma *ressincronização* e da emergência de novas formas de esfera pública são depositadas sobretudo no potencial democrático das novas mídias interativas, ou seja, em métodos como o *debate* e o *referendo virtuais*.[51] Todavia, permanece o temor de que, com isso, o processo de referendo até seja claramente acelerado, mas não a formulação de interesses,

---

50 Dewey, 1954, p.140. "Os problemas de cooperação são gerados pelo [...] crescente fracionamento e heterogeneidade do espaço político. Os partidos políticos percebem que não lidam mais com ambientes homogêneos e estáveis aos quais se possa atribuir um conjunto de interesses específicos. Ao contrário, faz-se necessário estabelecer alianças multiplamente diferenciadas que se vinculem a situações sociais diversas e a alianças de interesses, cunhadas individualmente, uma vez que esses interesses, em face de sua contraditoriedade interna, mal podem ser reduzidos a um denominador comum. Um programa de propostas equilibrado [...] há de parecer, sob tais condições, estrategicamente inapropriado. No entanto, a mistura difusa de pontos programáticos isolados, acentuados de modo a esboçar uma estrutura apenas – que vem ocupar o lugar de um programa – reforça a fragmentação dos eleitores e o problema da integração" (Giegel, 1999, p.108; ver Scheuerman, 2001a, p.60).

51 Ver, sobre isso, Connolly, 2000; Barber, 1998-1999; e Buchstein, 1997.

a consolidação de alianças e o processo de *deliberação*.[52] A tradução de um acúmulo de "opiniões particulares", inventariáveis por meio das novas mídias, em uma opinião genuinamente *pública* e *política* (isto é, assim fundamentada) pode ser, na verdade, dadas as condições de difusão da esfera pública política, até mesmo progressivamente custosa num plano temporal.[53] Uma tal tradução provavelmente será cada vez menos tentada em função de sua enorme demanda temporal – no lugar de um debate com *argumentos* justificados e justificáveis entra então o embate político de imagens e símbolos, mais rapidamente comunicáveis que palavras. Na luta pelo recurso cada vez mais escasso da *atenção*, a política corre o risco de ser reduzida a uma questão da melhor *estratégia de marketing*.[54] Mediante tais dificuldades de formação democrática da vontade política em sociedades pluralizadas, não surpreende que a pressão sobre tomadas de decisão também possa ser, e seja, utilizada para desonerar o sistema político das laboriosas, ou até mesmo irrealizáveis, exigências de deliberação e formação de consenso. Como Luhmann observa, trata-se de colocar a *dimensão temporal* em ação para desonerar o sistema político da *dimensão social*.[55]

---

52 A respeito da diferença fundamental entre *"poll-government"* e a ideia de democracia política, ver Chesneaux, 2000, p.409, que vislumbra na crescente dependência de governos democráticos de pesquisas de opinião uma tentativa nefasta de aceleração política.

53 Para uma brilhante tentativa de diferenciação entre opiniões particulares (agregadas) e opiniões genuinamente políticas e públicas, ver Hennis, 2000, p.37 ss.

54 Sobre isso, ver Weibel, 1987.

55 Luhmann, [1968] 1994; ver Bergmann, 1983, p.483.

O dilema da política na Modernidade Tardia, amplamente descrito nesses seis pontos, evidentemente leva a um deslocamento do processo de decisão, próprio à esfera da política democrática, a outras arenas sociais mais velozes (ver Figura 13): ao há muito observado deslocamento de ênfases da legislação democrática para a flexível decisão executiva,[56] soma-se a transferência de questões políticas polêmicas à competência dos tribunais constitucionais (*juridificação*), à capacidade de autorregulação da economia (*des-regulação econômica*) ou à esfera de responsabilidade individual (*privatização ética*). Além disso, no plano internacional, as decisões cruciais são negociadas por grupos de especialistas e de interesses nem sempre ou não suficientemente legitimados democraticamente. O notório déficit democrático da União Europeia não parece, dessa perspectiva, ser mero acaso.

Não obstante, a consequência mais severa dessa crise temporal da política é, no contexto apresentado, a inibição da possibilidade de intervenção e, consequentemente, da mudança de concepção do *status* e da função da política na história. Essa mudança indica ao mesmo tempo, como anteriormente observado, uma rejeição profunda, da perspectiva de sua compreensão histórica, da Modernidade.

Todas os mencionados desenvolvimentos políticos parecem indicar que o tempo da política moderna, tal qual elaborado no

---

56 Ver Scheuerman, 2001a, p.57: "Não causa surpresa que legisladores se mostrem extremamente frustrados quando confrontados com essas requisições contraditórias. Muito frequentemente, os parlamentos contemporâneos abandonam suas funções legislativas – por uma função executiva, considerada mais bem equipada para enfrentar os imperativos da velocidade".

Capítulo XII.2, passou. A política não consegue mais cumprir a função (ainda delegada culturalmente a ela) de *marca-passo* do desenvolvimento social e de *cunhadora da história* na Modernidade Tardia, uma vez que seu horizonte temporal e sua velocidade de trabalho permanecem atrás das transformações na economia e na sociedade. Onde ainda insiste em sua pretensão de direcionamento, ela não mais se apresenta como progressista e influenciadora da evolução histórica, mas antes como um "entrave da modernização" – motivo pelo qual figura na lista dos *aceleradores* clássico-modernos que se tornaram *freios* tardo-modernos (Figura 11). Enquanto a diferenciação entre a *esquerda* e a *direita* políticas ainda faz algum sentido, os "progressistas" se encontram hoje, no sentido exatamente oposto às relações clássico-modernas, quase sempre ao lado dos desaceleradores, pois estes defendem o controle político da economia, os processos democráticos de negociação e a proteção do meio ambiente e de particularidades locais. Ao mesmo tempo, os "conservadores", na medida em que incentivam a introdução de novas tecnologias, o desmonte de obstáculos à circulação dos *global flows*, a dominância do mercado e formas mais rápidas de tomada de decisão, parecem perseguir uma estratégia de aceleração à custa dos métodos genuinamente políticos.

A perda, daí resultante, do índex direcional da política aponta para uma forma modificada de percepção da história e para um papel modificado da política. Ambas as estratégias de ressincronização, a saber, a tentativa de manter-se as ideias de controle e coordenação através da lentificação e a renúncia à pretensão política de regulação, levam, ao fim, a uma política que não age mais, mas apenas *reage* – de acordo com as condições situacionais: ela é obrigada a se orientar segundo as diretrizes dos sistemas mais rápidos. Consequentemente, a renúncia à configuração política é defendida, no debate político, explicitamente pelo fato de que a obstrução estatal de um desenvolvimento dinâmico, como o da pesquisa genética, levaria inelutavelmente à incapacidade de influenciar ou controlar circunstâncias *futuras*. Por exemplo, o chanceler alemão Gerhard Schröder, em janeiro de 2001, argumentou, no debate sobre a clonagem terapêutica de embriões, que a Alemanha não poderia se dar ao luxo de uma *decisão negativa*, caso contrário seria "deixada para trás" no desenvolvimento internacional, sem ao menos poder tomar parte nas *futuras* decisões sobre "aplicações e consequências" da engenharia genética. Isso sinaliza nada menos que a recusa à intervenção política para a manutenção de potenciais *futuras* chances de coordenação e, assim, uma forma de sincronização, por assim dizer, "em ponto morto".[57]

Estratégias *improvisadas* ou *muddling through*, orientadas segundo a *urgência dos prazos*, entram, assim, no lugar de concepções políticas de intervenção social.[58] Se insatisfação política e crescente volatilidade eleitoral são características políticas das democracias tardo-modernas, sua causa é sobretudo o fato de que, nas concepções político-partidárias, conquanto não se reduzam a uma mera recusa da pretensão cunhadora da políti-

---

57 Para a argumentação de Schröder, ver Rulff, 2001, p.8.
58 "Quanto mais evidente se torna esse estilo 'improvisado' pragmático, mais se reprime uma forma política que poderia representar um recurso motivacional importante para a transformação política", observa Hans-Joachim Giegel (1999, p.109), chamando a atenção para um "círculo vicioso" no contexto do problema de configuração da Modernidade Tardia.

*Aceleração*

ca (o que, todavia, constitui um programa político genuíno), tudo aquilo que se apresenta sob a bandeira de uma visão política da sociedade (*programas, conceitos de reformas, esboços de estratégias*) não consegue mais fazer jus àquela pretensão, revelando-se, sob um olhar mais apurado, uma tentativa desesperada de adequação.[59] Talvez a queda progressiva da participação eleitoral espelhe, assim, em quase todas as democracias desenvolvidas, não apenas uma decadência da consciência de dever cívico, como também uma racionalidade mais profunda dos eleitores, que expressam, por meio de sua abstenção, a crescente perda de sentido da política para o curso da história.

Essa perda de sentido se manifesta também na transformação do vocabulário político – ela parece eliminar praticamente todas as características do vocabulário político da Modernidade (*Clássica*) elaboradas por Koselleck. Assim, os aqui apresentados esforços por uma ressincronização da política se correlacionam claramente com uma retórica da *obrigação objetiva*, ocultada atrás de conceitos como *globalização, competição pelo local* ou *pressão modernizadora*. A semântica do progresso, que acompanhou todos os surtos modernizadores anteriores, desaparece quase completamente, no início do século XXI, atrás da *retórica da imposição dos fatos* [*Sachzwangrhetorik*]: transformações técnicas e sociais não são mais realizadas em nome do *progresso*, mas, antes, justificadas pela ameaça da perda da capacidade de

---

59 Isso fica evidente, por exemplo, na discussão atual sobre a "Agenda de reformas 2010", iniciada pelo chanceler Schröder, cujos defensores se remetem quase exclusivamente ao argumento da *inevitável adequação (estrutural)*, enquanto diversos críticos lamentam que esta não tenha uma ação *suficientemente profunda*.

concorrência.⁶⁰ *Crescimento* e *aceleração*, como diretrizes básicas do desenvolvimento social, não são postos em questão, porém sua base de legitimação se desloca de forma correspondente. Isso sinaliza, uma vez mais, o constatado crescimento da prevalência da *compulsão* aceleratória diante da *promessa* utópica da aceleração, o que se deve à *contração do presente* e ao fenômeno dos *declives escorregadios*:⁶¹ processos aceleratórios que foram postos em movimento outrora insuflados por esperanças político-utópicas ganharam vida própria e tornaram-se de tal maneira autônomos que sua continuidade se dá *à custa* daquela política e daquelas esperanças de progresso.

Como Elmar Altvater observa, dessa forma o sistema como um todo se torna "míope":⁶² no lugar de concepções histórico-filosóficas ou de estratégias políticas de longo prazo, entram ações imediatistas orientadas a cada situação. A *política situacional* representa um correlato coletivo da forma tardo-moderna de identidade situacional: a situacionalidade é, em ambos os casos, uma consequência da aceleração social aumentada, gerando aqui e ali uma transformação da experiência temporal dominante, a qual pode ser abarcada mais claramente por meio do conceito de *temporalização do tempo*. "A moderna sociedade do risco, ao perceber permanentemente o risco da vinculação temporal, vivencia o paradoxo de dispor do tempo somente no tempo, isto é, ela sempre está vinculada ao presente e, consequentemente,

---

60 Sobre a erosão crescente da ideia de progresso, ver Nowotny, 1993, p.17, 52 ss. e 151 ss.
61 Ver, sobre isso, também Rosa, 2002b.
62 Altvater, 2002, p.290, seção 44.

*Aceleração*

faz do tempo sempre algo distinto.[...] A cada novo presente o mundo muda, e isso pode ser interpretado no sentido de que o futuro só se apresenta como futuro presente. O futuro é ineludivelmente desconhecido."[63] Essa descrição da temporalização do tempo na política, formulada por Nassehi, ressalta os paralelos com a caracterização, efetuada por Hörning, Ahrens e Gerhard, da *figura* tardo-moderna *do jogador*: a política também adota cada vez mais a lógica do *drift* e do *jogo* (descompromissado).[64] Entretanto, também Niklas Luhmann vislumbra nisto um "dos mais graves problemas contemporâneos".[65]

Assim como a temporalização do tempo gera, no que concerne às autorrelações individuais, uma *destemporalização da vida*, no sentido já apresentado, ela ocasiona, no contexto da política tardo-moderna, uma *destemporalização da história*. Não sendo mais vivenciada como um processo dinâmico, direcionado, politicamente acelerável (ou desacelerável), a história assume novamente a forma de um espaço quase "estático", através do qual *histórias* desenvolvem-se a si mesmas paralela e consecu-

---

63 Nassehi, 1993, p.377.
64 Isso pode complementar a explicação do surgimento de um novo tipo de político "lúdico", como Arnold Schwarzenegger na Califórnia, Berlusconi na Itália ou Pim Fortuyn nos Países Baixos.
65 "As perspectivas de futuro se tornam obscuras, crescendo, ao mesmo tempo, a pressão para a tomada de decisões no presente, pois somente neste, somente no contexto de um mundo existente simultaneamente é que se possui capacidade de decisões e de ação. O tempo parece passar correspondentemente mais rápido. Quão rápido as organizações de decisão, sobretudo as do sistema político, conseguirão amenizar essa pressão e a crescente desconfiança por ela gerada é um dos problemas mais graves da contemporaneidade" (Luhmann, 1997, p.1074).

tivamente. Se estiver correta a observação de Lübbe, de que o projeto das *utopias realizáveis no tempo* exige uma percepção do próprio estado histórico como *em transformação direcionada*,[66] não se trata, no caso do esgotamento das energias utópicas, tal qual diagnosticado por Habermas, apenas de uma crise das perspectivas do Estado de bem-estar e da sociedade de trabalho,[67] mas, na verdade, de uma crise das energias configuracionais historicamente potentes: as condições de surgimento dessas utopias, identificadas por Koselleck e Lübbe, há muito não existem mais. A surpresa de Fredric Jameson com o fato de que a sociedade tardo-moderna consegue imaginar, mais facilmente, o fim do mundo que o fim do sistema político liberal-capitalista,[68] pode ser esclarecida pela teoria da aceleração.

A temporalização do tempo político-histórico também se revela no fato de que os conceitos de movimento, surgidos no *tempo de sela*, não sinalizam mais movimento na Modernidade Tardia, mas alargam um espaço estático de formas políticas alternativas: os *-ismos* políticos (republicanismo, socialismo, liberalismo, conservadorismo etc.) perderam sua força dinâmica e não postulam mais desenvolvimentos irreversíveis, mostrando apenas *alternativas reversíveis* que são experienciadas, na Modernidade Tardia, concomitantemente como *atemporais* e *simultâneas*. Com isso, o prognóstico que se apresenta é que, com os assim chamados "novos movimentos sociais", os últimos rebentos da Modernidade Clássica, o específico *caráter de movimento* da política moderna terá se extinguido. O que virá a

---

66 Ver nota 26.
67 Habermas, 1985.
68 Jameson, 1998, p.50.

seguir não é mais possível prever segundo uma teoria do progresso nem por meio da filosofia da história, mas antes será decidido *no tempo*, ou seja, na própria realização política.

Essa nova forma de experiência temporal dominante da "atemporalidade" representa, indubitavelmente, a *impossibilidade* de retorno ao tempo cíclico da pré-modernidade:[69] os diferentes estados do mundo não retornam a um ritmo "natural" da repetição constante (por exemplo, as formas constitucionais no modelo cíclico de Políbio), eles coexistem lado a lado simultaneamente e a decisão de quais formas, onde, quando, por quanto tempo e em que sequência serão atualizadas se dá *no próprio tempo*, segundo imprevisíveis desenvolvimentos socialmente *endógenos*.

Com isso, entretanto, se torna evidente a possibilidade de que, na sociedade hiperacelerada do presente, as percepções da contingência total, da abertura completa da evolução histórica e a experiência da inércia, do *fim* de todo desenvolvimento, se tornem dominantes. No ensaio de Jean Baudrillard *L'An 2000 ne passera pas* [O ano 2000 não virá] se encontra uma reflexão a respeito do parentesco interior dessas duas tendências históricas e sociais – da dinamização e da inertificação – no sentido de que elas, embora se tratando de dois modos antagônicos de *dissolução histórica*, chegam, por fim, ao mesmo resultado final: do desaparecimento da história e do sentido histórico. O primeiro modo trata da *aceleração* desenfreada de todos os fatos e acontecimentos até um ponto (velocidade de liberação) no qual eles não mais podem ter duração e, portanto, nem consequências, de tal forma que surge uma situação descrita por Thomas Jung, na esteira de

---

69 Para uma opinião diferente, ver Nowotny, 1993, p.56.

Baudrillard, caracterizada da seguinte forma: "A história perde [...] sua validade quando os acontecimentos implodem, quando os fatos se cristalizam em mensagens, cuja única função é a circulação de informações midiáticas. A história se torna sem sentido, pois 'nenhuma história suporta o centrifugar dos fatos em torno de si mesmos'".[70]

O segundo modo consiste, por outro lado, na *lentificação* e paulatina cristalização da história (*inércia*), até o ponto de ela, por fim, sucumbir sob o peso de sua própria "massa" e se imobilizar:

> Esse é o acontecimento mais notável de nossas sociedades modernas, o ardil mais profundo e mais sutil de sua história: sua socialização e mobilidade social, sua intensificação produtiva e revolucionária (pois as sociedades atuais são revolucionárias em relação a séculos passados) é que trouxeram à tona uma força de inércia, de imensa indiferença para com seu poder silente: a assim chamada "massa" [...]. Ela é a estrela fria do social e, nos arredores dessa massa, a história se resfria e se lentifica, os acontecimentos se sucedem e se aniquilam em indiferença. [...] A história não chega mais a se desenrolar [...], aniquilando-se em seu próprio efeito imediato, consumindo-se em seus próprios artifícios, recaindo em si mesma, implodindo em atualidade. No fundo, não se pode falar de um fim da história, pois ela não terá tempo de alcançar seu próprio fim. Seus efeitos se aceleram, mas seu sentido se entorpece inelutavelmente. Ela por fim estacará e se apagará como a luz e o tempo ao encontrarem massa infinitamente densa [...].[71]

---

70 Jung, 1989, p.178; ver Baudrillard, 1990.
71 Baudrillard, 1990, p.12.

*Aceleração*

A transformação súbita é vivenciada, na ausência de um destino ou uma determinação direcional, como anteriormente apresentado, sob a forma de uma *paralisia frenética*. Enquanto no plano individual essa vivência conduz potencialmente à depressão, sua forma coletiva de percepção da história é a experiência de paralisia da *posthistoire*.[72] Tal qual a interpretação da política como projeto democrático de intervenção social, a vivência da história no sentido de um "singular coletivo" é possível apenas dentro de um determinado "grau de velocidade" da mudança social. Durante o *tempo de sela*, esse grau ultrapassou seu nível mínimo, e na *Modernidade Tardia* talvez tenha sido atingido seu nível máximo. Esse é exatamente o diagnóstico de Baudrillard, que aponta, em consonância com as reflexões desenvolvidas aqui, que "uma certa lentidão (ou seja, alguma velocidade, porém não muito alta) [...] é necessária para que se estabeleça aquela específica condensação e cristalização de acontecimentos a que chamamos história".[73]

Para além desse limite de velocidade, os acontecimentos políticos assumem o caráter situacional dos episódios. Por perderem, assim (de modo comparável aos episódios individuais da experiência), seu *status* de elementos em uma cadeia de desenvolvimento histórico dotada de significado e não poderem mais ser transformados em *experiências históricas genuínas*, no sentido usado por Benjamin, eles acabam perdendo sua significância ("mais profunda"), como incontáveis testemunhos da cultura (inclusive *pop*) comprovam. Bem no sentido

---

72 Ver o Capítulo I.2; para um panorama sobre os diagnósticos da *posthistoire*, ver Niethammer, 1989.

73 Baudrillard, 1990, p.8.

do dito de Marx, segundo o qual a história só se repete *como farsa*, os documentos da cultura contemporânea sinalizam o avanço de acontecimentos históricos até mesmo bastante turbulentos sob o aspecto do *empalidecimento* de sua significância subjetiva e coletiva. "A semântica temporal se desenvolve, da virada do século [referindo-se ao início do século XX] até hoje, de um campo no qual vitórias ainda devem ser conquistadas para uma arena onde batalhas já foram travadas e *nada mais pode acontecer*", diz Armin Nassehi sintetizando a sensação do fim da história, confirmada pelo escritor húngaro, ganhador do Prêmio Nobel de Literatura de 2002, Imre Kertész: "Tudo prossegue, só que de maneira meio opaca, muito embora mais crua".[74] De maneira parecida também com a de Hans Magnus Enzensberger ou Martin van Creveld, por exemplo, Kertész observa que ideologias incentivadoras do uso da força e de excessos ainda existem, porém não mais reivindicam consequências históricas, parecendo ter assumido uma papel quase de contingência. *Nacionalismo, guerra, antissemitismo, crises econômicas, secularização* e *novos fundamentalismos, lutas por salários, fundação e declínio de Estados*, recentemente até mesmo ocorrências do *(neo)colonialismo*: todas

---

[74] Nassehi, 1993, p.364, grifos meus, H. R.; Kertész, 2002, p.70; ver ainda Baudrillard, 1990, p.13: "Já [chegamos] ao ponto em que acontecimentos políticos e sociais não mais possuem impacto próprio para nos abalar, eles se desenrolam como um filme mudo pelo qual não somos mais responsáveis nem individual e nem coletivamente. A história chega ao fim da seguinte forma: não por haver pouca personalidade ou violência (violência haverá sempre, mas não deve ser confundida com história) ou ainda por haver poucos acontecimentos (acontecimentos haverá sempre – graças à mídia e à informação!), mas sim porque ela se lentifica e se imobiliza em indiferença e letargia".

as formas históricas, elementos e conflitos da Modernidade retornam numa sequência desordenada e sobre um espaço, por assim dizer, da simultaneidade neoestática e da *política situacional*.

Em *Generation X*, os heróis de Douglas Coupland sofrem um envenenamento histórico, o que precisamente sintetiza a paradoxal-dialética simultaneidade da mudança frenética ao lado de estagnação histórica.[75] Ironicamente, a lista de conceitos culturais-chave, que funcionam na obra de Coupland como um diagnóstico do tempo, se assemelha a uma caricatura, feita à luz do *tempo temporalizado*, dos conceitos de movimento elaborados por Koselleck para a época da *história temporalizada*: *historical slumming, vaccinated time travel, decade blending, legislated nostalgia, ultra short term nostalgia, now denial* etc., denominam as estratégias de temporalização no glossário anexo ao romance de Coupland. O narrador em primeira pessoa observa explicitamente que a Guerra do Vietnã e a revolta causada por ela teriam sido os últimos indícios de *história genuína*.[76]

Em consonância com essa posição, o cientista social e teórico musical Bill Martin conclui que o movimento de ruptura de 1968 nos parece, agora, "o último suspiro de algo que costumávamos chamar de 'história'", que o estilo musical rock progressivo seria não por acaso caracterizado pela ideia de um futuro melhor a ser construído (musical e politicamente), enquanto a música dos anos de 1980 e 1990 seria marcada por

---

75 Ver o Capítulo II.1, nota 56.
76 "Okay, claro que, no fundo, considero que *foi* um tempo ruim. Porém foi também o único tempo que eu jamais terei; momentos reais na história, ainda que a história só exista para uma imprensa que se tornou selvagem, para estratégias de marketing e como ferramenta de campanhas cínicas" (Coupland, 1991, p.212).

uma "onda retrô", e pela negação da esperança no progresso. "O rock alternativo de ontem inclui a ideia de se chegar a um lugar, enquanto o *éthos* predominante na música 'alternativa' de hoje enfatiza que não há para onde ir." Assim, tornara-se difícil reter um sentido mais profundo das coisas: "Vivemos num tempo em que é muito difícil que qualquer coisa se torne significativa ou importante, um tempo de um imenso maquinário cultural de pura distração".[77] Roger Waters, antigo elemento criativo do grupo de rock Pink Floyd, interpreta esse processo como "the peeling away of feeling" ("a esfoliação do sentimento"), dedicando-lhe um elaborado álbum denominado *Amused to Death*.[78]

A experiência de uma crise cultural associada a essa percepção histórica se encontra na simultânea perda de um passado capaz de fornecer referências e de um futuro capaz de estabelecê-las. Sem eles, a definição sustentável do presente também se torna impossível. Por isso é que Niethammer e Nassehi concordam na conclusão de que o objeto do diagnóstico da *posthistoire* é "não o fim do mundo, mas o fim do sentido", enquanto Chesneaux mostra que uma tarefa central da democracia política reside na intermediação entre "a herança do passado", as "prioridades do presente" e os "desafios do futuro": a simultaneidade da crise da democracia e a perda de credibilidade dessa intermediação não é mero acaso.[79]

---

77 Martin, 1998, p.58 e 5.
78 Columbia Records, 1992. A respeito dessa percepção temporal da *posthistoire*, ver, detalhadamente, também Rosa, 1999c.
79 Niethammer, 1989, p.9; ver Nassehi, 1993, p.359 ss.; Chesneaux, 2000, p.415 ss. Para os protagonistas de Coupland, a história se torna, simbolicamente, um despenhadeiro no qual eles perdem seus

*Aceleração*

O que é experimentado, portanto, do interior do horizonte cultural da Modernidade, como *tempo de crise*, não se trata de um tempo de grandes rupturas e decisões que pudessem ser lidadas, *cronopoliticamente*, através de uma reorientação da ação política.[80] A crise se refere antes à circunstância de *não haver nada mais a ser decidido*: o circuito de ações e desenvolvimentos sistêmicos se tornou independente em relação ao direcionamento político, retirando deste as bases culturais de sentido. Finalmente, também isso pode ser interpretado como uma forma de *dessincronização*: o processar sistêmico nas estruturas da sociedade tardo-moderna se tornou *rápido demais* para a sua codeterminação pelos recursos de sentido culturais que fundamentam a base política unificadora e o entendimento histórico do projeto da Modernidade. No anseio pela elaboração de um *fim plausível* da história, segundo Nassehi, "se expressa [...] uma certa não simultaneidade que tenta claramente resgatar, semanticamente, o que parece ter se tornado socioestruturalmente impossível".[81]

A dessincronização entre política e economia seria, assim, apenas um *sintoma* de uma dessincronização mais profunda entre estrutura e cultura na Modernidade Tardia. O *fim do mundo* se mostra, nesse contexto, como única história restante que ainda, de dentro do horizonte da Modernidade Clássica, se pode narrar de forma coerente: "Se o próprio fim da história fosse um acontecimento histórico, a história teria um prosseguimento,

---

    mapas e são afligidos, em face da abundância de opções, por uma *option paralysis* ("tendência de não se decidir por nada ante uma escolha ilimitada", Coupland, 1991, p.97).

80 Ver Wallis, 1970.
81 Nassehi, 1993, p.367; similar também a Harvey, 1990, p.305.

já que ainda haveria diferenças entre acontecimentos, e, como é sabido, sua unidade é fundida pelo tempo".[82] Portanto, a *criação potencial* de uma catástrofe nuclear (ou ecológica ou da engenharia (genética), como variação desse motivo) não apenas parece aos protagonistas de *Generation X* a alternativa menos drástica para um *tempo a-histórico sem fim*, como praticamente incorpora uma esperança de redenção, oferecendo a chance de se "encontrar um fim" ainda "para a história do mundo", como uma das personagens principais do romance conclui.[83]

Não surpreende, portanto, que o jogo frívolo com o apocalipse (ou aquilo que por tal foi tomado) possa ser encontrado não apenas nos livros de Coupland, mas sim tenha passado a representar a imagem da Pós-Modernidade, como Klaus Scherpe concluiu.[84] Tal imaginação de um fim do mundo se torna, de certa forma, um antípoda ao feroz apocalipse, um cotidiano que, como apresentado, exatamente em face de sua abertura contingente e de sua simultaneidade ubíqua, parece enrijecido e como que *congelado para todo o sempre no ano de 1974*, "*o ano após a crise do petróleo e o ano a partir do qual não houve mais aumento de tarifas nos Estados Unidos*", como consta em *Generation X* sobre *Texlahoma*, um cenário central da história.[85]

---

82 Nassehi, 1993, p.366.
83 Coupland, 1991, p.90.
84 Scherpe, 1986, p.275.
85 Coupland, 1991, p.61. A enorme e duradoura popularidade de filmes como *Armageddon*, *Titanic* ou *Godzilla*, nos quais a destruição do mundo cotidiano é encenada de maneira sempre esteticamente elaborada e atraente, talvez se deva exatamente a este motivo: eles representam variações da possibilidade, ainda existente, de se encontrar uma história para o fim do mundo (Rosa, 1999c, p.260 ss.).

A dessincronização entre "semântica" e "estrutura social", que origina o ressecamento das visões históricas e políticas, lamentado por Jameson e Habermas, é considerada, por exemplo, por Nassehi, em uma abordagem teórico-sistêmica, a uma consequência imediata da diferenciação funcional da Modernidade enquanto tal. Pelo fato de Nassehi e Luhmann conseguirem identificar apenas *um* processo de temporalização, eles não são capazes de indicar de forma precisa a *ruptura* entre a Modernidade Clássica e a Modernidade Tardia.[86] O conceito temporalizado de história, que se desenvolve no *tempo de sela*, lhes parece *desde o início* anacrônico, como uma mera *simulação* de unidade ou como ficção semântica. "Essa semântica da unidade social", escreve Nassehi em concordância com Peter Fuchs, "teve [desde o início, H. R.] a função de compensar a perda de sentido da dimensão social, advinda da diferenciação funcional, com todas as suas crises funcionais da Modernidade nascente. *Ela serve para criar unidade onde esta já se perdeu socioestruturalmente*".[87] O que descrevi neste trabalho como "temporalização do tempo" seria, assim, nada mais que uma adaptação atrasada da consciência cultural às condições estruturais da Modernidade enquanto tal.

Esta interpretação possui, segundo meu ponto de vista, dois pontos fracos: ao reduzir a temporalização da vida e da história a simples "simulação" de unidade e as tentativas de compensação anacrônicas, ela ignora a dimensão com a qual concepções vinculadas àqueles processos, concepções políticas, históricas e identitárias, formam e determinam o *projeto da Modernidade*. A teoria dos sistemas de Luhmann se encontra em

---

86 Ver especialmente Luhmann, 1997, p.1143 ss. e 997 ss.
87 Nassehi, 1993, p.320, grifos meus, H. R.

condições de adotar tal concepção sem perder sua plausibilidade apenas por programaticamente ignorar, ou menosprezar, a moderna promessa de autonomia e configurabilidade, e seu caráter de *projeto político*. Além disso, ela não pode reconstruir de forma convincente nem o surgimento das formas nascentes de temporalização nem a transição para a "temporalização do tempo", e, com esta, a ruptura *interna* à Modernidade: a teoria dos sistemas continua a dever uma explicação para o surgimento de uma tal concepção histórica tão poderosa, que foi por ela reduzida a uma ficção ou simulação anacrônica. E também não está apta a fornecer razões plausíveis para o motivo de tal ficção ser novamente abandonada, mesmo em face de consequências tão drásticas para os indivíduos e a sociedade, no ocaso do século XX.

A partir da perspectiva aqui sugerida, é possível *determinar* as rupturas especificamente temporais, abordadas na transição primeiramente para a Modernidade e, em seguida, para a Modernidade Tardia, não apenas de forma mais precisa, *esclarecendo-as* a partir da interação entre estrutura e cultura, como, além disso, é possível reconstruí-las como consequências de um aumento uniforme da interação entre crescimento e aceleração, que caracteriza a Modernidade como um todo. Quero, assim, tentar sintetizar, no próximo capítulo, os resultados obtidos nesta quarta parte do presente trabalho na forma de uma redefinição da Modernidade sob a luz da relação dialética entre aceleração e inércia.[88]

---

[88] De certa forma, trata-se ao mesmo tempo também da tentativa de recuperar, por meio da teoria da aceleração, a dinamização da concepção da sociedade moderna exigida por Luhmann (1997, p.1144).

# XIII
## Aceleração e enrijecimento: uma tentativa de redefinição da Modernidade

Quando perguntado em uma enquete estudantil do ano de 2002, realizada no norte do estado da Turíngia, "quais são hoje, na sua opinião, os principais problemas da juventude?", um estudante, na época com 17 anos, deu duas respostas fulminantes: *A falta de esperança no futuro e uma sociedade ao mesmo tempo inerte e frenética, na qual cada um só pensa em si e onde é difícil encontrar seu lugar sem ajuda.*[1] Nesse diagnóstico conciso e cotidiano parecem se encontrar resumidas, de maneira impressionantemente precisa, as dificuldades fundamentais da Modernidade Tardia tratadas nos capítulos precedentes: a perda tanto da crença nos horizontes futuros, orientadores da ação, quanto da unidade constituidora de sentido entre passado, presente e futuro (sob a pressão de exortações sistêmicas que ganham vida própria), assim como a percepção simultânea de altos índices de transformação, de um lado, e de uma estagnação subcutânea, de outro.

---

1 Dados proveniente do estudo de Behr; Kottmann; Seiwert, 2002 colocados generosamente à minha disposição pelos autores.

É justificável se perguntar em que medida esses problemas temporais, que ora se manifestam, são de fato *especificamente* próprios de nossa época. Não se refletiria no duplo temor, tanto à transformação quanto à inércia, a dualidade irrevogável entre o *"panta rhei"* (πάντα ῥεῖ ou "tudo flui") de Heráclito e o *"hen kai pan"* ("Ἐν καὶ Πᾶν ou "o ser imutável") de Parmênides, que se apresenta como um fato fundamental invariável do mundo? "Se observarmos o universo em sua substância chegamos facilmente à ideia de uma [...] existência imutável que, por meio da exclusão de todo aumento ou diminuição, confere às coisas o caráter de permanência absoluta. Observando-se, por outro lado, a formação de tal substância, a permanência é suspendida em absoluto, uma forma se torna incessantemente outra, o mundo apresenta o espetáculo de um *perpetuum mobile*. Trata-se do duplo aspecto cosmológico do ser, cuja interpretação se estende, de modo suficientemente frequente, ao plano metafísico", considera, por exemplo, Georg Simmel.[2] Contemplando-se o mundo de ambas as perspectivas extremas, o horizonte futuro quase inevitavelmente se obscurece: como já Pausânias, no século II a.C. reclamava, esse futuro, articulado por "forças demoníacas", parece ser ou profundamente transitório e inseguro ou resultado de um destino eterno e imutável.[3] Mas se uma dessas perspectivas é tomada – e tal argumento

---

2 Simmel, [1900] 1989, p.711.

3 "Porque sei que as forças demoníacas adoram virar as coisas de ponta-cabeça incessantemente e que o destino altera tudo, forte e fraco, o início e o fim das coisas, levando tudo com uma grande necessidade e [!] de acordo com sua vontade" (Pausânias, *Reisen in Griechenland* ou *Viagens pela Grécia*, citado aqui segundo Frisby, 1988, p.11, grifos meus, H. R.).

poderia ser reforçado à luz dos resultados atuais –, isso depende sobretudo das chances que indivíduos (e coletividades) têm de configurar sua própria existência, as quais são determinadas pelas condições formativas e de bem-estar.[4]

Diante de tais interpretações ontologizantes ou, ao menos, antropologizantes da experiência temporal e do futuro, tentei adotar no presente trabalho uma perspectiva orientada no sentido cultural e sociohistórico. Ela forneceu provas concludentes de que a imagem histórica de uma época e as perspectivas temporais da vida dos sujeitos são, em grande medida, dependentes da velocidade *endógena* da mudança social e cultural e que, ao longo do processo de emergência da Modernidade, a *velocidade de transformação* cresce ininterruptamente. As perspectivas temporais atribuídas a Heráclito e Parmênides são plausíveis de um ponto de vista filosófico distanciado, no qual mundo e história figuram como um espaço estático de transformações. Em outras palavras: como um espaço estável, no qual *histórias* diversas se desenrolam. No entanto, esse espaço de histórias é sobreposto, já pela visão de mundo cristã, pela dimensão da "história sagrada" que estende do nascimento de Cristo até sua ressureição uma dimensão temporal "linear".[5] Isso altera pouco a experiência do tempo terreno; ele continua sendo um espaço de vicissitudes incontroláveis, geradas exoge-

---

4 Ver Fuchs-Heinritz, 2000, p.41 ss., a respeito das perspectivas de futuro de jovens na Alemanha.
5 Naturalmente, noções parecidas se encontram também em cosmologias não europeias, como em concepções de uma determinada sequência de *idades do universo*.

namente, embora movimento e inércia se manifestem paradigmaticamente, aí, na forma da oposição entre o *mundano-temporal* e o *transcendente-eterno*.[6]

Uma direção de movimento e uma perspectiva de desenvolvimento, no bojo da cada vez mais dinâmica Modernidade, adentram seu espaço histórico, terreno e secular. Estes conduzem, por meio da aceleração, a uma *outra* experiência da historicidade e do tempo da vida, na qual movimento e inércia não constituem mais a estrutura supratemporal e a-histórica da vida e da história, antes, a *dinamização* se torna um elemento social e histórico fundamental, de modo a tornar *assimétrica* a relação entre ambos os princípios, o que faz do deslocamento daquele equilíbrio uma experiência característica da Modernidade. Surpreendentemente, surge, ao mesmo tempo, uma *contratendência* à aceleração ou dinamização, a saber, uma inclinação

---

6 Completamente determinada por essa oposição é a poesia do alemão Andreas Gryphius (1616-1664), influenciada pelo caos da Guerra dos Trinta Anos. Um de seus sonetos característicos é, por exemplo, "Es ist alles eitel" [Tudo é fátuo]: "Para onde olhares, apenas vaidade na terra vês./ O que este hoje constrói, amanhã aquele terá destruído;/ Onde hoje estão cidades, amanhã será campo florido,/ onde o filho de um pastor brincará com a rês:// O que ora floresce magnificamente, em breve será pisoteado;/ O que ora pulsa e resiste, amanhã será apenas cinza e paupério;/ Nada há que seja eterno, nenhum mármore, nenhum minério./ Se ora sorri a ventura, em breve os achaques terão chegado.// A fama de grandes feitos há de passar como da febre o fogo./ Pudera a leve criatura humana resistir ao tempo e seu jogo?/ Ah! Que é tudo isso, enfim, que julgamos um deleite terno,/ Senão uma nulidade vil, como poeira e vento, sombras?/ Como uma flor do campo, que não mais encontras./ Não há um só ser são que queira contemplar o eterno!".

ao *enrijecimento* estrutural e cultural que, como mostrei, deve ser compreendido como um paradoxal princípio complementar à aceleração, que se intensifica com o avançar da Modernidade.

Nos conceitos de aceleração e enrijecimento, que caracterizam a experiência temporal moderna, os próprios princípios atemporais de movimento e inércia parecem mais uma vez *dinamizados*. Se no início deste capítulo a citação tratava de "frenesi" e "inércia", estes não podem ser reduzidos, inconsequentemente, àqueles princípios supratemporais fundamentais; eles são, antes, a expressão de uma experiência temporal dinamizada, específica de uma época. O fato de ambas as tendências começarem, nos últimos tempos, a se radicalizar — como a citação também sugere —, à custa, por assim dizer, do horizonte futuro característico da *Modernidade Clássica*, aponta para uma transformação recente, própria de nossa época, da experiência do tempo e do mundo que, como indicou a discussão elaborada até aqui, só pode ser apreendida conceitualmente da perspectiva de uma teoria da aceleração, isto é, como, ao mesmo tempo, ruptura *e* continuidade da Modernidade. Pois, mais do que poder ser reconstruída de forma plausível como uma história da aceleração, é apenas como tal que a história da Modernidade revela a unidade de suas forças motrizes, de suas contradições e de suas fases históricas. Chega o momento, portanto, de retomar resumidamente a questão elaborada no segundo capítulo, a respeito do valor exato do princípio da aceleração em relação aos processos tradicionalmente identificados, na Sociologia, como forças motrizes da Modernidade e, com isso, delinear as rupturas e as continuidades específicas de nossa época discutidas nesta quarta parte, para, por fim, juntá-las num diagnóstico do tempo presente.

No Capítulo II.2.b procurei mostrar, em concordância com Van der Loo e Van Reijen, que análises das formações sociais e de suas transformação partem, em geral, ou de uma perspectiva *estrutural*, ou *cultural*, ou voltada para a *relação com a natureza* ou, por fim, do *tipo dominante de personalidade*. De acordo com a perspectiva adotada, são desenvolvidos, então, enfoques analíticos da Modernidade, respectivamente estruturais, culturais, materialistas ou centrados na subjetividade. O que se constatou com isso, no entanto, é que, tomando cada uma das respectivas definições da Modernidade, seja como processos de *diferenciação*, *racionalização*, *domesticação* ou *individualização*, perde-se de vista uma experiência fundamental da Modernidade, que é seu modo temporalmente específico de desenvolvimento. O preenchimento da lacuna que daí surge é uma das tarefas centrais deste livro. Seu decorrer argumentativo atestou plenamente a tese, formulada no segundo capítulo, de que a *aceleração* é de central importância para cada uma das outras quatro dimensões de desenvolvimento (ver Figura 14). Ainda que nem todas as regiões e segmentos populacionais do mundo moderno sejam afetados na mesma medida pela dinâmica de transformação da aceleração social, é a *lógica da aceleração* que determina a evolução estrutural e cultura da sociedade moderna.

Uma vez que se tente transportar os resultados desta investigação para o esquema da modernização desenvolvido no Capítulo II.2.b, resulta a seguinte imagem. Começando pela relação social com a natureza, não resta dúvida de que a *aceleração social* é aqui de fundamental importância, estando intimamente ligada ao processo de *domesticação* e controle da natureza. A aceleração do transporte, da comunicação e da produção implica tanto o potenciamento dos próprios processos naturais – por

*Aceleração*

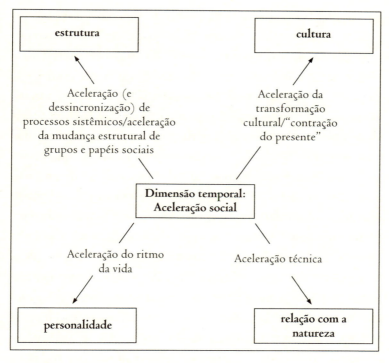

Figura 14 – O processo de modernização IIa

exemplo, no caso da revolução da agricultura –, como a superação tecnológica de fronteiras naturais e, com isso, a aceleração dos processos de troca com a natureza.

A *aceleração progressiva do ritmo da vida*, por sua vez, acarreta graves consequências para o desenvolvimento dos tipos dominantes de identidade e personalidade. Como ficou evidente, os conceitos de individualização e de dinamização da perspectiva biográfica são, em grande medida, praticamente correlativos.

A aceleração da *mudança social* está, por fim, intrinsecamente vinculada à transformação tanto estrutural quanto cultural da sociedade. De fato, mudanças estruturais e culturais (como mostra, por exemplo, o conceito de *racionalização*) estão não apenas empiricamente como também analiticamente interrelacionadas, de tal forma que sua análise temporal, desde o início da presente investigação, pôde ser conduzida sob o amplo conceito de *aceleração da mudança social*. Com relação ao lado socioestrutural da modernização, surgem dois aspectos analiticamente separáveis, embora interligados. Tendo-se a *diferenciação funcional* como decisiva característica estrutural das sociedades modernas, não resta dúvida, como o Capítulo VIII.3 mostrou, de que ela pode não apenas ser interpretada como uma *reação* adaptativa à emergente pressão aceleratória, mas também que ela conduz, por sua vez, como consequência da temporalização da complexidade, a um enorme *efeito* acelerativo e escalar. A aceleração do processamento sistêmico em setores autonomizados (como, no plano dos sistemas sociais, a aceleração de transações financeiras, da produção artística e econômica, de descobertas científicas, de inovações técnicas etc.) através da externalização de todos os pontos de vista indiferentes ao sistema está irrevogavelmente fundamentada no processo de diferenciação. Partindo-se, ao contrário, do princípio de que a estrutura fundamental da sociedade é determinada pelo emaranhado de associações, grupos e papéis sociais que garantem a produção e reprodução social, é inegável que a modernização implica uma aceleração da transformação estrutural, uma vez que ela aumenta a velocidade de mudança das estruturas familiares e empregatícias,[7] volatilizando e tornando curta a vida de associações e nichos, e,

---

[7] Ver Capítulo V para mais detalhes.

por conseguinte, dificultando cada vez mais a identificação de estruturas associativas política e socialmente relevantes. Ambas as inovações estruturais estão acompanhadas de efeitos secundários potencialmente problemáticos. Como o decurso da análise mostrou, esse último processo mencionado gera o risco de *desintegração* social, ao passo que a diferenciação funcional leva a problemas de *dessincronização* pelo fato de os respectivos subsistemas poderem ser acelerados com intensidades diferentes.

Numa perspectiva *cultural*, aquilo que descrevi, em alusão a Lübbe, como *contração do presente*, ou seja, o progressivo encurtamento dos espaços de tempo nos quais formas práticas, orientações de ação e um corpo de conhecimentos estáveis podem ser presumidos, demonstra ser a consequência mais abrangente da aceleração social. Ela leva primeiramente a uma separação entre espaço de experiência e horizonte de expectativa e, com isso, à *temporalização* da história (e da vida), que é revertida, na Modernidade Tardia, em favor do retorno a uma espécie de *contemporaneização*, mas agora altamente dinâmica, segundo a tese desenvolvida nos capítulos anteriores. A aceleração da mudança cultural, sob a forma de uma mudança mais fácil e comparavelmente mais rápida de estilos de vida, modas, atividades recreativas, conhecimentos, laços familiares, profissionais, geográficos, vinculações e orientações políticas e religiosas constitui, portanto, uma característica fundamental da modernização cultural.[8] Ela traz, como foi mostrado, vastas consequências também para a autocompreensão política da Modernidade e para as formas culturais dominantes de relação para com a própria individualidade; nesse sentido, a acelera-

---

8 Também sobre isso, ver Offe, 1986, p.99.

ção representa não apenas a moldura estrutural do processo de modernização cultural, como determina em grande medida também, *substancialmente* e numa *dimensão objetiva*, sua direção, de forma que a modernização de fato pode ser reconstruída como um processo de aceleração social (Figura 14, sobre isso ver Capítulo II.2.b, Figura 1).

Uma tal reconceptualização do processo de modernização me parece frutífera para a formação teórica das ciências sociais por dois motivos: em primeiro, possibilita um novo olhar sobre os paradoxos e ambivalências da Modernidade, em segundo, permite uma definição precisa da relação entre ruptura e continuidade no limiar entre Modernidade e Modernidade Tardia. Comecemos pelo primeiro dos motivos.

Em contraposição ao diagnóstico de uma transformação *estrutural* acelerada, pode-se observar no decorrer da Modernidade também um processo complementar de inertificação estrutural, que se faz perceptível sobretudo na autonomização e imunização das lógicas operacionais sistêmicas. Especialmente a mútua potenciação de crescimento e aceleração, tema central da presente análise, se apresenta como uma imposição estrutural ineludível que impulsiona inexoravelmente o desenvolvimento da sociedade, tornando a "opção nula" uma utopia inatingível. "O lado avesso do processo modernizador se caracteriza por uma propensão (à primeira vista deveras paradoxal) ao *status quo* e por uma imobilidade da sociedade como um todo, não possuindo nada mais em comum com o moderno fundamento do aumento do poder-dispor e do poder-escolher", afirma Claus Offe, apontando para o fato de a multiplicação de opções ocorrer apenas dentro de filtros de seleção – cada vez *menos permeáveis* exatamente em função da elevação da complexidade –

que coordenam as operações sistêmicas sob a compulsão ao aumento [*Steigerungszwang*]. "Todas [...] as afirmações a respeito da crescente elegibilidade de circunstâncias sociais, por mais evidentes e corriqueiras que possam soar, proporcionam [...] uma imagem não apenas grosseira, como até mesmo falsa e unilateral das condições de uma estrutura social moderna. [...] Em face disto [quero] tentar contrapor a sustentabilidade da afirmação diretamente contrária, de que sociedades modernas são caracterizadas por um alto grau de *rigidez e imobilidade* [...]."[9] Offe chega à conclusão de que a rigidez estrutural é uma consequência da específica forma de elaboração de contingências da Modernidade, gerando, através de especialização e autonomização funcional, simultaneamente um enorme aumento tanto de complexidade quanto de contingências *e*, consequentemente, a intensificação do filtro de elaboração sistêmico por meio do qual problemas políticos, econômicos, científicos, jurídicos etc. são identificados e "solucionados". Quanto mais intensamente as opções se multiplicam e se transformam, mais "as premissas institucionais e estruturais, sobre as quais atua aquela contingência, se distanciam [...] do horizonte das disposições políticas e até mesmo intelectuais".

Offe deriva disto, a título de experiência, um *princípio* estrutural *de soma constante*: "Quanto mais opções estiverem à nossa disposição, menos a própria estrutura institucional, cujo auxílio nos permite explorá-las, figurará como opcional".[10] Transposto para a dialética de *movimento e inércia*, esse princípio de constância pode ser ilustrado proficuamente através dos

---

9 Offe, 1986, p.106 e 100, grifos no original.
10 Ibid., p.104.

"motores propulsores" da aceleração representados na Figura 10: quanto mais intensamente as três esferas aceleratórias (a técnica, a da mudança social e a do ritmo da vida) se dinamizam, mais enrijecidos e imobilizados parecem os três princípios externos da vinculação entre crescimento e aceleração, bem como o círculo aceleratório (interno). Colocado de outra forma, isso significa que as lógicas estruturais abstratas, que impulsionam as transformações substanciais, se enrijecem até se tornarem aquele "invólucro de aço", lastimado já por Weber, no qual se alternam as estruturas materiais do mundo da vida, as redes de relações e estruturas de associação, e os vínculos valorativos, formas e orientações de ação concretas. Paralisia frenética significa então que *nada permanece como é* sem, no entanto, que haja a transformação de algo *fundamental*. Esse dualismo paradoxal da Modernidade Tardia consegue, além disso, esclarecer o fenômeno peculiar de que, na discussão a respeito da globalização, os defensores do diagnóstico da *homogeneização* ou *convergência* cultural parecem possuir argumentos tão plausíveis quanto os adeptos da tese da *pluralização*: se as sociedades globalizadas são percebidas como convergentes ou divergentes é uma questão que depende da adoção de uma perspectiva estrutural ou substancial.

Essa "cristalização estrutural" apresenta consequências graves para o desenvolvimento *cultural* e para a autopercepção da sociedade; ela está, assim, intimamente ligada ao *fenômeno do enrijecimento cultural* da Modernidade. O diagnóstico contrário à aceleração sugere que a célere transformação cultural esconderia, na realidade, uma carência de desenvolvimento. Por motivos especificamente aceleratórios, apresentados nos capítulos precedentes, a percepção do *fim da história* e do *eterno retorno do mesmo*[11] se torna, na Modernidade Tardia, até mesmo dominante em relação à percepção de transformações profundas. A sociedade perde, com isso, seu caráter de projeto político a ser realizado; ela, ao que parece, esgotou suas energias e recursos de sentido. A isso corresponde, no lado cultural do processo modernizador, o fato de que é possível se constatar uma impressionante estabilidade e um enrijecimento dos princípios abstratos de elaboração de contingências, que sem dúvida podem ser interpretados como um contínuo *"pattern maintenance"*. Em perspectiva cultural, as orientações valorativas do *ativismo*, do *universalismo*, do *racionalismo* e do *individualismo* se mostram como sendo princípios complementares necessários à conexão aumentativa entre crescimento e aceleração.[12]

Cultural e estruturalmente pode-se portanto, como tentei mostrar neste trabalho, contar a história da aceleração da Modernidade, de maneira *isenta de contradições,* como uma história de progressivas inertificações complementares que se manifestam, também, na perspectiva psicológica relacionada ao desenvolvimento da personalidade e das autorrelações individuais. Como demonstrei, a aceleração ou o adensamento de episódios de ação e vivência está sempre acompanhada do risco de o "aumento da vida nervosa" (Simmel) se reverter em seu oposto, ou seja, na experiência de um *tédio* existencial (*l'ennui*) carente de acontecimentos e, em casos extremos, até mesmo na experiência patológica de um tempo de *depressão* "congelado". De uma

---

11 Postulado não apenas por Friedrich Nietzsche, Charles Baudelaire e Walter Benjamin, mas também por Horkheimer e Adorno (1947, p.198).

12 Ver, por exemplo, Voß, 1990, assim como Schulze, 1997b, p.79.

perspectiva tanto individual quanto coletiva, como mostram os achados, é a transição de um movimento percebido como direcionado para uma dinamização *sem direção* que provoca a impressão de *inércia* apesar – ou até mesmo por causa – de uma alta dinâmica de acontecimentos.

Paul Virilio curiosamente baseou sua visão de uma *paralisia frenética*,[13] destino inevitável da história aceleratória moderna, de um modo geral, sobre a aceleração técnica e, consequentemente, da perspectiva voltada à relação social *para com a natureza*. Disso, as progressivas revoluções de velocidade do *transporte*, da *transmissão* e, por fim, da *transplantação* conduzem, paradoxalmente, a uma crescente imobilidade física, a princípio do corpo humano, porém potencialmente de todo o universo material: já a troca de um modo de locomoção baseado na força corporal própria por um modo de locomoção que explora a velocidade *metabólica* alheia (por exemplo, o andar a cavalo ou de carroça) freia a velocidade e o movimento corporal *individual*. Porém, apenas no processo da "revolução dromocrática", com sua descoberta da velocidade *técnica*, que substitui a geração de velocidade corpórea, é que o ser humano propulsionado – por exemplo, pelo automóvel, por aeronaves ou ainda por foguetes – se torna um passivo "pacote de encomenda", expedido mais ou menos amarrado e acoplado a um "projétil", ou seja, se torna cada vez mais um *mobilizador imóvel*, protegido, assim, da experiência *sensorial* da locomoção.[14]

---

13 Virilio, 1998a; sobre isso, ver Capítulo I.2.
14 Sobre isso, ver Virilio, 1993. Tal forma de viajar gera por si própria, como Schivelbusch (2000, p.53 ss. e 116 ss.) complementa, crescente monotonia, tédio e a sensação de inatividade, que tiveram de ser combatidos por meio de atividades de "ocupação imóvel", tais como

*Aceleração*

O movimento humano e animal autônomo perde, assim, sua função social,[15] sendo relegado a arenas esportivas e praticamente "museificado". Desse ponto de vista, o fato de *devermos* movimentar nosso corpo de quando em quando (por exemplo, praticando esportes) para manter suas capacidades funcionais atesta sua *obsolescência* histórico-aceleratória. À medida que o modelo de meio aceleratório transitou do transporte para a transmissão, o movimento do próprio corpo sobre a superfície terrestre é substituído cada vez mais, como expus no quarto capítulo, pela "recepção e introdução" do mundo nos terminais de televisão e computador: a visão apocalíptica da *inertie polaire* de Virilio ganha plausibilidade à medida que a mobilidade física é substituída pela transmissão virtual e digital, muito mais rápida.

Além disso, como Charles Perrow mostrou em um estudo muito debatido,[16] a *dominação e a transformação tecnicamente acelerada da natureza* são acompanhadas pelo risco crescente de catástrofes e acidentes, sistematicamente imprevisíveis, que podem súbita e inesperadamente paralisar tais processos possibilitados pelas técnicas modernas, convertendo, também nesse caso, movimento acelerado em inércia – a *queda de um servidor em uma rede de computadores* ou a *interrupção do funcionamento de usinas nucleares* servem de ilustração para tal situação. O *enrijecimento* se revela de fato um princípio complementar inerente à aceleração social em todas as quatro perspectivas de desenvolvimento (Figura 15).

---

*ler* ou, posteriormente, *ouvir rádio* ou *assistir à televisão*. Ver também a interessante contribuição de Thomas Bourry (2004) a respeito da utilização de mídias em aviões, assim como Gronemeyer, 1996.

15 Dessa perspectiva, é nada menos que coerente que o sistema de criação em massa de animais os "paralise" quase por completo.

16 Charles Perrow, *Normale Katastrophen* (tít. orig. *Normal Accidents*, 1989).

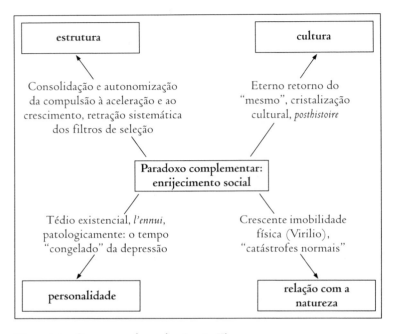

Figura 15 – O processo de modernização IIb

Isso torna claro, ao mesmo tempo, o quanto os paradoxais quatro princípios complementares do processo de modernização, apresentados no Capítulo II.2.b, podem ser entendidos como *consequências da aceleração social* – que, por sua vez, pode ser descrita através da diferenciação, da racionalização, da domesticação e da individualização – e ainda o quanto aqueles princípios estão associados às mencionadas tendências à inertificação (ver Figura 1): os processos de *perda de controle* e de *desintegração* que acompanham a diferenciação (funcional) da sociedade podem ser interpretados, tal qual demonstrei, como uma consequência da *dessincronização* causada pela aceleração; a causa da erosão dos *recursos de sentido,* como "lado avesso" da racionalização, que na *posthistoire* parece culminar com a eliminação completa do sentido, é, como a discussão dos resultados evidenciou, a desvalorização acelerada de tradições, do corpo de conhecimento e da rotina de ações, assim como a contínua transformação de estruturas de associação; a conversão da *dominação* da natureza em sua *destruição* (e, potencialmente, na própria sucumbência *pelas* forças da natureza) parece, a princípio, uma consequência do desrespeito pelos "tempos internos" naturais; a preocupação da crítica cultural com relação a uma paradoxal *perda de autonomia* (na "cultura de massa"), que acompanha de modo complementar o processo de individualização, possui, como demonstrado, sua base na experiência de um "desenraizamento" e/ou uma "alienação", que se manifesta, por exemplo, na crescente sensação de não se *ter* tempo (para o que "realmente" importa), embora cada vez mais recursos temporais sejam *economizados* através da aceleração técnica.[17]

Assim sendo, ficou amplamente comprovado que os processos de modernização fundamentais, identificados pela Sociologia clássica, podem ser interpretados, de uma perspectiva especificamente temporal, como modos funcionais e fenomênicos da aceleração social. A *individualização* é tanto causa quanto consequência da aceleração social, considerando-se que indivíduos se mostram mais móveis e flexíveis em sua adaptação e mais rápidos nas decisões que coletividades; a *diferenciação funcional* gera aceleração e representa, ao mesmo tempo, uma estratégia promissora em relação à pressão aceleratória por possibilitar a externalização de custos e a aceleração do processamento sistêmico e, com isso, o aumento e a temporalização da complexidade (que se impulsionam mutuamente). O mesmo se aplica ao processo de *racionalização* no sentido de um

---

17 Para o esclarecimento psicológico dessa sensação, ver Capítulo VI.2.

aumento da eficiência na relação entre *meio* e *fim*, assim como em processos de domesticação no sentido de um aumento do intercâmbio com a natureza. No entanto, isso ainda não elucida a questão de se a aceleração social constitui um *princípio fundamental autônomo* ou apenas inaugura uma *perspectiva* reveladora a respeito da Modernidade, definida por aqueles outros processos, ou seja, se a aceleração apenas descreve a modernização em sua *dimensão temporal*.

De fato, quero defender a tese de que a aceleração social deve ser entendida como *princípio fundamental irredutível* e tendencialmente *dominante* ao mesmo tempo da Modernidade e da modernização, pelos três seguintes motivos. *Primeiramente*, no decorrer da presente investigação, a aceleração social e a lógica de aumento que a fundamenta mostraram-se como o *princípio unificado* que liga não apenas as quatro dimensões identificadas, mas também as diferentes *fases* do processo de modernização, fato que será analisado posteriormente. Em *segundo lugar*, em relação a outras tendências da modernização, o princípio aceleratório demonstra-se até mesmo como *primário*, uma vez que consegue fornecer a chave para o esclarecimento de modificações históricas em suas formas de manifestação. Assim, mostrou-se no Capítulo VIII.1 que as diferentes fases e fenômenos do capitalismo podem ser conceptualizados como manifestações de uma lógica aceleratória unificada. Associada a isso está a reversão ou a modificação de formas de diferenciação "clássico-modernas": como demonstrei, na Modernidade Tardia, muitos dos processos ou esferas sociais, temporal e espacialmente diferenciados (como a separação entre locais de trabalho e de lazer, entre instalações de consumo, cultura, prática de esportes etc.) são desdiferenciados; da mesma maneira, é possível observar, no plano das organizações sociais, uma hibridização entre elementos estatais, mercadológicos e da sociedade civil,[18] de forma que o desenvolvimento para a Pós-Modernidade passa não raro a ser descrito, na literatura diagnóstica, como processo de *desdiferenciação* e *hibridização*, tornando as fronteiras entre ciência e religião, cultura e comércio, arte e técnica, economia e política etc. novamente permeáveis.[19] Fronteiras sistêmicas inflexíveis se revelam, *após* a aceleração de seus respectivos processos, freios transacionais. Dessa perspectiva, até mesmo o próprio princípio da diferenciação se tornaria mais um elemento da dialética entre aceleração e desaceleração, resumida na Figura 11: enquanto na Modernidade Clássica esse princípio acelerava processos sociais, na Modernidade Tardia ele se revela cada vez mais um obstáculo para a aceleração. No entanto, ainda que se queira interpretar as transformações observáveis antes como modificações da diferenciação do que como uma real *des*diferenciação (afinal, no plano dos *códigos sistêmicos* hibridizações praticamente já estão analiticamente quase excluídas),[20] ela ainda dá a entender que o processo de diferenciação segue, em sua forma, a lógica aceleratória.

Isso vale ainda mais para o processo de *individualização*: considerando-se o desenvolvimento de uma identidade autodeterminada e estável e a busca autônoma de um "plano de vida" segundo princípios de orientação livremente escolhidos – mas relativamente resistentes ao tempo – como correlatos ou cerne

---

18 Ver Evers; Rauch; Stitz, 2002.
19 Sobre isso, ver Adorno, 1993, p.75; além de Lash, 1996; Harvey, 1990, p.291; Jameson, 1998; Lash; Urry, 1987, p.285 ss.; ou Welsch, 1994; Schwinn, 1999, se mostra cético em relação a isso.
20 Para essa discussão ver Luhmann, 1997, p.1145 ss., assim como a crítica de Schwinn a Beck (1999).

da individualização moderna,[21] podem-se conceituar as formas situacionais de identidade até mesmo como uma regressão, induzida pela aceleração, em relação à individualização; essa regressão representa, em todo caso, uma modificação profunda de suas formas de manifestação.

Por fim, há provavelmente indícios de uma modificação ou uma redução tendencial da racionalização em contextos nos quais a racionalidade objetiva de decisões e determinações se reduz em prol de prazos de elaboração e efetivação – como no ato da legislação, na bolsa de valores, no processo de tomada de decisões relativas a determinados produtos –, em casos nos quais o uso "situacional" de estruturas de oportunidade casuais substitui os princípios de conduta sistemática da vida, ou ainda em fenômenos como, na Química, a renúncia à vinculação teórica e dedutiva e ao cálculo de novas combinações de agentes químicos em função da descoberta de novos produtos casuais, frutos da experimentação prática excessiva. De uma perspectiva oposta às exigências da *racionalidade temporal*, é possível interpretar tais fenômenos de fato como formas de *des*-racionalização; de um ponto de vista temporalmente sensível, no entanto, trata-se antes de modificações do processo de racionalização causadas pela aceleração.[22]

---

21 Honneth (1994b, p.20-9) sugere que se entenda a *autonomização* (juntamente da privatização da conduta de vida e da *diferenciação individual de situações de vida*) como uma subdivisão fundamental da *individualização*. Enquanto a autonomização, nesse contexto, significa que a multiplicidade de opções e de espaços de ação contingente pode ser utilizada por parte dos indivíduos de forma a capacitá-los a uma maior autodefinição, mais "sensata" e mais refletida, sob a luz da própria história de vida e identidade, os resultados discutidos no Capítulo XI.3 indicam um retrocesso de tais potenciais de autonomia; ver Rosa, 2002a, p.271.

22 Staffan B. Linder fala sobre a *racionalidade da crescente irracionalidade*; sobre isso, ver Capítulo VI.1.

*Aceleração*

Em *terceiro lugar*, no entanto – e este é o argumento mais grave e que traz consigo mais consequências para a autonomia e potencial dominância da aceleração social como processo fundamental de modernização –, os resultados da presente investigação comprovam de forma evidente a suposição de que a natureza da existência humana tanto individual quanto coletiva possui essencialmente um caráter temporal e processual, de forma que, por fim, aquilo que um indivíduo ou uma sociedade *é* é fundamentalmente determinado pelas estruturas e horizontes temporais de sua existência. Transformações neste são, portanto, transformações imediatas naquela e vice-versa.[23]

Isso se aplica *a fortiori* também à análise da Modernidade: a tessitura estrutural e cultural, marcada pelos processos de diferenciação, racionalização, domesticação[24] e individualização, assim como por suas paradoxais tendências contrárias, parece constituir para si separadamente um "arranjo ultraestável" e garantir, assim, a continuidade do desenvolvimento social e identitário. Em relação a essa tessitura, *nada* se modificou, de fato, no caráter da Modernidade. Na minha opinião, esse estreitamento de perspectiva, um estreitamento "amnésico em relação ao tempo", é o que leva os críticos do diagnóstico da ruptura a rejeitar categoricamente qualquer questionamento

---

23 É exatamente o que Robert Lauer (1981, p.56) salienta numa passagem que lembra Heidegger: "O eu é processo; a dimensão temporal é fundamental. Negligenciar a dimensão temporal é negligenciar a essência. Nunca entenderemos o ser humano se simplesmente analisarmos o indivíduo como uma configuração estável de traços, qualidades ou atitudes". Sobre isso, ver a definição fundamental de *existência* como *temporalidade* (1924, p.26, assim como 1927, cap.III).

24 A domesticação inclui aqui os princípios, deriváveis do arranjo total moderno, de *industrialização*, *economificação* e *commoditificação*.

da continuidade da Modernidade. Seu olhar involuntariamente "estático" sobre a Modernidade ignora um elemento que se revela apenas através da perspectiva temporalizada da teoria da aceleração, a saber, que os indivíduos e sociedades podem estar (como de fato estão) expostos a uma transformação radical e fundamental *em função da mudança de suas estruturas temporais, embora os pilares fundamentais dos princípios de modernização (inclusive suas tendências de crescimento e aceleração) permaneçam intactos e incontestes.* Como tentei elaborar nesta quarta parte da investigação, é a acelerada transformação na dimensão temporal que permite o reconhecimento e a elucidação de rupturas históricas no processo de modernização, além de ser responsável pela exposição tanto de indivíduos quanto de sociedades a uma dupla transformação, que, da Modernidade nascente, passou à "Modernidade Clássica" e, desta, à Modernidade Tardia.

Esse processo de transformação e sua dialética característica de *temporalização* e *destemporalização* se encontram resumidos, numa acentuação ideal-típica, na Figura 16. A hipótese central é de que a dinamização da sociedade e a endógena aceleração da mudança social levam a uma transformação progressiva da experiência temporal e histórica individual e coletiva e, em consequência disso, ocasionam uma transformação na natureza das autorrelações nos planos individual e político-social. Nesse ponto, parto do princípio de que o processo de dinamização moderno, em suas manifestações, não ocorre de maneira linear, mas antes atinge pontos críticos de convulsão que, por sua vez, são relacionados à velocidade de sucessão das gerações.[25]

---

25 Ver capítulos II.2.b e V.

*Aceleração*

|  | Pré-Modernidade e Modernidade Arcaica | Modernidade "Clássica" | Modernidade Tardia |
|---|---|---|---|
| Ritmo da mudança social endógena | Transformação estrutural e cultural abaixo do ritmo de sucessão geracional (*ritmo intergeracional*) | Transformação estrutural e cultural próximas do ritmo de mudança "geracional" | Ritmo da transformação estrutural e cultural superior à velocidade da sucessão de gerações (*ritmo intrageracional*) |
| Indicador: estruturas profissionais e familiares | Estruturas familiares e "profissionais" (tomando-se a família como uma unidade econômica) estáveis intergeracionalmente | Transformação de estruturas familiares e profissionais no ritmo da sucessão de gerações: "constituir uma família" e "escolher uma profissão" como atos individuais e constituidores da identidade; novas gerações como portadores de inovações | Transformação de estruturas familiares e profissionais num ritmo superior ao da sucessão geracional: substituição da profissão por uma sucessão de atividades (empregos); substituição do parceiro de uma vida por uma série de "parceiros de uma fase da vida" |
| Perspectiva temporal | Espaço de experiência e horizonte de expectativa coincidentes (tempo cíclico) | Separação dos horizontes temporais de passado e futuro (tempo linear) | "Tempo atemporal" e "temporalização do tempo": decisão do ritmo, da duração, da sequência e do momento de ações e acontecimentos durante sua ocorrência |
| Perspectiva histórica | Perspectiva histórica estável; o tempo histórico como tempo "de histórias" | **Temporalização da história**: história como um processo inteligível orientado e configurável (ideia do progresso); o índice direcional político se torna temporal (progressistas/conservadores); a política passa a ditar o ritmo da história | "Fim da história" no sentido da ideia de progresso e da filosofia da história; perda da orientação direcional política em função do ritmo de transformação acelerado (política situacional): **destemporalização da história** |
| Perspectivas de vida | Perspectiva "situacional" da vida: subjugação de problemas cotidianos (de origem exógena) com base em uma "identidade substancial *a priori*"; vicissitudes da vida fundamentadas por um lado de maneira exógena, por outro, metafísica e culturalmente | **Temporalização da vida**: perspectiva de um *percurso de vida* planejável, apresentado narrativamente como um desenvolvimento baseado em uma identidade *a posteriori* – estável e autodeterminada – e em garantias institucionais (regime de percurso de vida) | Desinstitucionalização do percurso de vida; abandono da identidade estável em função de um "projeto de vida"; identidade e estilo de vida "situacionais": **destemporalização da vida** |

Figura 16 – Da história "temporalizada" à "paralisia frenética": a dialética, gerada pela aceleração, de temporalização e destemporalização na Modernidade

Quando a velocidade da mudança social – sistematicamente autogerada e, nesse sentido, previsível – se torna *maior* que a velocidade de intercâmbio das três ou no máximo quatro gerações que coexistem em uma sociedade num determinado ponto histórico, espaço de experiência e horizonte de expectativa se desvinculam: o que se espera do futuro é diferente do que se conhece do passado. Esse limiar parece ter sido ultrapassado – no mais tardar – durante o "tempo de sela", ao fim do século XVIII, de maneira tão permanente que a experiência histórica e a perspectiva sobre a própria vida se temporalizaram correspondentemente: a *história* e a *vida*, no sentido que adquirem na "Modernidade Clássica", acabam por se *temporalizar*, na medida em que ambas são traçadas como planejáveis e moldáveis no futuro, sob a promessa de autonomia individual e coletiva. Assim, a aceleração social coloca *identidade* e *história* de uma forma bem específica em movimento. A transformação fundamental das autorrelações individuais e políticas que acompanha esse processo é historicamente incontestável, não podendo, assim, ser combatida pela indicação – certamente pertinente – de que as sociedades pré-modernas não foram, nem de longe, tão estáveis e estáticas como sugere, num primeiro momento, o esquema aqui desenvolvido. Para prevenir mal-entendidos, há que se mencionar neste ponto que o modelo de desenvolvimento histórico aqui sugerido não implica, de forma alguma, a negação ou ignorância de mudanças históricas radicais, e por vezes dramáticas, como as que resultaram das Cruzadas ou do início do desenvolvimento urbano na Alta Idade Média: o argumento a ser defendido é, antes, que mudanças radicais *imprevisíveis* ou de origem *exógena*, por mais rápidas e violentas que possam ser, *não* levam por si só a uma temporalização do horizonte de expectativa, ocorrendo mais ou menos como "histórias" em um espaço histórico estático, no qual podem eventualmente se *repetir*.[26] Inovações, por assim dizer, *erráticas* não podem ocupar um lugar sistemático no horizonte de expectativa — mesmo a reestruturação após uma fase de mudanças radicais se dá ante o horizonte de uma experiência temporal situacional-estática e se orienta segundo estruturas baseadas na duração. Tais abalos históricos não implicam, assim, temporalizações, mas antes uma transformação, que acontece apenas uma vez, do espaço de experiência e do horizonte de expectativa, que em seguida se reestabilizam regulando-se de forma praticamente estática, embora precisem sistematicamente ter em conta imprevistos e casualidades imprevisíveis.

A sociedade "clássico-moderna", ao contrário, se apresenta como uma ordem social que, após sua consolidação, se transforma continuamente, de maneira controlável e sobretudo através de um *processo direcionado* e, portanto *politicamente configurável*, porém já *sem* mudanças estruturais radicais e com uma crescente segurança institucional diante daqueles imprevistos.[27]

---

26 A concepção de constelações que se repetem historicamente ou de sucessões de eventos (como no ensinamento antigo da sucessão de constituições) permite que estas se tornem *previsíveis*, levando, entretanto, exatamente não a uma temporalização e singularização "da" história em si, mas à impressão de sua estaticidade fundamental, uma vez que tal repetição representa o eterno retorno do mesmo; detalhadamente sobre isso, ver Koselleck, 1989.

27 Entretanto, cabe ressaltar que não tenho nenhuma pretensão histórica ou etnológica com essa hipótese; meu objetivo é compreender a evolução e as transformações na Modernidade e não descrever a experiência temporal e histórica de sociedades decididamente "fora da Modernidade". A caracterização de "sociedades pré-modernas" deve

A temporalização da vida individual, ordenada no interior da "Modernidade Clássica", alcança maior abrangência apenas com um certo atraso em relação à temporalização da história, a saber, ao fim do século XIX. Dois fatores poderiam ser responsáveis por isso: um é o fato de que a orientação biográfica, constituidora de identidade e baseada em um *temporalmente desenvolvido passar da vida*, necessitaria de uma segurança institucional nas estruturas do emergente Estado social, que, por sua vez, era então um produto da conceptualização histórica da sociedade como projeto político a ser implementado. O outro fator é que nessa diferença temporal poderia se manifestar a circunstância de que a temporalização da *vida* individual parece estar ligada mais fortemente a um ritmo de transformação genuinamente *geracional*, enquanto a temporalização do *horizonte histórico* poderia ser tomada como uma consequência da aceleração, que ultrapassa o limiar crítico das três (ou quatro) gerações conviventes num dado período, do ritmo de transformação histórica. Esse argumento provavelmente encontra um reforço no fato de que não se pode mais observar uma correspondente mudança de fase como consequência do segundo limiar, isto é, daquele que conduziu a um ritmo de transformação *intrageracional* e, assim, para a *temporalização do tempo* tardo-moderna.[28]

---

ser entendida antes como um modelo de abstração idealizado para fins comparatórios do que como uma descrição histórica factual estrita. A respeito desse procedimento, ver Kirchmann, 1998, p.30.

28 Entretanto, Kohli (1985, p.12) retransfere o início da moderna *temporalização da vida* enfaticamente para o "tempo de sela"; esta teria se manifestado, todavia, apenas em um contexto da alta cultura – como na passagem de uma forma autobiográfica temporalizada "analítica"

*Aceleração*

À margem disso, é interessante notar que, paralelamente à temporalização da história (social), observada por Koselleck, os padrões de percepção das *ciências naturais* também se temporalizam: como Wolf Lepenies explicitou, justamente a contemplação categorial *justaposta* dos elementos naturais é cada vez mais substituída, nesse mesmo tempo, pela análise de sua *sucessão* no plano do desenvolvimento histórico.[29]

De extrema importância, contudo, é o fato de que a temporalização da vida e da história foi, no sentido de seu movimento progressivo ao longo de caminhos preestabelecidos, acompanhada e apoiada pelo surgimento de um arranjo institucional estável que estava centrado, por um lado, em torno das instituições nacionais do direito e da democracia, e também de órgãos de seguridade e, por outro lado, em torno dos arranjos do Estado social, do matrimônio e do regime de trabalho clássico-moderno, que constituem o fundamento material da institucionalização do "regime de percurso de vida".

A dinamização da sociedade e das autorrelações, no entanto, não parou aí. Por volta do fim do século XX ela atinge o limiar crítico de um ritmo de transformação *intrageracional* que traz consigo novas e graves mutações na experiência temporal individual e coletiva e, assim, nas formas dominantes de relações com a identidade individual e sociopolítica, levando, ao mesmo tempo, a uma erosão progressiva daquele arranjo institucional clássico-moderno, que também é colocado sob pressão de

---

para uma baseada na perspectiva de vida, no "desenvolvimento histórico", como se pode observar pela primeira vez na obra *Anton Reiser*, de Karl Philipp Moritz (1988) – e teria sido amplamente difundida somente a partir do surgimento do Estado social.

29 Lepenies, 1976.

dinamização (ver acima a Figura 11).³⁰ Agora o *próprio tempo* é temporalizado, ou seja, não se decide mais sobre qualidades de *momento, sequência, duração, ritmo* e *velocidade* de acontecimentos e ações, definidores da temporalidade, segundo um plano "metatemporal" pré-institucionalizado, mas sim *no próprio tempo*. A grave consequência disto é uma "destemporalização" da história e da vida, que perdem seu caráter de cursos temporais *direcionados* e *planejáveis*. A daí instituída simultaneidade ubíqua da Modernidade Tardia deixa de ser, analisando-se rigorosamente, uma contemporaneidade dos não contemporâneos, pois esta pressupõe a ideia de uma história temporalizada, direcionada e movimentada (ainda que de maneira assincrônica). Ela se apresenta como uma espécie situacionalmente estática da *simultaneidade de fragmentos históricos,* "atemporal" e desordenada.³¹

Como mostraram as réplicas de Barbara Adam e Carmen Leccardi a uma versão anterior da minha *tese da temporalização*,³² a utilização conceitual por mim escolhida induz facilmente a um erro cuja causa está mais uma vez na enorme inconsistência conceitual da Filosofia e Sociologia do Tempo contemporâ-

---

30 Segundo Bauman (2000, p.3 ss.), a dissolução de instituições tradicionais na Modernidade Arcaica e Clássica tinha como objetivo substituí-las por instituições autônomas, mais estáveis e mais confiáveis, enquanto a fluidificação das instituições da Modernidade Clássica na Modernidade Tardia (Bauman prefere os conceitos de *"Heavy"* e *"Light Modernity"*) seria por si mesma voltada para a recusa de enrijecimentos institucionais. Sobre isso, ver o Capítulo III.4.

31 Também aqui fica evidente o quanto a ideia filosófica, desenvolvida primeiramente na arquitetura, da "Pós-Modernidade" (eclética) é uma expressão de uma experiência temporal modificada.

32 Adam, 2003, p.51; Leccardi, 2003, p.39 ss.

neas. Assim como o fenômeno da contingência e da insegurança do futuro pode ser abarcado tanto pelo conceito de *contração do presente* (Lübbe) quanto pelo de *"extensão do presente"* (Nowotny), são feitas referências ao desenvolvimento tardo-moderno de uma simultaneidade ubíqua – que determina as qualidades temporais de acontecimentos e processos no tempo cotidiano, de vida e histórico apenas no momento de sua consumação – tanto por meio da expressão "tempo *atemporal*" (Castells) quanto através do conceito de tempo *temporalizado* (Luhmann; Hörning, Ahrens e Gerhard). Ambos significam o mesmo: pelo fato de não ser mais possível antecipar nada em relação à sequência, à velocidade, ao ritmo e à duração dos acontecimentos, o tempo parece, para uns, destemporalizado (por ter sido privado de suas respectivas qualidades fundamentais) e para outros extremamente *temporalizado*, uma vez que a expressão de suas qualidades é deliberada *no tempo*.

Minha sugestão é, portanto, que o desenvolvimento apresentado pode ser descrito da forma mais clara possível como *temporalização do tempo*, porém como *destemporalização da história, da vida* e, em parte, *do cotidiano*: o que se perde são os planos, digamos, "metatemporais" *históricos*, *biográficos* e *horários*, que determinam antecipadamente as qualidades temporais de acontecimentos e ações e fazem que os tempos *cotidiano*, *biográfico* e *histórico* pareçam planejáveis e *direcionados*.

À parte as confusões terminológicas, os argumentos em ambos os casos me parecem evidentes e inequívocos. É necessário, no entanto, ressaltar que utilizo o conceito de *tempo temporalizado* na acepção apresentada pela fenomenologia social e pela teoria dos sistemas, e não no sentido filosófico sugerido, com diferentes acentuações, por Bergson, Mead e especialmente por Heidegger, sobretudo em oposição ao conceito de *tempo do relógio*. *Temporalização do tempo* não significa aqui, de forma alguma, o retorno à *"temporalidade original da existência"*, constituída da certeza da morte e de um *futuro autêntico*, que origina e inter-relaciona presente e passado.[33] Em sua forma diagnosticada, manifesta na Modernidade Tardia, a temporalização do tempo parece, da perspectiva de Heidegger, antes uma radicalização da "fuga em face daquilo que é passageiro"[34] e, com isso, em face do verdadeiro cerne da temporalidade da existência rumo a um "tempo impessoal" e, consequentemente, a uma *destemporalização* radicalizada.[35]

A tese fundamental do diagnóstico do tempo desta quarta parte é que sobretudo essa transformação da experiência

---

33 Heidegger, 1924, p.18 ss. Na visão de Heidegger, tanto os fenômenos aceleratórios (como a *correria* e a *falta de tempo*) como as experiências correspondentes de vazio e tédio são consequências da fixação (moderna) no "tempo inautêntico" do presente como fuga da certeza temporalmente incerta do futuro (ou seja, da própria morte): "Para a existência no presente, *que nunca possui tempo*, o tempo se torna subitamente longo. Ele se torna vazio, pois a existência já o tornou antecipadamente longo por meio do questionamento sobre sua duração, enquanto o constante retorno na progressão do que passou nunca se torna tedioso" (ibid., p.22, grifos meus, H. R.). Para um conceito de temporalização que se orienta segundo Heidegger, embora não seja, na minha opinião, incompatível com minha opção, ver Sandbothe, 1997 e 1998.

34 Heidegger, 1924, p.20.

35 A confusão generalizada de conceptualizações temporais contemporâneas, que aqui ficou patente, representa sem dúvida uma manifestação em si sociologicamente relevante, merecedora de uma análise própria e que supostamente deve ser interpretada como sintoma da "crise do tempo" (Achtner; Kunz; Walter, 1998, p.5) de nossa época.

socialmente dominante do tempo, baseada na dialética aceleratória entre temporalização e destemporalização, conduziu a uma preeminência, na autopercepção cultural da Modernidade Tardia, da *face enrijecida* da relação complementar, já apresentada, entre movimento e inércia, e ainda conduziu ao fato de os processos sistêmicos, que ganham vida própria, parecerem irreversíveis. As observações de um "fim da história" diagnosticam, assim, nada mais que o fim da história temporalizada da Modernidade, ou seja, o fim de uma experiência temporal na qual o desenvolvimento histórico, assim como os desdobramentos históricos da vida, parecem tanto *orientados* quanto *controláveis,* e na qual as *transformações* portam como que um coeficiente de movimento. Em seu lugar se apresenta, na Modernidade Tardia, a experiência de constantes transformações imprevisíveis, difusas, de certo modo imobilizadas e não controláveis (para além da situação dada), para a qual a "lei da aceleração", postulada por Henry Adams, não pode mais ser entendida como uma "lei do progresso". Na medida em que a promessa de progresso da Modernidade era uma promessa de autonomia individual e política – o projeto da Modernidade, como quero afirmar em vinculação com Jürgen Habermas, está centrado em torno da ideia de que os sujeitos podem e devem assumir a responsabilidade pela configuração progressiva de suas respectivas vidas (*autonomia ética*) e de sua forma de existência coletiva (autonomia política)[36] –, a transição para essa experiência temporal opõe-se diametralmente à ideia de progresso, pois ela está constitutivamente ligada ao sentimento de uma perda de autonomia, que se manifesta no desaparecimento de potenciais de direcionamento

---

36 Ver, por exemplo, Habermas, 1994, p.112 ss.

e na erosão de chances de configuração, e, de um ponto de vista individual, na experiência da errância (*drift*) ou, num desfecho positivo, *jogo* aberto à situação, ou ainda no fatalismo da *retórica da obrigação objetiva* e da inevitável *adaptação às estruturas*.

Claus Offe chega, assim, à conclusão de "que sociedades podem retroceder, como resultado de rápidos processos de modernização e racionalização, ao estado de fatalidade apática e imobilidade, cuja superação fora o motivo originário dos processos modernizadores" e Peter Sloterdijk lamenta o fato de "a Modernidade, deixada por conta própria", claramente não possuir mais força "para reverter sua errância fatal; o secularismo esclarecido, com seu duplo engajamento por autonomia e tecnologias de grande impacto, aparentemente se despede diante de nossos olhos em um estado de negligência global – agora as coisas acontecem como querem, premissas não fazem mais diferença".[37] Também Sloterdijk diagnostica o advir de um "segundo fatalismo".

O processo aceleratório, como *núcleo* da modernização, se voltou contra o inicialmente motivador e fundamentador *projeto da Modernidade*, que outrora o auxiliara em seu surgimento ao se apresentar como promessa de sua possibilidade: crescimento e aceleração atuam como o pressuposto social sobre o qual se fundamenta a *promessa de autonomia*, no sentido da libertação de necessidades materiais e sociais de toda sorte. De fato, como

---

37 Offe, 1986, p.116; Sloterdijk, 1989, p.87; ver Nassehi, 1993, p.375: "Após a Modernidade nascente ter inaugurado a transformação do mundo e do tempo, iniciando através de legitimação histórica progressos futuros, na Modernidade desenvolvida é o próprio tempo que não permite transformações, potenciais de direcionamento e possibilidades de influência, nem de maneira objetiva nem social".

apresentei, foram as visões de *progresso* e as energias utópicas que impulsionaram a aceleração social na Modernidade nascente e na Modernidade Clássica, antes que aquelas se autonomizassem nas estruturas da Modernidade, a tal ponto que uma orientação delineada para o futuro deixasse de ser uma necessidade para sua continuação. Porém é exatamente aquela relação escalar mútua que começa a minar, de forma cada vez mais intensa, a promessa de autonomia, tornando-se, por sua vez, uma imposição ineludível: o próprio *projeto da Modernidade*, como o resultado da minha argumentação indica, pode ser classificado na categoria dos *aceleradores clássico-modernos e freios tardo-modernos*, colocados progressivamente sob pressão. O que antes era promessa, agora parece uma ameaça. A promessa original de felicidade, que crescimento e aceleração abrigavam, empalidece visivelmente, transformando-se na maldição de uma crescente ameaça à autonomia individual e coletiva.

A compulsão à aceleração, fundamentada na estrutura social dos *declives escorregadios*, obriga sujeitos, organizações e governos a uma *situacionalidade reativa* no lugar de uma *condução configuradora* da vida individual e coletiva. Segundo Virilio, os sujeitos começam a se assemelhar a um piloto de carros de corrida que, ante o grau de automação dos processos que tenta controlar, "constitui, por fim, apenas um angustiado observador das possibilidades catastróficas de seu movimento".[38] Essa imagem, no entanto, tomada por si só, é enganosa por sugerir uma redução imediata de opções. A aceleração social não causa simples e unilinearmente a erosão de potenciais de autonomia, mas também torna sua utilização problemática exatamente em

---

38 Virilio, 1980, p.188; ver ainda Chesneaux, 2000, por exemplo, p.413.

função do aumento destes. Apesar de todas as inseguranças e riscos, a temporalização do tempo, relacionada ao cotidiano e ao percurso de vida, representa para os sujeitos, primeiramente, um violento aumento de suas possibilidades de decisão e uma ampliação de seus horizontes de disponibilidade, exatamente porque ações e acontecimentos se tornam cada vez mais livremente sequenciáveis, combináveis e revisáveis. Além disso, a fluidificação dos arranjos institucionais enrijecidos da Modernidade Clássica inaugura novos espaços de ação para a política. No entanto, esses desenvolvimentos passam a constituir uma *ameaça à autonomia* exatamente através das transformações, a eles associadas, das estruturas temporais da Modernidade Tardia: a configuração autodeterminada da vida individual e/ou coletiva requer que o rol de opções permaneça estável por um determinado tempo (decisões fundamentadas se tornam impossíveis se sua utilidade, seus custos e consequências não puderem ser previstos com uma razoável estabilidade temporal mínima), que as condições de ação sejam suficientemente duradouras para o *entendimento* e controle, ao menos parcial, de processos de transformação e, por fim, que haja tempo suficiente para de fato se *configurar*, através de um espaço de ação planejável, a vida e a sociedade.

A possibilidade de uma genuína autodeterminação ética e política depende ainda da formação de preferências ou concepções de objetivos temporalmente resistentes ou transituacionais, nas quais configuração, progresso e movimento possam ser definidos e medidos. Autonomia equivale, nesse sentido, à busca temporalmente estável de planos definidos autonomamente, *mesmo contra a resistência de condições situacionais em transformação*. Naturalmente, isso não impede que os próprios planos sejam submetidos a mudanças – embora essas mudanças não devam depender exclusivamente de situacionalidades nem ser geradas apenas por elementos exteriores, ou seja, a *urgência dos prazos* e a necessidade pragmática de se *manter opções em aberto* não devem impedir a formação e o cumprimento de uma ordenação de preferências determinada autonomamente.

Na medida em que as instituições que asseguram para si tal estabilidade se desfazem e a identidade, assim como programas políticos, se tornam de fato *situacionais*, os horizontes de opções apresentados se tornam política e eticamente infrutíferos, também pelo fato de que, pela incerteza de condições de ação e de decisão futuras, a manutenção de opções e possibilidades em aberto se torna um *imperativo categórico* que se impõe, em oposição a vínculos substanciais, de modo cada vez mais veemente. Isso gera, todavia, uma situação na qual as experiências quase não mais possuem força coesiva em relação às expectativas, resultando, assim, no rompimento, tanto individual quanto político, entre passado, presente e futuro, de uma maneira que transforma os supostos espaços de configuração autônomos em lugares estáticos de inércia fatalística. Por trás da rápida sucessão de episódios se encontram nesses lugares o eterno retorno do mesmo, o "tempo atemporal" do ao mesmo tempo *eterno* e *efêmero*, além de, nas palavras do estudante citado anteriormente, a *agitação* frenética e simultaneamente *inerte*, nos quais a *configuração* literalmente perde seu sentido.[39] Esse

---

39 Nassehi (1993, p.378) também observa: "Trata-se possivelmente da mais moderna versão da [...] semântica temporal de Nietzsche: aquilo que à primeira vista parece uma restituição da circularidade mítica constitui antes o diagnóstico do eterno retorno do mesmo, ou seja, de

dilema revela seu alcance total em uma situação histórica altamente paradoxal, na qual os *pressupostos técnicos* e *sociais* para uma configuração política da sociedade (especialmente sob a forma da emergente engenharia genética e diante da contínua diminuição do efeito coesivo das tradições), embora sejam mais propícios do que nunca, parecem, por *motivos temporal-estruturais*, ser mais escassos que na pré-modernidade.

A ruptura entre a Modernidade Clássica e a Modernidade Tardia pode ser definida bem precisamente como o momento na "história da aceleração" no qual as forças aceleratórias ultrapassam de tal maneira a capacidade de estruturação e integração de sujeitos e sociedades que a *temporalização da história e da vida,* como forma de experiência temporal dominante, é suplantada pela *temporalização do tempo,* levando, assim, o *projeto cultural* e o *processo estrutural* de modernização a uma contradição insolúvel.[40] Esse momento, segundo minha tese, está in-

---

presentes confrontados com o dilema insolúvel de, por um lado, não poderem usar seu passado como potencial e, por outro, não conhecerem seu futuro".

40 Essa contradição se manifesta, por exemplo, no antagonismo, inerente ao processo de globalização, entre "Cosmópolis *vs.* Império" (tema do simpósio Philosophy and the Social Sciences realizado no ano de 2003 em Praga, na Academia de Ciências da República Tcheca). O *projeto* da Modernidade, tendencialmente direcionado a uma Cosmópolis, é abalado pelo Império (da velocidade), ou seja, pelo contexto de aumento do *processo de modernização,* que se autorreproduz e se autocontrola. A superação "pós-moderna" da heteronomia imperial, postulada por Hardt e Negri (2001), se consuma exatamente não por meio do reestabelecimento da pretensão de transformação intencional e racional, política e institucionalizada da Modernidade Clássica, mas sim através da atividade *vital e espontânea* da *multiplicidade* tanto

timamente relacionado à ultrapassagem do limiar geracional pela velocidade da mudança social no sentido de um ritmo *intra*geracional de mudança, que passa a erodir as condições de continuidade e a coerência de identidades pessoais estáveis, dificultando gravemente, assim, o desenvolvimento de preferências temporalmente resistentes.

Essa circunstância e o estado dela resultante se revelam problemáticos ou até lamentáveis, no entanto, apenas em face da crença na necessidade de se agarrar ao projeto normativo de Modernidade. A renúncia ao ideal de autonomia e à pretensão de configuração e controle a ela vinculada inaugura, de fato, a possibilidade de uma referência positiva em relação aos novos modos de experiência temporal e à autonomização do processo de modernização, cuja expressão afirmadora da aceleração se manifesta na postura da *Pós-Modernidade* filosófica. Dessa perspectiva, a pretensão insustentável de se compreender e descrever adequadamente o desenvolvimento social através da *intervenção teórica* e de moldá-lo politicamente através da *intervenção prática* deveria ser abandonada e considerada ilusória e

---

difusa quanto dúbia. A forma de política que nela se manifesta é, no entanto, tão difícil de ser pensada quanto a forma possível de uma subjetividade pós-moderna (ver a nota 42). Seria interessante, além disso, interpretar ao longo dessa linha fronteiriça as trincheiras, que se aprofundam cada vez mais desde a mais recente guerra no Iraque, entre a "velha Europa" e os Estados Unidos da América: enquanto a Europa experiencia intensamente a inevitabilidade da *adequação estrutural* indesejada, embora funcionalmente necessária, os Estados Unidos continuam a se ater ideologicamente de forma clara à ideia da praticabilidade e da configurabilidade do projeto da Modernidade à custa da eliminação de todas as pretensões de coordenação que inibam o avanço do processo de aumento da modernização.

latentemente *totalitária*.⁴¹ A perda de controle daí resultante é aclamada como libertação de uma *obrigação* de controle, que só pôde ser conservada na *Modernidade Clássica* por meio de severas imposições de continuidade, de integração e de coerência ("terror identitário"). A *aceleração social*, portanto, não afeta a possibilidade da subjetividade por si, antes a liberta de severas imposições estabilizadoras restritivas.⁴² A fragmentação

---

41 Wolin (1997) responde à pergunta, colocada por ele mesmo, sobre o motivo de a teoria política ser atualmente tão difícil com uma referência à dessincronização da teoria política – que em seus modelos temporais estaria vinculada à (*morosa*) política deliberativa, "conservando", porém, em seu efeito, o tempo histórico – e à transformação social, econômica e cultural: "A teoria política pode ser [...] considerada como sendo governada pelo tempo político. Ela possui uma função preservadora, que é refletida parcialmente na quantidade de trabalho, ou até mesmo de afeição, que acompanha a perpetuação de um cânone e parcialmente também nas deliberações a respeito da vida política que consta em toda teoria e que torna sua construção um processo tão lento e longo". Sobre a questão a respeito da possibilidade de compreensão e descrição do mundo na Pós-Modernidade, ver Wagner, 1995, p.220 ss., e Turner, 1990, p.1 ss.

42 Peter Weibel (1987) defende uma posição afirmativa como essa no discurso da aceleração. Naturalmente seria interessante descobrir o que é uma forma genuinamente *pós-moderna* de subjetividade. Dieter Henrich, que se opõe veementemente ao postulado de um *fim* da arte e da subjetividade, defende a tese de que a crescente dinâmica da subjetividade não necessariamente destruiria esta, pois, de um lado na lembrança e de outro na obra de arte, que permitiria uma presentificação da dinâmica da vida, poderiam ser reunidas em um todo as experiências incomensuráveis dos diferentes estágios de vida. "A lembrança é o modo de realização epistêmico de toda reunião na vida, sua força possibilita a transposição da incomensurabilidade dos estágios vitais", escreve Henrich (2001, p.260), e afirma em seguida que o decurso formal da obra de arte apresenta a cada sujeito "o movimento da vida

e dessincronização sociais, assim como a recusa à integração de episódios de vivência a um todo da experiência, podem ser afirmados com veemência *apenas* mediante a possibilidade de se desenvolver uma relação lúdico-irônica com os imprevistos da vida e de se abrir mão da ideia de uma totalidade coerente do mundo, assim como de relações duradouras com pessoas, lugares, práticas ou valores.[43]

A análise da autonomizada dinâmica aceleratória da Modernidade trouxe à tona, em diversos pontos do presente trabalho, argumentos *contrários* a uma tal afirmação acrítica da hiperaceleração que se referem, por exemplo, às condições fundamentais da reprodução cultural, aos pré-requisitos de uma sincronização social mínima ou a elementos factuais quase antropológicos da experiência temporal. Gostaria de abrir mão, neste ponto, de recapitulá-los individualmente. As questões se colocam para além da crítica ética e política a partir do horizonte

---

em toda sua dinâmica, de modo tal que ela de fato conclua, num decorrer da experiência que possa identificar como sua, a consequência de estágios, os conflitos entre eles e a perspectiva de uma ressunção em um encerramento integrativo" (p.263). Uma tal forma de subjetividade permanece claramente vinculada, no entanto, à experiência temporal da Modernidade Clássica: a ideia de uma *totalidade da vida*, que na lembrança do percurso de experiência, transmitida pela arte, pode ser entendida como um desenvolvimento através de diferentes estágios de vida, está fundamentalmente vinculada a um conceito da *vida temporalizada*, na qual episódios de vivência ainda podem ser assim transformados em experiência de maneira que possam parecer, ao menos na concepção artística, *direcionados*. Em face de tamanha dificuldade de se pensar uma forma "pós-moderna" de subjetividade, não se pode excluir a possibilidade de ela por fim se comprovar uma "impossibilidade existencial" (Löw-Beer, 1991).

43 Cf. Rorty, 1989.

da *Modernidade Clássica*, e se referem sobretudo à pergunta sobre quais seriam as consequências do prosseguimento da dinamização desenfreada para os ecossistemas da terra, para os modos de "acoplamento (temporal-)estrutural" dos subsistemas sociais dessincronizados, para a manutenção das condições de existência sociais e morais da sociedade e da transmissão geracional e, finalmente, para a possibilidade de se vivenciar o mundo como algo pleno de sentido. Ela evidencia a necessidade de uma definição dos limites temporal-estruturais ou de velocidade da subjetividade e da socialidade, no sentido de uma *teoria crítica da aceleração* que seja capaz de identificar patologias sociais causadas pela aceleração sem depender de parâmetros normativos de uma antropologia filosófica ora tornada duvidosa ou de uma filosofia da história.[44] Peter Sloterdijk sugeriu tal caminho há mais de uma década em sua tentativa de construção de uma *crítica da cinética política* e da *mobilização*, que segundo ele deveria ser entendida como uma terceira versão da *teoria crítica*. Marx e a *Escola de Frankfurt* teriam fracassado em decorrência de seu entendimento errado das forças cinéticas da Modernidade ou até mesmo por as terem apoiado de maneira acrítica.[45] O

---

44 Um estudo de patologias sociais voltado para a análise de estruturas temporais poderia auxiliar a superação do dilema, identificado por Axel Honneth (1994a), da filosofia social contemporânea em sua atual incapacidade de comprovar seus parâmetros críticos.

45 Sloterdijk, 1989, p.12, 27 e 52. Sloterdijk afirma que, "em primeiro lugar, ambas as versões de teoria crítica que se tornaram conhecidas (pense-se sobretudo na escola marxista e na de Frankfurt) permanecem ainda sem objeto, pois elas não conseguem nem apreender seu objeto – a realidade cinética da Modernidade como mobilização – nem demonstrar uma postura crítica em relação a ele, uma vez que, em face de seu efeito, elas próprias são mobilizadoras; [...] em segun-

esboço do próprio Sloterdijk permanece, contudo, altamente especulativo, pouco sistemático e sem fundamentação empírica. Quero tentar, portanto, nas considerações finais a seguir, juntamente ao resumo do percurso argumentativo deste livro, delinear os contornos de uma tal *teoria crítica da aceleração* com base nas evidências apresentadas e, ao mesmo tempo, explorar as possibilidades alternativas em aberto para o progresso da efetiva história moderna da aceleração.

---

do lugar, que uma dimensão cinética e uma cinestética deveriam ser introduzidas no diagnóstico do presente, pois, sem elas, toda a discussão sobre Modernidade ignoraria o mais crucial" (ibid., p.27; ver, sobre isso, a introdução de Rosa; Scheuerman, 2006).

# XIV
## Conclusão:
## Paralisia frenética?
## O fim da história

*Nossas pontes de comando não respondem mais.*
*O que devemos fazer?*

*(De um documentário do canal Arte sobre os efeitos*
*da globalização no Haiti)*

Se tomarmos seriamente a ideia de que a sociedade é constituída temporalmente, bem como a temporalidade e a processualidade de sua constituição, então justifica-se de fato a formulação de uma aceleração *da* sociedade. Suas estruturas temporais se transformam no desenvolvimento da Modernidade segundo um padrão unificado, que pode ser exprimido, como defende a conclusão desta análise, de maneira analiticamente relevante e empiricamente proveitosa através do conceito da aceleração social.

A percepção da progressiva dinamização e encurtamento de períodos de tempo relacionados a eventos, processos e transformações é, desde o início da era moderna — assim como desde a queixa de Hamlet de que *o tempo* estaria *fora dos eixos* —, constitutiva para a experiência fundamental da *modernização*, como tentei demonstrar no segundo capítulo. A experiência da modernização, de acordo com a conclusão da discussão sobre evidências histórico-culturais, equivale exatamente à experiência da aceleração: "Modernidade diz respeito a acelerar o tempo", é a fórmula precisa de Peter Conrad, confirmada pelas testemunhas do "tempo de sela" que Reinhart Koselleck examina e pelos esboços da Sociologia "clássica". Da observação de Simmel da contínua "intensificação da vida nervosa" na metrópole moderna, passando pela análise de Max Weber da disciplina temporal da ética protestante, para a qual o desperdício de tempo se torna "o pecado mais grave de todos", e pelo receio de Émile Durkheim com relação à anomia como consequência de uma transformação social abrupta demais, até a máxima de Karl Marx e Friedrich Engels de que no cerne do capitalismo estaria a tendência irrefreável de *tudo que é sólido e estabelecido se "volatilizar"*: os diagnósticos clássicos da Modernidade podem sempre ser reconstruídos também como *diagnósticos da aceleração*.

No período que se seguiu, no entanto, esse aspecto do desenvolvimento social e da análise sociocientífica foi cada vez mais relegado ao esquecimento, sobretudo em função da "amnésia sobre o tempo", característica da elaboração teórica sociocientífica no século XX, com sua notória preferência por modelos sociais "estáticos", cuja descrição do processo de modernização através das dimensões da *diferenciação* estrutural, da *racionalização* cultural, da *individualização* da personalidade e da *domesticação* da natureza baseou-se num padrão "comparativo-estático". Preencher a lacuna que assim surgiu com auxílio do projeto de uma *teoria sistemática da aceleração social* foi o objetivo deste livro.

*Aceleração*

A primeira e mais urgente tarefa de uma tal teoria reside indubitavelmente no esclarecimento dos fundamentos materiais da experiência da aceleração, isto é, de suas estruturas processuais sociais. A tarefa foi, num primeiro momento, portanto, o questionamento do conteúdo substancial dessa experiência. A oscilação ondulatória entre o discurso da aceleração e o clamor da crítica cultural por *desaceleração* já indica que a aceleração social, assim como outras tendências fundamentais da modernização, como a *individualização* ou a *diferenciação*, se desenvolve em surtos, encontrando, assim, resistências e contratendências, por vezes introduzindo, ao atingir novos níveis de velocidade, saltos qualitativos nos arranjos sociais. Os anos entre 1880 e 1920, nos quais uma série de importantes inovações técnicas se difundiram, assim como o período após a revolução digital e política de 1989, cujos efeitos em geral são discutidos sob o conceito de "globalização", podem ser tomados como fases de tais pulsos aceleratórios massivos, que geraram, no período subsequente, discussões sobre a inevitabilidade do aumento da velocidade de adaptação ou a nocividade de um ritmo social demasiadamente alto. Em geral, é possível constatar que cada surto de aceleração tecnológica, organizacional ou cultural na história da Modernidade se defrontou com uma enorme resistência e um ceticismo generalizado, conseguindo, porém, aos poucos, impor-se e calar, paulatinamente, todos os críticos.

No entanto, a afirmação, difundida não apenas pela mídia como até mesmo em tratados científicos, de que na Modernidade simplesmente "tudo se acelera" é não apenas indiferenciada como também notoriamente falsa. Assim sendo, desenvolvi no terceiro capítulo deste trabalho uma estrutura categorial para a apreensão sistemática dos fenômenos aceleratórios substancialmente comprováveis, que, para evitar uma aproximação lógico-subsuntiva, é complementada pelo respectivo panorama das tendências de lentificação e das forças de imobilização.

Minha sugestão é que as três dimensões fundamentais da aceleração social, que são em geral misturadas de maneira indistinta no discurso contemporâneo sobre a aceleração, sejam diferenciadas de um modo analítica e empiricamente esclarecedor. A primeira das dimensões abrange os fenômenos da *aceleração técnica*, ou seja, a aceleração intencional de processos direcionados a um objetivo. Dessa perspectiva, a história aceleratória da Modernidade se apresenta a princípio como uma história da aceleração progressiva do transporte, da comunicação e da produção. A segunda dimensão compreende a *aceleração da mudança social*, ou seja, o aumento dos *índices de transformação social* em relação a estruturas associativas, a conjuntos de conhecimento (teórico, prático e moral) assim como às orientações e formas de ação da sociedade. Aceleração significa aqui sobretudo a transformação acelerada de modas, estilos de vida, mas também de relações empregatícias, estruturas familiares, vínculos políticos e religiosos etc. Para definir e operacionalizar empiricamente essa forma de aceleração, lancei mão do conceito de *contração do presente*, introduzido por Hermann Lübbe, porém também fundamentável através da teoria dos sistemas. *Aceleração da mudança social* significa, por conseguinte, que os períodos de duração ou estabilidade, para os quais se pode supor uma coincidência entre espaço de experiência e horizonte de expectativa, de forma a surgir uma segurança de expectativas, se encurtam progressivamente nos diferentes âmbitos dos valores, das funções e ações sociais, ainda que não unilinearmente e não na mesma velocidade em todos os lugares. A *aceleração da mudança social* pode ser definida, assim, como o aumento dos índices de declínio de expectativas e experiências orientadoras da ação, e como o encurtamento dos espaços de tempo a serem definidos como presente em cada uma das esferas sociais.

Estas duas formas de aceleração social devem ser diferenciadas, por fim, da terceira, a *aceleração do ritmo da vida*, que representa uma reação ao escasseamento de recursos temporais (livres), motivo pelo qual ela se manifesta, por um lado, pela experiência de *falta de tempo* e de *estresse* e, por outro, pode ser definida como aumento do número de episódios de ação e vivência por unidade de tempo.

Como demonstrei, a primeira e a terceira dimensões se relacionam de maneira paradoxal: a aceleração técnica libera recursos temporais reduzindo a duração de processos, levando, em si, a uma redução do ritmo da vida – num primeiro olhar há mais tempo livre à disposição. O fato de a sociedade moderna ser marcada pela ocorrência de ambas as formas de aceleração exige, assim, um esclarecimento adicional, que encontrei na vinculação específica entre crescimento e aceleração: somente quando os *índices quantitativos de aumento* (da produção de bens e serviços, do número de comunicações efetuadas, de distâncias percorridas, de tarefas realizadas etc.) ultrapassam os *índices de aceleração* dos processos correspondentes é possível haver um escasseamento de recursos temporais concomitante à aceleração técnica. Quanto mais os índices de aceleração ficarem para trás em relação aos índices de crescimento, maior será a falta de tempo; quanto mais os primeiros superarem os últimos, mais recursos temporais serão liberados.

É possível tratar a aceleração do ritmo da vida como fenômeno socialmente comum exatamente quando os índices médios de crescimento se encontram *acima* dos índices médios de aceleração técnica. Disto surge a questão a respeito dos motores propulsores e modos dessa vinculação moderna entre crescimento e aceleração, à qual foi dedicada a terceira parte desta investigação. Antes disso, no entanto, foi preciso definir precisamente a relação entre as forças de aceleração e inércia na Modernidade.

Como apresentei, podem-se distinguir cinco categorias de fenômenos que se furtam à dinamização ou até mesmo vão na direção oposta.

1) Primeiramente, ainda há e supostamente *sempre* haverá *limites aceleratórios naturais*, ou seja, geofísicos, biológicos, antropológicos, isto é, processos que só podem ser manipulados ao preço de uma grave transformação qualitativa no processo a ser acelerado.

2) Logo, podem ser encontradas "ilhas de desaceleração" territoriais, culturais e estruturais, ou seja, setores que em princípio são suscetíveis a processos de modernização, e, com isto, processos de aceleração, mas que ou ainda não foram afetados por eles ou alcançaram um estado (ao menos transitório) de imobilidade, de forma que para eles o tempo parece ter "parado".

3) Ademais, em diferentes campos de atuação surgem constantemente, como *indesejados efeitos colaterais* de processos de aceleração, obstáculos e elementos retardadores que podem levar a resultados disfuncionais e em parte também patológicos. O exemplo mais conhecido é o engarrafamento no trânsito, porém recessões econômicas, assim como formas de adoecimen-

tos depressivos, também podem ser incluídos nessa categoria. A lentificação não intencional provocada pela aceleração está relacionada ainda com os pontos de interseção entre sistemas funcionais e processos de circulação cujas diferentes capacidades de aceleração provocam problemas de dessincronização. Tais problemas se manifestam em intervalos de espera involuntários, como no caso de um trem de alta velocidade que chega à estação de conexão vinte minutos mais cedo que o modelo mais antigo, mas o trem regional, com o qual ocorrerá a conexão, chega no horário de sempre.

4) É necessário diferenciar aqui entre fenômenos de desaceleração intencional que ocorrem em dois modos distintos: como desaceleração "funcional" ou "aceleratória", no sentido de moratórias ou fases de repouso individuais e coletivas (como no caso do alto empresário que se enclausura por algumas semanas em um mosteiro), cuja função é, no fundo, o prosseguimento do aumento da velocidade (por exemplo, sob a forma de melhoria da capacidade de inovação), ou como movimentos de desaceleração "ideológicos", que possuem muitas vezes um caráter fundamentalista ou antimodernista, e que objetivam, em nome de uma sociedade ou uma forma de vida melhor, uma lentificação social genuína ou uma suspensão do processo aceleratório. A ideia da desaceleração está a caminho de se tornar a contraideologia dominante do século XXI.

Devem ser consideradas também como manifestações da *desaceleração funcional* a *suspensão institucional do movimento* e a garantia de manutenção da moldura de condições básicas próprias à "Modernidade Clássica": a aceleração foi possível em diversos campos devido ao fato de que inúmeras instituições — como o *direito*, os *mecanismos de direcionamento político*, o *regime estável de (tem-*

*po de) trabalho industrial* ou o *regime de percurso de vida* –, assim como as orientações de ação a elas associadas tenham sido excluídas por muito tempo da transformação, criando assim mecanismos de asseguração de expectativas, estabilidades de planejamento e previsibilidade que puderam servir de base para a aceleração econômica, técnica, científica e política sobre "trilhos de desenvolvimento" estáveis. A questão que aqui se apresenta é se não seria a erosão dessas instituições que, por meio de uma aceleração social "irrestrita", minaria as condições de existência das mesmas na Modernidade Tardia.

5) Por fim, como quinta categoria de forças lentificadoras, identifiquei todos aqueles fenômenos vinculados a uma tendência de enrijecimento estrutural e cultural que ocorrem não como um princípio autônomo, mas sim como reverso paradoxal da aceleração social. Eles formam a base para a experiência da ausência de acontecimentos e de uma estagnação que se esconde *sob a freneticamente modificada superfície* de estados e de acontecimentos sociais, que acompanha desde o princípio a sensação moderna de dinamização, sobretudo durante fases de surto aceleratório, manifestando-se, individualmente, em ocorrências do *"ennui"* ou do "tédio existencial", e coletivamente no diagnóstico de uma cristalização cultural ou do *fim da história*, e em todos os casos como uma sensação de um *eterno retorno do mesmo*.

Pelo fato de essa última forma de lentificação não se mostrar oposta ao processo de aceleração moderno, e, pelo contrário, ser parte imanente de sua constituição, ao passo que as outras quatro categorias restantes podem ser entendidas (conquanto não se mostrem *funcionais* para a aceleração) ou como *residuais* ou como *reativas* – trata-se ou de processos que (ainda) não foram acelerados ou de reações à aceleração social –, a hipótese central desta investigação, de que a aceleração social representa uma, se não *a* tendência fundamental da Modernidade, parece, assim, se confirmar, uma vez que não se manifestam contratendências de lentificação que lhe correspondam. O processo de modernização se mostra de fato como um incessante deslocamento do equilíbrio entre as forças de movimento e as de inércia a favor das primeiras, fato responsável pela errônea afirmação de que na Modernidade "tudo" se acelera reivindicar para si tanta plausibilidade.

Com essa constatação conclui-se a fundamentação categorial da teoria da aceleração apresentada aqui. A segunda parte da investigação foi dedicada à questão a respeito das formas concretas de efetuação e manifestação empírica da aceleração social como uma fenomenologia de suas três dimensões modelares. Para o campo da aceleração técnica tentei mostrar que sua efetuação consiste sobretudo da transformação precipitante do *regime espaço-tempo*: com a aceleração do transporte, da comunicação e da produção transformam-se não apenas a *experiência espacial* – na qual o espaço parece literalmente encolher e perder importância em relação ao tempo – e os padrões tempoespaciais de uso, movimento e ocupação, mas também a qualidade e a quantidade das relações sociais, formas de prática e orientações de ação. Em suma, a aceleração técnica sempre esconde em si uma tendência de transformação dos mundos objetivo, social e, consequentemente, subjetivo, pois ela transforma de maneira latente nossas relações com as coisas (ou seja, com as estruturas materiais que nos circundam), com nossos semelhantes, com o espaço e o tempo e também, portanto, com as formas de autorrelação, modificando, assim, nosso modo de *estar no mundo*.[1] A vinculação entre crescimento e aceleração implica, desta forma, uma tendência de suavização de cada ligação concreta a lugares, pessoas ou coisas específicas como consequência de velocidades de intercâmbio e de transformação aumentadas.

O fato de o aumento quantitativo de velocidade poder provocar saltos qualitativos na experiência temporal foi um resultado central da análise das consequências da *mudança social acelerada*. A relação temporal entre a *sequência geracional* e os fundamentais processos de transformação estrutural e cultural desempenhou um papel decisivo nesse resultado. Se estes últimos ocorrem numa velocidade inferior ao período de sucessão completa das três ou no máximo quatro gerações que podem coexistir contemporaneamente, então espaço de experiência e horizonte de expectativa permanecem fundamentalmente congruentes na experiência biográfica e histórica dos indivíduos: o que é esperado do futuro já se conhece do passado. Se o ritmo de transformação social, no entanto, supera esse limiar crítico em direção a uma velocidade mais próxima da velocidade de sucessão "geracional", os horizontes temporais se desvinculam e a vida individual e a história são *temporalizadas*, ou seja, são experienciados (em condições de estabilidade, como surgiram na Modernidade) sob a forma de um movimento direcionado. Esse ritmo de transformação corresponde, como foi mostrado, à concepção de identidades pessoais estáveis e a uma forma de política configuradora [*gestaltende Politik*], provida de um índex direcional entre tendências *progressistas* e *conservadoras*.

---

1 Ver Capítulo IV, Figura 7.

*Aceleração*

O limiar crítico seguinte é ultrapassado quando a transformação social alcança um ritmo *intrageracional*. Como indicadores para esse caso adotei as relações familiares e ocupacionais, que, na Modernidade Tardia, tendencialmente não permanecem estáveis por toda a vida adulta, resultando antes em um modelo de vida no qual o parceiro de *uma vida inteira* é substituído pelo parceiro de *uma fase* da vida, assim como na circunstância de que uma série sequencializada de *empregos* temporários assume o lugar de uma *profissão* constituidora de identidade. Essa dinamização progressiva também pode ser atestada em setores mais periféricos da vida, como na orientação política, na escolha da marca de carro, do seguro de saúde e da instituição de crédito, do número de telefone e do jornal diário, que não permanecem, ao longo da vida profissionalmente ativa, mais ou menos incontestes. Mesmo nos casos em que não são trocados, eles caem sob a suspeita de contingência. Isso leva, como mostrei na quarta parte deste trabalho, a uma forma de experiência temporal modificada e, assim, a novas formas de identidade pessoal e de autoentendimento político, para as quais as metáforas de *flows* e *fluids* (fluxos e fluidos) se tornaram características, nas quais a experiência de um desenvolvimento progressivo ao longo de caminhos preestabelecidos transita, aos poucos, em função da erosão das instituições do Estado social, para a percepção de uma situação indefinida, com índices de transformação altos e imprevisíveis. Um ritmo de mudança intrageracional levanta, inevitavelmente, a questão a respeito da capacidade de resistência, especificamente temporal, da reprodução cultural e da integração social: as consequências do abismo crescente entre gerações no que diz respeito às orientações no plano do mundo da vida e do cotidiano, da progressiva desvalorização da experiência para o intercâmbio geracional, para a transmissão de princípios culturais e para a conservação da solidariedade intergeracional, até o momento mal foram pesquisadas. Uma contração progressiva do presente implica, assim, o surgimento de não apenas um, mas dois ou cada vez mais limiares etários separando o mundo da vida das diferentes gerações, de forma que sua convivência se torna uma manifestação da *não contemporaneidade do contemporâneo*.

Como dado mais importante da discussão a respeito dos efeitos da mudança social acelerada deve constar, no entanto, o fato de que os altos índices de transformação geram tanto para indivíduos quanto para organizações uma crescente pressão de adaptação que resulta na sensação generalizada de se estar como que sobre um terreno em (diferentes velocidades de) erosão ou sobre "declives escorregadios" (*slipping slopes*) ou, ainda, em uma escada rolante descendente: para manter sua posição sem abrir mão de opções e possibilidades de conexão, assim como para atender às demandas de sincronização, faz-se necessário reagir às e interagir com as transformações do ambiente – fases de inércia ou de interrupção das atividades devem, assim, ser compensadas posteriormente por meio de um ritmo mais intenso. Pelo fato de as próprias condições de ação e seleção se modificarem constantemente de maneira multidimensional, deixa de existir uma posição de repouso a partir da qual seria possível sondar opções e conexões "com serenidade". A alta "energia cinética" ou a notória inquietude de que a sociedade moderna, segundo alegam seus observadores, parece estar repleta, se origina do estado fundamental dos *declives escorregadios*. Portanto, não se trata de mero acaso o fato de Theodor Adorno definir, em sua *Minima moralia*, a "verdadeira sociedade" como aquela que, "em uma manifestação de liberdade, deixa que possibilidades permaneçam inexploradas, em vez de, sob precipitada compulsão, deixar-se saturar por estrelas estrangeiras".[2]

A *aceleração do ritmo da vida*, por sua vez, pode ser mensurada de forma objetiva como aumento do número de episódios de ação por unidade de tempo, o que é possível observar, em primeiro lugar, pela aceleração imediata desses episódios – simbolizada pelo *fast food*, *speed dating* ou funerais *drive-through*; em segundo, pela redução de pausas ou períodos de inatividade entre eles; e, em terceiro, por seu adensamento na forma do *multitasking*, ou seja, da execução simultânea de diversas atividades. Ela leva também a uma *fragmentação* progressiva das cadeias de ação, tão intensa que os espaços de tempo nos quais atores se concentram em apenas uma atividade se tornam cada vez menores. Nesse ponto, os pressupostos técnicos e sociais de acessibilidade e disponibilidade permanentes desempenham um papel importante.

Enquanto tais transformações podem ser abarcadas de maneira basicamente empírica por meio de *estudos sobre uso do tempo*, a avaliação dos dados disponíveis até o momento se revelou decepcionante, pois os levantamentos nacionais e internacionais, especialmente as pesquisas baseadas longitudinalmente, estão fixados, de forma monomaníaca, sobre o deslocamento de recursos temporais dedicados a formas determinadas de atividade (como a mudança na divisão entre tempo livre e tempo de trabalho). Apesar disso, os resultados disponíveis

---

2 Adorno, 1980, p.177.

parecem confirmar claramente a hipótese da aceleração, ainda que diferenças significativas entre camadas sociais possam ser encontradas. Mais convincentes ainda são as evidências da experiência subjetiva de um escasseamento progressivo dos recursos temporais, constituindo praticamente um correlato natural da aceleração do ritmo da vida: em todas as nações industrializadas (apesar de determinadas exceções em relação ao Japão), os cidadãos se queixam em grande medida, e em maior número nas últimas décadas, de estresse, falta de tempo e da preocupação de *não conseguir acompanhar o ritmo*. O *medo da perda de oportunidades* e a *compulsão à adaptação* representam duas causas alternativas para a experiência de estresse, que parecem surtir efeitos equivalentes, embora eu acredite ter encontrado evidências de que, em face do "aumento do grau de inclinação" dos *declives escorregadios*, ou seja, da intensificação de sua síndrome, a compulsão à adaptação comece a prevalecer.

Em vinculação a estudos de Psicologia Social sobre a experiência temporal subjetiva e a reflexões da Filosofia Social, como desenvolvidas, por exemplo, por Walter Benjamin, procurei fundamentar a tese de que o aumento de episódios de vivência por unidade de tempo modifica o padrão cultural de percepção e elaboração do tempo de maneira potencialmente dramática: os achados resumidos sob o conceito de "paradoxo da televisão" – segundo os quais formas de atividade contemporâneas, como *assistir a televisão* e *jogar jogos eletrônicos*, geram um *padrão curto-curto* de percepção temporal (ou seja, *tempo de vivência* fugaz e *rastros mnemônicos* dissipáveis) inédito, subvertendo o paradoxo temporal subjetivo – reforçam a suspeita de que as frenéticas sequências de vivências altamente estimulantes, descontextualizadas e mutuamente desvinculadas, característica da Modernidade

Tardia, impediriam a transformação de vivências em *experiência genuína*, no sentido elaborado por Benjamin. As vivências permanecem episódicas, não sendo vinculadas umas às outras, nem à história ou à identidade individual de cada um, de forma que o tempo se arrebata, de certa forma, "nos dois extremos": *durante* as atividades que produzem a sensação de efemeridade (e muitas vezes de estresse), ele passa muito rapidamente, porém, também ao olhar retrospectivo, ele parece "contrair-se" (*nos recordamos* dos episódios passados, segundo Benjamin, com auxílio de *fotos* e *souvenirs*), de tal forma que dias e anos passam, por um lado, "voando", enquanto, por outro (como se pode indicar empiricamente), temos em retrospectiva a sensação de que o tempo se esvai por entre nossos dedos. A conclusão dessa ideia é que, quanto mais *rica em vivências* a sociedade caracterizada pelo *padrão curto-curto* se mostrar, tanto mais *pobre em experiências* ela se revelará.

Na terceira parte desta análise investiguei a questão a respeito dos motores propulsores da tipicamente moderna lógica escalar e os modos específicos de vinculação entre crescimento e aceleração. A suposição que fundamenta este trabalho, de que a aceleração social representa uma tendência fundamental *sui generis*, constituidora de estruturas e culturalmente influente, implica o fato de que ela não pode ser reduzida a outros processos constituidores da modernização, como a racionalização, a diferenciação ou a economificação. E, deveras, a análise revelou que este se trata de um processo autopropulsor, que agora não mais depende necessariamente de motores propulsores externos. Os processos aceleratórios interagem tão intensamente nas três dimensões identificadas que o "círculo de *feedback*" gerado é praticamente impossível de ser interrompido:

uma vez que o processo de aceleração técnica tende a transformar continuamente o *regime espaçotemporal* estabelecido e, com ele, as relações sociais, as relações com as coisas e com a individualidade dos sujeitos, também o processo da mudança social, que é lógica e analiticamente independente, é estimulado. A disseminação do automóvel ou a consolidação da internet, por exemplo, trouxeram consigo graves consequências para as formas de movimentos e transações sociais no espaço, para as estruturas de comunicação, para práticas profissionais, cotidianas e de lazer, e até mesmo para a forma das estruturas associativas e padrões de identidade. *Inovações técnicas agem, portanto, como uma enorme mola propulsora da mudança social.*

Com isso são inauguradas novas possibilidades e chances para os indivíduos, por um lado, e, por outro, surgem, no entanto, compulsões à adaptação, assim como a pressão de se manter ao passo das transformações; em suma, ocorre uma intensificação da síndrome dos *declives escorregadios*, o que coloca os sujeitos em uma situação de estresse e pressão temporal. O risco de não se conseguir acompanhar as mudanças e, assim, de se perder as possibilidades de conexão gera, todavia, uma pressão imediata sobre o aumento do ritmo da vida, no sentido de *manter-se atualizado. A aceleração da mudança social atua, portanto, por sua vez, como uma poderosa mola propulsora para o aumento do ritmo da vida*, e apenas dessa maneira indireta faz-se possível construir uma relação não paradoxal entre a aceleração técnica e a individual: o difundido – e, diante da relação exposta entre aceleração técnica e economia de recursos temporais, aparentemente absurda – preconceito, segundo o qual a aceleração técnica e, sobretudo, tecnológica, é culpada pela escassez de tempo, encontra aqui uma confirmação indireta.

O *círculo aceleratório*, apresentado no sétimo capítulo, se completa no ponto em que indivíduos e organizações reagem ao escasseamento de seus recursos temporais, em função do alto ritmo de transformação social, com o apelo por aceleração técnica: *pelo fato de seu tempo ter se tornado escasso, eles exigem meios de transporte e computadores mais rápidos, serviços e tempos de espera mais breves etc*. A busca por possibilidades de aceleração, como mostrei, representa uma *estratégia de resposta* racional para o problema do escasseamento de recursos temporais; no caminho do círculo aceleratório, ela conduz, entretanto, a uma *intensificação* não intencional do próprio problema, impulsionando ininterruptamente o processo aceleratório. Com isso, a aceleração social na Modernidade se tornou um processo autopropulsor circular, que coloca os três âmbitos aceleratórios numa mútua interação escalar, praticamente impossível de ser interrompida pelo caminho da intervenção política ou social.

A vinculação constitutiva entre a lógica escalar e a lógica aceleratória, que intensifica progressivamente a escassez temporal, de forma que em diversas esferas um crescimento quantitativo praticamente exponencial (de opções, de produções e de transformações) é contraposto por uma "apenas" linear aceleração elaborativa, tem sua raiz nos outros três princípios fundamentais, que impulsionam adicionalmente o círculo aceleratório como "motores", por assim dizer, "externos", isto é, independentes logicamente. Trata-se do *motor econômico* de uma economia capitalista, cujo princípio operacional se baseia fundamentalmente na aquisição e utilização de vantagens temporais, que se convertem em vantagens competitivas; do *motor estrutural* da diferenciação funcional, que leva, através dos princípios da externalização e da temporalização da complexidade, a um aumento da velocidade de produção e elaboração em todos os subsistemas diferenciados; e do *motor cultural* de um *éthos* da Modernidade para o qual a aceleração se tornou uma espécie de *substituto da eternidade* e uma estratégia de ajuste entre tempo do mundo e tempo da vida. Em cada um desses motores, crescimento e aceleração se impulsionam mutuamente a seus modos respectivos.

Primeiramente, os elementos escalares e aceleratórios, relacionados ao princípio de aumento da produtividade, representam a constante fundamental da economia capitalista, elementos que sempre se mantiveram ao longo de todas as formas de manifestação e desenvolvimento desse modelo econômico, e justificam, com isso, a possibilidade de falarmos sobre o capitalismo (em contraposição a muitos *capitalismos*). Por meio da lógica de valorização do capital, a aceleração se torna como que uma obrigação objetiva admitida nas estruturas materiais da sociedade moderna, determinando o desenvolvimento e transformação do regime de produção capitalista – por exemplo, do capitalismo primitivo ao fordismo e, por fim, à acumulação flexível. No capitalismo, o tempo se torna dinheiro e a aceleração, por sua vez, lucro. Pelo fato de que crescimento e aceleração, no campo da produção, devem se refletir inevitavelmente nas velocidades de circulação e consumo, a força de dinamização desse motor é irradiada para praticamente todos os campos sociais; no entanto, o motor econômico pode ser compreendido como força propulsora primária sobretudo da aceleração técnica.

Aceitando-se a ideia, fundamentada por Luhmann e outros representantes da teoria dos sistemas, de que o princípio da diferenciação funcional geralmente está associado ao aumento e temporalização da complexidade – nem todas as decisão são tomadas simultaneamente, antes um número crescente delas é adiado para o futuro, de forma que o número de opções concretizáveis em aberto aumenta continuamente, o que conduz à aceleração social, *primeiramente*, pelo fato de que complexidades e contingências aumentam incessantemente e, *em segundo lugar*, porque só é possível estabilizar sistemas temporalizados de forma dinâmica (uma vez que eles forçam o fechamento de suas cadeias operacionais) –, pode parecer, à primeira vista, que o motor econômico não representaria uma fonte autônoma de aceleração, antes apenas a concretização econômica daquele princípio escalar genérico. Entretanto, após uma observação mais precisa, fica evidente que, em primeiro lugar, a economia capitalista é analiticamente independente da diferenciação funcional, podendo inclusive ocorrer sem ela (e vice-versa). Em segundo, que o tempo, na forma da duração da produção na economia moderna, desempenha um papel distinto daqueles desempenhados na ciência ou na arte: uma obra de arte ou um postulado científico jamais perdem seu valor artístico ou científico apenas em função da passagem do tempo ou da longa duração de sua produção (embora possam perder seu valor em função de uma mudança dos paradigmas estéticos ou científicos dominantes, porém isso exige a introdução de uma dimensão *extratemporal*); uma mercadoria, por sua vez, perde progressivamente valor econômico para o produtor em função do prolongamento da duração de sua produção. O capitalismo e a diferenciação funcional se revelam, assim, dois motores aceleratórios lógica e analiticamente independentes, ainda que intimamente vinculados no plano empírico e histórico. O motor estrutural identificado pode ser considerado, assim, a principal fonte propulsora da aceleração da mudança social no sentido da "contração do presente". Ele aflora seu efeito aceleratório sobretudo por meio do inevitável acoplamento temporal-estrutural e da necessidade de sincronização entre sistemas diferenciados.

O paradoxo relativo à diferenciação funcional, a saber, o da constante potencialização da lógica escalar e do surgimento de mais aumento, aumento até mesmo exponencial, como resultado dos próprios meios empregados para dominá-la, se repete na análise do *motor cultural*. A aceleração, como foi mostrado, representa uma estratégia de resposta intuitiva ao problema da finitude do tempo da vida, isto é, à dissociação entre tempo do mundo e tempo da vida em uma cultura secular, para a qual o aproveitamento máximo de opções terrenas e o desenvolvimento máximo das próprias disposições – o ideal da *vida repleta* – se tornaram o paradigma da vida bem-sucedida. Quem vive num ritmo duas vezes mais rápido pode concretizar o dobro de possibilidades terrenas e viver como que duas vidas em uma; aquele que se torna infinitamente rápido aproxima seu tempo de vida do horizonte potencialmente ilimitado do tempo do mundo ou das possibilidades terrenas, e, na medida em que puder concretizar uma série de possibilidades de vida no tempo de uma única existência terrena, não precisará mais, portanto, temer a morte como a aniquiladora de opções. A aceleração como estratégia de ajuste entre tempo do mundo e tempo da vida se torna, assim, um substituto secular da eternidade, um equivalente funcional das representações religiosas da vida eterna e, com isso, uma resposta moderna para a morte. A promessa contida neste momento cultural se revela uma fonte motriz externa, primária para o aumento do ritmo da vida, que, exatamente por isso, não pode ser compreendido, por sua vez, apenas como consequência de uma compulsão sistêmica ou estrutural.

Contudo, essa estratégia de aumento do "grau de esgotamento" das possibilidades terrenas, por fim, fracassa fatalmente em relação aos mecanismos funcionais do círculo aceleratório: as mesmas invenções e métodos que possibilitam o desfrutar de possibilidades terrenas, fazendo que o total de opções *concretizadas* em uma vida aumente, multiplicam também, e de maneira exponencial, o número e a variedade das opções *concretizáveis*, de forma que o *grau* de esgotamento — a proporção entre possibilidades terrenas realizadas e realizáveis — decresce progressivamente, enquanto a espiral aceleratória é impulsionada ininterruptamente. Essa é a faceta *cultural* do contraditório fenômeno de escasseamento de recursos temporais concomitante à aceleração técnica; ela demonstra, com uma clareza quase matemática, que a aceleração, ao menos a longo prazo, *não* representa uma estratégia de solução ou amenização do problema da perda de oportunidades.

A análise do acionamento do processo aceleratório moderno permaneceria, entretanto, incompleta se desconsiderasse as lógicas de desenvolvimento e funcional do moderno Estado nacional e de seu aparato militar. Como demonstrado no nono capítulo da presente investigação, a evolução desse processo só pode ser adequadamente conceituada sob a luz do percurso do Estado nacional e do poderio militar em busca da conquista, do controle e da defesa de territórios. Dessa perspectiva, a modernização deve ser entendida como programa aceleratório estatal-nacional, impelido exatamente pelo ímpeto político por acumulação e manutenção de poder em um sistema, concebido segundo a Paz de Vestfália, de Estados nacionais concorrentes.

Portanto, Estado nacional e Exército constituem "aceleradores-chave" institucionais da Modernidade, desempenhando uma função "maiêutica" imprescindível para a constituição e o estabelecimento da dinâmica aceleratória. Como também foi mostrado, o conjunto de instituições sociais da "Modernidade Clássica", centrado no entorno do Estado nacional e do Exército, é marcado, em função do característico desenvolvimento dialético entre forças aceleratórias e condições modulares, por uma abrangente e influente *inversão de funções*: os aceleradores clássico modernos – dentre os quais o exemplo mais marcante é a burocracia e o regime de (tempo de) trabalho fordista – se tornaram *entraves* ou *freios* tardo-modernos, sendo colocados sob pressão de transformação ou erosão pelo desencadeamento das forças dinamizadoras.[3] A dinâmica da aceleração social, da interação entre forças motrizes culturais, estruturais e internas a si própria, ganhou vida própria e agora se volta contra aquelas instituições.

Isso justifica a suposição de que a ruptura, frequentemente postulada, mas ainda assim polêmica na teoria social, entre a Modernidade Clássica e a Modernidade Tardia só poderia ser reconstruída de maneira analiticamente precisa e empiricamente relevante a partir de uma perspectiva que considerasse a teoria da aceleração. Após esse ponto ocorre uma reviravolta na Modernidade em virtude do atingimento de limites de velocidade críticos, para além dos quais a sociedade adquire uma nova qualidade, sem que algo fundamental tenha se transformado no conjunto de princípios da modernização (aceleração, diferenciação, racionalização, individualização, domesticação).

---

[3] Ver Figura 11.

*Aceleração*

Os padrões temporais da sociedade, como tentei mostrar neste trabalho, associam e assimilam, por um lado, exigências e desenvolvimentos estruturais e, por outro, orientações culturais da ação, e ainda garantem a compatibilidade entre imperativos sistêmicos e individuais, assim como entre perspectivas da ação e da vida. A transformação das estruturas temporais na Modernidade Tardia, induzida pela aceleração, possui, como apresentado pela hipótese central da quarta parte da presente investigação, consequências profundas para as formas culturalmente dominantes de autorrelações individuais e coletivas.

Surgido na década de 1970, alcançando seu apogeu, porém, somente a partir da revolução digital e política por volta de 1989, o impulso aceleratório da Modernidade Tardia, claramente retraçável por meio de indicadores em todos os três campos da aceleração social, erodiu, por um lado, o arranjo institucional da Modernidade "Clássica" e transformou mais uma vez o *regime espaço-tempo*. Por outro lado, ele gerou, justamente por isso, uma mudança fundamental na experiência temporal, tanto individual quanto coletiva, e, ao mesmo tempo, na estrutura das identidades pessoais e da autoconcepção política. As mudanças mencionadas são resumidas, na linguagem dos diagnósticos do tempo contemporâneos, sob a palavra-chave "globalização". O que há de *novo* nelas, como mostrei, não é a extensão global de processos transacionais dos mais variados tipos, mas sim a *velocidade* com que ocorrem. É a velocidade que transforma, tendencialmente, o "clássico-moderno" espaço de localizações estáveis no *espaço de fluxos dinâmicos* tardo-moderno, substituindo a ordem temporal linear e sequencial por uma nova forma de tempo "atemporal" e radicalmente "temporalizado", caracterizado pela simultaneidade ubíqua.

Se, por um lado, a aceleração da mudança social, durante os períodos arcaico e clássico da Modernidade, e a contração do presente, a ela associada, geraram uma ruptura (articulada no "tempo de sela" entre 1770 e 1830) na experiência temporal, descrita por mim, concordando com Koselleck e Kohli, numa dimensão *política* como *temporalização da história* e, de uma perspectiva *identitário-analítica*, como *temporalização da vida*, por outro lado, na transição para a Modernidade Tardia é possível identificar o processo contrário, de *destemporalização* da história e da vida. Enquanto a *história* na Modernidade Clássica adotou o caráter de um movimento direcionado e político a ser construído, na Modernidade Tardia se impõe cada vez mais a sensação de uma transformação histórica desorientada, que não pode mais ser controlada ou direcionada politicamente: a política perde seu caráter de indicador de direção; o significado de "progressista" e "conservador" se perde ou se inverte — a política progressista não possui mais uma função aceleratória, sua obsessão por uma reivindicação pelo controle político a torna antes um *desacelerador* tardo-moderno. O projeto político da Modernidade, como concluí da análise de suas estruturas temporais, chegou, em função da dessincronização entre o desenvolvimento socioeconômico e a ação configuradora da política, ao seu possível fim. Em face da continuada pressão da contração do presente, a política tardo-moderna se torna praticamente *situacional*, reagindo a ocorrências e problemas sem poder sustentar uma pretensão de configuração da história e da sociedade.

A percepção de um *"fim da história"* daí resultante reflete apenas o fim da história da Modernidade Clássica, centrada no conceito de progresso, direcionada, temporalizada, bem como a transição para um estado no qual formas históricas anteriormente pensadas como *não contemporâneas*, se tornam novamente alternativas atemporais-simultâneas (monarquia, democracia, surgimento e desaparecimento de um Estado, colonização, descolonização, Estado de direito, Estado social etc. não indicam mais estágios de desenvolvimento histórico). Essa transição encontra seu paralelo no individualmente experienciado tempo "temporalizado" do cotidiano e da vida, cuja ordem temporal sequencial também se apresenta como contingente: *o que acontece, quando, com que duração, em qual ritmo e em qual sequência* cada vez mais só se decide na condução da própria ação. Isso vale tanto para atividades cotidianas como fazer compras, trabalhar, descansar, quanto para "acontecimentos biográficos" como *começar uma formação profissional* ou *trabalhar, ter filhos, se casar* etc. A percepção de um fim da história corresponde, assim, à sensação da transição de uma vida baseada numa identidade estável e nas seguranças institucionais do regime de percurso de vida, configurado de acordo com um "plano de vida", para uma vida fortuita, em aberto, não previsível, experienciada, de acordo com a tendência predominante do caráter individual ou cultural, como *jogo* ou errância sem rumo.

A *política situacional* da Modernidade Tardia encontra assim sua correspondência em uma nova forma de *identidade situacional*; em contextos de ação e decisão, ambas se mostram completamente aptas para fornecer orientações e induzir ações, porém, dada a contração do presente determinada pelo ritmo *intrageracional* das mudanças sociais, se revelam também desprovidas de *sentido para além da situação dada*: decisões tomadas não geram mais um efeito de adesão ou uma força de irradiação morais para o futuro ou para o passado, os acontecimentos gerados por elas permanecem episódicos tanto na experiência individual quanto na coletiva, sem se cristalizar em experiências que se insiram na história (de vida), ou que sejam vinculáveis narrativamente.

O mesmo processo de dinamização que possibilita, primeiramente – a partir do atingimento de um ritmo de transformação geracional na "Modernidade Clássica" –, a experiência de um progressivo e *direcionado* movimento, e de um *desenvolvimento* tanto individual quanto coletivo, efetua, em seguida, a sensação de um movimento sem direção e, com isso, de uma "paralisia frenética", que, tanto em sua dimensão de enrijecimento quanto de transformação, se furta à configuração intencional e, com isso, opõe-se à promessa de autonomia da Modernidade. A dialética do salto de aceleração e movimento para enrijecimento e suspensão, que constitui uma espécie de motivo condutor da minha análise do processo aceleratório moderno, alcança – na cultura política "pós-moderna", que, compelida pelas estruturas temporais da Modernidade Tardia, abre mão de pretensões de identidade e autonomia caracterizadoras do projeto e do *éthos* da Modernidade – sua culminância na peculiar ocorrência da referida antinomia,[4] isto é, em um estado no qual *nada dura da maneira como é, embora nada de fundamental se modifique*.

Essa evidência deixou, ao fim da quarta parte desta investigação, duas perguntas em aberto, às quais quero me dedicar agora como um olhar final sobre o problema. A primeira pergunta se refere ao possível ou provável seguimento da história efetiva, isto é, às possíveis facetas de um fim da *história da aceleração* que, estando a presente análise correta, prossegue ainda na Modernidade Tardia, e permanece como a constante *por trás*

---

[4] Jameson, 1998, p.51 ss.

de toda abertura substancial e indefinição não direcionada. A segunda se refere ao potencial *crítico* de uma teoria da aceleração da maneira como procurei desenvolvê-la aqui. Oferece ela parâmetros normativos para a *desejabilidade* deste ou daquele desenvolvimento futuro em relação ao processo moderno de dinamização, isto é, para ir além da constatação da incompatibilidade entre um *éthos* e um projeto da Modernidade, que se fundamentam sobre a promessa de autonomia individual e coletiva, e a autonomização do processo aceleratório? Em caso negativo, ela permanece, como mencionei ao fim do Capítulo XIII, "desdentada", isto é, sem contundência diante dos diagnósticos concorrentes oriundos da teoria dos sistemas ou do pós-estruturalismo, que glorificam a renúncia às pretensões de identidade e autonomia como libertação de ilusões europeias arcaicas e/ou como emancipação em relação a exigências de controle, continuidade e coerência. A essas questões me dedicarei no que se segue.

Minha esperança com relação à presente investigação é, no fundo, de que nela já se possam reconhecer os contornos de uma teoria social crítica que não almeja a crítica das *relações de produção* (premissa das teorias críticas mais antigas), nem das *relações de entendimento* (Habermas), nem das *relações de reconhecimento* (Honneth), cujos parâmetros normativos e pontos de sustentação parecem se tornar cada vez mais problemáticos, mas sim um diagnóstico crítico das *estruturas* ou *relações temporais*,[5] pois

---

5 Ver, por exemplo, Honneth, 2000, p.88 ss. a respeito dos requisitos empíricos e teóricos de um prosseguimento do projeto da teoria crítica. Dentre eles, a *interdisciplinaridade* da premissa, a identificação diagnóstica de deformidades sociais, que deve remontar a experiências morais factuais dos sujeitos sociais, assim como um "*interesse emancipa-*

estas caracterizam o lugar no qual imperativos sistêmicos são transformados, "por detrás dos atores", isto é, sem que eles percebam, em orientações culturais da ação e da vida.

Como o decorrer desta investigação mostrou, processos de modernização socioestruturais não permanecem sem uma correspondência na construção de autorrelações coletivas e individuais. Nas sociedades individualizadas, liberais e eticamente pouco restritivas da modernidade ocidental, o mecanismo de tradução de tais necessidades funcionais (como as exigências do crescimento e da aceleração) é em grande medida enigmático.[6] O caminho para sua compreensão, segundo minha tese, passa necessariamente pela análise das estruturas temporais da sociedade.

A Sociologia do Tempo deixou poucas dúvidas acerca do fato de que não apenas as formas de medição do tempo, mas também a percepção do tempo, assim como os respectivos horizontes e perspectivas temporais são submetidos, em *função de suas respectivas estruturas sociais*, a uma mudança histórica. Apesar disso, o tempo se apresenta sempre com uma facticidade sólida e objetiva que representa, da perspectiva dos agentes, uma circunstância natural inquestionável, cujas exigências e padrões

---

dor" empírico retraçável. Tais condições me parecem, em relação a uma crítica das relações temporais, completamente concretizáveis. Embora Honneth (ibid., p.88), assim como Dubiel (2001), defenda que a análise exigida ainda por Adorno (1993, p.42) das mais importantes "leis objetivas de movimento" da sociedade não seria mais concretizável exatamente *em função do alto ritmo de transformações sociais*, isso me parece antes ratificar a necessidade de uma análise crítica das *leis e consequências da dinamização* que impedem o fazer teórico e a formação de partidos políticos.

6 Ver Rosa, 1999a, para uma tentativa de sua decifração.

de organização se infiltram profundamente, como "segunda natureza", nas estruturas habituais e disposicionais dos sujeitos, direcionando, assim, suas orientações cotidianas e vitais. O tempo é, portanto, ao mesmo tempo, privado e íntimo – *como quero utilizar meu tempo?* é a versão temporal da questão ética *como quero viver?* – e completamente determinado socialmente: os ritmos, sequências, duração e velocidade do tempo social, assim como os horizontes e perspectivas temporais se furtam ao controle individual quase absolutamente. Ao mesmo tempo desenvolve-se claramente um efeito normativo, ou seja, coordenador e regulador de ações: infrações contra as normas do tempo são punidas, especialmente na sociedade moderna, com sanções severas – ignorar prazos e *deadlines*, bem como imperativos de velocidade, leva hoje, mais do que nunca, à *exclusão social*. Esse é o motivo pelo qual o tempo se apresenta como o verdadeiro modo de vinculação entre imperativos estruturais e orientações culturais, esclarecendo, assim, como podem ser satisfeitos, ao mesmo tempo, tanto os requisitos de autonomia individual ética quanto a coordenação social máxima da ações. O esclarecimento a respeito da "força normativa silente" das estruturas temporais representa, portanto, um objetivo primário e essencial de uma teoria crítica da aceleração.

Pelo fato de que por meio de um *código ético minimamente restritivo*, como o que rege a sociedade tardo-moderna, é gerada a ilusão da quase ilimitada liberdade individual, enquanto, ao mesmo tempo, surge uma demanda cada vez maior de coordenação das cadeias de interação, que se complexificam cada vez mais e se autonomizam descontroladamente, as estruturas temporais parecem também representar um lugar privilegiado para a gênese, e, com isso, para a análise de deformações sociais ou de *patologias geradoras de sofrimento*. Segundo minha tese, a ética e politicamente incontrolável tendência à aceleração gera não apenas uma crescente força normatizadora, mas também esconde um potencial cada vez maior de geração de "patologias da aceleração".

Nesse ponto é possível associar a *crítica das relações de reconhecimento*, sugerida por Axel Honneth, à *crítica das relações temporais* pretendida por mim: se a exclusão social, como experiência do desprezo, leva a um sofrimento subjetivo, então é possível constatar, para a sociedade moderna, uma progressiva *dinamização* do sofrimento de *estar* excluído, que, por sua vez, gera medo por parte dos não (ou *ainda não*) excluídos, marcando sensivelmente, assim, as orientações de ação dos sujeitos. Pois a experiência pré-moderna da exclusão categórica (como a negação de determinados direitos e apreciações em função da origem social) é substituída, na Modernidade, pela possibilidade, sempre presente e amedrontadora, de *ser* excluído na forma de um "ser deixado para trás". Praticamente toda forma de reconhecimento social (com exceção, talvez, da dimensão jurídica) está cada vez mais temporalmente condicionada: relacionamentos amorosos e amizades caem sob suspeita de serem contingentes, o desempenho deve ser atualizado e melhorado constantemente se não quiser perder sua função de garantir a apreciação social. Essa é provavelmente uma das principais causas, no plano subjetivo, da *inquietude notória*, frequentemente constatada, e da dominância daquela *retórica do "dever"*, que contradiz a ideologia da liberdade nas sociedades modernas.

Por trás dessa retórica, no entanto, pode se esconder de fato uma não suspeitada *reestruturação da ordem de valores oriunda de problemas temporais.*[7] Ela resulta, por um lado, do fato de que sujeitos, assim como organizações, estão sempre ocupados em "apagar incêndios", ou seja, com o solucionamento de problemas urgentes, e também com a manutenção de possibilidades de conexão futuras, de modo que a relação entre o sequenciamento de suas ações e a hierarquia de suas preferências é perturbada permanentemente. Por outro lado, ela é, no entanto, uma consequência da premiação social do *imediatismo* sob condições de insegurança estrutural: como procurei mostrar, há dados empíricos relevantes de que os cálculos da relação entre custo e benefício individuais se orientam, em função dos altos índices subjetivos e objetivos de instabilidade e transformação, cada vez mais segundo expectativas de curto prazo. Em um ambiente no qual são criadas incontáveis possibilidades de vivências literalmente "atrativas", como as da indústria do entretenimento, que prometem a satisfação imediata com um investimento mínimo de tempo e energia, ações que só frutificam em condições de estabilidade a longo prazo e exigem um investimento considerável de tempo e energia não mais são realizadas, muito embora sejam julgadas mais satisfatórias na vivência subjetiva (de forma empiricamente mensurável), sendo, assim, não apenas consideradas, mas também sentidas como "mais valiosas" que as outras.

Juntos os dois fatores geram, no entanto, o sentimento generalizado, confirmado por estudos qualitativos de uso do tempo, de *não se ter mais tempo* para as "coisas realmente importantes da vida" – a despeito da quantidade de recursos temporais livres. Isso leva a uma experiência que só pode ser

---

[7] Ver Capítulo VI.2.

interpretada como *experiência de estranhamento*, tal qual na seguinte afirmação, bem-humorada, atribuída a Ödön von Horváth: "Na verdade, eu sou bem diferente, só que raramente tenho tempo para sê-lo". Concluindo: *as estruturas temporais da sociedade da aceleração levam os sujeitos a "querer o que não querem", ou seja, a seguir, por iniciativa própria, linhas de ação pelas quais não optariam em um contexto temporalmente estável*. Os critérios normativos de uma tal *crítica do tempo* são fornecidos, assim, pelos próprios sujeitos.

Em diversos pontos desta investigação ficou evidente que os modos de efetuação da aceleração social oferecem, além disso, uma série de premissas para uma nova *crítica à alienação* baseada na teoria da aceleração. Os altos índices de instabilidade e transformação, que ocorrem de forma multidimensional, transformam as relações dos sujeitos com os lugares em que vivem, com os materiais e estruturas que os cercam (inclusive roupas que usam e instrumentos com os quais trabalham), com as pessoas com as quais mantêm contato, para com as instituições nas quais circulam e, finalmente, com seus próprios sentimentos e convicções. Quanto mais rápido esses fatores se modificam ou são trocados, menos vale a pena ligar-se a eles ou familiarizar-se. Como demonstrei, quanto mais indiferentes os sujeitos se tornam em relação a conteúdos, tanto melhor poderão se adaptar às exigências aceleratórias e flexibilizadoras da Modernidade Tardia. No entanto, onde quer que fracasse o processo de *familiarização e criação de vínculos de confiança* com sentimentos e estilos de vida, com conhecidos e amigos, com objetos de uso e de trabalho, ou com entornos físicos do lar ou do local de trabalho, há de se originar, caso se insista na ideia de relações, sensações e convicções "profundas" (passíveis de ressoarem num plano narrativo), um sentimento de alienação. Portanto, não há de ser mera coincidência que os apologistas de uma cultura pós-moderna celebrem exatamente a renúncia a todas as concepções de "profundidade" e "autenticidade".

Contra tal renúncia à pretensão de conceder *profundidade*, *direção* e *sentido* às experiências, há, primeiramente, a evidência, potencialmente justificável numa perspectiva antropológica, de que ela conduz a uma experiência temporal e de vida na qual episódios de vivência, por permanecerem desvinculados de horizontes de futuro estáveis e de imagens confiáveis do passado, não são mais transformados em experiências. Isso dificulta, de maneira evidente, a capacidade de ação e de orientação dos sujeitos, levando possivelmente a um aumento de humores e adoecimentos depressivos. Estes parecem se beneficiar sobretudo da fragmentação, ou ainda da inconciliabilidade entre perspectivas cotidianas, biográficas e epocais. Nos capítulos VI e XI foram amplamente discutidos os achados empíricos que fundamentam uma tal interpretação. A experiência de alienação resulta, consequentemente, sobretudo da sensação do estado definido como "paralisia frenética".

Entretanto, como a história da aceleração na Modernidade mostra, é necessário muito cuidado ao postular-se limites antropológicos de velocidade. Não é possível descartar a hipótese de que tais "patologias da aceleração", conquanto possam ser atestadas empiricamente, representem *fenômenos transitórios*, originados não pelo nível tardo-moderno de velocidade propriamente, mas por sua incompatibilidade com as orientações de valor da Modernidade "Clássica", podendo, portanto, desaparecer em breve. Todavia, na medida que, e enquanto representarem experiências reais de sofrimento, devem ser levadas a sério por uma teoria social crítica, que, por sua vez, deverá sopesar, em seu diagnóstico, a relação entre experiências de perda, condicionadas pela aceleração, e o ganho de liberdade, mobilidade e leveza.

Se uma crítica da alienação ainda se remete, em grande medida, à base normativa de pretensões de autonomia individual e coletiva – embora seja difícil, não é impossível diagnosticar as experiências de estranhamento dissociadas do sentimento de *perda da autodeterminação* –, um diagnóstico crítico dos *fenômenos de dessincronização* identificados não mais o faz. As diferentes capacidades acelerativas dos subsistemas sociais conduz à sua potencial dessincronização e ameaçam, como apresentado, os modos temporal-estruturais de seu acoplamento (e, assim, de seu acoplamento em absoluto). Problemas de sincronização ocorrem de forma cada vez mais grave tanto internamente quanto entre as esferas funcionais, mas sobretudo entre o desenvolvimento científico-tecnológico e econômico, de um lado, e, de outro, a política (e o sistema educacional). A alta velocidade da mudança socioeconômica e tecnológica sobrecarrega, sistematicamente, as estruturas e horizontes temporais da política democrático-deliberativa, que tende, na sociedade da aceleração, exatamente em função da alta dinâmica social, a uma *lentificação* de seus processos de decisão e de construção da vontade. Além disso, como é facilmente evidenciável, a aceleração social desgasta tanto a capacidade de integração social quanto a capacidade de reprodução cultural, especialmente onde um ritmo muito alto ameaça o intercâmbio contínuo entre gerações. A forma potencialmente mais fatal da dessincronização ocorre, entretanto, onde os padrões temporais da sociedade sobrecarregam a capacidade de reprodução e regeneração do meio ambiente natural, onde a aceleração ameaça desaguar numa catástrofe ecológica.

Não obstante, continua a ser o mais forte motivo para uma teoria crítica da aceleração a *quebra da promessa moderna de autonomia*, que, se outrora inspirou e estimulou o *projeto e o éthos da Modernidade*, dada a transformação das estruturas temporais da Modernidade Tardia, agora não pode mais ser cumprida nem em sua forma individual, nem política. São os fundamentos normativos daquela ideia que continuam a fornecer os critérios mais convincentes para um diagnóstico crítico do tempo, pois as próprias convicções morais dos sujeitos ou dos atores políticos das sociedades tardo-modernas que se vinculam àqueles fundamentos são trazidas à tona no julgamento de suas próprias ações. Apesar de seus clamores a plenos pulmões, os apologetas de um abandono desse projeto ainda não apresentaram uma evidência de que seja possível se pensar de maneira consistente uma forma genuinamente pós-moderna de subjetividade e de política sem nenhuma pretensão de autonomia. Eles parecem fundamentar sua afirmação da aceleração antes na suposição, em geral implícita, de um *aumento da autonomia por meio da velocidade*.

Com isso chegamos à outra questão a ser tratada aqui: como a história continua, como terminará a aceleração? Terá ela uma espécie de centro de gravidade "natural", em direção ao qual se move constantemente? Ou são concebíveis formas alternativas de um novo equilíbrio entre movimento e inércia? Do horizonte da presente investigação, é possível conceber quatro cenários hipotéticos, que não são, no entanto, igualmente prováveis.

A primeira possibilidade consiste, de fato, na criação de uma nova forma institucional de preservação e estabilização do processo de aceleração e, assim, no atingimento de um novo equilíbrio, em um nível de velocidade mais alto, que repetiria os resultados de organização e orientação da "Modernidade Clássica", substituindo instituições e arranjos sociais, políticos e jurídicos do Estado nacional, que se tornaram lentos demais, por organizações mais dinâmicas, que conciliem o *projeto da Modernidade*, tanto individual quanto politicamente, às velocidades da Modernidade Tardia. Esse é o objetivo das esperanças reformistas daqueles que pressionam em favor de medidas políticas adaptativas que resguardem a pretensão de autonomia. Seu otimismo se alicerça na concepção de que, dada uma dinâmica mais elevada, o aumento das margens de jogo e ação poderia ser traduzido em melhores chances individuais e políticas de configuração, tornando, finalmente, a promessa de autonomia da Modernidade concretizável. A ação individual, cultural e política poderia paulatinamente ser ajustada às velocidades de transformação tardo-modernas por meio do desenvolvimento de novas formas de percepção e controle, possivelmente inclusive com o auxílio de novas tecnologias genéticas e de implantação computacional.

No entanto, não considero tais esperanças realistas pelo fato de não ser possível prever como tais reformas poderiam manter o problema da dessincronização entre a política democrático-deliberativa e o desenvolvimento técnico-econômico sob controle, além de como isso seria politicamente administrado na medida em que um direcionamento político, com os meios disponíveis, parece crescentemente improvável. Porém, mesmo se uma tal revisão do arranjo institucional e, associada a isso, das autorrelações individuais e coletivas de fato viesse a funcionar, as novas formas que surgiriam, dado o caráter subversivo do primado da dinamização, não resistiriam por muito tempo às novas forças aceleratórias: segundo a lógica aqui apresentada do desenvolvimento dialético entre as forças aceleratórias e suas condições institucionais de surgimento, pode-se prever que a "segunda Modernidade" assim concebida teria uma duração ainda menor que a primeira.

Uma segunda possibilidade seria a renúncia definitiva ao projeto da Modernidade, que poderia levar ao surgimento de formas genuinamente "pós-modernas" de subjetividade e a um novo tipo de (sub-)política (como no caso da auto-organização espontânea da "multidão" esperada por Hardt e Negri), que renunciasse a pretensões de autonomia e direcionamento, e, por isso mesmo, pudesse afirmar os fenômenos tardo-modernos da aceleração social. Estes deveriam ser acompanhados de novas formas de percepção e elaboração da velocidade, assim como de novas formas de autorrelação individual e coletiva sobre as quais, pela sua própria definição, teoricamente ainda não é possível dizer nada. Os problemas de sincronização apresentados claramente persistiriam; o *fim* da história aceleratória permaneceria imprevisível.

Se a segunda possibilidade representa o triunfo do processo modernizador sobre o projeto cultural e político que o fundamentava originalmente, existe uma terceira possibilidade, na qual se apresenta uma tentativa contrária, a de imposição da pretensão configuratória sobre as forças aceleratórias que se autonomizam. Como apresentei no Capítulo XII, isso requeriria o acionamento de um "freio de emergência" que impediria que o ritmo social superasse o limite de velocidade a partir do qual ele não pode mais ser *controlado* política e individualmente. Uma tal solução exigiria uma intervenção política resoluta sobre o desenvolvimento autônomo dos sistemas funcionais mais velozes em prol de sua "ressincronização compulsória" e do frenamento dos movimentos de dinamização até uma *medida humanamente suportável*, segundo sua representação clássico-moderna.

Essa ideia é, no entanto, dados os custos econômicos e sociais imprevisíveis que uma tal ressincronização forçada causaria, mas sobretudo pela crise da concepção moderna do papel da *política no tempo*, altamente irrealista, não apenas por permanecer indistinto *quem* poderia ser o *encarregado* institucional e político para uma tal política de desaceleração. Ela significaria fundamentalmente não apenas a readoção da diferenciação funcional, como também a interrupção do processo modernizador como um todo. Seu objetivo de se agarrar à ideia de progresso da Modernidade Clássica por meio da interrupção da espiral de crescimento e aceleração, conservando, assim, o espaço de experiência da história temporalizada, é, em si, contraditório: a *ideia de progresso* e, com ela, o *projeto da Modernidade* já implicam, como tentei demonstrar, uma dinamização da Modernidade; ambos representam, de fato, uma *reação* à experiência histórica da aceleração social. Progresso e aceleração estiveram desde o princípio indissociavelmente vinculados entre si e foram pensados para ser *imparáveis*. O *lançar mão de um freio de emergência* só pode ser pensado de maneira consistente, segundo Walter Benjamin, através do rompimento radical e revolucionário com a história,[8] o que seria considerado uma *revolução contra o*

---

8 "Marx afirma que as revoluções são as locomotivas da história. No entanto, talvez seja bem diferente. Talvez as revoluções sejam o acionar dos freios de emergência do trem em que a espécie humana viaja" (Benjamin, 1974d, p.132 [comentário sobre o "conceito da história" (1974b)]; ver 1974b, p.703, para a ideia de uma "interrupção messiânica dos eventos").

*progresso*[9] e tido, por fim, como "salto redentor" em relação à própria Modernidade, ou seja, tanto de seu projeto quanto de seu processo.[10]

O triunfo do projeto sobre o processo se limitaria ao breve momento de autonomia *no ato do abandono*, e apenas aqui reside, por fim, a diferença entre esse terceiro possível fim da história da aceleração em relação à quarta possibilidade (segundo a lógica do que aqui foi exposto, a *mais provável*): o prosseguimento irrefreado em direção a um abismo, representado, no *plano lógico*, pela ruína final das antinomias entre movimento e inércia, e pela realização da visão, que acompanha a Modernidade desde seu início, da *paralisia frenética*, como o lado avesso da *mobilização total*. Porém, no *plano empírico*, e supostamente muito antes disso, representa-se o colapso definitivo dos ecossistemas, da moderna ordem dos valores e da sociedade, bem como o favorecimento de seus inimigos, cujo poder aumenta sob a pressão das crescentes patologias da aceleração. Pode-se supor que a perda da capacidade de se balancear movimento e inércia levará a sociedade moderna, por fim, a catástrofes nucleares ou climá-

---

9 "O conceito de progresso deve ser fundido à ideia de catástrofe. Que as coisas sigam como estão já *é* a catástrofe. [...] A salvação continuam a ser as pequenas interrupções em meio à catástrofe constante" (Benjamin, 1974a, p.683, grifos no original; para uma crítica do progresso, ver ainda 1974b, p.697 ss.).

10 Concordo com a interpretação de Claus Offe, que afirma: "Esse conceito evidentemente não vislumbra a purificação e desativação do processo de racionalização [ou do processo de aceleração, H. R.] da Modernidade nem a superação de suas contradições ou o desenvolvimento continuado de acordo com as melhores possibilidades, mas sim um ato revolucionário *no qual sua dinâmica é anulada*" (Offe, 1989, p.754, grifos meus, H. R.).

ticas, com doenças a se alastrar rapidamente ou novas formas de colapso político, assim como levará à erupção de violência descontrolada, que se pode esperar especialmente dos lugares em que as massas excluídas pelos processos de aceleração e crescimento levantam barricadas contra a *sociedade da aceleração*.

A alternativa entre uma *catástrofe definitiva* e uma *revolução radical* nem sequer constitui um motivo pelo qual se começaria a ler ou escrever uma história. Trata-se, em ambos os casos, de um desfecho extremamente inquietante. No entanto, é exatamente dessa inquietação que uma teoria social contemporânea pode retirar o estímulo para encontrar um quinto desfecho para a história da aceleração. "Sendo profunda e consequente, a Sociologia não se contenta com uma mera constatação, que pode ser tomada por determinista, pessimista ou desmoralizante", considera Pierre Bourdieu em sua contribuição à definição da tarefa de uma Sociologia contemporânea. Ela não descansará até poder oferecer os meios "para combater as tendências imanentes à ordem social. E aquele que a isso chamar determinismo" continua ele, "deveria se recordar de uma coisa: a lei da gravidade teve de primeiramente ser conhecida por aqueles que constroem aeronaves, que, por sua vez, superam essa própria lei".[11] Hoje, no entanto, o desafio consiste em superar as leis que possibilitaram a invenção das aeronaves. Uma tarefa não menos difícil.

---

11 Bourdieu, 1996, p.70.

# Índice de ilustrações

Figura 1 – O processo de modernização. *118*
Figura 2 – A aceleração como aumento quantitativo por unidade de tempo. *130*
Figura 3 – Crescimento exponencial em decorrência da aceleração em processos constantes. *130*
Figura 4 – Consumo de tempo por quantidade de tarefas constante na era da aceleração tecnológica. *132*
Figura 5 – "Tempo livre" e "escassez de tempo" como consequência das taxas de crescimento e aceleração. *135*
Figura 6 – O encolhimento do espaço por meio da aceleração do transporte. *195*
Figura 7 – A aceleração técnica e a mudança das relações com o mundo. *203*
Figura 8 – Paradoxos da experiência temporal. *287*
Figura 9 – O círculo aceleratório. *312*
Figura 10 – Forças motrizes externas da aceleração. *393*
Figura 11 – A dialética de aceleração e inércia: aceleradores modernos como "freios" da Modernidade Tardia. *419*
Figura 12 – Formas de contemporaneização. *444*

Figura 13 – Os paradoxos do tempo político . 528
Figura 14 – O processo de modernização IIa . 561
Figura 15 – O processo de modernização IIb . 570
Figura 16 – Da história "temporalizada" à "paralisia frenética": a dialética, gerada pela aceleração, de temporalização e destemporalização na Modernidade . 577

# *Referências bibliográficas*

ACHTNER, Wolfgang; KUNZ, Stefan; WALTER, Thomas. *Dimensionen der Zeit*: Die Zeitstrukturen Gottes, der Welt und des Menschen. Darmstadt: Wissenschaftliche Buchgesellschaft, 1998.

ADAM, Barbara. *Time and Social Theory*. Cambridge: Polity Press, 1990.

_____. The Multiplicity of Times: Contributions from the Tutzing Time Ecology Project. *Time & Society*, ano 11, p.87-146, 2002.

_____. Comment on "Social Acceleration" by Hartmut Rosa. [em resposta a ROSA, 2003.] *Constellations: An International Journal of Critical and Democratic Theory*, ano 10, n.1, p.49-52, 2003.

_____; GEIßLER, Karlheinz A.; HELD, Martin (Eds.). *Die Nonstop-Gesellschaft und ihr Preis*. Stuttgart: Hirzel, 1998.

ADAMS, Henry. *The Education of Henry Adams*. Ed. e pref. Ira B. Nadel. Oxford: Oxford University Press, 1999.

ADORNO, Theodor W. Minima Moralia. Reflexionen aus dem beschädigten Leben. In: TIEDEMANN, Rolf (Ed.). *Gesammelte Schriften*. v.4. Frankfurt am Main: Suhrkamp, 1980.

_____. Einleitung in die Soziologie. In: *Nachgelassene Schriften*. Parte IV. v.15. Frankfurt am Main: Suhrkamp, 1993. [Ed. bras.: *Introdução à sociologia*. São Paulo: Editora Unesp, 2008.]

ADRIAANSENS, Hans P. M. *Talcott Parsons and the Conceptual Dilemma*. London: Routlegde, 1980.

AGAMBEN, Giorgio. *Infancy and History*: The Destruction of Experience. London: Verso, 1993. [Ed. bras.: *Infância e história*: destruição da experiência e origem da história. Belo Horizonte: Editora da UFMG, 2008.]

AHLHEIT, Peter. Alltagszeit und Lebenszeit. In: ZOLL, Rainer (Ed.). *Zerstörung und Wiederaneignung von Zeit*. Frankfurt am Main: Suhrkamp, 1988. p.371-86.

AHMADI, Amir. On the Indispensability of Youth for Experience: Time and Experience in Paul Valéry and Walter Benjamin. *Time & Society*, v.10, p.191-212, 2001.

ALTVATER, Elmar. Kapitalismus: Zur Bestimmung, Abgrenzung und Dynamik einer geschichtlichen Formation. *Erwägen, Wissen, Ethik* [antiga *Ethik und Sozialwissenschaften*], n.3, p.281-92, 2002.

ANDERS, Günther. *Die Antiquiertheit des Menschen*. v.2. München: Beck, 1987.

ANDERSON, Walter T. *The Future of the Self*: Inventing the Postmodern Person. New York: Jeremy P. Tarcher, 1997.

APPADURAI, Arjun. Disjuncture and Difference in the Global Cultural Economy. In: FEATHERSTONE, Mike (Ed.). *Global Culture*: Nationalism, Globalization and Modernity. London: Sage, 1990. p.295-310. [v.esp. *Theory, Culture and Society*.]

_____. *Modernity at Large*: Cultural Dimensions of Globalization. Minneapolis: University of Minnesota Press, 1996.

ARMITAGE, John. From Modernism to Hypermodernism and Beyond: An Interview with Paul Virilio. In: _____ (Ed.). *Paul Virilio*. London: Sage, 2000. p.25-56.

ASSHEUER, Thomas. Rechte Gewalt und Neue Mitte: Die Sehnsucht des Bürgers nach symbolischer Autorität und seine Gedankenflucht vor dem Rechtsradikalismus. *Die Zeit*, v.36, p.38, 31 ago. 2000.

ASSMANN, Jan. *Das kulturelle Gedächtnis*: Schrift, Erinnerung und politische Identität in frühen Hochkulturen. München: Beck, 1992.

AUER, Frank von; GEIßLER, Karlheinz; SCHAUER, Helmut (Ed.). *Auf der Suche nach der gewonnenen Zeit*: Beiträge für eine neue gesellschaftliche Zeitgestaltung. Mössingen-Talheim: Talheimer Verlag, 1990.

AUGÉ, Marc. *Orte und Nicht-Orte*: Vorüberlegungen zu einer Ethnologie der Einsamkeit. Frankfurt am Main: Fischer, 1994.

AUGUSTINUS, Aurelius. *Bekenntnisse*. Trad. e introd. Wilhelm Timme. München: dtv, 1982.

BACKHAUS, Klaus; BONUS, Holger (Ed.). *Die Beschleunigungsfalle oder der Triumph der Schildkröte*. 3.ed. ampl. Stuttgart: Schäffer; Pöschel, 1998.

_____; GRUNER, Kai. Epidemie des Zeitwettbewerbs. In: BACKHAUS, Klaus; BONUS, Holger (Eds.). *Die Beschleunigungsfalle oder der Triumph der Schildkröte*. 3.ed. ampl. Stuttgart: Schäffer; Pöschel, 1998. p.107-32.

BAIER, Lothar. *Keine Zeit!*: 18 Versuche über die Beschleunigung. München: Kunstmann, 2000.

BALLA, Bálint. *Soziologie der Knappheit*. Stuttgart: Ferdinand Enke Verlag, 1978.

BARBER, Benjamin. Three Scenarios for the Future of Technology and Strong Democracy. *Political Science Quarterly*, ano 113, p.572-87, 1998-1999.

BARTH, Ariane. Im Reißwolf der Geschwindigkeit. *Der Spiegel*, n.20, p.200-20, 1989.

BAUDELAIRE, Charles. Exposition universelle, 1855, Beaux-arts. In: *Œuvres complètes*. Ed. Claude Pichois. v.2. Paris: Gallimard, 1976. p.575-97.

_____. Der Maler des modernen Lebens. In: *Sämtliche Werke in acht Bänden*. v.5. München; Wien: Hanser, 1989.

BAUDRILLARD, Jean. *Das Jahr 2000 findet nicht statt*. Berlin: Merve, 1990.

BAUMAN, Zygmunt. *Life in Fragments*. Oxford: Blackwell, 1995.

_____. Schwache Staaten: Globalisierung und die Spaltung der Weltgesellschaft. In: BECK, Ulrich (Ed.). *Kinder der Freiheit*. 4.ed. Frankfurt am Main: Suhrkamp, 1998. p.15-332.

_____. *Liquid Modernity*. Cambridge, UK: Polity Press, 2000.

BAUR, Jürgen. *Körper- und Bewegungskarrieren*: Dialektische Analysen zur Entwicklung von Körper und Bewegung im Kindes- und Jugendalter. Schorndorf: Hofmann, 1989.

BECK, Ulrich. *Risikogesellschaft*: Auf dem Weg in eine andere Moderne. Frankfurt am Main: Suhrkamp, 1986.

_____. *Was ist Globalisierung?* Irrtümer des Globalismus, Antworten auf Globalisierung. Frankfurt am Main: Suhrkamp, 1997.

BECK, Ulrich. *Schöne neue Arbeitswelt*: Vision: Weltbürgergesellschaft. Frankfurt am Main; New York: Campus, 1999.

_____; BECK-GERNSHEIM, Elisabeth (Eds.). *Riskante Freiheiten*: Individualisierung in modernen Gesellschaften. Frankfurt am Main: Suhrkamp, 1994.

_____; GIDDENS, Anthony; LASH, Scott. *Reflexive Modernisierung*: Eine Kontroverse. Frankfurt am Main: Suhrkamp, 1996. [Ed. bras.: *Modernização reflexiva*. 2.ed. São Paulo: Editora Unesp, 2012.]

BECKER, Gary S. Zeit und Haushaltsproduktion. In: *Der ökonomische Ansatz zur Erklärung menschlichen Verhaltens*. 2.ed. Tübingen: Mohr-Siebeck, 1993. p.97-166.

BEHR, Michael. *Perspektiven eines neuen Arbeitstyps*: Wandlungstendenzen im Verhältnis Person-Organisation. Jena: Institut für Soziologie, 1999. [Jenaer Beiträge zur Soziologie, n.9.]

_____. KOTTMANN, Andrea; SEIWERT, Tina. *Schülerbefragung Nordthüringen Sommer 2002*: Zukunftsaussichten, Berufsorientierungen und Abwanderungsmotivationen. Jena: 2002. [relat. não publ.]

BENIGER, James R. *The Control Revolution*: Technological and Economic Origins of the Information Society. Cambridge, MA; London: Harvard University Press, 1986.

BENJAMIN, Walter. Zentralpark. In: *Gesammelte Schriften*. Parte 2. v.I. Ed. Rolf Tiedemann e Hermann Schweppenhäuser. Frankfurt am Main: Suhrkamp, 1974a. p.655-90.

_____. Über den Begriff der Geschichte. In: *Gesammelte Schriften*. Parte 2. v.I. Ed. Rolf Tiedemann e Hermann Schweppenhäuser. Frankfurt am Main: Suhrkamp, 1974b. p.691-706.

_____. Charles Baudelaire: Ein Lyriker im Zeitalter des Hochkapitalismus. In: *Gesammelte Schriften*. Parte 2. v.I. Ed. Rolf Tiedemann e Hermann Schweppenhäuser. Frankfurt am Main: Suhrkamp, 1974c. p.509-690.

BENJAMIN, Walter. Comentários dos editores. In: *Gesammelte Schriften*. Parte 3. v.I. Ed. Rolf Tiedemann e Hermann Schweppenhäuser. Frankfurt am Main: Suhrkamp, 1974d.

_____. Das Paris des Second Empire bei Baudelaire. In: *Gesammelte Schriften*. Parte 2. v.I. Ed. Rolf Tiedemann e Hermann Schweppenhäuser. 2.ed. Frankfurt am Main: Suhrkamp, 1980. p.509-604.

_____. Der Flaneur. In: *Gesammelte Schriften*. Parte 1: Das Passagen-Werk. v.V. Frankfurt am Main: Suhrkamp, 1982. p.524-69.

BENNIS, Warren G.; SLATER, Philip E. *The Temporary Society*. New York: Harper & Row, 1968.

BENTHAUS-APEL, Friederike. *Zwischen Zeitbindung und Zeitautonomie*: Eine empirische Analyse der Zeitverwendung und Zeitstruktur der Werktags- und Wochenendfreizeit. Wiesbaden: Deutscher Universitäts-Verlag, 1995.

BENZ, Ernst. *Akzeleration der Zeit als geschichtliches und heilsgeschichtliches Problem*. Wiesbaden: Steiner, 1977. [Abhandlungen der geistes- und sozialwissenschaftlichen Klasse der Mainzer Akademie der Wissenschaften und der Literatur, ano 1977, n.2.]

BERGER, Johannes (Ed.). *Die Moderne*: Kontinuität und Zäsuren. Soziale Welt. Sonderband 4. Göttingen: Schwartz, 1986.

BERGMANN, Werner. *Die Zeitstrukturen sozialer Systeme*: Eine systemtheoretische Analyse. Berlim: Duncker & Humblot, 1981.

_____. Das Problem der Zeit in der Soziologie: Ein Literaturüberblick zum Stand der "zeitsoziologischen" Theorie und Forschung. *Kölner Zeitschrift für Soziologie und Sozialpsychologie*, ano 35, p.462-504, 1983.

BERING, Dietz. Kulturelles Gedächtnis. In: PETHES, Nicolas; RUCHATZ, Jens (Eds.). *Gedächtnis und Erinnerung*: Ein interdisziplinäres Lexikon. Reinbek: Rowohlt, 2001. p.329-32.

BERMAN, Marshall. *All that Is Solid Melts Into Air*: The Experience of Modernity. New York: Penguin Books, 1988. [Ed. bras.: *Tudo que é sólido desmancha no ar*. São Paulo: Companhia das Letras, 2007.]

BERTENS, Hans; NATOLI, Joseph (Eds.). *Postmodernism*: The Key Figures. Oxford: Blackwell, 2002.

BERTHOLD, Norbert. *Deregulierung und Flexibilisierung des Arbeitsmarktes in Zeiten der Globalisierung*: Gutachten für den deutschen Bundestag (Enquête-Kommission "Globalisierung der Weltwirtschaft" – AU Stud 14/23). Würzburg, 2002.

BILDEN, Helga. Das Individuum: ein dynamisches System vielfältiger Teil-Selbste. Zur Pluralität in Individuum und Gesellschaft. In: KEUPP, Heiner; HÖFER, Renate (Eds.). *Identitätsarbeit heute*: klassische und aktuelle Perspektiven der Identitätsforschung. Frankfurt am Main: Suhrkamp, 1997. p.227-50.

BIRKEFELD, Richard; JUNG, Martina. *Die Stadt, der Lärm und das Licht*: Die Veränderung des öffentlichen Raumes durch Motorisierung und Elektrifizierung. Seelze: Kallmeyer, 1994.

BLUMENBERG, Hans. *Lebenszeit und Weltzeit*. Frankfurt am Main: Suhrkamp, 1986.

BÖLL, Heinrich. Anekdote zur Senkung der Arbeitsmoral. In: *Romane und Erzählungen*. v.4: 1961-1970. Köln: Kiepenheuer & Witsch, 1963. p.267-9.

BONUS, Holger. Die Langsamkeit der Spielregeln. In: BACKHAUS, Klaus; BONUS, Holger (Eds.). *Die Beschleunigungsfalle oder der Triumph der Schildkröte*. 3.ed. ampl. Stuttgart: Schäffer; Pöschel, 1998. p.41-56.

BORNEMAN, John. Time-Space Compression and the Continental Divide in German Subjectivity. *New Formations*, ano 21, p.102-18, 1993.

BORSCHEID, Peter. *Das Tempo-Virus*: Eine Kulturgeschichte der Beschleunigung. Frankfurt am Main; New York: Campus, 2004.

BOURDIEU, Pierre. *Outline of a Theory of Practice*. Cambridge: Cambridge University Press, 1977.

_____. Störenfried Soziologie: Zur Demokratie gehört eine Forschung, die Ungerechtigkeiten aufdeckt. In: FRITZ-VANNAHME, Joachim (Ed.). *Wozu heute noch Soziologie?* Opladen: Leske und Budrich, 1996. p.65-70.

BOURRY, Thomas. Wie die Zeit im Flug vergeht: Stillstand und Beschleunigung beim Reisen in Jetgeschwindigkeit. In: ROSA, Hartmut (Ed.). *Fast Forward*: Essays zu Zeit und Beschleunigung. Hamburg: Körber-Stiftung, 2004. p.101-14.

BRAUN, Andreas. *Tempo, Tempo! Eine Kunst- und Kulturgeschichte der Geschwindigkeit im 19*: Jahrhundert. Frankfurt am Main: Anabas, 2001. [Werkbund-Archiv, 28.]

BREUER, Stefan. Der Nihilismus der Geschwindigkeit: Zum Werk Paul Virilios. *Leviathan*, n.16, p.309-30, 1988.

BRILLING, Oskar; KLEBER, Eduard W. (Eds.). *Handwörterbuch Umweltbildung*. Hohengehren: Schneider, 1999.

BRINKMANN, Reinhold. Die Zeit der Eroica. In: KLEIN, Richard; KIEM, Eckehard; ETTE, Wolfram (Eds.). *Musik in der Zeit*: Zeit in der Musik. Weilerswist: Velbrück, 2000. p.183-211.

BROSE, Hanns-Georg. Zeit-Kulturen im Umbruch. In: ALTNER, Günter et al. (Eds.). *Jahrbuch Ökologie 2002*. München: Beck, 2002. p.123-36.

_____; WOHLRAB-SAHR, Monika; CORSTEN, Michael. *Soziale Zeit und Biographie*: Über die Gestaltung von Alltagszeit und Lebenszeit. Opladen: Westdeutscher Verlag, 1993.

BROWN, Alyson. "Doing time": The Extended Present of the Long-term Prisoner. *Time & Society*, ano 7, p.93-103, 1998.

BROWNING, Douglas; MYERS, William T. (Eds.). *Philosophers of Process*. New York: Fordham University Press, 1998.

BRÜSEMEISTER, Thomas. Das überflüssige Selbst: Zur Dequalifizierung des Charakters im neuen Kapitalismus nach Richard Sennett. In: SCHIMANK, Uwe; VOLKMANN, Ute (Eds.). *Soziologische Gegenwartsdiagnosen*. Opladen: Leske und Budrich, 2000. p.307-22.

BUCHSTEIN, Hubertus. Bytes that Bite: The Internet and Deliberative Democracy. *Constellations*, ano 4, p.248-63, 1997.

BURKART, Günter; FIETZE, Beate; KOHLI, Martin. *Liebe, Ehe, Elternschaft*: Eine qualitative Untersuchung über den Bedeutungswandel von Paarbeziehungen und seine demographischen Konsequenzen. Wiesbaden: Bundesinstitut für Bevölkerungsforschung, 1989.

CASTELLS, Manuel. *The Rise of the Network Society*. Oxford: Blackwell, 1996. [*The Information Age*: Economy, Society and Culture, v.1.]

_____. *The Power of Identity*. Oxford: Blackwell, 1997. [*The Information Age*: Economy, Society and Culture, v.2.]

CASTELLS, Manuel. *End of Millennium*. Oxford: Blackwell, 1998. [*The Information Age*: Economy, Society and Culture, v.3.]

CHARLES, Bryan. The Numbers: The World Trade Center. In: BELLERS, Thomas (Ed.). *Before & After*: Stories from New York. New York: Mr. Beller's Neighbourhood Books, 2002. p.25-36.

CHERFAS, Jeremy; LEWIN, Roger (Eds.). *Not Work Alone*: A Cross Cultural View of Activities Superfluous to Survival. Beverly Hills: Sage, 1980.

CHESNEAUX, Jean. Speed and Democracy: An Uneasy Dialogue. *Social Science Information*, ano 39, p.407-20, 2000.

CONNOLLY, William. Speed, Concentric Cultures, and Cosmopolitanism. *Political Theory*, ano 28, p.596-618, 2000. [reed. em: ROSA, Hartmut; SCHEUERMAN, William (Eds.). *The Acceleration of Society*: Conceptions – Causes – Consequences. London; New York: Verso, 2005.]

CONRAD, Peter. *Modern Times and Modern Places*: How Life and Art Were Transformed in a Century of Revolution, Innovation and Radical Change. New York: Alfred A. Knopf, 1999.

CORSTEN, Michael; GIEGEL, Hans-Joachim; GUDULAS, Niki; KAUPPERT, Michael; ROSA, Hartmut. *Politische Kultur und Bürgerschaftliches Engagement*. Jena: Institut für Soziologie, 2005. [Jenaer Beiträge zur Soziologie, n.15.]

COSER, Lewis A. *Greedy Institutions*: Patterns of Undivided Commitment. New York: Free Press, 1974.

COUPLAND, Douglas. *Generation X*: Tales for an Accelerated Culture. New York: St. Martin's Press, 1991. [Ed. alem.: *Generation X*: Geschichten für eine immer schneller werdende Kultur. München: Goldmann, 1991.]

CREVELD, Martin van. *Die Zukunft des Krieges*. München: Gerling Akademie Verlag, 1998.

_____. *The Rise and Decline of the State*. Cambridge: Cambridge University Press, 1999.

CROGAN, Patrick. The Tendency, the Accident and the Untimely: Paul Virilio's Engagement with the Future. In: ARMITAGE, John (Ed.).

*Paul Virilio*: From Modernism to Hypermodernism and Beyond. London: Sage, 2000. p.161-76.

CWERNER, Saulo B. The Chronopolitan Ideal: Time, Belonging and Globalization. *Time & Society*, v.9, p.331-46, 2000.

DE HAAN, Gerhard. *Die Zeit in der Pädagogik*: Vermittlungen zwischen der Fülle der Welt und der Kürze des Lebens. Weinheim; Basel: Beltz, 1996.

DENNINGER, Erhard. Der Präventionsstaat. *Kritische Justiz*, ano 21, p.1-15, 1988.

DEUTSCHMANN, Christoph. Der Clan als Unternehmensmodell der Zukunft? *Leviathan*, ano 17, p.85-107, 1989.

_____. *Die Verheißung des absoluten Reichtums*: Zur religiösen Natur des Kapitalismus. Frankfurt am Main; New York: Campus, 1999.

DEWEY, John. The Eclipse of the Public. In: *The Public and its Problems*. Athens: Ohio University Press, 1954. p.138-42. [reed. em: ROSA, Hartmut; SCHEUERMAN, William (Eds.). *The Acceleration of Society*: Conceptions – Causes – Consequences. London; New York: Verso, 2005.]

DICKE, Klaus. Völkerrechtspolitik und internationale Rechtssetzung: Grundlagen – Verfahren – Entwicklungstendenzen. *Zeitschrift für Gesetzgebung*, ano 3, p.193-224, 1988.

_____. Globales Recht ohne Weltherrschaft: Der Sicherheitsrat der Vereinten Nationen als Welt-Gesetzgeber? *Forum Politicum Jenense*, Jena, n.11, 2001.

DOHRN-VAN ROSSUM, Gerhard. Zeit der Kirche – Zeit der Händler – Zeit der Städte. In: ZOLL, Rainer (Ed.). *Zerstörung und Wiederaneignung von Zeit*. Frankfurt am Main: Suhrkamp, 1988. p.72-88.

DONGES, Juergen B. *Deregulierung am Arbeitsmarkt und Beschäftigung*. Tübingen: Mohr und Siebeck, 1992.

DÖHL, Volker; KRATZER, Nick; MOLDASCHL, Manfred; SAUER, Dieter. Die Auflösung des Unternehmens? Zur Entgrenzung von Kapital und Arbeit. In: BECK, Ulrich; BONß, Wolfgang (Eds.). *Die Modernisierung der Moderne*. Frankfurt am Main: Suhrkamp, 2001. p.219-32.

DÖRR-BACKES, Felicitas; NIEDER, Ludwig (Eds.). *Georg Simmel zwischen Moderne und Postmoderne*. Würzburg: Königshausen & Neumann, 1995.

DÖRRE, Klaus. Unternehmerische Globalstrategien, neue Managementkonzepte und die Zukunft der industriellen Beziehungen. In: KADRITZKE, Ulf (Ed.). *Unternehmenskulturen unter Druck*: Neue Managementkonzepte zwischen Anspruch und Wirklichkeit. Berlin: Sigma, 1997. p.15-44.

DUBIEL, Helmut. *Kritische Theorie der Gesellschaft*: Eine einführende Rekonstruktion von den Anfängen im Horkheimer-Kreis bis Habermas. 3.ed. Weinheim; München: Juventa, 2001.

DURKHEIM, Émile. *Die elementaren Formen des religiösen Lebens* (1912). Frankfurt am Main: Suhrkamp, 1981.

_____. *Über soziale Arbeitsteilung*: Studie über die Organisation höherer Gesellschaften. Frankfurt am Main: Suhrkamp, 1988.

DUX, Günter. *Die Zeit in der Geschichte*: ihre Entwicklungslogik vom Mythos zur Weltzeit. Mit kulturvergleichenden Untersuchungen in Brasilien (J. Mensing), Indien (G. Dux, K. Kälble und J. Meßmer) und Deutschland (B. Kiesel). Frankfurt am Main: Suhrkamp, 1989.

EBERLING, Matthias. *Beschleunigung und Politik*. Frankfurt am Main: Peter Lang, 1996.

EDER, Klaus. Die Institutionalisierung sozialer Bewegungen: Zur Beschleunigung von Wandlungsprozessen in fortgeschrittenen Industriegesellschaften. In: MÜLLER, Hans-Peter; SCHMIED, Michael (Eds.). *Sozialer Wandel*: Modellbildung und theoretische Ansätze. Frankfurt am Main: Suhrkamp, 1995. p.267-90.

EHRENBERG, Alain. *La Fatigue d'être soi*: Dépression et société. Paris: Odile Jacob, 1999.

_____. Die Müdigkeit, man selbst zu sein. In: HEGEMANN, Carl (Ed.). *Endstation*: Sehnsucht. Kapitalismus und Depression. Berlin: Alexander-Verlag, 2000. p.103-39.

ELCHARDUS, Mark; GLORIEUX, Ignace. The Search for the Invisible 8 Hours: The Gendered Use of Time in a Society with a High Labor Force Participation of Women. *Time & Society*, ano 3, p.5-28, 1992.

ELIADE, Mircea. *The Myth of the Eternal Return or, Cosmos and History* (1954). Princeton: Princeton University Press, 1991. [Ed. bras.: *Mito do eterno retorno*. São Paulo: Mercuryo, 1992.]

ELIAS, Norbert. *Über den Prozess der Zivilisation*: Soziogenetische und psychogenetische Untersuchungen. 2v. Frankfurt am Main: Suhrkamp, 1976. [Ed. bras.: *O processo civilizador*. 2v. Rio de Janeiro: Zahar, 1990-1993.]

_____. *Über die Zeit*: Arbeiten zur Wissenssoziologie II. Frankfurt am Main: Suhrkamp, 1988. [Ed. bras.: *Sobre o tempo*. Rio de Janeiro: Zahar, 1998.]

ENDE, Michael. *Momo oder die seltsame Geschichte von den Zeit-Dieben und von dem Kind, das den Menschen die gestohlene Zeit zurückbrachte*: Ein Märchen-Roman. Stuttgart: Thienemann, 1973. [Ed. bras.: *Momo e o senhor do tempo*. São Paulo: WMF Martins Fontes, 2012.]

ENZENSBERGER, Hans-Magnus. *Aussichten auf den Bürgerkrieg*. Frankfurt am Main: Suhrkamp, 1994.

ERHARD, Ludwig. *Wohlstand für Alle*: Neuausgabe. München: Econ-Verlag, 1997.

ERIKSEN, Thomas Hylland. *Tyranny of the Moment*: Fast and Slow Time in the Information Age. London; Sterling, Virginia: Pluto Press, 2001.

ERLINGHAGEN, Marcel. Entwicklung der Arbeitsmarktmobilität und Beschäftigungsstabilität im Übergang von der Industrie- zur Dienstleistungsgesellschaft. *Mitteilungen der Arbeitsmarkt- und Berufsforschung*, ano 35, p.74-89, 2002.

EVANS-PRITCHARD, Edward E. *The Nuer*: A Description of the Modes and Livelihood and Political Institutions of a Nilotic People. Oxford: Oxford University Press, 1969. [Ed. bras.: *Os Nuer*: uma descrição do modo de subsistência e das instituições políticas de um povo nilota. São Paulo: Perspectiva, 1978.]

EVERS, Adalbert; RAUCH, Ulrich; STITZ, Uta. *Von öffentlichen Einrichtungen zu sozialen Unternehmen*: hybride Organisationsformen im Bereich sozialer Dienstleistungen. Berlin: Sigma, 2002.

FLAHERTY, Michael G. *A Watched Pot*: How We Experience Time. New York: New York University Press, 1999.

FLAHERTY, Michael G.; FINE, Gary Alan. Present, Past, and Future: Conjugating George Herbert Mead's Perspective on Time. *Time & Society*, ano 10, p.147-61, 2001.

FÖLLING-ALBERS, Maria. *Schulkinder heute*: Auswirkungen veränderter Kindheit auf Unterricht und Schulleben. Weinheim; Basel: Beltz Verlag, 1992.

FOUCAULT, Michel. *Überwachen und Strafen*. Frankfurt am Main: Suhrkamp, 1977. [Ed. bras.: *Vigiar e punir*. 42.ed. Petrópolis: Vozes, 2014.]

_____. Recht der Souveränität: Mechanismus der Disziplin. In: *Dispositive der Macht*: Über Sexualität, Wissen und Wahrheit. Berlin: Merve, 1978. p.75-95.

_____. *Sexualität und Wahrheit*. v.2: Der Gebrauch der Lüste. Frankfurt am Main: Suhrkamp, 1989. [Ed. bras.: *História da sexualidade*. v.2: O uso dos prazeres. 6.ed. Rio de Janeiro: Paz e Terra, 2014.]

_____. Warum ich Macht untersuche: Die Frage des Subjekts (Nachwort). In: DREYFUS, Hubert L.; RABINOW, Paul (Eds.). *Michel Foucault*: Jenseits von Strukturalismus und Hermeneutik. Weinheim: Beltz Athenäum, 1994. p.243-61.

_____ et al. *Technologien des Selbst*. Ed. Luther H. Martin et al. Frankfurt am Main: Fischer, 1993.

FRANCIS-SMYTHE, Jan; ROBERTSON, Ivan. Time-Related Individual Differences. *Time & Society*, v.8, p.273-92, 1999.

FREYERMUTH, Gundolf S. Digitales Tempo: Computer und Internet revolutionieren das Zeitempfinden. *c't magazin für computer technik*, n.14, p.74-81, 2000.

FRIEDELL, Egon. *Kulturgeschichte der Neuzeit*: Die Krisis der europäischen Seele von der schwarzen Pest bis zum Ersten Weltkrieg. München: Beck, 1976.

FRISBY, David. *Fragments of Modernity*: Theories of Modernity in the Work of Simmel, Kracauer und Benjamin. Cambridge, MA: MIT Press, 1988.

FUCHS-HEINRITZ, Werner. Zukunftsorientierungen und Verhältnis zu den Eltern. In: DEUTSCHE SHELL (Ed.). *Jugend 2000*:

13. Shell Jugendstudie. v.1. Opladen: Leske und Budrich, 2000. p.23-92.

FUKUYAMA, Francis. The End of History and the Last Man. New York: Free Press, 1992. [Ed. bras.: *O fim da história e o último homem*. Rio de Janeiro: Rocco, 2015.]

GAINES, Donna. *Teenage Wasteland*: Suburbia's Dead End Kids. Chicago; London: University of Chicago Press, 1998.

GAMM, Gehrhard. Das metaphorische Selbst: Über Subjektivität in der modernen Gesellschaft. In: GEORG-LAUER, Jutta (Ed.). *Postmoderne und Politik*. Tübingen: Diskord, 1992. p.79-96.

GARHAMMER, Manfred. Teleheimarbeit und Telecommuting: Ein deutsch-amerikanischer Vergleich über kulturelle Bedingungen und soziale Auswirkungen einer neuen Arbeitsform. Colab. Norbert Mundorf. *Zeitschrift für Arbeitswissenschaft*, ano 51, n.4, p.232-39, 1997.

_____. *Wie Europäer ihre Zeit nutzen*: Zeitstrukturen und Zeitkulturen im Zeichen der Globalisierung. Berlin: Sigma, 1999.

_____. *Von Jobhoppern und Jobnomaden*: Zeitinstitutionen und Unsicherheit in der spätmodernen Arbeitswelt. Jena: 2001. [não publ.]

_____. Changing Job Careers and Work Environments in the EU and their Effects on Time-Pressure and the Work-Family Interface. In: CONFERENCE ON "TIME PRESSURE, WORK-FAMILY INTERFACE, AND PARENT-CHILD RELATIONSHIPS", 6, 23 mar. 2002, Toronto.

GEHLEN, Arnold. *Einblicke*. Frankfurt am Main: Vittorio Klostermann, 1978.

_____. *Der Mensch*: Seine Natur und seine Stellung in der Welt. 13.ed. Wiesbaden: Aula-Verlag, 1986.

_____. Über kulturelle Kristallisation. In: WELSCH, Wolfgang (Ed.). *Wege aus der Moderne*: Schlüsseltexte der Postmoderne-Diskussion. 2.ed. Berlin: Akademie, 1994. p.133-43.

GEIẞLER, Karlheinz. *Vom Tempo der Welt*: Am Ende der Uhrzeit. Freiburg: Herder, 1999.

GEORG-LAUER, Jutta (Ed.). *Postmoderne und Politik*. Tübingen: Diskord, 1992.

GERGEN, Kenneth. *The Saturated Self*: Dilemmas of Identity in Contemporay Life. New York: Basic Books, 2000.

GERSHUNY, Jonathan. The Multinational Longitudinal Time Budget Data Archive. In: *European Foundation for the Improvement of Living and Working Conditions*. Dublin: Foundation, 1990.

_____. *Changing Times*: Work and Leisure in Postindustrial Society. Oxford: Oxford University Press, 2003.

*Geschichtliche Grundbegriffe*: Historisches Lexikon zur politisch-sozialen Sprache in Deutschland. Ed. Otto Brunner, Werner Conze e Reinhart Koselleck. 8v. Stuttgart: Klett-Cotta, 1972.

GIDDENS, Anthony. *The Constitution of Society*: Outline of the Theory of Structuration. Berkeley; Los Angeles: University of California Press, 1986. [Ed. bras.: *A constituição da sociedade*. São Paulo: WMF Martins Fontes, 2009.]

_____. Time and Social Organization. In: *Social Theory and Modern Sociology*. Stanford: Stanford University Press, 1987a. p.140-65.

_____. *The Nation-State and Violence*. Berkeley: University of California Press, 1987b. [Ed. bras.: *O Estado-nação e a violência*. São Paulo: Edusp, 2001.]

_____. *A Contemporary Critique of Historical Materialism*. 2.ed. Stanford: Stanford University Press, 1995a.

_____. *Konsequenzen der Moderne*. Frankfurt am Main: Suhrkamp, 1995b. [Ed. bras.: *As consequências da Modernidade*. São Paulo: Editora Unesp, 2002.]

_____. *Kritische Theorie der Spätmoderne*. Passagen Heft 5. Wien: Passagen, 1996.

_____. *A Runaway World*. London: Profile, 1999.

GIEGEL, Hans-Joachim. Strukturveränderungen und Problementwicklungen in der Demokratie. In: BERG-SCHLOSSER, Dirk; GIEGEL, Hans-Joachim (Eds.). *Perspektiven der Demokratie*: Probleme und Chancen im Zeitalter der Globalisierung. Frankfurt am Main: Suhrkamp, 1999. p.100-33.

_____; ROSA, Hartmut. Politische Kultur und Bürgerschaftliches Engagement. In: *Gesellschaftliche Entwicklungen nach dem Systemumbruch*: Diskontinuität, Tradition und Strukturbildung. Jena: Universität

Jena, 2000. p.485-521. [Proposta de projeto para Sonderforschungsbereich 1811, n.580 da DFG em Jena, Halle.]

_____; _____; HEINZ, Jana. *Zivilgesellschaft und Lehrstellenkrise in Ostdeutschland*: Eine Untersuchung über die Bedingungen bürgerschaftlichen Engagements angesichts funktionaler Defizite. Jena: Institut für Soziologie, 2001. [Jenaer Beiträge zur Soziologie, n.8.]

GILPIN, Robert. *The Political Economy of International Relations*. Princeton: Princeton University Press, 1987.

GLASS, James M. *Shattered Selves*: Multiple Personality in a Postmodern World. Ithaca: Cornell University Press, 1993.

GLEICK, James. *Faster*: The Acceleration of Just About Everything. New York: Pantheon Books, 1999. [Ed. alem.: *Schneller!* Eine Zeitreise durch die Turbo-Gesellschaft. Stuttgart; München: Deutsche Verlagsanstalt, 2000.]

GLENNIE, Paul; THRIFT, Nigel. Reworking E. P. Thomspon's "Time, Work-Discipline and Industrial Capitalism". *Time & Society*, ano 5, p.275-300, 1996.

GLOTZ, Peter. Kritik der Entschleunigung. In: BACKHAUS, Klaus; BONUS, Holger (Eds.). *Die Beschleunigungsfalle oder der Triumph der Schildkröte*. 3.ed. rev. Stuttgart: Schäffer; Pöschel, 1998. p.75-89.

GOETHE, Johann Wolfgang. *Briefe*: Ende November 1825. Frankfurter Ausgabe II. v.10. Frankfurt am Main: Deutscher Klassiker Verlag, 1825.

_____. Die Wahlverwandtschaften. Ein Roman. In: *Werke in sechs Bänden*. v.3. Frankfurt am Main; Leipzig: Insel, 1993a. p.343-565.

_____. Faust: Eine Tragödie. Erster Teil. In: *Werke in sechs Bänden*. v.3. Frankfurt am Main; Leipzig: Insel, 1993b. p.5-135. [ed. bras.: *Fausto*: uma tragédia. Primeira parte. Trad. Jenny Klabin Segall. São Paulo: Editora 34, 2016. p.175.]

GROßKLAUS, Götz. *Medien-Zeit, Medien-Raum*: Zum Wandel der raumzeitlichen Wahrnehmung in der Moderne. 2.ed. Frankfurt am Main: Suhrkamp, 1997.

GRONEMEYER, Marianne. *Das Leben als letzte Gelegenheit*: Sicherheitsbedürfnisse und Zeitknappheit. 2.ed. Darmstadt: Wissenschaftliche Buchgesellschaft, 1996.

GROSS, Peter. *Die Multioptionsgesellschaft*. Frankfurt am Main: Suhrkamp, 1994.

GROTHEER, Michael; STRUCK, Olaf. *Beschäftigungsstabilität*: Entwicklung und Arbeitszufriedenheit. Ergebnisse aus der IAB-Beschäftigtenstichprobe 1975-97 und der BIBB/IAB-Erhebung. Jena: Institut für Soziologie da Universität Jena, 2003.

GUGGENBERGER, Bernd; OFFE, Claus. *An den Grenzen der Mehrheitsdemokratie*. Opladen: Westdeutscher Verlag, 1984.

GÜNTHER, Klaus. Rechtspluralismus und universaler Code der Legalität: Globalisierung als rechtstheoretisches Problem. In: WINGERT, Lutz; GÜNTHER, Klaus (Eds.). *Die Öffentlichkeit der Vernunft und die Vernunft der Öffentlichkeit*. Festschrift für Jürgen Habermas. Frankfurt am Main: Suhrkamp, 2001. p.539-67.

GURVITCH, Georges. Social Structure and the Multiplicity of Time. In: TIRYAKIAN, Edward A. (Ed.). *Sociological Theory, Values, and Sociocultural Change*. London: Free Press of Glencoe, 1963. p.171-85.

GUY, Jean-Sebastien. The Acceleration of Time from Luhmann's Theoretical Perspective. In: WELTKONGRESS DER SOZIOLOGIE (ISA), 15, 7-13 jul. 2002, Brisbane, Montreal. ["Temporal Structures and the Concept of Acceleration", session 3, Research Group 35.]

HABERMAS, Jürgen. *Theorie des kommunikativen Handelns*. 2v. Frankfurt am Main: Suhrkamp, 1981.

_____. Die Krise des Wohlfahrtsstaates und die Erschöpfung utopischer Energien. In: *Die Neue Unübersichtlichkeit*. Frankfurt am Main: Suhrkamp, 1985. p.141-63. [Kleine Politische Schriften, V.]

_____. *Der philosophische Diskurs der Moderne*: Zwölf Vorlesungen. Frankfurt am Main: Suhrkamp, 1988.

_____. *Faktizität und Geltung*: Beiträge zur Diskurstheorie des Rechts und des demokratischen Rechtsstaats. 4.ed. Frankfurt am Main: Suhrkamp, 1994.

_____. *Die Zukunft der menschlichen Natur*: Auf dem Weg zur liberalen Eugenetik? Frankfurt am Main: Suhrkamp, 2001.

HABERMAS, Tilmann. *Geliebte Objekte*: Symbole und Instrumente der Identitätsbildung (1996). Frankfurt am Main: Suhrkamp, 1999.

HAGMANN, Peter. Beethoven – von heute? Eine neue Gesamtaufnahme der Symphonien. *Neue Zürcher Zeitung*, n.3, p.10, 19 mar. 2003.

HALL, Peter. The Intellectual History of Long Waves. In: YOUNG, Michael; SCHULLER, Tom (Eds.). *The Rhythms of Society*. London; New York: Routledge, 1988. p.37-52.

HARDT, Michael; NEGRI, Antonio. *Empire*. Cambridge, MA; London: Harvard University Press, 2001. [Ed. bras.: *Império*. Rio de Janeiro: Record, 2001.]

HARVEY, David. *The Condition of Postmodernity*: An Enquiry into the Origins of Cultural Change. Cambridge, MA; Oxford: Blackwell, 1990. [Ed. bras.: *Condição pós-moderna*. São Paulo: Loyola, 2012.]

_____. *The Limits to Capital*. London; New York: Verso, 1999. [Ed. bras.: *Os limites do capital*. São Paulo: Boitempo, 2013.]

_____. *Spaces of Hope*. Edinburgh: Edinburgh University Press, 2000a.

_____. Contemporary Globalization. In: *Spaces of Hope*. Edinburgh: Edinburgh University Press, 2000b. p.53-72.

HEIDEGGER, Martin. *Sein und Zeit*. Tübingen: Niemeyer Verlag, 1927. [Ed. bras.: *Ser e tempo*. 10.ed. Petrópolis: Vozes, 2006.]

_____. *Der Begriff der Zeit*: Vortrag vor der Marburger Theologenschaft Juli 1924. Ed. e posfácio Hartmut Tietjen. 2.ed. Tübingen: Niemeyer Verlag, 1995.

HEINE, Heinrich. Lutetia. In: *Sämtliche Schriften*. Ed. Klaus Briegleb e Karl-Heinz Stahl. v.5. München: Hanser, 1974. p.217-548.

HEINTEL, Peter. *Innehalten*: Gegen die Beschleunigung – für eine andere Zeitkultur. Freiburg: Herder, 1999.

_____; MACHO, Thomas. *Zeit und Arbeit*: Hundert Jahre nach Marx. Wien: Verlag des Verbandes der wissenschaftlichen Gesellschaften Österreichs, 1985.

HEINZE, Rolf G.; OLK, Thomas. Vom Ehrenamt zum bürgerschaftlichen Engagement. Trends des begrifflichen und gesellschaftlichen Strukturwandels. In: KISTLER, Ernst; NOLL, Heinz-Herbert;

PRILLER, Eckhard (Ed.). *Perspektiven gesellschaftlichen Zusammenhalts*. Berlin: Sigma, 1999. p.77-100.

HELD, David; McGREW, Anthony; GOLDBLATT, David; PERRATON, Jonathan. *Global Transformations*: Politics, Economics and Culture. Cambridge: Polity Press, 1999.

HELSPER, Werner. Das "postmoderne Selbst": ein neuer Subjekt- und Jugend-Mythos? In: KEUPP, Heiner; HÖFER, Renate (Ed.). *Identitätsarbeit heute*: klassische und aktuelle Perspektiven der Identitätsforschung. Frankfurt am Main: Suhrkamp, 1997. p.174-216.

HENNIS, Wilhelm. *Regieren im modernen Staat*: Politikwissenschaftliche Abhandlungen. v.1. Tübingen: Mohr-Siebeck, 2000.

HENRICH, Dieter. *Versuch über Kunst und Leben*: Subjektivität – Weltverstehen – Kunst. München; Wien: Hanser, 2001.

HEYLIGHEN, Francis. *Technological Acceleration*. 2001. Disponível em: http://pespmc1.vub.ac.be/TECACCEL.html.

HILDENBRAND, Bruno. Zum Verhältnis von Tradition und Wandel in Paarbeziehungen. In: SYMPOSIUM DES ARBEITSKREISES "ZWEITE MODERNE", 6, 20 maio 2001, Weimar.

HOCHSCHILD, Arlie Russel. *Time Bind*: When Work Becomes Home and Home Becomes Work. With a New Introduction. New York: Henry Holt & Company, 2000.

HOFMANN, Wilhelm. Zusammenprall der Zeitkulturen: Lebenstempo und Zeitempfinden in Ostdeutschland vor und nach der Wiedervereinigung. In: ROSA, Hartmut (Ed.). *Fast Forward*: Essays zu Zeit und Beschleunigung. Hamburg: Korber-Stiftung, 2004a. p.57-72.

HOFFMANN, Edeltraut; WALWEI, Ulrich. Normalarbeitsverhältnis: ein Auslaufmodell? Überlegungen zu einem Erklärungsmodell für den Wandel der Beschäftigungsformen. *Mitteilungen der Arbeitsmarkt- und Berufsforschung*, ano 31, n.3, p.409-25, 1998.

HOLZ, Erlend. *Zeitverwendung in Deutschland*: Beruf, Famile, Freizeit. Wiesbaden: Statistisches Bundesamt, 2000. [Série "Spektrum Bundesstatistik", v.13.]

HONNETH, Axel. Pathologien des Sozialen: Tradition und Aktualität der Sozialphilosophie. In: _____ (Ed.). *Pathologien des Sozialen*:

Die Aufgaben der Sozialphilosophie. Frankfurt am Main: Fischer, 1994a. p.9-69.

_____. *Desintegration*: Bruchstücke einer soziologischen Zeitdiagnose. Frankfurt am Main: Fischer, 1994b.

_____. Kommunikative Erschließung der Vergangenheit: Zum Zusammenhang von Anthropologie und Geschichtsphilosophie bei Walter Benjamin. In: *Die zerrissene Welt des Sozialen*: Sozialphilosophische Aufsätze. 2.ed. ampl. Frankfurt am Main: Suhrkamp, 1999. p.93-113.

_____. Die soziale Dynamik von Mißachtung: Zur Ortsbestimmung einer kritischen Gesellschaftstheorie. In: *Das Andere der Gerechtigkeit*. Frankfurt am Main: Suhrkamp, 2000. p.88-109.

_____. *Organisierte Selbstverwirklichung*: Paradoxien der Individualisierung. Frankfurt am Main: [s.n.], 2003. [manusc.]

HORKHEIMER, Max; ADORNO, Theodor W. *Dialektik der Aufklärung*. Amsterdam: Querido, 1947. [Ed. bras.: *Dialética do Esclarecimento*. Rio de Janeiro: Zahar, 1986.]

HÖRNING, Karl H.; AHRENS, Daniela; GERHARD, Anette. *Zeitpraktiken*: Experimentierfelder der Spätmoderne. Frankfurt am Main: Suhrkamp, 1997.

_____. Do Technologies Have Time? New Practices of Time and the Transformation of Communication Technologies. *Time & Society*, ano 8, p.293-308, 1999.

HOWARD, A. E. Dick. The Road to Constitutionalism. In: KONFERENZ DEMOCRACY AND CONSTITUTION-MAKING IN CENTRAL EUROPE, 1990, Budapest. [ed. esp.]

HUFTON, Olwen; KRAVARITOU, Yota. Gender and the Use of Time. *Time & Society*, ano 5, p.339-98, 1996.

IMHOF, Arthur E. Von der sicheren zur unsicheren Lebenszeit: Ein folgenschwerer Wandel im Verlaufe der Neuzeit. *Vierteljahresschrift für Sozial- und Wirtschaftsgeschichte*, ano 71, p.175-98, 1984.

JAHODA, Marie. Time: A Social Psychological Perspective. In: YOUNG, Michael; SCHULLER, Tom (Eds.). *The Rhythms of Society*. London; New York: Routledge, 1988. p.154-72.

JAHODA, Marie; LAZARSFELD, P. F.; ZEISEL, H. *Die Arbeitslosen von Marienthal*. Leipzig: Hirzel, 1933.

JAMES, William. *Principles of Psychology*. v.1. New York: Henry Holt & Company, 1890.

JAMESON, Fredric. *The Seeds of Time*. New York: Columbia University Press, 1994.

_____. *The Cultural Turn*: Selected Writings on the Postmodern, 1983-1998. London; New York: Verso, 1998.

JESSOP, Bob. The Spatiotemporal Dynamics of Capital and Globalization: How They Challenge State Power and Democracy. In: ROSA, Hartmut; SCHEUERMAN, William (Eds.). Social Acceleration: Conceptions – Causes – Consequences. London; New York: Verso, 2006.

JOAS, Hans. *Pragmatismus und Gesellschaftstheorie*. Frankfurt am Main: Suhrkamp, 1992.

_____. Kreativität und Autonomie: Die soziologische Identitätskonzeption und ihre postmoderne Herausforderung. In: GÖRG, Christoph (Ed.). *Gesellschaft im Übergang*: Perspektiven kritischer Soziologie. Darmstadt: Wissenschaftliche Buchgesellschaft, 1994. p.109-19.

JOHNSON, Allen. In Search of the Affluent Society. *Human Nature*, p.50-9, set. 1978.

JUNG, Thomas. *Vom Ende der Geschichte*: Rekonstruktionen zum Posthistoire in kritischer Absicht. Münster; New York: Waxmann, 1989.

KAERN, Michael; PHILIPS, Bernhard S.; COHEN, Robert S. (Eds.). *Georg Simmel and Contemporary Sociology*. Dordrecht: Kluwer, 1990.

KAMPER, Dietmar; WULF, Christoph (Eds.). *Die sterbende Zeit*: Zwanzig Diagnosen. Darmstadt; Neuwied: Luchterhand, 1987.

KANT, Immanuel. *Kritik der reinen Vernunft 1 und 2* [1781, 1787]. Werkausgabe v.III e IV. Frankfurt am Main: Suhrkamp, 1981. [Ed. bras.: *Crítica da razão pura*. Petrópolis: Vozes, 2015.]

KEANE, John. *The Media and Democracy*. Cambridge: Polity Press, 1991.

KELLNER, Douglas. Popular Culture and the Construction of Postmodern Identities. In: LASH, Scott; FRIEDMAN, Jonathan (Eds.). *Modernity and Identity*. Oxford: Blackwell, 1992. p.141-77.

KEMPER, Peter. Weltfernsehen MTV: Ein Clip zielt ins Herz, nicht ins Hirn. *Frankfurter Allgemeine Magazin*, v.823, n.49, p.18-24, 8 dez. 1995.

KERN, Stephen. *The Culture of Time and Space 1880-1918*. Cambrigde, MA: Harvard University Press, 1983.

KERTÉSZ, Imre. *Ich*: ein anderer. 2.ed. Reinbek: Rowohlt, 2002.

KESSEL, Martina. *Langeweile*: Zum Umgang mit Zeit und Gefühlen in Deutschland vom späten 18. bis zum frühen 20. Jahrhundert. Göttingen: Wallstein, 2001.

KEUPP, Heiner et al. *Identitätskonstruktionen*: Das Patchwork der Identitäten in der Spätmoderne. Reinbek: Rowohlt, 1999.

KIELMANSEGG, Peter Graf. Zukunftsverweigerung. *FAZ*, n.119, p.11, 23 maio 2003a.

_____. Können Demokratien zukunftsverantwortlich handeln? *Merkur*, v.651, p.584-94, 2003b.

KIRCHMANN, Kay. *Verdichtung, Weltverlust und Zeitdruck*: Grundzüge einer Theorie der Interdependenzen von Medien, Zeit und Geschwindigkeit im neuzeitlichen Zivilisationsprozess. Opladen: Leske und Budrich, 1998.

KLEIN, Richard; KIEM, Eckehard; ETTE, Wolfram (Eds.). *Musik in der Zeit*: Zeit in der Musik. Weilerswist: Velbrück, 2000.

KODALLE, Klaus-Michael (Ed.). *Zeit-Verschwendung*: Ein Symposion. Würzburg: Königshausen & Neumann, 1999.

KOHLI, Martin. Die Institutionalisierung des Lebenslaufs: Historische Befunde und theoretische Argumente. *Kölner Zeitschrift für Soziologie und Sozialpsychologie*, ano 37, p.1-29, 1985.

_____. Gesellschaftszeit und Lebenszeit: Der Lebenslauf im Strukturwandel der Moderne. In: BERGER, Johannes (Ed.). *Die Moderne*: Kontinuitäten und Zäsuren. Göttingen: Otto Schwartz & Co., 1986. p.183-207. [*Sozialen Welt*, v.esp.4.]

_____. Lebenslauf und Lebensalter als gesellschaftliche Konstruktionen: Elemente zu einem interkulturellen Vergleich. In: ELWERT, Georg M.; KOHLI, Martin; MÜLLER, Harald K. (Eds.). *Im Lauf der Zeit*: Ethnographische Studien zur gesellschaftlichen Konstruktion von Lebensaltern. Saarbrücken: Breitenbach, 1990. p.11-32.

KOHLI, Martin. Institutionalisierung und Individualisierung der Erwerbsbiographie. In: BECK, Ulrich; BECK-GERNSHEIM, Elisabeth (Eds.). *Riskante Freiheiten*. Frankfurt am Main: Suhrkamp, 1994. p.219-44.

KOMMISSION FÜR ZUKUNFTSFRAGEN DER FREISTAATEN BAYERN UND SACHSEN. *Erwerbstätigkeit und Arbeitslosigkeit in Deutschland*. Teil 1: Entwicklung von Erwerbstätigkeit und Arbeitslosigkeit in Deutschland und anderen frühindustrialisierten Ländern. Bonn, out. 1996.

_____. *Erwerbstätigkeit und Arbeitslosigkeit in Deutschland*. Teil 3: Maßnahmen zur Verbesserung der Beschäftigungslage. Bonn, nov. 1997.

KOSELLECK, Reinhart. *Vergangene Zukunft*: Zur Semantik geschichtlicher Zeiten. Frankfurt am Main: Suhrkamp, 1989.

_____. *Zeitschichten*: Studien zur Historik. Contrib. Hans-Georg Gadamer. Frankfurt am Main: Suhrkamp, 2000.

KRAPPMANN, Lothar. Die Identitätsproblematik nach Erikson aus einer interaktionistischen Sicht. In: KEUPP, Heiner; HÖFER, Renate (Eds.). *Identitätsarbeit heute*: Klassische und aktuelle Perspektiven der Identitätsforschung. Frankfurt am Main: Suhrkamp, 1997. p.66-92.

KRAUS, Wolfgang. *Das erzählte Selbst*: Die narrative Konstruktion von Identität in der Spätmoderne. Herbolzheim: Centaurus, 2000.

_____. Falsche Freunde. In: STRAUB, Jürgen; RENN, Joachim (Eds.). *Transitorische Identität*: Der Prozesscharakter des modernen Selbst. Frankfurt am Main; New York: Campus, 2002. p.159-86.

KRUGMAN, Herbert E. Memory with Recall, Exposure without Perception. *Journal of Advertising Research*, v.17, p.7-12, 1977.

KUBEY, Robert; CSIKSZENTMIHALYI, Mihaly. *Television and the Quality of Life*: How Viewing Shapes Everyday Experience. Hillsdale, NJ: Lawrence Erlbaum Associates, 1990.

LAFARGUE, Paul. *Das Recht auf Faulheit*: Widerlegung des "Rechts auf Arbeit" von 1848 [1883]. Grafenau: Trotzdem-Verlag, 1998. [Ed. bras.: *O direito à preguiça*. São Paulo: Editora Unesp; Hucitec, 1999.]

LANDES, David S. *The Unbound Prometheus*: Technological Change and Industrial Development in Western Europe from 1750 to the Present. Cambridge, UK: Cambridge University Press, 1969. [Ed. bras.: *Prometeu desacorrentado*. Rio de Janeiro: Nova Fronteira, 1994.]

LASH, Scott. Tradition and the Limits of Difference. In: HEELAS, Paul; LASH, Scott; MORRIS, Paul (Eds.). *Detraditionalization*: Critical Reflections on Authority and Identity. Cambridge, MA: Blackwell, 1996. p.250-74.

_____; URRY, John. *The End of Organized Capitalism*. Madison: University of Wisconsin Press, 1987.

LASLETT, Peter. Social Structural Time: An Attempt at Classifying Types of Social Change by their Characteristic Paces. In: YOUNG, Michael; SCHULLER, Tom (Eds.). *The Rhythms of Society*. London; New York: Routledge, 1988. p.17-36.

LAUER, Robert. *Temporal Man*: The Meaning and Uses of Social Time. New York: Praeger, 1981.

LECCARDI, Carmen. Rethinking Social Time: Feminist Perspectives. *Time & Society*, ano 5, p.169-86, 1996.

_____. Resisting "Acceleration Society". [Em resposta a ROSA, 2003.] *Constellations: An International Journal of Critical and Democratic Theory*, ano 10, n.1, p.34-41, 2003.

LE GOFF, Jacques. Zeit der Kirche und Zeit des Händlers im Mittelalter. In: HONEGGER, Claudia (Ed.). *Schrift und Materie der Geschichte*. Frankfurt am Main: Suhrkamp, 1977. p.393-414.

LEPENIES, Wolf. *Das Ende der Naturgeschichte*: Wandel kultureller Selbstverständlichkeiten in den Wissenschaften des 18. und 19. Jahrhunderts. München: Hanser, 1976.

_____. *Melancholie und Gesellschaft*. 2.ed. Frankfurt am Main: Suhrkamp, 1981.

LESTIENNE, Remy (Ed.). Time and Globalization. *Time & Society*, ano 9, p.289-346, 2000.

LEVINE, Robert. *Eine Landkarte der Zeit*: Wie Kulturen mit Zeit umgehen. München: Piper, 1999.

LIFTON, Robert Jay. *The Protean Self*: Human Resilience in an Age of Fragmentation. New York: Basic Books, 1993.

LINDER, Staffan B. *The Harried Leisure Class*. New York: Columbia University Press, 1970. [Ed. alem.: *Das Linder-Axiom oder*: Warum wir keine Zeit mehr haben. Wien: Gütersloh, 1971.]

LOCKE, John. *Zwei Abhandlungen über die Regierung*. Ed. e introd. Walter Euchner. Frankfurt am Main: Suhrkamp, 1977. [Ed. bras.: *Dois tratados sobre o governo*. São Paulo: Martins Fontes, 1998.]

LÖW-BEER, Martin. Living a Life and the Problem of Existential Impossibility. *Inquiry*, v.34, p.217-36, 1991.

LÜBBE, Hermann. Gegenwartsschrumpfung. In: BACKHAUS, Klaus; BONUS, Holger (Eds.). *Die Beschleunigungsfalle oder der Triumph der Schildkröte*. 3.ed. ampl. Stuttgart: Schäffer; Pöschel, 1998. p.129-64.

LUHMANN, Niklas. Temporalisierung von Komplexität: Zur Semantik neuzeitlicher Zeitbegriffe. In: *Gesellschaftsstruktur und Semantik*: Studien zur Wissenssoziologie der modernen Gesellschaft. v.1. Frankfurt am Main: Suhrkamp, 1980. p.235-313.

_____. *Gesellschaftsstruktur und Semantik*: Studien zur Wissenssoziologie der modernen Gesellschaft. 4v. Frankfurt am Main: Suhrkamp, 1980-1999.

_____. Die Zukunft kann nicht beginnen: Temporalstrukturen der modernen Gesellschaft. In: SLOTERDIJK, Peter (Ed.). *Vor der Jahrtausendwende*: Berichte zur Lage der Zukunft. v.1. Frankfurt am Main: Suhrkamp, 1990a. p.119-50.

_____. Gleichzeitigkeit und Synchronisation. In: *Soziologische Aufklärung*. v.5: Konstruktivistische Perspektiven. Opladen: Westdeutscher Verlag, 1990b. p.95-130.

_____. Weltzeit und Systemgeschichte. In: *Soziologische Aufklärung*. v.2: Aufsätze zur Theorie der Gesellschaft. 4.ed. Opladen: Westdeutscher Verlag, 1991. p.103-33.

_____. Die Knappheit der Zeit und die Vordringlichkeit des Befristeten (1968). In: *Politische Planung*: Aufsätze zur Soziologie von Politik und Verwaltung. 4.ed. Opladen: Westdeutscher Verlag, 1994. p.143-64.

LUHMANN, Niklas. *Soziale Systeme*: Grundriss einer allgemeinen Theorie. 6.ed. Frankfurt am Main: Suhrkamp, 1996. [Ed. bras.: *Sistemas sociais*. Petrópolis: Vozes, 2016.]

_____. *Die Gesellschaft der Gesellschaft*. Frankfurt am Main: Suhrkamp, 1997.

LUTZ, Burkhard. *Der kurze Traum immerwährender Prosperität*. Frankfurt am Main; New York: Campus, 1984.

LYOTARD, Jean-Francois. *Das postmoderne Wissen*. Wien: Passagen, 1986. [Ed. bras.: *A condição pós-moderna*. Rio de Janeiro: José Olympio, 1986.]

MACINTYRE, Alasdair. *Der Verlust der Tugend*: Zur moralischen Krise der Gegenwart. Frankfurt am Main; New York: Campus, 1987. [Ed. bras.: *Depois da virtude*. Bauru: Edusc, 2001.]

MANNHEIM, Karl. Das Problem der Generationen. In: *Wissenssoziologie*. Ed. Kurt H. Wolff. Berlin; Neuwied: Luchterhand, 1964. p.509-65.

MARINETTI, Filippo Tomaso. Gründung und Manifest des Futurismus (1909). In: BAUMGARTH, Christa. *Die Geschichte des Futurismus*. Reinbek: Rowohlt, 1966. p.23-9.

_____. The New Religion-Morality of Speed (1916). In: *Selected Writings*. Ed. e trad. R. W. Flint. New York: Farrar, Strauss & Giroux, 1971. p.94-6. [reed. ROSA, Hartmut; SCHEUERMAN, William (Eds.). *The Acceleration of Society*: Conceptions – Causes – Consequences. London; New York: Verso, 2005.]

MARSCHALL, Wolfgang. Zeitkonflikte in multikultureller Konfrontation. In: RUSTERHOLZ, Peter; MOSER, Rupert (Eds.). *Zeit*: Zeitverständnis in Wissenschaft und Lebenswelt. Bern: Peter Lang, 1997. p.161-76.

MARTIN, Bill. *Listening to the Future*: The Time of Progressive Rock, 1968-1978. Chicago; La Salle: Open Court, 1998.

MARX, Karl. *Das Kapital*: Kritik der politischen Ökonomie. v.3. Berlin: Dietz, 1951. [Ed. bras.: *O capital*. v.3. São Paulo: Boitempo, 2017.]

_____. *Das Kapital*: Kritik der politischen Ökonomie. Sel. e introd. Benedikt Kautsky. Stuttgart: Kröner, 1957.

MARX, Karl. Das Kapital: Kritik der politischen Ökonomie. v.1. In: MARX, Karl; ENGELS, Friedrich. *Werke*. v.23. Berlin: Dietz, 1972. [Ed. bras.: *O capital*. v.1. São Paulo: Boitempo, 2015.]

_____. Grundrisse der Kritik der Politischen Ökonomie [1857]. In: MARX, Karl; ENGELS, Friedrich. *Werke*. v.42. Berlin: Dietz, 1983. p.15-770. [Ed. bras.: *Grundrisse*. São Paulo: Boitempo, 2011.]

_____; ENGELS, Friedrich. Manifest der Kommunistischen Partei. In: *Ausgewählte Werke*. Moskau: Progress, 1986. p.34-63. [Ed. bras.: *Manifesto comunista*. São Paulo: Boitempo, 1998.]

MARXER, Johanna. *Weg aus Würzburg*. Contrib. premiada para o 4. Deutschen Studienpreis der Körberstiftung Hamburg (unveröffentlichte Kassette aus neun Bänden), Hamburg, 2003. [não publ.]

MAURER, Andrea. Stand und Perspektiven zeitsoziologischer Forschung. In: MEYER, Hansgünter (Ed.). *Soziologie in Deutschland und die Transformation großer gesellschaftlicher Systeme*. Berlin: Akademie Verlag, 1992. p.590-607.

McLUHAN, Marshall. *Understanding Media*: The Extensions of Man. New York: McGraw-Hill, 1966. [Ed. bras.: *Os meios de comunicação como extensão do homem*. São Paulo: Cultrix, 1979.]

McNEILL, William H. *The Pursuit of Power*: Technology, Armed Force and Society since AD 1000. Chicago: University of Chicago Press, 1982.

McTAGGART, John; McTAGGART, Ellis. Die Irrealität der Zeit (1908). In: ZIMMERLI, Walther Ch.; SANDBOTHE, Mike (Eds.). *Klassiker der modernen Zeitphilosophie*. Darmstadt: Wissenschaftliche Buchgesellschaft, 1993. p.67-86.

MEAD, George Herbert. *Sozialpsychologie*. Ed. Anselm Strauss. Neuwied: Wissenschaftliche Buchgesellschaft, 1969.

MEAD, Margaret. *Culture and Commitment*: A Study of the Generation-Gap. Garden City, NY: Doubleday and Company Inc, 1970.

MICHELSON, William; CROUSE, David. *Changing Demands on the Time-Use Analysis of Family, Work, and Personal Outcomes*: Implications for Trend Analysis of Time Pressure. [S.l.: s.n.], 2002. Disponível em: <www.lifestress.uwaterloo.ca/papers/michelson.pdf.>.

MILL, John Stuart. *Betrachtungen über die repräsentative Demokratie*. Ed. e introd. Kurt L. Shell. Paderborn: Ferdinand Schöningh, 1971. [Ed. bras.: *Considerações sobre o governo representativo*. Brasília: Editora da Universidade de Brasília, 1981.]

MOEBIUS, Stephan. *Simmel lessen*: Moderne, dekonstruktive und postmoderne Lektüren der Soziologie Georg Simmels. Stuttgart: Ibidem Verlag, 2002.

MOLDASCHL, Manfred; SAUER, Dieter. Internalisierung des Marktes: Zur neuen Dialektik von Kooperation und Herrschaft. In: MINSSEN, Heiner (Ed.). *Begrenzte Entgrenzungen*: Wandlungen von Organisation und Arbeit. Berlin: Sigma, 2000. p.205-24.

MONTESQUIEU, Charles de. *Vom Geist der Gesetze*. Trad. e ed. Ernst Forsthoff. 2.ed. Tübingen: Mohr-Siebeck, 1992. [Ed. bras.: *O espírito das leis*. São Paulo: Martins Fontes, 2005.]

MOORE, Wilbert E. *Man, Time, and Society*. New York, London: John Wiley & Sons, 1963.

MORITZ, Karl Philipp. *Anton Reiser*: Ein psychologischer Roman. Posf. Max von Brück. 7.ed. Frankfurt: Insel, 1988.

MÜLLER, Hans-Peter; SCHMID, Michael (Eds.). *Sozialer Wandel*: Modellbildung und theoretische Ansätze. Frankfurt am Main: Suhrkamp, 1995.

MUMFORD, Lewis. *Technics and Civilization*. New York: Harcourt Brace and Co., 1934.

MÜNKLER, Herfried. *Die neuen Kriege*. Reinbek: Rowohlt, 2002.

_____. Zeitrhythmen und militärische Gewalt: Beschleunigung und Verlangsamung durch den Krieg und im Kriege [manusc.]. (In: ROSA, Hartmut; SCHEUERMAN, William (Eds.). *The Acceleration of Society*: Conceptions – Causes – Consequences. London; New York: Verso, 2005.).

MUSIL, Robert. *Der Mann ohne Eigenschaften*. Roman. I, Erstes und Zweites Buch. Ed. Adolf Frisé. Reinbek: Rowohlt, 1978. [Ed. bras.: *O homem sem qualidades*. Rio de Janeiro: Nova Fronteira, 2018.]

MYERSON, George. *Heidegger, Habermas and the Mobile Phone*. Cambridge, UK: Icon Books, 2001.

NADOLNY, Sten. *Die Entdeckung der Langsamkeit*. München: Piper, 1987.

NASSEHI, Armin. *Die Zeit der Gesellschaft*: Auf dem Weg zu einer soziologischen Theorie der Zeit. Opladen: Westdeutscher Verlag, 1993.

_____. Schläger schaffen ohne Waffen. Die offene Gesellschaft produziert ihre Feinde: Vermutungen über den "Kampf gegen Nazis". *Die Zeit*, v.35, p.36, 24 ago. 2000.

NECKEL, Sighard. Identität als Ware. Die Marktwirtschaft im Sozialen. In: *Die Macht der Unterscheidung*: Essays zur Kultursoziologie der modernen Gesellschaft. Frankfurt am Main: Campus, 2000. p.37-47.

NEGT, Oskar. Der Kampf um die Arbeitszeit ist ein Kampf um die Lebenszeit. In: ZOLL, Rainer (Ed.). *Zerstörung und Wiederaneignung von Zeit*. Frankfurt am Main: Suhrkamp, 1988. p.531-43.

NEUMANN, Enno. Das Zeitmuster der protestantischen Ethik. In: ZOLL, Rainer (Ed.). *Zerstörung und Wiederaneignung von Zeit*. Frankfurt am Main: Suhrkamp, 1988. p.160-71.

NIETHAMMER, Lutz. *Posthistoire*: Ist die Geschichte zu Ende? Reinbek: Rowohlt, 1989.

NIETZSCHE, Friedrich. *Die fröhliche Wissenschaft*. Stuttgart: Kröner, 1986. [Ed. bras.: *A gaia ciência*. São Paulo: Companhia das Letras, 2001.]

_____. Menschliches: Allzumenschliches I und II. In: *Sämtliche Werke*: Kritische Studienausgabe. Ed. Giorgio Colli e Mazzino Montinari. v.2. München; Berlin; New York: dtv; de Gruyter, 1988a. [Ed. bras.: *Humano, demasiado humano*. São Paulo: Companhia das Letras, 2002.]

_____. Unzeitgemäße Betrachtungen I-IV. In: *Sämtliche Werke*: Kritische Studienausgabe. Ed. Giorgio Colli e Mazzino Montinari. v.1. München; Berlin; New York: dtv; de Gruyter, 1988b. p.157-510.

_____. Götzen-Dämmerung oder: Wie man mit dem Hammer philosophiert. In: *Sämtliche Werke*: Kritische Studienausgabe. Ed. Giorgio Colli e Mazzino Montinari. v.6. München; Berlin; New York: dtv; de Gruyter, 1988c. p.55-161. [Ed. bras.: *Crepúsculo dos ídolos ou como se filosofa com o martelo*. São Paulo: Companhia das Letras, 2008.]

NOWOTNY, Helga. *Eigenzeit*: Entstehung und Strukturierung eines Zeitgefühls. Frankfurt am Main: Suhrkamp, 1993.

NOWOTNY, Helga. *Time*: The Modern and Postmodern Experience. Cambridge: Polity Press, 1994.

_____. *Es ist so*: Es könnte auch anders sein. Über das veränderte Verhältnis von Wissenschaft und Gesellschaft. Frankfurt am Main: Suhrkamp, 1999.

NUBER, Ursula. Stresskrankheit Depression. *Psychologie Heute*, ano 26, v.3, p.20-5, 1999.

OFFE, Claus. Die Utopie der Null-Option. Modernität und Modernisierung als politische Gütekriterien. In: BERGER, Johannes (Ed.). *Die Moderne*: Kontinuität und Zäsuren. Göttingen: Otto Schwartz & Co., 1986. p.97-116. [*Soziale Welt*, v.esp.4.]

_____. Fessel und Bremse. Moralische und institutionelle Aspekte "intelligenter Selbstbeschränkung". In: HONNETH, Axel et al. (Eds.). *Zwischenbetrachtungen im Prozess der Aufklärung*: Jürgen Habermas zum 60. Geburtstag. 2.ed. Frankfurt am Main: Suhrkamp, 1989. p.739-74.

OGREN, Kathy J. *The Jazz Revolution*: Twenties America and the Meaning of Jazz. New York: Oxford University Press, 1989.

OPASCHOWSKI, Horst W. *Freizeitökonomie*: Marketing von Erlebniswelten. 2.ed. Opladen: Leske und Budrich, 1995.

OSTEN, Manfred. *"Alles veloziferisch" oder Goethes Entdeckung der Langsamkeit*. Frankfurt am Main: Insel, 2003.

_____. Accelerated Time: A Few Remarks on the Modernity of Goethe. In: ROSA, Hartmut; SCHEUERMAN, William (Eds.). *Social Acceleration*: Conceptions – Causes – Consequences. London; New York: Verso, 2005.

PARSONS, Talcott. *The Social System*. New York: Free Press, 1951.

_____. *The System of Modern Societies*. Englewood Cliffs, NJ: Prentice Hall, 1971. [Ed. bras.: *Sistema das sociedades modernas*. São Paulo: Pioneira, 1974.]

PERROW, Charles. *Normale Katastrophen*: Die unvermeidbaren Risiken der Großtechnik. Frankfurt am Main; New York: Campus, 1989.

PETERSEN, Jürgen. *Der deutsche Roman der Moderne*: Grundlegung – Typologie – Entwicklung. Stuttgart: Metzler, 1991.

PIAGET, Jean. *Die Bildung des Zeitbegriffs beim Kinde*. Stuttgart: Klett-Cotta, 1980.

PIORE, Michael J.; SABLE, Charles F. *The Second Industrial Divide*: Possibilities for Prosperity. New York: Basic Books, 1984.

PLATT, Norbert A. Faszination Beständigkeit. In: BACKHAUS, Klaus; BONUS, Holger (Eds.). *Die Beschleunigungsfalle oder der Triumph der Schildkröte*. 3.ed. ampl. Stuttgart: Schäffer; Pöschel, 1998. p.179-94.

PÖPPEL, Ernst. *Grenzen des Bewußtseins*. Frankfurt am Main; Leipzig: Insel, 1997.

POSTONE, Moishe. *Time, Labor, and Social Domination*: A Reinterpretation of Marx's Critical Theory. Cambrigde: Cambridge University Press, 1996.

PRILLER, Eckhard. Zeitverwendung in der ehemaligen DDR: Ergebnisse von Zeitbudgetuntersuchungen. In: MEYER, Hansgünter (Ed.). *Soziologie in Deutschland und die Transformation großer gesellschaftlicher Systeme*. Berlin: Akademie, 1992. p.608-15.

PUTNAM, Robert D. Bowling Alone: America's Declining Social Capital. *Journal of Democracy*, ano 6, p.65-78, 1995.

_____. Prefácio de John Robinson e Geoffrey Godbey. In: *Time for Life*: The Surprising Ways Americans Use their Time. University Park: Pennsylvania State University Press, 1997. p.XIII-XVI. [2.ed. atual. 1999.]

RADKAU, Joachim. *Das Zeitalter der Nervosität*: Deutschland zwischen Bismarck und Hitler. München: Propyläen, 1998.

RAMMSTEDT, Otthein. Alltagsbewußtsein von Zeit. *Kölner Zeitschrift für Soziologie und Sozialpsychologie*, ano 27, p.47-63, 1975.

REHEIS, Fritz. *Die Kreativität der Langsamkeit*: Neuer Wohlstand durch Entschleunigung. 2.ed. ampl. Darmstadt: Primus, 1998.

_____. Stichwort "Entschleunigung". In: BRILLING, Oskar; KLEBER, Eduard W. (Eds.). Handwörterbuch Umweltbildung. Hohengehren: Schneider, 1999. p.53-4.

_____. Zeit lassen als Qualität: Zeitökologische Überlegungen zur "guten Gesellschaft". In: KONGRESS DER DGS IN KÖLN:

"Gute Gesellschaft? Zur Konstruktion Sozialer Ordnungen", 30, 26-29 set. 2000. [manusc.]

RICHTER, Götz. *Die lineare Zeit*: Eine Untersuchung zum Zusammenhang von Zeitform und Entfremdung. Hamburg: Argument-Verlag, 1991. [Philosophie und Sozialwissenschaften, 21.]

RIESCHER, Gisela. *Zeit und Politik*: Zur institutionellen Bedeutung von Zeitstrukturen in parlamentarischen und präsidentiellen Regierungssystemen. Baden-Baden: Nomos, 1994.

RIESMAN, David; DENNEY, Reuel; GLAZER, Nathan. *Die einsame Masse*: Eine Untersuchung der Wandlungen des amerikanischen Charakters. Reinbek: Rowohlt, 1977. [Ed. bras.: *A multidão solitária*. São Paulo: Perspectiva, 1995.]

RIFKIN, Jeremy. *Time Wars*: The Primary Conflict in Human History. New York: Henry Holt and Co., 1987.

RINDERSPACHER, Jürgen. *"Ohne Sonntag gibt es nur noch Werktage"*: Die soziale und kulturelle Bedeutung des Wochenendes. Bonn: Dietz, 2000.

ROBERTSON, Roland. *Globalization*: Social Theory and Global Culture. London: Sage, 1992.

ROBINSON, John. Is There an Acceleration of the Pace of Life? Some Empirical Evidence. In: WELTKONGRESS DER SOZIOLOGIE, 15, 10 jul. 2002, Brisbane.

ROBINSON, John; GODBEY, Geoffrey. The Great American Slowdown. *American Demographics*, p.42-8, jun. 1996.

_____. *Time for Life*: The Surprising Ways Americans Use their Time. 2.ed. atual. University Park: Pennsylvania State University Press, 1999.

RONTE, Dieter. Die Langsamkeit der Ewigkeit. In: BACKHAUS, Klaus; BONUS, Holger (Eds.). *Die Beschleunigungsfalle oder der Triumph der Schildkröte*. 3.ed. ampl. Stuttgart: Schäffer; Pöschel, 1998. p.239-62.

RORTY, Richard. *Contingency, Irony and Solidarity*. Cambridge: Cambridge University Press, 1989. [Ed. bras.: *Contingência, ironia e solidariedade*. São Paulo: Martins Fontes, 2007.]

ROSA, Hartmut. *Identität und kulturelle Praxis*: Politische Philosophie nach Charles Taylor. Prefácio Axel Honneth. Frankfurt am Main; New York: Campus, 1998.

_____. Kapitalismus und Lebensführung: Perspektiven einer ethischen Kritik der liberalen Marktwirtschaft. *Deutsche Zeitschrift für Philosophie*, ano 47, v.5, p.735-58, 1999a.

_____. Bewegung und Beharrung: Überlegungen zu einer sozialen Theorie der Beschleunigung. *Leviathan: Zeitschrift für Sozialwissenschaft*, ano 27, p.386-414, 1999b.

_____. Am Ende der Geschichte: Die "Generation X" zwischen Globalisierung und Desintegration. In: FISCHER, Karsten (Ed.). *Neustart des Weltlaufs?* Fiktion und Faszination der Zeitwende. Frankfurt am Main: Suhrkamp, 1999c. p.246-63.

_____. Rasender Stillstand? Individuum und Gesellschaft im Zeitalter der Beschleunigung. In MANEMANN, Jürgen (Ed.). *Befristete Zeit*. Münster: LIT Verlag, 1999d. p.151-76. [Jahrbuch Politische Theologie, v.3.]

_____. Temporalstrukturen in der Spätmoderne: Vom Wunsch nach Beschleunigung und der Sehnsucht nach Langsamkeit. Ein Literaturüberblick in gesellschaftstheoretischer Absicht. *Handlung, Kultur, Interpretation*, ano 10, p.335-81, 2001a.

_____. Stichwörter "Vergangenheit", "Gegenwart", "Zukunft". In: PETHES, Nicolas; RUCHATZ, Jens (Eds.). *Gedächtnis und Erinnerung*: Ein interdisziplinäres Lexikon. Reinbek: Rowohlt, 2001b. p.210-12, 617-20 e 677-8.

_____. Zwischen Selbstthematisierungszwang und Artikulationsnot? Situative Identität als Fluchtpunkt von Individualisierung und Beschleunigung. In: STRAUB, Jürgen; RENN, Joachim (Eds.). *Transitorische Identität*: Der Prozesscharakter des modernen Selbst. Frankfurt am Main; New York: Campus, 2002a. p.267-302.

_____. Wachstum und Beschleunigung: Angst und Verheißung der kapitalistischen Gesellschaft [Diskussionsbeitrag zu Altvater 2002]. *Erwägen Wissen Ethik* (antiga *Ethik und Sozialwissenschaften*), ano 13, v.3, p.330-3, 2002b.

ROSA, Hartmut. Social acceleration: Ethical and political consequences of a de-synchronized high-speed society [mit Entgegnungen von William Scheuerman, Barbara Adam und Carmen Leccardi]. *Constellations: An International Journal of Critical and Democratic Theory*, ano 10, v.1, p.3-52, 2003.

_____ (Ed.). *Fast Forward*: Essays zu Zeit und Beschleunigung. Hamburg: Körber-Stiftung, 2004a.

_____. Four Levels of Self-Interpretation: A Paradigm for Social Philosophy and Political Criticism. *Philosophy & Social Criticism*, ano 30, p.691-720, 2004b.

_____. Wider die Unsichtbarmachung einer Schicksalsmacht: Plädoyer für die Erneuerung der Kapitalismuskritik. *Berliner Debatte/ Initial*, ano 15, v.1, p.81-90, 2004c.

_____. Zeitraffer und Fernsehparadoxon oder: Von der Schwierigkeit, Zeitgewinne zu realisieren. In: _____ (Ed.). *Fast Forward*: Essays zu Zeit und Beschleunigung. Hamburg: Körber-Stiftung, 2004d. p.19-28.

_____; SCHEUERMAN, William (Eds.). *The Acceleration of Society*: Conceptions – Causes – Consequences. London; New York: Verso, 2005.

ROUSSEAU, Jean-Jacques. *Julie oder Die neue Héloise*: Briefe zweier Liebenden aus einer kleinen Stadt am Fuße der Alpen. 2.ed. München: Winkler, 1988. [Ed. bras.: *Júlia, ou, a nova Heloísa*. São Paulo: Hucitec, 2006.]

RULFF, Dieter. Schröders Totipotenz. *Die Woche*, n.5, p.8, 26 jan. 2001.

RUSHKOFF, Douglas (Ed.). *The GenX-Reader*. New York; Toronto: Ballantine Books, 1994.

RUSSELL, Bertrand. *In Praise of Idleness and Other Essays*. New York: W. W. Norton & Company Inc., 1935. [Ed. bras.: *O elogio ao ócio*. Rio de Janeiro: Sextante, 2002.]

RYKER, Bethany. *Keepin'Time*: Breaking the Past and Sounding the Future. New York, 2002. Trabalho de Conclusão de Curso – New School for Social Research.

SAHLINS, M. *Stone Age Economics*. New York: Aldine Atherton, 1972.

SANDBOTHE, Mike. Die Verzeitlichung der Zeit in der modernen Philosophie. In: GIMMLER, Antje; SANDBOTHE, Mike; ZIMMERLI, Walther Ch. (Eds.). *Die Wiederentdeckung der Zeit*: Reflexionen, Analysen, Konzepte. Darmstadt: Wissenschaftliche Buchgesellschaft, 1997. p.41-62.

_____. *Die Verzeitlichung der Zeit*: Grundtendenzen in der modernen Zeitdebatte in Philosophie und Wissenschaft. Darmstadt: Wissenschaftliche Buchgesellschaft, 1998.

SANDEL, Michael. Die verfahrensrechtliche Republik und das ungebundene Selbst. In: HONNETH, Axel (Ed.). *Kommunitarismus*: Eine Debatte über die moralischen Grundlagen moderner Gesellschaften. Frankfurt am Main; New York: Campus, 1993. p.18-35.

SCHALTENBRAND, Georges. Zeit und Bewußtsein. In: ZOLL, Rainer (Ed.). *Zerstörung und Wiederaneignung der Zeit*. Frankfurt am Main: Suhrkamp, 1988. p.37-58.

SCHARF, Günter. Zeit und Kapitalismus. In: ZOLL, Rainer (Ed.). *Zerstörung und Wiederaneignung der Zeit*. Frankfurt am Main: Suhrkamp, 1988a. p.143-59.

_____. Wiederaneignung von Arbeitszeit als Lebenszeit. In: ZOLL, Rainer (Ed.). *Zerstörung und Wiederaneignung der Zeit*. Frankfurt am Main: Suhrkamp, 1988b. p.509-30.

SCHERPE, Klaus R. Dramatisierung und Entdramatisierung des Untergangs: zum ästhetischen Bewußtsein von Moderne und Postmoderne. In: SCHERPE, Klaus R.; HUYSSEN, Andreas (Eds.). *Postmoderne*: Zeichen eines kulturellen Wandels. Reinbek: Rowohlt, 1986. p.270-301.

SCHEUERMAN, William E. The Economic State of Emergency. *Cardozo Law Review*, ano 21, p.1869-94, 2000.

_____. Liberal Democracy and the Empire of Speed. *Polity*, ano XXXIV, n.1, p.41-67, 2001a.

_____. Global Law in Our High Speed Economy. In: APPELBAUM, Richard; GESSNER, Volkmar; FELSTINER, William (Eds.). *Rules and Networks*: The Legal Culture of Global Business Transactions. Oxford: Hart, 2001b. p.108-24.

SCHEUERMAN, William E. Speed, States, and Social Theory: A Response to Hartmut Rosa. [em resposta a ROSA, 2003.] *Constellations: An International Journal of Critical and Democratic Theory*, ano 10, n.1, p.42-8, 2003.

_____. *Liberal Democracy and the Social Acceleration of Time*. Baltimore; London: Johns Hopkins University Press, 2004.

SCHIMANK, Uwe. *Theorien gesellschaftlicher Differenzierung*. 2.ed. Opladen: Leske und Budrich, 2000.

_____; VOLKMANN, Ute (Eds.). *Soziologische Gegenwartsdiagnosen I*. Opladen: Leske und Budrich, 2000.

SCHINGS, Hans-Jürgen. *Melancholie und Aufklärung*: Melancholiker und ihre Kritiker in Erfahrungsseelenkunde und Literatur des 18. Jahrhunderts. Stuttgart: Metzler, 1977.

SCHIVELBUSCH, Wolfgang. *Geschichte der Eisenbahnreise*: Zur Industrialisierung von Raum und Zeit im 19. Jahrhundert. Reed. [1977]. Frankfurt am Main: Fischer, 2000.

SCHLOTE, Axel. *Widersprüche sozialer Zeit*: Zeitorganisation im Alltag zwischen Herrschaft und Freiheit. Opladen: Leske und Budrich, 1996.

SCHLUCHTER, Wolfgang. *Die Entwicklung des okzidentalen Rationalismus*: Eine Analyse von Max Webers Entwicklungsgeschichte des Okzidents. Frankfurt am Main: Suhrkamp, 1998.

SCHMAHL, Kurt. Industrielle Zeitstruktur und technisierte Lebensweise. In: ZOLL, Rainer (Ed.). *Zerstörung und Wiederaneignung von Zeit*. Frankfurt am Main: Suhrkamp, 1988. p.344-70.

SCHMIED, Gerhard. *Soziale Zeit*: Umfang, "Geschwindigkeit", Evolution. Berlin: Duncker & Humblot, 1985.

SCHMITT, Carl. Der motorisierte Gesetzgeber. In: *Die europäische Rechtswissenschaft*. Tübingen: Universitätsverlag, 1950. p.18-21 e 29-31. [reed. em ROSA; SCHEUERMAN, 2004.]

SCHNEIDER, Manuel; GEIßLER, Karlheinz (Eds.). *Flimmernde Zeiten*: Vom Tempo der Medien. Stuttgart; Leipzig: Hirzel, 1999.

SCHNEIDER, Norbert F.; LIMMER, Ruth; RUCKDESCHEL, Kerstin. *Mobil, flexibel, gebunden*: Familie und Beruf in der mobilen Gesellschaft. Frankfurt am Main; New York: Campus, 2002.

SCHÖNECK, Nadine M. "Stets ein bisschen getrieben": Die Zeitwahrnehmung meiner Mitmenschen im Fokus. In: ROSA, Hartmut (Ed.). *Fast Forward*: Essays zu Zeit und Beschleunigung. Hamburg: Korber-Stiftung, 2004a. p.29-46.

SCHOR, Juliet B. *The Overworked American*: The Unexpected Decline of Leisure. New York: Basic Books, 1992.

SCHULTE-STRATHAUS, Regine. Bei Anruf Rat. *Psychologie Heute*, ano 26, v.3, p.29, 1999.

SCHULZE, Gerhard. Das Projekt des schönen Lebens: Zur soziologischen Diagnose der modernen Gesellschaften. In: BELLEBAUM, Alfred; BARHEIER, Klaus (Eds.). *Lebensqualität*: Ein Konzept für Praxis und Forschung. Opladen: Westdeutscher Verlag, 1994. p.13-39.

_____. Die Erlebnisgesellschaft: Kultursoziologie der Gegenwart. 7.ed. Frankfurt am Main; New York: Campus, 1997a.

_____. Steigerungslogik und Erlebnisgesellschaft. *Politische Bildung*, ano 30, v.2, p.77-94, 1997b.

_____. *Die Beste aller Welten*: Wohin bewegt sich die Gesellschaft im 21. Jahrhundert? München; Wien: Hanser, 2003.

SCHUMPETER, Joseph A. *Kapitalismus, Sozialismus und Demokratie*. 7.ed. ampl. Tübingen; Basel: Francke, 1993. [Ed. bras.: *Capitalismo, socialismo e democracia*. São Paulo: Editora Unesp, 2017.]

SCHWINN, Thomas. Gibt es eine "Zweite Moderne"? *Soziale Welt*, ano 50, p.423-32, 1999.

SEGRE, Sandro. A Weberian Theory of Time. *Time and Society*, ano 9, p.147-70, 2000.

SEIWERT, Lothar J. *Wenn Du es eilig hast, gehe langsam*: Das neue Zeitmanagement in einer beschleunigten Welt. 5.ed. Frankfurt am Main; New York: Campus, 2000.

SENNETT, Richard. *Der flexible Mensch*: Die Kultur des neuen Kapitalismus. Berlin: Berlin Verlag, 1998. [Ed. bras.: *A cultura do novo capitalismo*. Rio de Janeiro: Record, 2006.]

SHAKESPEARE, William. Hamlet, Prince of Denmark. In: *Complete Works*. Ed. W. J. Craig. Leicester: Bookmart, 1991. p.870-907.

SHAW, Jenny. "Feeling a List Coming On": Gender and the Pace of Life. *Time & Society*, ano 6, p.383-96, 1997.

SIMMEL, Georg. Rodin (mit einer Vorbemerkung über Meunier). In: *Philosophische Kultur*. 2.ed. Leipzig: Kröner, 1919. p.168-86.

_____. *Philosophie des Geldes* (1900). Ed. David P. Frisby e Klaus C. Köhnke. Frankfurt am Main: Suhrkamp, 1989.

_____. Die Bedeutung des Geldes für das Tempo des Lebens (1897). In: *Soziologie*: Untersuchungen über die Formen des Vergesellschaftung. Ed. Otthein Rammstedt. Frankfurt am Main: Suhrkamp, 1992. p.215-34.

_____. Soziologie: Untersuchungen über die Formen der Vergesellschaftung (1908). In: *Gesamtausgabe*. Ed. Otthein Rammstedt. v.11. Frankfurt am Main: Suhrkamp, 1992.

_____. Die Großstädte und das Geistesleben (1903). In: *Aufsätze und Abhandlungen 1901-1908*. Ed. Rüdiger Kramme et al. v.1. Frankfurt am Main: Suhrkamp, 1995. p.116-31. [*Gesamtausgabe*, v.7.] [Ed. bras.: A metrópole e a vida mental. In: VELHO, Guilherme Otávio. *O fenômeno urbano*. Rio de Janeiro: Zahar, 1973. p.11-25.]

SLOTERDIJK, Peter. *Eurotaoismus*: Zur Kritik der politischen Kinetik. Frankfurt am Main: Suhrkamp, 1989.

SMENTEK, Martin. *Arbeitszeitflexibilisierung*: Zwischen kapitalistischer Zeitökonomie und sozialer Zeitstruktur. Hamburg: VSA-Verlag, 1991.

SOROKIN, Pitirim A.; MERTON, Robert. Social Time: A Methodological and Functional Analysis. *American Journal of Sociology*, ano 42, p.615-29, 1937.

SPARN, Walter. "... Solange es heute heißt": Zeitverknappung und Zeitverschwendung in neuesten Zeiten. In: KODALLE, Klaus-M. (Ed.). *Zeit-Verschwendung*: Ein Symposion. Würzburg: Königshausen und Neumann, 1999. p.17-27.

STATISTISCHES BUNDESAMT (Ed.). *Datenreport 1994*: Zahlen und Fakten über die Bundesrepublik Deutschland. Bonn: Bundeszentrale für politische Bildung, 1994.

STRAUB, Jürgen. Zeit, Erzählung, Interpretation: Zur Konstruktion und Analyse von Erzähltexten in der narrativen Biographieforschung. In: RÖCKLEIN, H. (Ed.). *Möglichkeiten und Grenzen der psychohistorischen Biographieforschung*. Tübingen: Diskord, 1993. p.143-83.

_____ (Ed.). *Erzählung, Identität und historisches Bewusstsein*: Zur psychologischen Konstruktion von Zeit und Geschichte. Frankfurt am Main: Suhrkamp, 1998a.

_____. Personale und kollektive Identität: Zur Analyse eines theoretischen Begriffs. In: ASSMANN, Aleida; FRIESE, Heidrun (Ed.). *Identitäten*: Erinnerung, Geschichte, Identität. Frankfurt am Main: Suhrkamp, 1998b. p.73-104.

_____. Zur Psychologie des "flexiblen Menschen": Ein Leitbild für jüngere Generationen? In: LEHNER, Franz (Ed.). *Erbfall Zukunft*: Vordenken für und mit Nachkommen. München: Rainer Hampp Verlag, 2001. p.357-68.

_____; RENN, Joachim (Eds.). *Transitorische Identität*: Der Prozesscharakter des modernen Selbst. Frankfurt am Main; New York: Campus, 2002.

STRAUS, Florian; HÖFER, Renate. Entwicklungslinien alltäglicher Identitätsarbeit. In: KEUPP, Heiner; HÖFER, Renate (Eds.). *Identitätsarbeit heute*: Klassische und aktuelle Perspektiven der Identitätsforschung. Frankfurt am Main: Suhrkamp, 1997. p.270-307.

STREECK, Wolfgang; HÖPNER, Martin (Eds.). *Alle Macht dem Markt?* Fallstudien zur Abwicklung der Deutschland AG. Frankfurt am Main; New York: Campus, 2003.

SZTOMPKA, Pjotr. *The Sociology of Social Change*. Oxford: Blackwell, 1993.

TABBONI, Simonetta. The Idea of Social Time in Norbert Elias. *Time & Society*, ano 10, p.5-27, 2001.

TAYLOR, Charles. *Multikulturalismus und die Politik der Anerkennung*. Ed. Amy Gutman. Frankfurt am Main: Fischer, 1993.

_____. *Quellen des Selbst*: Die Entstehung der neuzeitlichen Identität. Frankfurt am Main: Suhrkamp, 1994. [Ed. bras.: *As fontes do "self"*. 4.ed. São Paulo: Loyola, 1998.]

TAYLOR, Charles. *Modern Social Imaginaries*. Durham; London: Duke University Press, 2004.

TEUBNER, Günther. Privatregimes: Neo-Spontanes Recht und duale Sozialverfassung in der Weltgesellschaft? In: SIMON, Dieter; WEISS, Manfred (Eds.). *Zur Autonomie des Individuums*: Liber amicorum für Spiros Simitis. Baden-Baden: Nomos, 2000. p.437-53.

THOMPSON, Edward P. Time, Work-Discipline and Industrial Capitalism. *Past & Present*, v.38, p.56-97, 1967. [Ed. bras.: Tempo, disciplina de trabalho e o capitalismo industrial. In: *Costumes em comum*. São Paulo: Companhia das Letras, 1998. p.150-202.]

THRIFT, Nigel. Vivos Voco: Ringing the Changes in the Historical Geography of Time Consciousness. In: YOUNG, Michael; SCHULLER, Tom (Eds.). *The Rhythms of Society*. London; New York: Routledge, 1988. p.53-94.

TILLY, Charles. *Coercion, Capital, and European States, AD 990-1992*. Oxford: Blackwell, 1990. [Ed. bras.: *Coerção, capital e estados europeus*: 1990-1992. São Paulo: Edusp, 1996.]

TREPTOW, Rainer. Schneller und langsamer leben. In: OTTO, Hans-Uwe; HIRSCHAUER, Paul; THIERSCH, Hans (Eds.). *Zeit-Zeichen sozialer Arbeit*: Entwürfe einer neuen Praxis. Neuwied: Luchterhand, 1992. p.7-15.

TRONTO, Joan. Time's Place. In: ROSA, Hartmut; SCHEUERMAN (Eds.). *Social Acceleration*: Conceptions – Causes – Consequences. London; New York: Verso, 2004.

TURKLE, Sherry. *Life on the Screen*: Identity in the Age of the Internet. New York: Simon & Schuster, 1995.

TURNER, Bryan S. Periodization and Politics in the Postmodern. In: _____ (Ed.). *Theories of Modernity and Postmodernity*. London: Routledge, 1990. p.1-13.

ULMER, Diane K.; SCHWARTZBURD, Leonard. Treatment of Time-Pathologies. In: ALLEN, Robert; SCHEIDT, Stephan (Eds.). *Heart and Mind*: The Practice of Cardiac Psychology. Washington, DC: American Psychological Association, 1996. p.329-62.

URRY, John. *Time, Complexity and the Global*. England: Lancaster University, Dept. of Sociology, 2000a. Disponível em: http://www.comp.lancs.ac.uk/soc057ju.html.

_____. *Sociology beyond Societies*: Mobilities for the Twenty-First Century. London: Routlegde, 2000b.

_____. Speeding up and Slowing Down. In: ROSA, Hartmut; SCHEUERMAN (Eds.). *Social Acceleration*: Conceptions – Causes – Consequences. London; New York: Verso, 2005.

VAN DER LOO, Hans; VAN REIJEN, Willem. *Modernisierung*: Projekt und Paradox. 2.ed. atual. München: dtv, 1997.

VAN DER POEL, Hugo. Leisure and the Modularization of Daily Life. *Time & Society*, v.6, p.171-94, 1997.

VAN LOON, Joost. Review Article: Imminent Immanence: The Time-Politics of Speed and the Management of Decline. *Time & Society*, v.9, p.347-54, 2000.

VERKAAIK, Oskar. Rezension von Pascale Peters: The Vulnerable Hours of Leisure (Amsterdam, 2000). *Time & Society*, ano 10, p.407-10, 2001.

VESTER, Frederic. *Denken, Lernen, Vergessen*. 25.ed. München: dtv, 1998.

VIRILIO, Paul. *Geschwindigkeit und Politik*: Ein Essay zur Dromologie (aus dem Französischen von Ronald Vouillé). Berlin: Merve, 1980. [Ed. bras.: *Velocidade e política*. São Paulo: Estação Liberdade, 1996.]

_____. *Revolutionen der Geschwindigkeit*. Berlin: Merve, 1993.

_____. *Open Sky*. London; New York: Verso, 1997. [ed. franc.: *La Vitesse de liberation*. Paris: Galillée, 1995.] [Ed. port.: *A velocidade de libertação*. Lisboa: Relógio d'Água, 1998.]

_____. *Rasender Stillstand*. Frankfurt am Main: Fischer, 1998a. [ed. franc.: *L'Inertie polaire*. Paris: Christian Bourgois, 1990.]

_____. Military Space. In: DER DERIAN, James (Ed.). *The Virilio Reader*. Oxford: Blackwell, 1998b. p.22-8.

_____. Continental Drift. In: DER DERIAN, James (Ed.). *The Virilio Reader*. Oxford: Blackwell, 1998c. p.183-95.

_____; LOTHRINGER, Sylvère. *Der reine Krieg*. Berlin: Merve, 1984.

VOß, Gert Günter. Wertewandel: Eine Modernisierung der protestantischen Ethik? *Zeitschrift für Personalforschung*, ano 3, p.263-75, 1990.

_____. Die Entgrenzung von Arbeit und Arbeitskraft: Eine subjektorientierte Interpretation des Wandels der Arbeit. *Mitteilungen aus der Arbeitsmarkt- und Berufsforschung*, ano 3, p.473-87, 1998.

_____. Neue Verhältnisse? Zur wachsenden Bedeutung der Lebensführung von Arbeitskräften für die Betriebe. In: LUTZ, Burkart (Ed.). *Entwicklungsperspektiven von Arbeit*: Ergebnisse aus dem Sonderforschungsbereich 333 der Universität München/DFG. Berlin: Akademie, 2001. p.31-45.

VOLKWEIN, Barbara. 130 Beats per Minute: Techno. In: KLEIN, Richard; KIEM, Eckehard; ETTE, Wolfram (Eds.). *Musik in der Zeit*: Zeit in der Musik. Weilerswist: Velbrück, 2000. p.399-409.

WAGNER, Peter. *Soziologie der Moderne*: Freiheit und Disziplin. Frankfurt am Main; New York: Campus, 1995.

_____. Die Problematik der "Identität" und die Soziologie der Moderne. In: STRAUB, Jürgen; RENN, Joachim (Eds.). *Transitorische Identität*: Der Prozesscharakter des modernen Selbst. Frankfurt am Main; New York: Campus, 2002. p.303-17.

WALLIS, George W. Chronopolitics: The Impact of Time Perspectives on the Dynamics of Change. *Social Forces*, ano 49, p.102-8, 1970.

WALZER, Michael. Die kommunitaristische Kritik am Liberalismus. In: HONNETH, Axel (Ed.). *Kommunitarismus*: Eine Debatte über die moralischen Grundlagen moderner Gesellschaften. Frankfurt am Main; New York: Campus, 1993. p.157-80.

WATERS, Malcolm. *Globalization*. London; New York: Routledge, 1995.

WATTS MILLER, William. Durkheimian Time. *Time & Society*, ano 9, p.5-20, 2000.

WEBER, Max. *Wirtschaft und Gesellschaft*: Grundriß der verstehenden Soziologie. Ed. Johannes Winckelmann. 5.ed. rev. Tübingen: Mohr-Siebeck, 1972. [Ed. bras.: *Economia e sociedade*. Brasília: Editora da Universidade de Brasília, 1994.]

_____. Wissenschaft als Beruf. In: *Gesammelte Aufsätze zur Wissenschaftslehre*. Ed. Johannes Winckelmann. 7.ed. Tübingen: Mohr-Siebeck,

1988. p.582-613. [Ed. bras.: A ciência como vocação. In: WEBER, Max. *Ciência e política*. São Paulo: Cultrix, 1967. p.17-54.]

_____. *Die protestantische Ethik I, eine Aufsatzsammlung*. Ed. Johannes Winckelmann. 8.ed. Gütersloh: GTB Siebenstern, 1991. [Ed. bras.: *A ética protestante e o "espírito" do capitalismo*. São Paulo: Companhia das Letras, 2004.]

WEIBEL, Peter. *Die Beschleunigung der Bilder*: In der Chronokratie. Bern: Benteli, 1987.

WELSCH, Wolfgang (Ed.). *Wege aus der Moderne*: Schlüsseltexte der Postmoderne-Diskussion. 2.ed. Berlin: Akademie, 1994.

WENZEL, Harald. Gibt es ein postmodernes Selbst? Neuere Theorien und Diagnosen der Identität in fortgeschrittenen Gesellschaften. *Berliner Journal für Soziologie*, ano 1, p.113-31, 1995.

WEYMAN, Ansgar. Sozialer Wandel, Generationsverhältnisse und Technikgenerationen. In: KOHLI, Martin; SZYDLIK, Marc (Eds.). *Generationen in Familie und Gesellschaft*. Opladen: Leske und Budrich, 2000. p.36-58.

WILLEMS, Herbert. Institutionelle Selbstthematisierungen und Identitätsbildungen im Modernisierungsprozess. In: _____; HAHN, Alois (Eds.). *Identität und Moderne*. Frankfurt am Main: Suhrkamp, 1999. p.62-101.

_____; HAHN, Alois (Eds.). *Identität und Moderne*. Frankfurt am Main: Suhrkamp 1999.

WOLIN, Sheldon. What Time is It? *Theory & Event*, ano 1, p.1-4, 1997. Disponível em: <http://muse.jhu.edu/journals/theory_&_event/v001/1.1wolin.html>. [Reed. em: ROSA, Hartmut, SCHEUERMAN, William (Eds.). *The Acceleration of Society*: Conceptions – Causes – Consequences. London; New York: Verso, 2005.]

WOLLEN, Peter. Speed and the Cinema. *New Left Review*, n.16, p.105-14, jul.-ago. 2002.

YOUNG, Michael; SCHULLER, Tom (Eds.). *The Rhythms of Society*. London; New York: Routledge, 1988.

ZEIHER, Hartmut J.; ZEIHER, Helga. *Orte und Zeiten der Kinder*: Soziales Leben im Alltag von Großstadtkindern. Weinheim; München: Juventa, 1994.

ZERUBAVEL, Eviatar. *Patterns of Time in Hospital Life*. Chicago; London: Chicago University Press, 1979.

_____. *Hidden Rhythms*: Schedules and Calendars in Social Life. Berkeley: University of California Press, 1981.

_____. *The Seven Day Circle*: The History and Meaning of the Week. New York; London: Free Press, 1985.

ZIMMERLI, Walther Ch.; SANDBOTHE, Mike (Eds.). *Klassiker der modernen Zeitphilosophie*. Darmstadt: Wissenschaftliche Buchgesellschaft, 1993.

ZOLL, Rainer (Ed.). *Zerstörung und Wiederaneignung von Zeit*. Frankfurt am Main: Suhrkamp, 1988a.

_____. Zeiterfahrung und Gesellschaftsform. In: _____ (Ed.). *Zerstörung und Wiederaneignung von Zeit*. Frankfurt am Main: Suhrkamp, 1988b. p.72-88.

ZULLEY, Jürgen; KNAB, Barbara. *Unsere Innere Uhr*: Natürliche Rhythmen nutzen und der Non-Stop-Belastung entgehen. Freiburg: Herder, 2000.

## SOBRE O LIVRO

*Formato*: 14 x 21 cm
*Mancha*: 23 x 44 paicas
*Tipologia*: Venetian 301 12,5/16
*Papel*: Off-white 80 g/m² (miolo)
Cartão Supremo 250 g/m² (capa)
1ª edição Editora Unesp: 2019

## EQUIPE DE REALIZAÇÃO

*Capa*
Negrito Editorial

*Imagem de capa*
B&M Noskowski/iStock photo

*Edição de texto*
Tulio Kawata (Preparação e revisão)

*Editoração eletrônica*
Eduardo Seiji Seki (Diagramação)

*Assistência editorial*
Alberto Bononi